好茶在中茶

中茶使命 6 做

1 | 做标准
- 以高标准引领行业发展

2 | 做链条
- 完善全产业链管控

3 | 做技术
- 用工业化、智能化、标准化手段促进传统工业升级

4 | 做品牌
- 打造消费者信赖的茶叶品牌

5 | 做渠道
- 建立规范、高效、多元的渠道体系

6 | 做产品
- 不断提升茶品口味，打造品质好产品

吴裕泰 135th
始创于清·光绪十三年（公元1887）

凝百年底蕴 谱时代华章

非遗技艺
- 手工制作——由西湖龙井非遗传承人采用古法手工炒制十八棵御树周边茶叶
- 手工制罐——由景德镇拉坯工序传承人占绍林等精心制作

典藏版西湖龙井礼盒

135周年纪念系列产品
更多商品即将上市，敬请期待

产品以实物为准

咨询热线：400-610-1887　　团购热线：400-108-1887　　加盟热线：400-630-1887

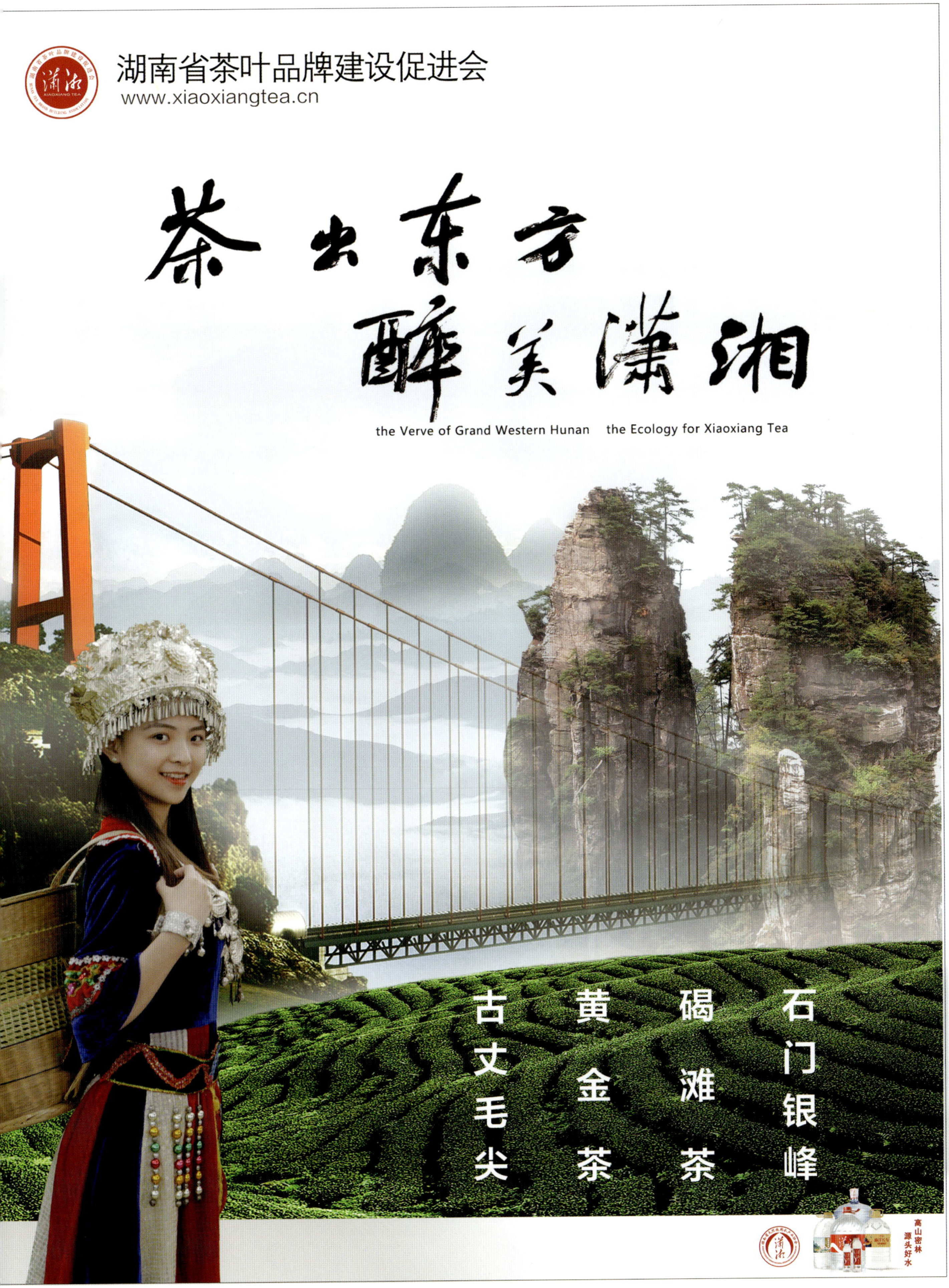
湖南省茶叶品牌建设促进会
www.xiaoxiangtea.cn
茶出东方
醉美潇湘
the Verve of Grand Western Hunan the Ecology for Xiaoxiang Tea
古丈毛尖
黄金茶
碣滩茶
石门银峰
高山密林
源头好水

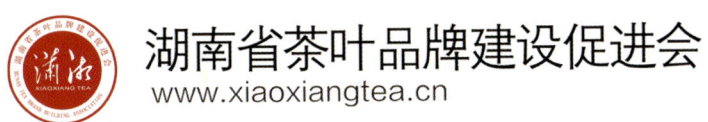

高端国缤茶
76国贵宾喝的茶*

牛肉桂·老班章·老银针·铁观音·金骏眉

全国门店超3000家
到店品鉴选好礼

五星国缤茶
全国统一价 **2280元**

华祥苑茶业股份有限公司　|　全国招商热线：400-850-6666　　客服热线：400-885-8788

2022

China Tea Industry
Development Report 2022

中国茶叶行业发展报告

中国茶叶流通协会
组织编写

中国轻工业出版社

图书在版编目（CIP）数据

2022中国茶叶行业发展报告/中国茶叶流通协会组织编写. —北京：中国轻工业出版社，2022.10
ISBN 978-7-5184-4138-9

Ⅰ.①2… Ⅱ.①中… Ⅲ.①茶叶—产业发展—研究报告—中国—2022 Ⅳ.① F326.12

中国版本图书馆CIP数据核字（2022）第170761号

责任编辑：贾 磊　　　责任终审：高惠京
整体设计：锋尚设计　　责任校对：吴大朋　　责任监印：张 可

出版发行：中国轻工业出版社（北京东长安街6号，邮编：100740）
印　　刷：三河市万龙印装有限公司
经　　销：各地新华书店
版　　次：2022年10月第1版第1次印刷
开　　本：889×1194　1/16　印张：29.75
字　　数：680千字　插页：3
书　　号：ISBN 978-7-5184-4138-9　定价：498.00元

邮购电话：010-65241695
发行电话：010-85119835　传真：85113293
网　　址：http://www.chlip.com.cn
Email：club@chlip.com.cn
如发现图书残缺请与我社邮购联系调换
220735K8X101HBW

编委会

主　编

　　王　庆

副主编

　　姚静波　梅　宇　肖　星　申卫伟

成　员（按姓氏笔画排序）

　　丁以寿　刁学刚　于英杰　王　云　王岳飞　王春雷　王智超　韦克英
　　尹　祎　尹淑艳　石春鹏　司辉清　刘仲华　刘冰易　刘国平　刘　赛
　　许吟隆　孙　冰　杜建斌　李佳禾　杨平平　杨鹏洲　肖力争　吴凤鸣
　　吴春群　邹　素　冷　杨　汪　毅　宋向洪　张　引　张　威　张　朔
　　张海波　张　盛　张雪春　张朝斌　张　瑜　张黎明　陈世登　陈永强
　　陈勋儒　林　松　周静峰　赵建设　洪克森　贺　鼎　徐德良　唐龙海
　　陶峻骏　黄建安　黄鑫磊　梁　晓　蒋跃登　韩欣羽　强世国　雷睿勇
　　蔡　军　谭中贵　穆世超

统　稿

　　梅　宇　韩　毅　韩　丹　王智超　程俊博　彭　微　梁　晓　陈　朔
　　张　朔　李海林

参加单位

组织单位

中国茶叶流通协会

参与单位

中国食品土畜进出口商会	湖南省茶叶种植业专家指导组
全国农业技术推广服务中心	广东省茶业行业协会
中国农业科学院农业环境与可持续发展研究所	广西茶业协会
中华全国供销合作总社杭州茶叶研究所	海南省茶业协（学）会
浙江大学	贵州省绿茶品牌发展促进会
安徽农业大学	云南省茶叶流通协会
国家植物功能成分利用工程技术研究中心	重庆市茶叶商会
四川省农业科学院茶叶研究所	陕西省茶业协会
山西省茶叶学会	宁夏茶行业协会
内蒙古茶叶流通协会	新昌县名茶协会
黑龙江省茶业产业发展促进会	祁门县祁红产业发展中心
上海市茶叶行业协会	武夷山市茶产业发展中心
江苏省茶叶研究所	信阳市浉河区茶产业发展中心
浙江省茶叶产业协会	安化县茶业协会
安徽省茶叶行业协会	英德市农业农村局
福建省茶叶流通协会	三江侗族自治县茶叶产业化管理办公室
江西省茶叶协会	湄潭县茶产业发展中心
山东省茶文化协会	勐海县农业农村局
河南省茶叶协会	北京小罐茶业有限公司
湖北省茶叶协会	福州市帮利茶业有限责任公司

支持单位

中国茶叶股份有限公司	湖南省茶叶品牌建设促进会
北京张一元茶叶有限责任公司	湖南华莱生物科技有限公司
北京吴裕泰茶业股份有限公司	华祥苑茶业股份有限公司
八马茶业股份有限公司	

前 言

金秋送爽，丹桂飘香，长空溢彩，大地流金。在又一个喜迎丰收的季节里，我们如约迎来了新一年度茶业综合报告的付梓。作为中国茶叶流通协会连续组织编撰并出版的第十四部记录行业发展情况的年度报告，共60多万字的《2022中国茶叶行业发展报告》（以下简称：本报告）历经六个月策划、邀约、编撰、整理，终于将与广大读者见面了。

《2022中国茶叶行业发展报告》共设定了综合报告、乡村振兴、国内市场、国际贸易、科学技术、标准安全、文旅教育、配套产业、附录九部分，共计五十一篇。其中，第一部分综合报告，有五项内容：第一篇是2021世界茶叶产销形势报告，基于国际茶业委员会2021年度数据对全球茶业形势进行全面分析；第二篇是2021中国茶叶产销形势报告，基于中国茶叶流通协会综合农业部、中国海关及自有大数据平台的数据，对2021年度中国茶叶产销情况进行分析与解读；第三篇是2021中国茶叶消费形势报告，对中国茶叶市场消费格局进行系统阐述；第四篇2021中国茶业品牌发展报告基于年度行业调查及品牌评价工作，对茶行业的品牌建设现状进行概述；第五篇2021中国茶叶企业发展报告则基于中国茶叶流通协会主导的2022年度行业调查结果，对全国样本企业的发展情况进行综述。第二部分乡村振兴，共有四项内容，包括：2021年度分省份茶叶行业发展报告（共22篇），涵盖了除甘肃以外的17个茶叶主产省（自治区、直辖市）及北京、山西、黑龙江等茶叶主销省份的年度产销形势分析和发展规划等；2021全国重点产茶县发展报告根据2022年度行业调查结果，综合分析了全国重点产茶县的发展情况；其后的2021全国"三茶统筹"示范县发展报告（共9篇），对我国"三茶统筹"示范县综合发展情况进行了详细总结和分析；2021中国茶园建设发展报告对中国茶园建设现状进行概述，并提出了有见地的建议。第三部分国内市场，共有三项内容，即2021中国茶叶批发市场运行发展报告、2021中国茶业会展业发展报告、2021中国新式茶饮业发展报告，分别对我国茶叶批发市场、线下展会、新中式茶饮等茶行业流通领域的热点进行分析。第四部分国际贸易，通过2021中国茶叶进出口情况发展报告，对中国茶叶进出口及全球茶业消费形势进行了分析。第五部分科学技术，有两项内容：分别是2021中国茶叶碳中和发展报告、2021中国茶叶深加工产品发展报告，系统阐述了我国茶行业的科研成果。第六部分标准安全，设三项内容，分别是2021中国茶叶质量安全发展报告、2021中国茶叶标准体系发展报告和2021中国茶叶标准国际化发展报告，集中阐释茶行业质量安全与标准体系建设问题。第七部分文旅教育，以茶文化为中心，系统分析了茶行业文化创新及人才培育现状，将文化、教育、产业进行了有机串联。第八部分配套产业，重点对2021年度中国茶具及茶包装行业的发展情况进行了介绍。最后的附录部分，提供了2021年度中国茶叶行业重要产业数据、中国茶业指数总结分析、年度百强企业、重点县名单及涉茶相关管理文件等内容，极具实用性和工具性。

综观本报告，其创新之处在于五个方面。一是以政策规划为指导，明确产业发展方向：本报告以《中国茶产业"十四五"发展规划建议（2021—2025）》为索引，以"三茶融合"为主题，明确茶产业高质量发展和服务构建新经济格局。二是以乡村振兴为载体，助推产业统筹发展：本报告以"乡风文明"为基调，围绕环境治理、便民惠民等方面，坚持物质文明、精神文明协调发展，切实推动乡村文明高质量建设。三是以新全球化为视角，剖析产业国际态势：面对新全球化背景下国际茶叶市场发展新态势，本报告围绕我国茶叶进出口、中欧地标互认、国际化标准建设等话题进行深度剖析，详细论述我国出口企业海外新市场拓展情况，不断提升茶叶出口质量管控水平，畅通茶叶国内国际双循环。四是以数字科技为亮点，引导产业智慧升级：本报告在全面总结行业科技发展成果基础上，深挖行业科技热点，从数字茶业、深加工、碳中和等全新角度出发，探索科技赋能产业成果，促进传统产业向现代产业升级。五是以配套产业为补充：完善产业发展格局：本报告详细阐述智能茶具、茶包装等茶配套产业情况，着力推进产业功能布局持续优化，完善产业发展格局。

作为业内公认的、权威性的行业工具书，本报告的出版，既与地方政府、行业组织、科研院所、骨干企业息息相关，也离不开广大读者的关怀与支持。在此，我们要向全国各茶叶主产销省（自治区、直辖市）的省级茶业行业组织和中国食品土畜进出口商会茶叶分会，向浙江大学、安徽农业大学、湖南农业大学、全国农业技术推广服务中心、中华全国供销合作总社杭州茶叶研究所、中国农业科学院农业环境与可持续发展研究所等茶行业重点科研院所，向全国100余个重点产茶县的地方政府及近200家国内茶叶行业龙头企业的参与和支持表示衷心的感谢！还要感谢中国茶叶股份有限公司、北京张一元茶叶有限责任公司、北京吴裕泰茶业股份有限公司、八马茶业股份有限公司、湖南省大湘西茶产业发展促进会、湖南华莱生物科技有限公司、华祥苑茶业股份有限公司给予本书出版的特别支持以及中国轻工业出版社有限公司相关编校人员的辛勤付出。最后，还要向广大忠实读者致以最诚挚的感谢！你们的关心、支持、鼓励和鞭策是年度发展报告不断前行与向上提升的强大动力。在此，我们真诚地希望继续得到你们更多的指点与帮助。

众所周知，2022年是中国共产党"二十大"召开之年，未来五年将是我国国民经济发展的关键时期，也是中国茶产业高质量发展的重要阶段。作为国家级茶行业组织，中国茶叶流通协会将坚持服务中国茶产业的初心，承前启后、继往开来，锐意改革、突破创新，发挥自身职能与作用，紧密团结茶界同人及社会各界人士，为统筹推进中国茶产业局部与整体协调发展、实现中国茶产业的振兴繁荣做出更新、更大的贡献！

中国茶叶流通协会会长

2022年9月，于北京

目 录

第一部分　综合报告 01

2021 世界茶叶产销形势报告 02
2021 中国茶叶产销形势报告 12
2021 中国茶叶消费形势报告 32
2021 中国茶业品牌发展报告 45
2021 中国茶叶企业发展报告 52

第二部分　乡村振兴 61

2021 山西省茶叶行业发展报告 62
2021 内蒙古自治区茶叶行业发展报告 70
2021 黑龙江省茶叶行业发展报告 71
2021 上海市茶叶行业发展报告 77
2021 江苏省茶叶行业发展报告 79
2021 浙江省茶叶行业发展报告 87
2021 安徽省茶叶行业发展报告 94
2021 福建省茶叶行业发展报告 99
2021 江西省茶叶行业发展报告 108
2021 山东省茶叶行业发展报告 113
2021 河南省茶叶行业发展报告 120
2021 湖北省茶叶行业发展报告 130
2021 湖南省茶叶行业发展报告 140
2021 广东省茶叶行业发展报告 170
2021 广西壮族自治区茶叶行业发展报告 181
2021 海南省茶叶行业发展报告 191
2021 重庆市茶叶行业发展报告 197
2021 四川省茶叶行业发展报告 203
2021 贵州省茶叶行业发展报告 215
2021 云南省茶叶行业发展报告 218
2021 陕西省茶叶行业发展报告 229

2021宁夏回族自治区茶叶行业发展报告 238
2021全国重点产茶县发展报告 246
2021全国"三茶统筹"示范县发展报告：新昌篇 256
2021全国"三茶统筹"示范县发展报告：祁门篇 260
2021全国"三茶统筹"示范县发展报告：武夷山篇 264
2021全国"三茶统筹"示范县发展报告：浉河篇 268
2021全国"三茶统筹"示范县发展报告：安化篇 274
2021全国"三茶统筹"示范县发展报告：英德篇 279
2021全国"三茶统筹"示范县发展报告：三江篇 284
2021全国"三茶统筹"示范县发展报告：湄潭篇 290
2021全国"三茶统筹"示范县发展报告：勐海篇 293
2021中国茶园建设发展报告 298

第三部分　国内市场 305

2021中国茶叶批发市场运行发展报告 306
2021中国茶业会展业发展报告 319
2021中国新式茶饮业发展报告 327

第四部分　国际贸易 335

2021中国茶叶进出口情况发展报告 336

第五部分　科学技术 345

2021中国茶叶碳中和发展报告 346
2021中国茶叶深加工产品发展报告 355

第六部分　标准安全 369

2021中国茶叶质量安全发展报告 370
2021中国茶叶标准体系发展报告 378
2021中国茶叶标准国际化发展报告 397

第七部分　文旅教育 403

2021中国茶文化创新发展报告 404
2021中国茶叶人才培育体系发展报告 411

第八部分　配套产业 421

2021中国茶具业发展报告 422
2021茶包装业发展报告 427

附录 433

附录一　2021中国茶叶数据（农业产业） 434
附录二　2021中国茶业指数与行情分析总结 437
附录三　2021中国茶叶出口数据 448
附录四　2021中国茶叶行业调查结果 454
附录五　2021茶类相关法律法规文件汇总 460

第一部分
综合报告

2021世界茶叶产销形势报告

2021中国茶叶产销形势报告

2021中国茶叶消费形势报告

2021中国茶业品牌发展报告

2021中国茶叶企业发展报告

2021世界茶叶产销形势报告

中国茶叶流通协会

2021年,全球经济以复苏为主旋律,各主要经济体逐步回归正轨,但新冠肺炎疫情持续反复仍是影响世界主要经济体复苏进程中的最大不确定因素,特别是在全球经济预期不断上调的背景下,复苏不充分、不均衡的现象依然普遍存在。面对全球供应链不畅、部分国家劳动力供给短缺等多重挑战,全球茶叶产业在2021年顶住压力,实现了稳定发展,种植面积、产量持续攀升,国际贸易摆脱逆境,重回正轨。但从整体看,产大于销的局面仍未缓解,产能过剩的风险进一步累积。

一、生产情况

(一)种植面积继续扩大

据国际茶叶委员会(ITC)统计:2021年,世界茶园面积延续上涨态势,增速保持在2%左右,总种植面积在年末为520.3万公顷,同比增长2.1%。2012—2021年的十年间,世界茶叶种植面积增长了121.3万公顷,十年累计增长30.4%(图1),以2016年为界,增速经历了先快后缓两个阶段,年均复合增长率为3.0%。

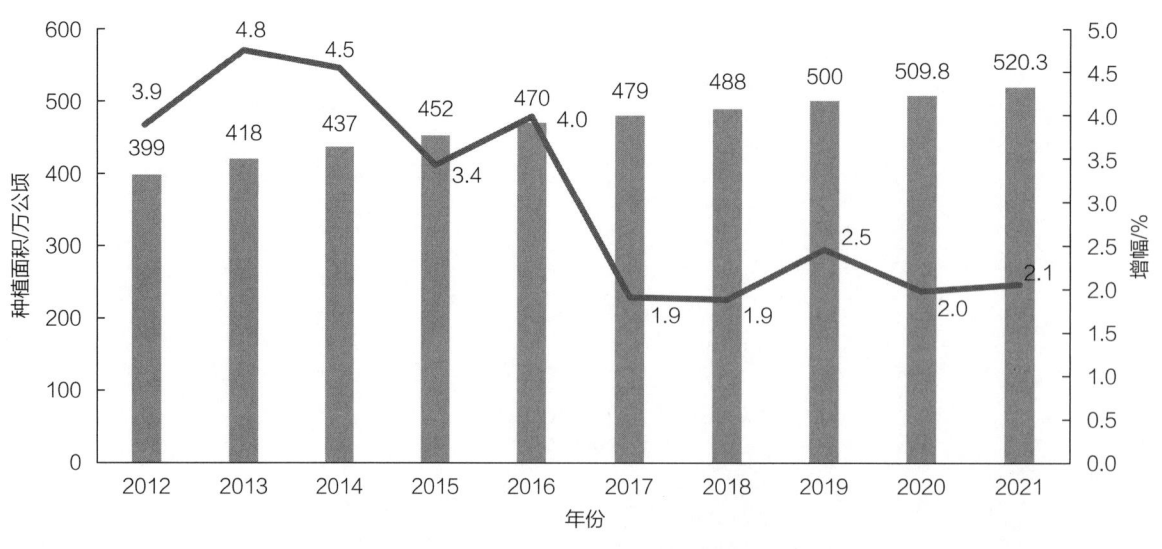

图1 2012—2021年世界茶叶种植面积

资料来源:国际茶叶委员会

分国家来看,如表1所示。2021年全球茶叶种植面积超10万公顷的国家有6个。其中,中国茶叶种植面积最大,为326.4万公顷,同比增长3.1%,占全球茶叶种植总面积的62.7%;印度居第二,茶叶种植面积保持在63.7万公顷,占全球茶叶种植总面积的12.2%;茶叶种植面积排名3~6位的国家依次是肯尼亚(26.9万公顷)、斯里兰卡(20.3万公顷)、越南(13.0万公顷)、印度尼西亚(11.3万公顷)(图2)。

表1 2021年世界茶叶种植面积前十名的国家

国家	中国	印度	肯尼亚	斯里兰卡	越南	印度尼西亚	土耳其	缅甸	孟加拉国	乌干达
种植面积/万公顷	326.4	63.7	26.9	20.3	13.0	11.3	8.3	8.2	6.6	4.7

资料来源:国际茶叶委员会

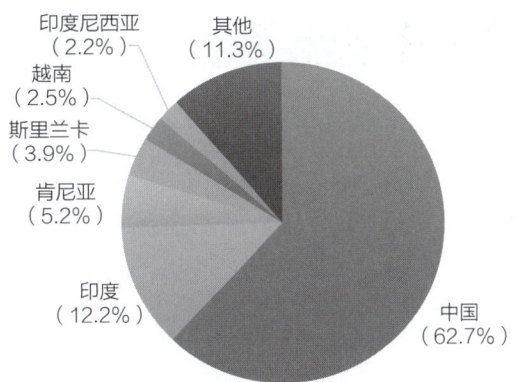

图2 2021年世界各主要产茶国茶叶种植面积占比图

(二)茶叶产量稳定增加

据统计:2021年,全球茶叶总产量保持增长态势。2020年世界茶叶产量达645.5万吨,同比增长3.0%,增速有所回升。2012—2021年的十年间,世界茶叶总产量增长了174.3万吨,十年累计增幅达37.0%(图3),年均复合增长率3.6%,略高于面积增长速度。

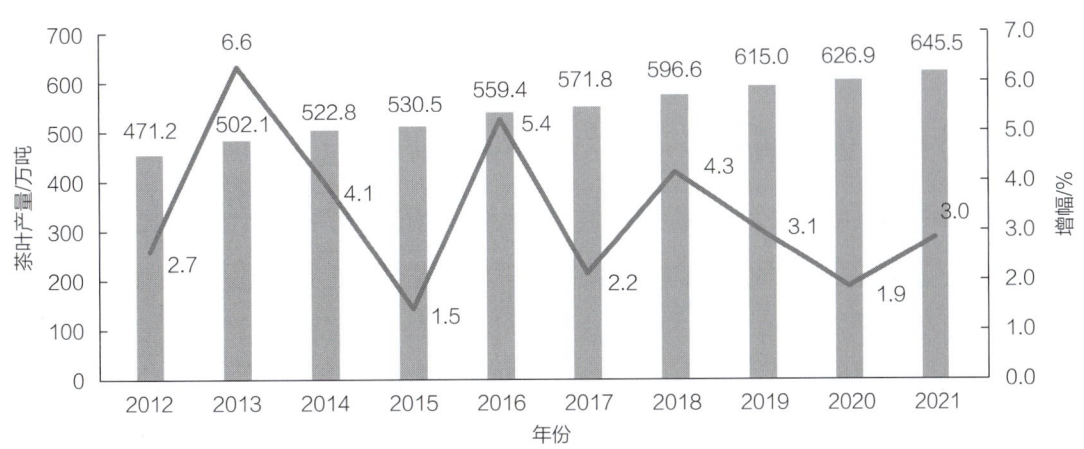

图3 2012—2021年世界茶叶产量

资料来源:国际茶叶委员会

分国家看，如表2所示，2021年，中国以306.3万吨的年产量继续稳居全球茶叶产量第一，占总产量比重为47.5%，第二为印度（134.3万吨），第三为肯尼亚（53.8万吨），排在第4~10位的依次是斯里兰卡（29.9万吨）、土耳其（28.2万吨）、越南（18.0万吨）、印度尼西亚（12.7万吨）、孟加拉国（9.7万吨）、乌干达（8.2万吨）和日本（7.5万吨）。在位居前十的国家中，除肯尼亚（-5.6%）、越南（-3.2%）出现产量下滑外，其余主要产茶国产量均实现不同幅度增长，乌干达涨幅高达23.0%，超越日本及阿根廷，跃居前十。中国、印度尼西亚、肯尼亚三国的茶叶产量合计达494.4万吨，占到世界茶叶总产量的76.6%。

表2　2021年全球茶叶产量

名次	国家名称	生产量/万吨	增幅/%
1	中国	306.3	2.6
2	印度	134.3	6.8
3	肯尼亚	53.8	-5.6
4	斯里兰卡	29.9	7.5
5	土耳其	28.2	0.7
6	越南	18.0	-3.2
7	印度尼西亚	12.7	0.8
8	孟加拉国	9.7	11.7
9	乌干达	8.2	23.0
10	日本	7.5	7.2
	……		
	全球总产量	645.5	3.0

资料来源：国际茶叶委员会

二、市场情况

（一）全球茶叶出口贸易回升

2021年世界茶叶出口量为192.3万吨（图4），比2020年的增加10.1万吨，同比增长5.5%，扭转了2020年因新冠肺炎疫情暴发出现的下滑态势，站上新的历史高点。近十年，世界茶叶出口整体呈波动上升的态势，年复合增长率约为9.1%。2021年全球茶叶总出口量占总产量比重为29.8%，十年来首次出现占比提升（图5），但仍保持在30%上下，即全球茶叶主产国产量的30%左右用于出口，70%左右的茶叶在生产国国内直接消费或存贮，世界茶叶贸易供需市场总体较为稳定。

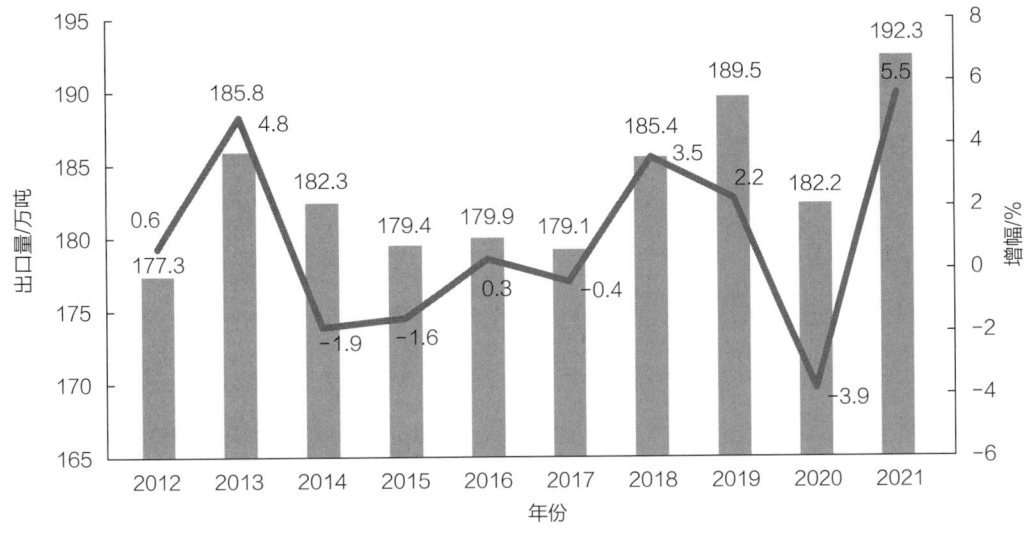

图4　2012—2021年世界茶叶出口情况

资料来源：国际茶叶委员会

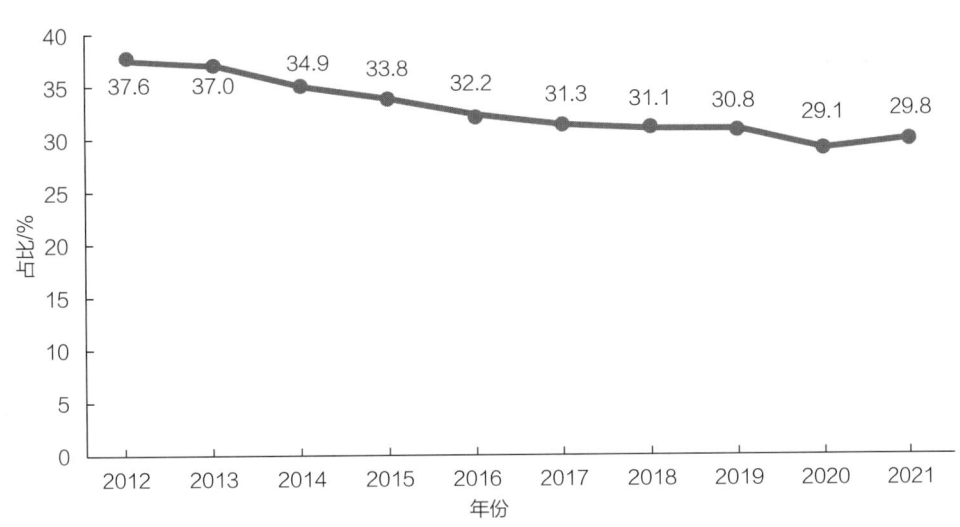

图5　2012—2021年世界茶叶出口占总产量的比重

资料来源：国际茶叶委员会

从主要生产国的出口情况看（表3）：2021年，出口量超过1万吨的茶叶生产国和地区数量为14个，出口格局基本保持稳定。出口量排在第1位的是肯尼亚，达55.9万吨，占全球茶叶出口比重为29.1%，第2位是中国，为36.9万吨，占19.2%，第3位是斯里兰卡，28.3万吨，占14.7%，第4～10位依次是印度（19.1万吨）、越南（14.5万吨）、乌干达（7.2万吨）、阿根廷（6.9万吨）、印度尼西亚（4.3万吨）、马拉维（4.0万吨）、卢旺达（3.5万吨）。在出口量前十的国家和地区中，除印度、印度尼西亚、马拉维三国为负增长外，其余七国的茶叶出口量均比上一年有所增加。

表3 2021年全球茶叶出口量

名次	国家名称	出口量/万吨	增幅/%
1	肯尼亚	55.9	7.7
2	中国	36.9	5.9
3	斯里兰卡	28.3	7.7
4	印度	19.1	-6.2
5	越南	14.5	11.5
6	乌干达	7.2	26.8
7	阿根廷	6.9	4.6
8	印度尼西亚	4.3	-5.9
9	马拉维	4.0	-5.3
10	卢旺达	3.5	13.5
……			
	全球总出口量	192.3	5.5

资料来源：国际茶叶委员会

从出口均价看：在主要出口国家和地区中，出口均价最高的是中国，中国茶叶的出口均价在近年来保持稳定增势，2021年达到历史新高的6.23美元/千克（2022年9月8日汇率：1美元=6.964人民币）；均价排在第二的是斯里兰卡4.60美元/千克；之后依次为印度（3.54美元/千克）、卢旺达（2.75美元/千克）、肯尼亚（2.23美元/千克）、印度尼西亚（2.09美元/千克）、越南（1.63美元/千克）、马拉维（1.63美元/千克）、乌干达（1.14美元/千克）、阿根廷（1.12美元/千克）。2021年，日本茶叶出口量为6297吨，但在生产国中出口均价全球最高，达到30.14美元/千克。我国台湾省的出口均价也达到12.61美元/千克，出口量为8967吨。

部分茶叶消费国的茶叶再加工产业较为发达，茶叶加工后再出口的均价普遍较高。2021年，德国茶叶加工后再出口量为2.18万吨，均价为11.13美元/千克；其次是英国，出口量为1.64万吨，均价为8.32美元/千克，法国出口量为3749吨，均价为16.77美元/千克（图6，表4）。

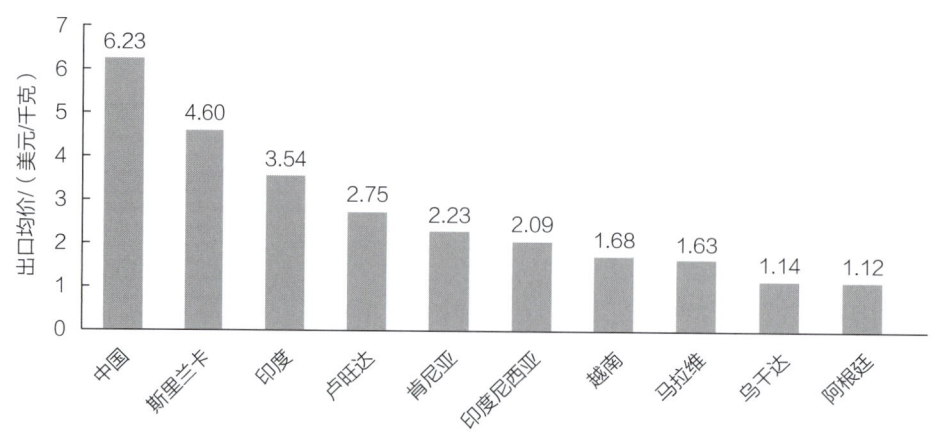

图6 2021年世界茶叶出口量前十地区出口均价

资料来源：国际茶叶委员会

表4　2021年世界主要茶叶出口国的平均离岸价格

国家名称	日本	法国*	德国*	英国*	中国	斯里兰卡	印度	卢旺达	肯尼亚	印度尼西亚
平均离岸价格/（美元/千克）	30.14	16.77	11.13	8.32	6.23	4.60	3.54	2.75	2.23	2.09

*表示再出口国。

资料来源：国际茶叶委员会

（二）全球茶叶进口消费量略有回升

2021年全球茶叶总进口消费量为176.6万吨（图7），较2020年增长1.8%。近十年，全球茶叶进口消费量较为稳定，近十年平均值为174.4万吨，总体保持平稳。

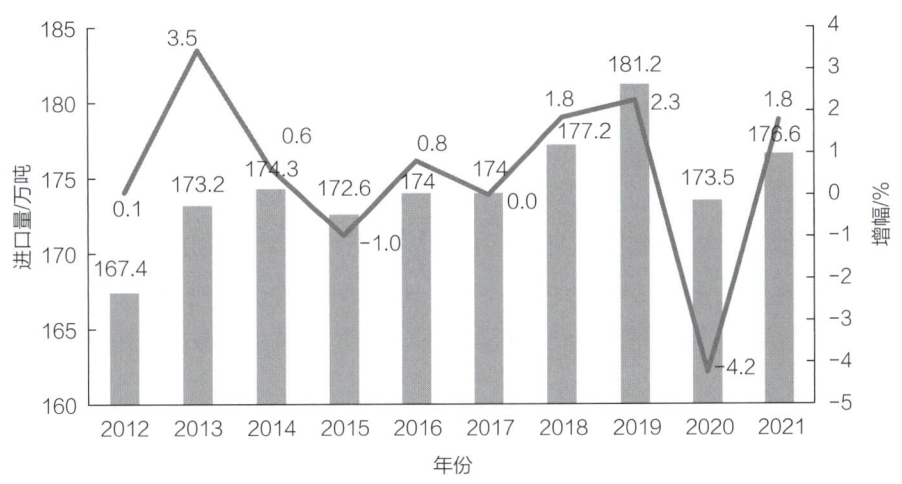

图7　2012—2021年世界茶叶进口量

资料来源：国际茶叶委员会

分国家看：2021年，世界茶叶进口量最多的国家是巴基斯坦，为24.7万吨，占全球茶叶进口总量的比例为13.4%，稳居全球第一，其主要供应国为肯尼亚，巴基斯坦2021年从肯尼亚进口茶叶21.0万吨，占比85%。其次为俄罗斯，约14.2万吨，美国以11.54万吨的进口量再度超越英国，成为全球第三大茶叶进口国；排在第4~10位的依次是埃及（9.9万吨）、英国（9.2万吨）、摩洛哥（7.1万吨）、伊朗（4.9万吨）、伊拉克（4.9万吨）、中国（4.7万吨）、波兰（3.8万吨），各主要茶叶进口国进口量波动较大，阿联酋、土耳其等国的茶叶进口量均减少20%以上，而伊拉克、摩洛哥、中国、美国等国茶叶进口量均出现较大幅度增长（表5）。

表5　2021年全球茶叶进口量

名次	国家名称	进口量/万吨	增幅/%
1	巴基斯坦	24.7	-2.0
2	俄罗斯	14.2	0.0

续表

名次	国家名称	进口量/万吨	增幅/%
3	美国	11.5	6.7
4	埃及	9.9	5.3
5	英国	9.2	−17.1
6	摩洛哥	7.1	10.9
7	伊朗	4.9	−7.5
8	伊拉克	4.9	22.5
9	中国	4.7	9.3
10	波兰	3.8	−9.5
	……		
	全球总产量	176.6	1.8

资料来源：国际茶叶委员会

（三）全球茶叶拍卖成交均价普遍降低

从全球各大茶叶拍卖行交易情况看：2021年全球主要茶叶拍卖市场交易量为151.75万吨。交易量居世界第1位的是肯尼亚蒙巴萨拍卖行（50.39万吨，同比减少2.5%），第2位的是斯里兰卡科伦坡拍卖行（28.19万吨，同比增长9.5%），排位第3~10位的拍卖行依次是古瓦哈提（印度）（17万吨）、加尔各答（印度）（16.93万吨）、西里古里（印度）（14.99万吨）、吉大港（孟加拉国）（8.81万吨）、古努尔（印度）（7.67万吨）、科钦（印度）（4.78万吨）、哥印拜陀（印度）（1.69万吨）、林贝（马拉维）（1.3万吨）（图8）。

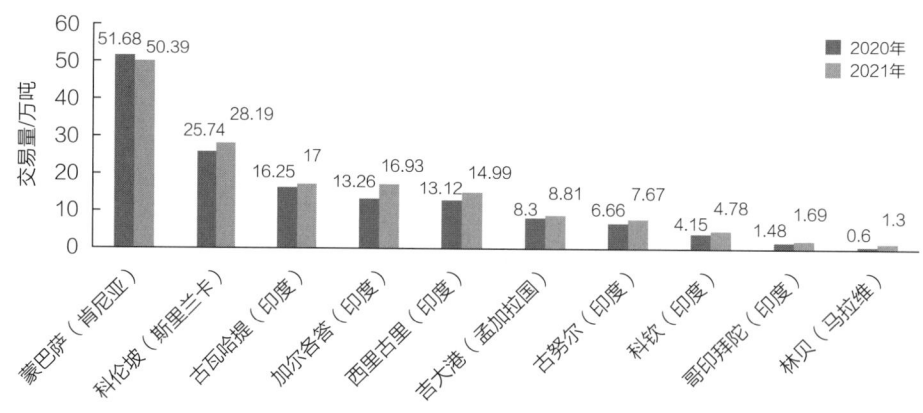

图8　2021年世界主要茶叶拍卖行交易量

资料来源：国际茶叶委员会

非洲最大茶叶拍卖市场——蒙巴萨拍卖行，2021年的成交均价为197美分/千克，同比微涨2.1%，在此之前，蒙巴萨交易市场均价已经历连续三年下跌。2012年后，蒙巴萨拍卖行的成交均价呈波动下降的趋势，年平均降幅为4.1%（图9）。

印度最主要茶叶拍卖市场——加尔各答拍卖行2021年的成交均价为210.75印度卢比/千克（2022年

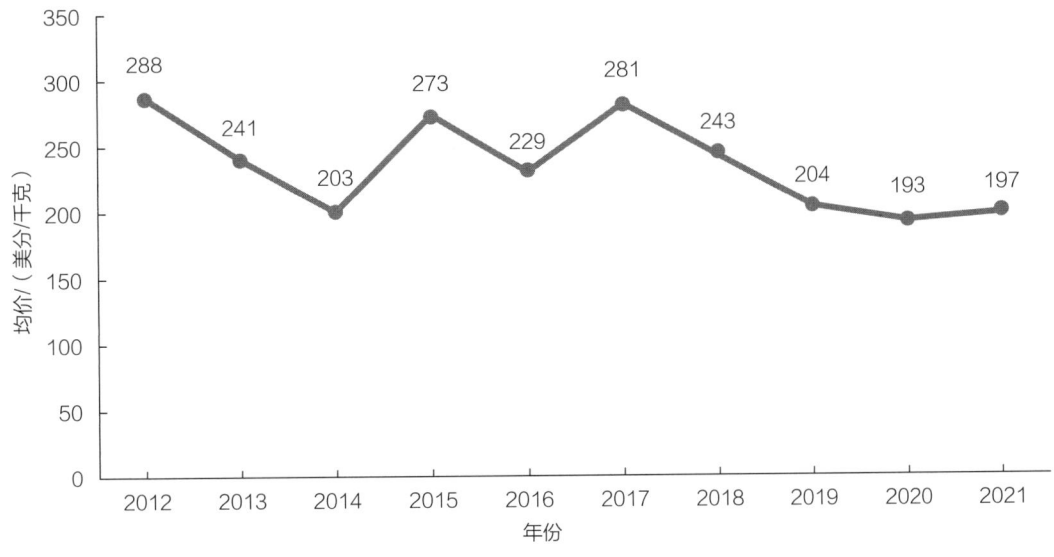

图9　2012—2021年蒙巴萨拍卖市场茶叶拍卖均价

资料来源：国际茶叶委员会

9月8日汇率：1印度卢比=0.08739人民币），较2020年降低2.2%。十年来，加尔各答拍卖行的成交均价保持平稳上升趋势，从2012年的150.37印度卢比/千克上涨到2020年最高的215.88印度卢比/千克，年均复合增长率为3.8%（图10）。

斯里兰卡最主要拍卖市场——科伦坡拍卖行2021年的成交均价为617.83斯里兰卡卢比/千克（2022年9月8日汇率：1斯里兰卡卢比=0.0195人民币），较2020年下降2.2%。十年来，科伦坡拍卖行的成交均价呈波动上升的态势，从2012年的391.47斯里兰卡卢比/千克上涨到2020年最高点的631.56斯里兰卡卢比/千克，年均复合增长率达到了5.2%（图11）。

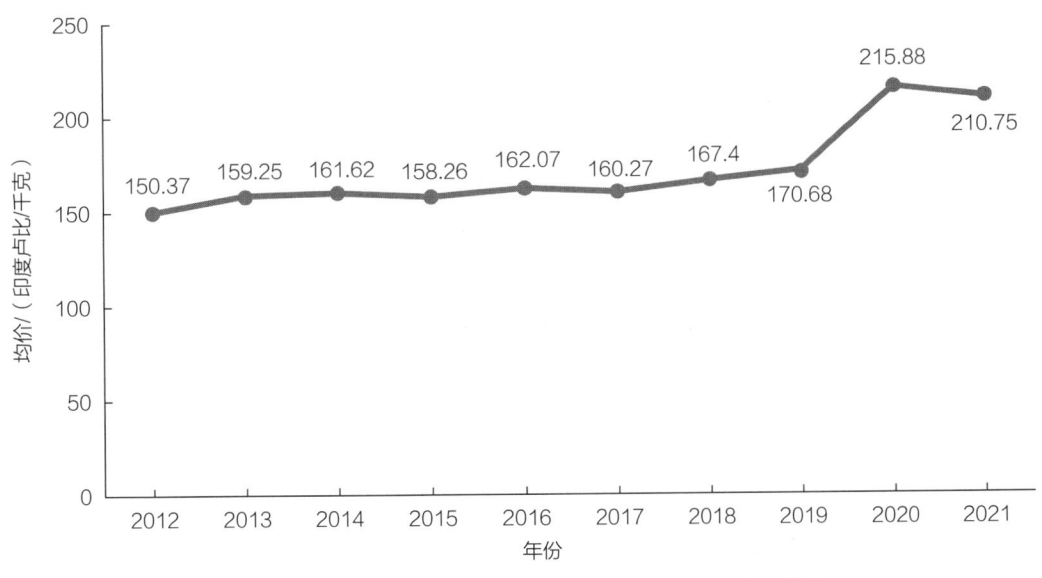

图10　2012—2021年加尔各答拍卖市场茶叶拍卖均价

资料来源：国际茶叶委员会

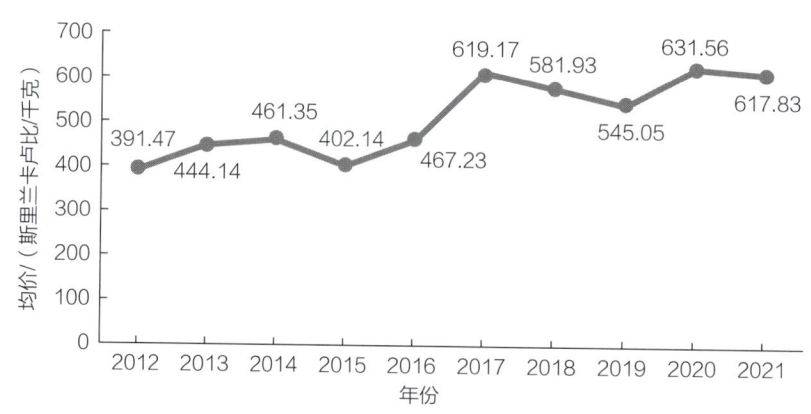

图11　2011—2021年科伦坡拍卖市场茶叶拍卖均价

资料来源：国际茶叶委员会

综合可见，2021年非洲及亚洲的印度、斯里兰卡等主要茶叶交易行的成交均价均出现小幅下滑，此外，孟加拉国吉大港、马拉维林贝等地的茶叶交易均价也同样出现不同程度降低，全球茶产业生产端不容乐观。

三、消费态势

（一）产茶国成全球茶叶消费增长主力

据统计，2021年世界茶叶消费总量为617.3万吨，同比增长5.0%。消费量最大的国家也是产量最大的国家——中国，消费量达264.1万吨；印度居第2位，116.1万吨；排在第3~10位分别是巴基斯坦（27.5万吨）、土耳其（24.7万吨）、俄罗斯（14.2万吨）、美国（11.5万吨）、埃及（9.9万吨）、日本（9.7万吨）、印度尼西亚（9.5万吨）、英国（9.2万吨）（表6）。2021年，消费量前十的国家中，中国和印度茶叶消费量持续增长，消费占比也进一步提升，占到全球消费量的六成以上，达到61.6%。巴基斯坦、美国、埃及、日本等国的茶叶消费量均有不同幅度上涨，而英国、土耳其在2021年罕见出现消费量下滑，英国消费量同比下滑17.1%，土耳其同比下滑8.5%。

表6　2021年世界茶叶消费量

名次	国家名称	消费量/万吨	增幅/%
1	中国	264.1	7.8
2	印度	116.1	9.3
3	巴基斯坦	27.5	9.1
4	土耳其	24.7	-8.5
5	俄罗斯	14.2	0.0
6	美国	11.5	8.5
7	埃及	9.9	5.3

续表

名次	国家名称	消费量/万吨	增幅/%
8	日本	9.7	5.4
9	印度尼西亚	9.5	−1.0
10	英国	9.2	−17.1
……			
	全球总消费量	587.8	0.3

资料来源：国际茶叶委员会

（二）各国人均消费量较为稳定

2021年，茶叶人均消费量排名全球第1位的仍是土耳其，人均每年消费茶叶3.23千克，同比增长0.9%；第2位是摩洛哥，2.09千克/（人·年），与上年持平；第3位是利比亚，2.05千克/（人·年），同比下降22.5%。中国、中国香港和中国台湾的人均茶叶消费量较为稳定，均进入全球人均消费量的前15位。其中，中国排第6位［1.78千克/（人·年），同比增长8.5%］，中国香港排在第5位［1.83千克/（人·年），同比增长10.9%］，中国台湾排第10位［1.32千克/（人·年）］（图12）。其他主要产茶国如印度、肯尼亚，2021年人均消费量仅分别为0.81千克/（人·年）和0.80千克/（人·年），均未排进全球人均茶叶消费量排名的前15位。

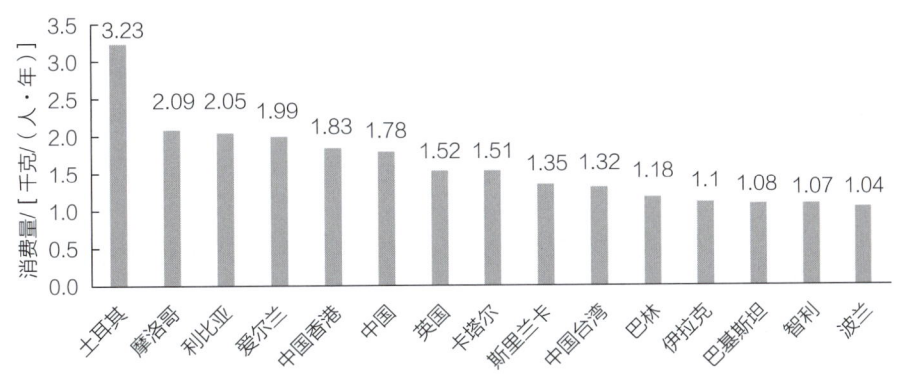

图12　2021年全球人均茶叶消费量前十五位的国家和地区

资料来源：国际茶叶委员会

四、结语

农业贸易是经贸合作的重点领域。新冠肺炎疫情给农业国际贸易带来了深刻影响，全球农业农村发展面临共性挑战。面对世界百年未有之大变局，全球茶产业应顺应国际贸易发展大势，在质量安全、绿色发展、科技创新、文化交流方面加强合作、携手应对，持续推进茶叶贸易对外开放，深化多双边经贸合作，共同维护茶叶国际供应链的稳定畅通。

（执笔人：梅宇、梁晓）

2021中国茶叶产销形势报告

中国茶叶流通协会

2021年,全球经济快速复苏。2022年1月,据国际货币基金组织(IMF)估计,2021年世界经济增速为5.9%。作为世界第二大经济体的中国再次成为全球经济复苏的引领者。年内,中国经济围绕"稳中有进"和"高质量发展"两大主题交出了靓丽的答卷。2022年1月17日,国家统计局发布数据,经初步核算,2021年中国经济总量达1143670亿元,按不变价格计算,同比增长8.1%,两年平均增长5.1%。在宏观经济向好的大背景下,中国茶产业主动融入与服务构建新经济格局,通过持续创新保持了稳定发展,在传统产品与业态持续发力的同时,新茶饮、新袋泡、花草茶、混搭风味茶等新赛道崛起,线上线下消费繁荣,茶叶总产量、总产值、内销量、内销额、出口量、出口额等多项经济指标实现历史性突破,在从脱贫攻坚的支柱产业向乡村振兴的支柱产业转化的道路上稳步前行。

一、种植生产

(一)数据指标

1. 茶园面积持续微增

据统计,2021年,全国18个主要产茶省(自治区、直辖市)的茶园总面积为4896.09万亩(1亩≈667平方米),同比增加148.40万亩,增幅3.13%(表1)。其中,可采摘面积4374.58万亩,同比增加228.40万亩,增长率5.51%。可采摘面积超过300万亩的省份有5个,分别是云南省(658.44万亩)、贵州省(643.37万亩)、四川省(487.3万亩)、湖北省(421.01万亩)、福建省(325.00万亩)。未开采面积超过100万亩的省份有2个,分别是四川省(108.9万亩)、湖北省(124.00万亩)。

表1 2021年中国各主要产茶省(自治区、直辖市)茶园面积

省(自治区、直辖市)	2021年面积/万亩	2020年面积/万亩	面积增量/万亩	增幅/%
江苏	51.45	50.80	0.65	1.28
浙江	307.70	307.50	0.20	0.07
安徽	295.73	286.32	9.41	3.29
福建	341.22	335.40	5.82	1.73
江西	171.80	169.00	2.80	1.66

续表

省（自治区、直辖市）	2021年面积/万亩	2020年面积/万亩	面积增量/万亩	增幅/%
山东	40.83	39.00	1.83	4.69
河南	208.60	205.20	3.40	1.66
湖北	545.01	513.71	31.30	6.09
湖南	298.10	274.00	24.10	8.80
广东	123.13	104.08	19.05	18.30
广西	142.44	118.23	24.21	20.48
海南	3.35	3.32	0.03	0.98
重庆	84.62	78.20	6.42	8.21
四川	596.20	586.00	10.20	1.74
贵州	714.60	716.31	-1.71	-0.24
云南	720.25	709.70	10.55	1.49
陕西	233.66	233.00	0.66	0.28
甘肃	17.40	17.92	-0.52	-2.90
总计	4896.09	4747.69	148.40	3.13

资料来源：中国茶叶流通协会

2. 茶叶产量增速放缓

2021年，全国干毛茶总产量306.32万吨，比上年增加7.71万吨，增幅2.6%（表2）。产量超过30万吨的省（自治区、直辖市）有福建省（45.05万吨）、湖北省（38.40万吨）、云南省（38.00万吨）、四川省（35.00万吨）、贵州省（34.50万吨）。增产万吨以上的省区有四川省（3.47万吨）、湖北省（3.34万吨）、福建省（3.23万吨）、广西壮族自治区（1.81万吨）。

表2 2021年中国各主要产茶省（自治区、直辖市）干毛茶产量

省（自治区、直辖市）	2021年产量/吨	2020年产量/吨	增量/吨	增幅/%
江苏	10703	12000	-1297	-10.8
浙江	195300	188100	7200	3.8
安徽	142413	138900	3513	2.5
福建	450470	418131	32339	7.7
江西	78888	78076	812	1.0
山东	27262	29600	-2338	-7.9
河南	89190	81000	8190	10.1
湖北	384000	350571	33429	9.5
湖南	250253	240826	9427	3.9
广东	108443	116000	-7557	-6.5

续表

省（自治区、直辖市）	2021年产量/吨	2020年产量/吨	增量/吨	增幅/%
广西	102800	84696	18104	21.4
海南	800	600	200	33.3
重庆	48700	43300	5400	12.5
四川	350000	315343	34657	11.0
贵州	345017	385636	−40619	−10.5
云南	380023	408824	−28801	−7.0
陕西	97297	92996	4301	4.6
甘肃	1592	1418	174	12.3
合计	3063151	2986016	77135	2.6

资料来源：中国茶叶流通协会

3．农业产值显著增长

2021年，全国干毛茶总产值为2928.14亿元，增长301.56亿元，增幅11.48%（表3）。干毛茶产值超过200亿元的省份有6个，分别是贵州省（414.6亿元）、四川省（335.0亿元）、福建省（298.12亿元）、浙江省（259.14亿元）、湖北省（221.91亿元）、云南省（202.12亿元）；产值增长超过30亿元的省份有4个，依次是四川省（49.93亿元）、山东省（44.85亿元）、湖北省（33.91亿元）、陕西省（33.11亿元）。

表3　2021年中国各主要产茶省（自治区、直辖市）干毛茶产值

省（自治区、直辖市）	2021年产值/亿元	2020年产值/亿元	增量/亿元	增幅/%
江苏	33.09	29.24	3.85	13.17
浙江	259.14	238.6	20.54	8.61
安徽	175.73	146.17	29.56	20.22
福建	298.12	290.42	7.70	2.65
江西	80.84	71.15	9.69	13.62
山东	74.85	30	44.85	149.50
河南	160.21	137.4	22.81	16.60
湖北	221.91	188	33.91	18.04
湖南	171.57	158.27	13.30	8.40
广东	156.80	153.79	3.01	1.96
广西	98.30	82.76	15.54	18.78
海南	2.16	1.59	0.57	35.85
重庆	44.53	37.5	7.03	18.75
四川	335.00	285.07	49.93	17.51
贵州	414.60	405.84	8.76	2.16
云南	202.12	204.85	−2.73	−1.33
陕西	196.32	163.21	33.11	20.29
甘肃	2.85	2.71	0.14	5.17
合计	2928.14	2626.58	301.56	11.48

资料来源：中国茶叶流通协会

4. 茶类结构持续优化

2021年，中国传统茶类中，除黄茶外其余五大茶类的产量均有不同幅度增长（表4）。其中，绿茶184.94万吨，微增0.67万吨，比增0.36%；红茶43.45万吨，增长3.02万吨，比增7.47%；黑茶39.68万吨，增长2.35万吨，比增6.3%；乌龙茶28.72万吨，增长0.94万吨，比增3.38%；白茶8.19万吨，增长0.84万吨，比增11.43%；黄茶1.33万吨，减少0.12万吨，降幅为8.28%。绿茶、红茶、黑茶、乌龙茶、白茶、黄茶的产量比为60.3：14.2：13.0：9.4：2.7：0.4；红茶、黑茶、白茶在总产量中的占比出现攀升（图1）。

表4 2021年中国六大茶类产量

茶类	2021年产量/万吨	2020年产量/万吨	增量/万吨	增幅/%
绿茶	184.94	184.27	0.67	0.36
红茶	43.45	40.43	3.02	7.47
黑茶	39.68	37.33	2.35	6.30
乌龙茶	28.72	27.78	0.94	3.38
白茶	8.19	7.35	0.84	11.43
黄茶	1.33	1.45	-0.12	-8.28
总计	306.32	298.61	7.71	2.58

资料来源：中国茶叶流通协会

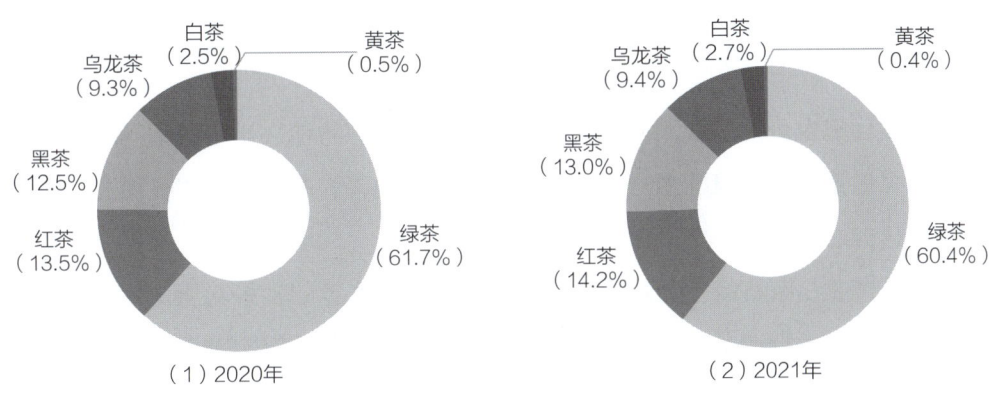

图1 中国各茶类产量占比

资料来源：中国茶叶流通协会

（二）运行情况

1. 有效应对不利因素，各地生产井然有序

2021年，中国气候暖湿特征明显，涝重于旱，气候年景偏差。降水方面，全国年平均降水量672.1毫米，较常年偏多6.7%。除华南降水量偏少外，东北、华北、西北、长江中下游和西南地区降水均偏多，河南特大暴雨灾害影响重，黄河流域秋汛明显。气温方面，2021年全国平均气温为10.5℃，为1951年以来最高；高温过程多，夏秋南方高温持续时间长；区域性、阶段性气象干旱明

显,华南干旱影响较大。但根据应急管理部的统计数据,与近十年平均值相比,气象灾害造成的直接经济损失略偏少。

总体来看,天气对2021年全国茶叶生产影响不大。年初的两次全国范围寒潮虽致江北茶区、江南茶区北部、西北茶区西北部等地的部分幼龄茶园和高山茶园出现轻度到中度茶树冻害,但由于寒潮发生时间早、持续时间短,因此整体影响有限。2—4月,云南、广西地区出现区域性干旱,在一定程度上影响了春茶生产进程,但较往年为轻。夏秋季节多地涝灾,云南、四川、河南等省部分茶园受灾,但因已至产制中后期,加之受灾地区及时响应、生产自救,最大限度地减少了损失。

在抗击疫情方面,为最大程度地降低疫情对生产的不利影响,2021年,各茶叶主产区政府纷纷出台相关政策,采取了积极应对措施。主要做法:一是做好茶园养护指导;二是提升加工企业生产加工能力;三是加强技术指导培训;四是做好采茶工招收和培训;五是积极协调融资贷款,做好企业流动资金筹措工作。这些举措有力地维护了茶叶生产秩序,保障了产业的持续增收。

2. 规划得当落地见效,三茶统筹稳步推进

2021年,农业农村部、市场监管总局、供销总社正式出台《关于促进茶产业健康发展的指导意见》;中国茶叶流通协会在部委指导下发布了《中国茶产业发展"十四五"规划建议》,并提出"国茶振兴五年计划"。各地积极呼应,认真筹谋。科技兴茶、绿色兴茶、质量兴茶、品牌兴茶、文化兴茶再次成为热点。茶产业成为各茶区实施乡村振兴战略的重要抓手。

在农业农村部的指导下,根据适区适种原则,茶产业调整优化布局,目前已形成了长江中下游名优绿茶、东南沿海优质乌龙茶、长江上中游特色和出口绿茶、西南红茶和特种茶等四大优势区域,生产集中度达到80%以上。

同时,各地深入开展化肥农药使用量零增长行动,大力推广物理防治、生物防治等绿色防控及配方施肥、水肥一体化等关键技术,使茶叶主产区的生态环境明显改善,产品质量明显提高。全国茶叶病虫害绿色防控覆盖率达57.5%。

以"统筹茶文化、茶产业、茶科技"为指导,各地不断拓展茶产业的多种功能,延伸产业链,提升价值链。结合乡村振兴战略,打造了一批茶业特色小镇、茶庄园、茶叶田园综合体。

各地还在继续推进实施品牌战略,在打造区域公用品牌的同时,注重培养与扶持品牌企业。2021年,茶叶类国家级农业产业化龙头企业数量达86家。

科技赋能茶产业的力度也在加大。据测算,2021年茶叶生产科技贡献率突破60%,无性系茶树良种面积达到64.27%,重点产茶县茶园管理机械化水平达37%,大宗茶加工基本实现机械化,名优茶机制率达90%以上;物联网、大数据、生物科技等新技术在茶产业中广泛应用。

3. 既有难题尚难破解,市场风险逐步加大

在全国茶叶生产形势稳定向好的局面下,制约产业发展的一些突出问题仍亟待解决。一是茶园面积较大,老茶园占比过高。目前,全国30年以上老茶园面积为1500万亩左右,占茶园总面积的31%。据调查,老茶园平均单产低,病虫害发生率高且偏重,严重影响茶叶生产质量效益。二是生产成本持续上升。春茶采摘主要依靠人工。伴随着农村空心化，劳动力不断减少且老龄化，人工成本持续攀升且效率不高。此外，绿色有机已成为产业发展趋势，茶园管护成本提高、生产环节技术升级改造等因素使非劳动力成本也在不断增加。三是产品供需结构失衡的问题仍未缓解。伴随着2018年之后的新增茶园进入丰采期，每年的新增量产势必进一步加大市场销售压力。以营销破解"卖难"将是今后一个时期茶产业的主要命题。

二、国内市场

（一）国产茶叶

1. 内销市场保持平稳，数据指标持续上行

据统计（表5~表7），2021年，中国茶叶的内销总量为230.19万吨，增长10.03万吨，比增4.56%；内销总额为3120亿元，增长231亿元，比增8.0%；内销均价为135.5元/千克，比增3.3%。

表5　2012—2021年中国茶叶内销总量

年份	2021	2020	2019	2018	2017	2016	2015	2014	2013	2012
内销总量/万吨	230.19	220.16	202.56	191.05	181.7	171.06	167.91	150.25	133.83	124.01

资料来源：中国茶叶流通协会

表6　2012—2021年中国茶叶内销总额

年份	2021	2020	2019	2018	2017	2016	2015	2014	2013	2012
内销总额/亿元	3120	2889	2740	2661	2405	2148	1869	1669	1385	1176

资料来源：中国茶叶流通协会

表7　2012—2021年中国茶叶内销均价

年份	2021	2020	2019	2018	2017	2016	2015	2014	2013	2012
内销均价/(元/千克)	135.5	131.2	135.2	139.3	132.4	125.5	111.3	111.1	103.5	94.9

资料来源：中国茶叶流通协会

2. 消费格局基本稳定，白茶发展势头强劲

2021年，中国绿茶内销量130.92万吨，比增2.35%，占总销量的56.9%；红茶33.88万吨，比增7.97%，占总销量的14.7%；黑茶34.41万吨，比增9.31%，占总销量的14.7%；乌龙茶22.79万吨，比增3.97%，占总销量的9.9%；白茶7.05万吨，比增12.80%，占总销量的3.1%；黄茶1.14万吨，比减7.32%，占总销量的0.5%（表8、图2）。

表8　2021年中国六大茶类内销总量

茶类	2021年内销总量/万吨	2020年内销总量/万吨	增量/万吨	增幅/%
绿茶	130.92	127.91	3.01	2.35
红茶	33.88	31.48	2.50	7.97
黑茶	34.41	31.38	2.93	9.31
乌龙茶	22.79	21.92	0.87	3.97
白茶	7.05	6.25	0.80	12.80
黄茶	1.14	1.23	-0.09	-7.32
总计	230.19	220.17	10.02	4.55

资料来源：中国茶叶流通协会

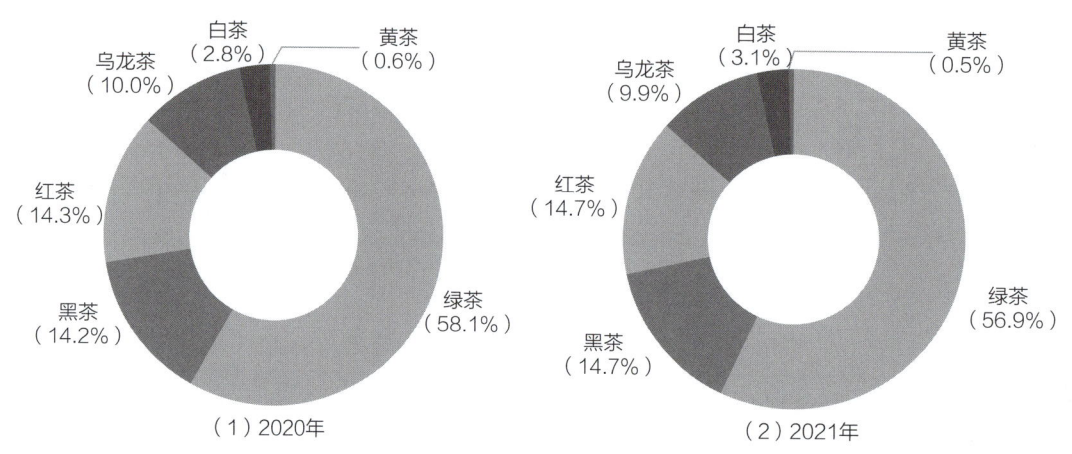

图2　中国六大茶类内销总量

资料来源：中国茶叶流通协会

2021年中国绿茶内销额1994.3亿元，比增17.4%，占内销总额的63.9%；红茶503.0亿元，比增0.4%，占总额的16.2%；黑茶258.2亿元，比减14.4%，占总额的10.4%；乌龙茶259.3亿元，比减7.7%，占总额的8.3%；白茶91.4亿元，比增2.1%，占总额的2.9%；黄茶13.9亿元，比减18.2%，占总额的0.4%（表9、图3）。

各茶类中，绿茶均价152.3元/千克、红茶146.2元/千克、乌龙茶113.8元/千克、黑茶76.2元/千克、白茶129.8元/千克、黄茶122.2元/千克（图4）。

表9　2021年中国六大茶类内销总额

茶类	2021年内销总额/亿元	2020年内销总额/亿元	增量/亿元	增幅/%
绿茶	1994.3	1699.2	295.1	17.4
红茶	503.0	500.8	2.2	0.4
黑茶	258.2	301.6	-43.4	-14.4
乌龙茶	259.2	280.7	-21.5	-7.7
白茶	91.4	89.5	1.9	2.1
黄茶	13.9	17.0	-3.1	-18.2
总计	3120.0	2888.8	231.2	8.0

资料来源：中国茶叶流通协会

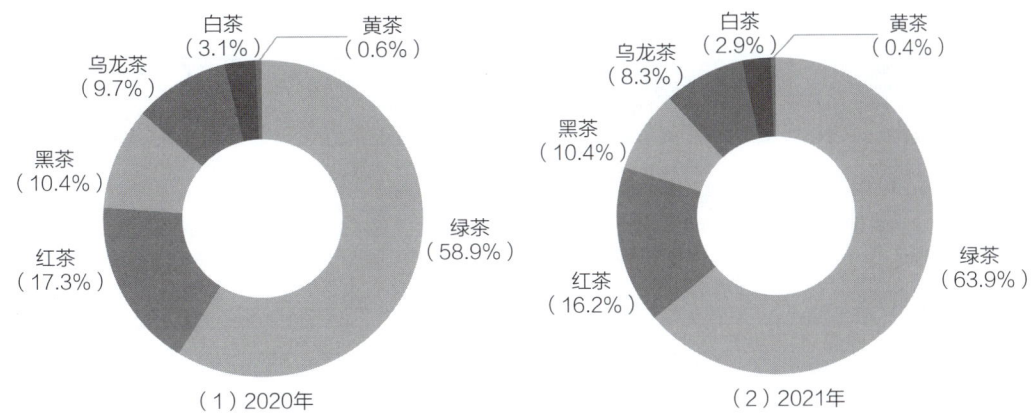

图3 中国六大茶类内销总额

资料来源：中国茶叶流通协会

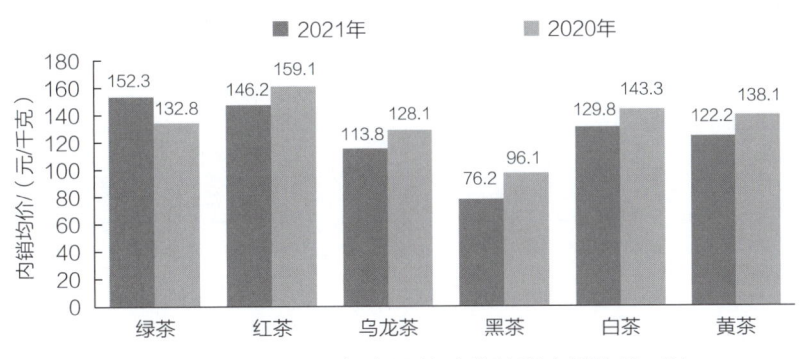

图4 2020、2021年中国茶叶分茶类内销均价对比

资料来源：中国茶叶流通协会

（二）进口茶叶

2021年，中国进口茶叶总体呈增长态势，进口量创近年新高。据海关数据（表10），2021年1—12月，中国进口茶叶4.67万吨，比增7.81%；进口额1.84亿美元，比增2.49%；均价4.15美元/千克，比下4.93%。

表10　2021年中国茶叶进口量和进口额排名

名次	茶叶进口量排名		茶叶进口额排名	
	国家或地区	总量/千克	国家或地区	总额/美元
1	斯里兰卡	15240772	斯里兰卡	76276199
2	印度	7916326	中国台湾	33118459
3	越南	5478041	印度	21395222
4	肯尼亚	4118224	越南	9828149
5	印度尼西亚	3573711	肯尼亚	7951472
6	中国台湾	2240135	布隆迪	4864246

续表

名次	茶叶进口量排名		茶叶进口额排名	
	国家或地区	总量/千克	国家或地区	总额/美元
7	布隆迪	1891144	波兰	4633278
8	卢旺达	1212695	印度尼西亚	4440130
9	阿根廷	1017943	卢旺达	2869983
10	马拉维	970309	英国	2357975
11	莫桑比克	919322	新加坡	1847362
12	乌干达	550624	德国	1745571
13	波兰	320337	马拉维	1724119
14	泰国	299400	莫桑比克	1525577
15	阿联酋	138932	中国	1491434
16	马来西亚	138131	泰国	1122229
17	缅甸	128375	乌干达	906235
18	坦桑尼亚	125482	阿根廷	903050
19	澳大利亚	83699	澳大利亚	803956
20	中国	71952	阿联酋	742963

资料来源：中国海关

1．分茶类看

（1）进口量方面　2021年进口红茶3.89万吨，比增9.8%，占总量的83.0%；绿茶0.43万吨，比增1.6%，占比9.2%；乌龙茶0.33万吨，比增13.0%，占比7.0%；花茶224吨，比减63.8%，占比0.5%；普洱茶3.9吨，比减97.3%；新增类目黑茶进口量为0.7吨（图5、表11）。

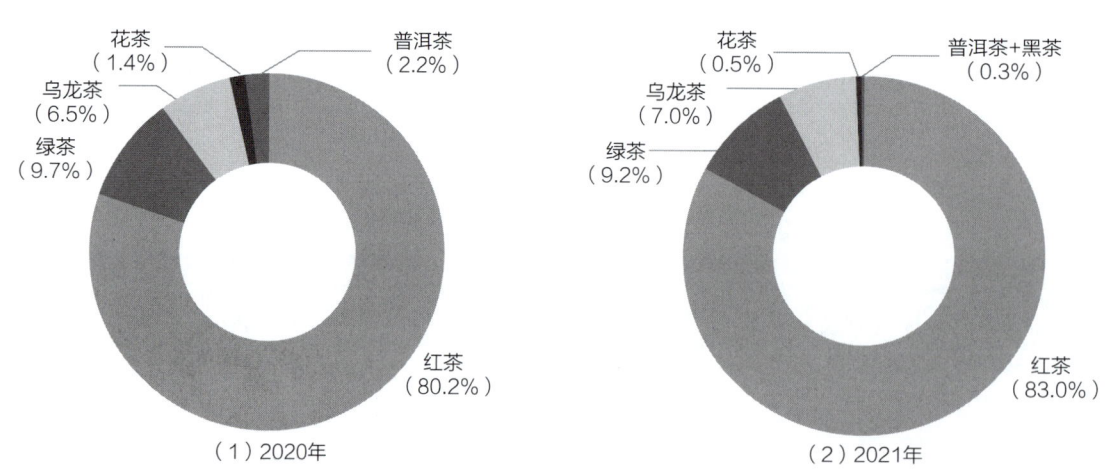

因2021年黑茶进口量总比中仅为0.001%，故与普洱茶合并制图。

图5　中国茶叶进口量分茶类占比

资料来源：中国海关

表11　2021年中国茶叶进口量、均价和进口额情况

茶类	进口量/吨	进口额/万美元	进口均价/（美元/千克）	进口量增幅/%	进口额增幅/%	进口均价增幅/%
花茶	224.2	303.7	13.5	−63.8	2.5	183.0
绿茶	4333.5	1104.4	2.5	1.6	−39.6	−40.5
乌龙茶	3261.8	3131.8	9.6	13.0	9.0	−3.5
普洱茶	3.9	13.2	34.2	−97.3	−86.4	400.2
红茶	38903.2	13895.3	3.6	9.8	7.7	−2.0
黑茶	0.7	1.5	22.8	—	—	—
合计	46727.1	18449.9	3.9	7.8	2.5	−4.9

资料来源：中国海关

（2）进口额方面　2021年进口红茶1.39亿美元，比增9.8%，占总额的75.0%；乌龙茶0.31亿美元，比增9.0%，占比16.9%；绿茶0.11亿美元，比减39.6%，占比6.0%；花茶303.7万美元，比增2.5%，占比1.6%；普洱茶13.2万美元，比减86.4%；新增类目黑茶进口额为1.5万美元（图6）。

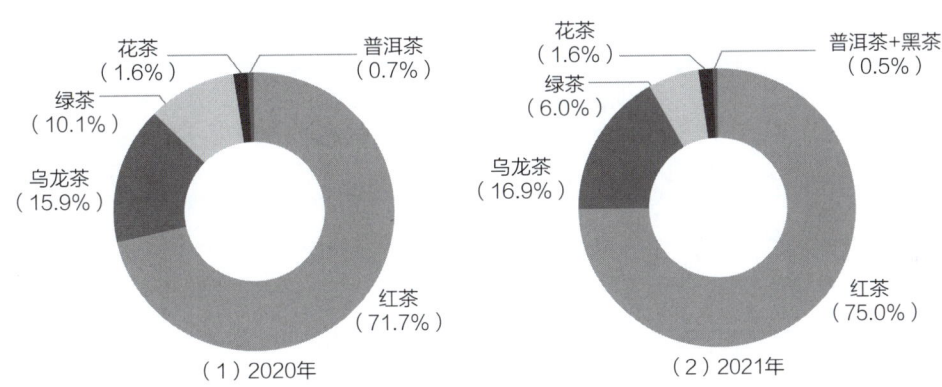

因2021年黑茶进口额在总额占比仅为0.01%，故与普洱茶合并制图。

图6　中国茶叶进口额分茶类占比

资料来源：中国海关

（3）进口均价方面　2021年，红茶均价3.57美元/千克，比减2.0%；绿茶均价2.5美元/千克，比减40.5%；乌龙茶均价9.6美元/千克，比减3.5%；花茶均价13.5美元/千克，比增183%；普洱茶均价34.2美元/千克，比增400.2%；新增类目黑茶进口均价为22.8美元/千克（图7）。

2．分省区统计

2021年，中国进口茶叶逾千吨的省（自治区、直辖市）共计8个（表12），依次是福建省（1.22万吨）、浙江省（0.89万吨）、广东省（0.60万吨）、北京市（0.44万吨）、上海市（0.43万吨）、江苏省（0.40万吨）、云南省（0.31万吨）、广西壮族自治区（0.17万吨）。

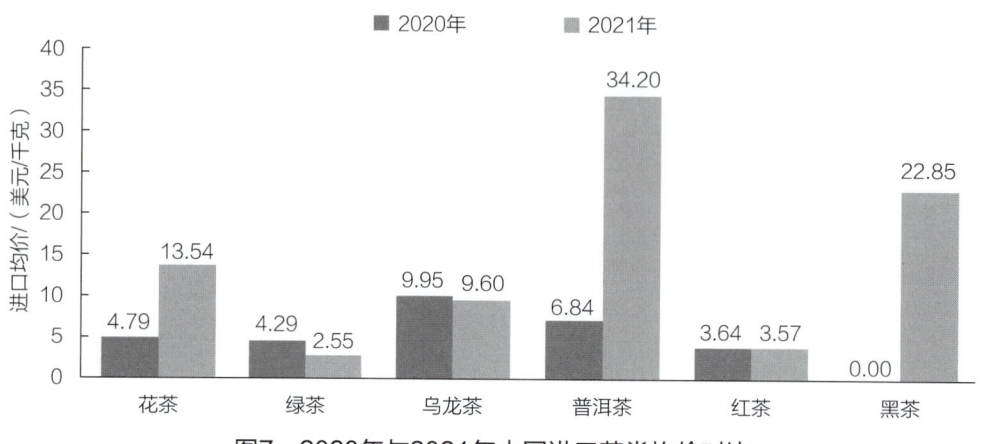

图7 2020年与2021年中国进口茶类均价对比

资料来源：中国海关

表12 2021年中国进口茶叶数量分省（自治区、直辖市）统计（＞1000吨）　　单位：吨

企业注册地	花茶	绿茶	乌龙茶	红茶	普洱茶	黑茶	合计
福建	58631	548565	2037838	9529555	1	0	12174590
浙江	3156	312779	17634	8604615	0	0	8938184
广东	45184	40857	45932	5863749	2574	660	5998956
北京	539	3776	32698	4360967	17	0	4397997
上海	30231	174700	940136	3162195	906	0	4308168
江苏	8134	154	40319	3910949	2	0	3959558
云南	0	3078385	15408	26072	342	0	3120207
广西	37184	14877	105473	1564243	0	0	1721777

资料来源：中国海关

2021年，中国进口茶叶金额过百万美元的省（自治区、直辖市）共计11个（表13），分别是福建省（4431万美元）、上海市（4389万美元）、广东省（2591万美元）、浙江省（2223万美元）、北京市（1511万美元）、江苏省（1247万美元）、广西壮族自治区（646万美元）、云南省（441万美元）、安徽省（382万美元）、山东省（253万美元）、陕西省（115万美元）。

表13 2021年中国进口茶叶金额分省（自治区、直辖市）统计（＞100万美元）　单位：万美元

企业注册地	花茶	绿茶	乌龙茶	红茶	普洱茶	黑茶	合计
福建	794857	1477118	9386936	32655985	7	0	44314903
上海	739228	2634675	15474147	24997331	45795	0	43891176
广东	822759	677504	1426648	22886838	80933	15080	25909762
浙江	243763	1256969	574701	20157483	0	0	22232916
北京	39142	140414	661704	14264575	743	0	15106578

续表

企业注册地	花茶	绿茶	乌龙茶	红茶	普洱茶	黑茶	合计
江苏	9655	4230	906224	11550761	680	0	12471550
广西	168676	21712	2224242	4040484	0	0	6455114
云南	0	3993224	319506	98133	3124	0	4413987
安徽	2827	50912	18288	3755632	0	0	3827659
山东	139586	618734	152412	1618886	0	0	2529618
陕西	32135	98340	0	1024138	0	0	1154613

资料来源：中国海关

3．从进口茶叶的来源地统计

在中国进口茶叶的来源地中，排名前六位的分别是斯里兰卡、印度、越南、肯尼亚、印度尼西亚、中国台湾。从进口茶类来看，印度、斯里兰卡、肯尼亚、印度尼西亚主要供应红茶，其中茶叶进口价格最高的为斯里兰卡5.0美元/千克，印度为2.7美元/千克，肯尼亚为1.9美元/千克，印度尼西亚为1.2美元/千克，越南主要供应绿茶，而中国台湾则主要供应乌龙茶。

从近三年的进口量变化情况来看：从印度进口的茶叶逐年递减，2021年的降幅达23%；从我国台湾省进口的茶叶量也在逐年递减，台湾省从2019年第三大进口供应地降到2021年的第六。而斯里兰卡、越南、肯尼亚、印度尼西亚的茶叶供应量均在逐年提升，肯尼亚在2021年的增幅更是高达80.3%。

（三）运行情况

1．内销市场持续拉升茶业经济增长

在城市化和收入水平提高、年轻群体消费增长、消费方式多元化以及乡村振兴带动的农村消费增长等综合因素作用下，中国茶叶内销市场在线上线下均呈购销两旺态势。据统计，2021年，约86.17%的中国茶叶在国内消费。名优茶作为产业价值的绝对担当，对内销额的贡献率长期保持在70%~75%。随着新生代消费群体的崛起，茶叶消费市场已经发生变化，正由大众消费逐步转向个性化、时尚化、科技化的高品质消费。线下消费者对茶叶品牌的认知度不断提升，使品牌茶消费群体不断壮大，芽茶类及一芽一叶、一芽两叶初展等类型的中高端茶消费火热。2021年，茶叶内销线上化特征明显。线上卖茶已成为茶企的重要运营模式，线上购茶正在成为消费者采购的重要途径。值得关注的是，与以往不同，品质化已成为线上消费者的偏好。据京东平台2021年1—8月前十位热销茶类单品情况，传统原茶产品占7位，产品均价全部高于300元/千克，"向上偏好"趋向明显。

2．宏观环境持续推进茶叶消费升级

健康消费观深入人心、社交电商与直播带货的发展、日常消费的整体升级及茶业营销现代化，全面助推着茶叶消费升级。2021年中国茶叶需求侧呈现四个特点：一是消费群体年轻化，80后、90后甚至00后对茶的接受度持续走高，年轻一代的茶产品消费需求和偏好更加个性化、多样化并渐成主流；

二是消费思维理性化，受多元因素影响，茶叶消费向旧有认知的中高端价位集中，旧概念的中高价位正在成为普通价位，性价比高的茶叶产品成为消费首选，并注入品牌、文化、情感等消费因素；三是电商渠道壮大化，由于线下渠道受到各种因素制约，电商消费的便利性充分显现，茶叶线上交易规模近年来持续提升，销售量在企业的销售占比中份额明显加大；四是产品赛道多元化，传统品类保持稳定，绿茶、红茶、黑茶、乌龙茶为主，白茶、黄茶、花草茶等小众茶类近年来实现高速增长，产品与服务相结合的新中式茶饮行业迅速扩张，产业深加工与衍生品制造业开始启动。

3. 产业短板影响茶叶流通消费市场

尽管当前茶叶内销市场持续繁荣，但也应看到产品创新力不强、信息对称性不足、消费认知不充分等问题制约着流通发展。究其原因，主要源自产业短板：一是行业集中度低，品类、品牌、加工水平等多方面的发展不平衡，整个产业链、供应链发展不完善；二是消费者的品牌忠诚度低，长期的饮用习惯使消费者往往只重品类、轻品牌，重区域公用品牌、轻企业品牌；三是基础科学研究不充分、不扎实，知识传播更偏于市场需求，与现代科技结合不够，专业人才培养不足；四是行业标准化有待进一步完善，尽管在国家标准化战略的推进下，我国茶叶标准化工作已初步构建了较为完善的茶叶标准化技术体系，但由于起步晚，加之品类多样性及农作物特有的地区性等因素影响，导致标准制定存在一定的难度，仍需持续深耕。

三、外销市场

2021年，中国茶叶出口保持平稳，出口量明显提升，量、价、额创历史新高。据中国海关数据（表14，表15），2021年1—12月，中国茶叶出口总量36.94万吨，比2020年增长2.05万吨，比增5.89%；出口总额22.99亿美元，比2020年增加2.61亿美元，比增12.82%；出口均价为6.22美元/千克，同比上涨0.38美元/千克，涨幅6.55%。自2013年以来，中国茶叶出口额与出口均价持续增长态势，年复合增长率分别为7.95%和6.28%。

表14　2021年中国茶叶出口量、出口额情况

名次	茶叶出口量排名		茶叶出口额排名	
	国家或地区	总量/千克	国家或地区	总额/美元
1	摩洛哥	74609544	中国香港	647916869
2	乌兹别克斯坦	28655165	马来西亚	256634239
3	加纳	22831940	摩洛哥	228259395
4	俄罗斯联邦	18163769	越南	128390397
5	毛里塔尼亚	17563321	加纳	103309909
6	中国香港	16729176	毛里塔尼亚	76000882
7	塞内加尔	16340492	塞内加尔	69932572

续表

名次	茶叶出口量排名		茶叶出口额排名	
	国家或地区	总量/千克	国家或地区	总额/美元
8	阿尔及利亚	13060598	美国	66911878
9	多哥	12038778	乌兹别克斯坦	56099872
10	美国	10980445	多哥	56020695
11	德国	10505627	日本	54376307
12	日本	9972681	俄罗斯联邦	51625649
13	贝宁	8187896	阿尔及利亚	50268470
14	马来西亚	7242628	德国	43630451
15	喀麦隆	7172665	泰国	39999326
16	尼日尔	6011703	马里	24778424
17	泰国	6006905	冈比亚	21339248
18	冈比亚	5973665	尼日尔	18035351
19	波兰	5893928	利比亚	16563375
20	马里	5495983	法国	16448272

资料来源：中国海关

表15 2021年中国茶叶出口量、出口均价和出口额统计

茶类	出口量/吨	出口额/万美元	出口均价（美元/千克）	出口量增幅/%	出口额增幅/%	出口均价增幅/%
花茶	5835	5776	9.9	-4.82	-4.90	-0.09
绿茶	312264	148752	4.8	6.43	13.96	7.08
乌龙茶	19145	28169	14.7	13.00	30.46	15.45
普洱茶	2176	5253	24.1	-38.62	-52.98	-23.40
红茶	29591	41484	14.0	2.74	20.47	17.26
黑茶	344	489	14.2	—	—	—
合计	369355	229923	6.2	5.89	12.82	6.55

资料来源：中国海关

（一）分茶类统计

从出口量看（图8），绿茶出口量为31.23万吨，增长1.89万吨，增幅6.43%，占总出口量的84.5%；红茶出口量为2.96万吨，增长788吨，增幅2.74%，占总出口量的8.0%；乌龙茶出口量为1.91万吨，增长2202吨，增幅13%，占总出口量的5.2%；花茶出口量为5835吨，减少295吨，降幅4.8%，占总出口量的1.6%；普洱茶出口量为2176吨，减少1369吨，降幅38.6%；新增类目黑茶出口量为344吨，占总出口量的0.6%。

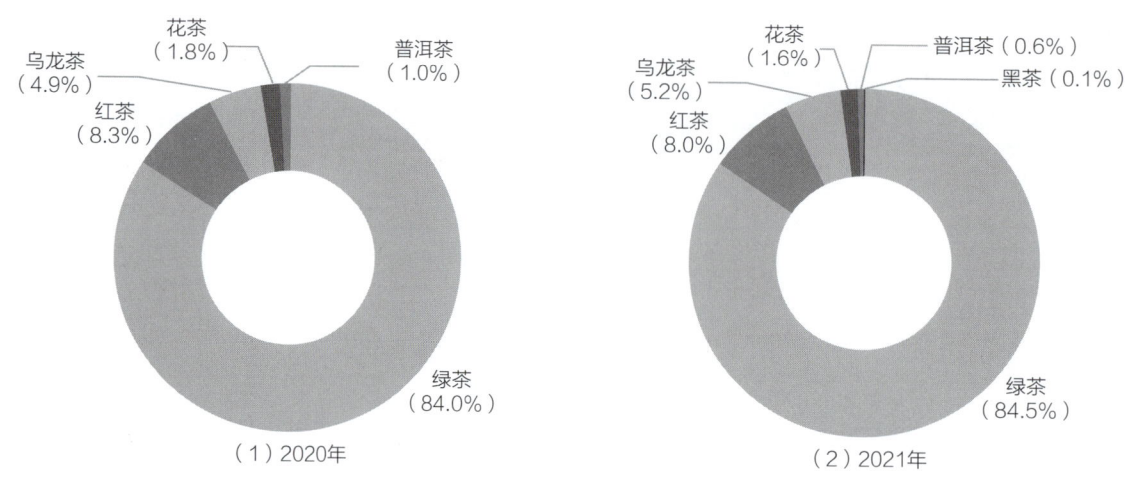

图8　中国茶叶出口量分茶类占比

资料来源：中国海关

从出口额看（图9），绿茶出口额14.88亿美元，同比增长13.96%，占总额的64.7%；红茶4.15亿美元，同比增长20.47%，占总额的18.0%；乌龙茶2.82亿美元，比增30.46%，占总额的12.3%；花茶0.58亿美元，比减4.9%，占总额的2.5%；普洱茶0.53亿美元，比减52.98%，占总额的2.3%；新增类目黑茶出口额为489万美元。

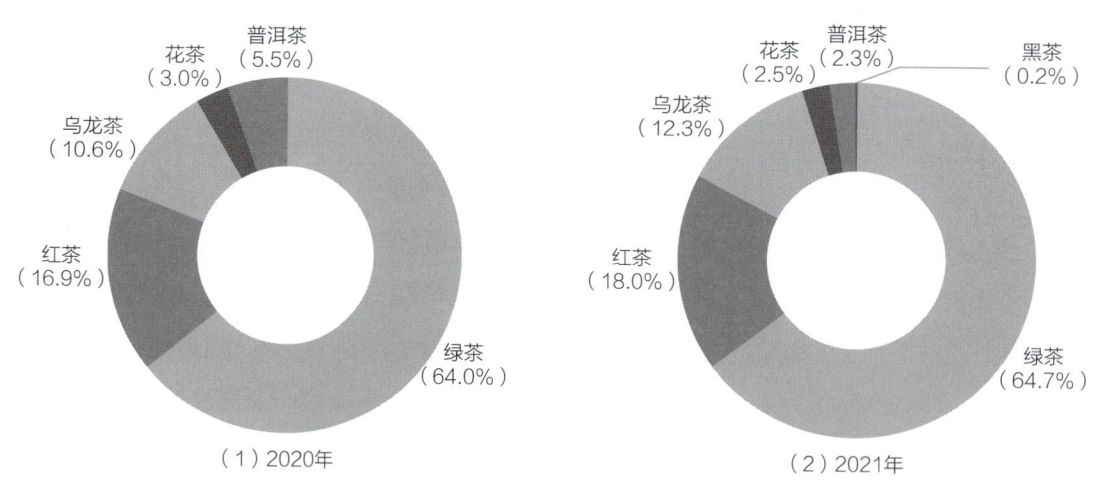

图9　中国茶叶出口额分茶类占比

资料来源：中国海关

从均价看（图10），绿茶出口均价4.8美元/千克，同比上涨7.08%；红茶均价14.0美元/千克，同比上涨17.26%；乌龙茶均价14.7美元/千克，同比上涨15.45%；花茶均价9.9美元/千克，与上一年基本持平；普洱茶均价24.1美元/千克，同比降低23.4%；新增类目黑茶出口均价为14.2美元/千克。

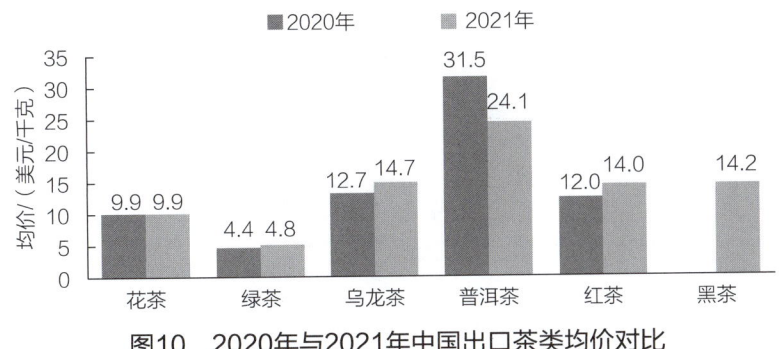

图10　2020年与2021年中国出口茶类均价对比

资料来源：中国海关

（二）分省区统计

1．出口量

2021年，中国茶叶出口量万吨以上的省份有6个（表16），依次是：浙江省，15.08万吨，比增3.18%，占总量的40.8%；安徽省，6.77万吨，比增1.99%，占总量的18.3%；湖南省，4.16万吨，比增17.08%，占总量的11.3%；福建省，2.61万吨，比增18.83%，占总量的7.1%；湖北省，2.35万吨，比增28.16%，占总量的6.4%；江西省，1.41万吨，比减2.03%，占总量的3.8%（图11）。

表16　2020、2021年中国各省（自治区、直辖市）茶叶出口量（前20位）

省（自治区、直辖市）	2021年出口量/千克	2020年出口量/千克	增量/千克	增幅/%
浙江	150809979	146167525	4642454	3.18
安徽	67738272	66417448	1320824	1.99
湖南	41557208	35494470	6062738	17.08
福建	26147684	22004922	4142762	18.83
湖北	23520567	18351881	5168686	28.16
江西	14129917	14422519	-292602	-2.03
河南	9097189	7425202	1671987	22.52
四川	7652405	8226421	-574016	-6.98
贵州	5937947	3276308	2661639	81.24
广东	5230531	6569882	-1339351	-20.39
云南	4879354	6665053	-1785699	-26.79
重庆	3848034	4358062	-510028	-11.70
上海	3691047	4048739	-357692	-8.83
广西	1586800	1121091	465709	41.54
江苏	1550192	1894360	-344168	-18.17
山东	1021103	702938	318165	45.26
陕西	479852	634081	-154229	-24.32
天津	163916	661036	-497120	-75.20
内蒙古	147806	191318	-43512	-22.74
北京	78753	48760	29993	61.51

资料来源：中国海关

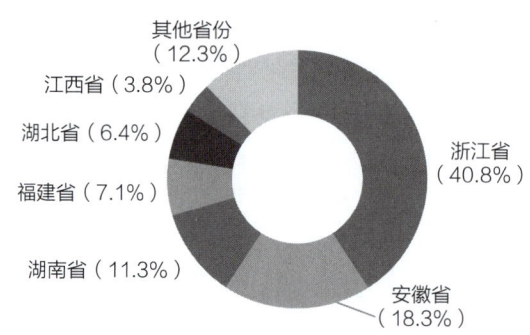

图11　2021年中国茶叶出口量破万吨省份占总出口量比重

资料来源：中国海关

2．出口额

2021年，中国茶叶出口额达到1亿美元以上的省份有8个（表17），依次是：福建省5.13亿美元，比增22.84%，占总额的22.3%；浙江省4.86亿美元，比增8.64%，占总额的21.1%；安徽省2.87亿美元，比增2.62%，占总额的12.5%；贵州省2.22亿美元，同比大增114.58%，占总额的9.7%；湖北省1.90亿美元，比减5.71%，占总额的8.2%；湖南省1.24亿美元，比增25.93%，占总额的5.4%；江西省1.21亿美元，比增43.17%，占总额的5.3%；云南省1.08亿美元，比减1.82%，占总额的4.7%（图12）。

表17　2020年中国各省（自治区、直辖市）茶叶出口额（前20位）

省（自治区、直辖市）	2021年出口额/美元	2020年出口额/美元	增量/美元	增幅/%
福建	513128853	417730833	95398020	22.84
浙江	485883729	447227447	38656282	8.64
安徽	287350876	280027122	7323754	2.62
贵州	222244465	103570998	118673467	114.58
湖北	189631663	201112460	-11480797	-5.71
湖南	124205917	98632395	25573522	25.93
江西	121290979	84716385	36574594	43.17
云南	108469117	110479719	-2010602	-1.82
广东	65417017	79506088	-14089071	-17.72
广西	51026336	28729403	22296933	77.61
河南	40785583	53224585	-12439002	-23.37
山东	29057225	15538702	13518523	87.00
上海	20940671	25613994	-4673323	-18.25
四川	14641021	16038473	-1397452	-8.71
江苏	10826333	35019145	-24192812	-69.08
天津	5731103	19699054	-13967951	-70.91
重庆	3578548	3641174	-62626	-1.72
陕西	3391232	16421594	-13030362	-79.35
北京	653960	413288	240672	58.23
新疆	501416	22128	479288	2165.98

资料来源：中国海关

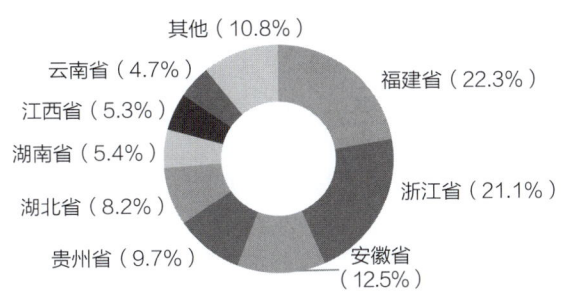

图12　2021年中国茶叶出口额破亿美元省份占总出口额比重

资料来源：中国海关

3. 出口均价

2021年，中国茶叶出口量排名前十的省份中，贵州茶叶的出口均价最高，达到37.4美元/千克；均价第二高的省份为云南省（22.2美元/千克）；福建省居第三（19.6美元/千克）；其余依次为广东省（12.5美元/千克）、江西省（8.6美元/千克）、湖北省（8.1美元/千克）、河南省（4.5美元/千克）、安徽省（4.2美元/千克）、浙江省（3.2美元/千克）、湖南省（3.0美元/千克）（图13）。

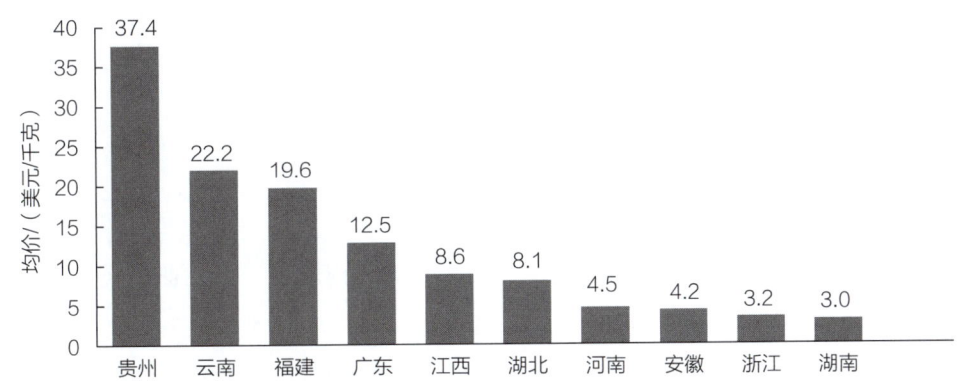

图13　2021年中国茶叶出口量前十省（自治区、直辖市）出口均价分布

资料来源：中国海关

（三）运行情况

尽管受到新冠肺炎疫情的干扰，共建"一带一路"不但没有按下"暂停键"，反而逆势前行，国际社会参与"一带一路"建设热情高涨，"一带一路"国际合作进一步展现强大韧性。截至2021年底，中国已同147个国家和32个国际组织签署200多份共建"一带一路"合作文件。在经贸合作方面，贸易规模稳步提升，产业链、供应链合作更加密切。

中国海关数据显示：2021年，中国对"一带一路"共建国家的茶叶出口总量为10.85万吨，比增6.0%，占总出口量的29.4%，出口总额7.19亿美元，占总出口额的31.3%；对欧盟的茶叶出口量为2.66万吨，比增2.8%，占总出口量的7.2%，出口额1.13亿美元，比增9.1%，占总出口额的9.1%；对东盟十国的茶叶出口量为2.04万吨，比减3.5%，占总出口量的29.4%，出口额4.49亿美元，比减5.8%，占总出口额的19.5%。

四、建议

（一）持续推进三茶统筹

中国茶产业应坚持继续深入贯彻"把茶文化、茶科技、茶产业统筹起来"的重要指示精神，以深入挖掘、保护中国茶文化精髓与传统技艺，推动创新传承，以"国内大循环为主体、国内国际双循环相互促进"的新发展格局指导茶业产销体系的不断完善，以整合科技资源推动产学研用深度融合发展，从而全面夯实全产业链开发、全价值链提升、全政策链扶持，让茶产业在乡村振兴战略的实施过程中真正担当起农业支柱产业的作用。

（二）持续推动产业发展

以低成本和扩张规模获取竞争优势的时代已近尾声，中国茶产业应将发展重心由单纯扩大种植规模转向全面高质量发展；应以构建现代茶叶产业体系、生产体系和经营体系为目标，控制茶园面积，加快低产低效茶园改造、有序退出，推行无性系标准化建园、适地适种，推行适度规模经营与茶叶生产全程机械化，加快培养专业人才队伍，建设标准化生产基地，培育国际化茶叶集团，打造一批在国际国内具有影响力的品牌企业，推动产业健康、可持续发展。

（三）持续促进营销创新

从聚焦产能发展到品牌建设，中国茶叶流通正面临客群结构调整、多元业态叠加和需求细化丰富所带来的机遇，茶产业应加大市场营销投入力度，面向细分消费者、细分茶叶品类，以产品创新和多元化引领营销创新，打入新兴市场、拓展新消费群体，引进数据化营销系统，精准策划服务营销方案，让用户了解商品的制作过程及商品特性，不断提升服务水平、高效保障消费者满意度，以多维度创新开展营销服务，最终促成消费者购买茶叶产品。

（四）持续引导消费升级

中国茶行业应紧抓国内消费升级与互联网消费蓬勃兴起的大趋势，加快推进供给侧与需求侧结构性改革，充分挖掘与释放茶叶消费潜力，创建透明、可验证的供应链机制，增强消费者对中国茶行业的信任度，提升消费者对茶叶价值的认知，促进健康消费；以新生代茶叶消费人群的需求引领新供给，做好茶叶消费场景搭建，注重健康、文化内涵，大力引导品牌茶消费、复合型茶消费、互动体验型茶消费，以新型消费体验推动国内茶叶消费升级。

（五）持续夯实产销合作

在国内市场，茶叶产销区的政府、行业组织、企业应共同研究探讨加强产销衔接的新方式、新路径，完善合作理念，突出合作重点，强化合作机制；各施所长，发挥比较优势，在茶叶购销、品牌建设等多方面凝聚共识，开展全方位、多领域合作，进而推动产销区的融合发展。在国际市场，茶叶生产国与消费国应在最大农药残留限量与茶叶质量等方面加大协调力度，制定行业通用准则，进行统一推广；并制定相应的出口商品管控政策，保证茶叶商品的质量和安全性；还应共同开拓、实施并监管全球性促销活动，将茶叶与健康进行持续关联，以促进全球人均茶叶消费量的提升，推动全球茶叶市场与贸易的持续繁荣。

（执笔人：梅宇、梁晓、肖星）

2021中国茶叶消费形势报告

中国茶叶流通协会

2020年至今，茶叶行业面对突如其来的新冠肺炎疫情及其后续对经济社会环境的持续影响，显现出较强的韧性，通过持续创新保持了稳定发展，多项经济指标延续了增长态势。在此过程中，国内消费市场呈现出新的发展态势，消费者行为和习惯随之改变，新业态新模式应运而生。这些特点和亮点折射到茶叶经济的"压舱石"——消费上，展现为国内消费升级和健康消费的潜力在茶叶市场逐步释放，市场活跃、供给丰富，茶叶内销量、额均创历史新高。

"十四五"时期，茶产业实现高质量发展的重点任务之一是消费提升，通过营销创新和渠道拓展推进消费模式转变，展现市场培育成果，全面促进茶叶消费。国内市场是茶叶消费的"重头戏"，也是纾解茶叶产能、带动经济增长的主战场。助推茶产业走出疫情阴影、加快复苏步伐，促进消费信心恢复、意愿增强、加速发展是强劲动力和重要支撑。

一、茶叶消费发展环境分析

2020年至今，国内经济恢复成效明显，呈现稳中加固、稳中向好的态势。面对冲击，中央在"六稳"工作基础上，提出"六保"任务，以保促稳、稳中求进，2020全年国内生产总值增长2.3%，2021年国内生产总值同比增长8.1%，居民消费价格指数（CPI）同比上涨0.9，主要指标符合预期目标要求，生产需求继续回升，内生动力逐步增强。2021年12月份，制造业采购经理指数和非制造业商务活动指数分别为50.3%和52.7%，经济总体保持恢复态势，景气水平平稳回升。但同时，2021年中央经济工作会议指出：我国经济发展面临需求收缩、供给冲击、预期转弱三重压力，畅通国内大循环，突破供给约束堵点，打通生产、分配、流通、消费各环节是未来深化供给侧结构性改革的重点。

（一）消费市场持续恢复，内需成为重要经济支撑

随着疫情防控形势不断向好，我国消费市场稳步复苏，并呈现加速回暖态势。疫情之下，各国供应链的稳定性和安全性面临挑战，产业链供应链格局正在向区域化、本土化、多元化调整。扩大国内需求成为新的战略基点，消费在推动经济双循环建设、提升经济韧性、抵御外部风险中承担起了更多的责任。2020年5月14日，习近平总书记在中央政治局常务委员会会议上首次指出，要构建国内国际双循环相互促进的新发展格局。在双循环新发展格局理论指导下，我国将立足国内循环，深挖内需潜力，以促进形成强大国内市场为导向，增强消费对经济增长的基础性作用，发挥投资对经济增长的

关键作用，着力打通生产、分配、流通、消费各个环节，畅通国内大循环。

国家统计局数据显示，2020年上半年我国社会消费品零售总额同比增速始终为负，2020年8月开始我国社会消费品零售总额同比增速开始由负转正，全年社会消费品零售总额391981亿元，同比下降3.9%。2020年，最终消费支出对经济增长的贡献54.3%，高于资本形成总额11.2个百分点，为近年来的最高水平。2021年，消费需求进一步回升，社会消费品零售总额44.1万亿元，比上年增长12.5%，最终消费支出对经济增长的贡献率为65.4%，拉动国内生产总值增长5.3个百分点。消费仍是拉动我国经济增长的主要动力，内需潜力不断释放，消费增速和消费贡献企稳回升。

（二）线上消费黏性增强，规模增长加速发展

因疫情的特殊性，消费领域受到的冲击，主要体现在非必需、高弹性消费受到抑制和聚集性、流动性、接触式流通方式遭遇阻隔。疫情影响下，互联网在中老年人群中快速普及，线上消费习惯普遍养成，使用频率与深度均明显提升，部分线下消费转移至线上，线上消费黏性增加，线上线下加速融合。2020年，在全年社会消费品零售总额下降3.9%的情况下，全年全国网上零售额比增10.9%，实物商品网上零售额增长14.8%，达到97590亿元，占社会消费品零售总额的比重为24.9%，已成为引领消费增长的主要动力（图1）。2021年实物商品网上零售额比增12.0%，占社会消费品零售总额的比重为24.5%，对社会消费品零售总额增长的贡献率为23.6%。线上消费增长引领风潮之一是农产品网购，电商平台持续深耕农村市场，高效链接农产品供需两端，有效对冲新冠肺炎疫情期间行业压力，带动经济复苏、高效扶贫助农。

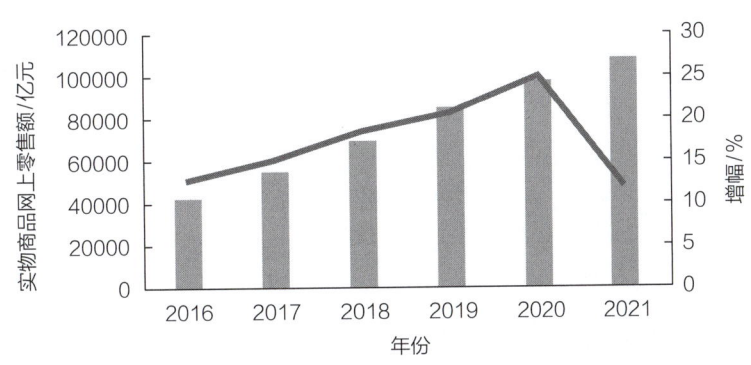

图1 2016—2021年实物商品网上零售额变化

资料来源：国家统计局

（三）新业态持续涌现，模式创新提升消费互动

伴随着以数字经济为代表的创新技术加速发展，我国市场流通与消费领域出现了一些积极变化，各种新业态新模式引领新型消费加快扩容，助推传统流通渠道和流通方式加快转型升级。2020年9月，国务院办公厅印发的《关于以新业态新模式引领新型消费加快发展的意见》指出，要以新业态新模式为引领，加快推动新型消费扩容提质。直播带货等模式率先发展，以其直观、参与感强、互动性强等特点，满足消费群体诉求，提升消费体验和互动，使得品牌与消费者之间交流更加顺畅，与电

商融合、拓宽销售渠道。据中国互联网络信息中心（CNNIC）《中国互联网络发展状况统计报告》，2021年12月我国网络直播用户规模达7.03亿，占网民整体的68.2%，成为"线上引流+实体消费"的数字经济新模式，6成以上直播电商用户购买过直播商品。在此协助下，C2M消费模式也创新发展，拉动一批国货品牌崛起，为消费者带来更多高品质、定制化的产品。人工智能等现代技术助力消费多样化、个性化、小众化发展，增强消费者之间的信息交流。

（四）新生代购买力增强，成为消费市场主力军

新生代消费群体购买力日益增强，开始成长为消费市场主力。当前我国90后、00后人口规模达3.4亿人，在总人口中占比接近四分之一；随着逐步走向职场、获得稳定收入，这部分群体已成为消费市场的中坚力量。新生代消费者对于线上消费倾向性高，在移动互联网空间中占据着极大的网络话语权与流量高地。同时新生代群体也是消费升级的主导力量，消费理念鲜明，对本土品牌的接受程度较高，需求呈现出个性化、多元化等特点，愿意为产品设计、特色支付溢价。加之消费回流、文化自信的增强，中国制造的技术、产品和服务已日趋成熟，部分国货品牌受到消费者热捧，加快自主品牌建设，优化国产品牌商品供给。国产品牌地将进一步提升，成为消费时尚。

（五）不确定性影响收入预期，消费理念回归理性

新冠肺炎疫情影响下我国部分企业面临经营挑战，加之大宗商品价格高企、成本攀升，导致企业经营业绩不佳，直接影响居民收入理性消费意识凸显。调查显示，疫情影响下我国半数消费者财务状况变差，这对年轻消费者、低收入者、私营企业员工和个体户等群体更为明显。收入预期下降和疫情带来的不确定性致使居民储蓄倾向增强。疫情影响减缓后，部分消费者选择报复性存钱而非报复性消费。据中国人民银行公布数据，12月末人民币存款余额232.25万亿元，比增9.3%。在消费领域，服务业增长动能整体偏弱、汽车消费等领域承受巨大压力。

二、茶叶消费发展情况与特点

茶叶生产稳定发展，充足优质供给持续为消费市场的扩增与创新提供有力支撑。据我会数据，2021年全国干毛茶产量达到06.3万吨，总产值2928.14亿元；六大茶类中白茶、黑茶保持高速增长，红茶大幅增长为第二大茶类。行业绿色生态发展意识不断增强，茶园结构持续优化，茶叶绿色安全稳定向好，产品品质普遍提高。

（一）茶叶消费复苏步伐加快，均价微降市场更趋理性

2020年初受新冠肺炎疫情暴发影响，茶叶产品流通严重受阻，线下销售直线下滑；进入三季度以来，随着社会复工、复产、复市全面推进，市场逐步加快复苏。据中国茶叶流通协会统计（图2），

全年茶叶国内销售量达220.16万吨，比增17.61万吨，增幅为8.69%；销售总额为2888.84亿元，比增149.34亿元，增幅5.45%。步入2021年，各主产区茶叶交易市场正常开市，茶叶消费加快复苏、潜力释放，各品类春茶销售形势明显好于去年。据统计，2021年中国茶叶的内销总量为230.19万吨，增长10.03万吨，比增4.56%；内销总额为3120亿元，增长231亿元，比增8.0%。

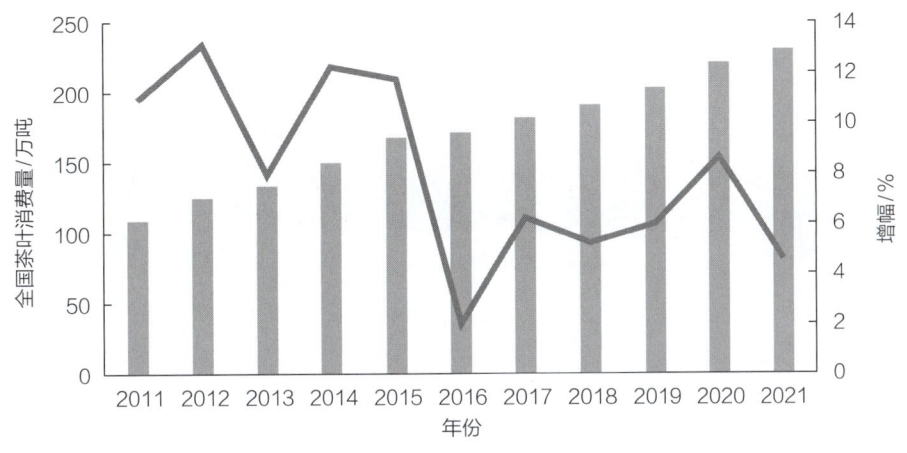

图2　2011—2021年中国茶叶内销总量

资料来源：中国茶叶流通协会

2021年，中国茶叶内销均价为135.5元/千克，同比增长3.3%（图3）。2018年开始，茶叶内销均价开始缓慢下降，2021年茶叶内销均价逆转了2018年以来的缓慢下降趋势，回归到2017年的水平，但仍未回到最高点。疫情促使更多的消费者回归理性，在消费市场呈现"向下趋省、向上趋好"的趋势，影响渗透到茶叶市场，更加直观地展现在内销均价上。

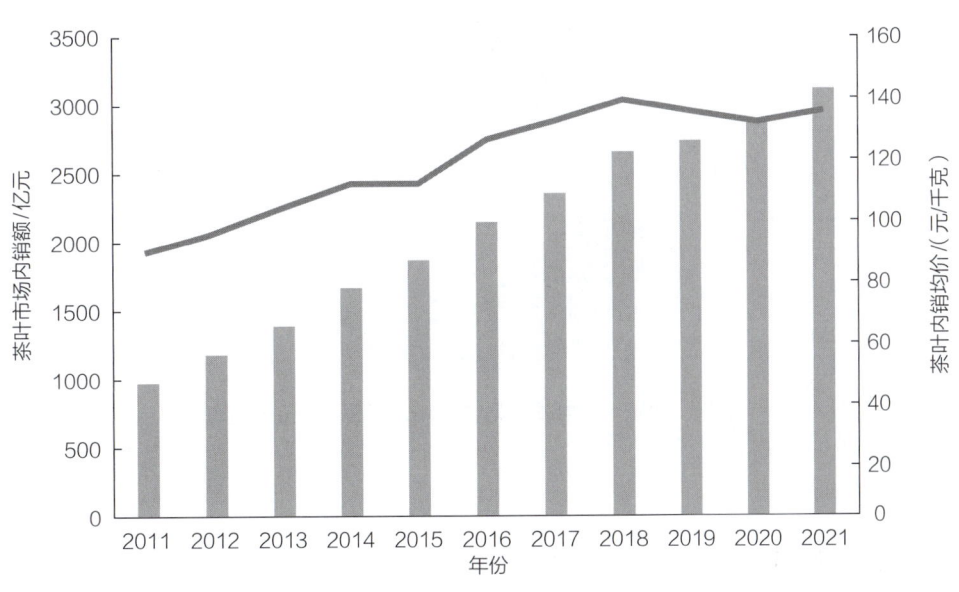

图3　2011—2021年中国茶叶内销总额及均价

资料来源：中国茶叶流通协会

分茶类而言，2021年内销市场的分布：绿茶内销量130.92万吨，占总销量的56.9%；红茶33.88万吨，占比14.7%；黑茶34.41万吨，占比14.7%；乌龙茶22.79万吨，占比9.9%；白茶7.05万吨，占比3.1%；黄茶1.14万吨，占比0.5%（图4、图5）。黑茶和白茶保持了之前销量高速增长的态势，红茶经过近几年的调整之后，也重新回到了增长高位。

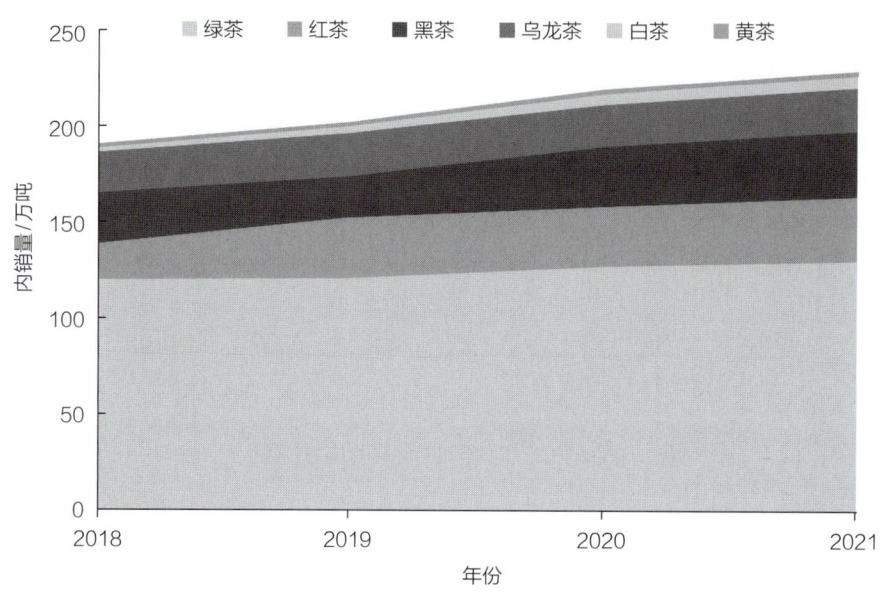

图4　2018—2021年茶类内销量

资料来源：中国茶叶流通协会

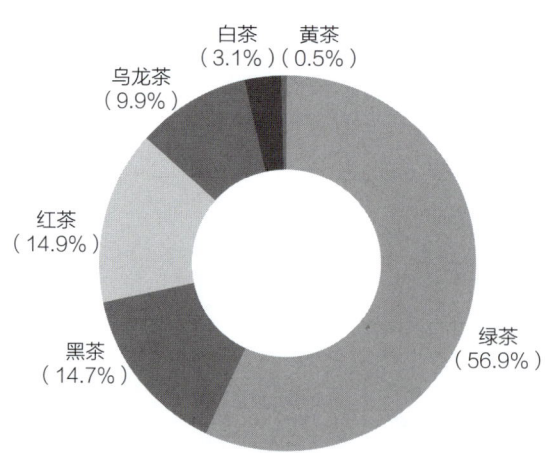

图5　2021年中国茶叶内销市场茶类分布情况

资料来源：中国茶叶流通协会

各茶类中，绿茶均价152.3元/千克、红茶146.2元/千克、乌龙茶113.8元/千克、黑茶76.2元/千克、白茶129.8元/千克、黄茶122.2元/千克（图6）。从均价上看，红茶和黑茶下降较为明显，白茶、黄茶和乌龙茶小幅减少，绿茶显著增长。

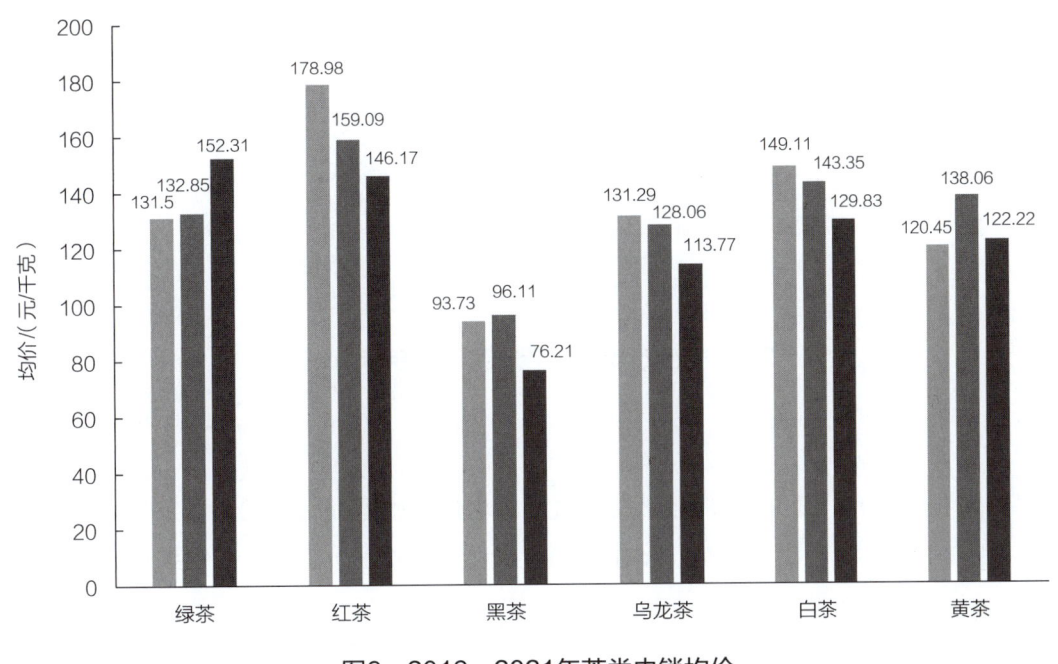

图6　2019—2021年茶类内销均价

资料来源：中国茶叶流通协会

在不同渠道，茶类的销售热度也有变化。据京东超市数据（表1），2021年1—8月购买热度最高的三个茶类分别为绿茶、花草茶和黑茶（含普洱茶）。绿茶产品的网络销售热度有所提升，花草茶则下降一位。

表1　2021年1—8月各茶类在电商平台购买热度排名

茶类	2021年1—8月购买热度排名	同比
绿茶	1	↑1
花草茶	2	↓1
黑茶（含普洱茶）	3	→
红茶	4	→
乌龙茶	5	→
白茶	6	→

资料来源：京东超市

（二）健康消费助推群体增长，线上市场引领年轻化

从消费市场发展看，疫情使人们更注重健康，瓶装水、牛奶等被认为与健康、清洁、免疫提升等存在关联的产品出现快速增长。在此大趋势下，饮茶人口数量与消费需求量持续增多，且在可预期的未来将进一步扩大。同时，疫情促使茶业线上线下加速融合，在线上，茶叶消费者年轻化趋势更加鲜明。京东平台数据显示：2021年，购买茶叶的用户群体中的主力人群年龄在26～35岁，其中35岁以下的客户占比已达57%；2020—2021年，16～25岁和26～35岁的消费者所占比例均有增加（图7）。

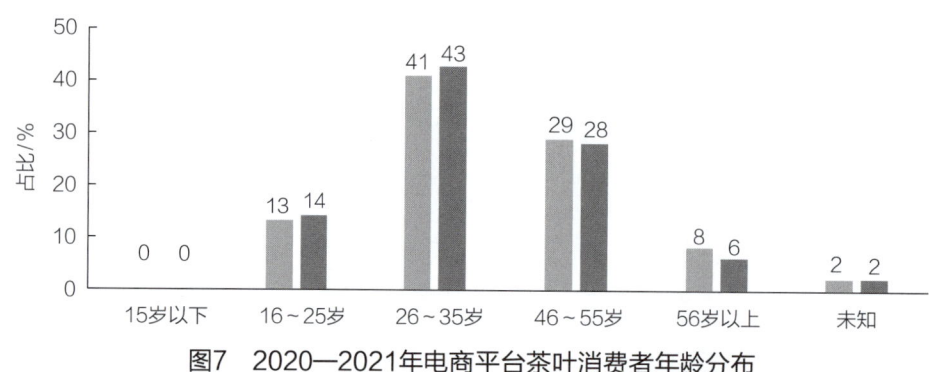

图7　2020—2021年电商平台茶叶消费者年龄分布

资料来源：京东超市

茶叶消费年轻群体的增长同时也得益于文化自信的增强，使国货品牌成为消费时尚，中国茶作为国货代表之一也成为年轻人喜爱的商品。调研发现，70%以上非遗文化产品消费者是90后。因此，文创产品也成为茶叶市场的热点领域。

下沉市场的潜力也在茶叶消费领域逐步释放，据我会今年对茶叶企业的调查，样本企业在地市级城市和县级及以下市场的内销均价均高于整体水平。随着物流业降本增效和数字化基建的完善，茶叶电商在下沉市场的发展更加迅速。2021年京东数据显示，与2020年相比，茶叶销售在五线、六线及以下城市快速崛起，由2020年的占比3%攀升至2021年的13%，涨势惊人（图8）。特征多元、体量巨大，下沉市场已经成为新品牌新模式新消费成长的新阵地。

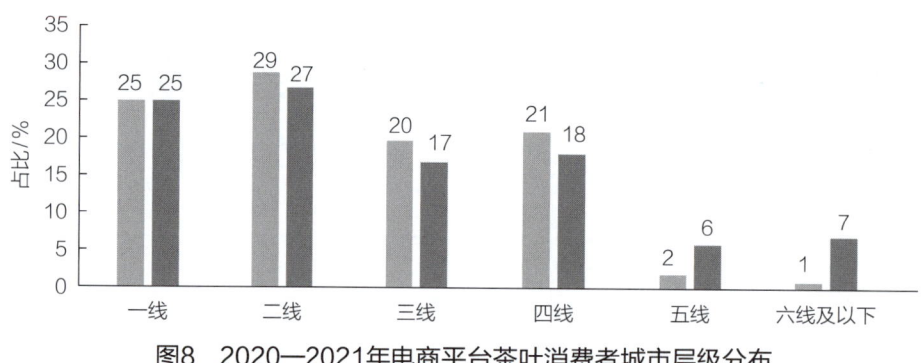

图8　2020—2021年电商平台茶叶消费者城市层级分布

资料来源：京东超市

（三）电商茶饮热度不减，袋泡茶引领产品创新

1. 电商平台继续领跑渠道增长，支撑作用凸显

近十年来，平台电商一直在茶叶消费渠道中领跑增长。新冠肺炎疫情期间，茶叶电商销售量额大增，对内培育传统消费者线上购茶习惯，对外吸引平台用户关注茶叶产品。疫情缓解后，期间形成的消费习惯得以延续，茶叶市场线上份额持续扩大。

但对茶产业而言，比销售增长影响更加深远的是平台对产业发展的"智"力支持。在新一轮技术革命和产业变革推动下，互联网、云计算、人工智能等新技术的深度应用，以新的消费内容、新的消费方式和模式、新的消费结构和新的消费制度为内涵的新消费不断创新发展。相较于传统以产品为主的消费模式，新消费更加以消费者为中心，注重掌握、了解和预测用户的需求，继而系统性创造产品、场景来满足不同消费群体的真实需求和潜在需求。电商平台领先的数字化运营水平让更多消费者行为和轨迹得以沉淀；这部分信息为消费主导的产业创新注入新的活力。同时，电商平台也越发注重线上主推产品的甄选和消费者的购物体验。如京东主打"品质好茶"理念，通过严格把控品牌入驻与产品上线标准，推出茗茶无忧险等方式，让消费者在线上也能放心购茶，线下高端品牌如小罐茶、八马等在线上也是受消费者欢迎的头部品牌。

2．茶饮市场延续之前热度，业务领域多元发展

新式茶饮在逐步走出疫情的影响之后，通过加强外卖占比来适应变化，同时向速溶茶、袋泡茶等领域延伸，延续了之前的热度。根据中茶协茶饮咖啡专委会报告，新式茶饮业在2020年经历冲击后迅速调整，通过品牌文化塑造、研判市场走向、分析消费偏好、数字化渠道升级等方面创新前因发展，2020年末市场规模已达1020亿元，过去五年复合增速为9.8%，预计2025年我国现制现售茶饮市场综合产值将突破千亿元。2021年6月，"奈雪的茶"也迎来了港交所上市，成为"新式茶饮第一股"。茶饮品牌与资本市场结合越发紧密，成为餐饮行业的"资本收割机"。

茶饮消费场景也日趋多样化，线上线下互促发展；消费者对新鲜原材料、知名品牌及愉悦体验的需求增加，对高端茶饮门店的消费意愿显著增强；口感与风味、安全与品质、品牌影响力、品类多样性是影响消费决策的重要因子。在疫情防控的大环境下，多元化消费途径的迅速拓展，自营平台、微信小程序、外卖平台等第三方应用广泛使用。

加速扩张中茶饮品牌触及的领域更加丰富。一是通过创建子品牌来拓展创新业务领域，在已经近饱和的市场中寻找更多的赛道和抢占市场份额，如喜茶开发喜小茶，主打"0糖0卡0添加"的袋泡茶，延展布局不同价格区间、不同消费需求的子品牌。二是加速布局零售食品，填充新消费场景；如喜茶陆续推出了饼干、薯条、爆米花、喜小瓶气泡水等零售产品；奈雪的茶推出"奈雪好食馆"，上架多款零食产品；9月蜜雪冰城在郑州开了汇聚多品类产品的门店，其他茶饮品牌也不断尝试探索，相继推出零食、茶包、文创周边等零售产品，通过体验升级的方式提升自身品牌价值。

3．聚焦颜值、功能、口味、跨界，"新"袋泡茶引领产品创新

袋泡茶是消费市场的另一个高速赛道，涌现出不少新品牌，并成为继新式茶饮之后获资本市场高度关注的领域。2020年11月，成立6年的茶包品牌茶里（CHALI）完成了亿元级融资。有咨询机构认为，2020年中国袋泡茶线上市场规模增长已超过150%。一方面袋泡茶继承的标准化、便捷化特征刚好迎合了茶叶消费市场的发展趋势，降低了选择成本的同时，更利于将产品植入消费者的日常生活形成一站式解决饮茶服务的方案，另一方面，"新"袋泡茶展现出的高颜值、功能性添加、口味创新、IP合作等特征更像是茶叶产品创新热点的综合展示。一定程度上，袋泡茶的快速发展是得益于新式茶

饮的兴起与高速发展期的资源与经验积累。与之前使用茶粉等模式不同，新式茶饮的茶底更多选择原茶，尤其是名优茶为茶底进行产品开发，在获得年轻消费者青睐的同时也激发了年轻人对喝茶的兴趣。因此，在不少新式茶饮消费群体的印象中，纯茶的味道与特征是用茶饮已经形成成熟稳定风格的茶底来定义的，如喜茶的绿妍、金凤茶王，奈雪的初露、金桂等。而这些也成为新式茶饮品牌最初开发袋泡茶产品的突破口，这些口味熟悉的袋泡茶通过之前茶饮产品制作的规范化降低了消费门槛，具有现成且已经部分经历过市场检验的冲泡方式与产品表述。

包装升级形成鲜明的特征，除了大范围使用环保材料的三角茶包，更多袋泡茶品牌强化了外包装设计，通过更为大胆的色彩和或活泼或清新的元素运用，构建茶叶消费与颜值经济的重合带。消费领域对成分与功能的重视同样在影响茶叶产品，除了原本具备的茶多酚、茶氨酸等有效成分外，更多的元素被添加到茶叶，尤其是泛茶产品中。例如，茶叶电商领域的代表性品牌艺福堂在2021年6月推出了一款冻干柠檬茶产品中，添加了益生元，产品上市当月即在天猫销售超万份，目前在艺福堂线上渠道已销售出近十万份；"新"袋泡茶的标志品牌——茶里（ChaLi）在京东的年增长超过了100%，也在2021年聚焦即食轻食领域，推出了添加了胶原蛋白肽和磷脂酰丝氨酸的茶冻。在产品口味上，更加广泛的花草原料和工艺创新汇聚了更为丰富的组合搭配；同时，品牌与文创、影视等领域的IP合作也层出不穷。如茶颜悦色就经常会把自己的产品和长沙本地的特色以及各种文创IP联合起来，给自己的品牌附加文化属性、地域属性，拉近和消费者的心理距离。以上多个方面的创新组合赋能，推动袋泡茶在消费升级的过程中加速迭代，形成一个全新的更具竞争力的领域。

综合以上，茶叶产品创新共同的趋势是以消费为核心，由茶叶产品转向饮茶服务的综合探索。无论是便捷选购的电商，还是包含更多冲泡环节的茶饮，以及给产品带来更多惊喜与内涵的"新"袋泡茶，都在围绕整个茶叶消费过程开发和创造价值。

（四）传统顽疾仍存，产业发展三重失衡亟待破解

1. 质量失衡，低端供给过剩和中高端供给不足并存

在茶叶消费体量稳定增长的同时，茶叶内销均价已连续三年下降，这其中固然有理性消费的影响，但对中高端供给未能跟上需求升级、引领增长的现象仍应引起行业警觉。近年来中国居民消费偏好升级，优质产品备受青睐，需求更加多元化且注重品牌、文化、情感消费。传统的茶叶高价消费支出以礼品茶消费为主，但早在几年前就已呈现缓慢下降趋势，慢慢与市场新兴需求区分开。此过程中，茶叶市场的需求升级、供给提质和产品提价未能形成统一，导致茶叶消费新旧动能接续不畅，中高端供给不充足难以激发消费增长潜力。

2. 区域失衡，产区消费普及度高，销区市场发展与创新相对滞后

尽管受到新媒体宣传、电子商务、物流业发展影响，茶叶产品对全国的推广与销售均更加便捷，但空间区域上茶叶消费不均衡的现象仍未发生根本改变。

3．群体失衡，传统经营模式难以满足年轻人茶叶消费需求

关注行业热点便可知，茶产业对于年轻消费群体的引导是足够重视的，且已连续多年通过将茶文化教育根植入中小学等方式来培养未来消费群体。但从人口结构视角来看，各个年龄段消费者的偏好都有所不同，对于两代不同茶叶消费者差异化需求的满足才是关键所在。对此，不少传统茶企在创新中体现出"不适应症"，从供给到宣传，多个方面适应市场变化能力不足。以近年打热的"国潮"产品为例，聚焦此类目标消费群体的创新更多的是要注意将文创与青年消费喜好和表达方式融合，但纵观茶叶文创产品，不少是各种文化元素的粗糙叠加，未能真正迎合此类消费需求。这也包括两代消费者对于茶的不同理解，例如凤凰单丛中的"鸭屎香"，行业原先一直希望通过改名为"银花香"来回避，但在更加年轻化的新式茶饮和创新产品手中，旧的名字反而成了有趣的特征，并且具备了联名宣传的开发潜力。

三、茶叶消费市场发展形势展望

（一）主要动力——消费始终是茶叶经济发展的"压舱石"

2021年，全国干毛茶总产量306.32万吨，比上年增加7.71万吨，增幅2.6%。同年，中国茶叶出口保持平稳，出口量明显提升，据中国海关数据，2021年1—12月中国茶叶出口总量36.94万吨，比2020年增长2.05万吨，比增5.89%。这一形势部分缓解了2020年出口下降给内销市场造成的压力。与国内消费市场因疫情影响回流加速的情况不同的是，我国并不存在大量茶叶境外消费的情况，而是重要的茶叶出口国。消费回流给市场复苏和提质扩容带来的机遇很难被茶产业利用到。同时，作为全球第一大茶叶消费市场，近年来我国也成为不少茶叶出口国重点开拓的目标市场，茶叶进口量逐年增加。2021年，中国茶叶进口量创近年新高，达到4.67万吨。很明显，内销市场在短时间内将承担起更大的产能纾解任务，也将在拉动中国茶业经济增长的过程中贡献更多力量。另，据京东提供的客户茶类搜索词变化趋势，2021年搜索量排名前五位的分别是茶叶、绿茶、茶、红茶、茉莉花茶，原茶产品是最具关注度的类别，传统茶叶销售仍是主战场。同时，前25位搜索词中，张一元、小罐茶、竹叶青、八马茶业等企业品牌和铁观音、龙井、安吉白茶等区域名茶也保持高关注度。

（二）重点防范——需求收缩与成本高企

2021年中央经济会议指出，我国经济发展面临需求收缩、供给冲击、预期转弱三重压力，短期来看，供给、需求、预期三者叠加在一起，市场需求特别是内需持续恢复动力依然偏弱是未来一段时间经济发展面临的主要问题，导致经济下行压力加大。国内需求恢复总体仍慢于生产，居民消费恢复发展仍受多重因素制约。我国最终消费率在新冠肺炎疫情暴发之前就低于发达国家和新兴经济体，2019年约为56.02%，而发达国家几乎都在70%以上，其中美国和英国在80%以上，即便储蓄率较高的

国家如德国和日本，消费率也在72%以上；一些新兴市场经济体如巴西、南非、印度、俄罗斯等，最终消费率同样远高于我国。当前我国居民消费依然受到疫情多点散发的影响，疫情反复导致经济复苏出现反复，经济恢复过程中扩张和收缩状态不断切换，居民出行半径缩短，消费意愿下降。甚至于在引领消费增长与创新的电子商务领域，近年来各种大促的日常化也已经形成消费分流，并在"双11"等重要节点开始隐现疲态。作为非必需品的茶叶，在此过程中面临更大的压力，表现为茶叶消费需求放缓。近年茶叶消费注重大众化、下沉式发展，低线城市和农村市场是重要拓展区域，但疫情导致中低收入群体消费下降更明显，其中服务型消费和享受型消费降幅更大，打乱了茶叶消费普及与升级的原有节奏。

全球通货膨胀明显升温，部分能源原材料涨价的连带影响逐步显现，企业生产经营困难有所加大。在内外部因素共同作用下多重因素导致能源原材料价格仍处于高位。主要受发达经济体流动性泛滥、国际大宗商品价格大幅上涨向国内传导、市场预期不稳等影响，企业生产成本明显上升，利润空间收窄，生产经营压力加大。2021年3月起，我国生产物价指数（PPI）同比增长开始高于消费价格指数（CPI），呈现较为明显的剪刀差，10月两项数值已经到13.5%和1.5%的差距，很明显生产端的上行未能传导到消费端，企业成本高企，但利润下滑，在消费品领域尤为明显。11—12月，综合采购经理指数（PMI）产出指数分别为50.1%和50.3%，9—10月均降至枯荣线之下，表明我国企业生产经营活动扩张速度有所放慢。构成综合PMI产出指数的制造业生产指数和非制造业商务活动指数中，制造业生产指数一路下行，企业受需求不足和成本上升的双重挤压，经营难度加大。据我会春茶调研情况显示，除不断攀升的人工成本之外，今年春茶生产中茶园管护、生产技术升级、物资投入等成本亦有提高。

2021年10月，我会梳理摸排"拉闸限电"对食品工业经济运行影响情况，调查情况显示："双限"对茶行业影响较少，主要因茶叶生产季节性特征明显，大多数茶类处于生产淡季。但具有规模大、高产能特点的大型骨干企业受影响严重，集中在广东、安徽、湖南、福建4省，主要表现在交货延长和生产成本增加。同时，更要警惕这一现象若延续到2022年初给春茶产销造成的隐患。

（三）聚焦增长——绿色健康、社交互动和高性价比

健康消费备受关注，并在经济复苏中提供更多的带动力。新冠肺炎疫情的发生使人们健康意识增强，促进健康消费增长，关注健康养生的消费人群也从中老年群体逐步向年轻化发展，预计未来相关消费需求将进一步得到释放。从食品行业来看，消费热度倾注在高品质、高安全性食品上；更由原先较为单一的保健品等类渗透到日常生活消费的方方面面。央视财经调查显示，2021年，保健养生产品成了人们消费意愿很高的品类之一，有1/3左右的消费者打算在这方面增加预算。此现象也为茶叶这一类健康饮品带来重要机遇，建议企业在产品研发中做加法，为消费者创造价值；同时面对更加理性的消费群体，茶叶有效成分在健康方面的功能需要更加科学的阐述。绿色消费是茶叶消费发展的另一个方向，以产品包装变化起始却又不拘于此。短时间内，茶叶产品的"低碳"将更

多体现在绿色简约包装、茶饮纸吸管、可降解茶包等直观的方面；但从更长远的角度观测，供应链节能将会提上日程。

社交电商和直播带货飞速发展，已成为茶叶线上销售突破的新领域。现代技术的发展促使费者之间的信息交流显著增强，社交互动消费需求逐渐凸显。直播带货、社交拼团模式在近年快速发展，为促进社交互动消费贡献活力。品牌商与消费者以及消费者之间的社交互动更加顺畅，消费者购物体验得到极大提升。新模式给品牌带来的价值还在于，交流互动的过程中信息反馈更为直接，有利于品牌跟踪市场趋势和消费者需求，及时调整经营思路，增强生产研发与市场信息的互动，促进生产、加工、营销、消费协同运作，通过"数据画像"实现精准产出，以目标消费群体对茶叶产品的实际诉求为核心，有针对性地进行新商品研发与个性化内容发掘，形成需求牵引供给、供给创造需求的更高水平动态平衡，提升茶叶供给体系对国内需求的适配性、适应性和灵活性。

受国际形势依然严峻复杂、国内经济增速下滑等因素影，我国消费者的收入预期仍将相对保守，更加倾向于有计划地减少超前消费、冲动性消费和奢侈消费，继续增加家庭储蓄。消费者消费理念回归理性，简约适度、实用性强、性价比高的产品和服务更受青睐。据京东平台2021年1—8月前十位热销茶类单品情况，传统原茶产品占7位，全部产品均价均高于300元/千克，价格居于中高位（表2）。这说明在高性价比消费趋势下，作为嗜好性饮品，茶叶消费者更加趋向"向上偏好"的理性消费，宜通过更高水平的供给释放消费潜力，以供给创新不断满足消费者多样化需求。

表2　2021年1—8月茶类单品在电商平台购买热度排名

产品名称	产品热销度	产品单价/（元/千克）
【2021年博鳌亚洲论坛官方指定用茶】小罐茶茶叶银罐特级大红袍 铁观音 滇红茶 四款茶茶叶拼装礼盒20罐装80g	1	6237.5
乐品乐茶 毛尖茶叶绿茶2021新茶雨前特级嫩芽散装春茶礼盒装250g（125g*2罐）	2	396
南京同仁堂 菊花决明子枸杞茶金银花桂花陈皮橘皮牛蒡根五宝熬夜滋补养生组合花草目果袋泡茶叶包喝的水150g	3	304.7
【2021年博鳌亚洲论坛官方指定用茶】小罐茶茶叶 特级金罐5款茶拼装茶叶礼盒20罐80g（新老款随机发货）	4	12500
张一元茶叶 花茶花草茶 新茶浓香型茉莉花茶茉莉毛尖单罐装200g	5	740
一杯香2021新茶 茶叶茉莉花茶特级2罐共500g礼盒装茉莉毛尖花草茶散装	6	352
张一元茶叶 花茶花草茶 新茶清香型茉莉花茶龙毫礼盒装送礼200g	7	2500
修正红豆薏米茶苦荞大麦茶薏仁芡实茶赤小豆薏仁茶组合花草茶包可搭柠檬红豆薏米饮 150g	8	400
茶里 秘密花园礼盒9种口味*3包装 花果茶组合调味三角袋泡茶叶茶包 茉莉蜜桃乌龙红豆薏米	9	1005.1
竹叶青2021新茶峨眉高山绿茶特级（品味）经典礼盒120g	10	3250

资料来源：京东超市

面对中长期有足够的韧性、增长潜能大和短期内下行压力加大的国内经济形势，茶叶经济同样需要畅通经济循环和激发主体活力。从聚焦产能发展到品牌消费觉醒再到形成消费牵引，尽管茶叶消费恢复进程受到一些因素的制约和掣肘，但更多的是客群结构调整、多元业态叠加和需求细化丰富所带来机遇。在国家政策推动以及数字经济发展趋势之下，未来我国线上消费、智慧消费、体验式消费等新业态新模式将快速发展，服务将超越商品成为主要消费内容，茶叶消费也将乘势步入提质扩容的关键时期。

（执笔人：李佳禾）

2021中国茶业品牌发展报告

中国茶叶流通协会品牌发展工作委员会

品牌是信誉的凝结，是形象的展示，是产品、企业乃至国家核心竞争力的综合体现。党中央、国务院高度重视品牌建设，把加强品牌建设作为经济社会转型发展的战略举措，明确要求把推动发展的立足点转向提高质量和效益上来，形成以技术、品牌、质量、服务为核心的国际竞争新优势。同时对加强品牌建设、促进品牌发展也作出了明确要求：加强品牌建设，以质量提升增强发展后劲，靠质量内涵聚集要素资源，增强自主创新能力和区域竞争力，推动制造向创造转变、速度向质量转变、产品向品牌转变，确保实现中高速增长、中高端发展双重目标，不断提升质量与品牌的发展水平和综合竞争力。茶业作为我国的传统特色农业经济产业，尽管品牌建设起步较晚，但发展很快，特别是各茶叶主产区政府高度关注并扶持当地茶叶区域公共品牌建设，同时通过设立品牌服务机构、设立品牌专项资金、引导品牌参加展示展览等方式，助推当地企业品牌发展。

当前我国已全面步入"十四五"时期，面对高质量发展的新时代背景，我国茶产业结构持续转型升级，经济发展方式将向高质量转变，茶叶品牌也将迎来重要的战略机遇期。为进一步提升我国茶叶品牌的市场竞争力，提高品牌建设水平，发展产业品牌经济，助力推动茶产业结构优化调整和高质量发展，现对我国茶产业发展和品牌建设实际进行具体分析如下。

一、我国茶叶品牌发展综述

近年来，我国茶叶行业整体品牌意识不断提升，在各级地方政府部门、企业和行业组织的共同努力下，大力实施品牌发展战略，逐渐形成了以企业为主体、以市场为导向，政府推动、社会共建的茶业品牌发展态势。

（一）品牌建设成果

目前，我国茶叶类登记注册商标总数超过150万件（约占全国商标有效注册总数的5.2%），全国共有131个茶叶产品获得了地理标志产品保护，已注册茶叶类地理商标400多件，中国驰名商标（茶叶类）94件、中华老字号（茶叶类）37个，商标马德里注册约1000件，28个茶叶地理标志产品入选中欧地理标志协定保护名录。全行业现有国家级农业产业化重点龙头企业87家。2018年5月，中国茶叶流通协会联合中国品牌建设促进会共同成立中国茶叶集群品牌联盟，成为行业首家品牌专项服务机构。同时，各茶叶主产销区也相继培育出了一批具有较强影响力和竞争力的全国知名品牌及地方特色品牌，形成了以安吉白茶、安化黑茶、安溪铁观音、武夷岩茶、英德红茶、横州茉莉花茶、赤壁青砖茶、福鼎白茶等区域公共品牌和以中茶、湘茶、浙茶、大益、竹叶青、品品香、八马、华祥苑等知名企业品牌为核心的产品集群和产业集聚。经过多年的建设发展，我国茶叶品牌整体数量和质量均有了大幅提高，品牌经济已逐渐成为我国茶产业经济发展的重要引擎和强大推力。

（二）现存主要问题

当前，我国茶叶品牌建设总体水平与日益增长的质量品牌需求之间的矛盾较为突出，品牌发展仍然滞后于茶产业经济发展；品牌总数及规模总体偏少偏小，品牌价值及影响力偏低偏弱，品牌工作机制及服务机构偏松偏散；全行业品牌意识有待进一步提升，品牌引领作用还不够强，产业高质量发展对于品牌培育的需求倍增；品牌政策、法制监管和知识产权保护体系仍不健全，品牌的公信力、影响力还不够高，品牌研发创新平台明显不足，国茶品牌建设任重道远。

二、我国茶叶品牌建设发展方向

未来三至五年，我国茶叶品牌建设发展应立足全国茶产业发展战略布局和重点领域，围绕传统支柱产业和新兴特色产业，在现有特色优势区域公共品牌基础上，培育一批在国内外市场具有一定影响力的中国知名茶叶产品和企业品牌。鼓励引导茶叶企业积极开展品牌建设，打造一批成长性好、品牌竞争力相对较强的茶企品牌。扶持创建一批区域特色突出、质量标准水平先进、品牌带动辐射作用强、集聚效应明显、有竞争力的现代茶产业集群区域品牌。茶叶品牌建设整体取得明显成效，各类品牌数量显著增加，品牌规模进一步壮大，品牌效应进一步显现。全行业品牌质量意识进一步增强，茶叶质量品牌发展环境明显优化。在国际茶叶市场领域拥有更多品牌质量标准的制定权、话语权，推动"国茶品牌"走向世界。

（一）品牌数量显著增加、品牌质量持续增强

我国茶叶类登记注册商标总数达到100万件，中国驰名商标（茶叶类）总数超过150件，茶叶地理标志产品保护达到200个，地理标志证明商标注册数超过350件，31个茶叶地理标志产品顺利新增入选中欧地理标志协定保护名录，国家级"守合同重信用"企业增加50家、中国质量奖企业增减1~2家、认证农业"三品一标"增加200个，1~2家企业入选中国品牌价值综合排行榜前100名行列。

（二）依托茶叶资源优势，创建一批国家级质量品牌示范区

国家级食品安全城市新增2~3个、国家级农产品质量安全县新增10个、全国知名品牌示范区新增3~5个、国家级出口食品农产品质量安全示范区新增1~2个、国家级电子商务示范基地新2~3个，打造3~5个具有行业实际特点的茶叶区域公共品牌与企业品牌联动性强、品牌经济效益显著提升的品牌集群。

（三）茶叶品牌价值显著提升，品牌认知度和影响力不断提高

建立一套指标设置科学、行业内外公信力强、认可认知度高、能够与国家综合品牌价值评价体系对标的茶业品牌价值评价体系，制定发布茶业品牌价值评价推广系列标准10项以上，搭建2~3个国家级茶业品牌专业推广宣传服务平台，结合"国家品牌日"等主题建立多元化的茶叶类品牌宣传推广模式。

（四）品牌经济价值提升

品牌经济在茶产业经济总量的比重提升至60%以上。

三、我国茶叶品牌发展措施建议

（一）发挥茶企品牌建设主体作用

1. 制定茶企品牌发展战略

企业应树立以品牌建设为核心的发展战略，制定切实可行的短期和中长期品牌建设规划并贯彻实施。企业主要负责人应重视并实际推动企业品牌建设相关工作。建立以重质量、讲诚信、善创新、会保护为主要内容的企业品牌文化。企业内部应建立强有力的组织和制度机制，保证企业品牌发展战略规划的有效实施。

2. 健全茶企品牌建设体系

打造以品牌管理体系、品牌传播体系、质量保证体系、技术创新体系、品牌文化体系及品牌保护体系为核心的茶企品牌建设综合体系，关注品牌培育的关键过程，提升企业品牌培育能力。加强宣传推广，提升品牌知名度。持续保证产品和服务质量处于高水平，提升品牌美誉度。持续创新提升品牌竞争力。形成优秀的、得到全社会认可的茶企品牌文化，提升品牌忠诚度。加强对品牌等无形资产的保护。

3. 持续提升茶企质量水平

采用先进质量管理模式，建立健全茶企质量管理体系，加强全员、全过程、全方位的质量管理，加强质量控制和质量创新，不断追求卓越。大力推广先进技术手段和现代质量管理理念方法，广泛开展质量改进、质量攻关、质量比对、质量风险分析、质量成本控制、质量管理小组等活动。积极采用先进标准组织生产经营，坚持高标准、高质量。积极应用减量化、资源化、再循环、再利用、再制造等绿色环保技术，大力发展低碳、清洁、高效、节能的茶叶生产经营模式。

4. 提高茶企创新能力

引进优秀人才，加大研发投入，以创新作为企业提高品牌竞争力的抓手，切实加大技术创新投

入，进一步加快科技成果转化，注重创新成果的标准化、专利化和产业化，改变茶企以往普遍存在的重生产轻研发、重引进轻消化、重模仿轻创新的状况。紧跟时代发展趋势，加强茶企管理创新、服务创新和商业模式创新。积极应用新技术、新工艺、新材料，改善产品质量，提升产品档次，研究开发具有自主知识产权、核心技术和市场竞争力强的创新性茶叶产品和服务。

5．坚持诚信服务社会

广大茶企应主动了解国家有关法律法规和标准制修订情况，严格遵守各项法律法规和政策规定，自觉抵制侵犯知识产权、假冒伪劣、偷工减料等违法违规行为，在生产经营中要具有强烈的诚信意识，牢固树立诚信是品牌生命的理念，大力弘扬诚信为本的商业精神。建立内部诚信管理制度并推动实施。定期主动发布信用报告，建立健全履行社会责任机制，将履行社会责任融入企业经营管理决策。推动各类茶企积极承担对员工、消费者、投资者、合作方、社区和环境等利益相关方的社会责任。鼓励企业发布社会责任报告，强化诚信自律。践行企业承诺，在经济、环境和社会方面创造综合价值，树立服务社会的好形象。

6．夯实品牌资产基础

企业品牌资产由有形资产与无形资产构成，要着力加强品牌经营管理，培育广大茶企品牌基础实力。在国际化、标准化、示范化总体要求下建立多层次、多元化的品牌经营、管理、培育机制，在结构优化、提质增效的前提下通过自身滚动发展、兼并、重组、收购等方式方法做大做强企业有形资产。同时，注意茶企自身品牌无形资产的保护，在财务、自身可能发生的不良行为以及法律三个层面上积极制定完善有效的品牌保护措施，防止品牌侵权行为，妥善处理顾客对品牌的投诉，妥善处理突发的品牌危机事件，树立良好的品牌社会形象，维护自身品牌利益。

（二）优化品牌建设社会环境

1．提升全行业品牌意识

加强舆论宣传，充分发挥新闻媒体的引导作用，切实增强全行业的质量意识、维权意识。注重发挥典型示范作用，对重视质量、守法经营、诚实守信的优秀茶企和质量过硬的茶叶品牌，加大宣传报道力度，鼓励先进，弘扬正气。加强茶叶质量文化建设，不断增强行业质量意识，使关注质量成为全行业和广大从业人员的自觉意识和日常习惯。加强茶企品牌文化建设，引导广大茶企建立以质量和信誉为核心的优秀品牌文化。推动全行业品牌文化建设，将品牌建设列入宣传工作重点内容。倡导理性消费，杜绝各类涉茶概念炒作、虚假宣传，树立国茶质量自信、商品自信、品牌自信，在全行业形成"关注品牌、争创品牌、维护品牌、崇尚品牌"的良好氛围。

2．发挥社会组织的作用

行业专业组织联合科研院所、大专院校、企业共同建立品牌建设研究、咨询、评价等机构，鼓励第三方机构开展规范的品牌建设服务活动，加强品牌建设工作专业指导；鼓励并培育第三方机构品牌做大做强；加强品牌建设第三方机构行为的监督和管理，杜绝乱评比等违规行为。发挥品牌建设专业团体组织的作用，开展茶叶名牌评价、品牌价值测评。发挥行业组织的纽带作用，推广行业内外先进的品牌营销理念、品牌管理模式和方法，增强行业企业在市场调研、产品定位、营销策划、传播宣传、公关服务等方面的能力，引导广大茶企走品牌创建之路，推动行业自律，提升企业产品质量和信誉水平。充分发挥行业组织的行业管理、专业技术特长，鼓励专业性品牌、社团品牌、企业品牌的培育和发展。

3. 推动品牌教育和人才培养

发挥企业品牌资源优势，探索建立茶叶品牌教育社会实践基地；发挥品牌建设社团机构积极性，开展质量和品牌从业人员培训，提高质量和品牌从业人员能力和素质。依托社会组织、科研院校等专业机构开展品牌经理培训。推动各类高等院校、专业开设茶叶质量与品牌相关课程教育，支持有条件的院校设立相关专业，开展茶叶质量与品牌从业人员的专业学历教育，培养品牌建设专业人才。

（三）推动完善茶叶品牌专项政策促进体系建设

1. 财税金融扶持政策

建议各茶叶主产销区政府部门增设统筹安排品牌建设资金，引导社会各界广泛参与茶叶品牌建设，形成稳定的保障机制。综合运用项目补贴、定向资助、贷款贴息、风险补偿等优惠政策，吸引和鼓励社会资金向茶叶品牌建设集聚。支持具有一定规模和实力的品牌企茶企发行企业债券或上市融资，鼓励以品牌为纽带并购重组。探索出台品牌质押融资与评估管理的相关政策措施，支持企业利用品牌资产依法质押融资。推广"守合同重信用"公示企业增信融资模式，为茶企融资拓展新渠道。

2. 专业平台服务政策

加快推进茶叶品牌服务平台建设，为茶叶品牌建设提供专业服务和技术支撑。围绕各地优势茶叶产业集群，建设一批高标准国家（省级）茶叶质检中心、国家（省）级茶叶企业技术中心和茶叶工程技术研究中心等品牌技术服务平台。开设规范化的茶叶品牌建设专题网站，构筑品牌信息服务平台。成立茶叶品牌建设专业组织，搭建品牌建设第三方服务平台。

3. 品牌保护监管政策

加强茶叶品牌保护的法治建设，促进各茶叶主产销区地方据实立法。鼓励各级政府制定促进茶叶品牌建设与保护的产业政策、科技政策、贸易政策、人才政策等。完善茶叶品牌保护的协调机制，推进司法和行政执法两大保护模式的协调运作。加强行业协会和中介机构在品牌保护中的积极作用。加强品牌监管，依法惩治仿冒、假冒等侵犯品牌权益的违法行为，加大对品牌失信的惩处力度，建立品牌退出机制，打击品牌不正当竞争，为品牌茶企创造公平竞争的市场环境。

4. 品牌激励与服务政策

建议各茶叶主产销区政府对当地涉茶综合性和专业性品牌实施分类、分层级资金奖励制度，激发品牌创建动力。获得国家级品牌荣誉的由省政府给予资金奖励、获得省级品牌荣誉的由市政府给予奖励、获得市级品牌荣誉的由县政府给予奖励，对自主品牌出口的由同级政府予以资金奖励。支持和引导品牌茶企参与国家重点研发计划、掌握关键技术和核心技术，促进技术向品牌集成。支持推动一批具有自主知识产权的茶叶品牌"走出去"。推动茶企积极参与品牌价值评价，争创中国知名品牌和国际知名品牌。利用政府信誉平台推广优秀品牌，开设品牌宣传专栏，组织各种形式的品牌专项宣传活动。

5．品牌发展与推广政策

建议各茶叶主产销区政府将品牌建设纳入各地国民经济和社会发展"十四五"规划。建立品牌发展后备资源库，形成系列性多层次的品牌群体。构建品牌建设梯队，促进人才向品牌集聚。帮助企业争创品牌，扶持地方发展区域品牌，实现由企业品牌、行业品牌、区域品牌向全国和世界品牌跨越。实施"走出去"战略，组织和资助品牌茶企参加各类展会，支持自主品牌茶企在全国范围内设立销售门店，鼓励部分综合实力较强的茶企在国外开设品牌经营店。鼓励有实力的品牌茶企跨地区、跨行业、跨所有制兼并重组。

（四）突出品牌建设重点工作

1．加大分类指导

按产品、企业、区域和特色品牌进行分类指导。结合各地实际筛选一批具有比较优势、拥有自主品牌和自主知识产权、具有较强竞争力的重点茶叶产品纳入规划予以重点培育和指导。对各地方的主要大型企业和企业集团、优势产品链的龙头和重点企业，按照做大做强型、增长型、发展前景广阔型等分类指导、重点培育。综合运用经济、法律、行政等手段，着力培育一批知名茶叶品牌企业，努力打造国际知名品牌。充分利用产业集群效应、专业市场效应为品牌建设带来的有利条件，打造区域品牌，引领块状经济发展。加大对区域特色茶叶产品的原产地保护和整合力度，对"老字号"、地理标志和知名商号品牌的保护和发展力度，提升产品价值和市场知名度。

2．形成发展梯队

开展驰名商标和著名商标、地理标志等价值评价工作，量化品牌价值，发布品牌价值评价结果，定位品牌发展水平。开展"守合同重信用"企业公示活动，引导企业诚信履约，增强社会信誉。培育一批品牌价值高、发展势头好的龙头企业、骨干企业发展成为国际知名品牌和中国知名品牌。扶持一批成长性好、技术含量高的中小企业做专、做精、做大、做强。对政策环境好、产业集聚特征明显的区域，创建一批区域特色突出、质量标准水平先进、品牌带动辐射作用强、集聚效应明显、有竞争力的现代茶产业集群区域品牌，形成品牌发展梯队。探索建立全国性的茶叶品牌大数据库，分地区、分领域动态监测茶叶品牌发展情况。

3．建立联合发布机制

建立政府主导、部门负责、企业联动、媒体支持、公众参与的品牌联合发布机制，利用国家品牌日、消费者权益日、品牌专题发布会等活动，加大品牌的宣传和推广力度。积极举办有利于品牌宣传展示和拓展经营的展销会、博览会、洽谈会等经贸活动，支持开展消费者喜爱的品牌产品评选活动，打响品牌，提升品牌价值。积极推进知名茶叶品牌进超市、进宾馆酒店、进高速服务区、进机场车站、进旅游景区活动，依托骨干茶叶流通企业搭建茶叶名品展、名品汇，展示品牌产品，提高知名度。建立健全茶叶品牌网站和品牌公共服务平台，积极开展品牌推介、保护和信息服务。适应网络购物高速发展的形势，大力发展茶叶电子商务，积极开设茶叶网上商城，推进茶叶品牌产品的网上营销。加强茶叶品牌文化的研究和宣传，在全社会和企业普及品牌文化。充分利用广播、电视、报刊、网络等媒体，加大宣传引导，增强全民质量意识、品牌意识，营造良好的创牌、用牌、爱牌、护牌的良好氛围。

4．开展分析研究

由行业组织牵头，促进产学研合作，加强茶叶类专题品牌研究、咨询和评价，完善茶叶品牌评价体系、评价方法和评价标准。探索建立以消费者认可和市场竞争力为基础的茶叶品牌产生机制，有效指导茶企品牌建设，提升品牌影响力。持续开展品牌经济效益分析研究，定期开展品牌满意度、知名度、美誉度调查，评估品牌建设实施效果，为政府制定政策提供参考。持续跟踪国内外品牌发展的前沿动态，开展品牌建设环境评估、品牌建设政策效果评估，开展经常性、地域性的品牌对比研究，提出茶叶品牌行业性发展对策建议。

5．推进茶叶品牌国际交流与合作

引导、鼓励有条件的茶企加强品牌建设国际交流与合作，学习国际品牌建设成功企业的品牌管理机制和品牌塑造方法；支持企业以自主品牌开展国际化经营，在境外商标注册、专利申请、跨国投融资、跨国并购和检验检疫、产品通关等方面给予更加便捷有效的服务。加强合资合作过程中产品、企业和区域品牌的保护和管理，积极宣传我国与品牌建设相关的法律制度，建立互惠共赢机制。采取走出去与请进来相结合的方法，积极为企业解决品牌国际化进程中遇到的困难和问题。积极参与国际及区域组织的品牌相关活动，引进国内外知名品牌专业机构开展工作，大力培养品牌专业化人才，提高品牌建设能力。

（执笔人：申卫伟）

2021中国茶叶企业发展报告

中国茶叶流通协会

以"统筹茶文化、茶产业、茶科技"为指导,中国茶产业主动融入与服务构建新经济格局,通过持续创新保持了稳定发展,在传统产品与业态持续发力的同时,新茶饮、新袋泡、花草茶、混搭风味茶等多个新赛道竞相崛起,线上线下消费繁荣,企业品牌得到快速发展。为持续掌握中国茶产业整体情况,研判发展趋势,提升企业品牌效应,引导科学消费,中国茶叶流通协会联合全国各省级茶行业组织于2022年5—7月开展了"2022年度茶叶行业企业情况调查",主要调取各企业2021年度经营数据。本报告主要内容及数据均来源于此。

一、样本分布

"2022年度茶叶行业企业情况调查"(以下简称"年度企业调查")共收到有效企业样本184个,其中茶叶产销企业181个,综合性茶叶市场3个(不纳入计算)。包含全国19个省、自治区、直辖市的企业,其中北京3个、上海1个、江苏2个、浙江6个、安徽16个、福建25个、江西6个、山东8个、河南15个、湖北19个、湖南11个、广东11个、广西4个、海南1个、重庆1个、四川9个、贵州11个、云南14个、陕西18个,涵盖69个地市(州)121个区县(市)。

从"年度企业调查"数据分析,95%以上企业集中在茶叶产区,只有5%的企业分布在北京、上海等一线城市。全国20个产茶省(包括台湾省)除西藏、甘肃、台湾外,均有品牌企业参与调查。从品牌企业样本区域分布图来看,福建、湖北、陕西是参与调查企业数量前三位的省份,分别有25家、19家和18家企业参与调查(图1)。

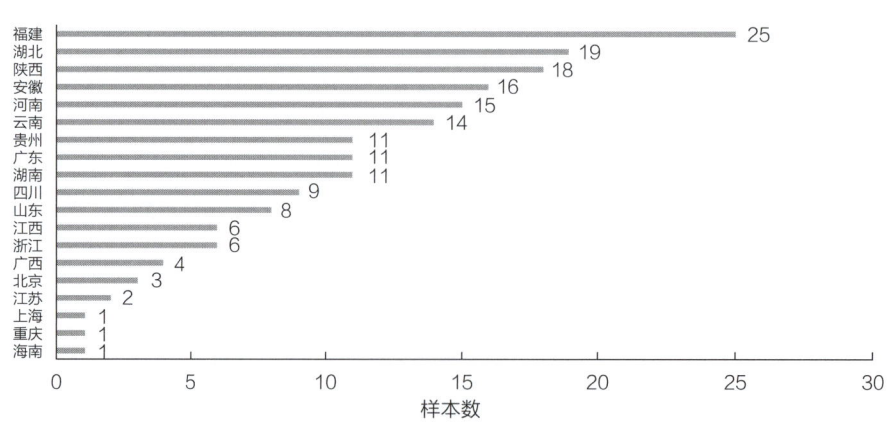

图1　2022中国茶叶企业调查样本数量分布

参与此次调查的企业分布基本符合全国茶叶产销企业总体分布，产销企业涵盖全茶类、全产业链、全规模体量，基本符合全国茶叶经济实际发展情况，基本可以代表行业整体发展状况并体现产业发展趋势。

二、基本状况

（一）整体规模

从不同省（自治区、直辖市）参与调查企业的平均销售规模看（图2），2021企业销售规模普遍分布在0.4亿~6亿元区间。平均销售规模排名前三的地区分别是北京（8.8亿元）、浙江（6亿元）、福建（5.9亿元），这些地区茶业产业基础雄厚，企业品牌效应明显，企业规模普遍较大；平均销售规模排在后三位的地区分别是山东（0.1亿元）、陕西（0.6亿元）、海南（0.7亿元），此类地区产业集中度较低，缺乏龙头企业效应，品牌带动效应不明显。

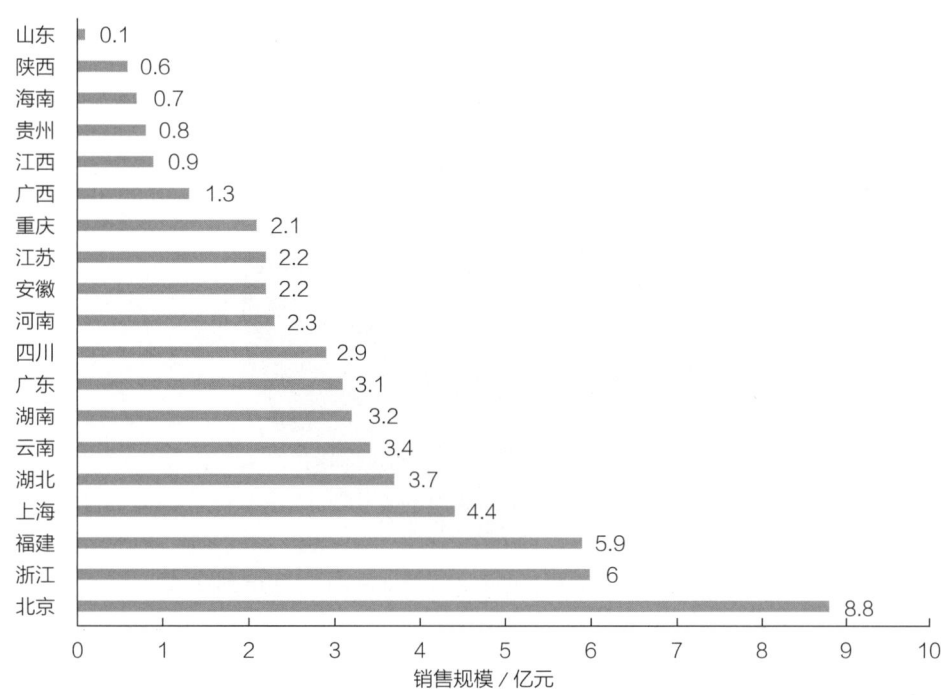

图2　2022中国茶叶企业调查样本企业分地区平均销售规模

据调查数据显示：181家样本企业2020年总资产规模为529.8亿元，同比增长8.8%，企业平均总资产约为2.93亿元。其中112家企业总资产超过1亿元，12家企业总资产超过10亿元，有33家企业总资产出现下降，占比18.2%。

样本企业2021年总负债为204.6亿元，比增14.4%，企业平均负债约为1.13亿元，企业整体资产负债率为38.6%，负债比例明显提升，企业债务负担加重，经营风险有所增大。负债过亿元企业57家，其中负债过5亿元企业9家。

（二）企业类型

从龙头企业数量看：近年来，茶行业国家重点龙头企业数量和质量持续提升，截至2021年底，农业产业化国家重点龙头茶企数量已达86家。此次调查样本企业中，市级以上龙头企业共计156家，占比达86.2%，其中国家级龙头企业42家，省部级龙头企业98家，地市级龙头企业16家（图3）。行业龙头企业是开拓市场的先锋，也是带动科技创新成果积极转化、茶农有效增收的示范企业，中国茶叶品牌发展应围绕产业标准化、经营规模化、统一大市场的路径。政府和行业组织要为茶叶企业创造良好的营商环境，制定生产经营的标准化制度，加大市场监管力度，肃清扰乱市场秩序的不规范企业，鼓励茶叶企业的有序扩张；企业自身要重点围绕市场营销和品牌服务，发展现代销售体系，增强产业链上下游企业协同能力，开展重点茶产业链相关产品与国外产品质量及性能实物对比，推动产品向安全健康、优质稳定、智能环保方向发展，确保产品品质，做好产品营销。

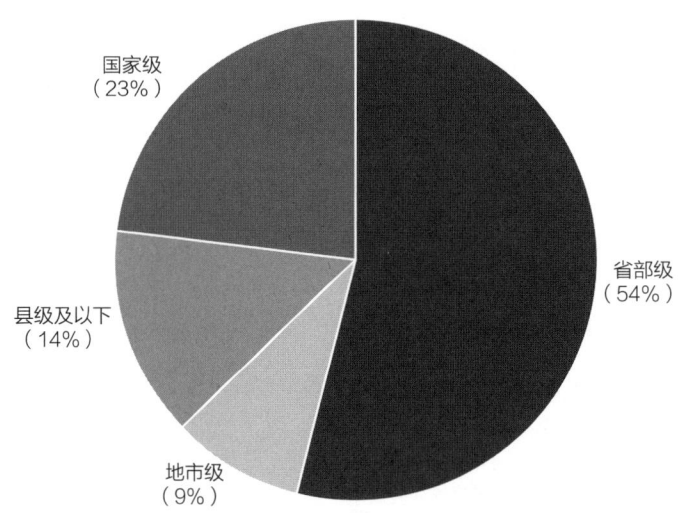

图3　2022中国茶叶企业调查样本企业龙头企业级别分布

（三）人员结构

从企业人员构成分析：2022年度企业样本在职员工总人数约为54381，样本企业平均员工数量为303人，其中员工人数过千的企业10家。其中，销售人员占比33.7%，在各类员工中占比最高，生产人员占总员工数的31.4%，管理人员占比15.7%，此外，技术员工占比10.1%，其他人员占比9.1%（图4）。

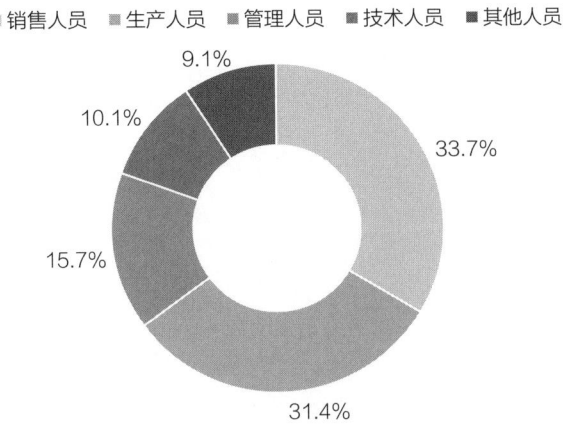

图4　2022中国茶叶企业调查样本企业员工类型

（四）利税情况

从企业利税情况看：样本企业2021年利润总额为64亿元，同比增长13.5%，企业整体平均利润为3515万元，利润亿元以上企业数量为14家。有57家企业，在2021年出现利润负增长。

从企业销售利润率情况看，有43家企业（占比23.8%）利润率在15%以上，32家企业（占比17.7%）利润率在10%~15%，54家企业（占比29.8%）利润率在5%~10%，52家企业（占比28.7%）利润率低于5%（图5）。

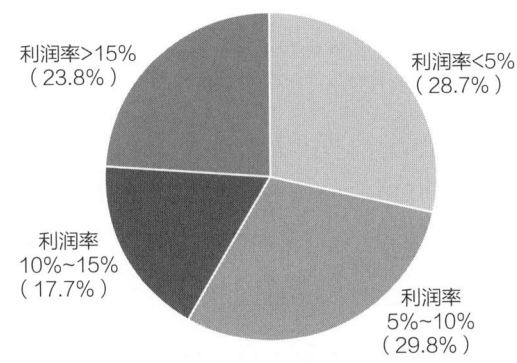

图5　2022中国茶叶企业调查样本企业利润率分布

从企业纳税情况看：181家企业纳税总额为18.97亿元，企业平均纳税1048万元，纳税金额超过1亿元的企业有3家，占比1.7%，1000万~1亿元的企业30家，占比16.6%，500万~1000万元的企业22家，占比12.2%，100万~500万元的企业42家，占比23.2%，100万元以下的企业84家，占比46.4%（图6）。

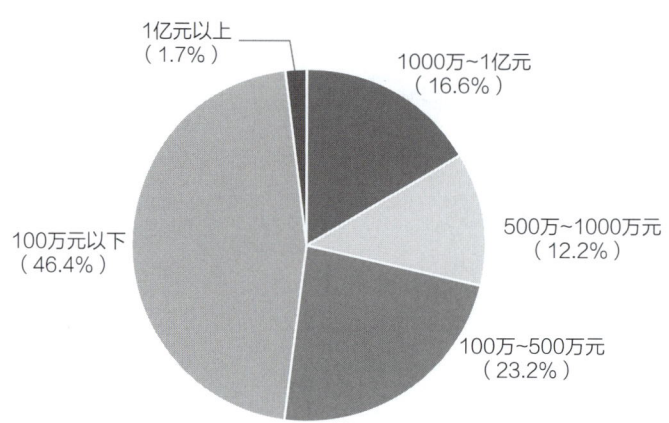

图6　2022中国茶叶企业调查样本企业纳税额分布

三、生产情况

（一）茶园管理

自有茶园面积及产量方面：样本企业自有总茶园面积共计176.7万亩，占全国茶园面积的3.6%。在茶园供应量方面，企业自有茶园的茶叶产量为25.38万吨，占全国茶叶总产量的8.3%，茶园平均亩产明显高于全国，这表明大中型企业的集中化合理化管控有效地提高了茶园的亩产量和生产效率。

产品认证方面：在国家大力监管食品安全问题的当下，茶叶企业将质量安全放在十分重要的位置，具有一定规模的品牌企业样本更是起到了带头作用。样本企业数据显示，103家企业获得中国有机产品认证，占到全部企业的56.9%；25家企业获得欧盟有机产品认证；18家企业获得良好农业规范（GAP）认证；17家企业获得美国有机产品认证；12家企业获得雨林联盟认证；5家企业获得道德茶叶合作联盟（ETP）认证。在体系认证方面，114家企业拥有ISO9001系列认证，占比63.0%，63家企业拥有HACCP认证，60家企业拥有ISO22000系列认证，9家拥有ISO045001认证，28家企业拥有ISO14001系列认证，样本企业的质量安全认证水平远超行业平均水平。

（二）茶叶生产

从样本企业中可以看出，中国茶叶企业依旧以生产绿茶、红茶为主。样本企业中，生产绿茶的企业有137家，生产红茶的企业有145家；各企业基本均涉及多茶类生产，涉及生产白茶的有75家，55家企业生产再加工茶（茉莉花茶），生产黑茶的有37家，32家企业生产青茶，31家企业生产普洱茶，24家企业生产代用茶，12家企业生产黄茶。

样本企业2021年度茶叶生产总量为48.1万吨，占我国茶叶总产量的15.7%。其中绿茶产量为20.5万吨，占全国绿茶总产量的11.1%；红茶产量9.2万吨，占全国总产量的21.2%；黑茶产量为14.9万

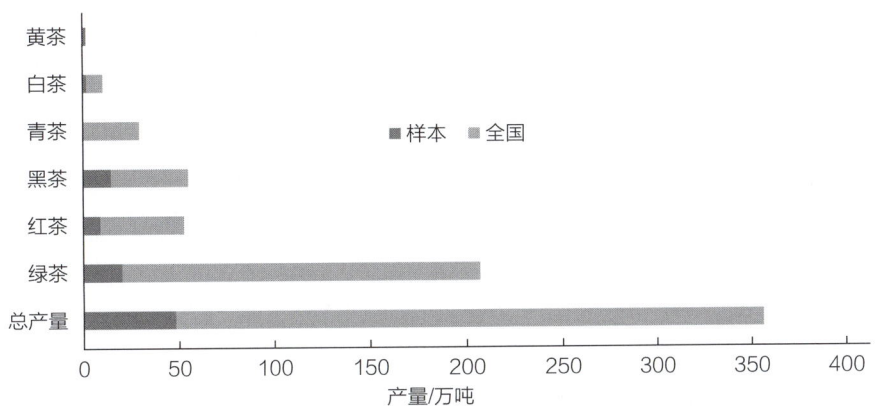

图7　2022中国茶叶企业调查样本企业与全国分茶类产量对比

吨，占全国总产量的37.6%；青茶产量0.68万吨，占全国总产量的2.4%；白茶产量为2.53万吨，占全国总产量的30.9%；黄茶产量0.24万吨，占全国总产量的18.0%。

（三）生产创新

样本企业共拥有有效期内专利2776项，其中发明专利数量为382个（占比14%），实用新型专利数量为1109个（占比40%），外观设计专利数量为1285个（占比46%）（图8）。在研发投入上，样本企业2021年度共投入10.7亿元用于企业科技研发，平均每个企业投入594万元，研发方向主要集中于加工工艺改进、有机茶园改造、茶叶生产线智能化、夏秋茶综合开发利用等方面，近三年已累计完成或立项245个地市级以上茶叶相关科研项目。

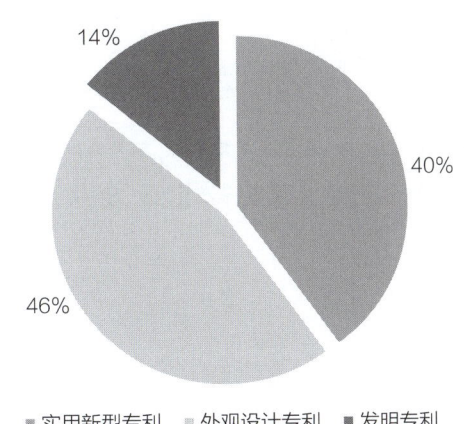

图8　2022中国茶叶企业调查样本企业各类专利分布

（四）品牌维护

样本企业共拥有有效期内注册商标9377个，平均拥有注册商标51.8个；样本企业拥有中国驰名商标87个，中华老字号品牌21个。样本企业2021年度共投入17.3亿元用于品牌宣传及品牌维护，平均每家企业投入954万元用于品牌打造。我国茶叶企业正不断树立品牌意识，培育自主品牌，产品质量和企业管理水平，产品附加值和品牌的核心竞争力不断提高。

四、销售情况

（一）茶类分布

从调查中可以看出，2021年样本企业国内销售茶叶共计38.02万吨，销售额总计498.65亿元，均价为131.2元/千克。其中，绿茶销量为13.66万吨，销售额为135.93亿元；红茶销量5.22万吨，销售额为74.02亿元；黑茶销量为11.8万吨，销售额为45.48亿元；青茶销量0.63万吨，销售额为31.18亿元，均价为各茶类最高，达494.9元/千克；白茶销量为2.4万吨，销售额为72.65亿元；黄茶销量0.23万吨，销售额为3.85亿元；普洱茶销量1.53万吨，销售额为53.9亿元；再加工茶（主要为茉莉花茶）销售量为2.32万吨，销售额为70.81亿元；代用茶销售量为0.21万吨，销售额为10.83亿元（图9、图10）。

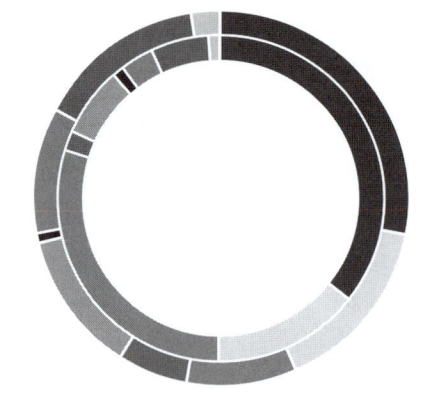

■ 绿茶　■ 红茶　■ 黑茶　■ 青茶　■ 白茶　■ 黄茶　■ 普洱茶　■ 再加工茶　■ 代用茶

图9　2022中国茶叶企业调查样本企业分茶类销售情况统计

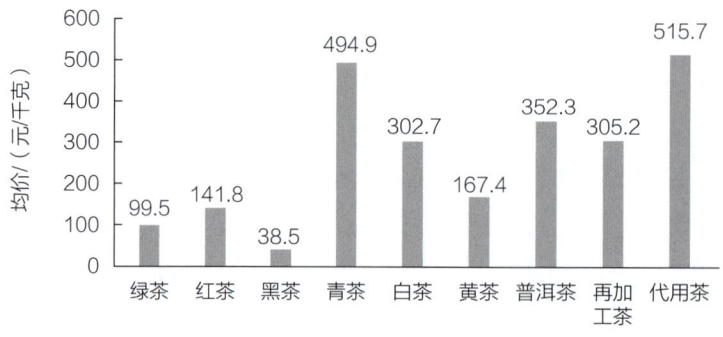

图10　2022中国茶叶企业调查样本企业分茶类销售均价

（二）其他衍生品销售

近年来，茶叶企业走向全产业链发展的趋势越来越清晰，茶企的经营服务范围不断扩张，茶叶企业衍生产出不断增多。根据样本企业数据，2021年除常规茶叶产品外，样本企业共销售茶机械5500余套、茶具200余万套、茶食品3600余吨、茶饮料7.5吨、新茶饮近30万杯、其它茶叶深加工衍生品500余吨，为样本企业创造15.8亿元的销售额。多元化的产业链使得茶企可以在各自优势领域创造更多的价值，带动更多就业，延伸更多效益产出，有助于茶叶企业形成完整的产业模式，提升增强综合。

（三）销售渠道分布

据样本数据，直营店销售量为7.61万吨，销售额为124.5亿元；加盟店销售量为9.56万吨，销售额为153.8亿元；商超渠道销售量为2.48万吨，销售额为19.00亿元；电商渠道销售量为3.19万吨，销售额为53.4亿元；集中采购销售量为7.57万吨，销售额为84.34亿元；其他渠道销售量为7.58万吨，销售额为63.58亿元。整体来看，在样本企业中，线上销售占比为8.3%，线下销售依然为企业销售的主要渠道。此外样本企业2021年出口茶叶8.33万吨，出口额为22.05亿元。

五、电商发展情况

（一）电商业务开展情况

样本企业中，共有153家企业开展了电商业务。根据统计数据，开展电商业务的企业中，有118家入驻天猫（淘宝）平台，入驻京东平台企业为98家。此外，有53家企业入驻拼多多平台，有66家企业入驻抖音平台，64家企业建设自有平台。

（二）销售情况

2021年，样本企业在电商平台实现销售量3.19万吨，销售收入53.41亿元。其中，天猫（淘宝）平台销售量为1.05万吨，占比32.9%，销售额为23.07亿元；在京东平台销售量为0.56万吨，占比17.6%，销售额为11.42亿元；在拼多多平台销售量为0.21万吨，销售额为1.81亿元；在自有平台销售量为0.38万吨，占比11.9%，销售额为8.17亿元；在抖音和快手平台销售量为0.22万吨，销售额为3.45亿元；其他平台销售量为0.77万吨，销售额为5.49亿元。

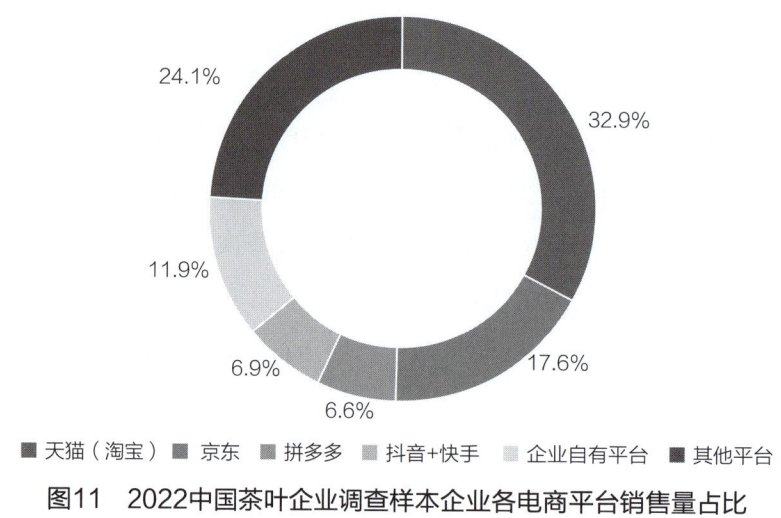

图11 2022中国茶叶企业调查样本企业各电商平台销售量占比

六、建议

总体来看,中国茶企应围绕产业标准化、经营规模化、统一大市场的路径来发展,千方百计苦练内功,持续打造有影响力的中国茶叶品牌。一方面,企业应重点围绕市场营销和品牌服务,发展现代销售体系,增强产业链上下游企业协同能力,推动产品向安全健康、优质稳定、智能环保方向发展,确保产品品质,做好产品营销;另一方面,创新是茶产业可持续发展的核心,其中既包括企业自身管理体系的现代化革新,也包括从传统生产制造向科学研发、从原料终端到产业链的深化,只有这样才能从根本上实现产业链到价值链的延伸。在此过程中,政府和行业组织应为茶企创造良好的营商环境,制定生产经营的标准化制度,加大市场监管力度,肃清扰乱市场秩序的不规范企业,鼓励茶叶企业的有序整合,适度扩张。

(执笔人:梅宇、梁晓)

第二部分

乡村振兴

2021山西省茶叶行业发展报告
2021内蒙古自治区茶叶行业发展报告
2021黑龙江省茶叶行业发展报告
2021上海市茶叶行业发展报告
2021江苏省茶叶行业发展报告
2021浙江省茶叶行业发展报告
2021安徽省茶叶行业发展报告
2021福建省茶叶行业发展报告
2021江西省茶叶行业发展报告
2021山东省茶叶行业发展报告
2021河南省茶叶行业发展报告
2021湖北省茶叶行业发展报告
2021湖南省茶叶行业发展报告
2021广东省茶叶行业发展报告
2021广西壮族自治区茶叶行业发展报告
2021海南省茶叶行业发展报告
2021重庆市茶叶行业发展报告
2021四川省茶叶行业发展报告
2021贵州省茶叶行业发展报告
2021云南省茶叶行业发展报告
2021陕西省茶叶行业发展报告
2021宁夏回族自治区茶叶行业发展报告
2021全国重点产茶县发展报告
2021全国"三茶统筹"示范县发展报告：新昌篇
2021全国"三茶统筹"示范县发展报告：祁门篇
2021全国"三茶统筹"示范县发展报告：武夷山篇
2021全国"三茶统筹"示范县发展报告：浉河篇
2021全国"三茶统筹"示范县发展报告：安化篇
2021全国"三茶统筹"示范县发展报告：英德篇
2021全国"三茶统筹"示范县发展报告：三江篇
2021全国"三茶统筹"示范县发展报告：湄潭篇
2021全国"三茶统筹"示范县发展报告：勐海篇
2021中国茶园建设发展报告

2021山西省茶叶行业发展报告

山西省茶叶学会

2021年我国进入新发展阶段，山西省同时进入转型雏形的关键时期。山西省委省政府在服务构建新发展格局中，确保实现转型雏形，在转型发展上率先蹚出一条新路来，在全面建设社会主义现代化的新征程中开好局、起好步，同时将现代生物医药和大健康产业并且重点发展原料药及制剂、中成药、新特药、药食同源产品、药茶产品等项目以及加快药茶产业提质升级作为重要工作之一。山西始终如一抓好疫情防控各项工作，全力做好各行各业的防控工作，全省茶叶行业员工积极响应，山西茶叶市场呈现全面启动，山西茶叶消费需求不断增加，山西茶叶销售量逐渐上升，山西茶叶产业经济增速逐月加快，形成了2021年山西茶叶产业发展的良好态势。

一、山西茶叶产业总体发展状况

近几年，山西的茶业发展速度是很快的，山西省范围内省级、市级（县级）的茶叶社会团体组织机构不断地增加，目前已经有山西省茶叶学会、山西省茶业协会、山西省茶业商会、山西省茶文化研究会、山西省茶文化促进会、山西省旅游协会万里茶道茶文化分会等省级组织，以省会城市太原为中心，辐射到三晋大地，有些地级市也成立了茶叶行业协会、药茶产业（联盟）联合会，各地市越来越多的茶叶经销商、茶文化爱好者不断涌现，茶行、茶馆、茶文化服务业不断增多，仅太原就拥有大小茶城16个，茶叶店、茶馆近1600家，已逐步形成了我国茶叶市场较有影响的主销区之一。

历史上山西本地虽然不产茶，但山西商人善于经营，坚持诚信礼义、和衷为贵的茶商之道，曾垄断了一些国内和国外（俄、蒙）等地方茶叶市场，在明清期间，茶庄是清代至民国晋商经营时间最长，规模最大的行业。晋商开辟了欧亚的茶叶商业道路，也叫国际茶叶商道——茶叶之路（也称万里茶路），晋商开辟的茶叶之路是即我国丝绸之路之后又一个伟大创举，为我国茶产业的发展及茶文化传播起到了积极推动作用，在中国茶叶贸易史上写下了不可磨灭的光辉篇章，晋商茶道，也为中国的茶商树立了光辉的典范。传承晋商茶道精神，新晋商茶企不断壮大，山西药茶产业正在兴起。

2021年，山西省委省政府大力发展现代生物医药和大健康等产业，推进了特色农业转型发展，实现了特色农产品价值提升，同时，山西药茶影响力得到了不断扩大。目前，以枣叶、连翘、沙棘、毛建草、桑叶、槐米、冻绿叶等产品已经成为山西药茶的主流产品，已注册品牌96个，上市产品200余种。有些地市级政府高度重视山西药茶产业发展，如吕梁地区利用吕梁山脉冻绿叶、红枣树等植物资源禀赋，抓住机遇、乘势而上，统筹做好茶产业、茶科技、茶文化这篇大文章，打造千亿级吕梁山茶产业，成为打造乡村振兴战略的新支撑、农业转型发展的新亮点、高质量发展和高品质生活的新载体。山西药茶不仅为山西中药材产业发展注入了新活力，更是为山西农业高质量转型发展提供了新动能。山西药茶瞄准精深加工，以功能化推进特色农业产业升级，提升特色农产品的市场价值。而"山西药茶"区域公用品牌也应运而生，山西开始用品牌覆盖中药材全产业链条，以药食同源产品开发为路径，山西药茶兼具茶的味道、药的功效，成为独具山西原创特色的优势品牌。为了加快山西药茶的发展，在山西省委省政府的正确领导下，以山西省科协牵头，由山西省茶叶学会、山西省医药与生命科学研究院、山西农业大学、山西师范大学、山西省人民医院等单位共同联合组建了山西省药茶（代用茶）产业科技创新研发中心，各地市逐步成立地方药茶（代用茶）产业科技创新研发中心。在山西省药茶（代用茶）产业科技创新研发中心成立后，充分利用了山西药材品种多、种类全的优势，山西省代用茶产业科技创新研发中心通过试验室的培育，将最优质、最有机、最绿色、最健康的药材提供到后期的制茶、产茶中来。通过邀请国内的著名茶学专家来并建立专家工作站，共同对药茶进行科研攻关，将药茶的制茶及其衍生品作为重点攻关项目，同时把药茶成茶的后续工作也囊括进去，形成集研发、生产、销售为一体的全产业链模式。山西药茶必将"山西药茶"这一共享区域品牌在全国打响，最终走出山西，走向全国，走出国门，将"山西药茶"打造成"中国药茶"，成为世界品牌。

近几年来，山西南部一些地区也种植了山东绿茶品种，经过培育已经能够过冬，生产上市。山西种植的茶叶可生产绿茶和红茶两种品种。绿茶特点：完全采用传统制作工艺，无任何添加剂；产品条索紧实，苗峰显露；冲泡时茶叶迅速沉底，泛起沁脾栗香；茶汁白毫悬浮，色泽碧绿透明；口感圆润清新，入喉味醇香远；叶片厚实耐泡，茶底嫩黄均匀。红茶特点：完全采用传统制作工艺，靠自然发酵而成，无任何添加剂；产品条索均整，略显绒毛；冲泡时透出淡淡果香，令人心旷神怡；汤色金黄清澈，滋味柔和甘爽；回味喉韵悠长，数泡口感不减。

2021年新冠肺炎疫情防控关乎每个人的生命健康，需要每个人的共同努力，为做好新型冠状病毒感染的肺炎疫情防控工作，山西省茶叶学会等行业组织继续向全省茶行业发出了强化新型冠状病毒感染的肺炎疫情防控意识，倡导山西广大茶企、茶商、茶人传播科学饮茶健康知识，让广大人民群众进一步加深对饮茶有益健康和科学饮茶的认识，促进科学文明、健康、生活方式的形成，促进科学文明、健康生活方式的形成，弘扬中华茶文化，倡导"茶为国饮"。新冠肺炎疫情，影响了社会的经济节奏与生活平静。山西茶叶行业在短期内也遭受到了挑战与冲击。山西茶叶市场整体受到了较大影响，整个春茶的山西销售市场营销程序被打乱，配套的茶叶品鉴活动、营销洽谈会、消费者订货单等被迫取消。茶销售企业的经营受阻、经营压力增大。但是山西茶叶消费需求没有被消除，疫情不会消除这个消费需求，相反刺激了消费者的山西茶叶消费量。第一，因疫情原因大量人群被长期滞留在家喝茶，家里的茶叶库存量减少，有一些不会喝茶的消费者也在家喝茶，进一步拉动消费需求；第二，疫情暴露健康危机，消费者喝茶意识正在逐渐转变。这次的疫情让消费者对茶叶功效，对喝茶有利于健康的意识普遍提高，对山西茶叶行业来说，呈现利好趋势；第三，网络、微信、直播、抖音、朋友圈等电商经营平台越来越多，合理利用线上平台资源，进一步推动线上线下融合发展，拓展客源，促进销售。我们调研观察疫情的影响对后期会增加茶叶消费量，这是山西茶叶市场的机会，在危机中找到新机会，要积极应对市场变化，抓住被压抑着的茶叶市场机会，共渡难关，迎来茶业的新春天。

2021年山西茶叶市场销售整体情况趋于平稳，各产区、各品种、各品牌的六大茶类都在山西市场呈多样性分布。绿茶、红茶、青茶、白茶、黑茶、茉莉花茶成为山西市场的主要产品，黄茶相比较其他茶种类少，但是2021年黄茶成为山西消费市场上消费者的热门话题。2021年白茶、黑茶、茉莉花茶有较大幅度上升。

绿茶是茶行业中最主要的茶品种，也是山西茶叶消费市场中主要茶品种之一。绿茶作为山西市场上茶叶销售的主力军，2021年龙井茶受到山西广大消费群体的关注，山西人喝绿茶也开始讲究茶叶的品种、味道以及品质。从老百姓喝绿茶的品类来看，绿茶品种从单一转为多绿茶品种，从大宗绿茶、名优绿茶、品牌绿茶为多。浙江、四川、贵州绿茶以及湖南安化绿茶在山西茶叶市场涌现，绿茶销量整体相对于去年有大幅度上升。

从山西茶叶市场的消费价格调研发现，新茶的价格相比去年市场价格平均上涨了20%～30%，高端西湖龙井茶（500克）在8000～12000元。安化春芽（500克）在1500～3000元。其他茶类市场的消费价格平稳，呈现利好趋势。

山西茶叶行业市场调研来说，传统流通市场平稳，其他网络、微信、直播、抖音、朋友圈等电商经营平台销售模式越来越多，利用线上平台资源，推动线上线下融合发展，拓展客源，促进销售是今后发展趋势。

二、山西茶叶销售市场的发展状况

近年来，山西人喝茶也开始讲究茶叶的品种、味道以及品质。从老百姓喝茶的类别来看，茶类从单一转为多茶类，从大宗茶为主转向名优茶、品牌茶为主，消费结构更趋现代化、多元化。

山西人喝绿茶和茉莉花茶的群体一直在山西茶类销售中保持主导地位，喝绿茶和茉莉花茶的人数保持平稳，茉莉花茶这两年销量相对于绿茶略有小幅度上升，喝铁观音的人数减少，铁观音销售量下降。

山西随着人们生活水平的提高和饮食结构的变化，湖南黑茶、湖北青砖、茯砖、康砖等，因其独特性和保健性，也颇受消费者喜爱，对黑茶的需求也在不断扩大。尤其这两年安化黑茶因其独特的品质特征和特有的香味独受追捧；普洱茶则在山西市场上稳占一定的份额。

白茶和黄茶：过去北方地区很少有人懂的白茶和黄茶，所以市场不算太大，只是零散地被少量购买。山西省市场白茶表示了需求和青睐，消费群体也不断地增加，价格也不断上升。黄茶相比较白茶更少些，但是2021年黄茶成为山西消费市场上消费者的热门话题，以前山西喝茶人很多都不了解黄茶，在山西省临汾等地区实际上已经有多年饮用的黄大茶（当地百姓称为大叶茶）的历史了，这种粗枝大叶高火香的大叶茶还是煮着喝，这种大叶茶就是黄大茶，主要是霍山黄大茶，采用一芽四叶、五叶为原料，毛火后渥堆发酵，高火烘干燥，霍山黄大茶作为我国古代至今为数不多的高火茶，独特的加工工艺成就粗枝大叶高火香的独特品质，这种粗枝大叶高火香的大叶茶山西人还是煮着喝，预计近几年会出现上升趋势。

无论是绿茶、红茶、青茶、白茶、还是黑茶，高档礼品茶依然有价无市。以常年热销的西湖龙井茶为例，现在每斤的售价为300～1200元，"西湖龙井"这一品牌，过去每斤的售价为8000～10000元，现在有价无市，今年龙井茶、洞庭碧螺春、黄山毛峰、信阳毛尖、六安瓜片、太平猴魁、湄潭翠芽、山东日照等绿茶品种在山西市场均有市场，但龙井茶依然还是山西消费者的首选春茶，今年高端龙井茶每斤的售价为2000～6000元。

茉莉花茶是花茶行业中最主要的茶品种，北方市场历来是茉莉花茶的主要销售市场，也是山西茶叶销售市场中主要茶品种之一。茉莉花茶作为山西市场上茶叶销售的主力军，近年来越来越受到山西广大消费群体的关注，过去，山西人总认为喝茶就是喝茉莉花茶，所以茉莉花茶一直是山西市场的宠儿，中低档茉莉花茶销售占到整个绿茶销售总量的百分之五十以上，同比增长百分之五左右。而茉莉花茶的销售量这两年也超过在往年绿茶销售中的比重，在价格上，过去山西喝茉莉花茶的价格在20～100元，现在喝茉莉花茶的价格在100～600元，高端茉莉花茶的价格在1500～2000元。

山西人喝茉莉花茶的习惯根深蒂固，存在一定量的刚性需求。调查了解，大部分喝茉莉花茶的人是一些年龄在50～60岁的老茶客，但随着山西人们生活水平的提高和饮食结构的变化，也有部分中青年人群也消费一部分茉莉花茶，大多数是大宗茉莉花茶。

2021年山西市场茉莉花茶销量整体表现平稳，喝茉莉花茶的人数保持平稳增加，茉莉花茶这两年销量相对于绿茶略有小幅度上升，相对于其他茶类也略有小幅度上升。

过去山西市场传统的饮茶习惯中，消费者印象的茉莉花茶一般是价格便宜、耐冲泡，代表着低档次的大众消费。这种花茶的消费理念显然制约了花茶这一茶类在山西市场的发展。近年来，随着茉莉花茶的品质逐年上升，花茶品牌的品质也越来越有保障。也促使茉莉花茶销量的稳中有升，茉莉花茶越来越受到山西广大消费群体的关注，茉莉花茶已成为山西市场的宠儿，2021年山西茶民喝茉莉花茶的档次越来越高，也就是说对茉莉花茶叶质量的要求越来越高，具有一定茶知识的人士在购茶时，会对茶叶的等级、新旧等进行审评；平常人士则会选择一些著名品牌的、生产厂家大一些茶叶；一般消费者各有所好，自行选择大宗低档茶叶。茉莉花茶与山西人的生活如此密切相关，山西蕴含着如此广阔的市场。

2021年山西茶商也在不断地采取多品种经营、多种营销模式，争取市场份额不缩水，同时积极扩大市场，争取在新增市场中夺得机会。

三、山西茶叶消费市场的发展状况

变化一：茶民越来越多，特别是喝绿茶、白茶、黑茶的人越来越多。说起喝茶，人们印象中北方太原人爱喝花茶（茉莉花茶），这是事实，但现在除茉莉花茶外，还有绿茶、白茶、黑茶受到了很多山西人的青睐，红茶、青茶、普洱茶等也有很大的群体，今年黄茶的消费群体会逐渐增加。

变化二：茶民喝茶的档次越来越高。这一变化主要表现在消费者对茶叶质量的要求上，具有一定茶知识的人士在购茶时，会对茶叶的等级、新旧等进行审评；平常人士则会选择一些著名品牌的、生产厂家大一些茶叶；一般消费者各有所好，自行选择大宗低档茶叶。茶叶与人的生活如此密切相关，山西蕴含着如此广阔的市场。

变化三：随着消费水平的不断提高，山西人越来越重视茶叶的保健作用，认为"送茶就是送健康"；认为茶叶包装精美拿得出手；茶叶品位高、有文化内涵、不俗气；同时也是生理心理的现实需求上升为保健需求，呈现出茶饮从单一品种转化为多品种，从陈旧包装转化成新理念包装，从大宗茶为主转向名优茶、品牌茶为主，也就是说，注重茶叶的品牌、包装，对品牌茶的质量、历史文化，美感也越来越挑剔。

四、山西保健茶（代用茶）的发展状况

山西药茶（代用茶）历史悠久、原料地道、功效显著。山西药茶以山西道地中药材为原料，通过独特的制茶工艺，制作成不同种类的代用茶饮品。目前山西省拥有着1800余种药材，是全国著名的药材大省，根据市场调查，山西省药茶加工企业达上百家，开发有连翘叶、沙棘叶、桑叶、枣叶、毛建草、槐米等单品茶和黄芪普洱、枸杞菊花等拼配茶产品200余款。无论连翘、钙果、苦荞、冻绿叶、板蓝根，还是酸枣、沙棘等，都是对天然植物的加工和生产。这些茶叶都有着很深的民间基础和广为流传的口碑，个别茶还赋予了浓厚的情结，如老人们就把连翘茶叫做"神农茶""延年茶""不老茶""长寿茶"等。山西药茶（代用茶）因原材料的不同，而具有不同的功效。连翘叶茶、蒲公英茶等具有清热解毒功能；党参茶、黄芪茶具有增强免疫力功能；沙棘叶茶、桑叶茶等具有降"三高"功效；酸枣叶茶、红枣叶茶等能够改善睡眠功能；毛建草茶、山楂叶茶等具有健胃消食功能；玫瑰花茶、菊花茶等具有美容养颜功能等。山西药茶这一山西优势产品，将成为山西药茶省级区域公用品牌。

红枣叶茶含有游离氨基酸、茶多酚、黄酮、芦丁、皂苷等营养元素及矿物质，亮点是不含咖啡碱。具有助睡眠、抗动脉粥样硬化、降三高等功效。经研究表明具有辅助软化心脑血管、抗失眠、降三高等作用，因其味甘、性温，适宜大众群体饮用，是人们日常生活中践行"预防为主"的大健康饮品。吕梁地区利用原生态、无污染、多野生的红枣经济林资源优势，大力发展红枣经济林转型新产业，已成为"吕梁特色茶"助农增收的新途径。吕梁地区沿黄四县红枣共160万亩，其中临县（称为"中国红枣之乡"）就有82万亩，枣树耐旱，生命力极强，有"铁杆庄稼"之称。多野生、无污染的黄土丘陵沟壑区孕育着临县红枣，甜中带酸，营养丰富，素有"一日三枣，长生不老"之说。根据近3年采摘枣芽叶统计每亩产量约为1000千克，因枣树树冠高大以及生长区沟壑纵横，按四分之一的有效采摘率计算，每亩实际平均可采摘250千克，则临县约有1亿千克的产量。按2021年5—8月份采摘旺季的平均收购价10元/千克计算，仅采摘枣芽叶一项枣区枣农每年保守估算约收益10亿元人民币。为

此，开发枣芽红茶是对山西省红枣林经济的综合利用，可变废为宝，是枣农们"取之不尽用之不竭"的绿色银行，更是山西省红枣产业高质量转型发展的新引擎产业，对巩固脱贫成果与助力乡村振兴起到了积极的推动作用。

依托"中国红枣之乡——临县"之优势的山西省级重点农业产业龙头企业山西茗玥茶叶有限公司，目前已经成为山西枣芽茶规模最大并集研发、生产、销售于一体的高科技现代化全产业链的领头羊。枣芽红茶是源于枣树刚生长出来的嫩芽叶，经过采摘、萎凋、揉捻、发酵、晒青、微波杀青、烘干、提香、等级筛选包装九道古法新工艺加工而成。该项目已列入2021/2022年山西省级重点工程项目，于2021年入选农业农村部"名特优新"农产品名录，年需求枣芽叶约4000吨，可生产成品1080吨，实现产值约5亿元，同时引领带动了吕梁沿黄四县红枣主产区共同发展，惠及吕梁65万枣农共同致富。

连翘茶的成功研发，是将古老的传统与现代的医学以及炒茶工艺的完美结合。而在民间的深厚底蕴，也让连翘茶有了自己的品牌文化。

绿叶钙茶是一种功能茶。研制者对欧李（钙果的俗称，长在中条山上的一种野生植物，果实可食用）的叶子研制开发，发现欧李叶含有18种氨基酸成分，并含有多种对人体有益的天然营养成分。绿叶果木纯天然，叶含高钙氨基酸。钙可强身睡香甜，茶疗保健乐延年。

新产品冻绿叶茶产品研发成功，冻绿叶茶含有：总黄酮、游离氨基酸、茶多酚，无机矿物元素主要有铁、锰、锌、氟、硒等有价值的物资。冻绿叶在我国分布于华东、中南、西南及河北、山西、陕西、甘肃等地。资源十分丰富，在吕梁市交口县境内高庙山当地，有百姓祖辈相传在唐武德三年（公元620年）设温泉县，张四姐下凡时常饮古树茶（大叶茶），这种大叶茶就是冻绿叶植物，有"人去留香，仙气常飘，百毒不侵"之说，也有"武将身轻如燕，文士书中飘香"之文人之吟的功效，后在民间百姓流传采摘，饮用至今。民间饮用冻绿叶茶较为简洁，直接采摘，冲泡饮用，据当地人介绍，此茶饮后具有提神聚气，生津止渴，降火败毒，软化血管，可解无名肿毒，疮疽痈疖，疗效甚好。冻绿叶在山西生长分布于吕梁山脉腹地，交口县境内的桃红坡镇、水头镇、温泉乡、石口乡（高庙山、上顶山、王墓沟、云梦山、莲花掌、神南峪、大九梁、野甘泉）等地。此树种粗壮高大，叶呈椭圆而有尖，五月叶嫩开小白花，秋结籽实，且无病虫害，纯属天然野生，无人工种植，不涉污染。特有的海拔气候，地理环境及温度、湿度和生态氛围，形成其独特的品质特征，但目前对它的开发利用程度很低，仅有民间少量入药。该冻绿叶茶产品，开辟了新的健康领域。

新产品板蓝红茶产品研发成功，板蓝红茶是指在中医药和茶叶理论指导下。对中药材板蓝根鲜叶进行特殊加工炮制后的成品。其独特的炮制加工理论和方法，无不体现着古老中医的精深智慧。随着板蓝红茶炮制理论的不断完善和成熟，它已成为人们日常保健防病治病的重要手段，为中华民族的健康事业发挥着巨大作用。伴随着人们健康理念的深化、中药文化的传播以及中医理论的全球化推广、板蓝红茶行业的市场地位将持续提升，未来成长空间广阔。根据目前板蓝红茶初试产品的口感和保健作用，市场发展空间巨大。该项目的开发不仅能够带动当地中药材的种植。发展地方环保循环经济，改善当地生态环境。而且将辐射到周边地区，这对全县及周边地区的农业产业化结构调整、发展优质高效农业、增加农民收入、减少资源浪费等方面都将产生巨大的促进作用，从长远来看，有助于社会的稳定和农民的脱贫致富。

苦荞茶已经是中国苦荞第一品牌，出口到了韩国和日本。

毛建茶以山西省原平市西北地区特有的野生岩青兰为原料，生长在2400多米的高海拔地带，学名毛建草，俗称毛尖，故得名"毛建茶"。据文献记载，毛建草唇形科、青兰属，多年生草本，具香气味，芳草植物，甘苦、平、入肺，胃、脾三经，是为药用、茶代饮品。所制茶品具有香醇、味浓、汤色翠绿、清亮、叶片鲜活完整、不浮水，特耐冲泡等特点；尤以健胃、消食、活血、减肥保健功效，受到广大消费者的青睐，故而被口口相传、赞誉不绝，成为消费者馈赠亲朋好友的最佳健康礼品。

山西药茶（代用茶）以单方茶品为多，配方茶品少。单方茶外形形状多样，汤色符合加工特征，香气较浓郁；袋泡茶花色品种较丰富，香气馥郁，汤色明亮，口感愉悦。山西药茶因原材料的不同，单方的产品不同的功效，现在很多药茶机构正在研发多配方的山西药茶产品，例如在中医药和茶叶理论指导下，对中药材鲜叶与白茶进行特殊加工炮制后的成品，也就是山西的保健茶（非茶之茶）与白茶配伍新产品。正在不断研发的产品还有红枣叶茶、桑叶茶、连翘叶茶、冻绿叶茶、黄芪茶等与白茶配伍的新产品，这些产品具有清热解毒、增强免疫、降"三高"、改善睡眠、健胃消食等保健功能，开辟了新的健康领域，具有市场竞争力。现阶段发展山西药茶与人们追求的健康消费新时尚高度契合，男女老幼皆宜饮用。山西药茶产业正在与健康产业、脱贫攻坚、绿色生态、文化传承、中医药强省等互相贯通，全省药茶产业发展氛围浓郁、态势良好，产业规模加速壮大。山西药茶传茶道之神韵，为千年本草赋予了茶品清香，成为独具山西原创特色的优势品牌，也成为百姓增收的新支撑，特别是山西药茶已经进入零售市场。

五、山西茶叶产业发展存在的问题

山西茶叶销售渠道日益增多，茶叶市场的竞争在日趋激烈。相对于传统销售渠道，电子商务平台近年来发展迅猛，微信等电子平台为茶叶销售注入了新的活力。茶叶专卖店、批发市场和连锁超市还是消费者购买茶叶的主要场所，品牌茶和有机茶有望成为茶叶消费的新亮点看。从茶叶产品不断转换来看，从绿茶、铁观音、普洱，到大红袍，现在到福鼎白茶、安化黑茶。从饮茶、买茶的人群特点来看，中老年男性还是主力，40岁以上男性，占买茶人的6成到7成，中老年女性也在逐渐增加。从整体的特点来看，小包装，多品种，突出健康观念。但山西茶叶市场也出现了一些问题：

一是无名牌产品。有个别茶商为保证生存不择手段，市场陆续出现了一系列质量问题，人们对茶叶质量出现了前所未有的信任危机，消费者没有"放心茶"购买的地方。现在需要有品牌的茶叶，质量可靠的茶叶。

二是市场混乱、无序竞争、恶性循环。特别是个体、小规模的经营者之间的无序竞争，以次充好、假冒伪劣、盗用品牌现象十分普遍，严重扰乱了茶叶市场正常经营，我们已和政府有关执法部门联系，将制定出台规范市场，打击制售假冒伪劣产品行为的方案和措施，从而为茶叶品牌的发展提供有利的环境。

三是茶城无规划的发展状况，目前太原市就有大小茶城、茶叶一条街、茶文化广场16个，还在无序的继续发展，今后需要多方面合理地、科学地进行布局。

（执笔人：吴凤鸣）

2021内蒙古自治区茶叶行业发展报告

内蒙古茶叶流通协会

内蒙古自治区地处中国北部边疆，畜牧业历史悠久，少数民族群众形成了蔬菜少、肉食多的饮食习惯，"宁可三日无粮，不可一日无茶"的民间俗语生动地反映了内蒙古地区农牧民饮食生活的真实写照。可以说有着消食解腻作用的边销茶已经成为内蒙古乃至我国边疆少数民族群众不可或缺的生活必需品，饮用以砖茶熬制的奶茶的饮食习惯也一直延续至今。受此饮食习惯的影响，如今在内蒙古的城镇都市，奶茶和青砖茶也存在着庞大的消费群体，从而使得内蒙古成为全国边销茶的主销区之一。边销茶在内蒙古的12个盟市均有销售，以湖北青砖茶为主，浙江、湖南等地的砖茶品牌作为补充。作为内蒙古地区供销系统的龙头企业，内蒙古绿泰源公司是内蒙古地区规模最大的边销茶销售单位，年均销量在1500吨左右。同时还是内蒙古自治区唯一一家拥有国家和自治区两级边销茶储备资格的单位，年承担国家和自治区两级边销茶储备2800吨。公司设有专门机构负责边销茶储备管理和市场供应，构建了较为完整的边销茶销售网络体系。

作为民生茶、政治茶、政策茶，边销茶的生产和供应历来受到党和国家的高度重视，在我国民族工作中有着极其重要的意义。为落实国家有关低氟砖茶推广相关要求，2020年，内蒙古发改委、卫健委等9部门联合印发了《内蒙古自治区落实推广普及低氟砖茶行动工作方案》，从建立低氟茶供销网络、健康教育宣传、市场监管等多方面入手，把推广普及低氟砖茶工作作为切实解决人民群众实际困难的切入点，逐步在全区推广普及低氟砖茶，保障人民群众饮茶安全。截至2021年11月底，公司在所属的锡林浩特、正镶白旗、集宁、呼和浩特、包头、鄂尔多斯、巴彦淖尔等分公司、子公司的直营店和所负责的销售渠道全部建立了低氟茶专柜，其中直营低氟茶店7家，城区大型连锁超市低氟茶专柜38家，城乡村镇各环节批发零售商低氟茶专柜为300余家并且在逐步增加。完成了经营渠道内地市级市场和12个贫困旗县市场低氟专柜全覆盖，村镇市场低氟专柜覆盖率也达到80%以上。同时积极主动配合属地市场监管部门开展了安全饮茶，饮安全茶、放心茶的活动，并向社会消费群体发放了大量低氟茶宣传海报、宣传册等，有针对性地开展了低氟茶主题宣传和促销活动。通过以上一系列举措，低氟茶产品的市场销售得以逐步恢复，健康的饮茶理念逐步树立，边疆农牧民长期以来形成的传统饮茶习惯向着更加健康、更加科学的方向转变。

（执笔人：张引）

2021黑龙江省茶叶行业发展报告

黑龙江省茶业产业发展促进会

2021年是黑龙江茶行业转型发展的一年，虽然行业整体在采购、销售、物流等方面都受到疫情影响，但在黑龙江省茶业产业发展促进会的不断革新、创造下，黑龙江省茶行业在对外合作交流、自主品牌建设、区域服务、线上平台建设、承担社会责任等方面都有着一定的进步。

一、年度大事件及主要成就

（一）物资捐赠，为防疫工作人员提供保障

在新冠肺炎疫情期间，先后多次为哈尔滨市防疫指挥部、兆麟街道办事处、新华街道办事处、香坊区民生路街道办事处、香坊区建筑街道绿海社区居委会等抗疫一线捐赠消毒液、金银花陈皮茶、有机白茶、奶茶、方便面、矿泉水、火腿肠、现金等价值几十万元的防疫物资。周敏会长在市人代会上提出多项保民生、保市场主体、优化营商环境、后疫情时期经济发展建设的相关建议，引发深度共鸣与思考，收获了高度肯定；吸引了广大新闻媒体的广泛关注。

（二）跨省对接，创新合作新模式

黑龙江省茶行业以东北亚销区市场优势，不断探寻创新合作模式，2021年在原有"东北亚运营中心""一日推介365天受益""产茶县一条街"等模式的基础上，打造国际仓、茶旅文化等合作项目，与湄潭县政府签订了总投资1亿元的遵义（湄潭）茶叶销售共享仓储建设项目框架协议；打造普安红茶东北亚运营中心，文旅合作项目，助推黔茶第一春走进龙江，头芽头采助力冰雪节活动；承办"七城十馆携茶品鉴会"，推动产区、销区有效对接。

（三）助力茶博会，开通茶博会直通车

2021年哈尔滨茶博会期间，黑龙江茶业产业发展促进会取得了丰硕成果，与云南昆明、湖南岳阳市、广西横州市、贵州普安县、贵州凤冈县、贵州余庆县、贵州雷山县七个市、县的茶企达成深度合作意向，为其进驻龙江市场打下了坚实基础。

开通了"茶博会免费直通车"先后免费接待十余产茶县，为全国各省、市政府、茶协、茶企快速、便捷、有效的了解了龙江茶行业，及时对接考察了龙江各大茶城、达成合作意向做出了重要的贡

献，带领全国各省、市代表团参观了中央大街契斯恰科夫茶，推动了龙江与全国茶行业的交流；带动了旅游业与茶路文化的交融和发展，打通了茶路文化南北旅游的通道；助推了龙江特色产品的输出，加速了龙江与全国各地农副产品的经济交流，为助力龙江经济发展起到了良好的推进作用。

（四）创建龙江自主创新品牌：契斯恰科夫茶

2021年黑龙江省茶业产业发展促进会依托圣索菲亚大教堂捐赠者"远东茶王"契斯恰科夫为历史背景的欧陆茶文化，全力打造龙江自主原创品牌：契斯恰科夫茶，成功入选"冰城文化"品牌创新案例。契斯恰科夫茶是周敏会长秉承对茶行业的热爱、对龙江茶文化的深情、对复兴远东茶路的执着，历时五年创立而成的，它的创立初衷在于重新振兴远东茶路文化，更在于打造专属于龙江的且拥有龙江地方特色的自主茶叶品牌，在龙江久远、丰富的茶叶转运、销售、对外历史基础上，融粹龙江地方特色文化、欧陆茶文化，创立具有时代性、生命力、竞争力的新时代远东茶路文化，旨在以销区基础优势，衔接全国各地茶行业，打造特色产品，振兴龙江历史茶文化事业。

二、创新发展，创建互联网+平台

2022年，在新冠肺炎疫情期间协会开通线上社群销售平台及直播带货活动，免费为行业中小企业及顾客开放，免费投入客服人员进行合理化服务与对接，在保障中小企业在新冠肺炎疫情期间生存的同时，解决了市民采购难题。社群销售平台也将持续发挥作用，同时不断优化，打造精准对接系统体系，优化服务项目，扩展服务行业类目，带动更多中小企业加入其中，打造跨行业合作模式，提高服务能力，增强服务效果，打造中小企业抱团取暖、合作共赢模式，特别参与了黑龙江省商务厅、黑龙江广播电视台举办的"闪耀吧，星主播"活动，取得了优异成绩，代言龙江特有产品，吸引众多龙江企业入驻平台，为龙江中小企业产品的销售与推广，创造了新的优势。

2022年，协会正在通过网络平台，打造小程序线上商城，分类规划各行业品类，集中中小企业优势品牌及产品，发挥协会指导作用，帮助中小企业拓宽销售渠道，将线下实体店搬到线上平台，拓展行业格局，加速中小企业电商体系建设，打破珠宝、茶叶等项目的类目上架限制，相比其他平台账期更短，促进资金有效循环，免去中小企业自主搭建线上商城的烦琐流程，缩减其不必要搭建、购买服务、人员等支出，直接提供产品进行销售，通过小程序商城打造一体化营销模式，集中龙江行业品牌，打造龙江行业力量，助推中小企业优势发展，助力后疫情时期经济复苏回暖。

2022年协会主要工作重点为行业网络协会商城搭建及运营，创建亚马逊跨境电商平台，拓展国际对接、合作途径，并通过主动参与中国茶叶流通协会"培茗行动"系列培训活动以及首届"吃货节"食品促消费活动、哈尔滨网络文化创意设计大赛等活动及比赛，以此进行实践和学习，锻炼协会队伍，加深协会自身建设以及自由能力的提升，不断优化协会工作人员对互联网电商平台的理解及专业能力的提升，从而更好地服务于小程序商城的建设，更好地服务于加入平台的中小企业，并通过大数据分析、云计算等方式，合理优化协会服务结构，打造服务品牌，为中小企业生存发展，打造优质的网络营商环境，助推龙江文旅项目发展，南北互联、国际互通，共同推动我省经济发展建设。

2022年黑龙江省茶业产业发展促进会，将服务于行业中小企业的小程序协会商城作为工作重点，打造信息数字化协会，为行业提供精准、优化服务，整合信息、数据资源，指导协会工作、指导中小企业进行业务深耕；创建网络化协会商城，为行业及龙江产品销售提供优势展示、销售平台，打造龙江自主平台品牌力量，更好的服务与线上及实体经济的发展建设，并将不断优化商城体系，不断协调、分析行业热点动态，不断深耕创新模式，带领中小企业共同合作发展、优化共赢，共同创造优质的生存空间及条件，共同营造龙江行业发展的新体系，共同为龙江行业经济发展、为哈尔滨打造"七大都市"提供新动力。

三、现存问题

（1）受新冠肺炎疫情期间政府政策等客观因素影响，如临时闭店、顾客限流等，导致龙江茶行业市场整体销量下降，疫情过后，没有相应整促扶持，行业复苏相对缓慢。

（2）品牌茶对于销区市场的宣传、推介力度不足，导致品牌茶或者茶产地的优质茶叶，未能被大众了解和接受。

（3）产销对接相对精准，但效率相对较慢，产销对接、产品输入、活动开展仍需进一步完善。

（4）市场与商户之间的关系相对脆弱，大多数仅存于租赁的状态，没有形成有效的合作，稳定性相对较差。

（5）目前协会电商平台搭建处于初步阶段，实体市场经济受电商经济冲击仍旧较大，实体经济略有缩水。

四、政策建议

（1）以茶叶销售为基础，拓展茶旅、产品移库等多元化发展渠道，让更多消费者接触到产地优质茶叶。

（2）市场与产地多进行对接，在市场举办各产地、品牌的推介会，促进产销交流，让产品直面顾客。

（3）省、市级别的茶叶市场向各县进行合作，形成以主要城市为基点，多市县广泛分布的网格化销售趋势。

（4）市场除租赁、销售外，也应该承担起茶行业、茶文化的宣传、普及责任，让更多人了解茶叶、爱上茶叶。

（5）开通以实体经济为基础，为商家搭建线上平台，扩大发展电商经济，坐拥实体，可以给人更高的信任度，同时积极投入线上营销之中，包括网站、网店、直播等各种平台，增加销量与商家黏性，加速行业从传统实体经济，向线上销售等电商经济的转型，打造以实体店为依托，线上销售为主要手段的销售模式。

（6）茶叶协会的完善大数据系统，通过年度分析、区域分析、新一年的产品或者市场走向的专家指导、建议等，指导行业未来规划。

（7）茶叶协会对市场各类创新项目、方案的分析、指导与支持，市场可向协会上报自身具有创新意义的活动或项目，协会对其进行分析与指导，共同完成对行业本身有良性影响或者重要意义的活动及项目，提升协会的影响力，和市场的信心。

五、黑龙江省茶行业数据分析

（一）茶产业数据分析

目前黑龙江省茶叶市场主要集中于哈尔滨市共4所大型集中销售茶城，个体、企业总经营商户15600余人，哈尔滨门店连锁类经营店面约100家，主要以品牌类茶品以及茶楼类经营为主，占黑龙江经营总数的90%左右。其余各市茶叶类目经营店面相对较少，大多集中于大庆、齐齐哈尔、牡丹江、佳木斯、绥化等市，由于人口及需求程度原因，相对经营规模较小。

（二）顾客群体及消费情况分析

2021年黑龙江省茶叶消费情况，比减4.67%左右，实体点销售同比减少10.36%左右，线上销售增加7.2%左右；

茶叶消费者性别比例：男性消费者约为53.4%，女性消费者约为46.6%；

茶叶消费者年龄比例分布：18岁及以下约为2.3%，19～25岁约为16.8%，26～30岁约为28.4%，31～40岁约为37.2%，41～50岁约为9.6%，51岁及以上约为5.7%；

茶叶形态偏好：散茶约为43.9%，品牌茶约为26.7%，茶饼茶砖类约为20.2%，袋泡茶等其他类茶叶约为9.2%；

在茶叶品类偏好方面：红茶约为20.4%，普洱茶约为15.5%，绿茶约为12.7%，乌龙茶约为11.8%，白茶约为12.7%，花草茶约为9.4%，黑茶约为12.2%，黄茶约为2.4%，养生茶约为2.1%，其他茶类约为0.8%；

就行业市场客户群体来看，52%左右为每天都要喝茶的，每周喝茶2～3次的占37%左右，极少喝茶或不喝茶的占11%左右，其购买茶叶主要给家人或者作为礼品用，大多数购买频率较高，而消费群体购买茶叶的主要原因，30%左右为生活习惯，31%左右为休闲放松、单位用茶，20%左右为礼品用茶，19%左右为养生或者提神用。

（三）产销形势分析

2021年黑龙江省茶叶销售市场利用率约为70%，平均租金约为1450元/（平方米·年），平均出租率约为90%，总交易量约为200吨，总交易额约为8000万元。

俄罗斯出口情况，花茶、绿茶、红茶、乌龙茶、普洱茶、黑茶等总出口数量为18000余吨，总出口金额为5200余万美元，可见俄罗斯乃至东北亚市场有着相当大的茶叶需求，同时也有着广阔的出口前景。

2021年黑龙江省茶行业销售形式，受疫情影响仍然相对较大，首先是新冠肺炎疫情期间人民的收入减少，导致购买力下降，也潜移默化地影响着消费理念，非生活必需品类的消费逐渐减少；其次是政府相关方要求，各类经营市场闭店，虽然通过商场政策及补助维持基础经营，但仍有部分行业经营者转向其他品类；再者就是供需冲突，全国防疫期间不同时期不同省份对于产品输入、输出的把控，物流运输的停摆或减少，导致经营店铺产品品类等方面的货品不足，很大程度上影响着销区市场的销售情况。

相对于实体产业，随着直播带货的兴起，行业经营者投入线上销售行列，线上销售有所提升，而且经过新冠肺炎疫情期间的适应，在疫情结束后有部分消费者，尤其是礼盒采购等相对于不要求品饮的顾客，形成线上购买的习惯，导致疫情过后行业实体经济回暖较慢，这也从一方面推动了行业线上销售模式的进程。

目前而言后疫情时期行业发展，在顺应电商经济发展潮流的同时，加快线下实体店的复苏，以实体店为基础支撑，搭配线上销售及宣传，是行业发展与销区市场发展的必经之路。

（四）市场分析研判

基于新冠肺炎疫情期间对行业的影响，2022年黑龙江省茶行业的发展，将会从几个主要方面出发。

一是快速完善线上销售体系，目前各销售行业都已投入到电商销售形式，对于行业经营者来说，虽然是冲击，但也是机遇，龙江茶行业正在搭建属于自己的电商销售平台，面向全国整合资源，对销区销售模式进行区域性革新，以电商平台带动实体经济回暖，同时更有效的对接全国市场，助推行业一体化进程。

二是推动行业实体经营的复苏，实体经营复苏不仅对于行业有着深度的意义，对于龙江经济发展也有着很大的硬性，实体经济始终是一切销售方式的重要基础，通过打造复工贷、拓展供货渠道、品牌代理、销售培训等方式，帮助实体经营者恢复优质的经营状态也是我们必须要做的事，线上线下相结合才是可持续发展的有力支撑。

三是扩大全国行业合作多样性，进一步加深产区、销区的联系，产区、销区的合作不仅仅存在于供货、销售的合作形式，更可以通过打造产品加工基地、线上仓储、茶旅项目、产品移库、运营中心建设、文化项目、公益活动、比赛活动等各类项目进行深度合作，拓展新的合作模式与营销模式，打通行业对项目合作渠道，不断为行业发展提供新机遇。

四是通过跨区域合作，拓展国际化品牌进程，加速国际化合作交流，国际化进程一直也是黑龙江茶行业建设的重要组成部分，尤其是东北亚销区的建设，随着龙江自主创新品牌契斯恰科夫茶的发展，欧陆茶文化也在不断复苏，对于拓展对俄贸易以及亚欧茶旅有着重要意义，有着全国茶行业作为支撑，销区国际化也将有所斩获。

五是对于行业销区而言，主要销售市场集中在省会城市，二线城市的行业建设以及销售路径相对稀少，以主要销售城市为基站，不断拓展二线城市的销售市场，形成销区网格化市场形势，定期进行推广、销售、培训等活动，加速行业的普及，推动行业运转。

总体来说，2021年黑龙江省茶行业受疫情影响发展相对缓慢，实体经济受冲击较大，线上销售兴起，占销售比重越来越大，茶叶购买力逐步从老年化向年轻化过渡，年轻人对于茶叶的接受及喜爱程度也在不断提升，行业线上销售平台在快速的建设之中，整体发展趋于平稳，依旧有着广阔的发展前景，黑龙江省茶业产业发展协会也将在行业发展中充分发挥其指导、规范作用，在完善行业发展体系的同时，不断继承、创新、改革，持续为行业输出力量，带领黑龙江省茶行业再次展现销区的魅力、创造产、销合作新模式、新机遇，展现东北亚销区的勃勃生机。

（执笔人：张海波）

2021上海市茶叶行业发展报告

上海市茶叶行业协会

一、产业概况

上海是全国茶产业最重要的消费市场,据不完全统计,每年传统茶叶销售总额将近20亿元。上海茶市的主要业态包括:

老字号茶企,包括叙友、汪裕泰、汪怡记、黄隆泰、茶恬园等;

连锁门店,包括鸣龙、古峰、龙好等;

茶城及茶叶市场,包括天山、大宁、丰庄、帝芙特、恒大等;

大品牌上海经销商,包括中茶、绿雪芽、品品香、大益、华祥苑、白沙溪、贡牌等;

茶馆及茶空间,包括湖心亭、隐溪等。

上述业态涵盖了传统茶叶六大茶类,其中绿茶占据半壁江山。除六大传统茶类之外,上海也是茶科技、茶技能、茶展览、茶文化及茶产业创新业态等方面的重要市场。茶科技方面:上海交通大学魏新林教授研究团队;茶技能方面:上海市茶叶行业协会所属上海市茶行业职业技能等级社会化评价;茶展览方面:上海市茶叶行业协会上海国际茶业博览会;茶文化方面:上海市茶叶学会全民饮茶月活动;茶产业创新业态方面:上海市金山区三产融合示范项目沪枫茶园(上海首座400亩集种植、生产、观光、科研、教育和农家乐为一体的规模化茶园)。

同时上海也是全国新兴茶饮产业的重要消费市场,包括喜茶、乐乐茶、奈雪的茶等。

二、2021年市场情况

2021年是新冠肺炎疫情防控转为常态化管理形势下的一年。疫情散发频繁,影响了上海茶市各项重大活动开展,全市全年茶博会、茶文化推广等大型茶事活动均难以按计划正常启动。面对困局,在全体茶叶从业者的团结努力下,上海茶行业始终坚持变局、破局、立局的理念与实践,茶叶市场保持了稳定发展局面。

六大传统茶类销售,白茶持续向好,绿茶、红茶等传统名优茶消费基本持平,普洱茶、黑茶、乌龙茶等市场消费热点逐渐回归理性。除传统六大茶类之外,新式茶饮方兴未艾,线上营销创新方案层出不穷,各种前卫潮流的茶饮体验门店和茶叶线上营销方式纷纷抢滩上海市场,网红现象也成为茶行业新的风向标。消费市场呈现年轻化、体验化、潮流化、线上化等发展趋向。

适应疫情常态化管理特点，全市茶事活动积极探索新方式。以茶产业新经济高峰论坛、南京路步行街商圈第一食品秋茶节、跨界自驾车寻茶之旅、豫园湖心亭国茶时尚调饮大赛等为代表的茶事活动，有效推动了上海茶市更高的市场影响力和更广泛的市场覆盖率，赢得本市茶行业从业者、消费者的好评和全国茶行业、兄弟产区的关注。

2021年，在上海市市场监督管理局的指导下，本市茶行业率先开展了诚信计量示范创建和减量包装宣贯工作。本市茶企、茶城、老字号茶叶品牌企业积极响应诚信经营、绿色包装的倡议，主动调整门店设置和产品设计，成为疫情常态化管理形势下全市范围内成功完成相关工作的行业典型。

2021年，经上海市人力资源和社会保障局的审核遴选，上海市茶叶行业协会成为首批获得国家人社部门备案批准的职业技能等级认定社会化评价组织，负责全市范围内茶艺师、评茶员职业工种的职业技能等级认定。在上海市相关主管部门的指导下，成功完成了逾千名考生的认定考试和合格颁证工作，积极助力了上海市职业技能提升和促进稳岗就业的任务。

（执笔人：陶峻骏）

2021江苏省茶叶行业发展报告

江苏省茶叶研究所

一、2021年江苏省茶产业发展特点

（一）面积、产量略增，产值增加

2021年，江苏省茶园面积为51.45万亩，较2020年略增1800亩，其中开采面积45.85万亩，无性系茶园面积22.52万亩；茶叶总产量1.072万吨，产值33.09亿元，产量、产值分别较2020年增加1.77%、8.35%。据江苏省茶叶研究所对部分主产区县调研结果显示，苏州吴中区2021年全年产量383.0吨，较2020年增7.0%，全年产值4.038亿元，较2020年增16.4%；仪征市2021年全年产量531.0吨，较2020年增10.6%，全年产值1.560亿元，较2020年减15.2%；南京高淳区2021年全年产量360.0吨，较2020年增14.3%，全年产值0.62亿元，较2020年增10.7%；无锡滨湖区2021年全年产量77吨，较2020年增2.7%，全年产值0.27亿元，较2020年减3.6%。宜兴市2021年全年产量3826吨，较2020年增2.1%，全年产值4.900亿元，较2020年增8.9%（表1）。

表1　2021年部分茶叶主产区县及全省春茶和全年茶叶产量、产值

	地区	宜兴	滨湖	吴中	仪征	高淳	全省
春茶	产量/吨	805.0	75.0	383.0	531.0	300.0	
	较上年增幅/%	+3.3	+25.0	+7.0	+10.6	+17.2	
	产值/亿元	2.784	0.300	4.038	1.56	0.590	
	较上年增幅/%	+8.1	+30.4	+16.4	-15.2	+17.0	
全年	产量/吨	3826	77.0	383.0	531.0	360.0	10720
	较上年增幅/%	+2.1	+2.7	+7.0	+10.6	+14.3	+1.77
	产值/亿元	4.900	0.27	4.038	1.56	0.62	33.090
	较上年增幅/%	+8.9	-3.6	+16.4	-15.2	+10.7	+8.35

受暖冬气候影响，江苏省春茶普遍提前开采；自2月15日以来，江苏南部气候适宜，茶芽陆续萌发，2月24—25日，苏州吴中区、无锡滨湖区、宜兴、溧阳、南京等地特早生茶树品种如乌牛早、中茶108、苏茶早等品种陆续开采，各产区开采时间普遍比2020年提早10天左右，今年春茶开采时间为有历史记录以来最早年份；至3月20日，全省80%的茶园已开采。今年茶叶开采时间虽早，但3月上、

中旬气温偏低，开采后产量提高缓慢，至3月下旬，气温回升，产量才逐渐提升明显。由于今年上半年气候条件适宜，全省各地茶叶产量较去年同期增长5%~25%，产值增长8%~30%。

（二）全省以绿茶生产为主，唯宜兴以红茶生产为主

江苏以绿茶生产为主，其中绿茶占总产量的76.8%，红茶占总产量的23.2%；部分主产区县中，宜兴以生产红茶为主，其他以生产绿茶为主；在绿茶产量上，宜兴减少4.7%，滨湖、吴中、仪征、高淳分别增加2.9%、3.1%、2.9%、14.3%；在红茶生产上，仪征少量生产，高淳仍然没有涉及，红茶产量上，吴中增幅较大，宜兴、吴中分别增7.7%、17.3%（表2）。

表2　2021年部分主产区县及全省茶类结构分布

地区	宜兴	滨湖	吴中	仪征	高淳	全省
绿茶/吨	1607	72	268	530	360	8236
较上年增幅/%	-4.7	+2.9	+3.1	+10.6	+14.3	+0.05
红茶/吨	2219	5	115	1	/	2484
较上年增幅/%	+7.7	—	+17.3	+4.2	/	+8.0

（三）名优绿茶、大宗绿茶、红茶平均价格增长

调研的五个区县，名优绿茶平均价格在500~1800元/千克，其中宜兴最高，吴中、仪征、滨湖、高淳依次降低；大宗绿茶平均价格在180~1076元/千克，其中吴中最高，滨湖、仪征、宜兴、高淳依次降低；红茶平均价格在120~894元/千克，其中吴中最高，仪征、滨湖、宜兴依次降低；主产干茶最高价在2000~58000元/千克，其中吴中最高，宜兴、高淳、滨湖、仪征依次降低；主产干茶最低价在100~800元/千克，其中吴中最高，仪征、高淳、滨湖、宜兴依次降低（表3）。

表3　2021年部分区县名优绿茶、大宗绿茶、红茶平均价格

地区	宜兴	滨湖	吴中	仪征	高淳
名优绿茶均价/（元/千克）	1800	1200	1530	1500	500
较上年增幅/%	+6.0	+0.2	+12.0	+6.0	+5.0
大宗绿茶均价/（元/千克）	220	360	1076	220	180
较上年增幅/%	+3.0	—	+7.0	+3.0	+5.0
红茶均价/（元/千克）	120	400	894	730	—
较上年增幅/%	—	—	+3.0	+2.0	—
主产干茶最高价/（元/千克）	8000	2600	58000	2000	8000
较上年增幅/%	—	—	+4.0	—	+30.0
主产干茶最低价/（元/千克）	100	170	800	200	200
较上年增幅/%	—	+6.6	+33.0	—	+10.0

由此可见，不同区县名优绿茶、大宗绿茶、红茶平均价格区间差异幅度较大，这与各地区茶叶生产档次、消费能力和消费习惯有一定关系。

（四）生产成本逐年上升，产品利润逐年下降

江苏是名优茶产区，茶叶采摘主要依靠人工，近年来，劳动力成本逐年上升，茶叶生产利润逐年下降。据调研，2021年，江苏省茶叶采工工价平均为175元/天，较2020年增8.0%，采工短缺8%；茶叶示范县市中，宜兴市平均工价170元/天，较2020年增6.3%，采工无短缺；无锡滨湖区平均工价180元/天，较2020年增5.9%，采工无短缺；苏州吴中区平均195元/天，较2020年增8.3%，采工短缺35%；无锡锡山区平均工价175元/天，较2020年增加6.1%，采工短缺5%；仪征市平均工价130元/天，较2020年增加8.3%，采工短缺20%；南京高淳区平均工价125元/天，较2020年增加8.7%，采工短缺10%。在人工成本增加的同时，物质投入成本也是逐年提高，全省多点调研结果显示，农药、肥料、农机具等物质投入成本，今年比去年增长6%~10%（表4）。

表4　2021年部分地区茶叶生产成本情况

地区	平均工价/（元/天）	较上年增幅/%	采工短缺率/%	物质投入增幅/%
宜兴	170	6.3	0	6
滨湖	180	5.9	0	9
吴中	195	8.3	35	10
锡山	175	6.1	5	7
仪征	130	8.3	20	8
高淳	125	8.7	10	10
江苏	175	6.1	15	8

（五）茶叶批发（交易）市场茶叶交易量、交易额有升有降

2021年，江苏省茶叶批发（交易）市场茶叶交易量、交易额较2020年有升有降，其中扬州市东方国际食品城茶叶市场2021年茶叶交易量为4350吨，较去年增加2.8%，交易额为65850万元，较去年增加4.0；宜兴市阳羡茶文化街2021年交易量为460吨，较去年增加3.8%，交易额为5270万元，较去年增加4.9%；苏州市茶叶市场2021年交易量为7220吨，较去年增加1.0%，交易额为78800万元，较去年增加1.0%；无锡市朝阳茶叶市场2021年交易量为410吨，较去年增加2.2%，交易额为4570万元，较去年增加2.9%；无锡市红星茶叶批发市场有限公司2021年交易量为153吨，较去年减少7.3%，交易额为3278万元，较去年减少3.0%（表5）。

表5 2021年部分茶叶批发市场交易量和交易额

批发市场	交易量/吨	较上年增幅/%	交易额/万元	较上年增幅/%
扬州市东方国际食品城茶叶市场	4350	+2.8	65850	+4.0
宜兴市阳羡茶文化街	460	+3.8	5270	+4.9
苏州市茶叶市场	7220	+1.0	78800	+1.0
无锡市朝阳茶叶市场	410	+2.2	4570	+2.9
无锡市红星茶叶批发市场有限公司	153	-7.3	3278	-3.0

二、2021年江苏省主要茶事活动

（一）宜兴举办"悦享江南春 慢品宜兴红"茶叶品牌直播宣传活动

3月29日，春光旖旎，无锡市农业农村局、宜兴市农业农村局以及无锡广电新媒体中心联合打造"兴兴向农·无锡农业品牌故事"2021年首场直播"悦享江南春 慢品宜兴红"活动，活动在醉美乾红茶园拉开序幕。

华东最美茶园，宜兴市太华镇乾元茶场，坐落于上天特别厚爱的北纬30°。这里，好山好水，有最适宜茶叶生长的充沛雨水、湿度和独特土壤。群山环绕，茂林修竹，土地肥沃，日照充足，这些共同构成了乾元茶场得天独厚的自然小气候，促使这里的"明前茶"较省内其他茶场早10～15天。

宜兴自然禀赋绝佳，物产丰富，农业发达，特别是宜兴茶，年产量占整个无锡的93%以上。近十年来，宜兴市高度重视茶产业发展，培育了一批茶产业龙头企业，带动农民致富，并结合宜兴城市名片——紫砂，将先天优势转化为后天发展的强劲动力，推动茶产业焕发新的生机活力，为实现乡村振兴贡献茶产业力量。

乾元茶场的春日旖旎，茶农们现场采茶制茶，专家领导在线品茶讲茶，直播带货吸引了大量的粉丝观看、互动弹幕，网友们对宜兴红茶有了全新的认识和了解。"宜兴红"通过本场直播收获了大批年轻粉丝。本场直播同步观看量达到15.6万人次，点赞量30000多次。

（二）金坛举办"金坛雀舌"品牌保护新闻发布会暨开采启动仪式

3月22日上午，2021"金坛雀舌"品牌保护新闻发布会暨开采启动仪式在全国最美30座茶园之一的常州金坛茅山茶海·北海举行。活动现场，还举行了首批获准金坛雀舌地理标志产品专用标志使用权的生产加工企业授牌，并与金坛雀舌茶证明商标许可使用单位签订了规范使用协议，为金坛雀舌茶品牌保护公益律师事务所颁发了聘书。

金坛是著名数学家华罗庚先生的故乡，位于常州西部、长三角的地理中心，是南京都市圈成员单位。西部低山丘陵区不仅有机质含量丰富，而且沟渠塘坝密布，水资源较为充足，天赐一方种茶"乐土"。金坛产茶历史悠久，茶叶久负盛名。现有茶园面积4.1万亩，已形成以金坛雀舌、茅山青锋为主，红茶、抹茶粉为辅的茶产业体系，是中国名茶（绿茶）之乡、全国重点产茶县，2020年全区茶业综合产值达6.8亿元。

近年来，该区坚持以"茶树良种化、茶园生态化、生产标准化、加工清洁化、产品多元化、营销品牌化"为目标，加快茶产业转型升级，成功入选江苏唯一茶叶类有机肥替代化肥示范县（区），薛埠镇成为全国"一村一品"示范村镇。坚持以六次产业融合发展为方向，推进茶业全产业链发展，薛埠镇茶香小镇入选江苏农业特色小镇，复合式茶旅线路入选全国20条精品茶旅线路；坚持以重大项目为抓手，打造现代茶叶发展高地，省级现代农业产业（茶叶）示范园。

（三）江苏首个村级茶青交易市场——宜兴上坝茶青交易中心挂牌成立

3月28日，宜兴市上坝茶青交易中心在丁蜀镇上坝村为农服务社揭牌成立，这也成为江苏首个村级茶青交易市场。

宜兴上坝村发展茶叶经济的基础非常好，但当地茶农多为小散户，缺乏规模的茶叶加工厂，茶青内需不够；同时，缺少能将茶叶"带出去"的茶叶经纪人。茶青"无处可去"，严重影响了全村的茶产业发展。因此，一个由政府引导的茶青交易市场就成为解决问题的关键。经过多次商讨、多方协作，宜兴市上坝茶青交易中心应运而生。当天，丁蜀镇副镇长曹效平、市农业农村局茶果指导站站长徐建陶、江苏省茶叶研究所所长徐德良、丁蜀镇茶叶协会会长许群峰等参加了揭牌仪式。

（四）扬州举办第四届"绿杨春"茶开采节暨第五届捺山喊山茶会

3月28日上午，扬州市绿杨春茶叶协会、江苏融远传媒集团有限公司、国营捺山茶叶试验场、仪征捺山旅游发展有限公司等单位在仪征捺山地质公园联合举办第四届扬州市"绿杨春"茶开采节暨第五届捺山喊山醒茶会，活动拉开了地产绿杨春开采的序幕，奏响了世界园艺博览会开幕的前奏。

绿杨春茶具有"纤细秀长，形似新柳，汤色翠绿，吐香醇厚"的特质，茶叶冲泡后，汤色纯净，口感清新爽口、回味有淡雅香气，是江苏名茶中的佼佼者。此次活动举办，通过宣传茶叶是健康饮品理念，提倡全民饮茶，促进了扬州绿杨春茶产业、茶文化、茶综合开发进一步发展。

（五）溧阳举办2021中国·溧阳茶叶节暨天目湖旅游节

4月10日上午，2021中国·溧阳茶叶节暨天目湖旅游节在焦尾琴公园的长三角物理研究中心新园区拉开帷幕，开幕式现场，何鸣元、杨国桢、陈立泉、吴云东、方忠、单忠德等16位两院院士，浙江工业大学校长李小年，中国卫生信息与健康医疗大数据学会会长金小桃，中国农业电影电视中心党委书记刘天金，国家开发银行江苏分行领导张志洋，中国老龄协会老年人才信息中心主任李伟，全国时代楷模、镇江市人大常委会原副主任赵亚夫，中制智库理事长兼研究院院长新望，江苏省农业农村厅副厅长蔡恒，中国茶叶学会理事长江用文，以及徐华勤、叶明华、潘云芳、狄立新、周卫中、邵钦华、严俊等溧阳市四套班子领导出席活动。市委书记徐华勤在开幕式上致辞。

溧阳茶叶节自1991年首办以来，至今已是芬芳三十年。三十年来，无论是把"客来敬茶"的朴实民风创造性地办成了全国第一个县级市举办的节庆活动；还是推动"以茶为媒、茶旅融合、经贸合作、展示城市"的茶叶节与旅游节"两节"合办，以茶叶节、旅游节为标识的开放格局、开放气质、开放形象已成为溧阳从过去走来、向未来迈进的动力所在。这种动力，之于前三十年，更多的是以"两节"展示山水之美，使之成为经贸交流的平台、城市宣传的载体；之于当下和未来，则是以"两节"凝聚创新之力，使之更要成为科学技术的营地、创新力量的纽带。

（六）举办第六届江苏省手工制茶职业技能大赛

为传承我省手工传统制茶技艺，弘扬"苏茶"文化，5月11—13日，第六届江苏省手工制茶职业技能大赛在扬州世博园园艺竞赛区开赛，全省60名制茶高手比拼茶叶制作技艺，助推全省制茶技艺传承。

此次技能考核按茶形分为扁形、卷曲形、针形（含直条形）3个组别。开赛后，每位参选者都全神贯注，理条揉捻杀青等每一道工序都力争做到精益求精。高手过招，往往差在毫厘，评委的评判标准也相当严格。此次竞赛，60名制茶技术能手以茶会友，展现高超技艺，他们在限定的时间内完成手工炒制操作。在比赛现场，数十个炒茶锅有序排列，参赛选手们坐在铁锅旁，挥动双手，揉搓捻动，各展其能。最后大赛评委根据选手作品的外形、汤色、香气、滋味、叶底等内容进行评分，确定各组别奖项。对于成绩优异的选手，由省农业农村厅授予"江苏省农业技术能手"等称号和荣誉。

近年来，随着茶叶产业化和机械化高度发达，很多传统手工炒茶技艺开始被机器取代，传统的手工炒制技艺的传承保护面临巨大挑战。举办此次大赛，旨在倡导"茶为国饮"，传承非遗传统手工制茶技艺，创新发展具有民族和地域特色的茶叶加工业，提升炒制技能和产品质量，推进茶产业高质量发展。同时通过比赛挖掘制茶能工巧匠，为茶叶生产加工人员提供技艺交流平台。

三、2021年茶产业发展存在问题

（一）茶企规模较小

我省现有大型茶叶企业3家（营业收入≥2亿元），中型茶叶企业95家（500万元≤营业收入<2亿元），小型茶叶企业784家（50万元≤营业收入<500万元），国家级茶叶龙头企业仅1家，省级茶叶龙头企业仅21家，与国内其他主要产茶省相比，差距较大；产业化程序低，导致技术推广、品牌培育与市场拓展不足，市场占有率和覆盖度趋降。

（二）产业链技术集成不足

近年来，以茶树为主要研究对象的各类科技项目远不能与其他园艺作物相比，每年科技投入低于周边浙江、安徽、山东等省。存在的主要技术问题如下：①良种是产业的基础，我省存在无性系良种化率低、品种结构与地方产品不配套，特色区域产品缺少适制品种支撑；育种手段落后，选育品种滞后于生产需求；引种区试缺少系统性，新发展企业引种存在盲目性等。②新建茶园成园慢，投产见效慢，新发展茶园管理受气候、区域小环境、草害等影响，新茶园建设管理成本逐年增加，老茶园存在施肥习惯不良导致土壤酸化、板结现象严重，茶园管理设施化、机械化普及不足。③江苏茶叶以春茶生产为主，夏秋茶资源利用率低，亩产效益不高。近年来红茶产量持续增长，但中小叶种红茶品质特色表现、工艺稳定性缺少技术支撑，多茶类开发技术支撑不足。

（三）茶企发展进入瓶颈期

全省茶叶产业由快速发展期，逐渐步入"适度规模、提质增效、绿色发展"阶段，保持茶叶高效、优质，实现提质增效，促进江苏茶叶产业的高质量发展，是产业发展亟待解决的问题。

（四）茶园面积增长速度减缓，良种、标准、机械设备、基础设施推广应用受限

近年来，江苏茶园面积增长速度减缓，江苏茶业虽已发展成集种植、加工、销售于一体的全产业链，但规模以小微企业为主，大中型企业凤毛麟角。小微企业的通病就是产品单一、周期短、利用率低、竞争力弱、抗风险差，良种、标准、机械设备、基础设施推广应用受限。

四、2022年茶产业发展建议

（一）增强品牌建设

江苏省各类名茶众多，从历史名茶"碧螺春"到20世纪80年代，创制的新名茶共计30余个。近年来，各茶叶主产市区明确现有资源优势，重点宣传推介具竞争力的主要茶叶公用区域品牌，部分茶叶主产县区无茶叶区域公用品牌，如常州市武进区，苏州市高新区、常熟区，镇江市丹阳市，连云港市赣榆区，则重点壮大企业品牌。各地深入挖掘品牌优势，利用各类茶叶博览会、茶文化节等活动，依托电视、广播、报纸、杂志等媒体对重点打造品牌进行宣传，消费者对江苏省茶叶品牌的认知度大幅提高。

（二）提高标准化、清洁化生产程度

江苏省多地基本实现了包括茶园的选择与种植，以及茶叶包装、销售、贮藏等各环节的标准化、清洁化全过程。2021年，江苏省有机茶园面积3.98万亩，占总面积（51.45万亩）的7.74%，绿色食品茶园面积14.70万亩，占总面积的28.57%，绿色、有机茶园占比较小，需进一步扩大绿色、有机种植。江苏茶叶加工企业需进一步提高标准化、清洁化生产程度，按照食品厂要求设计建设茶叶加工厂，采用连续化的流水线及清洁能源开展生产，减少人工、燃料等操作带来的污染。

（三）培育新型经营主体和新型职业农民，促进茶农职业化、茶叶生产经营规模化

针对采茶工老龄化问题，培育新型经营主体和新型职业农民，促进茶农职业化、承包茶园适度规模化；通过土地流转，培育家庭茶场、茶叶大户、茶叶专业合作社等新兴茶叶种植经营主体；加强对茶业专业技术人才的知识更新和技能人才的培训，提高其转化和应用科技成果的能力。

（四）茶旅融合，走一、二、三产业融合发展之路

江苏省茶旅融合发展具有资源优势、市场优势和文化优势。江苏省产茶区主要分布在低山丘陵缓坡，山林水体资源丰富，交通基础建设完善，便于车辆行人出入。江苏省休闲度假消费水平较高，茶园多茶果间作、茶林间作，具备采摘、观赏条件，可进一步打造茶旅线路、茶旅小镇。江苏省各地名茶历史悠久，《红楼梦》中的金陵茶文化、茅山道家茶文化、句容宝华山佛教文化、紫砂茶器、茶圣陆羽在主产茶区留下的笔记，以及历史文人品茶、烹茶诗句和茶画等，均展示了苏茶悠久的文化底蕴，我省需进一步发展茶旅融合，走一、二、三产业融合发展之路。

（执笔人：周静峰、徐德良）

2021浙江省茶叶行业发展报告

浙江省茶叶产业协会

一、2021年产业发展回顾

2020年冬及2021年早春，浙江省连续遭遇罕见的干旱低温，茶树长势衰弱、茶芽萌发受到影响，各级农业农村部门主动科学应对、及时指导抗灾，加之后期的气候条件有利，2021年茶产业形势良好。据省业务部门统计，2021年，全省茶叶总面积307.7万亩，比上年的307.5万亩增加0.2万亩，增长0.07%；茶叶总产量19.8万吨，比上年的19.1万吨增加0.7万吨，增长3.66%；农业总产值259.6亿元，与上年同口径的238.6亿元增加21.0亿元，增长8.80%。其中名优茶产量10.5万吨，同比增长2.94%；农业产值232.5亿元，同比增长8.95%。茶叶出口量15.08万吨，同比增长3.18%；出口额4.86亿美元，同比增长8.64%。

（一）茶叶生产平稳有序

1. 春茶前期偏暖、开采提前

春茶自2月6日在永嘉、莲都率先开采，至3月22日春茶全面开采并进入盛采期，各地开采均比上年提前2~10天，但受2020年干旱影响，开采量普遍低于往年。随着2—3月整体气候平稳有利茶叶生长，春茶赶超往年，产量产值有较大幅度增加。

2. 春茶中期低温，区域增减不一

3月份气温持续在20度以下，金华、绍兴、宁波等浙中茶区产量减2%~6%，而杭州、丽水、衢州等浙南浙北茶区产量增15%以上，形成了"两头旺、中间平"的区域分布特点。

3. 夏秋季气温适宜，机采程度提高

7—8月整体多阴雨、少高温，有利茶树生长。病虫害情况发生略多于往年，但各级农业部门及时发现、科学防治，未形成大规模虫情。采工持续短缺，倒逼推进生产机械化，武义机采香茶质优价廉，受到线上客商青睐。截至11月底，共配备名优茶生产线385条，新增10.32%，生产名优茶1.14万吨、实现产值32.32亿元，同比增长20.63%和39.58%。

4. 初冬天气异常，未来或受影响

10月份气温异常偏高，茶树持续萌芽未如期休眠，应对冬季可能的极端寒潮能力及对来年春茶产量或有所影响。

5. 绿茶占主导地位，六大茶类齐全

绿茶产量17.7万吨，占总产量的89.39%；产值234.16亿元，占总产值的90.20%。红茶产量1万

吨，产值20.59亿元。黑茶产量6600吨，产值1.14亿元。白茶产量1000吨，产值1.41亿元。乌龙茶产量500吨，产值6900万元。黄茶产量200吨，产值1.61亿元。

10个产茶市中，分列茶园面积、产量、产值前三位的是：丽水市以60.76万亩列茶园面积第一，绍兴市、杭州市以60.60万亩、57.89万亩分列二、三位；丽水市以4.7万吨列茶叶产量第一，绍兴市、金华市以3.85万吨、3.51万吨分列二、三位；湖州市以55.56亿元列茶叶农业产值第一，丽水市、杭州市以52.08亿元、44.73亿元分列二、三位。

（二）市场销售整体顺畅

1. 青叶质优价高，茶农增收明显

由于近年来建成的生态茶园保产提质效果开始显现，茶叶中营养物质的积累更为丰富，品质为近年来最好，支撑了茶青价格较长时间维持高位。如安吉鲜叶早期170~200元/斤，中期稳定在120~160元/斤。新昌嘉茗一号鲜叶价格维持在80~90元/斤长达半个月，带动整个茶季平均价格上涨。丽水各地青叶收购价同比上涨20%左右，是近5年来最高。个别地区甚至出现茶叶加工户在田间、地头、路口直接抢购鲜叶的情况。据中国茶产业杭州指数发布，安吉白茶、西湖龙井茶青价格同比上涨16.7%和37.6%。

2. 市场交易兴旺，产销对接顺畅

在有序有效促销下，浙江茶叶经营户2020年库存为历年最少，导致2021年春茶市场经营户收购积极，茶叶交易火爆；加上产品品质好、高中档茶比例高，多地反映出现了高价持续时间长，当日生产当日清，包装跟不上销售等产销两旺的好势头。夏秋茶茶类结构持续优化，珠茶、眉茶、香茶等传统大宗茶生产减少，龙井、毛峰、红茶、晒白茶等优质茶增加，新昌夏秋龙井茶价格上涨12%左右，夏秋茶整体价格和往年持平。

截至12月底，浙南茶叶市场交易量8.3万吨，同比增长2.6%；交易额65.6亿元，同比增长5.65%。新昌中国茶市交易量1.68万吨、同比下降1.41%；交易额61.24亿元，同比增长11.06%。其中大佛龙井交易量1.56万吨，同比增长0.34%；交易额55.92亿元，同比增长14.59%。

3. 电商助推有力，带旺茶叶销售

在直播带货、媒体助销、单位团购等多种销售模式下，助推了整体销售量。丽水市毛茶电商平台零售额超过20亿元，分流了线下市场销售压力。金华抹茶食品抖音销售火爆，线上销售成交量占总销售量的60%以上。浙江电商头部企业——艺福堂茶业双11表现突出，以"支付买家数行业排名第一"成绩稳居天猫茶行业TOP10榜单，发货25.3万个。部分自有平台销售下降，如浙南茶叶市场网上商城交易量337吨、交易额5052万元，同比下降50.80%和42.05%。

（三）茶叶出口喜忧参半

2021年，在国际形势严峻复杂和新冠肺炎疫情持续影响下，全球茶叶生产贸易仍受到较大冲击。

我国茶叶外贸顶住多重压力，取得出口再创新高的好成绩。

1．浙江茶叶出口量维持全国第一，出口额退居第二

2021年，浙江出口量15.08万吨遥遥领先，占全国茶叶出口总量的40.8%；安徽6.77万吨、湖南4.16万吨、福建2.61万吨分列二、三、四位。出口额福建5.13亿美元跃居全国第一，占全国茶叶出口总额的22.3%；浙江4.86亿美元退居第二；安徽2.87亿美元列第三。

浙江绿茶出口量14.48万吨，同比增长3.36%；出口额4.46亿美元，同比增长10.97%。红茶出口量0.33万吨，同比增长13.29%；出口额0.23亿美元，同比下降20.41%。乌龙茶出口量0.14万吨，同比下降3.19%；出口额759万美元，同比增长80.08%。花茶出口量0.12万吨，同比下降23.36%；出口额906万美元，同比下降22.21%。普洱茶出口量126.5万吨，出口额42.5万美元。黑茶出口量0.028万吨，出口额5189美元。

2．重点茶叶出口市场旺盛

浙江出口茶按出口额计算前十位的是摩洛哥5.39万吨、1.6亿美元，塞内加尔0.93万吨、0.39亿美元，毛里塔尼亚0.69万吨、0.3亿美元，冈比亚0.56万吨、0.2亿美元，乌兹别克斯坦1万吨、0.19亿美元，尼日尔0.6万吨、0.18亿美元，中国香港0.05万吨、0.16亿美元，美国0.36万吨、0.15亿美元，阿尔及利亚0.35万吨、0.13亿美元，日本0.26万吨、0.13亿美元。

（四）政策扶持力度加大

1．出台"十四五"茶产业实施意见

为深入推动浙江省茶产业"十四五"期间高质量发展，根据农业农村部等部委联合发文的《关于促进茶产业健康发展的指导意见》文件精神，浙江省农业农村厅出台《关于深入推进茶产业高质量发展的实施意见》（浙农专发〔2021〕72号），提出以"高效生态、特色精品"为目标，发挥我省茶产业资源与传统优势，重点优化区域布局、建设生态茶园、加大技术研发推广、推进加工改造、强化品牌培育、开展数字化研发应用、培育新型主体、推进产业融合和文化兴茶，加强组织领导、加大政策扶持、创新发展机制、强化指导服务，构建三"茶"统筹和三"产"融合的现代茶产业体系，为"十四五"我省茶产业的传承发展指明了道路。

2．保障复工复产

随着疫情防控常态化，各地积极纾困施救，帮助企业渡过难关。如建德一方面挖掘自身潜力，发动所属各村新增0.2万人闲置劳动力参与采茶，另一方面引进贵州、山东、河南等0.2万采茶工，基本解决了采工缺口。余杭区落实采茶工接送包车补助政策，合计补助金额382.9万元。淳安对外来采茶工的包车拼车，给予单程一次性交通全额补助，共补助35.6万元，并协调企业、乡镇做好外来采茶工有关防疫服务。富阳区、建德市成立春茶生产服务专班，派出专家服务队对规模茶企开展"一对一"服务。

3. 出台政策促进春茶生产

如绍兴市落实茶产业高质量奖补政策，兑现2020年度奖补资金近300万元。建德出台《建德市积极应对疫情支持乡村产业发展十条意见》，对规模基地春茶生产给予100元/亩的一次性补助，疏解无加工能力茶农鲜叶销售困难，对收购茶农鲜叶2.5吨、5吨、7.5吨以上的茶企合作社，各给予1万、2万元、3万元的奖励。淳安对贷款用于春茶产销的，给予最高六个月的3‰贴息补助，对投产良种茶园30亩以上的，给予50元/亩的一次性采收服务补助。西湖区出台《西湖区新冠肺炎疫情期间春茶生产扶持政策》，落实300万元对茶企按照本地茶叶的收购量、收购金额给予一定比例的财政补助。

4. 举办各级各类茶事活动

近年来，通过茶事活动、推介平台持续打造浙江绿茶品牌，以龙井茶、安吉白茶为代表的浙江名茶的市场影响力稳步提升。中国国际茶叶博览会、浙江绿茶博览会为代表的近40场县以上主办的茶事活动，有力促进了绿茶消费热度的上升。安吉白茶品牌茶企茶叶单价达3000~8000元/斤。据京东大数据研究院发布的《2021春季饮茶消费趋势报告》，高档西湖龙井预订量达18%，同比提升12%，狮峰山单价2000元的西湖龙井成为最火"爆品"，山东、北京等省市外销区市场反映出龙井茶等浙江绿茶受到消费者青睐，表现为历年最好。

5. 强化项目技术支撑

2021年在原"三农六方"基础上扩容为"三农九方"协作单位，茶叶立项项目从原来每年度2~3个增加到6个。通过"三农九方"科技协作项目、农业重大技术协同推广计划项目、省茶产业团队项目，逐层推进茶叶新技术的熟化、集成与落地。

（1）茶叶第一轮农业重大技术协同推广计划项目建设完成通过验收，集成生态茶园、抹茶产业化、龙井茶标准化等一整套技术体系，发布省地方标准4项，编著《中国抹茶》《西湖龙井茶树栽培》等著作。第二轮绿色精准防控、红茶提质增效、白化茶关键技术、智慧茶园建设等技术联合攻关初步完成，并完成了第三轮花茶、颗粒形优质绿茶、"浙江黄茶"关键技术及生产线数字化等4个项目研究子项的征集确定。

（2）省茶产业团队项目完成了第二轮项目的验收，共投入880万元，建立6个区域试验站，在31个县建立38个示范基地，开展试验示范和推广应用，形成技术规范32项，培训基层技术人员和农户3510人次，示范带动、推广应用相关茶树新品种和新技术39.13万亩。省茶产业团队项目完成了第二轮项目的验收，共投入880万元，建立6个区域试验站，在31个县建立38个示范基地，开展试验示范和推广应用，形成技术规范32项，培训基层技术人员和农户3510人次，示范带动、推广应用相关茶树新品种和新技术39.13万亩。在推进第三轮项目实施过程的同时，基本完成了第四轮项目征集立项，将投入1080万元对8个区域试验站和46个示范点。

（3）农业重大技术协同推广项目和省茶产业团队项目实施更加密集，均形成了一轮验收、一轮实施、一轮申报的层叠状态，推进茶业科技水平不断提升。全省共建成各级生态茶园39.8万亩，同经增加近1倍；共有311家企业配置名优茶生产线447生产线，同比增加28%；申请茶叶类农机补贴已达1.59万台（套），补贴金额达1805万元。

6. 继续推进低温保险

全省42个产茶县（市、区）参与茶园低温政策性保险，受上年天气适宜、赔付率较低影响，共投保面积14.07万亩、保险2399万元，赔付989万元。在低温保险之外，鉴于2019年、2020年连续秋季干旱天气，安吉县创新险种推出白茶气象（干旱）指数保险，保险期设在8月11日至次年4月20日，若所在区域气象站观测出连续十天干旱天气，就可给予最高每亩2000元的赔偿，安吉共计承保2578.46亩，为135户茶农提供515.69万元的风险保障。

7. 数字茶业初见成效

（1）全省茶产业数字大脑即将推出，构建以1张茶产业地图、6个多跨应用子场景、N个功能模块/组件的"1+6+N"体系框架，连通各涉茶数据和服务平台，主要包含全省茶产业概况展示，数字茶园、茶厂、茶市、茶品牌、茶旅呈现，气象、劳务、农资、农机、培训等要素服务。

（2）西湖区、新昌县、武义县浙江更香茶业、安吉县宋茗茶业、桐庐县艺福堂茶业等数个智慧茶园、数字化工厂项目业已建成。其中浙江更香有机茶业开发有限公司建成浙江第一条数字化加工生产线，首次运行即好于预期实效，以往需40人的2万千克鲜叶日处理生产线，现仅需5~6人，减少了80%以上的人工成本，数字交互、精准控制更是让产品品质整体提升一级，对推进数字茶业建设起到了良好的带头示范作用。

（3）安吉白茶数字化管理体系正式启动运行，安吉白茶大数据交易平台全面启用。创新上线安吉白茶生产服务应用，对接"浙农优品"平台，实现多跨协同。该应用已纳入全省数字政府系统"一本账"，同时入选《全国乡村振兴优秀案例》，在全省农业农村大数据建设交流会上作为典型经验交流发言。目前累计发放"安吉白茶浙农码"15.8万枚浙农码、2021安吉白茶防伪标贴179.7万枚。

（4）新昌县数字茶产业项目成功入选第二批省级乡村振兴产业发展示范建设名单后，数字化新技术、新设施、新业态开始在新昌茶产业中大面积应用。目前，数字化软件项目开发已基本完成，六大茶山和规模茶园的数字化气象监测站、电商直播基地、个性化智能茶机装备和成套智能茶机装备等项目加速推进，为产业发展注入新动能。

二、茶产业存在的问题

（一）局部采茶工仍然紧缺

受新冠肺炎疫情影响，2020年本地劳动力出门务工受限，农村劳动力充足，采茶工紧缺现象稍有缓解。2021年年后出外务工如常，部分地区采茶工恢复紧缺状态。同时闽北武夷岩茶、闽东福鼎白茶产业发展快，导致采工紧缺加剧，采工工资普遍在200~300元/天，高于浙江平均的174元/天，特别是大大高于附近文成、平阳的110元/天，部分浙南采工流向闽北闽东。据业务统计，春茶季共需采制工164万，到3月底全面生产时尚缺8.4万。

（二）采茶工老龄化加剧

采茶工人群较为固定，以农村老年妇女劳动力为主，随着时间推移，采茶工平均年龄不断增大。据新昌天赐茶业调查，所雇采茶工平均年龄已在70周岁以上，很多已过意外伤害保险购买年龄。采茶工老龄化带来了用工效率下降和用工风险增加。

（三）茶园政策性保险局部存在损失与赔付脱节

当前茶园低温保险根据茶园生产时间和约定气象点最低温度定损。但本次霜冻及2018年4月8日的霜冻，作为近年来程度较重的两次主要霜冻，具有最低温度较高、发生在盛产期、造成损失大特点，根据现有标准许多受损茶园未触及赔付或赔付标准较低，与茶园实际损失不相符。2021年全省茶园投保面积、保费分别减少18.84%、26.85%，简单赔付率41.23%，其中丽水、台州、衢州三市简单赔付率低于20%，主体投保积极性有所降低。

三、2022年茶产业发展趋势预测

（一）茶叶生产季节推迟、品质好于往年

受长时间低温阴雨和2月中旬降雪的影响，浙南、浙西南早春茶开采推迟7~10天，随着气温上升，其他地区与往年开采时间逐步接近，采摘季节推迟有利于茶树内含物质积累而更加丰富，降雪导致虫害减少，茶叶产品品质好于往年。

（二）国内需求增长放缓，营销策略更为重要

茶叶消费经过连续多年的快速增长，基数不断增大，上涨动能持续放缓。营销策略、营销方式将决定产品的出路，寻找增长新动能显得尤为重要。

（三）茶叶出口量值将维持目前状况

新冠肺炎疫情的不确定性对茶叶出口的影响仍将持续，我国茶叶出口维持现状已实属不易。

四、促进浙江茶产业发展的建议

（一）以绿色发展理念建设生态茶园

坚持以绿色发展为引领，按照茶园规模适度、产区环境优美、基础设施完善、品种搭配合理、技

术支撑有力的要求，鼓励建设现代生态茶园和有机、绿色基地，全面推进茶园生态化改造，以生态茶园建设要求落实生态保护措施，茶园套种经济树种，按照"适度、美观、实用"的原则科学选择套种树种，做到山顶保留原始林木，山腰种隔离带和防风林，山脚保留原有植被，真正实现"头戴帽、腰系带、脚穿鞋、有筋有脉"和"茶在林中，林在茶中"的要求。积极推进茶园水利设施建设，着力提高茶园防洪抗旱能力。推广茶园绿色生产技术，实施"肥药两制"改革，严格执行禁限农药使用规定，控制化肥农药使用。

（二）以培育市场主体促进产业兴旺

大力培育新型经营主体，壮大龙头企业。进一步鼓励有实力的企业跨区域整合资源，强强联合、组团发展。发展茶叶专业合作社和家庭农场，通过"个转企、小升规"，不断加强市场主体梯队建设，提高组织化程度。注重发展订单农业，推广"公司+基地+农户"模式规范茶农生产，采用订单、合同、股份等形式带动小农户共同发展。培育新型社会化服务组织，开展病虫统防统治、肥料统配统施、统一机耕机剪、市场抱团营销等服务。

（三）以科技支撑拉长茶叶产业链条

立足"科技兴茶"战略，强化科技引领作用，加大研发、引进、推广先进适用技术装备和优良品种力度，推动茶园耕作、植保、施肥和采摘机械的研制，加快自动化、智能化加工机械装备与技术示范推广，加快集成推广优质绿茶机采、茶叶数控加工、茶园病虫害精准防控、抹茶全产业链生产等科技成果转化。提升初精制加工水平，按照规模化、清洁化、连续化和数字化的要求，全面推行茶叶现代化加工，有效提高连续化自动化的初精制加工水平。加大综合利用研发力度，开发茶食品、茶保健品、茶食品添加剂、茶饲料添加剂、茶日化用品等终端产品。

（四）以宣传推广打响浙江绿茶品牌

强化品牌建设，大力培育市场。加大公用品牌打造力度，分层次推进茶叶品牌建设。省级层面重点提升龙井茶品牌，整合18个龙井茶生产县（市、区）资源，做大做强龙井茶品牌集群。引导"安吉白茶""温州早茶""丽水香茶"等特色区域公用品牌发展。鼓励龙头企业打造个性化企业品牌，扩大品牌产品市场占有率。优化产地茶叶市场布局，进一步完善服务功能，推进交易模式升级改造，有效引导产销对接。认真分析各类展会的市场定位、组织方式和市场影响力，了解茶叶企业开拓市场和参加展会的实际需求，认真组织和策划参与展会活动，重点参与中国国际茶叶博览会、浙江绿茶博览会等专业性展会平台，合理布局专业性区域性展会，提升参展实效，拓展浙江绿茶市场。

（执笔人：刁学刚）

2021安徽省茶叶行业发展报告

安徽省茶叶行业协会

一、2021年重点工作回顾

（一）安徽茶产业发展概况

1．产销稳进

据统计，2021年安徽省茶园面积328万亩，干毛茶产量15.45万吨，干毛茶产值182.6亿元，茶产业综合产值614亿元；茶叶出口量6.78万吨，出口额2.89亿美元，分别居全国第二位、第三位。

2．品牌提升

截止2021年底，全省共有国家级龙头企业6家、省级龙头企业63家；国家级合作示范社36家、省级合作社示范社92家；拥有品牌价值超30亿元区域公用品牌5个，其中六安瓜片、霍山黄芽、太平猴魁、黄山毛峰入选中欧地理标志协定保护名录。

3．收获殊荣

2021年，安徽茶产业斩获多项荣誉。黄山市祁门县获"'三茶统筹'先行县域"称号，黄山市休宁县获"智慧茶业样板县域"称号，黄山市黄山区获"茶旅融合特色县域"称号，黄山市徽州区获"科技兴茶富民典型县域"。黄山小罐茶业获"茶业领军企业"称号，黄山市新安源有机茶开发有限公司、王光熙松萝茶业股份有限公司、安徽省祁门红茶发展有限公司获"茶叶出口领军企业"称号，安徽国润茶业有限公司获"茶叶新技术成果转化企业典范"称号，安徽汇旺餐饮管理有限公司品牌甜啦啦获"新式茶饮战略领导品牌"。9个县（区）荣获"2021年度茶业百强县"，13家企业荣获"2021年度茶业百强企业"，10家企业品牌荣获"2021年度茶业畅销品牌"。

（二）重点工作

1．制定规划引导产业发展

安徽省政府高度重视茶产业发展，3月14日安徽省人民政府办公厅印发《关于推动茶产业振兴的意见》（皖政办秘〔2021〕28号），为安徽省茶产业发展提供了坚强的政策支持。4月9日，时任省政协主席张昌尔在合肥调研时强调，要认真学习贯彻习近平总书记考察福建关于发展茶产业的重要讲话精神，按照省委部署要求，统筹做好茶文化、茶产业、茶科技这篇大文章，将我省茶产业做大、做强、做优，以徽茶产业振兴促进乡村振兴。

为贯彻落实《中共中央关于制定国民经济和社会发展第十四个五年规划和二〇三五年远景目标的建议》和《中共中央国务院关于实施乡村振兴战略的意见》精神，巩固拓展脱贫攻坚成果与乡村振兴有效衔接，推动安徽省茶产业实现持续、稳定、健康、协调发展，进一步提升安徽省茶产业综合竞争力，依据《安徽省人民政府办公厅关于推动茶产业振兴的意见》（皖政办秘〔2021〕28号）等文件要求，安徽省茶叶行业协会组织编写、评审、发布了《安徽省茶产业"十四五"发展规划建议（2021—2025）》，为做大、做强、做优我省茶产业提供参考和建议。

2．科技创新赋能产业发展

由安徽农业大学原校长、茶树生物学与资源利用国家重点实验室主任宛晓春领衔，由合肥美亚光电技术股份有限公司、谢裕大茶叶股份有限公司等合作完成的"绿茶自动化加工与数字化品控关键技术装备及运用"荣获国家科学技术进步奖二等奖。此项技术的推广提升了安徽省绿茶加工现代化水平，有利于进一步打造安徽省茶产业科技创新的强劲引擎。11月28日，由安徽省茶叶行业协会、安徽省茶业学会联合主办，合肥美亚光电技术股份有限公司、智能分选技术安徽省技术创新中心共同承办的"科技赋能茶产业发展座谈会"在合肥召开，安徽省农业农村厅、国奖项目组部分成员代表、安徽农业大学、安徽省农业科学院茶叶研究所、安徽省茶文化研究会、产茶县（市/区）政府、茶企、各大主流媒体等单位代表汇聚一堂，共同商讨科技赋能茶产业发展大计。

3．举办展会搭建产销对接平台

2021年第十四届安徽国际茶产业博览会以"中国徽茶、迎客天下"为主题成功举办。该届茶博会充分贯彻落实新发展理念，注重产销有效衔接，致力于搭建产销对接平台，展会期间共有600余家企业参展，1000多家专业采购商以及5.31万人次的爱茶人士到会场参观；突出产业带动，注重平台效应转化，大会首设"乡村振兴馆"，集中展示安徽省主要产茶地区和各地供销社在推动茶产业发展、助力乡村振兴中取得的成效和主要作为；强化数字赋能，打造云端新平台，大会首次与电商平台合作，打造永不落幕的"云上茶博会"平台。该展会在展示展销、项目签约、品牌推介提升等方面均取得了丰硕的成果。

4．茶旅融合助力徽茶振兴

2021年，安徽省举办了精彩纷呈的茶事活动，为徽茶文化与旅游业做了宣传，进一步筑牢了茶旅融合发展基础。

"首届安徽美丽茶（乡、镇）报送活动"，此次活动是2021年第十四届安徽国际茶产业博览会重要茶事活动之一，活动吸引了160多个茶村报名参与，近300万人次关注。最终评出20个"首届安徽美丽茶村"，10个"首届安徽美丽茶（乡、镇）"。

3月25至27日，"2021首届安徽国际茶旅大会暨2021祁门红茶采摘节"活动在黄山市祁门县举行，来自省内外茶界专家、茶商相聚祁门，共促茶旅融合，共商安徽茶产业发展。

3月至5月，2021"第十四届安徽国际茶产业博览会首届安徽开茶节暨第十三届合肥·庐江白云春毫茶文化旅游节"在合肥市庐江县举行。活动期间，"庐江亲子茶旅体验活动""党员茶乡之旅""世界旅游小镇对接会"等系列活动陆续开展，赏山水风光，品白云春毫，游客们对魅力庐江印象深刻。

3月至5月，"2021首届徽茶摄影短视频征集活动"在全省举办，广大专业和业余爱好者积极参与，经专家审定后，共有优秀摄影作品40幅、优秀短视频作品20个入选，优美的摄影和视频作品，展现了安徽茶园的风光与徽茶文化的魅力。

二、安徽茶产业存在的不足

（一）生产能力有待提升

茶园基础设施建设不足，茶树老化、退化现象明显，良种覆盖面积较小，茶园亩均产量低；茶园管理粗放，夏秋茶机械化采摘率、资源利用率不高，综合效益发挥不够；主粮对茶叶用地的挤出效应突出，部分山区茶园出现抛荒问题；部分茶厂生产条件简陋，卫生条件不达标，影响茶叶品质。

（二）产业融合有待深化

茶叶精深加工水平低，产业链条短，茶产品科技含量不足，产品附加值不高；科技转化力度不足，研发成果转换新产品滞后；茶叶及其衍生产品的开发利用不足，精深产品开发推广有限。茶消费服务设施建设滞后，企业对产业的带动力不足，产业对茶农带动力不足；以茶为主题的文化创意产业挖掘不深，茶叶与新业态的融合发展不足，与互联网、休闲、旅游、文化、科普、康养等产业融合有限。

（三）品牌宣传有待加强

虽然安徽省茶叶品牌发展取得了一定进步，但品牌宣传仍有待加强，主要体现在以下方面：

一是区域公用品牌需要进一步宣传，安徽省现有茶叶区域品牌和中国驰名商标数量在全国名列前茅，但品牌总体价值不高。依据中国茶叶品牌价值评估课题组公布的《2021中国茶叶区域公用品牌价值评估报告》显示安徽传统名茶"六安瓜片""太平猴魁""祁门红茶"品牌价值在全国分别排第11、15、17位，品牌价值仍有待提高；

二是企业品牌需做大做强，全省茶叶经营主体呈小、散、弱的特征，茶企多而不精、不大。现安徽省有国家级龙头企业6家，省级龙头企业61家，龙头企业少，带动作用有限，企业品牌宣传需进一步加强。

三、发展措施与建议

2021年是"十四五"开局之年，也是中国共产党建党100周年，这一年安徽编写了《安徽省茶产业"十四五"发展规划建议（2021—2025）》，为安徽茶产业发展提供了发展思路和建议。未来的5年，安徽省将以"十四五"茶产业发展规划为方向指引，筑牢安徽省茶产业发展基础，贯彻新发展理念，构建新发展格局，推动全省茶产业高质量发展。

（一）秉持质量至上，实现绿色增效

一是加快茶园更新换代，加强主产茶区茶园改良建设力度，推进茶树良种化，改善茶树品种结构；

二是加大宣传力度，提高茶农对茶叶质量重要性和农残危害性的认识，增强责任感和危机感；

三是强化茶叶质量安全，建立质量监督管理体系，狠抓源头管理；

四是坚持生态立园，加强茶园生态环境保护和病虫草害防治，推行清洁化生产，推广茶叶全域绿色生态发展理念；

五是建立和完善追溯管理与市场准入的衔接机制，以责任主体和流向管理为核心，以扫码入市或追溯凭证为市场准入条件，推行区块链技术在茶叶生产中的运用，构建从产地到市场到茶杯的智慧化质量安全可追溯系统。

（二）加强宣传力度，提升徽茶品牌影响力

一是加大安徽茶叶品牌宣传力度，实施徽茶品牌"走出去"战略，积极组织重点茶企到省外参展，发展一批有意愿、有实力的龙头企业走出安徽，扩大徽茶品牌影响力；借助安徽国际茶产业博览会平台，以"四大"传统名茶为重点，兼顾地方区域公用品牌，通过线上线下相结合的方式，加大宣传推介力度；整合品牌资源，完善区域公用品牌标准体系。

二是着力打造品牌茶企，为茶叶企业创造条件，鼓励企业积极申报名牌；统一协调做好品牌评选工作，增强品牌评选公信力，为茶企品牌提供良好的发展环境。

三是打造集约型发展格局，重点发展龙头茶企，鼓励有实力的龙头企业跨区域整合资源，通过兼并、重组、收购等方式组建大型产销集团，培育壮大新型主体，实现强强联合、组团发展；引导龙头企业与茶农建立利益共享、合作共赢的产业发展长效机制，形成"公司+基地+合作社+农户"的利益联结模式。

四是拓展营销渠道，借鉴芜湖峨桥经验，因地制宜建好、管好、用好茶叶专业市场；在鼓励名优茶广开连锁店，巩固线下销售的基础上，发展茶叶电商，打造互联网销售平台，拓展线上销售。

五是加大品牌传承力度，培育一批国家非物质文化遗产茶叶制作技艺大师、传承人，为徽茶品牌增光添彩。

（三）促进三产融合，提高茶产业综合效益

坚持以市场为导向，以经济效益为中心，推动一、二、三产业相融合，引导茶产业与休闲、旅游、文化、科普教育、养生养老等产业深度融合，延长徽茶产业链，提升徽茶价值，打造茶产业创新发展新业态，为茶产业经济发展注入新动能。深挖徽茶文化历史，推深做实茶文旅，充分运用茶叶主产区内名茶与名山、名水、名人、名胜之间的天然联系，科学规划茶文旅融合项目，因地制宜打造茶

小镇、茶小站、茶小院、茶庄园、茶文化馆以及茶旅精品线路，大力发展茶旅融合、茶文融合、茶养融合等茶文化创意产业，打造一批有影响力的茶主题休闲观光项目，培育独具安徽特色的茶文化养生休闲品牌，全面推动我省茶旅经济融合发展，树立产业融合发展新标杆。

（四）重视人才培养，强化科技赋能

重视人才培养，加强徽茶人才梯队建设。打造行业领军人才，培养科技研发、管理经营、生产销售等领域顶尖人才，提升茶产业科技实力；强化人才储备，扩大茶学高等教育培养规模，增设茶专业，加大科研资金投入，扩建高校师资队伍，鼓励主产茶市职业学院开设茶叶专业；加强职业技术人才培养，提升全省茶叶从业人员综合技能，建立技术人员继续教育机制，增强技术推广服务功能。

（五）加强标准制定，推进徽茶产业发展

2022年，安徽省茶叶行业协会计划制定"美丽茶村"和"最美茶旅线路"等团体标准，完善茶产业链标准体系，促进徽茶产业发展。以新标准化法为指导，做好质检、包装、仓储、运输、检测及经营环节等全过程的标准研究制定工作；推进与文字标准配套的实物标准样研制工作，依靠相应社团协会组织，制定各类团体标准，规范产业内的生产经营；鼓励各龙头企业、知名企业制定相应的企业标准，提升产品质量规范保障度。强化部门监管和行业协会指导作用，大力推动茶叶生产标准化、销售规范化，提升徽茶品牌形象和对外影响力。

（执笔人：曹阳、韩欣羽）

2021福建省茶叶行业发展报告

福建省茶叶流通协会

一、2021年度重大事件

（一）习近平总书记强调三茶统筹

2021年3月，习近平总书记到闽考察时强调，要统筹做好茶文化、茶产业、茶科技这篇大文章，坚持绿色发展方向，强化品牌意识，优化营销流通环境，打牢乡村振兴的产业基础。三茶统筹成为"十四五"茶产业高质量发展的方向指引。

（二）福建省整治"天价茶"乱象

2021年1—3月，福建省针对茶叶市场"天价茶"乱象进行全面整治，各级部门、行业协会、茶企茶农纷纷响应，坚决抵制"天价茶"炒作之风。福建省茶叶流通协会牵头组织福建省消委会、海峡消费报等组织了反对"天价茶"座谈会，发出行业倡议，促进行业健康发展。海峡两岸茶业交流协会、福建省茶叶学会以及各产茶区县协会纷纷发出倡议，倡导行业自律。

（三）中国白茶城正式运营

2021年4月24日，中国白茶贸易洽谈会暨中国白茶城运营启动仪式在福建省政和县举行。作为政和县2019年引进的央企项目，中国白茶城由中国供销农产品批发市场控股有限公司携手政和县人民政府联合出资兴建，中国农批控股具体负责实施建设和运营。项目总占地120亩，总投资8亿元，总建筑面积约18万平方米，当年11月26日开工建设，2020年12月份建成，2021年春茶上市之际，139户商户入驻中国白茶城。

该项目打造以白茶交易为核心，多品种茶叶交易相融合，建设成集茶叶展示交易、检测认证、年份茶仓储、物流服务、信息发布、期货拍卖、金融服务、白茶价格指数发布及茶文化旅游等九个功能为一体的"一站式"全国白茶集散中心。

中国白茶城的正式运营，将促进白茶产业快速健康发展，完善茶产业链条，促进茶农增收、助推乡村振兴。

（四）中国（福建）茶产业互联网综合服务平台——福茶网上线

建设具有福建特色的茶产业互联网综合服务平台，一方面是贯彻落实习近平总书记来闽考察重要讲话精神，落实省委省政府的工作要求，促进福建茶产业走出一条创新发展之路、高质量发展之路，成为乡村振兴的支柱产业；另一方面，也是适应市场的需求，为消费者选择品质有保证、物美价廉的放心茶。2021年3月1日，福建省供销社、福建省电子信息集团共同出资正式成立福茶网科技发展有限公司，按照市场化的原则负责平台的建设、运营和维护。平台功能是坚持边建设边完善，而且平台的数据完全自主，这在福建尚属首例。

平台从2021年6月28日上线至12月，入驻的茶企超过6000家，上线的产品超过万款，注册的个人用户近百万人，注册的企业用户近千户，上线后累计交易额超过10亿元只用了半年的时间。

（五）福州市正式授牌14家试点大众茶馆

2021年4月，《福州市大众茶馆试点建设工作方案》发布，明确至2021年6月底前，利用已建成的公园、历史文化街区、景区等国有、集体权属场所率先打造15个以上试点项目，力争到2023年在全市范围内打造一批主题鲜明、特色突出的大众茶馆，成为推广福州市地方茶文化的重要窗口，为市民和游客提供品质化、大众化的休闲旅游消费服务。截至2021年11月11日，福州市正式授牌大众茶馆14家。

（六）福建举办"福茶行天下"首届高质量发展大会

2021年5月21—22日，旨在推动"三茶统筹"、纪念第二个国际茶日的首届"福茶行天下"高质量发展大会在福州举行，中华全国供销合作总社党组成员、理事会副主任王伟，副省长崔永辉出席活动。

大会由中华全国供销合作总社指导，中国茶叶流通协会、福州市人民政府、福建省供销合作社联合社、福建省电子信息集团、海峡两岸茶业交流协会主办。与会专家、学者及相关企业、行业协会负责人围绕福建茶产业高质量发展、茶产业助力"乡村振兴"、现代科技赋能茶产业等话题为现场来宾带来了一场洋溢浓郁茶香的"思想盛宴"。

活动现场还举行了"福茶网平台"路演推广与合作签约仪式、美丽中国茶乡行——"食在茶乡"福建系列活动启动仪式、"中国茶饮"TikTok及Youtube上线发布仪式、《万里茶道》拍摄开机仪式、中国茶文化起源地探源工程启动仪式等，共同绘就"茶文化、茶产业、茶科技"高质量发展的"福建画卷"。

作为该大会的配套活动，当天在福州三坊七巷还举行了"品茶论道话发展"论坛、中国福茶主题文化展、福茶市集茶道品鉴大赏等活动。"福茶行天下"活动的成功举办，使得"福茶"成为福建茶的新IP，被福建省政府列入支持平台经济的重要措施。

（七）中国白茶大会在福建政和召开

2021年5月27日，以"统筹茶文化、茶产业、茶科技，助推中国白茶高质量发展"为主题的"2021中国白茶大会暨政和白茶交易大会"在福建政和举行。此次大会由中国茶叶流通协会、福建省供销合作社联合社、南平市人民政府主办，政和县委县政府承办，福建省茶叶流通协会、政和县茶业协会、中国白茶城等单位协办。全国20余个省（自治市、直辖区）白茶主产销区与重点产茶县政府代表，白茶骨干企业代表，品牌经销企业，各级行业组织代表，知名专家学者以及中茶协电商委和市及场委的代表500余人齐聚一堂，共商中国白茶产业发展大计。

大会以习近平总书记关于"茶文化、茶产业、茶科技统筹发展"的重要指示为指导，牢固把握推动经济高质量发展这一根本要求，在全面回顾总结当前中国白茶产业现状，展示全国不同白茶产区风采的同时，引领中国白茶产业理清发展思路、明确前进方向，助力产业跃上新台阶。本次活动通过举办茶叶电商及茶叶市场专题会议、中国白茶流通峰会、中国白茶产区政府沙龙、中国白茶推介会及政和茶产业考察、白茶产销对接等多项重点活动，树立白茶行业典范、增强行业交流互信、促进白茶产销经贸合作。中国白茶大会的成功举办对推进中国白茶产业的规模化发展乃至全球化发展具有重大意义。

（八）福建省发布新修正的促进茶产业发展条例

2021年8月6日《福建日报》发布新修正后的《福建省促进茶产业发展条例》，作为全国第一部茶产业发展的地方性法规，该条例2012年3月29日福建省第十一届人民代表大会常务委员会第二十九次会议通过，当年6月1日生效。根据2021年5月27日福建省第十三届人民代表大会常务委员会第二十七次会议《福建省人民代表大会常务委员会关于修改〈福建省食品安全条例〉等涉及食品药品安全领域的地方性法规的决定》修正。

修正内容主要侧重在质量安全、管控和可追溯的相关条例上，加大了违法的处罚力度，完善了产品可追溯的内容，用法律为福建茶产业发展保驾护航，以确保福建茶产业的绿色、质量、安全、可持续发展，为乡村振兴作出贡献。

（九）福建省提出在"十四五"期间茶叶全产业链总产值目标超2000亿

2021年8月31日，福建省农业农村厅发文《福建省农业农村厅关于统筹做好"茶文化、茶产业、茶科技"这篇大文章推动茶产业高质量发展的若干意见》，提出在"十四五"期间，重点打造一批闽茶文化新亮点，做强一批闽茶产业增长点，培育一批闽茶科技创新点，到2025年实现全省茶叶全产业链总产值超2000亿元目标。

意见提出，"十四五"期间，福建将重点打造安溪、福鼎、政和、漳平、永春5个茶叶类重点现代农业产业园，武夷岩茶、安溪铁观音、福鼎白茶、福州茉莉花茶、福建红茶5个优势特色产业集群，打造以茶叶为主导产业的40个农业产业强镇和200个产业强村，形成闽茶产业"圈状"发展新格局。

为提升茶业龙头企业带动能力，福建力争在2025年培育茶叶类省级以上龙头企业超300家，力争上市企业达到5家，建立茶叶类农业产业化联合体300个、带动茶农3万户以上。

（十）福建举办首届百姓茶放心茶大赛，倡导消费百姓放心茶

2021年10—12月，首届"福茶杯"福建省（百姓茶、放心茶）大赛举行。本届大赛以"中国有福茶 选百姓放心茶"为主题，是全省乃至全国首次公开为百姓选好茶的茶叶赛事，参赛对象既有"专家评、百姓选"的限定零售价低于1000元/千克的"福选"茶样，又有鼓励精益求精做好茶的名优茶"优选"茶样，旨在为福茶网建立保供促销的贸易池。活动于10月8—20日开展了报名征样活动，共计征集到550份茶样，包括福建乌龙茶、福建绿茶、福建红茶、福建白茶、福建花茶等原产福建的五大类茶。赛事期间，茶企、茶农通过福茶网小程序在线报名，百姓通过线上购买参赛茶样品鉴装进行品鉴评分投票，短短一个月的时间，为福茶网新增入驻茶企300余家，新用户3万余名。大赛在福建省商务厅、省供销社、省农业农村厅、省市场监督管理局的指导下，通过严格评选和质量检测，最终确定福选、优选百姓放心茶共计94个奖项，其中金奖18项、银奖49项、铜奖11项、优质奖16项，金奖、银奖比例占总获奖比例在70%以上，且检测合格，集中反映了福建茶的总体品质优异，质量放心安全。

大赛由福茶网科技发展有限公司、福建供销集团有限公司主办，福建省茶叶流通协会承办，福建省茶叶质量检测与技术推广中心、福州海关技术中心提供技术支持，并于12月举行了颁奖仪式。

二、主要成就

福建生态环境良好，茶树种植资源丰富，产茶历史悠久，名茶众多，是中国最重要的产茶省，是红茶、乌龙茶、茉莉花茶和白茶的发源地和中华茶文化的重要发源地。

2021年是具有里程碑意义的一年，也是茶产业"十四五"规划的起点之年，更是新发展阶段福建茶产业具有重要意义的一年。全省上下深入贯彻落实习近平总书记在福建考察重要讲话精神，全面实施福建省委《关于统筹做好"茶文化、茶产业、茶科技"这篇大文章推动茶产业高质量发展的若干意见》，坚持绿色发展方向，强化品牌意识，优化营销流通环境，筑牢乡村振兴的产业基础，把福建茶产业打造成福建名片。据统计，2021年，全省茶园面积348.1万亩，毛茶产量48.8万吨，茶叶全产业链产值1400亿元。茶叶单产（140.1千克/亩）、总产（48.8万吨）、茶树良种覆盖率（96%）、毛茶产值、全产业链产值（1400多亿元）、国家级茶叶类龙头企业数量（15家）、中国驰名商标数量（34个）等七项指标均居全国前列。2021年茶叶出口额达5.1亿美元，居全国第一。并在生态茶园建设、标准制定、品牌塑造、销售网络布局、文化提炼等领域走在前列。

具体福建省各产茶区数据附后，数据来源于各产茶区政府2021年统计公报及媒体公开报道。

三、主要问题

部分产茶区县精制茶产量减少、疫情困扰、茶类之间的竞争加强，政策面利好、国资介入，产业总体发展态势向好。23家百强申报企业2021年总销售额超120亿元、总纳税额超5亿元。主要问题集中在营销等经营管理人才不足、品牌建设不足、茶园管理及采摘和初制用工不足。

四、政策建议

福建省茶叶流通协会将进一步发挥行业和专家资源整合优势，以及项目筹划和合作运营优势，为加快福茶品牌建设，促进我省茶产业高质量发展做出应有的贡献。

对于推进福茶品牌建设和福茶产业高质量发展，福建省茶叶流通协会建议如下。

（一）加大产业扶持

把茶产业发展列入全省社会经济发展的重点建设项目。每年安排专项发展资金，用于土壤改良、良种化工程、标准化建设、技术培训、品牌创建和各项奖励补助等。扶贫、农业结构调整、水利、林业等涉农资金和项目，要向茶产业倾斜。

（二）加强产业宣传

应加大对福建茶产业的宣传力度，利用各种媒体加大宣传，提高福茶在国内外的影响力和知名度。

（三）加快制定茶产业标准

要加强行业标准化和集约化管理。不仅要做好茶品质标准与方法标准，还要做好应用于市场端和消费端的标准，加强生产经营标准化。

（四）强化各级行业协会作用

支持、鼓励各级茶叶行业协会举办各类茶事活动，鼓励引导茶企积极参与，面向国内外市场和消费者宣传、推介、展示福建茶叶，提升扩大福茶品牌的市场影响力和美誉度。各级政府主办的相关茶叶品牌宣传推广活动，可通过购买服务等方式，委托行业协会承办。

附：福建省各产茶区数据（参考各产茶区统计公报，部分来自主流媒体公开报道）

闽东北协作区：福州、莆田、宁德、南平

福州市

2021年福州茶叶产量4.67万吨，比增4.4%，其中福州茉莉花茶年产量约1.68万吨，全产业链产值约58.3亿元，在中国茶叶区域公用品牌价值评估中，福州茉莉花茶2021年品牌价值达到35.63亿元，10年间品牌价值实现翻倍增长。

全市福州茉莉花茶生产加工企业100余家，其中农业产业化国家级重点龙头企业3家、中国茶叶百强企业6家、农业产业化省级重点龙头企业8家。全市共设立茶业院士工作站2家，茶叶企业拥有中国驰名商标4个。

根据规划，到2025年，福州茉莉花茶产业全产业链总产值将达到70亿元，力争培育10家以上产值亿元以上的福州茉莉花茶龙头企业，扩种茉莉花1.6万亩，实现茉莉花基地百亩以上连片率达60%，福州茉莉花茶区域品牌价值达到55亿元。

莆田市

2021年茶叶产量4001吨，比增3.65%。

宁德市

2021年年末实有茶园面积101.84万亩，比上年增加6.79万亩。茶叶总产量11.83万吨，同比增长7.16%，毛茶产值45.78亿元，比增9.13%，全产业链产值达211.8亿元。其中红茶产量2.44万吨，下降1.0%；白茶4.77万吨，增长48.1%；绿茶4.41万吨，下降13.2%。精制茶加工3.06万吨，比增-24.5%。

在白茶占全国茶叶总产量比重显著提升的大趋势下，宁德市提前布局抢占先机，通过近年来着力实施茶树品种结构调整，白茶产量占比持续提升，近几年，白茶毛茶产量增幅都在30%以上。茶类结构的持续优化，绿茶、白茶、红茶产量的占比变化与全国茶类产销形势保持同频共振，进一步加强宁德市茶产业的市场抗风险能力。

福鼎市2021年全市茶园可采摘面积约30万亩，茶叶产量37499吨，比增15.6，精制茶产量14226吨，比增-31.0%。茶产业综合总产值137.26亿元，比增14.8%。全市茶企纳税达1.29亿元，比增148%，品品香、六妙、天湖、太姥山名茶、绿雪芽、鼎白、广福、广林福、泰美、董德、大沁、金鼎、万氏留香、长品14家茶企纳税100万元以上，其中品品香纳税超3600万元，天湖三家公司合计纳税超3100万元，六妙纳税超2600万元。截至目前，全市共有571家茶叶生产加工企业取得食品生产许可（SC）认证，364家茶叶企业获得福鼎白茶证明商标使用授权，国家、省、市、县级茶业龙头企业167家，其中国家级3家、省级51家、宁德市级35家、福鼎市级78家。

柘荣县茶叶种植总面积达7万多亩，总产值7亿多元，全县70%人口直接或间接从事茶叶生产经营。茶叶产量6273吨，比增8.0 %，其中：白茶 3744吨，比增20.2；精制茶吨1640吨，比增-21.1 %。

寿宁县现有茶园面积16.18万亩，2021年，寿宁高山茶产量20555吨，同比增长2.7%，其中，白茶同比增长43.6%；年末实有茶园面积16.67万亩，比上年增加4945亩。茶叶总产量20555吨，增长

2.7%。其中绿茶10066吨，下降0.2%；红茶产量8621吨，增长3%；白茶1387吨，增长43.6%；青茶481吨，下降20%。茶产值14.3亿元，全产业链产值40亿元。

蕉城区2021年茶叶产量7914吨，比增-12.8%。

周宁县2021年茶叶种植面积7.43万亩，增加0.13万亩；产量8034吨，比增4.2%。

古田县2021年茶叶产量1072吨，比增6.8%。

屏南县2020年茶叶613吨，比增5.0%。

霞浦县2021年茶叶产量0.90万吨，增长24.5%。

福安市2021年茶叶27204吨，比2020年26399吨增加3.0%，花果香红茶产量达9000吨以上，毛茶产值10多亿元，综合产值约达50多亿元，并持续迅猛增长，据不完全统计，福安市所生产的花果香型红茶占领全国70%左右的创新红茶消费市场。坦洋工夫茶制作技艺入选国家级非物质文化遗产代表性项目名录，为坦洋工夫品牌及其花果香红茶推广提供技术和品牌文化支撑。

南平市

茶产业是绿色南平的城市名片，是富民强市的特色产业。去年以来，围绕茶文化、茶产业、茶科技融合发展和全产业链开发、全价值链提升的思路，南平市谋划"三茶"统筹重点项目53个，总投资超过100亿元。2021年，全市茶园面积64.42万亩，毛茶产值42.82亿元，毛茶总产8.38万吨，增长5.6%；精制茶48161吨，比上年增长-23.8%；规上茶企加工产值95.93亿元，茶叶税收1.3亿元，全产业链产值突破350亿元；全市约85%的乡镇、50%的行政村、近35万人从事茶产业。为加快推动南平市茶文化、茶产业、茶科技高质量发展，按照市委五届十三次会议工作部署要求，2021年9月22日南平市委办、市政府办印发了《南平市统筹"茶文化、茶产业、茶科技"高质量发展的意见》。力争到2023年，建成一批特色茶加工专业园区和"三茶"示范项目，着力打造茶种质资源、茶文化、茶产业、茶科技和人才培养高地。到2025年，建成全域绿色生态茶园，创建国家级茶树种质资源圃，培育规上茶企110家以上，茶叶产业化联合体60个以上，茶叶全产业链产值达到500亿元以上，着力打造全国"三茶"融合发展试验示范区和海峡两岸茶文旅融合示范区。到2035年，培育规上茶企200家以上，茶叶全产业链产值达到1000亿元以上，着力打造世界级茶叶生产、交易、文旅、教育、科研、康养中心。

以武夷山为核心的武夷岩茶产业获批全省首个国家优势特色产业集群，辐射带动建阳、建瓯等地。2021年，武夷岩茶品牌价值710.54亿元，连续5年位列中国茶叶类区域品牌价值第2名，武夷山市干毛茶产量达23883吨，增长6.2%，茶产业已经成为真正的富民产业。

政和县2021年茶叶总产量1.75万吨，同比1.63万吨，增长7.36%；产值20.66亿元，同比16.22亿元，增长27.4%。其中：白茶10030吨，同比8700吨，增长15.29%；产值16.87亿元，同比13.85亿元，增长21.8%。全产业链产值突破40亿元，连续三年获评"中国茶业百强县"，带动全县13.38万茶农增收，走出一条具有政和特色的乡村振兴之路。

建瓯市实施"创响品牌、项目带动、科技兴茶、惠民服务、茶旅融合"五大工程，推动茶产业发展，全市茶叶种植面积达12.6万亩，毛茶年产值11.5亿元。建瓯市2021年茶叶产量18418吨，增长6.6%。油茶籽1252吨，比2020年的1206吨，增长3.8%。

松溪县是福建省最大蒸青绿茶出口基地，全县茶园面积8万亩，共有注册茶叶加工企业（含合作社）248家，其中获得SC认证企业57家，省级农业龙头企业3家、市级农业龙头企业5家、规模以上工业企业9家。2021茶叶产量8348吨，增长7.3%；精制茶7931吨，上年12003吨，比增-33.9%，去年茶园亩均收益8000多元，茶农人均茶叶收入1.1万元。

建阳区茶园面积约10万亩，2021茶叶总产量为6615吨，比上年增长7.3%。

闽西南协作区：厦门、泉州、漳州、龙岩、三明

泉州市

截至2021年，泉州市茶叶栽种面积78.95万亩，全年毛茶产量9.39万吨，比增4.2%，乌龙茶产量约占全国乌龙茶产量的27%，涉茶农户22.8万多户，从业人员90多万人。茶产业的发展，带动广大茶农增收致富，夯实乡村振兴产业基础。

安溪县：2021年安溪全县茶园面积稳定在60万亩，产量6.2万吨，涉茶总产值280亿元，安溪铁观音品牌价值以1428.46亿元连续6年位列全国茶叶类首位。

安溪2021年统计公报，茶叶产量78715吨，比上年增加3102吨，比增长4.10%，酒、饮料和精制茶制造业2984138，比增20.4。

永春县现有茶园面积13.8万亩，茶叶产量1.16万吨，比增4.9%。年产值达9.3亿元，茶产业全产业链产值达15亿元，涉茶农户3.8万户、茶业从业人员8万多人。

漳州市

漳州市2021年，全市茶园面积达28.4万亩、产量6.25万吨，产量比增7.3%，一产产值超23亿元，全产业链产值超130亿元。精制茶1.61万吨，比增20.9%。

全市现有较大规模茶叶企业180多家，涉茶从业人员达57万人，茶农茶叶收入占纯收入35%以上，茶叶成为农民致富增收的有效途径。去年，全市茶叶类商标1500多件，其中天福、华安铁观音、平和白芽奇兰3件为中国驰名商标。华安铁观音、平和白芽奇兰、南靖铁观音和丹桂、诏安八仙茶获得国家地理标志认定。此外，我市拥有全球规模最大的茶提取物、最大速溶茶生产商大闽食品，全球最大茶叶连锁公司天福集团。

平和县全县白芽奇兰茶种植面积约6万亩，总产值超20亿元，品牌评估价值达29.6亿元。

诏安县截至2021年底，全县茶叶种植面积5.53万亩，年产量1.57万吨，年产值16亿元。

三明市

三明市2021年全市茶园面积34.12万亩，产量5.20万吨，比增6.1%，面积居全省第4位，产量居全省第5位。三明是多茶类产区，以生产乌龙茶、绿茶、红茶为主。2021年，全市乌龙茶产量2.32万吨，绿茶产量2.11万吨，红茶产量0.75万吨，干毛茶产值达38亿元。以大田美人茶区域公用品牌为代

表的三明美人茶产业发展势头良好。

2021年，大田县美人茶产量达4000吨，占全国美人茶总产量的70%以上。大田县成为中国大陆美人茶产业的集中产地、核心区域，获得"中国美人茶之乡"荣誉。全县茶叶种植面积9.71万亩，涉茶人员10万人，共有茶叶加工厂1320个，年产毛茶1.43万吨，全产业链产值38亿元。

尤溪县2021年茶叶产量1.39万吨，增长4.4%。

龙岩市

2021年龙岩茶叶2.53万吨，增长4.4%，茶园面积约20万亩。

武平县茶叶面积24181亩。

漳平市茶叶产量13653吨，比增5.1%，规模以上工业企业主要工业产品产量及增速统计，茶叶产量938吨，比增-66.8%。

全市现有茶园面积11.2944万亩（其中采摘面积10.6493万亩），其中：水仙茶面积5.2701万亩，高山茶4.5499万亩（软枝乌龙、金萱、翠玉等品种），铁观音1.4744万亩，产量12994吨，茶叶产值9.03亿元，占全县农业总产值的14.46%，农民人均可支配收入的四分之一。

厦门市

2020年末茶叶实有面积15790亩，采摘面积11820亩，产量1574吨，比2019年下降0.2%。

2021年厦门全年居民消费价格比上年上涨1.2%，居民消费价格总指数中茶及饮料数值为101.5，比上年上涨1.5%。

据不完全统计，厦门茶叶销售年营业额超过100亿元，60%以上销往国内外其他地区。去年，全市有涉茶销售点约1.5万家。

（整理：宋向洪）

2021江西省茶叶行业发展报告

江西省茶叶协会

江西茶，香天下；振兴赣茶，江西自信！江西省位于我国东南部，处于长江中下游南岸，是长江三角洲、珠江三角洲和闽南三角地区的腹地，交通便利，地处江南，素有"文章节义之邦，白鹤鱼米之国"的美称。全省生态环境优越，降雨量、气候、土壤等自然条件适宜茶树生长种植，是我国著名的产茶大省。

2021年是我国历史上具有里程碑意义的一年，以习近平同志为核心的党中央团结带领全党全国各族人民，隆重庆祝中国共产党成立一百周年，胜利召开党的十九届六中全会、制定党的第三个历史决议，如期打赢脱贫攻坚战，全面建成小康社会，实现第一个百年奋斗目标，开启全面建设社会主义现代化国家，向第二个百年奋斗目标进军的新征程。

面对自新冠疫情突发以来和社会经济生活日益严峻复杂的新形势、新风险、新挑战，我们在以习近平同志为核心的党中央坚强领导下，齐心协力、迎难而上，取得了重大战略成果。江西省委、省政府高度重视茶产业发展，出台了一系列扶持政策支持江西茶产业的发展，在各级政府、茶行业主管部门、行业协会组织和江西茶人们的共同奋斗、努力下，江西茶产业的综合实力得到了显著增强，实现了稳步前进的良好发展态势，各方面发展均取得了良好成效。

一、2021年江西茶产业发展回顾

（一）全省茶叶生产呈现更加稳健的发展趋势

江西茶有着悠久的历史和深厚的底蕴，江西省委省政府高度重视全省茶行业的产业发展，出台了多项政策指导和支持全省茶产业的发展。近年来，我省茶产业产区规模不断扩大，产品质量稳步提升，品牌综合实力得到了显著提高。呈现出"规模扩大、质量提高、区域优化、特色凸显"的良好发展态势，成为茶区县域经济的支柱产业和农民增收的富民产业。

本年度全省天气情况整体较好，各产区茶叶长势繁茂，芽叶肥壮、品质优良。气温相整体较于往年偏暖，各产区茶叶长势较快，于3月初开始全省各茶叶产区陆续开展春茶开采及产销工作。在4月初，北方湿冷空气进入江西，赣北部多地区出现雷电、冰雹、强降雨气候，对茶叶产销造成了一定不利的影响。不过在4月7日之后，整体气候环境逐渐良好，气温有所回升，天气以晴天为主，利于茶树生长及茶叶品质的提升，整体利好本年度茶叶的产销工作开展。

自新冠疫情突发以来，我国疫情管控表现良好，全国各地区零散暴发的疫情都得到了有效地控制，得益于此，本年度江西茶产业的整体产销形势没有受到疫情较大的影响，特别是省内连续一年以上无本土新增病例的疫情防控成果，江西茶产业经济获得了很大的信心，这对于江西茶叶生产与市场销售是非常有益的。

本年度江西全省茶园种植面积175.7万亩，全年茶叶干毛茶总产量7.38万吨，其中绿茶产量5.7万吨，红茶产量1.2万吨。江西茶产业坚持整合、提升主旨，根植质量创新品牌。全省无性系茶园占比达50%以上，有机茶园认证面积在全国各产茶省份中位居前列，江西把发展绿色有机茶作为打造茶叶生产的重要内容，推行标准化、绿色化茶叶生产。

（二）把牢产品质量，坚持做生态健康的高品质好茶

2021年江西省茶产业紧紧围绕茶叶品牌建设，坚持绿色、有机发展理念，努力提高质量效益和品牌竞争力，茶产业发展和茶叶品牌建设均取得了阶段性成效，创新发展新气象取得了新突破。

江西茶产业坚持走绿色健康的发展道路，坚持质量兴茶，突出优质、安全、绿色导向，健全茶产品质量和食品安全标准体系，引导茶企业争取国际有机农产品认证，健全茶产品质量和食品安全监管体制，强化风险分级管理和属地责任，加大抽检监测力度。在全省范围内，大力推行标准化生态茶园建设，大力示范推广茶园土肥优化管理、病虫草害物理和生物防控等绿色有机高效种植模式。并且推广有机肥替代，因地制宜集成组装"有机肥+机械深施""有机肥+水肥一体化""自然生草+绿肥""秸秆覆盖+配方肥"等类型多样、可复制可推广的技术模式。并且建立可追溯、互联共享的溯源监管服务平台，全面提升江西茶产品质量和食品安全水平。

（三）全面提升品牌建设，助力企业实力快速发展

现阶段江西茶叶品牌建设发展迅速，形成了以绿茶、红茶为主，其他茶类品牌创新性发展的产业格局。遂川狗牯脑茶、庐山云雾茶、婺源绿茶、浮梁茶、修水宁红茶、河口红茶、赣南高山茶等茶类老品牌相继完成了产品标准梳理，申请并通过了农产品区域品牌地理标志审定。在全省上下的共同努力和推广中，夯实了基础，得到了大力的发展。更有一大批知名茶企、品牌在不断涌现和被市场认知，江西茶产业生产、种植、销售、管理等产业链各领域新思想、新模式推陈出新，快速发展，极大地推动了江西茶叶行业的发展。

江西良好的生态环境和山地资源优势为江西茶的品质提供了强有力的保障。2021年4月10日，资溪县2021年第七届资溪有机白茶文化节资溪白茶"有机茶王"争霸赛在茶博城举办，资溪充分发挥生态优势，大力发展白茶产业，带动数万茶农增收致富，白茶产业已成为资溪"富民富商、强企强县"的一大支柱产业。2021年4月28至29日，第三届"赣南高山茶"品鉴暨品牌宣传推进会在江西赣州兴国县开展。这次活动的顺利举办，再次吹响了"赣南高山茶"品牌提升和宣传推广的前进号角，对大力提升茶叶品质，加快培育龙头企业等方面起到了积极的推动作用，促进茶产业高质量快速发展。

2021年5月22日，由中国国际茶叶博览会组委会主办，中国农业国际合作促进会承办的第三届茶乡旅游发展大会在杭州国际博览中心成功举办，婺源入选"区域特色美丽茶乡"，"千年茶乡婺源·红色传承之旅"入选"百条红色茶乡旅游精品路线"。2021年6月2至3日，2021九江国际名茶名泉博览会活动在庐山举行。2天时间里，70多家中央、省、市级媒体单位，100多名记者跟踪报道，刊发刊播报道300余篇，自媒体大量转发，短短2天不到的时间内流量近两亿。

2021年9月6日，国家知识产权局发布2021年国家地理标志产品保护示范区筹建名单，全国共50家示范区获批筹建。其中，由江西省知识产权局推荐、遂川县政府承担的遂川狗牯脑茶国家地理标志产品保护示范区成功入选。遂川茶业具有得天独厚的产业优势，在产业资源、生产传统、产业发展、市场品牌等方面，形成了优势归一的大好发展局面。2021年12月17日，从《中华人民共和国农产品地理标志登记公示》（〔2021〕第2号）获悉，靖安县白茶协会申请对"靖安白茶"产品实施国家农产品地理标志登记保护，经相关专家评审，符合《农产品地理标志管理办法》规定的登记保护条件，农业农村部拟准予登记，依法实施保护。2021年11月，农业农村部印发《关于公布〈全国农村创业园区（基地）目录（2021）〉的通知》，2210个农村创业园区（基地）入选。江西省九江市彭泽县、吉安市遂川县、抚州市资溪县的涉茶园区（基地）榜上有名。

在由中国茶叶流通协会举办的"第十七届中国茶业经济年会"活动中，江西省涉茶获奖单位代表及个人共百余人参加了此次会议；江西省浮梁县、婺源县、遂川县、修水县、铅山县、铜鼓县、上犹县荣获"2021年度中国茶业百强县"称号，浮梁县荣获"2021年科技兴茶富民典型县域"称号，婺源县荣获"2021年智慧茶业样板县域"称号。宁红集团有限公司、武夷源茶业股份有限公司荣获"2021年度中国茶业百强企业"称号，宁红集团有限公司荣获"2021年度茶叶长效品牌"称号，浮梁县天祥茶号有限公司荣获"2021年度茶业新锐企业"称号。好山好水出好茶。神奇的北纬30度，赐予了江西得天独厚的山水自然资源，深厚的茶文化底蕴，江西人民用勤劳与智慧，赋予了江西茶的卓越品质，推动着江西茶叶产业蓬勃发展。

二、江西茶产业发展的创新思路

2021年是党和国家历史上具有里程碑意义的一年，我们隆重庆祝中国共产党成立100周年，实现第一个百年奋斗目标，开启向第二个百年奋斗目标进军新征程。我们沉着应对百年变局和世纪疫情，构建新发展格局迈出新步伐，高质量发展取得新成效，实现了"十四五"良好开局。实现"十四五"规划和二〇三五年远景目标，意义重大，任务艰巨，前景光明，全党全国各族人民必将紧密团结在以习近平同志为核心的党中央周围，同心同德，顽强奋斗，夺取全面建设社会主义现代化国家新胜利！

江西茶有最适合茶叶生长的黄金纬度，有"好山好水出好茶"的独特地貌。茶叶作为一种健康饮品，可以成为一种生活方式，可以承载和呈现独有的文化内涵。但是面对来自外部的竞争压力依然非常严峻，推进茶叶区域品牌建设，推动农业产业化升级，助力江西茶走出江西、走向国际市场，势在必行！这是我们需要深刻认识到的问题，要辩证看待形势，增强必胜信心，化压力为动力，变危机为良机，众志成城再登高，扬优成势开新局。

（一）加快生态茶园建设，着力打通绿水青山与金山银山双向转换通道

经过多年不懈努力，江西茶产业发展不断迈上新台阶，已进入新的历史阶段。江西省在茶产业发展方面进行积极探索，为进一步推进产业转型升级打下一定基础，但江西茶产业供求结构失衡、要素配置不合理、资源环境压力大、茶农收入持续增长乏力等问题仍很突出，增加产量与提升品质、成本攀升与价格低迷、库存高、销售不畅、小生产与大市场等矛盾亟待破解。

江西茶产业的发展必须顺应新形势新要求，坚持问题导向，深入推进茶产业供给侧结构性改革，加快生态茶园建设，充分释放绿色发展红利。大力推进省级生态示范标准茶园建设，着力打通绿水青山与金山银山双向转换通道，以更高标准打造"江西茶"样板。依托产业化龙头企业带动，聚集现代生产要素，建设"生产+加工+科技"的现代生态茶园，发挥技术集成、产业融合、创业平台、核心辐射等功能作用。发展设施茶业、精准茶业、精深加工、现代营销，带动新型茶业经营主体和茶农户专业化、标准化、集约化生产，推动茶产业全环节升级、全链条增值。

（二）创新江西茶产业流通新动力，促进产销结构平衡发展

中国是茶叶生产大国，江西是茶叶生产大省，茶叶种植生产历史悠久，诞生了许多知名的地域性公共茶品牌。江西好山好水出好茶，有着得天独厚的优秀自然环境。但是产品好不一定意味着市场就能好，现在的市场是"茶香也怕巷子深"。我们中国国内的茶，据不完全统计有上千种，市场上常见的知名茶也有近百种；目前国内大多数地域性茶叶品牌还处在于本县知名、本省知名的瓶颈上。

近年来，省委省政府及各市县级政府高度重视茶产业的发展，出台了一系列扶持政策发展江西茶产业，推广建设江西茶品牌，为国人认识江西茶、了解江西茶以及江西茶品牌走出江西做出了卓有成效的贡献。但江西茶品牌的奋进发展，出类拔萃于国内上千种地域性茶叶品牌之路，仍然面临着严峻的市场竞争考验。江西茶品牌发展之路，需要政府、行业、企业各方之间的共同努力，要充分调研和总结国际、国内茶产业消费市场，认识江西茶在市场上的差异化特点，制定正确的品牌发展定位和市场运营办法，创新性地让江西茶走出一条独特、突出的蓬勃发展之路。

（三）挖掘江西茶更深更广的价值效益

江西茶园面积和干毛茶年产量近几十年来一直保持着稳步增长的趋势，鉴于市场体量和政府政策的有序管理，江西茶长期处在于安全可控范围内种植生产，基本上不存在为了盲目追求产量而牺牲产品品质的现象，这对于江西茶产业来说是很大的优势。并且由于江西茶没有盲目地追求扩产增产，故而现存着体量较为丰富的撂荒野生茶树。可以加大生产技术投入，加以科学试验进行理论依据论证，进而挖掘出江西茶更多的价值效益。

促进江西茶产业健康有序发展的工作,要在体制机制创新上发力,推动发展冲关过坎、克难前行,实现发展动能转换、动力接续,开辟现代化发展新境界。为茶产业经济发展注入新动能,为社会就业增收开辟新渠道,为城乡融合发展增添新途径,以延长产业链、提升价值链、完善利益链为关键,以改革创新为动力,增强江西茶产业经济发展新动能,开辟江西茶产业现代化发展新境界。

(执笔人:黄鑫磊)

2021山东省茶叶行业发展报告

——"三茶统筹"为"南茶北引"再拓新发展空间

山东省茶文化协会

茶叶作为我国重要的经济作物，具有独特的营养与保健功能。同时，也是我国农业尤其是大面积的山区农村的农民们脱贫致富的支柱产业。2021年3月，习近平总书记在考察武夷山茶叶产业时指出："要把茶文化、茶产业、茶科技统筹起来，过去茶产业是你们这里脱贫攻坚的支柱产业，今后要成为乡村振兴的支柱产业。"为茶叶产业如何进一步高质量发展指明了方向。山东省自20世纪50年代开始从南方引进茶树进行试验种植，60年代末70年代初获得引种试种成功，并进入推广阶段。90年代后，逐步进入了面积扩大、产量增长、品质提升、效益增加的发展新时期。尤其是2021年，山东茶叶产业在习近平总书记的"三茶统筹"指示下，更进一步拓宽茶叶行业新的发展渠道，开始逐步显现成为乡村多方位振兴的支柱产业。茶叶生产基本形成了鲁东南沿海、鲁中南山区和胶东半岛三大茶叶产区，全省10个市的40个茶叶生产县（市、区）基本分布在三大区域内，呈现出较明显的茶叶发展区域优势。山东已成为全国纬度最高、面积最大的北方优质茶叶产区，茶科技与茶文化推广齐头并进，助推了茶产业的规范化、规模化和高质量快速发展。在茶叶主产区，茶叶产业已成为当地政府促进农业产业结构调整、推动农村经济发展和增加农民收入的重要途径。

一、发扬"南茶北引"精神 促进茶叶产业规模化发展

2021年度，鲁茶在省、市、县党委和政府的高度重视下，各地市、县以习近平总书记视察山东讲话精神和习近平"三茶统筹"指示为指引，紧紧围绕增加茶农收入和提升产业发展，强化政策扶持，扩大产业规模，加强基础建设，优化产业结构，推进精深加工，顺利实现了《山东省茶产业发展规划（2014—2020）》的任务目标要求，努力实现我省茶产业跨越式发展。虽然在疫情的严重干扰下，山东茶叶产业仍然继续呈现发展上升到的趋势，农村茶农种茶的积极性依然高涨。全省16个地市，其中大面积的种植茶叶就有8个地市，接近10万亩以上的种植地市就有4个。据粗略统计山东茶园面积今年已累达58.63万亩，同比增长20.8%；产量3.81万吨，同比增长10.36%；其中名优茶的产量高占70%，年产值达到37.3亿元；早春茶亩产量在37斤左右，全年单产水平124.6千克/亩，平均亩产值可保持在9000~16000元。尤其是山东的日照、青岛、临沂、泰安四个地市，发展势头良好，增长速度迅速，为农民（茶农）致富发挥了重要作用。

（一）成功实践"南茶北引"打造日照绿茶金字品牌

作为山东"南茶北引"最早的实践地区之一，1959年，山东日照开启了试种茶叶的历史，虽初期饱受冻害和干旱等自然灾害影响，试种过程举步维艰，但经过不懈的尝试和努力，于1966年试种成功，打破了理论界长期认为北纬30度以北不能种茶的历史，自此日照茶产业从无到有、从小到大、从弱趋强，从计划经济时代到市场经济时代，开启了日照绿茶蓬勃发展的新篇章。截至2021年底，全市茶园总面积达到28.6万亩，主要茶树品种有黄山种、鸠坑种、福鼎大白等有性系品种和龙井43、中茶108、白毫早、鲁茶一号等无性系品种，基本形成以绿茶为主、红茶为辅，白茶、黑茶多茶类、多品种共同发展的产业格局；全市现有茶叶加工企业1071家，其中市级及以上龙头企业42家，茶叶生产涉及38个乡镇、760个村，茶叶从业人员30余万人，可采茶园总面积达到26.4万亩，年产干毛茶1.77万吨，总产值32亿元。面积和产量分别占全省的60%和75%。作为日照绿茶的主产区，岚山区茶园总面积达到13.6万亩，其中成龄茶园12.3万亩，年干茶产量1.06万吨，种植业产值13.37亿元，平均亩产值超过9300元，茶产业销售收入达到20多亿元，面积、产量、产值均居全省首位。其中该市的岚山区形成了8个万亩茶园片区，有19处企业基地被命名为省级标准化茶园示范基地，12处基地被命名为市级标准化示范基地，11处基地被命名为市级高效生态示范园，7家企业获得市级茶叶清洁化加工示范企业称号。岚山区现有涉茶企业280余家，其中省级农业龙头企业6家、市级农业龙头企业11家；茶叶专业合作社392家，其中国家级示范社4家、省级示范社9家、市级示范社12家、区级示范社19家；获得国家有机认证茶叶基地19处；全区无公害认证茶叶44家70个产品，认证面积44739亩，绿色认证14家20个产品，面积5414亩。荣获"国家级无公害绿茶标准化示范区""全国特色产茶县"和"中国名茶之乡"称号。

（二）"南茶北引"践先行　崂山绿茶远名扬

青岛地区大规模种植茶树始于新中国成立初期。1957年7月毛泽东主席在青岛开会，会议休息时他对山东省委负责同志讲："青岛有山有水，可以搞点茶么。"此后山东省委即组织了"南茶北引"工程，1958年开始从杭州等地引进茶苗，种植于原胶南市（现属青岛市）的海青镇、泊里镇和青岛崂山林场、中山公园等地。第一批引进的茶苗栽植后大部分没有成活，仅在胶南海青和青岛中山公园有少量存活。1963年，时任山东省委书记谭启龙在青岛中山公园发现了几棵活下来的茶苗，坚定了他在山东推广茶树的信心。于是山东省委组织了第二次"南茶北引"工程。在中国农业科学院茶叶研究所支持下，当地技术人员克服重重困难，从南方引进大量茶苗进行栽植试验。数年后，在青岛包括日照、临沂在内等地区成功的实施了"南茶北引"的种植工程。

青岛市到2021年底，全市实有茶园面积13.8万亩，投产茶园面积12.1万亩，干毛茶产量405万公斤，产值9.52亿元。有茶叶加工企业300多家，流通企业1000多家。青岛市年消费茶叶约1200万公斤。从种茶到炒茶，从卖茶到茶叶深加工，整个茶产业链解决了几十万人的就业。为农民增收致富打下了良好的基础。

（三）南茶北引结硕果　齐鲁多地茶香浓

临沂作为山东的一个农业大市，是齐鲁"南茶北引"最早试种区和茶叶主产区之一。全市茶园面积、产量稳步发展。据业务部门统计，截止到2021年底全市茶园面积9.942万亩（开采面积9.338万亩，占到总面积的93.94%），全市干毛茶产量4345.9吨，产值9亿多元，春季干毛茶产量1300.51吨，产值占到全年产值的一半。产茶区主要集中在莒南县、沂水县、临沭县、兰山区、平邑县、沂南县、费县7个县区，其中，莒南县茶园面积占到全市茶园面积的82.27%，形成大产区集中，小产区逐步发展的态势。临沂市茶叶产业化水平不断提升。全市拥有茶叶专业批发市场3个，茶叶企业、合作社、家庭农场207家，其中QS认证的有9家，省级林业产业化龙头企业2家，市级农业产业化龙头企业20家，有"沂蒙绿茶""莒南绿茶""沂水绿茶"茶叶农产品地理标志3个。

泰安市近年来，在市委市政府高度重视下，先后出台了《泰安市泰山茶产业振兴规划》《关于泰山茶产业发展的实施意见》等文件，并拿出专项资金，进行重点培育扶持。2021年，全市茶园总面积约有8万亩，产值8.6亿元。主要品种黄山群体种、祁门褚叶种、福鼎大白、淳安鸠坑种有性系为主。泰安市共有102家茶生产加工企业，是山东省三个优势茶产区（东南沿海产茶区、鲁中南产茶区、胶东半岛产茶区）之一，泰山茶也成为当地乡村振兴十大优势产业之一。年产干茶量1000余吨，多年来泰安市委市政府重视泰山茶的发展，驻地泰安的山东农业大学也发挥出了重要科技助力作用。多家茶企业获得多种大奖，泰山绿茶、泰山红茶获得农产品地理标志认证。

目前，潍坊茶叶产业也在发力。其主产区主要集中在诸城市，截至2021年底，诸城市茶树种植面积约有3.4万亩。茶树品种主要是南茶北引以来，延续下来的鸠坑、福鼎大白、黄山群体、信阳种等有性系品种；近几年，开始逐步推广无性系栽培，主要有中茶108、龙井43等。茶叶加工企业也集中在诸城，拥有齐全生产资质的大约十几家，另外各种茶厂、合作社、作坊等大约100多家。年加工能力，不完全统计大约是2400吨干茶产量，多以潍坊本地销售为主。茶制品类别主要是诸城绿茶、红茶，还有少量的茶企在试制白茶。

烟台也有着悠久的茶叶种植历史，据闻最早可追溯到金元时期。20世纪60年代"南茶北引"时也曾盛极一时。在2011年就已注册了"烟台绿茶"的商标，2016年又公布了地理标志产品。到2021年底，全市发展茶园面积约3万亩，主要分布在海阳市、牟平区、福山区、蓬莱区、莱阳市、栖霞市、龙口市、招远市、莱州市，其中，海阳市种植面积约占全市面积的80%，主要茶树品种平阳特早、龙井43、中茶108、福鼎大白等无性系品种以绿茶为主，红茶为辅，白茶、黄茶、菊花茶、桑叶茶等多品种发展。全市现有茶叶加工企业40余家，茶叶从业人员1.5万人，年产干茶500吨，产业总价值5亿元。

另外省会济南在茶产业化上也不断迈出可喜的步伐，除了打造出江北第一茶市和筑起了全国最大的南茶北销集散地外。近几年，市委、市政府又把发展茶叶产业列为带动农业发展，支持农村农民致富的特色产业来抓，并给予高度重视。据农业农村主管部门统计，济南市长清、章丘、莱芜等区域现拥有传统茶种植面积约逾万亩、花草保健类茶种植1.8万余亩。主要的茶树品种：福鼎大白、龙井

43、金萱、中茶108等茶树品种，示范推广"南茶北引"茶种植栽培技术。茶叶加工企业目前取得生产许可证的有8家。为济南周边部分山区农民创业致富发挥出了重要作用。

其次山东的威海、淄博等地区也把茶叶产业作为了特色农产业来抓，实行了政府引导、因地制宜、品牌企业带动、农民自觉自愿参与的方式，围绕如何把茶产业作为乡村振兴的特色产业做了许多文章。

二、注入科技含量，促进了鲁茶高质规范化发展

以市场需求为导向，以科技创新为动力。近年，山东各地市区发展茶叶积极性高涨，全省茶园面积、采摘面积和茶叶产量均稳步增长。在茶叶主产区，茶叶产业已成为当地政府促进农业产业结构调整、推动农村经济发展和增加农民收入的重要途径。各地茶区都把普及茶科技，盯紧高质量，强抓规范化生产作为了主攻方向，以此把茶产业做大做强。

南茶北引至今经过60多年的奋斗，而今鲁茶龙头产区的日照市。将茶产业纳入生态立市、林水会战和乡村振兴等重大战略部署，着力打造绿色产业、生态产业、科技富民产业，实现"一叶"向"一业"的华丽转变。日照市被誉为"南方的北方，北方的南方"，独特的地理自然条件，加上富硒和富锌的独特土壤，孕育出日照绿茶的独特品质，享有"江北第一绿茶"的美誉。国家知名茶叶审评专家、中茶所副所长鲁成银曾评价日照绿茶："叶片厚、耐冲泡、黄绿汤、板栗香"。研究表明，经过六十多年区别于南方茶区的自然环境、土壤环境驯化，日照等地引进种植的茶叶品种茶叶内三大物质含量明显改变，主导鲜爽滋味的氨基酸含量明显提高，主导苦涩滋味的茶多酚含量明显减少，主导爽口滋味的咖啡碱含量增加，名优茶品质特别明显。日照等地的绿茶也因其独特的品质和口感，在竞争激烈的国内茶叶市场不断得到认可，品牌价值不断提升。"日照绿茶"品牌正从"绿茶新贵"变身为一块金字招牌，据中国品牌价值评价，"日照绿茶"跻身中国地理标志产品区域品牌百强第51位。作为山东省茶叶主产区和我国纬度最高、面积最大的优质绿茶生产基地，日照市已经成为与韩国宝城、日本静冈齐名的"世界三大海岸绿茶城市"之一。

1970年的夏季，青岛地区加工出了第一批绿茶，中国茶叶研究所鉴定为："外形匀整、色泽鲜亮、滋味醇厚、香气独特，可与西湖龙井等名茶媲美。"1972年9月16日《人民日报》报道了"山东南茶北引"成功的消息。从此以后，源自南方的茶树就在青岛地区扎根发芽、苗壮成长、产业化发展。尤其是2021年，各级政府把茶叶生产作为改善农村环境、发展农村经济、增加农民收入的重要产业，采取了一系列扶持政策。茶叶科技人员从南方引进了鸠坑、福鼎大白茶、安吉白茶等一批优良品种，并在本地培育成功。茶叶龙头企业总结出了青岛茶的生产加工技术规程和质量标准，形成了整套的含有科技含量的生产、管理、栽培、加工、监测诸多宝贵经验。

茶产业作为临沂市特色产业，经过近60年的曲折发展，始终坚持以布局优化、提质增效、产业融合为重点，不断丰富茶叶种类，延伸产业链，把茶文化、茶产业、茶科技逐步统筹起来，实现"科技

兴茶、绿色兴茶、品牌兴茶、文化兴茶"，以茶产业高质量发展助力乡村振兴。茶产品趋于多样化，造就了"沂蒙绿茶"具有"叶片厚、耐冲泡、内质好、滋味浓、香气高"的特点，得到了国内外茶叶专家们的一致好评和广大消费者的青睐。茶树品种不断丰富，目前的茶树品种主要是绿茶适制品种，红茶、乌龙茶等其他茶类茶树品种也在逐渐发展，尤其红茶、乌龙茶适制品种增加明显。近年来无性系茶园不断发展，奠定了高品质的基础。

随着技术的不断突破和高档绿茶的需求不断加大，烟台市农民种茶积极性不断提高，烟台市已成为北方茶叶主产区之一。烟台最早发展茶产业的海阳市，高起点定位，高标准管理，引进无性系大苗进行设施栽培，也是山东最早大规模进行无性系茶树种植区域。经过3年的试验，形成了一套茶树种植规范，并于2020年在《陕西林业科技》发表《胶东地区茶园营建与苗期栽植管理技术》（钱振磊）。烟台茶从无到有、从有到优、从优到特、特无止境。茶园建设向生态化、标准化、多元化发展，茶叶具有汤色碧绿明亮、回味甘醇、香气浓郁、耐冲等优良品质，形成了特有的"墨玉绿、小米汤、豆子香"的风味特征。据农业农村部茶叶质量监督检验测试中心检测表明，烟台绿茶水浸出物含量比其他产地茶叶高14%，氨基酸含量高56%，茶氨酸含量高64%，具有营养丰富、口感上乘的产品特性。

坐拥于山东农业大学优势的泰安市和青岛农业大学的青岛市，更是把大学里园林茶学专业的师生视为至宝。其他各产茶地市也纷纷效仿，政府职能部门主动牵头学校茶学师生经常走进茶园地头，与茶企、茶农研究茶叶的科学种植、科学管理和科学加工，把生产无公害高品质的鲁茶放在了首位。各地市先后坚持抓好三项工程：一是实施品牌提升工程，以区域公用品牌，加大策划宣传力度，提高其知名度和美誉度，实施母子品牌战略，带动茶叶销售，促进农民增收；二是实施规模提升工程，以培强龙头企业为抓手，着眼于科技助力、提高茶种植和加工规模，提升茶加工档次，壮大一批具有科技含量的茶龙头企业；三是实施品质提升工程，把茶叶种植基地作为茶产业化经营的第一车间，集中打造一批高标准精品生态茶园，编制并严格执行种植标准、加工标准和产品标准，全面提升茶叶品质。各茶企本身对茶叶品质的要求也很高。绝大部分茶企，坚持不打农药，发展有机茶，就连防治美国白蛾的喷药飞机，都要绕过这片区域。许多茶企则将清洁化生产做到了极致，茶叶从收购、摊晾，再到烘干、包装，全程不落地。尤其在茶叶收购方面，他们坚持只收购当天上午的鲜叶，雨水叶、病虫叶、农残叶一律不收，确保茶叶纯度。有的茶企将炒茶房设为禁区，无论多么尊贵的客人，若想进入，必须全副武装。正是各产茶地市由于这一系列的严格举措和科学种植、科学管理和加工，鲁茶的品质才越来越好。

三、注入文化内涵 增加鲁茶产业的辐射带动力

山东茶事、茶文化活动异彩纷呈。山东省不仅是茶叶消费和南茶北销的大省，也是举办茶事活动、大力推广茶文化活动的重要省份之一。2021年，在新冠肺炎疫情的严重干预下，据不完全统计，山东省的济南、青岛、潍坊、日照、临沂、泰安、莱阳等近达十几个地市、县、区，在省、市、县、

区政府相关部门以及茶叶协会的支持、引导、参与下，举办各种大型专业茶事、茶展及茶文化推广活动20余场次。许多重大茶事活动，山东省茶文化协会都是直接参与主办，并给予全力支持。面对疫情状况的限制，仅省会城市济南大规模的茶展、茶文化推广活动，先后就有4家主体单位分别主办，最为典型的就是：济南茶叶批发市场与深圳华巨臣会展公司联办的"中国济南第十五届国际茶叶博览会暨第十届茶文化节"；农业农村部主办相关部门主办、厦门凤凰会展公司承办的"山东国际茶博会"；齐鲁晚报社天一会展公司主办的"山东茶博会"和济南槐荫区政府主办、广友茶城承办的"济南茶文化节"等。各地市茶文化活动也相得益彰，青岛、日照、烟台、临沂、潍坊等地市政府主办的茶博会以及茶文化节等，也都各具特色，彰显了茶文化无穷魅力，以此带动整个茶产业的全面发展。最为值得提的是2021年5月28—31日，历时4天的中国（济南）第十五届国际产业博览会暨第十届茶文化节。本届茶产业博览会由中国茶叶流通协会主办，济南市人民政府重点支持，济南市供销合作社、济南市茶叶行业协会、深圳市华巨臣实业有限公司、济南茶叶批发市场集团有限公司承办，茶博会的主题为"茗聚泉城，茶香天下"。展会期间，山东国际会展中心（槐荫区）、济南茶叶批发市场两大会场共设展位2300个，其中特展700个。参会、参展企业1700余家；参会、参观人员近达10万余人次。许多业内人士对济南茶事活动评价："中国茶叶博览会立足济南，覆盖山东，辐射北方重点茶叶消费市场，现已成为北方地区规模大、档次高、效果佳的全国性茶叶专业展会。"。在第一茶市的带动和大型茶事活动的影响下，茶文化会所、茶叶专卖店星罗棋布，还催生了第一茶市周边的广友、老屯和齐鲁茶城三个茶城的红火交易局面，使这一地区聚集的全国各地茶商达到近3000多家，成为全国最大的茶叶批发市场聚集区，带动和发展了济南西部张庄路茶文化一条街的形成，同时还在济南区域内繁衍发展了十几个茶叶专业批发市场。青岛自2015年创办茶文化节以来，已连续举办多届，各区市每年也都举行各种各样的茶事活动，青岛会展中心、北方茶文化交流中心、万里江茶业博物馆、崂山茶叶博物馆等公益性茶文化普及单位带领着岛城茶文化的快速发展。茶店、茶楼如雨后春笋般涌现，多个茶叶专业批发市场应运而生，茶马古道、天都锦茶城、兴邦茶城、东李茶城、润东茶城等大型茶叶批发市场很好地发挥了市场的带动作用，促进了茶叶产业的全面发展。此外日照、潍坊、临沂、泰安等地市茶展会及茶文化活动也都异彩纷呈，各具特色，成效显著。各个会展现场交易、合同订单及意向交易额都分别不同程度地获得了一定的硕果，全国各地的党政代表团、农业部门、茶叶行业协会、知名品牌茶企以及各地茶经销商汇聚齐鲁参会参展，同时十几个国家和地区的外国友人境外茶人纷沓而来。

　　从省会济南茶博会到青岛、烟台、日照、泰安、潍坊、临沂等地市、县区举办的茶会，从各个展会的场内到场外，都从不同角度对茶叶产业、茶叶科技和茶文化进行了生动诠释，展现了齐鲁民生风貌，以知识性、趣味性和互动性，引导省市内外的参会者了解茶知识、茶科技，领略茶文化魅力，感受齐鲁国学文化和茶文化的博大精深。从实践意义贯彻执行了习近平总书记"三茶统筹"的指示精神，为造福一方百姓发挥出了积极的作用。

四、针对鲁茶产业现状需要思考的问题和建议

（一）部分茶园的建设和管理相对滞后

部分茶园分布较分散，配套基础设施薄弱，加之部分种植户或观念转变不及时，或技术欠缺、管理不到位，受天气自然环境干扰大，茶树长势弱，产出量低。

建议产茶地市、县政府职能部门，要加大对茶企和茶农的关注和支持，帮助茶企对接和协调相关茶专业科研院校、茶叶协会，指导茶企和茶农搞好茶园建设，尽可能从政策和财力上给予较大的扶持和帮助。

（二）品牌建设和推广相对薄弱

一是许多茶企处于原料供应商地位。自身的名优茶品牌销售比例低下，处于茶产业价值链低端，没有自己的主导品牌。二是茶叶销售议价能力低。大部分茶农、茶企观念滞后，各自为营，个体式经营，家族式管理，不能够抱团发展，联合营销，开拓市场，导致品牌集聚效应低，品牌销售渠道栓塞。

建议茶叶企业和茶农要注重自身加工种植科技含量，学习借鉴贵州严把茶叶种植生产源头关，真正做到"生态之绿、有机之旅、干净之绿"的经验。扬长避短，组团发展。要结合弘扬博大精深的茶文化，搞好品牌建设，加强品牌宣传与推广。全面贯彻习近平总书记提出的"三茶统筹"的指示精神，将山东的茶文化、茶科技、茶产业融会贯通，齐头并进，共同发展。

（执笔人：赵建设）

2021河南省茶叶行业发展报告

河南省茶叶协会

近年来，中国茶产业发展明显加快，总体上呈良好发展态势，河南省种茶历史悠久，茶文化底蕴深厚，为我国茶叶重要的主产区之一。2021年河南省认真贯彻落实习近平总书记在"国际茶日"及考察河南省光山县的重要指示和讲话精神，为全面提升河南省茶产业发展水平，促进茶农增收、茶产业结构调整和产品升级，振兴茶叶经济，结合河南省实际，河南省茶叶协会对2021年全省茶产业发展情况报告如下。

一、河南省茶产业2021年以来发展现状

河南省种茶历史悠久，茶文化底蕴深厚，是我国茶叶主产区之一。近年来，茶产业发展明显加快，总体上呈良好发展态势。

（一）区域格局已经形成

河南省已经形成了大别山区、桐柏山区、伏牛山区及汉水流域四大茶区，信阳、南阳和驻马店等地茶园面积和产量占全省的98%以上，信阳毛尖、桐柏玉叶等一批具有地域特色的传统名茶逐步扩大规模，形成了区域化、集聚化发展的格局。

（二）产业规模不断扩大

据统计，2021年全省茶园面积发展到277.7万亩，可采摘面积235.9万亩；茶叶总产量11.2万吨，茶叶总产值121亿多元；规模以上加工企业980多家、年加工能力15万吨以上，其中中国茶行业百强企业9家、省级龙头企业15家。

（三）产品结构不断优化

品种结构日趋优化，名优绿茶、优质炒青烘青茶生产初具规模，茶树良种覆盖率不断提高，信阳毛尖、桐柏玉叶、金刚碧绿等名优绿茶产量占全省的70%以上。夏秋茶综合开发进展明显，红茶、黑茶、乌龙茶及茶饮料、茶食品等生产规模不断扩大，其中"信阳红""桐柏红"产量已经上量上规模。

（四）标准化生产稳步推进

地理标志产品"信阳毛尖"国家标准已发布实施，制定发布了桐柏玉叶茶、无公害桐柏玉叶茶省级地方标准，初步建立了河南省特色农产品（茶叶）标准体系。标准化茶园建设稳步推进，全省通过无公害茶叶生产基地认定的面积达137万亩，通过有机茶生产基地认证的面积达77万亩。现代化加工水平、产品质量不断提高，机械加工率达到80%以上。

（五）品牌效益日趋凸显

全省知名茶叶品牌达70多个，其中"龙潭""文新""蓝天玉叶""子安贡茶""九华山"为中国驰名商标，"五云山""淮源""佛灵山""光州""仙灵""新林玉露"等15个为河南省著名商标，"仰天雪绿""其鹏""申林""桐柏玉叶"等为河南省十大茶叶品牌。茶叶销售品牌贡献率不断提高，据中国农业品牌研究中心评估，2021年"信阳毛尖"品牌价值达到69.39亿元。

（六）带动能力进一步增强

目前，茶产业已逐步成为河南省农业和农村经济中最具发展前景的朝阳产业之一，成为南部大别山区、桐柏山区等地的优势产业、特色产业以及县域经济发展的支柱产业。2021年，信阳市茶叶产值占全市农业产值的比重达25%以上，茶叶合作社发展到780多家，茶农人均种茶收入近5500元，占农民人均纯收入的63%，已成为信阳市促进农业增效、农民增收的重要途径。为振兴乡村经济，为美丽乡村建设做出应有贡献。

二、河南省茶产业发展趋势、竞争力及市场前景

（一）发展趋势

一是茶叶产销出口持续稳定增长。从主要出口大国的出口走势看，近五年来，肯尼亚、中国和斯里兰卡、俄罗斯等10多国家的出口持续扩大。

二是绿茶、红茶需求增长强劲。近年来，世界范围内绿茶、红茶销量不断增长，正在成为世界茶饮料的主导产品。欧美发达国家的绿茶市场需求仍在进一步扩大。红茶因其特殊的保健功效，消费量呈快速上升趋势，在国际市场红茶份额已占到80%以上。

三是质量安全要求日益严格。近年来，随着全民食品安全意识的提高，茶叶质量安全受到广泛关注，检测标准越来越严格。四是茶叶综合利用明显增加。茶饮料作为世界三大饮料之一，市场需求呈现快速增长趋势，年增长率多年保持在15%以上。

同时，随着茶皂素、茶多酚等茶叶有效成分的广泛开发利用，茶叶深加工进一步发展，茶叶原料

需求量也将同步增加。

（二）竞争力分析

1. 优势分析

（1）自然条件优越　河南省茶区主要分布于大别山区、桐柏山区、伏牛山区和汉水流域，年均温度在15℃以上，年降雨量900~1200毫米，相对湿度70%~80%，年有效积温在4800~5100℃，土壤呈酸性，光照充足，雨量充沛，土壤肥沃，适宜种茶面积约400多万亩，是我国绿茶生产的主要适宜区之一。目前，全省尚有100多万亩宜茶荒山坡地可以利用，而且这些区域污染和病虫害较少，是生产无公害茶、绿色食品茶和有机茶的理想地区，发展空间大。

（2）茶叶内在品质俱佳　我省茶区属高纬度茶区，茶叶芽肥叶嫩，具有持嫩性好、芽叶肥壮、水浸出物丰富、耐冲泡等品质特色，特别是影响香气和滋味的芳香物质、氨基酸等含量高，茶多酚、咖啡碱含量适中，奠定了生产优质绿茶的良好基础。"信阳毛尖""赛山玉莲""仰天雪绿""子安贡茶"等多次获得国际、国内大奖，豫炒青茶已成为出口眉茶提升品质必不可少的拼配成分。

（3）区位优势明显　一方面，我省地处中原，南接我国茶叶优势主产区，北连广大北方主销区，与周边大中城市距离均在600~800千米以内；另一方面，我省交通优势明显，加之近年来东部产业向中西部地区转移加快，这些都为河南省茶产业的持续发展提供了有力支撑。

（4）茶文化底蕴深厚　河南省茶文化历史源远流长，距今已有2300多年历史，"唐煮""宋斗""明冲泡"等独特的中原茶文化，极大丰富了中原文化的深刻内涵。随着河南经济大省、文化大省地位的确立，茶文化已渗透到河南经济社会生活的各方面，信阳茶文化节、郑州茶博会、禅茶文化等的影响力日益提升，茶文化对茶产业的促进作用更大，饮茶、品茶的消费群体更加广泛。

2. 劣势分析

一是茶园基础相对薄弱；二是产业链条延伸不够。我省茶产品结构单一，仍以散形茶为主，普遍重视春茶生产、轻夏秋茶生产，面向中低收入群体的中低档茶叶数量少。企业整体实力不强，精深加工水平低，产品附加值不高。茶叶综合利用水平较低，茶食品、茶饮料、茶保健品、茶具、茶旅游等开发尚处于起步阶段；三是组织化程度偏低；四是流通体系不健全；五是政策支持有待加强。与茶产业发展形势相比，各级政府对茶产业的扶持、引导有待加强，特别是在急需解决的科研、科技推广、良种补贴等方面扶持不足，导致品牌知名度不高，影响了新技术引进推广、企业的做大做强和茶产业的发展及整体水平提升。

（三）市场前景分析

随着人们消费结构的改善，全球对茶叶认知度和人们对高品质生活追求程度的提高，茶叶正受到越来越多消费者的青睐。从国际市场看，近年来，我国茶叶出口保持稳定增长态势，特别是绿茶在国际市场上优势明显。可以预见，今后2021年以后，河南省茶产业发展将具有广阔的市场前景。

三、河南省茶产业下一步发展思路、原则与目标

（一）发展思路

全面贯彻落实"三茶"发展理念，立足河南省茶叶生产和消费潜力优势，围绕做大、做强、做优茶产业，以市场需求为导向，以开发省内茶叶消费群体为基础，以"建设基地、调整结构、创建品牌、培育龙头、文化带动"为重点，不断完善科技支撑、良种繁育、标准生产、市场流通、质量安全体系，进一步扩大茶叶种植面积，提高茶叶综合利用率，提升茶叶精深加工能力，提高茶产品的消费水平，增强茶产业带动增收能力，推动河南省茶产业实现跨越式发展。

（二）发展原则

一是统筹规划原则。把茶叶生产结构的调整、流通渠道的完善和消费群体的培育相结合，统筹考虑生产、销售和消费问题，把产业建立在有效消费基础上，形成"三茶"产业发展的关联链条。

二是市场导向原则。瞄准国内、国际两个市场，充分占领传统消费市场和努力发掘我省潜在的茶产品消费市场，大力发展市场占有率高、前景广阔、有特色的茶叶产品，重点发展适合我省乡村居民和中低收入居民的茶叶产品。

三是比较优势原则。综合考虑各区域在资源禀赋、生产规模、市场区位、环境质量、资金、技术、人才以及产业政策等方面的优势，突出重点，相对集中，因地制宜，扬长避短，把潜在的资源优势转变为现实的经济优势。

四是科技支撑原则。依靠科技进步不断推进茶产业发展，提高茶产业整体素质，完善茶产业科技和服务体系，全面提升茶产业科技创新能力，提高科技含量和科技贡献率。

五是集聚发展原则。充分发挥区域优势，加快茶产业区域集聚发展，优化产业布局，引导产业规模化、专业化、集约化和标准化发展。

六是可持续发展原则。坚持推动经济、社会、环境协调发展，实现速度与质量相统一，形成区域性、规模化生产基地，延伸产业链，进一步做大做强茶产业，实现可持续发展。

（三）发展目标

一是总体目标。加快茶产业发展方式转变，推动全省茶产业逐渐由传统农业向现代农业转变，实现茶园种植的良种化、生态化、规模化和茶叶加工的机械化、标准化、清洁化；茶产业企业实力显著增强，品牌效益进一步凸显，市场份额大幅提高，中原茶文化影响力明显提升；把郑州、信阳、南阳、洛阳等城市建设成为全国重要的茶叶交易批发、信息发布中心；2012—2022年，以开展茶叶品种试种为重点，积极进行"南茶北移"试验、示范，并在获得成功的基础上，稳步扩大茶叶种植面积，发展茶叶初制加工，力争到2022年"南茶北移"等试验、示范获得成功，到2022年茶叶种植有较大发展。

二是发展巩固三大消费区。即根据河南省人均茶叶消费现状及潜力,将河南省的茶叶消费区规划为传统消费区、城镇消费区和农村消费区。

三是开展二网和线上线下多渠并举实现营销市场新突破。即规划建设茶叶产地交易网络和茶叶销地交易网络,周围涉及4个省辖市、15个县(区)。即茶叶产地交易网络和茶叶销地交易网络。

四是一线,即规划建设一批茶文化生态旅游精品线路,涉及4个省辖市、15个县(区)。依托现有茶叶主产区的生态风景旅游资源,整理开发信阳鸡公山、浉河区环南湾湖、平桥震雷山、光山净居寺、罗山灵山寺、固始妙高寺、商城金刚台、新县香山湖、桐柏淮源、内乡宝天曼、西峡伏牛山、丹江库区等地的茶文化,建设茶文化设施,打造一批融茶文化、民俗文化、禅文化及休闲度假等为一体的精品旅游线路,带动当地茶经济发展,提高中原茶文化知名度和影响力。

四、2021年以后急需开展的重点工作

按照统一规划、分步实施的原则,综合考虑我省茶叶生产三大区域的现有基础、资源条件和市场需求情况,重点建设"六大工程、五大体系"。六大工程包括生产基地建设、产业结构调整、龙头企业培育、知名品牌创建、茶文化与茶旅游开发、消费群体培育。五大体系包括科技支撑体系、良种繁育体系、标准化体系、市场流通体系、质量监控与预警体系。

(1)生产基地建设工程。

(2)产业结构调整工程。

(3)龙头企业培育工程。

(4)知名品牌创建工程。

(5)茶文化与茶旅游开发工程。

(6)消费群体培育工程。

(7)完善"三茶"支撑体系。依托河南省、市现有科技机构,整合科研力量,创建省级茶叶科技创新中心,着力研究解决制约茶产业发展的关键技术问题。以现有茶学专业为基础,组建茶学院(系),为全省培养专业技术人才。结合国家茶叶技术产业体系的建立,建设2~3个茶叶重点实验站,鼓励支持有条件的茶企业建立茶叶科技研发中心,承担新技术、新品种及"南茶北移"的试验、示范工作。完善市、县、乡三级茶叶科技服务体系,支持茶叶生产加工核心带的县(市、区)、乡镇配备专业技术人员,加强实用技术的示范推广。把茶叶科技人才引进纳入省辖市、县(市、区)人才引进计划,吸引专业人才到茶叶基地工作。积极开展茶艺师等职业技能鉴定。大力发展多渠道、多手段等线上线下对茶农和企业人员开展培训。

(8)完善良种繁育体系。

(9)完善标准化体系。在地理标志产品信阳毛尖国家标准和桐柏玉叶茶省级地方标准等基础上,按照国家茶叶无公害和有机茶产品的生产标准,建立完善全省茶叶标准化体系,推行茶叶标准化采摘

与制作，规范茶叶生产、加工、包装和储藏等，加快推进"信阳红"茶、"桐柏红"茶生产工艺标准化，逐步实现河南省茶产品标准化。建立和完善茶业标准化推广、检测、评价、信息服务体系。

（10）完善市场流通体系。坚持立足本省、拓展中西部和北部省份市场及巩固欧洲、开发非洲和北美洲市场的原则，积极完善市场流通体系。

（11）完善质量监控与预警体系。依托现有的质量检验检测机构，整合、充实检测力量，在郑州、信阳和南阳等地改扩建2~3个茶叶产品质量安全检验检测机构。建立健全茶叶质量安全监管制度，实行生产、加工、销售等各环节全面质量管理，实现茶叶质量全程可监控、可溯源。

五、河南省茶产业发展存在的主要问题

（一）茶叶种植生产销售价值、价格、结构倒挂及不合理

茶叶行业增长较为稳定，整体而言比较健康，但也存在一些潜在的风险，其中最大的就是产能过剩。在茶园面积迅速增长的背后，茶叶单产和茶叶品质是下降的，这就存在很大的隐患。另外还存在一些风险，比如农村劳动人口持续流出，可能会影响到茶园的建设；大型食品、饮品、药品企业开始将业务拓展到茶行业，业内竞争加剧。还有茶叶项目建设周期过长、缺乏高素质专业人才、人工成本上升等，也是未来的风险因素。

（二）市场在满足消费、品牌、文化需求方面水平急待提高

一是消费习惯的区域性逐渐淡化。

二是茶企之间的竞争也因此加剧，正逐步演变为品牌、包装、企业形象、销售服务的全面竞争，市场的竞争也逐步演化为科技、信息、人才等方面的深层次竞争。

三是行业规模扩大，产品种类增加，以满足不同人群的消费需求。四是生产方式转向规模化、产业化、机械化。五是销售方式从单店单一模式转向连锁经营等复合模式。

（三）电商发展速度滞后

超八成茶商不做直播带货，2021年，全国茶叶电商规模345亿多元，电商已深入到人们生活的每一个角落。但调查数据显示，河南省茶叶销售的电商发展依然不足，从未开通任何电商销售平台的商家占50.21%，仅有30.1%的商家开通微信电商，开通淘宝、天猫、京东、抖音等主流电商平台的商家不足20%。从业者普遍认为，这与茶产品属情感消费、体验消费有着必然联系。2021年在抖音的"双11好物节"期间，八马茶业直播间销售额突破千万元，直播间观看人次累计超200万。由此可见，茶叶品类在直播电商中大有可为。在本次调查数据中，河南省87.94%的茶商没有开通直播销售，仅有12.06%的商家有过直播经营，但是直播频次不高。河南省茶叶商家开展直播销售仍有很大发展空

间。从调查数据显示，河南省茶叶流通领域电商发展速度及高技能涉茶人才明显滞后。随着移动互联网的快速发展，头条、抖音、微信等互联网平台的广泛普及，以往的产销信息不对称性正在逐渐消弭。

（四）品牌化发展重视谋划不够

线上线下销售模式共存，河南省未来茶产业发展趋势如何？我会提出，河南茶产业，一定要呈现出更显著的品牌化发展趋势，在各个茶叶品类或综合服务中要培育出一批优秀的品牌。从河南省茶叶流通领域经营业态来看，集约化的多品类消费品牌的增长，将是未来河南省茶叶品牌主要发展趋势之一。

（五）茶产业发展空间盲目扩大

随着城镇化步伐加快，河南宜茶区域盲目扩大茶叶茶园面积和生产，茶产业发展空间和规模正在无序扩大，不利河南省茶产业科学有序和可持续性发展。

（六）茶产业科技投入不足

近年来，以茶树为主要研究对象的各类科技项目远不能与其他园艺作物相比，每年科技投入低于周边浙江、安徽、福建等省。

（七）无性系良种化率低、品种结构与地方产品不配套良种是产业的基础

河南省存在无性系良种化率低、品种结构与地方产品不配套，特色区域产品缺少适制品种支撑；育种手段落后，选育品种滞后于生产需求；引种区试缺少系统性，新发展企业引种存在盲目性等。

（八）茶园管理设施化、机械化不足

新建茶园成园慢，投产见效慢，新发展茶园管理受气候、区域小环境、草害等影响，新茶园建设管理成本逐年增加。夏秋茶资源利用率低，多茶类开发技术支撑不足；区域产品以春茶生产为主，夏秋茶资源利用率低，亩产效益不高；技术示范推广力度较低；政府、行业、企业联合及省、市、县、乡技术力量融合力度不够，论坛、培训、观摩针对性不强，技术落户能力薄弱，新品种、新技术、新模式的成果转化效率不高；茶园面积增长缓慢，茶叶企业规模偏小；未来靠扩大面积不能支撑茶业持续发展，茶业发展遇到瓶颈；我省茶业虽已发展为集种植、加工、销售于一体的全产业链，但规模以小微企业为主。大中型企业凤毛麟角。小微企业的通病就是产品单一、周期短、利用率低、竞争力弱、抗风险差，直接影响到投资者信心，良种、标准、机械装备、基础设施应用与推广跟不上；产业化程度低也导致技术推广，品牌培育与市场拓展不足，市场占有率和覆盖度下降。

（九）品牌多而不强

河南省茶叶品牌如信阳毛尖、信阳红等品牌价值和效应尚未彰显，区域局限性强，影响力不大。尤其是历史名茶信阳毛尖，因保护措施不到位，而深受外地仿冒茶冲击。

六、河南省茶产业下一步发展的工作建议

（一）以信阳毛尖茶产品为核心，加快质量标准化建设，推动加工技术提档升级

加快茶叶传统加工升级改造，以清洁化、连续化、标准化为发展方向，提升改造茶叶初制、精制导向加工厂房及装备，推进茶叶现代加工进程。提升茶叶质量标准水平。加大对信阳红茶加工重大关键技术攻关，提升红茶加工技术水平。不断提升信阳红茶茶标准化生产加工水平，加快恢复振兴重庆沱茶。同时，加强技术培训指导，强化技术交流，推动全市茶叶绿色高质高效发展。

（二）积极推动消费升级，培养全国优秀茶品牌

茶叶销售的总体形势继续保持良好发展态势，消费总量持续扩大，销售价格稳中有升，消费较为理性。消费以名优绿茶、茯砖茶、出口眉茶、花茶、红茶等为主，消费总量将得到稳步增长。

（三）积极推进茶旅融合发展的新模式

认真贯彻国家三产融合的发展思路，结合河南产茶区的具体情况，努力实现一、二、三产业联动，推动治茶文化与旅游业限合发展，随着国内疫情得到有效控制，积极引导茶企业开展各种形式的茶事活动，推动一批集生态观光、制茶体验、休闲娱乐、茶园科普、品茶购物等多种功能于一体，将河南茶产业由种植生产转向生活休用，提高茶产业的经济效益、社会效益与生态效益。

（四）加强茶园管理，保质增效，打造山地茶园特色

"十四五"期间，河南省茶叶种植规模继续呈现稳步增长态势，产业规模稳步扩大。河南将进一步加强茶叶新品种新技术的引进、试验、示范工作，加快推进建设山地生态茶园，加快茶叶绿色生产模及配套技术推广，大力推广茶树病虫草害绿色防控、有机肥替代化肥等技术。加强农机、农艺相融，提高了茶园管护效率，引导经营主体创建河南茶山地茶园示范基地与高效管理模式。

（五）加强科技创新与新产品开发

第一，通过引入茶叶大数据、人工智能、物联网等新技术，加快重庆智慧茶园创建、加快渝茶加工技术与装备的智能化、标准化进程，实现茶叶的精细化、规模化，推动"豫茶制造"向"豫茶智造"

的机制式转化。

第二，以市场需求为导向，以消费者需求为核心，开发适销对路的产品。

第三，茶是世界公认的健康饮品、加强茶与大健康产业的融合，从茶叶的功能性成分的研究为基础，提高茶叶的综合利用价值，为新产品开发打好基础。

（六）重视茶叶专业人才的培养

现在，河南省茶叶协会不仅正在进一步开展做好河南茶叶行业各种技能大赛的组织、实施工作，更好通过各种渠道和方式，积极大力开展以商协会为平台，积极培训和培养各种茶叶相关的技术人才、管理人才、市场营销人才、茶文化推广人才等，尤其要重点实施跨行业人才整合计划，切实解决制约我省茶产业快速发展的人才瓶颈等问题。

（七）推进茶产业结构调整

以推进适度规模，优化区域布局为重点，着力推进茶园向优势区域集聚，以重点茶叶主产县主，布局茶产业体系推广示范基地，促进产业技术成果转化和示范推广。

（八）提高良种化率，优化品种结构

在河南部分茶区推广适裁优特茶树新品种，加快老茶园改种换植。通过引种区域试验，降选出适合江苏推广的无性系良种，加快推进无性系良种替代提高无性良种覆盖率。

（九）发挥产地地理位置优势，推出茶文化精品旅游线路

河南目前茶园面积270万亩以上，产区面积大，生产精细，精品众多，在全国具有重要影响。建议发挥河南省茶叶基地邻近城市、邻近交通干道、邻近景区的"三邻"优势，以"三茶"理念为载体，以地域特色文化为核心，深入开展相关工作。

（十）遵循产品"特色、自然和人文"三位一体和"三茶"的发展理念，走一、二、三产融合发展之路

河南茶产业发展要遵指产品"特色、自然和人文"三位一体和"三茶"的发展理念，要发挥大省茶叶资源优势，优化资源配置，以省内名优茶区域公用品牌为背书，走"产品、产业、区域经济"三轮驱动和、二、三产融合发展之路。

（十一）适度规模，提质增效，绿色发展

近年来，河南茶产业坚持绿色生态创新发展，以打造区域特色优势产业为目标，加快种植加工、营销全产业链科技创新，培育壮大茶业龙头企业，打造豫茶知名品牌，拓展营销渠道，综合施策，协

同推进茶产业高质量发展。河南茶产业已由快速发展期，逐渐步入"适度规模、提质增效、绿色发展"阶段，以后几年，河南茶业应继续保持优质、高效发展之路，实现茶产业的可持续发展。

近三年，受疫情严重影响，河南省茶产业增产增收效果不明显，利润率稳定性较差，但整体而言，规模小、集中度低、生产水平低下，需要大量金融资本的进入，行业整合和产业升级十分必要。未来在行业规模、产品种类、生产技术、营销手段等方面，都会有大幅提升。否则，行业竞争中，产业链完善、产品丰富、品牌建设和销售渠道建设的企业，就没有机会做大做强，成为全国驰名的品牌。而重量不重质，盲目低层次扩张的企业，很可能在未来几年，会遭到产能过剩的重击。

综上所述，国家茶产业"十四五"发展规划已经出台，河南一定会抓住新一轮茶产业大好机遇，以市场为导向，以效益为中心，依靠茶叶科技。合理布局。充分发挥河南省茶业产业优势，优化产业结构，加快品牌培育，精耕我省茶市场，适销对路，抓住重点，持续稳步提高河南茶产业的整体形象与综合效益。推动河南茶产业向特色、优质、高效和可持续的方向发展。

（执笔人：洪克森）

2021湖北省茶叶行业发展报告

湖北省茶叶协会

2021年是湖北省茶叶产业进入"十四五"发展阶段的第一年,在这一年里,湖北茶产业经受住了全球疫情环境下的各种危机考验,在省委省政府及各级职能部门高度关心支持下,湖北茶产业还是克服了重重困难,在全面推进茶产业链建设,贯彻落实茶叶高质量发展理念,加速推动现代茶产业提档升级,全面提升鄂茶品牌市场影响力和竞争力,加快助力乡村振兴工作步伐,实现湖北茶产业"十四五"千亿产业发展目标打下了坚实基础,也为全面壮大湖北茶产业并跨入我国现代茶业强省行列的远景目标取得了良好开端。

一、2021年湖北茶产业发展基本情况

(一)产业基本情况

1. 面积稳中略增

2021年全省茶叶总面积553.6万亩,同比2020年的537.1万亩增长了16.5万亩,增长率为3.07%,茶园种植发展速度出现缓增。全省投产茶园面积为435万亩,同比上年的411万亩增长了24万亩,增长率为5.84%,全省无性系良种茶园面积368万亩,同比上年的351.5万亩增长了16.5万亩,增长率为4.7%,全省茶树良种覆盖率达66.5%,继续持平稳上升态势。

2. 产量小幅增加

2021年全省茶叶总产量37.3万吨,同比上年的36.1万吨增加了1.2万吨,增长率为3.32%,其中全省名优茶产量17.1万吨,占总产量的45.8%;全省春茶产量15.98万吨,占总产量的42.8%。

3. 产值增幅显著

2021年全省茶叶农业产值222亿元,同比2020年的194亿元增长了28亿元,增幅达14.4%,创历史新高。全省茶叶综合产值从2020年的670亿元上升到715亿元。其中全省名优茶农业产值165亿元,产值占比74.3%。全省春季干毛茶产值196.3亿元,较上年增加22亿元,增幅12.55%。

(二)产业优势特点

1. 优势茶区规模显现

2021年全省已有72个县、市、区300多个乡、镇种植生产茶叶,茶园面积达到10万亩以上的产茶

县、市、区已有20个，其中恩施市、鹤峰县、咸丰县、竹山县等产区茶叶面积都已超过和接近30万亩，茶叶产量过万吨的产茶县、市有11个，茶叶产值过10亿元的产茶县、市、区有12个，茶产业已带动着全省200多万茶农、近500万涉茶人员增收致富，为实现省委省政府"全域协同"战略部署目标和振兴山区农业经济作出了积极贡献。2021年被中茶协认定的全国重点产茶县14个，占全国重点产茶县总数量的14%，位居全国第一。目前全省累计已有18个县、市、区获评"全国重点产茶县"，另外还有一大批产茶县、市和茶叶乡、镇被中茶协、农业农村部和其他机构授予和认定为"中国名茶之乡""中国青、米砖茶之乡""中国绿色生态茶叶示范区""中国出口茶示范基地""湖北茶叶特色小镇"等荣誉称号。

目前全省"五大优势茶区"区域产业特色已逐步形成，即鄂西武陵山及宜昌三峡富硒茶、宜红茶和出口茶区；鄂东大别山名优绿茶和出口绿茶区；鄂西北秦巴山高香绿茶区；鄂南幕阜山青砖茶区；鄂中大洪山名优绿茶和出口绿茶区。

2．茶类资源丰富、产品结构趋向合理

湖北茶类丰富，品类齐全，涵盖了全部六大茶类产品，绿茶、黑茶、红茶产业板块优势突出，宜红茶、青砖茶、地方名优绿茶、出口系列茶等一直是湖北传统茶类主导产品。湖北茶类产品的丰富不仅表现在六大茶类都有生产，而且在茶类级别上、新产品延伸开发方面都有别于其他产茶省份，各种传统名优绿茶、名优红茶、名优黑茶、工艺白茶、抹茶、出口乌龙茶和特种茶等产品都有企业在不断开发生产并打造出了一批新品牌。

2021年湖北茶叶总产量37.3万吨，其中绿茶产量26.2万吨，占比达70.2%，绿茶仍是主导茶类且生产区域广，每年都保持有一定幅度上升；黑茶产量6.2万吨，占比16.6%，以湖北青砖茶为主，黑茶生产规模在继续扩大；红茶产量4.5万吨，占比12.1%，虽产区范围逐年扩大，但产量保持稳定；其他茶类合计0.4万吨，占总量的1.1%，包括青茶、白茶、黄茶以及代用茶类如来凤县藤茶、咸丰县老鹰茶、鹤峰县青钱柳茶、麻城市福白菊等（表1）。

表1　2017—2021年湖北分茶类产量

年份 \ 产量/万吨 \ 茶类	绿茶	红茶	黑茶	青茶	黄茶	白茶	合计
2017	21.6	3.6	5.2	0.22	0.02	0.79	31.4
2018	22.6	3.7	5.4	0.27	0.10	0.89	32.9
2019	24.8	3.6	6.4	0.20	0.03	0.26	35.3
2020	25.6	4.5	5.6	0.16	0.02	0.20	36.1
2021	26.2	4.5	6.2	0.14	0.06	0.20	37.3

3．产品质量水平不断提升

在国家市场监管总局发布的关于2021年食品安全监督抽检情况通报中，针对茶叶农残和卫生质量

安全所进行的市场抽样检测调查，湖北茶叶及相关制品合格率达到100%。2021年在一系列省内外茶叶质量评比推介活动方面，湖北省茶叶产品质量表现稳定。一是湖北传统历史茶类品牌建设和质量保障体系完善方面成绩显著。为确保湖北青砖茶质量安全稳定，促进湖北黑茶产业健康发展，2021年中国茶叶流通协会完成了《低氟青砖茶栽培技术规程》《低氟青砖茶加工技术规程》和《陈皮青砖茶加工技术规程》等6项关于我省青砖茶产区茶类产品的国家团体标准制定发布，同时湖北省黑茶产品质量检测中心也在2021年挂牌运营。二是湖北宜红茶持续受到广大消费者好评青睐，恩施玉露也蝉联湖北省开展的"最受消费者喜爱的湖北茶"评比活动的第一名，以上三大茶类优秀品牌也被推为外交部国礼用茶。三是省内多家品牌茶企在国内各项名优名品竞评活动中争金揽银，成绩显著。

4．区域共用品牌得到加强重视

为全面提升湖北茶叶品牌市场影响力和竞争力，在不断加强重视和保护全省优质企业品牌前提下，着力重点规划打造省、市（州）两级优势茶叶共用品牌，构建辐射区域广、地域特色鲜明，产品特点突出的区域共用品牌体系，政企联动，共同建设发展各地方具备区域优势的共用品牌，确立全省统一打造"五绿一红一黑"，即恩施玉露、宜昌毛尖、武当山茶、大别山云雾茶、襄阳高香茶、宜红茶、青砖茶七个省级区域共用品牌工作方向。强调在明确品牌管理权属前提下，制定好各共用品牌使用管理办法，各地方产区品牌管理机构和运营实施主体通过统一质量标准，统一包装标识，统一宣传方式，提升共用品牌实力，扩大市场影响力、市场占有率和产业拉动力。

5．内外市场并举开拓

2021年，湖北茶叶市场销售主要呈现以下特点：一是以内销为主，出口外销为补充的格局不变。内需拉动以及疫情影响更加剧了我省两大茶叶市场比重分化，在全省茶叶市场总量中，国内销售量为36万吨，占比达94%，国外出口销售量2.41万吨，占比仅为6%；二是近几年茶叶电商业务快速发展，三产融合方面的大范围投入，也激发了湖北茶叶国内市场占有率的快速攀升，新业态，电商，自媒体平台等销售网络快速兴起发展，促进茶叶销售增长幅度达到15%；三是作为传统销售根基的渠道市场和各级茶叶专业交易市场，茶叶年度交易量仍相对稳定，其线下交易总量几乎为全省茶叶销售总量的80%。四是我省茶叶出口贸易发展还具潜力，茶叶出口贸易工作引起高度重视。据海关统计，2021年我国茶叶出口36.94万吨，金额22.99亿美元，平均单价6230美元/吨，同比分别上升5.89%、12.82%、6.68%，出口量、额、价均创历史新高，湖北茶叶出口量、额排位均列全国第五位，虽然出口量和出口额双增，但相比湖北出口茶原料资源和生产投入实际情况，我省茶叶出口贸易在全国仍处于不发达水平，2021年全省茶叶出口2.41万吨，比上年增加了0.57万吨，增幅为31%，茶叶出口货值为2.17亿美元，比上年增加0.16亿美元，增幅为8%。目前全省共有48家出口资质茶企，大多数企业为出口生产经营型，其中有22家展开了对外贸易业务，"一带一路"倡议沿线国家和地区已成为湖北出口企业重点开拓的贸易对象。

表2　2017—2021年湖北省茶叶出口情况

年份	出口数量/万吨	出口货值/亿美元	出口单价/（美元/吨）
2017	1.77	1.44	8134.21
2018	1.65	1.68	10172.07
2019	2.16	2.61	12091.98
2020	1.84	2.01	10975.09
2021	2.41	2.17	9004.15

6．三产融合、三茶统筹助力乡村振兴

2021年，全省在三产融合工作基础上，各茶叶产区加大了三茶统筹实施推进力度。如恩施市，在推进全市三茶统筹工作中，充分利用当地茶文化资源和历史茶类文化背景，对过去相关的茶叶人文资料、茶文化教育、工艺传承、民俗民风等方面进行全面挖掘，组织展开影视资料拍摄，文献记录资料收集，形成专题成果进行项目申报，通过了省级茶叶非遗抢救性文化遗产项目申报审批工作，并已上报文旅部作为国家级茶叶非遗永久性抢救项目进行立项存档保护，在此工作基础上，进一步加大恩施玉露茶文化展示宣传，通过科技引领提升，标准体系建设，加大产品生产和市场开发，通过现代品牌运营手段，将"恩施玉露"打造成为全州共用品牌加以推介应用，"恩施玉露"已成为湖北省重点省级茶叶共用品牌，2021年，恩施市也被中茶协评选为"全国十大茶叶三茶统筹示范县"。除此之外，其他传统产区和相关茶类品牌也在这方面取得可喜成果，利用科技和文化双翼助力茶产业腾飞，为全面推进产业融合发展发挥了重要作用。

二、2021年湖北茶产业重点工作事件

（一）强化政策引导，提振产业发展信心

2021年，在全球新冠肺炎疫情影响和经济形势的大环境下，茶产业处在被困束状态，生产环节因素、流动资金情况、物流环节因素、线下消费渠道、出口外贸局势、物耗成本及通货膨胀等产业关键和关联因素都有很大变化，企业经营困难加剧。针对湖北省产茶县多为山区脱贫县的实际现状，各级领导和相关单位坚持强化政策引导，用足用活巩固拓展脱贫攻坚成果政策，集中力量实施精准帮扶。

一是抓好财政扶持。省财政每年安排5000万元专项资金予以奖补，对100多家茶叶龙头企业落实2%贴息贷款政策支持，还争取到国家茶叶产业集群项目落户湖北，由中央财政投入2亿元，带动各类配套资金3亿元，支持恩施州、宜昌市两地9个县、市的茶产业高质量发展。2021年，全省支持新建3个省级茶叶现代农业产业园，园区总数达16个。

二是抓好金融支持。印发下达《湖北省重点产业链金融链长制工作方案》，组织银行金融机构与茶产业链重点企业开展融资对接，强化政、银、企合作。省农发行为赤壁青砖茶产业链提供8.3亿元

融资支持，恩施州组织金融机构与508家茶企对接，提供茶叶生产信贷支持790笔，金额72451万元，将茶叶种植保险纳入财政奖补试点范围，由中央财政按照保费的30%给予奖补，省级财政按照保费比例给予奖补，提升了茶农种植管理信心。

三是抓好要素保障。在用地方面，对纳入省级重点建设计划的茶产业链项目用地计划，由省级统筹保障，在巩固拓展脱贫攻坚成果政策过渡期内，对脱贫县每年单列600亩产业发展用地计划指标，市、州每年至少安排5%的新增计划指标用于保障茶产业等乡村重点产业项目用地；在用能方面，对茶叶加工用电执行农业生产电价；在市场开拓方面，将脱贫地区的茶叶纳入"832平台"等消费帮扶平台，积极拓宽茶产品网络销售渠道。

（二）茶叶产业链专项工作有序推进

2021年3月，省委省政府出台了《关于培育壮大农业产业化龙头企业的意见》，将茶叶列入全省十大重点农业产业链。6月，省政府办公厅印发《培育壮大农业产业化龙头企业工作方案》。8月，省农业产业化工作联席会议办公室正式印发《湖北省茶叶产业链实施方案》并明确提出发展目标：到2025年全省茶产业综合产值达到1000亿元以上，其中第一产业240亿元、第二产业560亿元、第三产业210亿元；全省茶园面积稳定在560万亩，产量稳定在40万吨，重点打造"五绿一红一黑"七大省级重点品牌；年营收超30亿元的龙头企业一家以上，10亿～30亿元的龙头企业5家以上。11月，在武汉召开了全省茶产业链建设工作推进会，强调实施"六大工程"，奋力打造千亿茶产业。

（三）《湖北省促进茶产业发展条例》颁布实施

2021年1月22日，湖北省第十三届人民代表大会常务委员会第二十次会议表决通过《湖北省促进茶产业发展条例》。5月1日，该条例正式颁布实施。11月8日，经省人民政府同意，省农业农村厅印发《〈湖北省促进茶产业发展条例〉贯彻实施工作方案》，指导各地展开实施行动。

（四）国家茶产业集群建设项目落户湖北省武陵山茶区

2021年4月28日，湖北鄂西南武陵山茶产业集群入选农业农村部和财政部"优势特色产业集群建设名单"。项目聚集鄂西南武陵山茶区的恩施、宜昌2个市州9个县市200多万亩茶区的产业要素，瞄准短板，狠抓关键，科学规划布局，引领全省茶产业高质量发展。该项目由中央财政投入2亿元，撬动当地政府和社会资本投入配套6亿元，加快建设"三心四区五大工程"。全面构建湖北省西部现代茶叶产业体系，为促进区域茶产业高质量发展和乡村全面振兴提供了有力政策支撑和财政保障。

（五）湖北省茶叶学会完成换届工作并举办了"科创中国——湖北省茶学青年科学家论坛"活动

2021年9月23—24日，湖北省茶叶学会在武汉召开了第八次会员代表大会并顺利完成换届工作，省农科院果茶研究所高士伟研究员当选为新一届学会理事会会长及法人；本次会议还组织召开了"科创中国——湖北省茶学青年科学家论坛"专题活动，论坛以"科技引领 谱写新篇"为主题，推选了一批青年茶学精英学者作专题交流，并征集了一批茶叶领域优秀科技论文。

（六）各项茶业技能竞赛活动有序组织开展

9月23日，由中国茶叶学会、中国就业培训技术指导中心、农业农村部人力资源开发中心联合主办的第五届全国茶业职业技能大赛-茶叶加工（绿茶）竞赛总决赛在五峰县开赛。本次竞赛为国家级二类竞赛，共有19个省、市、自治区代表队的60名选手参加决赛，选拔出了一批职业技能过硬的制茶能手，促进了我国茶叶加工从业人员整体技能水平的提高，也为湖北省众多参赛选手提高茶叶加工竞技水平提供了宝贵的学习机会。10月20—22日，2021年湖北省工匠杯技能大赛第十一届茶业职业技能大赛在英山县举行，本次大赛共设立茶叶加工、茶叶审评和茶艺三项，全省有80多名选手参赛，大赛选拔出了职业技能精英，为储备全省茶叶技能人才发挥了赛事作用。另外，地方人事部门也频频举办各类茶叶专项赛事，如手工茶加工竞赛、机制茶加工竞赛、茶叶审评及茶艺竞赛等，通过以赛代训方式促进从业人员专业技能水平提升，推动加大基层人才储备。

（七）湖北茶品牌宣传提振在行动

4月12日，以"英雄的湖北：浴火重生，再创辉煌"为主题的湖北全球特别推介在外交部蓝厅举行。活动展示了以"一红（宜红茶）一黑（川字青砖茶）一绿（恩施玉露）"为代表的湖北特色历史茶类产品，受到外国驻华使者和国际茶人的关注赞赏。由湖北知识产权局、湖北广播电视台联合主办的"2021年我喜爱的湖北品牌"电视大赛中，"恩施玉露"以现场专家、媒体评为评分和场外网络投票"双第一"的成绩荣获金奖。此外，湖北省黑茶产品质量检测中心挂牌运营，赤壁羊楼洞茶博会展馆正式开馆，也提振湖北历史茶类市场品位。

（八）湖北茶文化融合发展再上新台阶

3月20日，"恩施玉露"被列为省级非遗抢救性项目进行专题拍摄，随后申报文旅部历史博物馆进行保存立项；6月10日，长盛川青砖茶制作技艺被列入第五批国家级非物质文化遗产代表性项目名录扩展项目第八类——传统技艺名单；10月15日，省知识产权局组织全省地标保护产品企业在恩施州进行了企业文化展示与产品推介专题活动，评选出了湖北省优秀地标茶类品牌方阵；4月13日，湖北省文旅厅为全省15家新晋4A级旅游景区授牌，茶圣故里园景区、龙王垭生态旅游区名列其中。

（九）湖北茶科技创新取得新突破

2021年湖北茶科技在应用基础研究、重大项目立项和科技成果奖励等方面取得了新突破。华中农业大学、湖北省农业科学院等单位的高水平茶叶专业论文持续产出；华中农业大学在国际合作基金、区域联合基金项目立项上取得突破；湖北省农业科学院果茶所主持的"宜红茶产业关键技术创新与应用"成果荣获省科技进步二等奖。

三、存在的主要问题

作为传统的茶叶大省，湖北茶产业整体水平亟待提升。其痛点还是缺乏茶行业大龙头引领，堵点在于产业链完整度缺失，难点主要体现在茶叶品牌实力薄弱，强链补链延链工作势在必行，但从全产业链环节分析，主要存在如下困难。

（一）品牌建设有待进一步加强

全省茶品牌整体实力亟待提升加强，湖北是茶叶品牌大省，但缺少能叫响国内外的知名大品牌，企业经营规模小且低质化和同质化现象严重，在区域公共品牌打造运营方面，品牌影响力、市场渗透力和占有力不强，缺乏地方大龙头支撑。一是湖北省品牌建设工作效力不够，缺乏强力措施手段对重点企业进行品牌培育扶持；二是在区域公共品牌建设方面，品牌资源开发缺乏精准定位，低值竞争和低值高配现象严重，难以充分体现和发挥品牌的综合价值；三是普遍存在重内轻外现象，缺乏让品牌走出省外，迈出国门，参与国际国内市场舞台竞争意识；四是传统历史茶品牌资源挖掘利用发挥不够，品牌保护大局观意识薄弱，品牌体系管理工作亟待加强。

（二）市场拓展力度不够

内销市场是拉动湖北茶叶经济增长的主动力，但在国内市场开拓方面明显不如福建、浙江、云南、湖南和安徽等茶叶省份，长期热衷于在湖北省境内竞争市场份额，缺乏"攻城略寨"开发省外市场的大气势，不仅如此，湖北省市场也倍受外省茶叶竞争挤压，这是湖北省品牌茶类在国内市场占有率低的主要原因；在销售热点方面，如新式茶饮产品与业态融合开发力度不够；在营销模式方面，湖北省企业还未充分适应和应对好当前营销热点环境模式，如电商开发、商超餐饮、茶旅融合、茶金融开发等方面还有很大空间可挖掘利用；在外销市场开拓上，缺乏自主机制导入，在产品市场开发、营销专业队伍建设方面存在差距，难以完全摆脱目前出口产品与国外市场的对外依附，原料输出和低附加值产品输出比重大。

（三）缺乏强力龙头企业拉动

全省各级茶叶龙头企业较多，但规模总体偏小，对地方产业发展难以形成合力推进，缺乏能够带动省级和地方茶产业发展的国内知名茶企，缺乏能消解各级茶产业链环节困难的集团运营模式体系，各经营实体普遍存在综合实力不强的短板，主要体现在产品结构固化、市场定位不准渠道狭窄、技术与管理理念创新不足等；在参与区域共用品牌建设方面，面对全省品牌现状，企业困惑多，积极性不强，也影响着一部分企业难以成为龙头标杆。发展壮大湖北省茶叶企业龙头和集团经营阵地已迫在眉睫。

（四）生产力要素结构性短缺问题

2021年湖北茶产业继续受困于疫情，虽然全省劳动用工方面有所改善，但劳动力短缺现象仍然严重，随着社会城镇化推进、农村劳动力减少且老龄化现象加剧、区域经济发展差异现状以及行业发展不平衡现状等加剧了各产区面临茶园面积和产能扩大所需劳动力的供给矛盾。另外在用工成本、生产成本等要素方面也存在制约，近几年来湖北省茶园管理、茶叶采摘、加工等用工成本每年上涨。肥料、农药、能源、包装、运输等茶叶生产资料成本也在增加，茶叶生产和销售费用高居不下，产业环节利润空间被严重挤兑。

（五）产业政策与产业投入有待改善

随着《湖北省促进茶产业发展条例》颁布实施以及省茶产业链工作运行机制建立，茶产业各专项工作得到重视，相继出台了一系列促进发展的各项政策，但在政策发放与实施工作中，政策适效性和精准度有待提高，主要体现在支持力度和规模不大、重点不够突出、监管督导不强等。要端正和引导茶叶经营企业"在生产中求质量，从市场上要效益"的经营意识，让广大茶叶经营者享受用足用活用准各项政策后的红利，规避减少因为产业政策调控而弱化产业链重要环节作用现象发生，充分调动广大茶农和企业对茶产业投入信心，让外资本更有投资建设茶产业的积极性。

（六）茶科技推广应用有待加强

茶科技是茶产业第一生产要素，随着全省茶产业不断发展，科技力量作用尤为重要，但全省所面临基层科技人才匮乏、从业人员专业技术水平低下，科技技术应用推广力度不够，科技成果转化效率低等现象还普遍存在，导致湖北省茶产业提档升级推进缓慢，不易消除或减缓供给侧与需求侧矛盾加剧的局面，也难改观当前产业管理粗放，产业低附加值运行，品牌段位不高等现象。

（七）宣传力度不够

与外省相比，鄂茶品牌宣传力度明显不够，缺乏专项政策资金进驻央视等媒体平台开展品牌广告宣传，缺乏高水平专业机构运营策划，品牌市场营销团队实力薄弱，在北京、上海及其他省份茶叶消费市场，湖北茶品牌出镜率低等。亟待品牌驱动来构建全省茶产业高质量发展体系，以传统品牌、区域公用品牌和知名企业品牌来支撑品牌市场发展，加强茶叶科技和文化双引擎作用提升鄂茶品牌实力。

四、建议与措施

（一）科学合理制定茶产业发展行动方案纲要

根据全省茶产业链工作要求及《湖北茶产业十四五发展规划建议（2021—2025）》内容，及时出台围绕产业发展的各项行动纲要，客观制定近阶段茶产业发展工作内容，包括产业发展目标方向、重点工作及实施方案措施等。坚持政府引导、企业参与、市场主导的发展模式，坚持"走出去、请进来"改革开放思路，坚持生态优先绿色发展理念，稳固提升我省传统历史茶类优势，合理开发新产品，积极开拓新市场，进一步加大三茶统筹工作力度，大力培育国家级、省级、地市级茶叶龙头企业，鼓励支持组建省级和地方等大型茶叶集团综合运营体，让更多更有实力的茶叶经营者来挑起振兴湖北茶品牌的重任。

（二）进一步加强品牌宣传力度

要充分珍惜湖北历史茶文化资源，在做好资源开发宣传工作前提下，加大湖北茶品牌市场推介力度。一是积极组织茶企抱团参加国际国内重大茶事活动；二是瞄准目标市场，积极开展品牌推介活动，重拳出击国内外重点茶叶消费城市；三是开展品牌造势宣传，加大对湖北优质产品品牌广告投入，树立鄂茶品牌新形象，提高鄂茶市场美誉度，让湖北茶品牌名扬全球。

（三）进一步夯实产业基础

在产业基础建设方面要以高质量发展为目标，加强茶叶优势区域巩固，加快低效茶园建设改造，加大绿色生态茶园保护，通过有效推进全域绿色工程，全面提升鄂茶产品质量安全。在加工环节，坚持按照清洁化、标准化、多元化、差异化的要求，及时淘汰一些低产能、低附加值、高能耗企业生产线，兴建一批多功能产业园集群，促进产业升级提效。在市场建设方面，鼓励支持企业走出去参与市场竞争，对积极参与电商平台建设和进军省外、国外市场专卖经营实体给予支持奖励。在标准体系建设方面，对立标和推标机构单位给予专项支持。

（四）加快三产融合、三茶统筹工作步伐

要进一步强化茶文化、茶科技支撑作用。通过文化渗透提升鄂茶品牌内涵，扩大消费群体，让能懂湖北茶、爱湖北茶、会讲湖北茶的从业人员和消费者群体越来越壮大。在科技工作方面，要补强我省茶叶科技人才队伍实力短板，通过政策调控，加大专业人才引进力度，保持与发达地区相关科研机构和岗位科学家交流合作。其次是要充分依靠我省科技力量，发挥调动各专业院校和科研机构优势，深入产业环节展开科技攻关，加大产、学、研科创项目实施推进力度，促进科研成果转换，让湖北茶科技更有驱动力。要进一步加强对茶叶种植、加工、审评、营销、茶艺等专业方面的人才培养，全面增强我省基层科技人才实力。鼓励支持企业展开科技创新和争取科技帮扶，通过科技渗透、专家服务、人才培养等方式，提高企业科创和人才储备积极性，为推进湖北省茶产业融合发展打下坚实基础。

（五）加强政策引导，加大产业扶持

各级政府要进一步加强对茶产业的扶持。要把发展茶产业与促进农民增收、乡村振兴、生态保护

等多项民生工作结合展开,及时解决茶产业发展过程中的困难问题,维系和引导茶企牢固树立可持续性发展理念,共同营造好湖北茶产业经营大环境,通过政策智导和督导,在环境治理、农业补贴、资金流转、市场开发、品牌宣传、科技培训、质量安全等重点环节给予专项支持;加大对龙头企业扶植培育力度,全面提高我省茶企及从业人员的诚信意识、挑战意识、创新精神与社会责任担当;在茶叶品牌与市场经营体系建设工作中,要充分重视发挥各行业组织作用,让其能更好地为产业发展出谋划策,担任好服务、协调、组织、沟通的工作角色,为新时期湖北茶产业高质量发展做出更大贡献。

(执笔人:孙冰)

2021湖南省茶叶行业发展报告

湖南省茶叶种植业专家指导组

一、产业发展现状

（一）产业政策与发展环境

1. 产业政策

2016年11月农业部下发《抓住机遇做强茶产业的意见》，提出"一稳定、两翻番、三提高"的发展目标，即到2020年茶园面积稳定在4200万亩左右，茶叶总产值和出口额翻番；提高茶叶质量效益、提高茶产业竞争力、提高茶产业持续发展能力。加快建设一批标准化的茶叶生产基地，培育一批国际化茶叶集团，创出一批有全球竞争力的茶叶品牌。到2020年，培育5个销售额超50亿元的茶叶集团、20个销售额超20亿元的茶叶集团，通过10多年努力，培育1~2个具有国际影响力和品牌知名度的超大茶叶集团。同时，打造一批国内外有影响力的茶叶知名品牌。

为推动茶产业稳步发展，2020年4月农业农村部种植业司下发《关于促进贫困地区茶产业稳定发展的指导意见》指出，茶叶主产区贫困茶农家庭收入的70%以上来自茶叶，为促进贫困地区茶产业高质量发展，提出科学规划、突出特色、绿色发展三项原则。中国茶叶流通协会还编制了《中国茶产业"十四五"发展规划建议（2021—2025）》。

农业农村部、国家市场监管总局、中华全国供销合作总社2021年9月联合发布《关于促进茶产业健康发展的指导意见》提出，到2025年，茶园面积稳定在现有水平（2021年全国茶园面积已达4825万亩），茶产业科技贡献率达65%；干毛茶总产值达到3500亿元，茶叶出口额达到25亿美元，培育若干个年销售额超20亿元的大型现代茶产业企业集团；茶科技水平大幅提升，茶文化大力弘扬，一、二、三产业深度融合，茶产业高质量发展格局基本形成。

近年来，湖南省委省政府坚持"政府引导、市场主导、企业主体、协会平台"的原则，相继出台一系列加快茶产业发展的政策文件，制定并完善了茶产业的发展规划。湖南省人民政府于2013年下发了《关于全面推进茶叶产业提质升级的意见》（湘政发〔2013〕26号）、2014年出台了《湖南省茶叶产业发展规划》（湘政办发〔2014〕6号），省财政专门下发了《关于支持我省茶叶产业发展的意见》（湘财农〔2014〕59号），湖南省发展和改革委员会和湖南省农业委员会2015年联合出台了《关于加快大湘西地区茶叶公共品牌建设的实施方案》（湘发改西开〔2015〕803号），此外，省供销社、省农业农村厅、省乡村振兴局、省商检局、省科技厅、省商务厅等省直部门也从不同层面、不同角度制定了相关支持措施。

2018年，省委1号文件提出"重点发展油茶、茶叶等7个千亿产业"的意见，省政府湘政办发〔2018〕3号进一步作了"重点支持资源整合打造湖南红茶品牌"的决策部署。

2019年7月，以中共湖南省委农村工作领导小组的名义下发了《关于打造农业优势特色千亿产业、促进乡村振兴的意见》，提出了打造茶叶千亿产业的目标。

2020年12月，湖南省农业农村厅关于印发《湖南省千亿茶叶产业高质量发展规划（2020—2025年）和三年行动方案（2020—2022年）》的通知，到2025年，要实现茶园300万亩，产茶45万吨，出口6万吨，综合产值1500亿元。规划期内重点项目建设拟投资388亿元，其中品牌文化引领工程项目138亿元，市场营销工程投入29亿元，龙头企业培育工程投入11亿元，装备升级工程投入32亿元，高效茶园建设工程投入163亿元，质量安全管控工程投入2亿元，科技创新工程投入9亿元，人才培训工程投入4亿元。

2021年，中共湖南省委、湖南省人民政府《关于全面推进乡村振兴加快农业农村现代化的实施意见》（湘发〔2021〕1号），省委办公厅、省政府办公厅印发《关于持续推进"六大强农"行动促进乡村产业兴旺的实施意见》，大力发展精细农业，深入推进"品牌、特色、融合、科技、人才、开放""六大强农行动"，全面推进乡村产业振兴、人才振兴、文化振兴、生态振兴、组织振兴，加快农业农村现代化。正在推进省人大出台《湖南省茶产业发展条例》。

围绕湘茶优势特色、区域特点，湖南省茶业行业在省委省政府和涉茶部门的领导和支持下，进一步优化茶类结构，促进"绿、红、黑、黄、白"五大茶类协调发展，浓墨重彩描绘"三湘四水五彩茶"蓝图，聚力重点打造"潇湘绿茶""湖南红茶""安化黑茶""岳阳黄茶""桑植白茶"五大省域公用品牌，构建千亿湘茶产业的支撑极，通过品牌效应，全面提升湖南茶产业整体实力与综合效益，极大地加快了建设千亿茶产业的步伐。

全省14个市（州）和102个产茶县（市、区）政府都出台了相应的"十四五"规划和配套产业政策。6家国家重点龙头企业、67家省级龙头企业、300余家市州级龙头企业和3000多家规模企业发展良好，茶园提质改造、加工自动化升级、品牌与市场建设、人才与科技文化建设投资需求强劲。据测算，2021年，中央和省级财政投入资金2亿多元，引导市县财政投入10亿多元，带动金融等社会资本投入30亿元以上，总共投入42亿元以上发展茶叶产业。

2．发展环境

（1）国际贸易环境　我国加入WTO以后，关税壁垒得以消除，出口贸易的阻力及贸易成本降低，为我国茶产业参与国际竞争创造了良好条件，对扩大我国茶叶出口创造了良好的环境。我国作为发展中国家，茶叶生产属于劳动密集型产业，这使我国茶叶在国际市场中有较强的竞争力。我国茶叶品类丰富，品质独特，国际市场绿茶、花果茶等销售比例提高，国际茶叶消费需求持续稳定增长，肯尼亚、斯里兰卡、印度等产茶国均以生产红茶为主，我国则是以生产绿茶为主，国际茶叶市场上绿茶销售价格一直高于红茶，我国在绿茶生产方面优势明显，为我国加大茶叶出口创造了良好发展机遇。但随着国际市场，特别是欧盟国家茶叶进口质量标准不断提高，非关税壁垒（绿色壁垒）对我国茶叶出口增长带来较大挑战。

党的十八大以来，中国成为世界第二大经济体，"一带一路"倡议影响广泛，中国茶文化越来越受世界人民喜爱，为中国绿茶、中国名优特种茶走向世界提供了更多机遇。

2020年，新冠疫情危机，全球经济、贸易显著衰退。产业链、价值链加速重组，数字经济成为复苏新动能，全球茶叶贸易量较上年减少3.7%。中国茶叶出口呈现有升有降态势，出口量减少4.84%，出口金额增长0.91%，出口均价上升6.04%。

（2）国内茶叶经济环境　我国进入经济发展新常态，新型工业化、信息化、城镇化、农业现代化成为经济发展新的增长点。国家有力推进供给侧结构性改革和扩大消费升级等一系列政策措施，推动居民消费转型升级。扩大内需将成为推动经济增长的主要引擎，高质量茶产品的消费将会持续增长。茶叶产业作为现代农业的重要组成部分、新农村建设特色支柱产业和乡村振兴重要富民产业，在国家方针政策的指引下，步入新的发展阶段。各级地方政府继续高度重视和支持当地茶产业的发展，通过制定发展战略规划，确立发展目标和思路，配套政策推进措施，推动茶叶产业的稳步发展。

2021年，中国茶业经济环境主要有"乡村振兴、健康中国、消费分级"三大特征。乡村振兴对茶产业支持的力度较脱贫攻坚更大；新冠疫情激发了全民健康的社会环境，"茶是最好的中药，水是最好的药"日渐深入人心，成为共识；2.6亿60岁以上人群的口粮茶和4亿多中产阶级的品质茶是消费分级的主流，90后、00后则以新式茶饮消费为主，高端礼品茶也有一定的消费群体。

中国茶业商学院总结2021年度六大关键词为品牌两极化、品饮便捷化、赛道多样化、渠道立体化、流量私域化和资本不喝茶。品牌两极化。2021年，全球疫情二轮暴发，中国传统茶企两大亮点：一是头部品牌效应突显；二是个性小微茶企增多，疫情成为头部效应的加速器和放大器。品饮便捷化。传统的泡茶和喝茶方式受到时间、场地和器具的三重限制，技术上挡住了茶的小白级消费者，便捷性上不适应现代生活的快节奏和多场景。寻求既能保留原叶茶的魅力，又能让喝茶简单化、便捷化的方式，最好是变成万能泡，不太讲究器具，不太需要技巧，不太受场地限制。如普洱茶的非紧压沱茶、安化黑茶的轻压茶、福鼎白茶的mini紧压茶，可以杯泡或闷泡；还有适合杯泡的红茶、武夷岩茶、黄茶、原叶袋泡茶。赛道多样化。大产业小企业，大品类小品牌是中国茶的现状。名优茶的地域性要素，限制了垂直品牌的规模天花板；碎片化的供应链又造成了茶企的规模不经济；去地域化的标准化大单品战略还在路上，整合供应链和教育消费者都需要时间。解决之道：第一，做品类加法。针对不同的细分市场推出不同的品类品牌，形成更广阔的市场覆盖，集合成品牌簇群。标杆企业是竹叶青，绿茶品牌有论道和竹叶青，花茶品牌是碧潭飘雪，红茶品牌是万紫千红。第二，创造物种，一老一新两条腿走路。包括各种速溶茶和新式茶饮，代表企业有大益、八马、正山堂、湘茶集团等。渠道立体化。艾媒咨询研究表明：2021年中国消费者选购茶叶的三大渠道分别是电商（56.0%）、专卖店（55.0%）和商超（48.6%）。短视频直播带货也成为茶企常态化的销售通路。2021年，平台电商已基本普及，各行业、各系统的垂直平台电商也在深度开发；社交电商如拼多多，参与者众多；短视频和直播卖茶全面发力。线下渠道已基本覆盖专卖店、茶城、店中店、店中专柜、特产店、旅游渠道等。跨界渠道和创新渠道的探索业绩不俗。但渠道与产品密切相关，脱离产品开发渠道，必定得不偿失。流量私域化。移动互联网时代，流量红利消失，众媒兴起。通过内容智造，形成知识体系，通过分发与再创造，就能从公域（internet）流量、它域（平台、媒体渠道、合作伙伴等）流量引流到自己私域（自媒体体系），聚集成自己的流量池，形成品牌的闭环，关键是这个流量池有黏性、能共情、让消费自然发生，还能锁定用户终身，价值巨大，成为中国企业共同奋进的方向。茶私域流量基因与生俱来，品类物种多元，亚文化多姿多彩，工艺复杂有故事，消费场景丰富有内涵，链接与触达能力十分强大，私域流量前景光明。资本不喝茶。几万家茶企，只有天福茗茶（06868，HK）在港交所主板上市。2021年中茶集团、八马茶业、澜沧古茶三家企业向A股冲锋。澜沧古茶临阵撤退；八马先是9月份"中止"，12月份恢复审核；中茶集团还在上市路上潜行。而新茶饮动辄数亿元的融资。茶企上市，一方面对于资本市场的规则与核心要求缺乏了解；另一方面，茶企的商业模式、持续增长并持续盈利的商业逻辑不清晰。

（二）产业规模

湖南茶园面积近十年来在持续缓增，近五年来，茶园面积在全国产茶省份中排名在第8位，2020年茶园面积在全国排位也是如此（表1），2020年全省茶园面积发展到188.5万公顷，茶叶产量25.01万吨，与2010年比，十年间面积增长91.6%，年均增长6.7%，产量增长112.5%，年均增长7.8%（表2）。

表1 2020年各产茶省（自治区、直辖市）茶叶面积、产量、产值全国排名

省（自治区、直辖市）	面积/万亩	面积排名	产量/万吨	产量排名	毛茶产值/亿元	毛茶产值排名
云南	740.2	1	46.32	1	164.5	7
贵州	714.6	2	21.10	6	181.1	5
四川	594.6	3	34.42	4	200.1	3
湖北	537.6	4	36.08	3	198.5	4
福建	335.9	5	46.14	2	223.7	2
浙江	309.9	6	17.72	7	172.3	6
安徽	292.1	7	12.86	8	71.1	10
湖南	278.7	8	25.01	5	153.4	8
陕西	229.1	9	8.70	10	68.3	11
江西	169.8	10	7.16	12	18.0	16
河南	169.5	11	7.10	13	269.9	1
广西	137.0	12	8.84	11	40.2	12
广东	117.3	13	12.82	9	102.9	9
重庆	78.2	14	4.81	14	19.2	15
江苏	51.3	15	1.12	16	39.7	13
山东	40.8	16	2.59	15	31.7	14

资料来源：《2021中国农村统计年鉴》

表2 2010—2020年湖南茶园面积与茶叶产量

年份	茶园面积/千公顷	采摘面积/千公顷	茶叶产量/万吨
2010	9.696	7.959	11.77
2011	10.245	8.328	13.28
2012	10.882	8.679	13.53
2013	11.546	9.105	14.60
2014	12.747	9.839	16.18
2015	13.122	10.327	17.57
2016	13.872	11.037	18.60
2017	15.582	11.409	19.71
2018	16.500	12.234	21.47
2019	17.490	13.130	23.35
2020	18.580	13.600	25.01
2020年与2010年相比增幅/%	9.16	7.09	112.5
平均年递增/%	6.7	5.5	7.8

资料来源：2010—2021《湖南农村统计年鉴》

（三）优势区域布局

湖南是全国著名的茶叶产区，自古名茶荟萃，素有"江南茶乡"之称。湖南气候条件独特，生态优良，是全国茶叶优势区域规划中的名优绿茶和出口绿茶优势区域，是全国著名的"绿茶优势产业带""黑茶产业中心"和"中国黄茶之乡"。

根据《湖南省茶叶产业发展规划（2013—2020年）》（湘政办发〔2014〕6号），规划建设U型优质绿茶带、雪峰山脉优质黑茶带、环洞庭湖优质黄茶带和湘南优质红茶带4个优势产业带（涉及46个县市区），见表3、表4。全省形成了绿茶、黑茶、红茶、黄茶、白茶、花茶等多茶类产业结构。

表3 2020年湖南茶叶主产县（市、区）茶园面积及茶叶产量

县（市、区）	年末茶园面积/千公顷	当年采摘面积/千公顷	当年茶叶产量/吨
长沙县	6.95	6.23	36510
宁乡市	3.38	3.02	4545
常宁市	3.32	2.07	2108
邵东县	0.45	0.31	430
隆回县	0.34	0.25	254
洞口县	2.24	1.71	4254
城步县	0.16	0.10	168
武冈市	1.20	1.12	848
岳阳县	2.13	1.53	1336
华容县	0.22	0.17	825

续表

县（市、区）	年末茶园面积/千公顷	当年采摘面积/千公顷	当年茶叶产量/吨
湘阴县	3.90	2.97	2737
平江县	4.47	2.54	3597
汨罗市	0.81	0.66	2954
临湘市	3.18	2.36	4726
汉寿县	0.74	0.70	1308
澧县	1.54	0.75	423
桃源县	7.76	6.56	10199
石门县	8.49	7.10	16021
慈利县	1.48	1.29	2329
桑植县	2.91	1.99	1144
资阳区	1.39	1.18	1958
赫山区	2.95	2.77	3955
桃江县	5.40	4.84	16503
安化县	24.07	20.10	77586
桂阳县	0.43	0.41	271
宜章县	2.35	1.54	1270
汝城县	1.61	1.20	439
桂东县	7.32	5.54	3214
安仁县	0.21	0.21	555
资兴市	2.43	1.47	2047
零陵区	0.53	0.53	814
祁阳县	0.64	0.31	295
双牌县	0.07	0.05	70
宁远县	1.05	0.23	383
新田县	0.12	0.12	169
江华自治县	0.62	0.55	762
沅陵县	9.72	6.90	9626
溆浦县	2.26	1.37	1029
会同县	1.88	1.23	697
双峰县	1.62	1.54	1585
新化县	3.77	2.66	3683
涟源市	1.10	0.95	1451
吉首市	6.35	4.65	1500
保靖县	8.40	5.63	1070
古丈县	10.67	8.33	7460
永顺县	2.09	1.33	496
合计	154.72	119.07	235604

资料来源：《2021湖南农村统计年鉴》

表4 2020年各市（自治州）茶园面积及茶叶产量

市（自治州）	茶园面积/千公顷	采摘面积/千公顷	茶叶产量/吨	主产茶类
长沙市	14.61	12.88	43690	绿茶
株洲市	3.45	2.69	2553	绿茶、红茶
湘潭市	3.99	3.61	2231	绿茶
衡阳市	5.80	3.78	4224	绿茶、红茶
邵阳市	5.68	4.02	6275	绿茶、红茶
岳阳市	15.47	10.82	16741	黄茶、绿茶
常德市	19.15	15.49	28443	绿茶、红茶
张家界市	5.96	4.56	4188	绿茶、白茶
益阳市	33.88	28.96	100190	黑茶、红茶
郴州市	14.89	10.83	8587	红茶、绿茶
永州市	5.31	3.29	3103	红茶、绿茶
怀化市	17.19	9.08	11791	绿茶
娄底市	7.19	5.65	7477	红茶、绿茶
湘西自治州	33.21	20.37	10589	绿茶、红茶
合计	185.78	136.03	250082	

资料来源：《2021湖南农村统计年鉴》

1. U型优质绿茶带

该区域是湖南省名优绿茶的传统优势产区，也是湖南省出口茶优质原料基地，包括武陵山脉、南岭山脉、罗霄山脉以及长岳山丘区，共34个县（市、区）。该区域山地面积较大，生态环境优异，茶树种质资源丰富，茶叶品质佳，有保靖黄金茶、古丈毛尖、石门银峰、碣滩茶等名茶。2020年该区域茶园面积109.74万亩，产量9.22万吨。

该区域包括石门、慈利、澧县、桑植、永顺、保靖、吉首、古丈、沅陵、洞口、会同、资兴、桂东、炎陵、茶陵、攸县、南岳、衡山、常宁、双峰、隆回、株洲、宁乡、浏阳、长沙等县（市、区）。

2. 雪峰山脉优质黑茶带

该区域是湖南省黑茶产业中心，我国边销茶的重要产区。包括雪峰山脉和湘北部分地区，含安化、桃江、赫山、资阳、新化、桃源、临湘7个县（市、区）。该区域气候宜茶，产品优势明显，其中安化千两茶、益阳茯砖茶的加工工艺已列入国家非物质文化遗产保护。"安化黑茶"列入我国最具品牌传播力、品牌发展力的三大品牌之一，安化县居中国生态产茶县百强之首。

3. 环洞庭湖优质黄茶带

该区域是湖南省黄茶主产区，是全国黄茶生产、加工和研发中心，有"中国黄茶之乡"之称，包括环洞庭湖的5个县市区：湘阴、汨罗、平江、岳阳、君山。君山银针是久负盛名的中国十大名茶之一，2010年"君山"牌君山银针被评为中国黄茶标志性品牌。

4.湘南优质红茶带

该区域产茶历史悠久,在20世纪80年代后期,是湖南省红碎茶生产的重要产区,包括湘南的5个县。该区域属于中亚热带南缘,光热条件好,有江华苦茶、汝城白毛茶等优良大叶种茶树资源,制红茶品质优,具"花蜜香、甘鲜味"的湖南红茶品质特征。该区域包括江华、蓝山、宜章、汝城、桂东、资兴等县(市)。

(四)产业结构优化

湖南属于中亚热带季风湿润气候,一年四季分明,独特的气候造就了丰富的茶树种质资源,奠定了生产多茶类的物质基础。目前湖南省已基本形成了绿茶为主的"五彩湘茶"产业发展格局,绿茶产业包括潇湘绿茶、黄金茶、古丈毛尖、石门银峰、碣滩茶、桂东玲珑茶等;安化黑茶以安化县为中心;岳阳黄茶以岳阳市的君山区、岳阳县、平江县为主;湖南红茶以新化、桃源、石门、古丈、安化及湘南地区为主;桑植白茶以桑植县为中心。近年,长沙绿茶以长沙、宁乡、望城为主和南岳云雾绿茶以南岳、衡山、衡南、常宁为主也在迅速发展。

据《2021湖南农村统计年鉴》,2020年湖南茶叶总产量为25万吨,绿茶产量11.45万吨,占总产量的45.8%;黑茶产量10.26万吨,占总产量的41%;红茶产量2.44万吨,占总产量的9.8%。绿茶、黑茶、红茶三类茶占到茶叶总产量的96.6%。黄茶为771吨,占总产的0.31%;白茶为1157吨,占总产的0.46%。近两年黄茶、白茶产量增长最快,但这两个茶类产量基数较小,有待进一步发展。

据湖南省茶业协会统计,2020年湖南茶产业综合产值966亿元,较2019年增长6.2%。其中农业产值216亿元、二产加工业产值405亿元、三产销售及服务业产值345亿元,一、二、三产业结构进一步优化。在五大主产茶类中,绿茶综合产值466亿元、黑茶综合产值258亿元、红茶综合产值202亿元、黄茶综合产值32亿元、白茶综合产值达8亿元。2020年湖南省茶叶亩产量为90公斤,位居全国第二位,亩产农业产值6710元,排名全国第二位(表5)。

表5 2019—2020年湖南分茶类产量情况

项目	2019年	2020年	增减绝对值	增幅/%
茶园总面积/千公顷	174.88	185.77	10.89	6.2
其中:开采面积	131.28	136.04	4.76	3.6
干茶总产量/吨	233450	250080	16630	7.1
绿茶产量/吨	104398	114516	10118	9.7
红茶产量/吨	23512	24422	910	3.9
乌龙茶产量/吨	2565	888	1677	-65.4
黑茶产量/吨	95690	102647	6957	7.3
白茶产量/吨	932	1157	225	24.1
黄茶产量/吨	743	771	28	3.8
其他产量/吨	5610	5679	69	1.2

资料来源:《2021湖南农村统计年鉴》

（五）品牌建设与发展

1. 区域公用品牌

在省委省政府"品牌强农"政策的推动下，以"潇湘绿茶、湖南红茶、安化黑茶、岳阳黄茶、桑植白茶"五大区域公用品牌为统领，形成了"三湘四水五彩茶香"竞相发展的格局。在农业农村部的关心支持下，2021年湖南省启动了以新化县、安化县、石门县、桃源县、沅陵县、古丈县、保靖县、桑植县8个主产县为主体"五彩湘茶"优势特色产业集群建设，着力推动全省茶产业提质增效、提档升级。

"潇湘绿茶"品牌通过"统一产业布局、统一品牌标志、统一准入机制、统一质量标准、统一市场形象"，全力打造以"生态、安全、有机、优质"为内涵的"潇湘"茶公用品牌。重点实施了"一三七"工程，即打造一个品牌——"潇湘"茶公用品牌；通过实施标准化基地建设、标准化生产提升、品牌战略营销三大计划；强化组织协调、运行机制、质量标准、产业布局、安全监管、资金扶持、人才技术七项保障，"潇湘"茶品牌建设成效显著。据"2021中国茶叶区域公用品牌价值评估"评估报告"潇湘"茶评估品牌价值为67.83亿元人民币，在全国茶叶区域公用品牌中位居第四。2021年8月湖南省发展和改革委员会、湖南省市场监督管理局联合印发了《湖南省茶叶公用品牌建设实施方案（2021—2025）》（湘发改西开〔2021〕635号）。提出通过品牌体系建设工程、评价体系建设工程、品牌传播营销工程、品牌基础夯实工程、品牌质量保障工程、品牌产品创新工程六大工程，实现湖南茶产业高质量、可持续发展。据湖南省茶业协会统计，2021年全省绿茶产量12.76万吨，实现综合产值达500亿元。

"湖南红茶"品牌是省委省政府2018年确定的省级区域茶叶公用品牌，经过4年来的建设、培育、指导，已分四批次审核批准130家授牌企业。红茶产区涵盖14个市州、78个县市区。其中加工销售红茶2000万元以上的企业35家。省农业农村厅、省茶叶研究所、省茶叶学会、省红茶产业发展促进会多次举办湖南红茶高质量发展技术培训班、茶叶职业技能竞赛、工作交流会，确立了14家授牌企业为首批"质量溯源建设示范企业"，并在省红茶产业发展促进会建立了"湖南红茶质量追溯可视化中心"。建立了"湖南红茶微商城"，对接了央视购物、人民货仓及湘报优选等平台，在5.21国际茶日、2021湖南茶博会、挑担茶叶上北京等活动期间组织展示展销和带货直播。注重品牌文化建设，开展"湖南红茶"歌词、曲谱征集活动，组织歌曲演唱者选拔终决赛暨"湖南红茶"之歌演唱会，历时一年有余，确定了"湖南红茶"主题歌。据湖南省茶业协会统计，2021年全省红茶产量突破7万吨，综合产值达到223亿元。

安化黑茶产业聚焦内涵式发展，推进产业融合、资源整合，推进安化黑茶产业高质量发展。现有茶业企业200余家，其中规模以上企业63家。据湖南省茶业协会统计，2021年黑茶产量达9.64万吨、产值54.62亿元，综合产值230亿元。安化县先后荣获国家知识产权强县工程示范县、"三茶统筹"先行十强县、中国茶叶百强县、全国黑茶知名品牌创建示范区和中国特色农产品优势区，安化黑茶成功获批海关出口HS编码，成为全国首批、全省唯一中欧互认地理标志保护产品。刘仲华院士工作站在正式挂牌安化县，开展了降氟课题研究，成功举办了第五届湖南·安化黑茶文化节，刘仲华院士首发《解开安化黑茶健康的化学密码》专著，从科学的角度解析安化黑茶保健功能及其化学基础，开启安化黑茶科学发展的新征程。

岳阳黄茶持续升温，呈现出产销两旺、量价齐升的喜人势头。现有君山银针、岳阳黄芽、岳阳黄叶、紧压黄茶四大黄茶品类，君山和巴陵春黄茶产业园、岳阳茶博城等项目相继竣工投产，茶韵小镇、黄茶小镇等一批"岳阳黄茶主题公园"初具规模，岳阳黄茶"产、加、研、销"链条初步形成。据最新统计数据，2021年黄茶产量9106吨，新增黄茶436吨，实现综合产值近35亿元。岳阳黄茶获评2021湖南茶叶乡村振兴"十大领跑品牌"。

桑植白茶，异军突起，多次举办了桑植白茶品牌推介会等宣传推介活动，同时，桑植白茶在中央电视台全频道、张家界电视台、桑植县电视台滚动播出宣传片，不断扩大"桑植白茶"品牌影响力。通过白茶产业集群项目建设，加大了标准化生产基地、种苗圃基地、精深加工、茶旅融合、品牌宣传等方面的建设力度，成效显著提升，现有茶园面积7.9万亩，产量1800吨，产值达6.37亿元，实现综合产值13亿元。

"长沙绿茶""南岳云雾""邵阳红""茶祖红""常德红茶""新化红茶""桃源红茶""桂东玲珑茶""东江湖茶""江华苦茶""临湘黑茶""城步峒茶""汝城白毛茶"等市（自治州）和县级区域公用品牌建设成效突出（表6），安化黑茶、君山银针、桑植白茶、古丈毛尖、保靖黄金茶、沅陵碣滩茶获评湖南省"一县一特"农产品优秀品牌。

表6　2021年湖南省产茶市（自治州）、县（市、区）茶叶区域公用品牌建设情况

市（自治州）、县（市、区）	品牌名称	品牌价值	品牌建设年投入	品牌管理部门
长沙市	长沙绿茶	100亿元	500万元	长沙市农业农村局
衡阳市	南岳云雾	未评估	2000万元	衡阳市农业农村局
常德市	常德红茶	未评估	900万元	常德市茶业协会
桃源县	桃源大叶茶	11.45亿元	320万元	桃源县茶叶产业协会
桃源县	桃源野茶王	9.39亿元	140万元	县市场监管局
桃源县	桃源红茶	评估中	840万元	桃源县经济作物站
石门县	石门银峰	18.01亿元	230万元	石门县茶叶产业协会
株洲市	茶陵茶祖红	100万元	300万元	—
株洲市	炎陵神农福	100万元	300万元	—
茶陵县	茶陵红茶	1亿元	500万元	茶陵县茶产业发展促进会
永州市	永州之野	3.8亿元	2000万元	永州市农业农村局
宁远县	宁箭	2000万元	20万元	天功农业公司
江华县	江华苦茶	3.06亿元	465万元	江华县农技推广中心
岳阳市	岳阳黄茶	20.76亿元	600万元	岳阳市茶产业办

续表

市（自治州）、县（市、区）	品牌名称	品牌价值	品牌建设年投入	品牌管理部门
郴州市	郴州福茶	未评估	2100万元	郴州市茶叶协会
汝城县	汝城白毛茶	未评估	2500万元	汝城县农业产业化促进会
资兴市	东江湖茶	未评估	1500万元	资兴市茶叶协会
桂东县	玲珑茶	1.96亿元	2000万元	桂东县玲珑王茶业有限公司
宜章县	莽山红	未评估	2000万元	宜章县茶叶协会
邵阳市	邵阳红	22亿元	2000万元	邵阳市农业农村局
怀化市	碣滩茶	26.93亿元	2600万元	怀化市茶叶协会
沅陵县	碣滩茶	26.93亿元	1500万元	沅陵县茶叶办
张家界市	张家界莓茶	未评估	4530万元	张家界市永定区农业农村局
桃江县	桃江竹叶	2000万元	20万元	桃江县茶业协会
安化县	安化黑茶	42亿元	3000万元	安化县茶旅产业发展服务中心
安化县	安化千两茶	未评估	500万元	安化县茶旅产业发展服务中心
安化县	安化红茶	未评估	100万元	安化县茶旅产业发展服务中心
安化县	安化红	未评估	100万元	安化县茶旅产业发展服务中心
韶山市	韶山红茶	500万元	50万元	韶山市供销社
韶山市	韶山红	1000万元	50万元	韶山市供销社

2．企业品牌

我省各茶企在"三湘四水五彩茶"五大区域公用品牌体系和市州、县市区区域特色品牌的带领下，企业品牌建设不断向前推进。截至2021年年底，全省注册地理标志证明商标、地理标志保护、农产品地理标志登记的茶叶品牌达到19个，"白沙溪""君山银针"分别被评为中国黑茶、黄茶标志性品牌；"怡清源""湘丰"等24个茶叶品牌荣获中国驰名商标（表7）。

表7　湖南省获中国驰名商标的茶叶品牌（截至2021年年底）

商标名称	企业名称
猴王	中国茶叶股份有限公司
沙漠之舟	湖南中茶茶业有限公司
金井	湖南金井茶业有限公司
湘丰	湘丰茶业集团有限公司
白沙溪	湖南省白沙溪茶厂股份有限公司
湘益	湖南省益阳茶厂有限公司
君山	湖南省君山银针茶业股份有限公司
洞庭	湖南省临湘永巨茶业有限公司
玲珑	桂东县玲珑王茶叶开发有限公司

续表

商标名称	企业名称
狗脑贡	湖南资兴东江狗脑贡茶业有限公司
怡清源	湖南省怡清源茶业有限公司
密印寺	湖南沩山湘茗茶业有限公司
巴陵春	岳阳市洞庭山茶叶有限公司
洞庭春	岳阳县黄沙街茶叶示范场
九狮寨	湖南省九狮寨高山有机茶业责任有限公司
双上绿芽	澧县太青山有机食品有限公司
石门银峰	石门县茶叶产业协会
古洞春	湖南古洞春茶业有限公司
安化黑茶	安化县茶叶协会
古丈毛尖	古丈茶业发展研究中心
兰岭	湖南兰岭绿态茶业有限公司
响莲	湖南娄底响莲实业发展有限公司
金鲵	张家界金鲵生物工程股份有限公司
华莱健	湖南华莱生物科技有限公司

（六）龙头企业发展

至2021年年底全省拥有国家级龙头企业6家，省级龙头企业105家（表8），市级龙头企业突破400家。销售额50亿元级企业2家，10亿元级企业3家，亿元级企业23家，5千万元级企业25家，千万元级企业200家以上。2021年，中国百强茶叶企业5家，湘茶集团（排第1）、湘丰集团（排第4）、华莱生物（排第10）、白沙溪茶厂（排第21）、益阳茶厂（排第42）。以国家级、省级、市级茶叶龙头企业为主组成的湘茶产业集群逐渐成型。随着重点龙头企业全产业链的拓展，茶叶产研销、文旅养综合产业综合体集团化企业不断涌现，其带动面扩大，强势龙头企业的带动效应日益突出，并涌现了茶叶综合产值100亿元以上的县1个、茶叶综合产值50亿元以上的县2个、茶叶综合产值20亿元以上的县8个、茶叶综合产值10亿元以上县21个。

表8　湖南省茶叶农业产业化龙头企业（截至2021年年底）

市（自治州）	县（市、区）	企业名称	级别
省直（4家）	芙蓉区	湖南省茶业集团股份有限公司	国家级
	高新区	湖南隆平茶业高科技有限公司	省级
	天心区	湖南潇湘茶业有限公司	省级
	望城区	湖南中茶茶业有限公司	国家级

续表

市（自治州）	县（市、区）	企业名称	级别
长沙市 （11家）	芙蓉区	湖南省怡清源茶业有限公司	省级
	宁乡市	湖南沩山茶业股份有限公司	省级
	宁乡市	湖南金洲茶叶有限公司	省级
	宁乡市	湖南沩山湘茗茶业股份有限公司	省级
	宁乡市	长沙沩山炎羽茶业有限公司	省级
	长沙县	湖南金井茶业有限公司	国家级
	长沙县	湖南怡清源有机茶业有限公司	省级
	长沙县	湘丰茶业集团有限公司	国家级
	望城区	长沙云游茶业有限公司	省级
	望城区	湖南润和茶业有限公司	省级
	望城区	湖南望城乌山贡茶业有限公司	省级
常德市 （9家）	澧县	澧县太青山有机食品公司	省级
	石门县	湖南壶瓶山茶业有限公司	省级
	桃源县	湖南古洞春茶业有限公司	省级
	桃源县	桃源枫维茶业有限公司	省级
	桃源县	湖南百尼茶庵茶业有限公司	省级
	桃源县	湖南腾琼野茶王茶业有限公司	省级
	桃源县	桃源县君和野茶开发有限公司	省级
	武陵区	湖南武陵秀峰茶业有限公司	省级
	汉寿县	湖南植歌茶业有限公司	省级
郴州市 （12家）	桂东县	桂东县玲珑王茶叶开发有限公司	省级
	汝城县	汝城县鼎湘茶业有限公司	省级
	汝城县	汝城县九龙白毛茶农业发展有限公司	省级
	汝城县	汝城县金润茶业有限责任公司	省级
	宜章县	宜章和宜农业综合开发有限公司	省级
	宜章县	湖南莽山瑶益春茶业有限公司	省级
	宜章县	宜章莽山木森森茶业有限公司	省级
	宜章县	宜章莽山仙峰有机茶业有限公司	省级
	临武县	湖南舜源野生茶业有限公司	省级
	临武县	湖南东山云雾茶业有限公司	省级
	临武县	临武县林富茶业发展有限责任公司	省级
	资兴市	湖南资兴东江狗脑贡茶业有限公司	国家级
衡阳市 （9家）	常宁市	常宁市福塔农业科技开发有限公司	省级
	常宁市	常宁市兴华农业开发有限公司	省级
	常宁市	湖南谷佳茶业生态农业科技有限公司	省级
	常宁市	常宁市瑶园生态农业科技发展有限公司	省级

续表

市（自治州）	县（市、区）	企业名称	级别
衡阳市（9家）	衡山县	湖南辉广生态农业综合开发有限公司	省级
	耒阳市	湖南胡家园茶业有限公司	省级
	耒阳市	耒阳市江头生态农业开发有限公司	省级
	南岳区	衡阳市南岳怡绿有机茶开发有限公司	省级
	衡阳县	湖南长健农业发展有限责任公司	省级
怀化市（6家）	会同县	湖南会同宝田茶业有限公司	省级
	沅陵县	湖南省辰州碣滩茶业有限公司	省级
	沅陵县	湖南官庄干发茶业有限公司	省级
	沅陵县	沅陵县皇妃农林开发有限公司	省级
	沅陵县	湖南沅陵碣滩茶业有限公司	省级
	中方县	怀化华汉茶业有限公司	省级
娄底市（5家）	新化县	湖南省渠江薄片茶业有限公司	省级
	新化县	新化县天鹏生态园开发有限公司	省级
	新化县	湖南月光茶业科技发展有限公司	省级
	新化县	湖南天门香有机茶业有限公司	省级
	新化县	湖南紫金茶叶科技发展有限公司	省级
湘西州（7家）	保靖县	保靖县鼎盛黄金茶开发有限公司	省级
	保靖县	保靖县林茵茶业有限责任公司	省级
	古丈县	湘西州牛角山生态农业科技开发有限公司	省级
	古丈县	湖南英妹子茶业科技有限公司	省级
	古丈县	湘西神土地农业科技开发有限责任公司	省级
	古丈县	古丈县友谊农业综合开发有限公司	省级
	吉首市	湘西新金凤凰农业开发有限公司	省级
益阳市（12家）	安化县	湖南省白沙溪茶厂股份有限公司	省级
	安化县	湖南建玲实业有限公司	省级
	安化县	中茶湖南安化第一茶厂有限公司	省级
	安化县	湖南梅山黑茶股份有限公司	省级
	安化县	湖南阿香茶果食品有限公司	省级
	安化县	湖南省高马二溪茶业有限公司	省级
	安化县	湖南安化芙蓉山茶业有限责任公司	省级
	安化县	湖南省云上茶业有限公司	省级
	安化县	湖南华莱生物科技有限公司	国家级
	赫山区	湖南黑美人茶业股份有限公司	省级
	赫山区	益阳茶厂有限公司	省级
	桃江县	湖南浩茗茶业食品有限公司	省级

续表

市（自治州）	县（市、区）	企业名称	级别
永州市（6家）	江华县	湖南瑞鑫源生物科技开发有限公司	省级
	江华县	湖南冯河大龙山茶业有限公司	省级
	蓝山县	湖南三峰茶业有限责任公司	省级
	零陵区	永州福田茶业有限公司	省级
	双牌县	双牌县金蕊实业有限责任公司	省级
	祁阳县	湖南自然韵黑茶科技有限公司	省级
岳阳市（8家）	君山区	湖南省君山银针茶业股份有限公司	省级
	临湘市	湖南省明伦茶业有限公司	省级
	临湘市	湖南省临湘永巨茶业有限公司	省级
	平江县	湖南省九狮寨高山茶业有限责任公司	省级
	华容县	华容胜峰茶业有限公司	省级
	湘阴县	湖南兰岭绿态茶业有限公司	省级
	岳阳楼区	湖南洞庭山科技发展有限公司	省级
	岳阳县	岳阳县洞庭春纯天然茶叶有限公司	省级
张家界市（7家）	慈利县	张家界云雾王茶业有限责任公司	省级
	永定区	张家界茅岩莓有限公司	省级
	永定区	张家界仙踪林农业科技开发有限公司	省级
	桑植县	张家界高山怡韵茶业有限公司	省级
	桑植县	张家界万宝山茶业有限公司	省级
	桑植县	湖南湘丰桑植白茶有限公司	省级
	桑植县	张家界康华实业股份有限公司	省级
株洲市（5家）	茶陵县	茶陵县茶祖印象茶业有限公司	省级
	茶陵县	湖南龙灿生态农业发展有限公司	省级
	茶陵县	湖南万樟集团有限公司	省级
	炎陵县	炎陵县神农生态茶叶有限责任公司	省级
	炎陵县	炎陵县耕夫子农产品开发有限公司	省级
邵阳市（2家）	洞口县	湖南古楼雪峰云雾茶有限公司	省级
	隆回县	湘林集团有限公司	省级
湘潭市（2家）	湘乡市	湖南香露红茶业科技股份有限公司	省级
	湘乡市	湖南省湘乡市茶叶一厂	省级

（七）国内市场与国际贸易

1. 内销市场

2021年湖南茶叶总产量为33.28万吨，其中25万吨为内销，占比75%，名优茶7.46万吨80%在省内销售，在倡导、推进"五彩湘茶"五进行动中，省内消费在快速拉升。湖南省茶叶的主体销售市场还在内销。销售渠道多样化，茶消费更趋多元化，品牌化。目前全省茶叶内销渠道主要以厂家或农户直销、批发、专卖店销售为主，零售、电商、展销等方式为辅。省内茶叶市场主要有高桥茶叶茶具城、长沙茶市、神农茶都文化产业园、益阳茶业市场、岳阳茶博城、衡阳雁城茶都、衡阳海通茶叶城、衡阳万恒茶文化广场、古丈县茶文化一条街、张家界市茶叶专业市场、滨江茶叶市场、株洲大坪茶叶市场、常德桥南茶叶市场等；很多厂家、很多品牌茶叶都有自己的专卖店或加盟店，批零兼营，销量较大。近年来随着电商的发展，茶叶电商、抖音、快手、微信直播等创新营销迅速崛起，这将是今后茶叶销售的一个非常重要的发展方向。

全省茶产业的蓬勃发展、茶文化的普及和推广，茶健康概念深入人心，茶叶消费呈现出以下特点：一是消费茶产品调整优化。在延续绿茶、黑茶主导的基础上，红茶消费快速增长，普及面越来越宽；白茶、黄茶消费在产区也有较快增长，乌龙茶消费近两年降温，但在特定群体中的消费基本平稳；二是茶叶消费群体年轻化。以15～35岁为主要消费群体的本土新式茶饮"茶颜悦色"成长为湖南名片。此外，茶守艺、尚木兰亭、喜茶、奈雪、一点点、COCO等新式茶饮正成为年轻人消费茶叶的主要方式，新式茶饮将为培养年轻一代的茶叶消费者奠定基础；三是消费渠道多样化。厂家或农户直销、代理分销、连锁配送、专卖店、体验店、电子商务、抖音、微营销等构成了茶叶营销立体网络；四是人均消费量呈现增长趋势；五是消费者"品牌"意识增强。在消费者对茶产品"安全、健康"高度关注的驱动下，"品牌"成为消费者选购茶叶时的首要关注因素；六是代用茶中不含咖啡因的莓茶获得消费者认可，保健功能性消费市场逐步扩大。

2. 边销市场

边销茶是我国新疆、内蒙古、青海、西藏、甘肃、宁夏等地区少数民族同胞的生活必需品，素有"宁可三日无粮，不可一日无茶"之说。边销茶作为一种民族特需商品，政治意义重大，历来受到党中央、国务院的高度重视，曾长期把其列为指令性计划商品管理，实行"定点生产，计划调拨，归口经营，保障供应"的政策。湖南省共有七市（自治州）三十余县（市）生产边销茶，共有茶园面积8万公顷，年产量超过10万吨。按照商务部、财政部下达的中央储备计划，2021年湖南省实际承担的国家下达的边销茶成品、原料储备任务为9600吨。按照相关政策文件要求完成了边销茶原料的收购、储存、轮换及成品的储备、轮换，并严格做到专库、专账、专人管理。湖南省委、省政府一直把保障边销茶的稳定供应作为全省一项政治任务来抓，每年都圆满完成了国家下达的边销茶储备、调拨任务，为落实党的民族政策、增强民族团结、维护边疆地区的稳定做出了积极贡献。

3. 外销市场

湖南省2021年茶叶出口数量为4.1557万吨，全国位于第3位；出口金额为12446万美元，全国位于第6位；出口单价为2.995美元/千克，出口单价远低于全国平均价格6.23美元/千克。

据长沙海关数据，2021年湖南茶叶出口量总计为4.1557万吨，同比上涨17.06%；出口额累计为1.2446亿美元，同比上涨24.16%；出口均价为2.995美元/千克，同比上涨7.81%（表9），备案出口茶叶原料种植基地27家，备案出口茶叶生产企业76家。

表9 2021年湖南茶叶主要出口国家或地区（前20名）

国家或地区	出口量/吨	出口单价/（美元/千克）	出口额/万美元
俄罗斯	9984.9430	2.6638	2659.7963
德国	3697.9600	3.4033	1258.5104
摩洛哥	3856.6400	3.1169	1202.0782
中国香港	116.2280	72.1049	838.0613
美国	1818.5660	3.6660	666.6883
波兰	2842.6860	2.2259	632.7509
阿尔及利亚	2026.6400	2.9117	590.1052
乌克兰	1688.7000	3.0833	520.6733
乌兹别克斯坦	2532.4690	1.8879	478.1058
巴基斯坦	1208.7870	3.8834	469.4155
利比亚	1114.2860	3.7639	419.4015
英国	1278.4610	2.8370	362.6938
斯里兰卡	1641.8160	2.1692	356.1371
荷兰	710.9790	3.0615	217.6656
塞内加尔	336.9420	5.1338	172.9779
法国	302.8090	5.1608	156.2731
泰国	1234.0000	1.2429	153.3795
喀麦隆	506.5860	2.6140	132.4204
哈萨克斯坦	553.0660	1.9695	108.9283
土库曼斯坦	770.8800	1.1198	86.3204
合计	38223.4440	3.0040	11482.3829

资料来源：长沙海关

绿茶出口量为3.417万吨，同比上涨14.33%，占总出口量比重为82.22%；红茶出口量为4052吨，同比上涨194.1%，接近上涨2倍；占总出口量比重为9.85%；红茶出口量为4052吨，同比上涨197.37%，接近上涨2倍；花茶出口量为896.4吨，占总出口量比重为2.18%；乌龙茶（青茶）出口量为2087.6吨，占总出口量比重为5%；黑茶（普洱）出口量为351.3吨，占总出口量比重为8.54%。特别值得一提的是黑茶出口取得零突破，拥有独立的出口编码，实现出口2.223吨，出口单价远高于出口均价，达到8.71美元/千克（表10）。

表10 2021年湖南茶叶分茶类出口情况

茶类	出口量/吨	出口单价/（美元/千克）	出口额/万美元
绿茶	34170.189	2.7623	9438.6649
红茶	4051.691	3.7806	1531.789636

续表

茶类	出口量/吨	出口单价/（美元/千克）	出口额/万美元
花茶	896.4	5.4881	491.9523189
乌龙茶	2087.626	4.0195	839.1252
普洱（黑茶）	351.302	4.116434666	144.6111731
合计	41557.208	2.99494	12446.14323

资料来源：长沙海关

二、产业发展的优势与潜力

（一）产业发展优势

1. 产茶历史悠久，茶文化底蕴深厚

茶祖在湖南，茶源始三湘，湖南是世界茶文化的源头。炎帝神农氏被尊为中华民族的始祖之一，"神农尝百草，日遇七十二毒，得茶而解之"。神农是茶的发现者，后世视为茶祖。炎帝晚年巡游天下，辞世后葬于长沙茶乡之尾，即今之湖南炎陵县。《汉书·地理志》载，汉高祖五年（公元前202年）长沙国置茶陵县，为长沙国下属十三县之一，辖今湖南茶陵、炎陵二县。《茶经》载"茶陵者，所谓陵谷生茶茗焉"，说明茶陵一带地方在西汉时期已有茶树生长，县名也因茶而来。西晋成书的《荆州土地记》称"武陵七县通出茶，最好"，可见西晋时湘西北已盛产茶叶，而且品质优良，唐代陆羽在《茶经》中提到湖南辰州溆浦县，衡州（生衡山、茶陵二县山谷）产茶。唐代诗人刘禹锡《西山兰若试茶歌》中有"自傍芳丛摘鹰觜，斯须炒成满室香"的名句，这是炒青绿茶加工的最早的记载，说明晚唐时期湖南朗州（今常德市）已发明炒青绿茶加工技术。唐代高僧善会禅师，曾在石门夹山寺以茶参禅，因茶悟道。北宋时期圆悟克勤大师主持灵泉禅院（即夹山寺）时，在其碧崖方室编著《佛果圆悟禅师碧崖录》，创立茶禅一味。中华五岳，南岳独有茶。公元618年，"南岳云雾"成为贡茶，公元856年，衡山团饼茶远销交趾（今越南）。明嘉靖三年（1524年）之前，湖南安化改进四川乌茶制法，制成半发酵类黑茶。明代万历年间后，湖南黑茶大批官运至西北易马，逐步形成茶马交易的主流产品，为稳定边疆作出了巨大的贡献自此而后，安化黑茶畅销西北数百年，享誉中外。清咸丰年间后，湖南红茶生产兴起，光绪年间进入鼎盛时期，1915年湖南红茶产量超过100万担，并获巴拿马万国博览会金奖。

2. 生态条件优良，区位优势明显

湖南北阻大江，南薄五岭，东临罗霄，西接黔蜀。北纬30°黄金纬度产茶带横贯全境，亚热带季风湿润气候，四季分明，雨量充沛，土壤肥沃，年均气温16～19℃，无霜期253～311天，年均降水1450毫米左右。武陵山脉、雪峰山脉、罗霄山脉、南岭山脉、衡山、莽山及洞庭湖、东江湖、五

强溪等湖南优势产茶区域气候温和、生态环境优美,森林覆盖率70%左右,大部分茶园分布在海拔200～800米的山区,温、光、水、热等条件十分利于茶树生长及茶叶有效成分的积累,是湖南茶叶高品质形成的基础条件。

3. 茶树种质资源丰富,主栽茶树良种高产优质潜力大

湖南特色茶树资源丰富,境内分布着以安化云台山种、江华苦茶、城步峒茶、汝城白毛茶和保靖黄金茶五大群体为代表的茶树种质资源。利用这些优势特色资源,选育了槠叶齐、桃源大叶、黄金茶1号、黄金茶2号、碧香早、尖波黄13号、湘波绿2号、白毫早、湘妃翠、茗丰、湘红3号、潇湘红21-3等优良茶树品种36个,其中国家级茶树良种11个,省级茶树良种25个,其中保靖黄金茶1号、黄金茶2号、槠叶齐、碧香早、桃源大叶、茗丰、湘妃翠、湘红3号、湘茶研8号、白毫早等品种为湖南省目前的主栽茶树良种,全省茶树良种化率达70%左右,这些良种主要为本省选育,适应湖南茶区的生长环境,高产优质潜力大。

4. 茶叶品类齐全,品质独特

湖南茶区加工的主要茶类为绿茶、黑茶、红茶三类,黄茶、白茶和乌龙茶加工量较少。我省茶叶品质优良,整体品质处于国内先进行列。潇湘绿茶。黄金茶"四高四绝甲天下",古丈毛尖、石门银峰、碣滩茶、桂东玲珑茶、狗脑贡茶、南岳云雾茶、长沙绿茶等绿茶产品品质优秀,不逊国内任何绿茶产品。湖南红茶已开发了"江华苦茶""汝城白毛茶""城步峒茶"等小乔木红茶和数十万亩野生茶,具有"花蜜香,甘鲜味"的品质风味。安化黑茶有三尖、三砖、一花卷,其中千两茶和茯砖茶最为奇特,有"世界只有中国有,中国只有湖南有,湖南只有安化有"之称。岳阳黄茶具有"养颜、养胃、降糖、润肺"等保健功效,为中国黄茶的代表性产品。君山银针造型独特、品质优异,被列为中国十大传统名茶,被毛主席称赞为"会跳舞的茶"。桑植白茶有"一年茶,三年药,七年宝"的白茶共性,又具"新工艺,老茶味"的品质特征。

5. 科教实力全国领先,专家团队实力强大

湖南茶叶科教实力在全国各省(自治区、直辖市)中居于领先水平,这也是湖南茶叶产业发展最重要的优势之一。创建与1958年的湖南农业大学茶学系是我国高校中最早设立的茶学学科之一,综合实力居全国领先水平,为国家级特色专业和湖南省重点学科。拥有国家植物功能成分利用工程技术研究中心、茶学教育部重点实验室、湖南省天然产物工程技术研究中心、湖南农业大学茶叶研究所等科研平台。在茶树种质资源和茶树生物学、茶叶深加工、茶叶加工理论与技术、茶叶功能成分利用与茶叶健康功能、茶园病虫害生态防控、茶文化与茶业经济等多个研究和应用领域取得一系列重大创新技术成果,获2次国家科技进步二等奖,3项省科技进步一等奖。拥有刘仲华院士领衔的一支强大的茶学专家队伍,包括教授14人、副教授9人,博士生导师9人,硕士生导师14人。这其中有国家茶叶产业技术体系茶园深加工岗位专家1人,省茶叶产业技术体系岗位专家2人。

湖南省茶叶研究所是我国省级茶叶科研院所中历史最久、实力最强的科研单位之一,拥有茶树种质资源与遗传育种、茶树高效栽培与病虫害绿色防控、茶叶加工与综合利用、茶产业经济研究4个专

家团队和一批知名专家，包括研究员12人、副研究员22人，硕士生导师3人，国家茶叶产业技术体系黑茶育种岗位专家1人，长沙综合试验站长1人，省茶叶产业技术体系首席专家1人、岗位专家2人。在茶树种质资源收集、茶树育种、良种繁育、茶园生态防控、绿肥研究、机采机制、加工自动化等多个方面处于领先水平，综合实力居全国14个省级茶叶研究所前列。建有国家茶树改良中心湖南分中心、农业农村部湖南茶树及茶叶加工科学观测实验站、湖南省茶树品种与种苗工程技术研究中心、湖南茶树种质资源圃（长沙）等省部级创新平台。

湖南茶业科技创新技术体系基本形成。除了湖南农业大学、湖南省茶叶研究所外，湖南省邵阳市农业科学院、湘西土家族苗族自治州农业科学研究院、衡阳市农业科学院、常德市农业科学院等单位设有茶叶研究所，郴州市农业科学研究所、张家界市农业科学技术研究所设有茶叶研究室。省茶业集团股份有限公司、湖南华莱生物科技有限公司、湖南白沙溪茶厂有限公司等湖南省内茶叶重点龙头企业设有企业技术创新中心。全省现有国家级茶叶创新平台3个，省部级创新平台10个、地市级工程技术研究中心2个，省、市级企业创新中心4个，科研攻关能力不断增强，形成产学研联动格局。有国家茶叶产业技术体系岗位2个、试验站2个，省茶叶产业技术体系岗位6个、试验站5个。建有湖南省茶产业技术创新战略联盟2个。

6. 品牌梯队格局基本形成，品牌引领产业发展成效显著

近年来，在湖南省委省政府的正确领导下，在各相关部门的大力支持下，湖南省茶叶品牌格局基本成型。

品牌引领产业发展的格局形成。"安化黑茶""潇湘茶""湖南红茶""岳阳黄茶""桑植白茶"五个省级公共品牌之外，黄金茶、古丈毛尖、石门银峰、碣滩茶、邵阳红、株洲红、常德红、新化红茶、桃源红茶、安化红、古丈红、石门红茶、南岳云雾、长沙绿茶、韶山红、郴州福茶、东江湖茶、张家界莓茶、永顺莓茶等省市县各级区域公共品牌建设成效突出，得到了业界及广大消费者的广泛认可，形成了以省级区域公共品牌为核心、各地市级、县域级公共品牌齐头并进、群龙并舞的品牌发展格局。

品牌引领产业发展成效显著。全省规模以上企业2000多家，国家级龙头企业6家，省级龙头企业60多家，中国百强茶企6家。湘茶产业集群基本形成，大多数企业发展势头良好。其中，安化黑茶企业集群、出口茶企业集群发展良好。

7. 行业组织健全，服务能力增强

湖南省已经形成了比较完备的茶叶行业组织服务体系，14个市（自治州）除永州外均成立了市州茶叶行业组织，32个区县成立了区县茶叶行业组织，在推进我省千亿茶产业，助力贫困地区产业扶贫、乡村振兴中发挥着重要作用。省茶业协会、省茶叶学会、省大湘西茶产业发展促进会、省红茶产业发展促进会、湖南省茶文化研究会、湖南茶馆行业联合会等行业组织对产业的推动与服务作用不断增强，对促进各地茶产业发展及其品牌兴起发挥了重要作用。行业组织充分发挥行业和政府之间的纽带桥梁作用，促成省政府和相关部门出台了一系列推动湖南省茶产业发展的规划及政策措施。湖南省茶叶行业组织每年共同组织或独立承办一系列茶事活动，为湖南茶叶品牌宣传推介、渠道建设、创新

营销、市场拓展及茶文化推广发挥了重要作用，有力地推进了全省茶产业的发展。

（二）产业发展潜力

1. 本土消费潜力大

全国饮茶人口约6.46亿，占比46%，湖南喝茶人口比例大约为40%，略低于全国水平。内地人均年消费量约为1.48千克（全国人均年消费为2.08千克），我省人均年消费量与广东、福建和浙江等地区人均3千克的水平相比，差别较大。近2年，新冠肺炎疫情使人们更注重健康，饮茶人口与人均消费量持续增多，2020年国内销售量达220.16万吨，比增17.61万吨，增幅为8.69%。未来20年，湖南按人均消费茶叶3千克计算，本土消费潜力增幅将在1倍以上。

2. 省外国外市场潜力大

近十年来，全球茶叶出口量持续呈增长态势。2020年，中国茶叶出口量（34.87万吨）世界排第二位，占比19.4%；湖南（3.55万吨）是全国突破万吨的6个省份之一，占比10.18%，但仍居于浙江、安徽两省之后，上升空间较大。受"一带一路"倡议、健康中国、乡村振兴、消费扶贫等利好政策影响及湖南红茶的快速复兴，湖南名优特种茶的省外国外市场潜力较大。

3. 企业发展潜力大

"十三五"期间，省委省政府提出千亿茶产业战略，全省茶业进入高速发展时期。全省茶区布局进一步优化，一批龙头企业得以培植壮大，产业化水平不断提升。近20年来，上百家龙头企业脱颖而出，步入了青壮年期，形成了强大的管理、营销、技术等人才团队，加工装备不断改造升级，企业发展的内生动力强劲。

4. 量、质提升潜力大

随着茶树良种、茶园绿色高效生产技术、夏秋茶综合利用等先进技术大面积推广，特别是茶叶生产条件不断改善，茶产业标准化程度不断提高，各主产茶区茶叶产量、质量将得到进一步提升。

三、存在的主要问题

（一）茶园优质高效种植生产技术体系尚不健全

一是茶树良种率不高，盲目引种现象突出。全省35%~40%茶园是20世纪七八十年代以前种植的，全省良种率不到70%，远低于茶业强省浙江、福建等；良种繁育体系未健全、省内茶苗自供自给能力不足；跟风和盲目引种现象突出，分区域、分主产茶类主栽品种不明确。二是基础设施薄弱，标准化生产水平不高。我省大部分茶园分布在山区，受立地条件等影响，园间基础设施薄弱，预防和抵抗旱、涝、冻、病虫害能力严重不足；茶园规模小，集中连片规模化生产茶园不多，加上茶园专用省力化耕作机械及配套技术缺乏，精细化、标准化、集约化生产管理水平不高。三是茶园管理较粗放，品质下降趋势明显。茶园省力化耕作和茶叶采摘机械化程度低、茶园用工老龄化和短缺现象严重，人工费用偏高（有的地方甚至高达200元/天），导致茶园管理粗放，常年只采摘不培管现象占比较高；茶园施用化肥较多尤其偏施氮肥，导致土壤酸化板结、土壤营养元素失衡、茶叶品质下降现象较多；茶园绿色防控技术普及和实施难度大，病虫害防治大多仍依赖于化学农药。四是茶叶资源利用率低，茶园效益不高。因生产成本高、市场竞争激励等原因，部分茶区仅采春茶一季，每年40%～50%夏秋茶遭弃采，茶叶资源利用率低，导致茶园单产偏低，效益不高。

（二）优势茶类优质化、标准化、智能化茶叶生产与加工装备缺乏

一方面，尽管湖南省茶叶科技创新力量、创新成果位居全国同行前列，但在适用化、稳定化、自动化、智能化茶叶生产与加工装备创新及推广应用方面，由于缺乏专业的研发团队和服务性的创新平台，一直未能取得根本性的突破，基本上还是处于仿制、组装水平，同时与茶叶生产技术及工艺、茶叶质量与品控脱节也是常态。另一方面，由于湖南省茶叶企业大多为小微企业或茶叶专业合作社，企业规模小、经济实力弱，职工队伍不稳定，一线熟练工人短缺，茶叶生产与加工技术水平相对较低且不规范，优质化、标准化、智能化茶叶生产与加工装备研发、集成配套严重不足；进而导致名优茶加工机械化、连续化与自动化程度较低，加工成本较高，茶叶质量不够稳定；大宗茶加工离标准化、清洁化、自动化、智能化的差距较大；富锌茶、富硒茶、生态茶、野生茶等特色茶加工规模小，同时缺乏相关质量标准；出口茶加工规模小、有量无价且本省茶叶占比小；茶叶深加工少，在产业中的占比不到8%，方便化、时尚化、功能化的精深加工终端产品产业化开发不足，技术优势未能转化成经济优势。

（三）市场拓展能力弱，品牌整合难度大

标准化与品牌化是茶产品拓展市场的两个关键。在标准化方面，受品种资源、环境条件、种植水平、采摘季节、加工技术及装备、贮藏包装以及生产、加工规模等多种内在因素的影响，具有农字号属性的茶产品本身就难以达到标准化的市场需求，加之大多茶企重生产、轻营销现象明显，同时缺乏通过茶叶精制拼配实现茶产品标准化的经营意识或技能，从而使得茶产品的标准化只是成了可望而不可即的产业口号，各经营主体茶产品在现代商业模式中的市场拓展基本仍处于守株待兔局面。在品牌化方面，尽管湖南省围绕"五彩湘茶"开展省级和市级、县级品牌的整合，但由于企业自身对公用品牌建设的意义认识不到位，积极主动投入不足以及对企业品牌的排他性情感等原因，企业对品牌整合及公用品牌推广仍然存在等、看、要的思想，导致公用品牌的相关生产加工标准、产品质量安全标准及产品包装标识标准等落实滞后，弱化了公共品牌整合的市场效果。

（四）科技创新后劲不足，技术难题破解难

一是科技创新不系统，重大科学问题和工程技术难题破解难。由于没有制定茶产业科技创新的中长期规划，科技创新缺乏系统性，产业发展过程中近、中长期的关键共性技术和装备研究未能分阶段

集中精力有针对性进行突破,"茶园省力化耕作和防治技术""茶叶如何实现无人采摘"等重大科学问题和工程技术难题长期攻而不克。

二是创新主体不突出,产业创新能力弱。产业创新主体原本应是专业技术人才和科技平台条件较强的科研院所、高校和企业,但绝大多数茶叶企业在科技创新方面的人力、物力、财力储备不足,导致产业整体科技创新能力偏弱,模仿多,同质化多,短期化明显;有些创新主体对推动产业技术进步的作用没有发挥出来。

三是创新与转化衔接不紧,技术培训针对性不强。因缺乏对技术需求的充分调研,大部分研发活动并非以转化为目的,导致部分科技创新和成果转化呈脱节现象,如研发的耕作设备在山区茶园难以推广;产业培训场次和人员较多,但有针对性的设计培训课程不多,对生产和营销的实践指导作用效果不理想。

(五)政策支持力度不足,高质量发展谋划不够

一是政策支持力度不够,投入较分散。政府的引导和支持,组建产学研用创新联盟是各省茶产业快速、健康发展的成功模式。国家和各产茶大省相继出台了《关于促进茶产业健康发展的指导意见》(农产发〔2021〕3号)、《贵州省茶产业发展条例》《湖北省促进茶产业发展条例》《安徽省关于推动茶产业振兴的意见》,《湖南省茶产业发展促进条例》也即将出台,这些政策的出台大大促进了当地茶产业发展。但由于茶产业是一个农、工、贸、文紧密结合的特色产业,技术和产业领域较为宽广,涉及多个部门,政府支持茶产业发展时难免出现多头管理,使得政府有限的扶持资源投放分散,管理部门过于注重有形的产出绩效,导致部分县市抓茶叶产业发展的力度不大,相关的会议多具体的发展措施少,宣传造势的氛围浓工作落实少。

二是高质量发展谋划不够,产业竞争力不强。种植、加工、绿色防控等产业链环节科技创新力度,茶产业由传统农业向现代农业转变速度较慢;品牌建设、龙头企业培育、茶文旅融合、产业集聚度等方面力度不够,导致湖南茶业在国际国内竞争力不强。

四、产业转型升级的突破口

(一)推进茶园控量提质

一是全省茶园面积稳定在300万亩左右,重点开展黑茶、红茶、黄茶等茶类专用品种选育和优质、特色茶树新品种的选育,加快衰老茶园改造和茶树品种更新换代,夯实湘茶品质提升的基础。

二是加强茶叶绿色防控和茶叶优质高效栽培生产技术研究,形成湖南茶区茶园化肥农药减施增效技术模式,有效降低茶园农药、化肥等施用量,并在全省集成示范推广。

三是开展适用机械化作业的茶园园艺改造,筛选适宜湖南省丘陵、山地茶园的采茶机、耕作机、

施肥机、割草机等装备，降低茶园人工成本，提高茶园管理水平。

四是大型茶园基地开展多茶类加工试点，提高采摘频率，全方位增加茶园综合效益。

五是制定茶园环境、茶树种苗、肥料使用、病虫害防治、鲜叶管理等系列茶叶标准规范，建立茶园管理和茶叶生产加工全程可追溯体系，构建符合国际规范和食品质量安全的茶叶生产和营销体系，提升茶叶质量安全水平。

（二）做强茶叶精深加工

一是围绕茶产品应用多元化，在保留传统产品的基础上，开展跨界产品创新，提高茶叶精深加工水平，提升茶叶产品附加值，不断提高我省茶叶产品在国内外市场上的影响力和竞争力，提升茶叶产业整体经济效益。

二是鼓励和支持龙头企业开展茶叶加工装备的研发和升级改造，研发茶叶清洁化、自动化、智能化、多兼容的加工装备。通过不断提高湖南省茶叶机械化装备水平，构建优质、安全、规模化的现代茶叶加工技术体系。

三是开展夏秋茶、茶花、茶果等茶资源综合利用研究，提高茶资源高效利用率，促进茶产业链延伸。

（三）坚持科技创新引领

一是突出科技创新对产业发展的支撑作用，支持省内茶叶科研院所和科研人员加快对茶树品种创新、茶园耕作技术、茶园绿色防控、加工工艺、加工装备、精深加工产品的研发与推广，延伸产业链条。

二是突出成果转化应用，强化政产学研合作对接机制，建好茶叶科研院所与区域试验示范基地，推进茶叶科技人员和科技成果下乡进村入户，完善省、市、县、乡茶叶科技推广服务体系。进一步完善省茶叶产业技术体系，适当增加与茶叶全产业链密切相关的岗位专家和试验站站长。

三是加大茶叶生产技术、营销管理、茶文化人才培训，为产业发展提供人才支撑。同时，广泛开展茶叶知识与技能培训，普及茶文化及营养保健知识，提高全民科学饮茶、食茶、用茶的知识和能力，提高湖南省人均茶叶消费水平，促进茶叶经济快速发展。

四是开展茶功能成分及特殊功效的研究，重点开展湖南省主要茶类对代谢综合征、心血管疾病、肿瘤预防等保健功能与机制研究，建立各茶类保健功能评价体系。

（四）推进产业跨界融合

一是依托茶产业基础和优惠政策吸引战略投资者来湘兴茶，大力促进茶产业与旅游产业、文创产业、中医药产业、日用化工产业、休闲康养产业等的深度融合发展。

二是坚持茶园建设、升级与旅游景观打造相结合，茶厂改扩建与发展工业旅游相结合，加快茶特色小镇、茶乡花海、茶旅文化园、茶旅风景区、茶马古道等特色茶旅游产品开发建设，支持建设一批省内茶旅文康融合发展的精品项目。

（五）拓展国内国际市场

一是加强国内市场布局。针对国内主销市场，推出适销对路的产品，以主要品牌茶类和龙头企业为主体，有计划地进入主要产品市场，在一线城市建设"五彩湘茶"品牌旗舰店或标准店，实现多品牌、多茶类营销，全面完成"五彩湘茶"的市场布局，提高湘茶的国内市场份额。运用互联网工具，拓展网上营销，扩大湘茶网上品牌影响力和市场竞争力。

二是优化境外市场布局。瞄准目标区域市场，掌握不同区域特有的茶饮习惯，推动出口市场结构调整优化，利用湘茶生产优势和丰富的茶类结构优势，开发适销对路的产品。

三是主动对接国际标准。引用国际先进的质量标准和环境认证制度。鼓励企业开展SC、ISO、HACCP等质量管理体系认证，积极参与国际竞争。

四是培育外向型经营主体。支持龙头企业打造国际化品牌，加强知名茶叶品牌的培育，让有品牌的龙头企业作为国际市场开拓的主体。引导企业适时转变传统产品结构和创新营销、贸易模式，加强国际合作、积极"走出去"，拓展外销国际市场。

五、发展思路

全面贯彻落实新发展理念，按照乡村振兴战略整体要求，充分发挥资源禀赋和特色优势，统筹推进茶文化、茶产业、茶科技融合发展。坚持以潇湘绿茶、湖南红茶、安化黑茶、岳阳黄茶、桑植白茶等公用品牌形成的"三湘四水五彩茶"为统领，构建"公用品牌+核心区域特色品牌+企业品牌+产品品牌"的品牌矩阵，以高质量发展为主线，突出文化引领、品牌主导、市场营销、科技支撑、茶文旅融合，采取"政府引导、企业主导、协会服务"原则，着力加大品牌宣传、壮大市场主体、建设市场体系、推进加工智能、转化科技成果、提升竞争力、加强质量管控、搭建产销平台、实施人才保障、提升产业服务，全面推动茶产业转型升级，推进多茶类高质量发展，不断提升茶产业综合竞争力和经营效益。

六、目标和任务

到2025年，实现全省茶园面积350万亩，茶叶产量45万吨，综合产值1500亿元，带领500万茶农致富，成为全省乡村振兴的主导产业与典范；其中，绿茶15万吨、占总量的33.3%，红茶13万吨、占总量的28.9%，黑茶12万吨、占总量的26.7%，黄茶2.5万吨、占总量的5.55%，白茶2.5万吨、占总量5.55%；实现绿茶综合产值550亿元、红茶综合产值350亿元、黑茶综合产值300亿元、黄茶综合产值50亿元、白茶综合产值50亿元，其他茶产品综合产值50亿元，茶旅文康养综合产值150万元。实施"人才兴茶"，培养茶园管理、茶叶加工、茶叶审评、茶叶销售等专业人才10000人次，新培育国家级龙头企业3家，带动800万茶农当地就业。

七、对策措施

（一）强化组织保障

1．加强领导，统筹协调

建立省茶产业发展领导小组，明确由一名副省长任组长，各主要与茶相关的职能部门一把手任副组长，根据《湖南省千亿茶产业高质量发展规划（2020—2025）》，统筹协调全省茶产业政策与资源，强化省茶产业发展领导小组职能，加强工作部署、组织协调和监督检查。省直各部门各司其职、强化措施、精心组织、协作联动，针对存在的问题，统筹人才培养、技术攻关、主体培育、产销衔接等工作，建立定期召开省茶产业发展领导小组会议制度，由领导小组组长负责召集，发改、科技、经信、财政、农业、林业、商务等部门一把手参加，研究制定茶产业发展中重大问题的解决方案；加强省、市、县三级茶行业组织建设。强化省茶业协会、省茶叶学会、潇湘茶品牌发展促进会、红茶品牌发展促进会等全省性行业组织职能，支持其在全省茶产业发展中开展建议咨询、规划指导、管理协调、决策参谋、品牌宣传、活动组织、科技推广等。

2．上下联动，齐心协力

各市（州）及茶叶生产县（市、区）党委、政府一把手亲自推动，成立市（州）、县（市、区）主要领导为组长的茶产业发展领导小组。各市州和茶叶主产县按照省委省政府的要求，步调一致，发挥茶叶工作主人翁精神，根据各自的特点和优势，制定细化工作方案，狠抓落实，全省上下联动、齐心协力推动我省茶产业提质增效，快速发展。

（二）加大政策支持

1．制定政策，加大投入

整合省乡村振兴、省发改、退耕还林、中小企业发展、市场开拓与电商发展等专项资金，加大投入，安排省级茶产业专项资金。重点支持茶叶品牌建设和销售网络（点）建设等工作，促进湘茶走出去，在省外树立湘茶形象，彻底解决湘茶销路问题。

2．持续强力打造公用品牌，增强公用品牌影响力和品牌价值

一是坚持立体化多方位宣传，强力打造公用品牌。以"五彩湘茶"为引领，融合各市、县核心区域品牌，构建"省级公用品牌（母品牌）+核心区域品牌+企业品牌（子品牌）"的茶品牌体系，形成湖南省"三湘四水，五彩茶香"大品牌发展格局。坚持传统宣传为基础，加大新媒体宣传力度（如抖

音、今日头条等平台），以适应年轻人的需求。

二是坚持品牌宣传与产品体验相结合，加大产品体验力度。在持续宣传公用品牌的基础上，进一步加大力度扩大公用品牌产品体验范围，让更多的消费者喝到高品质的品牌茶，加深品牌印象，扩大消费群体。

三是加大营销力度扶持公用品牌。支持开展五大品牌在国内外开展宣传、广告与推介活动，不断提升品牌影响力和品牌价值。

四是扶持龙头企业做强公用品牌。坚持"扶优、扶大、扶强"，以国家级、省级龙头企业为重点，推动五彩湘茶品牌建设，推进全省茶叶产业化经营。五是加强标准宣贯力度维护公用品牌。加大对各茶叶主产县符合标准条件的企业授权使用区域品牌的授权力度，推动授权企业执行相应公用品牌标准，同一品牌授权企业，要做到"同标同质"。

3．强力推进销售网络（点）建设，促进公用品牌落地生根

只有通过销售网点销售窗口的建设，才能让公用品牌落地走进消费者。

一要强力开拓省外市场。加大支持力度，降低企业走出去的风险和门槛，鼓励企业到省外开店建窗口。组织省内茶区企业抱团到一线城市开拓市场，建立营销渠道，加大营销传播。

二要打通茶叶消费最后一千米。发挥茶馆产业服务职能，做好公共场所饮茶便利设备自动化、智能化建设与支持。茶馆是直接面向消费者的体验销售渠道，是茶叶品质和品牌宣传引导的重要途径，学校、医院、机场、汽车、码头客运站、宾馆、酒店等公共场所是我们生活中必不可少的生活纽带环节。为提高公共场所服务质量和扩大茶叶消费，要加强公共场所便利饮茶公共设施建设，打通茶叶消费最后一千米。

三要加快电子商务建设。加快发展电子商务、配送、代理、直销、批发、邮购、微营销等新型市场业态。支持建立茶叶电商交易平台，促进线上线下融合。

四要拓展国际市场。积极参与国际茶产业交流与合作，鼓励支持企业利用"一带一路"发展机遇，参加目标市场的各类茶叶博览会、贸易洽谈会等，积极对接国际市场，搭建出口通道。

4．支持茶园提质增效

以绿色发展为统领，以建设高效、有机、生态茶叶基地为重点，以促进茶农增收为目标，提高原料综合利用率和茶园生产效益。

一是提高茶园的标准化建设水平。构建高质量、高标准、规范化的省级茶树良种繁育体系，同时推进市、县二级茶树良种繁育示范基地建设；重点支持老茶园更新改造。推广无性系良种、茶叶测土配方施肥、茶园病虫害绿色防控技术，支持开展绿色食品茶、有机茶基地认证，扶持茶园基础配套设施建设，推进集约化标准化示范茶园基地创建。

二是加强科技兴茶力度。以开发适合市场需求和大众消费的优质茶及多元化茶叶深加工产品为目标，推动茶叶初、精制加工分离，促进产业链专业化分工。在茶园生产管理中，提高茶园耕作、茶园植保、茶叶采摘的机械化、自动化、智能化水平。重点支持提高黑茶原料嫩度，解决黑茶氟超标问题。

三是提升茶农组织化。以重点产茶县为依托，支持成立茶叶生产机耕、机采、植保等专业服务机构，破解劳动力短缺问题。

5．加强龙头企业培育力度

支持和鼓励龙头企业走出去开拓市场，积极做好国内国际两个市场，扩大市场扩大销售，进一步做大做强。

（三）提升科技支撑

1．加强现有技术集成与推广

一是集成推广现有黑茶降氟技术（品种、原料、环境），在提高原料嫩度的基础上，解决黑茶氟超标问题，提升黑茶质量安全，全面推进黑茶产业提质升级。

二是加强推广适合湖南省种植的适制良种，做到品种合理搭配，提高我省红茶、黄茶的品质，对老旧茶园分批改造，提高无性系良种率。

三是集成推广茶园机械化管护和名优机采机制技术，通过树冠管理与机械设施配套，解决茶园耕作管理和鲜叶采摘的劳动力短缺与劳动力成本高的问题。

四是集成推广茶园绿肥、有机肥替代化肥及测土配方施肥的茶树营养精准调控技术，建立现代化优质高效茶园，实现茶园化肥减施增效，提高茶叶品质。

五是集成推广茶园病虫草害绿色防控高效控制技术，科学合理控制茶园病虫草害，从源头上控制化学农药的使用，实现农药减施增效和茶叶产品安全。

六是集成推广茶园灾害（水灾、旱灾、冰灾等）管理技术，提高茶园抗逆能力，减少灾害损失，提升茶企茶农抗风险能力。

2．积极构建完整的示范推广体系

一是加强产学研合作，以高校、科研院所、龙头企业为主力开展茶叶科技研究，建立完善的省、市、县、乡四级茶叶科技服务体系。

二是在茶叶集中产区，县、乡两级配备茶叶专业技术推广人员，推进技术全面全域落地，提高茶叶科技的入户率和到园率。

三是建立示范基地、开展不同层次的现场观摩、专家培训、典型交流活动，使技术被茶区、茶业、茶农普遍接受。全面提高"五彩湘茶"标准化技术的普及率、入户率、应用率、转化率和贡献率。

四是健全完善省茶叶产业技术体系，依靠茶叶全产业链的岗位专家和试验站站长的力量，按专业技术和区域分布将技术推广普及到茶区。

（四）人才培养

1．开展职业教育

依托湖南农业大学、湖南省茶叶研究所等，采用院（所）企业合作、院（所）政府合作等多种方

式，开展职业教育，培训茶业从业人员，为茶产业建设、茶业管理提供更多人才支撑。支持科研院所、企业请进来、走出去，推动企业在人才队伍建设上开放发展、合作共赢。

2．营销管理人才和茶叶企业家的培养

通过人才引进、联合培养、本土培养等方式组建专业营销团队，每年定期举办营销培训班，邀请知名营销专家和成功人士进行培训，提高湖南茶产业的营销能力，推动湖南茶产业快速发展。

3．组织专家和技术人员深入基层

广泛开展对管理人员、农技推广人员、龙头企业技术骨干、茶叶生产大户和茶农的培训，提升全省茶叶从业人员的综合技能。推广茶叶职业资格认证，提高从业水平和服务质量，为茶产业的现代化发展提供强有力的人才支撑。使科技服务覆盖面提高到80%以上，着力解决茶叶生产加工技术推广"最后一公里"问题。

4．鼓励茶叶企业加强员工培训

通过"走出去"（到外面培训学习）和"沉下去"（内部钻研技术）的方式，提升茶业从业人员技术水平。

（五）"卡脖子"技术联合攻关

开展茶产业高质量发展中"卡脖子"关键技术联合攻关。

1．开展名优茶机采装备联合攻关研究

开发适合山区机械化鲜叶采收的轻简化作业机械，开发名优茶鲜叶采摘智能化装备。

2．研制开发茶树病虫害专用生物农药和主要病虫害非化学防治绿色防控新技术

研制重大病虫监测预警机制装备；构建湖南茶区主要病虫害绿色防控新技术与标准体系；建立出口茶质量安全控制技术体系。

3．开展茶资源高值化利用研究

开发茶提取物、新中式茶饮、茶食品、茶保健品、食品添加剂、饲料添加剂、日化用品等茶叶衍生品，延伸产业链，加大支持加工企业同科研院所紧密联系或合作。深入研发茶叶中植物功能保健产品生产线，形成多元化、系列化、品牌化的精深加工业。

（六）文化助力

1．加强茶祖文化宣传

4月20日"中华茶祖节"是湖南省人民政府和全国六大茶叶行业组织确定的，同时也是湖南茶人的节日，"茶祖在湖南、茶源始三湘、茶为国饮、湖南为先"，崇尚祖德，纪念茶祖神农，进一步挖掘茶祖文化，增加茶文化内涵，获得湖南茶人普遍认同感，扩大茶祖文化在全国的影响力、更进一步获得全国茶人的认同感，在全省范围内举办饮茶、茶知识与茶健康宣传、观茶、制茶、万人品茗等系列活动。

2. 强化茶健康知识宣传

多渠道开展茶叶知识与技能培训，普及茶文化及营养保健知识，提高全民科学饮茶、食茶、用茶的知识和能力，提高我省人均茶叶消费水平，促进茶叶经济快速发展。

3. 积极推动茶旅融合发展

推广"茶景区+农户""茶民宿+合作社+公司"等景区建设模式。茶企开发茶文化展示、茶园观光、茶叶科普、茶艺参与，建设创意独特的茶庄园、茶博园与茶主题农园，赋予茶园更丰富的文化元素、康养元素，培育旅游新业态，由单一观光型向复合型转变，以茶旅游推动茶文化、茶知识、茶健康的宣传，科学饮茶、健康饮茶，带动茶叶消费和产业的发展。加大茶产业链和消费层次提升。提高经营服务水平，进入茶旅一体化发展的2.0时代，与当地文旅资源有效结合开展宣传展播推介。

（七）创新资本引进模式

1. 引进社会资本结茶缘

鼓励金融机构开发、创新适合茶产业发展的金融产品和服务，推进茶园抵押、茶叶保险等工作，撬动更多金融资本、社会资本投入茶产业。鼓励茶叶生产经营主体依法利用资本市场筹集资金，用于生产经营和转型发展。鼓励保险机构做好茶产业灾害保险服务。茶叶主产区人民政府应当引导茶叶生产经营主体参加茶产业灾害保险。通过担保、投保等措施增强茶企抗风险能力，扩大企业生产销售规模。

2. 搭建销售平台促营销

新冠肺炎疫情暴发以来，人们的活动方式与购物途径都发生了很大的变化，实体店销售下降、线上销售增加已是不争的事实。因此，我们必须加强线上销售平台建设，除各茶企自建平台外，还要引进社会资本或金融资本搭建大型公用茶叶线上销售平台，进一步扩大茶叶销售渠道。

（执笔人：肖力争）

2021广东省茶叶行业发展报告

广东省茶业行业协会

2021年是十四五规划的开局之年，广东积极应对疫情影响，全面落实乡村振兴战略，继续推动农业提档升级、提质增效，持续拓展农村社会经济发展成果，茶叶作为特色经济作物保持较快发展。近年来，广东践行"绿水青山就是金山银山"发展理念，在茶产业发展上狠下功夫，充分发挥资源和市场优势，大力推动茶叶产业高质量发展。广东茶产业目前呈现出基础更实、平台更大、底色更绿三大特征。在加快茶产业转型升级步伐的同时进一步提升广东茶产业的综合竞争实力，使广东作为中国茶叶的重要产区、第一消费大省、第一流通大省的地位得到进一步巩固。

一、广东省茶业基本情况

（一）广东省茶叶生产规模及产量稳步增长

2021年广东省茶叶生产规模稳中有增。据国家统计局数据显示，广东省茶园面积为133.90万亩，茶叶总产量为13.95万吨，同比分别增长14.2%和8.8%；2021年春季虽有干旱天气影响，但随着新增茶园逐渐进入丰产期，以及茶园管理水平不断提高，茶叶品质不断提升，亩均产量为104.8千克/亩。

（二）茶类结构呈小幅调整

2021年广东省茶类结构呈小幅调整，据相关统计：全省绿茶占38.24%，乌龙茶占46.90%，红茶占7%，其他茶占8%，近年绿茶类占总产量比重不断下降，乌龙茶比重大幅上升，红茶占比也有上升的趋势。

（三）产业发展向优势区集中

广东茶叶种类齐全，产业发展向优势区集中。广东省茶叶生产主要分布在粤东和粤北地区，具体集中在梅州市、潮州市、河源市、清远市、揭阳市、韶关市、湛江市、惠州市、肇庆市和云浮市十市；该十市茶园面积占比全省93.3%，产量占比93.4%。茶叶生产区域特色鲜明，其中粤东地区茶叶生产主要以单丛茶为主；粤北地区茶叶生产以优质红茶、特种绿茶和白毛茶为主；粤西地区主要生产绿茶兼顾红茶和特色乌龙茶（台湾种为主）；江门市新会区陈皮柑产区的特色茶柑普茶、柑红茶发展势头迅猛，深受消费者青睐。

（四）茶叶销量及价格稳中略涨

1. 茶叶销量小幅上涨

据省农业信息监测体系数据，2021年基地干茶总销量小幅上涨，同比增加2.5%，其中红茶、绿茶和乌龙茶销量分别同比增加0.2%、6.3%和0.3%，对应干茶销售量占比分别为29.1%、38.7%和32.2%（图1）。绿茶销量最高。

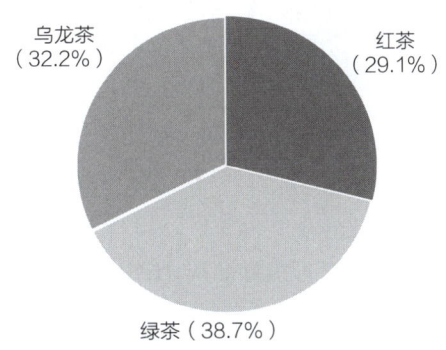

图1　广东规模基地干茶销售量占比

2. 茶叶价格总体上涨，线下渠道为销售主力

茶叶价格总体上涨，据省农业信息监测体系数据，2021年广东茶叶规模基地干茶销售均价为516.2元/千克，同比增长0.3%。红茶和乌龙茶销售均价分别为414.7元/千克和649.6元/千克，同比分别增长3.5%和0.8%，绿茶销售均价为500.0元/千克，同比下降0.3%。

红茶、绿茶销售价格较为分散，各个区间分布占比差距不大，以200~500元/千克价格区间占比最高；乌龙茶以200元/千克以下和500~1000元/千克价格区间为主。据省农业信息监测体系数据，2021年规模基地红茶和绿茶的销售价格以200~500元/千克占比最高，分别占比34.8%和31.8%，其次是1000元/千克以上价格区间，占比分别为26.1%和27.3%；乌龙茶销售价格以500~1000元/千克占比最高，占比为36.8%，其次为200元以下价格区间，占比为31.6%（图2）。

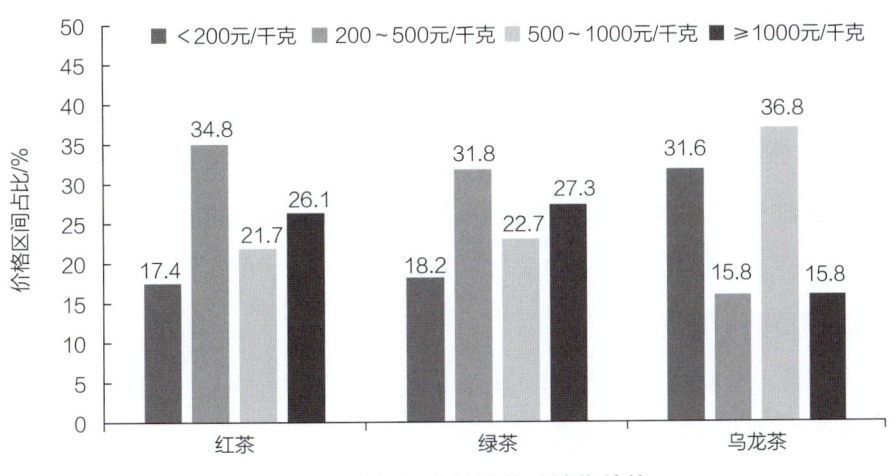

图2　广东规模基地茶叶销售价格

3. 线上销售规模小幅增长，但仍以线下渠道为主

据省农业信息监测体系数据，规模基地线上销售占比为8.6%，较2020年上升0.7个百分点，线下渠道仍是茶叶销售主力，自营专卖店、代理商和批发市场三大渠道占比分别为51.0%、14.0%和11.5%。

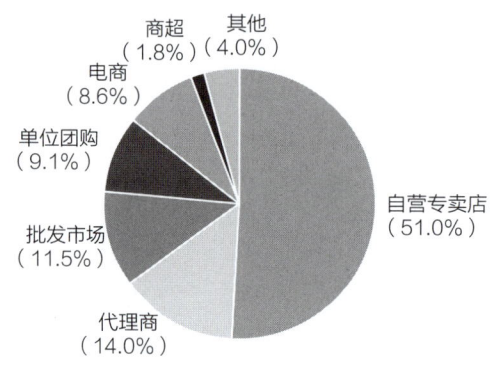

图3　广东规模基地茶叶销售渠道占比

（五）生产成本增加，效益略有降低

1. 茶叶生产成本上涨，人工成本占比最高

2021年规模基地茶叶生产成本为9049.9元/亩，同比增长2.4%（图4）。其中人工成本同比增长4.9%，为3389.2元/亩，肥料成本、机械成本和土地成本均有小幅上涨，分别为1773.5元/亩、1295.6元/亩和710.4元/亩。农药成本同比下降7.0%，为105.4元/亩。间接费用（包含固定资产折旧、保险费、管理费、财务费、销售费）和其他费用略有下降。生产成本中人工成本占比最高，为37.4%，其次为肥料成本，占比19.6%（图5）。红茶、绿茶和乌龙茶生产成本分别为10965.5元/亩、7976.2元/亩和8961.4元/亩。

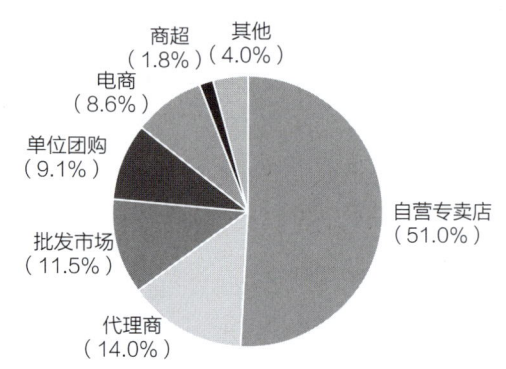

图4　广东规模基地茶叶生产成本构成及同比情况

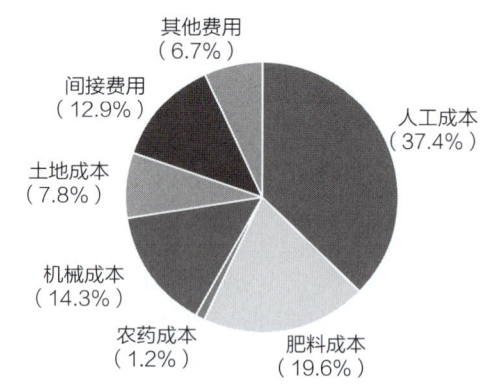

图5　广东规模基地茶叶生产成本占比情况

2. 茶叶亩均效益略有降低

2021年全省规模基地茶叶亩均产值为1.3万元/亩，同比增长0.3%，亩均效益为4371.3元/亩，同比下降3.7%，利润率为51.4%，同比增长3.1个百分点。

（六）2021年广东茶叶进出情况口

据广州海关数据显示，茶叶出口量约为5200吨，金额6500万美元，主要是绿茶、红茶、乌龙茶、普洱茶和花茶等。

进口茶叶量约为6063.8吨，金额2617.2万美元，主要是绿茶、红茶、乌龙茶、普洱茶和花茶等。其中，红茶的进口量为58637吨，占总进口量约为96%。

二、广东省茶产业发展主要举措和成效

（一）制定政策措施促进茶叶产业发展

广东省委省政府将发展茶产业作为打造农业特色优势产业的重要举措。省委省政府主要领导多次开展茶产业高质量发展专题调研，深入茶叶产区、交易市场考察指导。广东各级党委、政府出台了一系列政策规划，推动茶叶产业高质量发展。2021年3月31日《中共广东省委广东省人民政府关于全面推进乡村振兴加快农业农村现代化的实施意见》明确指出："要支持引导茶叶等特色产业做精做优"。2021年8月《广东省推进农业农村现代化"十四五"规划》将全省27个产茶县列为茶叶重点县，开展茶叶优势产区培育，高标准创建50个"粤字号"生态茶园，推动建设五大粤字号茶园优势产区。

（二）强化资金支持提高茶叶产业质量

2021年广东省农业农村厅启动省级现代农业产业园建设，广东连南、新兴、海丰3个涉茶产业园成功入选，扶持资金达1.5亿元；积极推进"一村一品、一镇一业"项目建设，2021年新建设11个省级茶叶类专业镇、96个茶叶类专业村。同时，广东省深入推进生态茶园强省建设，于2021年完成第三批生态茶园认定工作，共有37家茶企通过认定，认定面积超6.8万亩，并启动第四批广东生态茶园认定工作（69家企业、3个全区域），起草《广东生态茶园分级标准》（讨论稿），评选和表彰了广东省生态茶园建设技能先锋62名。通过政策、资金、项目推进广东省茶叶产业高质量发展。

（三）打造品牌提升广东茶叶品牌影响力

一是制订了年度宣传推广计划，大力宣传推介广东好茶，促进茶叶品牌创建和影响力提升，举办了2021年广东茗茶评鉴活动，评选出广东十大茗茶，有力夯实了广东茶产业基础，擦亮了广东茶品牌。

二是组织申报了中国茶产业T20最美生态茶园和全国"百县—百茶—百人"茶产业助力脱贫攻坚、乡村振兴先进典型公益推选等活动，广东鸿雁茶业有限公司、广东英九庄园绿色产业发展有限公司、韩山历史文化生态区（广东天亿实业有限公司）、紫金县金丰号农业发展有限公司茶园成功入选中国最美生态茶园名单；广东大埔县、东源县、英德市、梅县成为全国"百县—百茶—百人"典型县。加快推动茶叶有机认证，加强出口茶叶种植基地备案管理，积极推动茶企获得进出口许可，2021年3月1日，《中欧地理标志保护协定》正式生效，潮州凤凰单丛茶有幸入选受保护地理标志。

三是积极打造龙头企业，9家涉茶企业入选2021年广东省重点农业龙头企业、5家涉茶企业入选2021年广东省林业龙头企业。

四是各主产茶区也先后举办了2021年江门市柑茶与本地茶叶融合发展品鉴会、第二届潮州市茶农单丛茶质量评比大赛等茶事活动。

（四）依托展会平台推动茶文化交流

2021年先后在广州、深圳举办大型国际茶叶专业展，并在广州、东莞先后举办农业博览会及第六届中国国际食品及配料博览会。在加快构建"以国内大循环为主体、国内国际双循环相互促进"的新发展格局大背景下，进一步挖掘茶产业在新发展时期中蕴含的新商机。参展企业涵盖茶行业全产业链，突显了我国茶文化、茶科技、茶生态、茶旅游、茶贸易、茶空间、产品展示等内容形式多样，有效助力了茶产业复苏和发展，同时充分发挥粤港澳湾区经济发展和中国主要的茶叶集散地以及茶叶消费城市的主导作用，采取线上、线下结合模式，覆盖国内国际市场，集中展示茶业的新技术、新品牌、新成果，有效推动茶文化交流产业化创新发展，提升中国茶产品、茶企业的品牌竞争力和国际影响力，为企业搭建信息、技术和贸易合作的国际性平台，进一步推动中国茶产业高质量发展。

（五）探索延伸茶产业链和商业链

在传统茶业稳步发展的基础上，广东积极探索延伸茶产业链和商业链，延伸效果显著。茶饮行业异军突起，形成茶叶消费新热点，激活潜力市场。喜茶、奈雪的茶、丘大叔柠檬茶、挞柠、LINLEE、拼Tea等一大批茶饮品牌起源于广东并迅速风靡全国，引领并推动行业发展。据不完全统计，我国目前有超过37.8万家新式茶饮相关企业，其中广东新式茶饮相关企业数量最多，超过7.2万家，占比19.0%。

（六）建设"12221"市场体系助推茶叶国际贸易

2019—2021年，广东省连续三年开展"12221"市场体系建设行动，注重打好农产品产业、市场、科技、文化"四张牌"，走出来一条可复制、可推广的市场营销模式，实现了农产品产业发展能力、市场竞争能力、科技创新能力和品牌文化的影响力显著提升，有效带动农民增收致富，打响了广东农产品"粤字号"品牌，推动农业产业数字化发展，拓展了国内国际两大市场，形成多方协作机制。

三、2022年行情预测

2022年广东省春茶采制期天气状况良好，茶叶长势良好，品质提高，预计高山、高香型晚熟品种茶质应比上年更好。全省茶叶产量同比略有增长（为5%~10%）。在生产成本方面，近年来春茶生产成本持续增加，主要表现为茶园的维护成本逐年提升和人工成本增加，新冠肺炎疫情期间的防疫成本也成为近年茶叶成本上升的原因之一，由于茶企的生产成本增加，效益略有降低。在销量和价格方面，受疫情及整个经济大环境的影响，预计高端茶消费受到一定抑制，总体销量和价格与上年度相比基本持平或略有下降。

建议：一是做好防范措施预防后期天气变化对春茶生产的影响；同时密切留意疫情情况，错开用工，在用工过程中严格按照疫情防控举措进行。条件允许的情况下，提早签订劳务合同；二是有条件的产区及企业积极推广机械采摘、机械生产；三是以多种形式加大产区春茶的宣传推广力度，多渠道大力拓展消费市场，加强与互联网平台合作做好上线下线结合进一步畅通销售渠道，全面做好茶叶市场销售工作，促进茶产业发展。

四、发展建议

（一）发挥湾区优势促进我省茶业发展

以粤港澳大湾区国际科技创新中心和粤港澳大湾区科技创新走廊建设为抓手，加速人才、资金、信息、技术等涉农创新要素在大湾区聚集与自由流动，推动我省加快融入全球农业科技创新网络，更好地利用国际创新资源、科技创新和政策等的优势和机遇，促进广东省茶业发展。

（二）巩固基础、优化品牌特色茶品

一是要巩固优化茶园环境，优化各经营企业茶品品质，继续巩固及拓展茶叶市场。基于广东粤东地区乌龙茶、客家炒绿和粤北地区红茶类的传统特色，在工艺上传承的基础上，优化和巩固精细制作的技术，优化特色茶品企业及茶品推荐宣传。二是要充分发挥政府、行业机构和专业展览公司的优势，发挥茶博会的作用，加大宣传力度和服务功能，向全国以及海外辐射，努力为企业打造茶品牌，拓展茶叶市场商机。

（三）推动茶产业机械化发展，降本提质

随着茶园种植规模的不断扩大，单靠人工作业式的茶叶采摘及茶园管理，已经不能满足茶叶生产的需求，茶园机械化生产是茶产业发展必然趋势。一是政府要推进茶叶机械购置补贴政策实施，加快淘汰老旧机械设备，推进农机绿色发展。二是要推进茶叶机械设备技术引进推广，建设茶叶生产机械化示范基地，推广生产机械化技术和模式。组织开展茶叶机械化推广宣传和培训等活动，提升企业经营者及茶农其茶叶机械化生产意识。另一方面，政府相关部门应聘请专业的人员，到现场培训和指导茶农掌握机械化生产操作技术，提高茶农的理论知识和实践能力。工作的重点为建立一支专业化的队伍，以点带面，加快全省茶叶机械化进程，推动茶叶质量标准化生产。

（四）加强消费引导、扩大市场规模

广东作为全国茶叶消费大省，年总消费量（含流转量）约25万吨，消费需求空间巨大。此次新冠肺炎疫情阻击战正在促使茶叶进行一场"新型消费革命"，茶叶消费呈现消费人群年轻化、消费品类多元化的趋势。加大引导科学饮茶的消费意识，同时继续强化大家对茶叶健康功能的认可度。在产品销售方面，政府应加大对线上产品销售的扶持力度，加大对提高各个茶类品质研究与推广力度等；同时企业应调整生产策略，市场细分化、明确产品定位，高、中、低茶产品协调发展，满足用户个性化需求，从而扩大市场规模。

（五）加强茶叶标准体系与质量安全体系建设

广东应逐渐完善特色茶叶产品标准体系，推动国家与各省茶叶标准相结合，逐步建立具有全国影响力的茶叶质量标准检验平台，完善茶叶科学定级标准依据，健全茶叶质量安全监管制度，鼓励茶企完善和建设产品条形码或二维码标识，实现茶叶质量全程可监控、可溯源。同时强化农药和肥料等投入品管理，健全投入品使用登记制度。引导茶叶专业合作社、茶叶龙头企业生产基地建立植保专业队，实行统防统治。

（六）以数字化推动现代茶业创新升级

数字科技应用已经深入到农业产业的方方面面。从大数据收集与应用，数字营销不断创新，到各种农技的培训，一批有数字思维的现代农民在其中迅速成长起来。

科学技术是第一生产力，创新是引领发展的第一动力。当前，广东应围绕茶产业着力加大科技创新，加强品种选育和技术研发、茶园机械化数字化升级、保鲜加工关键技术及装备研发、完善物流设施等多方面举措。利用大数据为茶产品建立起产地与市场的有效链接，成为产地从种植到销售全产业链的风向标，助推广东茶产业经济的发展。

利用大数据高标准实现"五化"茶园（品种优质化、防控绿色化、水肥智能化、生产机械化、管理数字化）技术与应用模式将对整个茶产业发展具有示范引领作用。

（七）加强科技对现代茶产业发展的支撑和引领作用

深入实施创新驱动发展战略，认真贯彻落实习近平总书记对科技创新和三茶统筹的发展理念，加强茶叶技术推广，增强科技对现代茶产业发展的支撑和引领作用。茶叶技术推广工作坚持以新发展理念为引领，紧密结合实施乡村振兴战略、全面建成小康社会的总体部署，紧紧围绕现代农业建设目标和中心任务，不断创新工作机制，组织科研技术骨干到产区，线上线下齐发力，深入推进科技兴茶，推动人才下沉、科技下乡，有效解决农技推广问题，做好茶文化、茶产业、茶科技这篇大文章，让茶产业成为乡村振兴的支柱产业。

五、2021年广东省茶行业十大新闻

（一）两大国际茶展：中国（广州）国际茶业博览会、中国（深圳）国际茶产业博览会助力后疫情时代茶产业经济复苏

全国具有影响力的两大国际茶展：中国（广州）国际茶业博览会、中国（深圳）国际茶产业博览会成功举办。展会期间，严格按照国家疫情防控要求工作，积极落实政府对展会的高质量要求，在加快构建"以国内大循环为主体、国内国际双循环相互促进"的新发展格局大背景下，进一步挖掘茶产业在新发展时期中蕴含的新商机。现场人气不减，上千家品牌企业参展。涵盖茶行业全产业链，为茶人朋友们奉献了多姿多彩的具有茶历史、茶文化、茶科技、茶生态、茶旅游、茶贸易、茶空间、茶展等丰富主题的茶博会。有效助力了茶产业复苏和发展。会展业与茶产业协同发展，将有利于开辟占领城市经济竞争新赛道，充分发挥粤港澳湾区经济发展和中国主要的茶叶集散地以及茶叶消费城市的主导作用，进一步推动中国茶产业高质量发展，促进国际消费中心城市培育建设。

（二）2021年国际茶日暨第十三届全民饮茶日广东区域活动成功举办

今年5月，由中国茶叶学会倡导，广东省茶叶学会、广东省茶业行业协会主办的2021年国际茶日暨第十三届全民饮茶日广东主会场活动在美丽的荔湾湖公园成功举办。全省各相关院校、产区、茶企纷纷响应，积极承办分会场。活动吸引了众多爱茶人士和市民的积极参与，现场一派其乐融融、欢声笑语，市民反响热烈。

（三）为配合国家防控金融风险的统一部署，广东涉茶社团积极维护茶行业交易市场的繁荣稳定提出倡议

为配合国家防控金融风险的统一部署，防范非法集资、内幕交易、操纵市场、涉嫌诈骗、非法期货交易等违法违规行为的风险，自愿、自觉共同维护茶行业交易市场的繁荣稳定。今年7月份，中国茶叶流通协会联合广东省茶文化促进会、广东省茶业行业协会、广东省茶叶收藏与鉴赏协会、广州茶业协会、广州荔湾区南方茶叶商会、东莞市茶叶行业协会、东莞市万江茶叶行业协会、东莞市茶文化促进会、广州市荔湾区广宁茶贸易促进会共同提出倡议：倡议会员单位应依据法律法规守法经营，交易过程中应当以各品牌厂家官方的配货信息、合同、订货单等实物交付凭证作为交易的依据并保证能够实际交付货物。望各会员单位依法诚信经营，抵制期货交易，不参与非法经营活动，共同维护市场和谐稳定，促进行业健康发展！

（四）2021年广东省职业技能大赛——广东"澜沧古茶杯"茶艺技师职业技能竞赛隆重举办

由广东省人力资源和社会保障厅批准的省级竞赛项目：2021年广东省职业技能大赛——广东"澜沧古茶杯"茶艺技师职业技能竞赛在主办单位广东省人力资源和社会保障厅、承办单位广东省茶业行业协会，以及冠名、协办等单位的共同努力下，在参赛选手尽展技艺奋力拼搏下，经过激烈竞技角逐，已于11月11—14日在广东迎海国际茶都举行了总决赛，11月26日下午在广州2021中国（广州）国际茶业博览会举行了隆重的颁奖典礼。茶艺师技能大赛作为茶产业、茶文化领域培养和选拔茶艺师高技能人才的重要平台，充分发挥其作用。茶艺技师是优秀的茶艺管理人才，是当前茶行业和企业发展急需的实用型高技能管理人才。本届大赛重在提高竞赛质量、创新茶艺、选拔精英。大赛将在省人力资源和社会保障厅和省职业技能服务指导中心的支持和指导下，在热心企业的帮助下，共同助力茶行业发展，实现"统筹做好'茶文化、茶产业、茶科技'大文章"的美好愿景。通过选拔赛和总决赛严格的考核，经竞赛裁判组"公平、公正、公开"的评判，组委会综合各位选手的成绩（按理论、技能实操、综合能力三项技能总得分排名）最终决出金奖5个、银奖13个、铜奖15个、优胜奖18个。其中，张凤姬、石柳、杨洋洋、纪炜燕、刘望五名选手荣获金奖。按有关规定，省人力资源社会保障厅授予张凤姬、石柳、杨洋洋、刘望四名选手"广东省技术能手"荣誉称号。

（五）第十七届中国茶业经济年会：广东省茶行业荣膺多项殊荣

10月27—29日，第十七届中国茶业经济年会在广西壮族自治区柳州市三江侗族自治县成功举办。本届经济年会由中华全国供销合作总社指导，中国茶叶流通协会、广西壮族自治区农业农村厅等多家单位共同承办，以"三茶统筹 消费振兴 健康侗茶 梦萦三江"为主题。会上发布的《2021年中国茶叶市场消费报告》等，在品牌盛典环节，中国茶叶流通协会发布了"2021中国茶叶行业年度调查结果"，正式公布了年度百强企业及百强县域，并分别向"2021年度'三茶统筹'先行县域""2021年度茶旅融合特色县域""2021年度茶业领军企业""2021年度茶叶出口领军企业""中国制茶大师"部分代表及"2021年度茶产业发展先进个人"等集体或个人颁发了牌匾证书。其中，广东省茶行业在第十七届中国茶业经济年会上荣膺多项殊荣：

- 英德市获评"2021年度茶业百强县""2021年度'三茶统筹'先行县域"。
    大埔县当选"2021年度茶业百强县""2021年度智慧茶业样板县域"。
- 英德市农业农村局当选"2021年度协会团体标准创新应用示范单位"。
- 六家企业进入"中国茶业百强企业"榜单：
    广东茶叶进出口有限公司、英德八百秀才茶业有限公司、广东省大埔县西岩茶叶集团有限公司、广东凯达茶业股份有限公司、江门丽宫国际食品股份有限公司、深圳市中吉号茶业股份有限公司
- 一家企业进入"2021年度茶叶出口领军企业"榜单：

广东茶叶进出口有限公司

- 两家企业入选"2021年度新茶饮战略领导品牌":

  广州市领航食品有限公司、深圳市品道餐饮管理有限公司

- 一家企业入选"2021年度茶业电商十强企业":

  广东茶里集团有限公司

- 一个市场被评为"2021年度茶业十强市场":

  广州南方茶叶市场

- 七个茶叶品牌获评"2021年度茶业畅销品牌":

  金帆、恒福、侨宝、八百秀才、积庆里、中吉号、日川

- 两人入选第六批"国茶工匠·制茶大师"名单:

  余雄辉（广东农垦上茗轩茶叶有限公司）、王进吉（广东龙灿茶业有限公司）

（六）2021广州国际茶产业大会隆重举行、广东省茶业商会揭牌成立

"世界茶叶看中国，中国茶业看广州，广州茶业看芳村"。芳村茶叶市场有逾20个市场主体、2859家市场经营主体，普洱茶交易量约占全国80%。南方茶叶市场为农业农村部定点专业市场；"菜篮子工程"唯一茶叶类价格信息提供单位；商务部国际消费中心城市培育建设率先开展城市。

由广州市人民政府主办、广州市商务局和荔湾区人民政府联合承办的"2021·广州国际茶产业大会"于10月13日在白天鹅宾馆举行。中国工程院院士等专家学者、相关茶业组织及茶企等汇聚一堂，通过主旨演讲和圆桌对话的方式，助推广州茶产业做大做强。大会以"茶贸广州 共创辉煌"为主题，进一步塑强广州作为全国茶产业流通中心的枢纽地位和影响力。大会期间，广东省茶业商会正式揭牌成立。

（七）广东省茶业行业协会为统筹三茶、实现美好愿景添砖加瓦

根据习近平总书记关于把茶文化、茶产业、茶科技统筹起来，支持乡村振兴发展的指示精神，广东省茶业行业协会于今年8月在广东迎海国际茶都设立办事处暨培训中心，并举办了隆重的揭牌仪式，陆续开展了"2021年茶叶企业培训师高级研修班""抖音电商入门培训班"等培训助推茶产业做大做强，共同促进茶产业发展做出更大的贡献，为统筹三茶、实现美好愿景添砖加瓦。广东省茶业行业协会办事处暨培训中心揭牌仪式于8月17日上午在广东迎海国际茶都隆重举行。

（八）广东十大茗茶出炉，各主产区均有品牌入选

2021年4月开始，广东省农业农村厅开展举办"2021年广东茗茶评鉴活动"，经过各地市农业农村部门推荐报名、专家评鉴、大众评鉴、质量检测等程序，8月公布了《2021年广东十大茗茶名单》，包含绿茶、红茶、乌龙茶和其他茶类茗茶共40个。本次"十大茗茶"品牌产地覆盖广东省主要茶叶产

区，包含河源市、江门市、韶关市、清远市、梅州市、潮州市、云浮市。名单中，不同茶类的产区有一定的集中性，绿茶类品牌以河源市的居多，入选6款产品；红茶类品牌以清远市的居多，入选6款产品；乌龙茶品牌为梅州市和潮州市的各入选5款产品，其他茶类品牌以江门市的居多，其中江门市柑茶类品牌入选4款产品。

（九）广东选手在第五届全国茶叶加工（绿茶）总决赛和全国行业职业技能大赛第二届"武夷山杯"全国评茶员职业技能竞赛总决赛中喜获好成绩

第五届全国茶叶职业技能竞赛——茶叶加工（绿茶）总决赛是依据人社函【2021】37号文件精神，被列为国家级二类竞赛，自竞赛通知发布以来，受到社会各界的广泛关注。9月23—25日，经过三天激烈的角逐，广东省三名选手在第五届全国茶叶职业技能竞赛——茶叶加工（绿茶）总决赛中获奖，分别是：刘容飞获得银奖、李伯堂荣获铜奖、黄文定荣获优胜奖。

全国行业职业技能大赛第二届"武夷山杯"全国评茶员职业技能竞赛总决赛是全国唯一的国家级评茶员（师）职业技能竞赛，由中华全国供销合作总社职业技能鉴定指导中心、中国就业培训技术指导中心主办，福建省武夷山市人民政府承办。经过三天总决赛激烈的角逐，广东省参赛队伍脱颖而出，其中张岚获个人全能赛特等奖冠军、陈莲花获个人全能赛特等奖季军、蔡木森荣获个人全能赛二等奖。

（十）广东的"生态茶园"建设工作走在全国前列

近年来，广东把改善茶园生态环境、提高茶叶品质作为推动茶产业升级发展的重要举措。多地以茶产业作为实施乡村振兴战略的突破口，大力发展茶叶绿色种植技术，推动生态茶园建设，成效显著。尤其是广东省果菜茶有机肥替代化肥项目实施以来，有机肥使用量显著增加，茶园生态化建设进程加快，茶园种植条件得以改善，茶叶品质逐年提升，联农带农经济效益凸显。

4月14日，广东茶产业联盟公布第三批广东生态茶园认定名单，高级生态茶园2家、初级生态茶园35家。广东茶产业联盟遵循"好茶从种植开始""品种树品牌""品质强品牌"的理念，加快推广应用《广东生态茶园建设规范》，目标在五年内实现全省生态茶园面积占比达30%～50%。截至目前，广东茶产业联盟已完成三个批次共122家生态茶园认定名单，覆盖了梅州、清远、河源、韶关、潮州、湛江、云浮、阳江等主要茶区，涉及茶园面积超过20万亩，占广东省茶园面积的20%以上。生态、安全、优质正在成为广东茶产业的内涵和形象。

（执笔人：张黎明）

2021广西壮族自治区茶叶行业发展报告

广西茶业协会

2021年是"十四五"规划的开局之年,围绕自治区乡村振兴战略部署,坚持农业农村优先发展,全面推进乡村振兴。广西种茶历史悠久、生态环境优美,是全国主要茶叶产区之一,茶产业是全区"10+3+N"现代特色农业产业体系的重要支撑内容。"十四五"时期是推动广西茶产业高质量创新发展的重要时期,新的机遇和挑战并存。为加快推动茶产业高质量创新发展,促进产业转型升级,促进茶农持续增收,根据《全国乡村产业发展规划(2020—2025年)》《广西壮族自治区国民经济和社会发展第十四个五年规划和2035年远景目标纲要》《广西壮族自治区农业农村现代化发展"十四五"规划》和广西壮族自治区人民政府办公厅《关于促进广西茶产业高质量发展的若干意见》(桂政办发〔2019〕117号)部署要求,广西茶叶行政管理部门认真贯彻落实文件精神,以"品种、质量、品牌"为核心,以布局优化、产业融合为重点,以标准茶园、良繁体系、全产业链开发为抓手,重点提高茶园质量效益,引进先进加工设备,改进加工工艺,提升品牌价值。2021年,广西茶产业发展整体运行稳中有升。

一、主要成就

(一)"十三五"广西茶产业主要成就

1.茶产业规模稳定扩大

"十三五"期间,在各级政府和相关部门的指导推动下,广西茶产业得到了快速发展,综合竞争实力进一步提升。2020年全区茶园面积增至136.92万亩,较2015年增加35.32万亩,年均增长6.15%;干毛茶总产量8.83万吨,较2015年增加2.47万吨,年均增长6.78%,超额完成"十三五"目标任务,茶产量和面积均步入全国前十名;毛茶一产产值78.93亿元,较2015年增加39.15亿元,年均增长14.69%,综合产值达260亿元,茶产业呈快速发展的态势(表1)。

表1 "十三五"广西茶产业主要经济指标增长情况

指标	2015年	2020年	年均增幅/%
茶园总面积/万亩	101.6	136.92	6.15
干茶总产量/万吨	6.36	8.83	6.78
茶叶综合产值/亿元	96	260	22.05
一产产值/亿元	39.78	78.93	14.69

2. 茶产业结构明显优化

一是茶园品种结构持续优化。"十三五"期末广西无性系良种茶树种植面积70万亩，无性系良种普及率约为51.1%。广西传统茶树品种凌云白毫品种种植面积逐年下降，由2015年的35.2%下降到2020年的28.7%；自主选育的桂绿1号等7个品种和从其他省份新引进的乌牛早、安吉白茶等品种种植面积逐年增加。

二是茶产品结构出现明显变化。绿茶产量占比下降，红茶和黑茶占比上升，产品比例更加均衡。

3. 标准茶园建设扎实推进

通过一系列政策措施，进一步完善了茶叶生产基地建设，提升了茶园基础设施条件和茶园综合管理水平。推进集中连片标准茶园建设，推广先进适用技术，全面推广茶园绿色防控、有机肥替代化肥、高效低毒低残留农药使用等减肥减药技术，推动茶园耕作、修剪、采摘机械化。在富硒茶产区大力推进富硒茶园建设，2020年全区建设富硒茶园30个，富硒茶园建设显现实效。"十三五"期间，行业制（修）订和推广了多项茶叶系列标准，其中国家标准1项、地方标准9项，应用标准化生产技术进行种植、管理、采摘、加工、包装、贮藏、运销，标准茶园建设稳步推进。

4. 茶叶质量安全有效提升

"十三五"期间，全区大力推广茶园绿色生产技术，提高了茶农的安全生产意识，茶叶鲜叶质量安全水平得到有效提高。加工条件不断改进，茶叶加工逐步向全程清洁化、自动化、连续化迈进，产品质量安全得到有效提升。茶叶企业质量管控能力不断加强，在政府监管和社会监督双向促进下，食品安全标准体系和检验检测体系更加健全，2020年茶叶产品监督抽检的项目增加至65种，茶叶产品整体质量安全总体水平稳步提升。

5. 品牌建设成效逐步显现

广西茶叶区域公用品牌共有18个，其中市级品牌5个，县级品牌12个，县级以下品牌1个，全区茶叶注册商标约500个，覆盖了红茶、绿茶、黑茶、花茶等各个系列产品，形成了"茂圣""熹誉""周顺来""聖種""将军峰"等具有较高知名度的品牌。目前全区已有28家茶企的28种产品获得了香港优质"正"印认证证书，13家茶企获得"广西优质"认证证书。六堡茶、昭平茶、桂平西山茶连续多年进入中国区域公用品牌价值排行榜百强，横县茉莉花茶进入中国农业品牌目录2019农产品区域公用品牌茶叶类名录；茂圣六堡茶2020年成功通过欧盟市场出口认证，横县茉莉花茶、桂平西山茶成为我国首批100个受欧盟保护的地理标志，"梧州六堡茶"被评为2021中国茶叶最具品牌发展力三大品牌之一，广西茶品牌知名度逐渐提高。

表2 广西茶叶品牌、商标、地理标志情况

项目	2015年	2020年	增加量
区域公用品牌	29	18	—
企业注册品牌	275	500	225
地理标志	11	18	7
其中：受欧盟保护的地理标志	—	2	—

6. 脱贫攻坚成效持续提升

"十三五"期间，全区有26个县市将茶叶作为脱贫攻坚重点产业，48个产茶县有14个是贫困县，10个茶叶生产大县有7个县是贫困县，80%以上的茶园分布在边远山区；有979个村、超过20万户农户从事茶叶生产，其中有454个贫困村、近5万户贫困户从事茶叶生产，带动20多万贫困户年均稳定增收3000元以上，茶产业已成为贫困地区农民增收的支柱产业。党的十九大以来，全区茶业经济持续发展，不仅解决了广大茶农的增收问题，也为广西农村转变经济增长方式提供了新的思路。

（二）2021年度广西茶产业主要成绩

根据农业农村部门统计，2021年广西茶园总面积152.78万亩，其中，主产面积约147.29万亩，新建茶园面积5.49万亩，干毛茶总产量10.28万吨，同比增13.4%，产值约87.08亿元，产量和产值均超出预期。茶叶加工主要以绿茶、红茶、六堡茶和花茶为主，六堡茶和茉莉花茶加工发展迅速，白茶产量增长显著，同比增长213.5%，已形成了"茉莉花茶""六堡茶"一花一茶的特色茶叶产业带和"广西绿茶""广西红茶"优势产区。

涉茶企业数1600家，大型茶叶企业55家，中型茶叶企业242家，小型茶叶企业498家，茶农专业合作社数量938家，涉茶农业产业化国家重点龙头企业12家，涉茶省级龙头企业数量11家。茶叶各类注册商标达500多个，据2021年中国茶叶区域品牌价值和2021中国茶叶企业产品品牌价值评估报告，六堡茶被评为最具发展力的三大品牌之一，"茂圣""熹誉""周顺来""聖種""将军峰"5个企业产品品牌进入全国100强。中国茶叶流通协会公布的70家2021年度茶叶畅销品牌"三鹤""茂盛""金花"名列其中。三江侗族自治县被评为2021年度"三茶统筹"先行县域和科技兴茶富民典型县域，横州市被评为2021年度茶旅融合特色县域，横州市、三江县、昭平县被评为2021年度茶业百强县，苍梧县列入全国农业全产业链（茶叶）典型县。

全区14个市48个产茶县中，80%以上的茶园分布在边远山区，有979个村、超过20万户农户种植茶叶，茶产业已成为农民致富的主要产业。

（三）2021年度广西茶产业工作开展情况

1. 抓项目落实，促进茶产业高质量发展

一是实施茶叶全产业链开发项目，开展优良茶树品种繁育推广、茶叶三产融合示范园建设、茶叶标准化加工厂房新建及改扩建、加工工艺与设施设备改造升级、野生茶保护利用等。二是向自治区金融监管局推荐符合条件的茶叶企业、合作社等新型农业经营主体就贷款期间内发生、属于所申报项目的贷款利息申请"桂惠贷"贴息补助。

2. 开展系列茶事活动，营造茶产业发展氛围

一是2月3日在三江县开展广西早春茶节活动，通过举办2021年广西春茶节活动，以"三江早春茶·为中国叫醒春天"为主题，以采茶早、上市早作为我区春茶的亮点和重点，助力广西茶产业发

展。二是举办桂林茶叶博览会,展示广西茶叶形象,宣传和推介桂茶特色品牌,弘扬茶文化,引导茶消费,搭建茶产业合作交流平台,促进茶产业高质量发展。三是开展2021年广西"国际茶日暨第十三届全民饮茶日"活动,营造"知茶、品茶、爱茶、兴茶"的浓厚氛围,推动茶产业持续健康发展。四是积极组织参与各类茶产业博览会,搭建展销交流平台,提升和扩大广西茶品牌美誉度、知名度。五是举办茶行业"三大赛"及涉茶培训班,选拔和培育技能、管理等人才。六是同中国茶叶流通协会共同主办第十七届中国茶业经济年会,汇聚行业领袖、专家学者、业界精英围绕"三茶统筹 消费振兴 健康侗茶 梦萦三江"为主题展开分析和探讨,为打造广西茶业经济"新磁场"提供绝佳的契机。七是组织召开广西茶产业发展高峰论坛会议,汇集科研、文化、技术、市场等各领域的专家学者,为加快促进广西茶叶一、二、三产业融合发展,推动广西茶产业高质量发展建言献策。

3. 开展茶叶相关调研,扎实做好发展规划

一是参与自治区人大常委会牵头的茶产业调研,为制定《广西壮族自治区促进茶产业发展条例》做好参谋。二是由厅领导带队到湖北宜昌、贵州调研茶产业,学习先进省份发展经验,牵头制定《加快推进广西六堡茶及优势特色茶产业高质量发展实施方案》。三是编制广西乡村产业发展规划,将茶产业列为乡村重点产业之一。

4. 以创建茶产业核心示范区为突破口,不断提高茶产业科技水平

为着力提升茶产业科技水平,按照建设经营组织化、生产标准化、装备设施化、要素集成化、特色产业化的基本要求,在龙州县和苍梧县建设了2个茶产业核心示范区,发挥产业集群规模集聚效应,促进茶产业高质量发展。

5. 积极推行茶叶"三品一标"品牌认证,完善质量安全监管体系

强力打造区域公共品牌,积极支持企业自主品牌,引导企业积极使用区域公共品牌与企业品牌相结合的"组合拳",增强企业竞争力。

6. 融合农文旅,依托茶园风光和旅游景区资源,打造茶旅游线路,促进茶园变公园,茶区变景区

通过农文旅结合,成功打造国家AAA级旅游景区花山茶海、广西五星级农家乐叁袋茶原宿,平南县大鹏仙台茶场、安怀团罗茶场等茶文化与旅游开发项目,依托茶旅风光资源,发展以茶园观光、采茶制茶、文化鉴赏为主的体验式旅游景点,将茶产业与旅游深度融合。

7. 贯通产加销,积极推进茶产业集聚区和茶产业融合项目建设

一是积极推进茶产业集聚区建设,梧州市苍梧县"六堡茶船古道"田园综合体入选自治区田园综合体,梧州市长洲区摩天茶海项目已连片种植六堡茶约4600亩,开展现代化六堡茶加工厂建设,提升园区茶叶加工能力,并利用加工厂开展制茶体验、生产参观等休闲活动,打造特色现代农产品加工物流基地。二是大力发展农文旅融合,梧州市苍梧县六堡茶休闲农业示范点入选2021年广西休闲农业与乡村旅游示范点。

二、存在问题

（一）产业化发展格局不明晰

广西茶类丰富，呈黑茶、红茶、绿茶、花茶多类并存的发展格局，但六堡茶的引领作用未能充分凸显，六堡茶主导广西茶产业发展的格局还不明晰，影响桂茶产业综合竞争力。

（二）标准茶园建设相对滞后

广西茶叶生产基地主要分布在山区、半山区，茶园大多属山地茶园，种植时以梯田开垦为主，茶园基础设施薄弱，管理方式粗放，满足不了生产标准化需求。部分茶园品种老化，进而造成茶叶单产低、品质差，影响茶园标准化管理。

（三）茶叶加工能力亟须加强

广西茶产业链较短，茶叶加工大多停留在初加工层面；且多数初制茶厂为作坊式加工，标准化厂房较少，机械设备陈旧，加工工艺技术较为落后，茶叶初加工能力不强，且茶叶现代产业园区较少，未能带动产业集聚化和规模化发展。茶叶精深加工能力较弱，茶叶生产附加值和产业链延伸效益较低。

（四）茶叶科技人才支撑不足

目前全区缺乏茶叶专业技术人才，产业科技水平总体不高。茶产业专业从业人员数量少，高校人才培养机制不能适应茶产业需求，精深加工及流通销售人才比较匮乏，产销对接不畅。茶区技能型人才稀缺，且受到经费制约，茶叶技术推广示范项目不多，发展动能较弱。

（五）茶叶品牌宣传力度不够

近年来，广西茶叶实行"走出去，引进来"策略。相关部门积极组织茶企、茶商组团"走出去"，参加杭州茶博会、昆明茶博会、上海茶博会等大型国际性茶博会；同时通过举办南宁茶博会、广西春茶展销会暨广西茶叶（春季）交易会等行业活动；同时，将机遇"引进来"，积极宣传推介广西茶叶。但仍存在各类茶品商标繁多，茶企各自为政的现象，缺少在全国叫得响的龙头企业品牌，与云南普洱、安化黑茶等产品相比，品牌影响力有较大差距。桂茶品牌知名度不高，在高端茶的消费群体中未被普遍认可，仍需加大品牌宣传力度，提升桂茶品牌地位和影响力。

三、政策建议

（一）指导思想

坚持以习近平新时代中国特色社会主义思想为指导，深入贯彻落实党的十九大和十九届历次全会精神，贯彻落实习近平总书记关于茶产业发展和"茶船古道"的重要论述，坚定不移贯彻新发展理念，以发展现代农业、促进茶产业提质增效为目标，以推动高质量发展为主题，紧紧抓住国家实施"一带一路"倡议和乡村振兴战略的机遇，统筹国际国内两个市场，坚持市场导向，实施创新驱动，强化政策引导，引进和繁育良种，优化茶树品种结构，创新产业技术，提高茶园单产和茶叶品质，加强茶叶加工技术提升和质量监管，提高茶叶生产清洁化、标准化和规模化水平，提升品质、提高效益，培育一批国际化的茶叶集团，创响一批在全国有竞争力的桂茶品牌，加快打造广西千亿元茶产业，走出一条产出高效、产品安全、资源节约、环境友好的现代茶产业发展之路，实现茶产业发展兴旺，为实现乡村振兴打下坚实基础。

（二）基本原则

1. 坚持政府引导，市场主导推进

发挥政府作用，强化政策支持，加强规划引导，引导资金、技术、人才等要素向优势产区集中。发挥市场配置资源的决定性作用，遵循产业发展规律，找准产业发展短板，扩大产业规模，培育市场主体，推进产销衔接，加强品牌建设，促进产业高质量发展。

2. 坚持绿色发展，促进生态保护

强化尊重自然、顺应自然、保护自然的理念，根据资源环境承载能力，综合运用安全投入、物理技术、信息技术、绿色防控等措施，积极稳妥地发展高标准良种茶园，加强茶园投入品管控，推进标准化生产，注重质量安全，节约资源，保护环境，促进茶区生产、生活与生态协调发展。

3. 坚持创新驱动，注重质量效益

以科技创新为动力，大力推进茶叶科技创新，完善技术创新体系，强化科技基础条件和装备保障能力建设。推进机制创新，培养企业创新能力，扶持科技创新型企业，提升组织化程度，提高产品质量效益，促进茶产业结构优化，引领茶产业升级。

4. 坚持品牌引领，培育企业集团

实施品牌引领战略，创响区域公用品牌、企业品牌和产品品牌，扩大桂茶的知名度，提高市场影响力。发挥政府职能，组织协调、政策引领，坚持扶优扶强，支持企业通过兼并收购、联合重组、合资合作等方式，引导茶企业集聚发展，壮大茶产业主体，打造一批全国知名、业内领先的茶业集团。

5. 坚持三产融合，推进乡村振兴

以深化农业供给侧结构性改革为主线，做优一产、做强二产、做活三产，延伸做强产业链，丰富

提升价值链，全面构建现代茶叶生产、加工、营销等产业体系。积极拓展农业功能，发展休闲农业，弘扬桂茶文化，打造一、二、三产业融合发展的茶产业基地，从而带动农业增效、农民增收，有效促进城乡融合发展和农业农村现代化，推进乡村振兴战略实施。

（三）总体目标

坚持"政府主导、企业主体、市场运作、社会参与"，通过强龙头、补链条、聚集群、提品质、创品牌、传文化、扩营销，加快促进茶产业全产业链发展，力争产业布局更加合理，资源优势发挥明显，茶叶质量安全不断提升，产品结构更加优化完善，市场竞争能力增强，产业科技和物质装备水平明显提高，将我区打造成为全国最重要的六堡茶、茉莉花茶以及绿茶、红茶优势产区，打造广西千亿元茶产业。

——茶产业生产能力：到2025年，力争全区茶园面积发展到300万亩左右，一产产值超180亿元，二产产值超250亿元，三产产值超270亿元，综合产值超700亿元，力争达到1000亿元。广西六堡茶适制茶园面积达140万亩，产量超5万吨，六堡茶全产业链综合产值超350亿元以上，力争达到550亿元；进入全国茶产业领先地区榜单前20名的县级产区增加到2个以上。

——基地建设目标：力争到2025年，建立地方种质资源圃1个，选育地方品种（凌云白毫茶、六堡茶）等名茶无性系新品系10~15个，争取1~2个优良品系获得农业农村部植物新品种权，无性系良种茶园面积占比达70%左右；新建规模500亩以上茶园200个以上，新建富硒茶园120个以上；绿色食品茶园、有机茶园认证面积占到全区茶园总面积的50%以上。

——产业生产智能化目标：坚持推进茶叶生产过程工业化、智能化发展，培育智能制造模式，提高节能高效制茶装备的使用率。产业数字化转型取得明显进展，智能感知、智能分析、智能控制等数字技术加快渗透，有力支撑茶叶产业结构调整。

——主体培育目标：到2025年，培育国家级龙头企业4家以上（其中六堡茶企业2家以上），自治区级龙头企业25家以上（六堡茶企业15家以上），主营业务收入超过2000万元的规模茶叶企业50家（六堡茶企业25家以上）。

——品牌塑造目标：重点打造"广西六堡茶"等区域公用品牌，鼓励和支持茶产业企业创建自主品牌，到2025年力争创建1~2个国家级驰名商标、新培育10~15个区级著名商标或名牌产品。

——产业融合目标：挖掘"茶船古道"文化故事，做好茶文旅康养融合发展文章，建设茶文化旅游融合项目，包括茶文化场馆、大型茶文化表演项目、茶旅精品线路、精品园区和特色小镇等，经营性收入超5000万元的3~6个，经营性收入超亿元的1~2个。

（四）产区布局

综合考虑茶区地理、气候优势和已形成的布局基础等因素，广西优化茶叶产业布局。以现有资源及产业规模为基础，进一步推动茶产业生产向重点优势区域集中，强力打造桂东优势产茶区、桂南优势产茶区、桂西优势产茶区、桂北优势产茶区四个优势产茶区和六堡茶、绿茶、红茶、花茶四大类茶叶优势产区的现代茶产业格局（表3）。

表3　茶叶优势产区分布

茶区		重点县区	发展县区
桂东茶区	梧州市	苍梧	蒙山
	贺州市	昭平	平桂、八步
桂南茶区	南宁市	横州	武鸣、上林
	贵港市		桂平、平南、覃塘
	玉林市		博白、兴业、容县
	钦州市	灵山	浦北
	崇左市		龙州、扶绥
桂西茶区	百色市	凌云、乐业、西林	隆林、德保、右江
	河池市		南丹
桂北茶区	桂林市	龙胜	资源、恭城、平乐、临桂
	柳州市	三江、融水	柳城、鹿寨
	来宾市	金秀	武宣、象州

（五）重点茶类布局

广西产茶历史悠久，茶文化底蕴深厚。早在秦汉时期即有种植茶，在清代已形成了一批初具规模的产茶基地，嘉庆年间，六堡茶就位列全国24名茶，并形成连接海上丝绸之路、积淀深厚的"茶船古道"历史文化。广西壮族自治区的产茶大县市主要是凌云、西林、乐业、苍梧、昭平、三江、融水、金秀、横州市、灵山等县区。

六堡茶以梧州市为核心产区，桂林市、横州市等适宜区域为优势产区，同时辐射发展贺州等周边其他市。将六堡茶产业纳入自治区重点产业目录，加大扶持力度，以梧州市为广西六堡茶核心产区，打造"广西六堡茶"区域公用品牌，配套建设六堡茶毛茶加工厂；完善技术标准，扩大产能，更新技术及设备，大力发展茶叶精深加工，延伸茶叶产业链；建立完善六堡茶仓储评估金融体系，拓展市场；挖掘"茶船古道"文化故事，进一步推动茶文旅康养融合发展。

绿茶以柳州、贺州、贵港、南宁、百色、钦州等市为重点产区，同时辐射发展桂林等周边其他市。重点发展凌云白毫茶、覃塘毛尖、昭平绿茶、桂平西山、南山白毛茶、桂林毛尖茶、三江绿茶等，加快茶园更新换代，推进高标准良种茶园、生态茶园建设。

红茶以百色、南宁、贺州、柳州、来宾等市为重点产区，同时辐射发展崇左、钦州、桂林等周边其他市。重点发展昭平红茶、三江红茶、百色红茶、贺州紫芽茶等，提升红茶加工能力和产品品质，创新流通和消费新业态。

花茶以茉莉花茶、桂花茶为主，茉莉花茶以横州等适宜区域为优势产区，同时辐射发展南宁市、崇左市等周边其他市；桂花茶以桂林市的灌阳、资源等适宜区域为优势产区，同时辐射发展柳州等周边其他市。打造"横县茉莉花茶""桂林桂花茶"品牌，提升加工利用水平，推进花茶饮品和食品、保健品等多元化产品的研发和生产；依托横州市"中国茉莉之乡"、桂林国际旅游名城的旅游资源，打造茶文化旅游精品线路，开发花茶旅游纪念品。

表4 广西重点茶类布局

类别	重点区域
六堡茶	以梧州市为核心产区，桂林市、贺州市、横州市等适宜区域为优势产区
绿茶	以柳州、贺州、贵港、南宁、百色、钦州等市为重点产区，重点发展培育三江绿茶、凌云白毫茶、桂林毛尖茶等广西名优早春绿茶，培育覃塘毛尖、昭平绿茶、桂平西山、南山白毛茶等桂南绿茶
红茶	以百色、南宁、贺州、柳州、来宾等市为重点产区，重点发展昭平红茶、三江红茶、百色红茶、贺州紫芽茶等
花茶	茉莉花茶以横州等适宜区域为优势产区；桂花茶以桂林市等适宜区域为优势产区

（六）实施措施

1. 组织领导保障

由自治区领导挂帅成立自治区茶产业工作专班，强化组织领导和统筹协调，自治区各相关部门作为成员单位，相关业务资金围绕着专班确定的茶产业发展方向、主要任务和重点工程做好配套安排，形成全区上下一盘棋发展格局。全区各级各有关部门要推进茶叶生产、产业融合、品牌宣传和平台建设，通过多种方式提供政策法律、知识产权、信息咨询、人才培训等公共服务，加强舆论引导，大力营造"广西人喝广西茶"的文化氛围。充分发挥行业协会的纽带及服务作用，协助推进全区茶产业发展各项工作。

2. 加强资金保障

多渠道争取资金，加大项目扶持力度。整合自治区各相关部门涉茶扶持资金，对茶产业发展项目予以补助。坚持政府引导，社会参与的原则，统筹利用好财政资金、社会资金，对符合条件的项目充分运用"桂惠贷"政策给予2~3个百分点利率优惠支持，鼓励各类政府投资基金通过市场化方式，发挥财政资金杠杆放大作用，投资茶产业项目。鼓励合格投资者和各类政府投资基金按市场化方式发起设立各类涵盖茶产业的特色优势产业、科创投资基金，支持广西特色茶产业发展。支持各县按照涉农资金整合有关政策，统筹整合相关专项资金用于茶产业发展，以项目建设为抓手，大力打造当地具有比较优势的茶产业，不断推动茶产业高质量发展。加大企业融资担保支持力度。自治区政府性融资担保机构对六堡茶产业经营主体加大支持力度，创新反担保措施。对有稳定订单的经营主体探索以未来收益权质押作为反担保措施；对品质好、市场接受度高的产品，参照市场公允货值核定反担保物价值，努力满足茶企发展所需资金。

3. 落实用地保障

加大茶叶产业集聚区土地供给力度，按照高质量发展要求，依据《自然资源部、国家发展改革委、农业农村部关于保障和规范农村一、二、三产业融合发展用地的通知》（自然资发〔2021〕16号），各市、县在编制国土空间规划时统筹保障企业的合理用地需求，优先保障六堡茶产业项目新增建设用地规模和布局。各市、县的农副产品加工园区用地指标，依据自治区自然资源厅预安排的年度新增建设用地计划指标予以保障；以农产品初加工为主的工业项目，在确定土地出让底价时可按不低于所在地土地等别相对应《全国工业用地出让最低价标准》的70%执行。投资超过5亿元的，可优先保障用地。

4. 重点工程

围绕将广西茶产业打造成千亿元产业的总体目标，针对茶叶走向现代产业化关键环节中存在的问题，突出重点，实施良种繁育、生态茶园打造、加工水平提升、品牌打造提升、茶文旅融合发展、科技创新支撑以及人才素质提升七大建设工程，切实推进形成现代化产业格局，推动产业高质量发展。

5. 法制监管保障

重点围绕食品安全、消费者权益保护、商业秘密保护、商标使用管理等问题，建立健全多部门联动机制，加强茶叶生产加工各环节的全程监管，切实做好日常监督检查，构建全产业链质量安全保障体系。支持建设第三方检测平台，加强质量检验检测，推动质量可追溯体系建设，促进各类追溯平台互联互通和监管信息共享。推广生产记录台账制度，依法查处生产不合格食品等违法违规行为，不合格产品依法实行下架、封存、召回等措施。

（执笔人：韦克英）

2021海南省茶叶行业发展报告

海南省茶业协(学)会

一、2021年海南茶产业概况

海南是中国唯一的热带茶区，拥有得天独厚的自然资源优势和良好的生态环境，无工业污染、空气和水源良好、茶区土壤矿物质丰富，特别适合茶产业发展，茶产业已是海南农民增收、乡村振兴的特色优势产业。2021年全省茶园种植面积34500亩，比2020年增加了1500亩，其中，开采面积24000亩，与去年基本持平，茶叶总产量740吨，比2020年增加了8.8%，茶叶产值约1.92亿元，比2020年增加了15%。海南茶叶种植主要分布在五指山、定安、保亭、白沙、琼中等中西部山区，品种主要有海南大叶种和云南大叶种及20世纪90年代开始引种的福鼎大白、福云6号、奇兰、毛蟹、水仙、金观音、金萱等，海南茶叶生产企业围绕主要茶叶种植地区分布，截至2021年年末有茶叶生产许可证的企业共98家，目前比较有影响的茶叶品牌有白沙绿茶、金鼎红、白马骏红、椰仙、品香园、雨林红、薄沙、陨坑茶、妙自然、海岛红、尚南堂、五指红、印象水满、苗绿香、雨林润红等。

海南省农业龙头企业——海南省农垦五指山茶业集团公司2021年完成干毛茶产量493吨，实现总营收6582万元，利润588万元。先后获得全球良好农业规范（GAP）认证、中国国家地理标志保护产品、有机食品认证、绿色食品认证等。凭借良好的经营业绩及出色的茶叶产品品质，连续四年跻身"中国茶叶百强企业"行列，被推选为中国茶产业联盟常务理事单位、中国农垦茶产业联盟副理事长单位、中国茶叶流通协会理事单位。

二、2021年海南茶产业主要工作

（一）推进生态茶园建设，夯实产业基础

夯实茶产业基础，助力乡村振兴。依据五指山区、白沙生态优势大力推进生态茶园建设、加快发展绿色、有机茶。白沙县以"扩茶"思路推动产业发展，全县茶叶种植面积从2014年的4000多亩发展到如今的1.04万亩，产量、产值分别增加了288.9吨和5553万元，带动5000余人务工就业。其中通过推行"基础设施建设+种苗+技术指导+保护价收购"优惠措施，引导391户群众利用老胶园、闲置农村土地更新种植茶树1042亩，促进人均增收3500多元。

同时白沙县依托陨石坑地标优势，率先推动发展有机茶。利用陨石坑不可复制的地标符号，积极

推动发展有机茶种植，白沙县天然茶叶、五里路、绿碧峰等茶企陆续通过国标、欧盟等27个国家或组织的有机标准认证，全县有机茶园已发展到2365亩。其中五里路茶园是海南省第一个有机茶园；天然茶叶茶园基地是海南省最大的有机茶园，且建有种苗培育基地20亩，种质资源圃50亩，每年可培育茶苗100万株。

海南省农垦五指山茶业集团公司借助互联网设备、大数据、智能终端等技术建设白沙"智慧茶园"，通过互联网高清摄像头，获取作物生长等情况，以及实时调整农事活动。通过收集以上数据，系统自动生产不可篡改等二维码，展示农作物、农产品本身及生产过程中各类信息，配置电脑、标签打印机等专用设备和专用材料，完善农垦全面质量管理系统平台。实现对农产品生产环节、流通环节全流程追溯，如今年在水源不足、浇灌困难的茶园周边新建蓄水坝，解决广大职工群众浇灌茶园防旱保收的迫切需求。

五指山市依托中国农业科学院茶叶研究所陈宗懋院士团队技术指导，联合中国热带农业科学院环境植物保护研究所技术人员，通过对五指山茶区病虫害种类规律及天敌的调查，研究推广一系列物理捕杀害虫和高效低水溶性药剂病虫害防治技术，对茶叶的病虫害起到了很大的抑制防控效果，减少了劳动力成本，增加了产量。

（二）科技创新，提高产品质量

1．以项目为抓手推动产业升级，打造科技创新高地

2021年海南农垦五指山茶业集团公司的海垦茶业生态科技园项目完成建设，实现投资约8000万，建设一栋约16000m^{2}的初加工与精加工厂房，购置了5条自动化生产线，其中2条红茶生产线、2条绿茶生产线、1条名优精制茶生产线。科技园是集传统茶叶智能化加工示范、茶叶创新产品研发与产业化、工业观光于一体海南茶产业融合示范区，并发展成为海南茶叶自动化、现代化、精细化、科技化加工的优质前沿平台。

为了扩大茶叶生产规模，五指山市茶区加大招商引资力度，2021年有来自云南茶区、福建茶区、中科院杭州茶科所、河南信阳等地的投资商带来资金技术，投资新开茶园和建设标准化茶叶加工厂，2021年五指山市茶区新增茶叶加工产能100吨以上。

2．加强联合合作，提升科研水平

海南农垦五指山茶业集团公司与海南省农科院香料所、海南省农科院茶叶研究所及五指山大叶研究所合作，进行"海南红茶品质调控与高值化利用技术研究及产品研发"。以五指山红茶为研究对象，针对生产中存在产品品质参差不齐，特别是夏秋茶普遍存在的风味不佳、苦涩味较重等实际问题，实现海南夏秋茶加工风味品质调控与新产品研制。

3．坚持发明创造，推动成果转化与应用

海南省农垦五指山茶业集团公司坚持在茶叶加工与审评等相关领域进行技术攻关、创新，解决生产技术难题，并及时总结推广创新成果、具有特色的技术要领等。2021年海南农垦五指山茶业集团公司成功申请"一种茶叶多边形冷却机装置""一种绿茶自动化高清洁精制生产线"等7项实用新型专利。

（三）拓展销售渠道，树立品牌形象

1. 积极开拓营销渠道，线上线下两手抓

为了让海南茶叶走出去，海南农垦五指山茶业集团公司有计划、有选择地利用抖音、京东、淘宝等电子商务渠道开发岛外市场，通过开设"海垦茶业集团专营店"、媒体宣传、品牌推介会、高速路广告投放等手段，进一步扩大品牌影响力和市场份额。目前海南农垦五指山茶业集团公司茶业专营店已扩展至138家。

2. 积极参加茶叶行业竞评活动，加强海南茶品牌辨识度，树立品牌形象，提升品牌竞争力

2021年，在"中茶杯"第十一届国际鼎承茶王赛中，"白马骏红"荣获红茶组特别金奖，"白沙牌"绿茶荣获绿茶组金奖；在"华茗杯"中，"白沙牌"绿茶荣获金奖。白沙绿茶生态茶园荣获中国茶产业T20最美生态茶园称号。白沙县天然茶叶有机"陨坑茶"荣获2021年"中茶杯"第十一届国际鼎承茶王赛红茶组-特别金奖，"薄沙"品牌获得各项专利达16项。

（四）茶旅融合，延伸产业链

推进茶旅融合，培育茶产业新的增长点。海南农垦五指山茶业集团公司依托海南全域旅游，丰富的生态茶园基地资源，2021年旗下白沙绿茶生态茶园获评中国茶产业T20最美生态茶园称号。在白沙南海茶园开展"茶旅+茶+融合"模式，如自驾游茶园采风、做茶体验等研学活动，促进茶旅融合发展，做到品牌增值，打造有特色等茶旅产业平台。截至2021年接待游客人次已突破8万。

白沙县按照"茶区变景区、茶园变公园、茶山变金山"的茶旅一体化发展道路，打造集生态茶叶生产、茶园观光休闲、黎苗族文化体验、乡村养生度假等于一体的原生态茶园小镇，创建以茶叶采摘加工、茶艺表演和旅游购茶为主的五里路茶韵共享农庄，其中五里路茶韵共享农庄获评"海南省四椰级乡村旅游点"和"海南省民宿"。2021年，白沙县通过茶旅融合发展，成功吸引游客累计60591人次，有效带动农民增收和推动了茶产业的宣传推介。

（五）加强技能人才培养，增强行业发展动能

2021年海南省获批11家茶艺师、评茶员职业技能等级第三方认定机构，大大地激发了大家对学习茶业技能的积极性。全省近6000人通过社会培训机构、学校和社会团体，以政府主办、校企联合等多种形式组织开展茶业专业的技能人才的培训工作。开展多场次、覆盖人群广的技能职业培训班（讲座），将茶业技能知识的传授延伸到学校、茶企及省内乡镇基层中，不仅提升了广大从业人员的茶叶专业水平。而且为茶产业发展储备了大量的技能人才。通过以赛促学、以赛促训、以赛促评、以赛促建形式，2021年分别在海口市、琼中县、三亚市、乐东县、文昌市、白沙县及保亭等市县举办了海南省第一届自贸港技能大赛—茶业行业技能大赛，竞赛职业（工种）包括茶艺师、评茶员、茶叶加工及

斗茶，涌现了一批具有高水平的茶业技能人才。组织我省优秀选手参加了湖北省五峰举行的第五届全国茶业职业技能竞赛茶叶加工（绿茶）手工制茶大赛总决赛，获得优秀奖。海南华侨商业学校组织在校学生，代表海南参加2021年全国职业院校技能大赛中职组手工制茶项目（团体赛）比赛中获得全国第六名的好成绩。

结合新形势下如何发展海南茶产业，邀请省内茶叶专家分别到白沙县茶区、五指山茶区水满乡进行指导茶工茶农，普及茶树种植、防治知识、茶叶加工及销售等科普讲座，并现场指导传授经验。海南农垦五指山茶业集团公司组织开展公司内训活动，强化队伍建设。开展茶园基地养护指导、茶叶采摘、加工、审评等培训活动5次，培训约200人次。鼓励员工积极参加茶叶行业技能竞赛，提升岗位技能。在2021年第一届自贸港技能大赛——茶业行业技能竞赛中，荣获斗茶项目铜奖。

2021年海南省大批涉茶人员获得职业技能等级认证和晋升，其中获得技师和高级工证书的多达500人。为海南茶产业发展提供了人才支撑，增强了行业发展动能。

（六）文化引领，扩大海南茶叶品牌影响力

借助每年的"国际茶日""全民饮茶日"重要茶事活动，在全省范围内积极开展科普宣传活动，走进社区、企业、学校、茶园、工厂，通过开展丰富多彩的形式如茶艺表演、手工摘茶、炒茶、识茶辩茶、品茶体验以及科普知识宣讲等大力宣传传统茶文化，结合海南黎族苗族"三月三"传统节日，琼中县举办了采茶比赛、手工炒茶比赛和大型茶园茶歌、茶舞演出。省茶叶学会多次参加"琼州文化大讲堂"品牌公益活动，让茶文化更富有内涵。各涉茶企业经常开展各种形式的品茶会、茶艺沙龙、茶诗歌分享等各项茶文化活动，传播茶知识，宣传海南茶文化，提升了海南茶叶品牌影响力。

三、海南茶产业发展建议

（一）以种植端、加工端、销售端三大环节为抓手，夯实产业链基础，保障海南茶产业可持续发展

1. 种植端

加强茶园建设，全力推广海南大叶茶种良种。充分发挥海南大叶茶种独特冬茶和华夏第一早春茶、产量高、品质优以及茶多酚、茶黄素等内容物远高于内地茶种的优势，打造不可复制的海南茶。

（1）开展种质资源普查，筛选培育优良品种　建议深入开展茶树资源普查，全面摸清全省茶树资源分布情况，特别是我省特有的海南大叶种茶树野生种质资源，从中选优海南大叶茶种打造群体种，储备优良茶种，建立茶树种质资源圃、茶树良种种苗繁育基地。由政府统一采购良种茶苗，免费发放给茶农、茶企等，全力推广海南大叶茶种良种，实现对外地茶种茶园的逐步改造，进一步提高茶园良种化程度和名优茶比重。

（2）加强茶园建设，打造生态茶园　改良低效茶园，因地制宜在园区内合理配置不同物种，配备完善的道路、排灌等相关设施，通过土壤改良、病虫害绿色防控、完善设施等措施，提升茶园绿色生产能力。规范田间生产管理过程，建设生态系统稳定、可持续利用的产量稳定、产品安全优势的茶园，实现茶园产业生态化，生态产业化。

2．加工端

建设质量标准体系，规范产品生产工艺。支持企业建设国家级、省级标准化示范生产线。支持龙头企业制定茶叶加工技术规程、茶叶储运技术规程、茶叶产品质量标准等系列标准。引导茶叶生产企业开展"三品一标"以及SC、ISO9000质量管理体系等认证。规范产品标准化生产工艺，大力促进海南茶生产工艺创新和技术推广，推动企业产品工艺及质量标准体系建设。

3．销售端

全力打造茶产业"1+N"品牌，搭建全国渠道平台。依托海南茶种资源和茶企力量，政企合力，以区域品牌+企业品牌的形式，实现茶树品种、产品标准、产品品牌"三统一"，共同打造茶叶地域公共品牌、品类品牌，真正形成规模优势和品牌效应。打造野生茶品牌，开发野生茶产品，利用野生茶资源提升海南省的茶叶知名度。积极引导茶企到国内外参加展会，支持龙头企业举办各类茶事活动及技能竞赛、"海南好茶中国行"等活动。同时，引进茶叶品牌打造和销售方面的"高手"，与海南本土龙头企业共同搭建海南品牌专属全国销售平台，实行市场化运作。

（二）建设海南茶叶公共仓，严控产品质量可追溯

鼓励海南农垦五指山茶业集团公司充分发挥龙头企业作用，利用海垦茶业生态科技园项目"一小时中部交通枢纽"的区位优势，扶持建设海南茶标准仓，积极推进建设海南茶叶"公共仓"，严格按照进仓检验、出仓检验、全程智能化监控、每年抽样检测等程序，做到环境可控、年份可控、质量可控和产品追溯可控，实现科学规范信息化仓储。

（三）推动茶旅一体化发展，赋能海南茶叶产业链

结合产业发展实际，聚集茶产业、人文历史、休闲度假、美丽乡村建设等资源，打造以茶为载体的共享农庄、美丽茶乡村、茶体验场、茶文化吧等，促进茶产业与旅游、教育、文化等产业的深度融合，传播海南茶文化，拓展茶功能，延伸产业链，提高茶产业综合效益。

（四）加大科技赋能，推动产业发展

建立省级茶产业技术研发中心，加强与国内科研院校合作，针对海南茶园面积、地理气候特点和区域优势，围绕市场竞争需求，开展关键技术研究和重大项目攻关。依托国家、省茶产业技术体系及试验站，推进农科教、产学研结合，鼓励支持科研院校和茶叶企业建立院士工作站、专家工作站、茶叶研究所，联合共建国内一流的茶叶科技支撑服务平台。

（五）重点扶持龙头企业，壮大海南茶产业

指导龙头企业组建茶产业联盟，实施龙头企业带动战略，加大对龙头企业及茶产业绿色发展的投入扶持力度。建立激励机制，鼓励龙头企业跨区域整合资源，形成资源集中、生产集群、营销集约格局。优先保障茶叶生产、加工、物流等项目用地指标，落实好土地及税收等优惠政策。鼓励引导龙头企业参与国家、行业、团体茶叶标准的制（修）订，提升我省在全国茶叶技术领域的话语权和影响力。鼓励支持茶叶省级以上重点龙头企业建设产品研发中心。

（六）重视专业人才培养，加大人才队伍建设

实施茶业人才培养工程。积极培训和培养各种茶叶相关的技术、管理、市场营销、茶文化推广等人才，创新培养方式，激励职工在茶叶专业领域内进行深入研究创造，大胆进行技术革新和技术创造。

（执笔人：张威、陈世登）

2021重庆市茶叶行业发展报告

重庆市茶叶商会

2021年是茶叶"十四五"发展的启动年，也是关键之年。重庆，作为西部地区唯一的直辖市，是西南地区茶叶消费的中心与集散地，在面对疫情困扰、国内外经济形势错综复杂的不利影响下，全行业紧密配合，2021年各项工作稳步推进，依然保持着强大的发展韧劲。

一、2021重庆茶产业发展基本情况

（一）生产情况

据重庆市农业农村部门调查统计：重庆茶叶种植规模呈现稳步增长态势，产业规模逐步扩大。截止到2021年年末，茶园总面积达105.19万亩，其中：开采茶园面积达72.03万亩，分别较上年增加7.02万亩、5.15万亩，增幅7.15%、7.7%；无性系茶园面积71.28万亩，较上年增加6.38万亩，增幅9.83%；茶叶总产量达到4.87万吨，较上年增加0.56万吨，增幅12.6%，其中：绿茶产量4.22万吨，红茶0.62万吨，其他茶类0.03（乌龙茶、黑茶、白茶、黄茶）万吨，分别较上年增加0.39万吨、0.13万吨、0.02万吨，增幅10.25%、27.22%、325.12%；名优茶产量1.39万吨，较上年增加0.14吨，增幅11.28%；茶叶总产值达到44.53亿元，较上年增加6.99亿元，增幅18.64%，其中：绿茶产值39.18亿元，红茶产值5.18亿元，其他茶类（乌龙茶、黑茶、白茶、黄茶）产值0.17亿元，分别较上年增加4.97亿元、1.98亿元、0.04亿元，增幅14.55%、61.73%、33.38%；名优茶产值26.72亿元，较上年增加4.59亿元，增幅20.77%。目前，全市茶叶企业309个（其中大型2个、中型54个、小型253个）；茶叶龙头企业150个（国家级2个、市级43个、区县级105个），茶叶加工厂数量244个，茶农合作社数量297个。

（二）生产加工情况

第一，2021年，以重庆市农业技术推广总站为中心，重点以清洁化、连续化、标准化为发展方向，提升改造茶叶初制、精制加工厂房及装备，推进茶叶现代加工进程，推动茶叶传统加工升级改造。第二，全市以针形名优绿茶为主，开展针形绿茶品质提升及加工关键技术集成与推广，重点推广连续自动化加工关键工艺、品质设计与智能化拼配等技术，改进生产工艺，提升茶叶质量标准水平。第三，优化推广工夫红茶加工技术，规范鲜叶要求、加工技术工艺、加工设备配置，提高工夫红茶的品质。实施荣昌区红碎茶加工清洁化改造和工艺提档升级，提升红碎茶加工技术水平。第四，开展

"重庆沱茶陈醇化技术"研究，制定《重庆沱茶加工技术规程》，进一步规范重庆沱茶原料、厂房、设备、加工工艺等规范化，严格控制加工各个关键环节，不断提升重庆沱茶标准化生产加工水平。第五，建立全面的质量管理体系，以龙头企业为重点，加快茶叶加工和产品标准制定，完善茶叶标准体系框架，做好茶叶安全生产溯源体系建设工作。

（三）销售市场情况

在疫情防控总体趋好的大背景下，茶叶的消费市场加速回暖，春茶销售的总体形势较好，消费量持续扩大，销售价格稳中有升。春茶销售依然主要以线下为主，天猫、京东等线上平台也有少量交易。春茶主产干茶均价80～150元/千克，中档名优茶400～600元/千克成为春茶市场的主流，消费较为理性。从品类方面看，重庆区域茶叶消费依次为绿茶、红茶、花茶、沱茶（普洱茶）、乌龙茶、白茶……重庆本地茶叶紧密围绕"永川秀芽""秀山毛尖""南川大树茶""三峡天丛"等区域品牌开展宣传与推广工作，同时，重庆云岭茶业科技有限责任公司、重庆长城茶业有限责任公司、重庆（茶业）集团有限公司、重庆西大茶业有限公司、重庆苗品记茶业有限公司、重庆市渝川茶业有限公司、重庆市永川区永荣茶厂等重庆茶业行业的龙头企业依然是引领渝茶品牌的建设与市场推广的先锋。

2021年期间，以秀山、万州、荣昌等茶叶区县为重点，加强了夏秋茶的综合利用与市场销售，各茶叶加工企业，改变等客上门的传统生产经营方式，认真分析和预判茶叶产品走势，积极主动开拓夏秋茶销售市场，开发适应市场需求的炒青、烘青、毛峰、工夫红茶、沱茶、老白茶、黑毛茶等各类产品。夏秋茶中，大宗茶内、外销兼销，红碎茶主要出口。据调查统计，秀山2021年加工夏秋茶1000吨，加工产值1亿元，主要销往四川、贵州、湖北、湖南等省。万州区重庆玖凤旅游开发有限公司，预计2021年出口美国市场夏秋茶248吨，创汇71万美元。荣昌区红碎茶主要销往俄罗斯、巴基斯坦，常年出口大约4500吨，创汇450万美元。

（四）主推农技技术

2021年，在重庆市农业技术推广总站的技术指导下，重庆茶区重点推进茶叶科技成果2项，推动渝茶产业高质量发展。首先，在巴南、永川、南川、万州等茶区开展现代生态茶园生产技术，运用该技术后，茶园可减少化肥农药使用量30%以上，亩均综合节本增效800～1200元，促进茶旅融合发展，茶叶提质增效。其次，在全市各产茶区推进茶园蓄梢留养技术，可提早春茶萌发时间7～10天，提高早期采摘效率，单芽产量可提高20%～40%，促进春茶增产增收。

（五）产业政策助力产业发展

以重庆市人民政府关于印发《重庆市推进农业农村现代化"十四五"规划（2021—2025年）》的通知渝府发〔2021〕22号，作为"十四五"时期全市推进茶叶产业发展的指导性文件，提出打造成渝特色农业产业集群，围绕成渝两地优势特色产业，提升"川味"、果、药、茶、酒5个千亿级优势产业集群国际竞争力。建立早市名优茶产业区，加快推进永川、巴南、南川、荣昌早市名优茶主产区建设。坚持"提升绿红茶、复兴重庆沱茶、多茶类并举"思路，整合茶资源，挖掘茶文化，大力推进绿茶、红茶品牌建设，打造"重庆绿茶"公用品牌。提高夏秋茶资源综合开发利用效率，加大优质绿茶、红茶和紧压茶生产力度，建设名优绿茶主产区和全国大宗绿红茶及原料茶基地，打造中国西部早市名优茶产业带。加强生态茶园建设，示范推广茶叶机械化采摘新装备、新技术，推动茶园机械化、数据化、智慧化。利用夏秋茶资源，传承创新重庆沱茶加工工艺，打造西部夏秋茶示范加工区。推进现有加工企业和品牌整合，培育一批骨干企业和知名品牌。到2025年，茶叶总面积稳定在100万亩左右，年产量达到5万吨。

（六）品牌培育与推广

重庆茶叶区域公用品牌主要有"永川秀芽""秀山毛尖""南川大树茶""金佛玉翠""三峡天丛""云阳相思茶"以及重新恢复的"重庆沱茶"等。2021年期间，依托重庆市委、市政府创建重庆市农产品区域公用品牌：巴味渝珍，加强茶叶品牌整合宣传活动，积极组织参加国内外大型茶事活动，统一形象，统一发展，集中资源打造重庆知名品牌，全面实施品牌化建设。永川、南川、秀山、万州等地开展采茶节、斗茶大赛、手工制茶比赛等多种形式的具区域特色、形式多样的茶文化旅游活动，加大茶叶品牌宣传力度，扩大渝茶产业国内外影响，提高重庆茶叶的知名度、市场竞争力和市场占有率，共筑渝茶产业品牌特色，推动品牌建设和市场拓展。

（七）加强龙头企业和社会化服务组织培育

以重庆市农业技术推广总站为技术核心。一是以职业茶农种植为基础壮大茶园基地。通过政策引导以新型茶农、家庭农场、专业合作社为主体扩增茶园，鼓励茶企将建成茶园反包给农户种植，引导茶企创建茶农与茶企之间的利益机制。形成以公司基地引领示范、农户及种植大户为基础的茶园生产模式。二是以中小茶业为主体夯实加工能力和品质。以清洁化、机械化、标准化为目标，鼓励中小茶叶加工企业加强技术改造，着力提升现代化加工技术水平。在有条件的茶叶主产区构建茶叶加工园区，形成区域茶叶加工产业集群。三是以大型龙头茶企为主导引领产业发展。培育大型龙头茶企，引导重茶集团为首的国家级龙头企业通过多种形式联合中小茶企和研发机构等组建重庆市茶叶产业联盟，培育打造成科技型、外向型、带动型的社会化服务组织，带动渝茶产业整体发展。

二、重庆市茶叶商会履行职责，助力产业发展

重庆市茶叶商会作为重庆影响力最大的茶行业协会，坚持党建引领，紧密配合政府、科研单位，最大化发挥桥梁纽带角色职能，在品牌与市场、政府与茶企等相关者之间扮演服务、协调、组织、沟

通的角色。2021年期间，重庆市茶叶商会克服种种困难，整合各方资源，积极为会员单位服务，推动渝茶产业高质量发展，主要表现：多次开展茶艺师、评茶员、茶叶加工工技能培训，提升茶叶从业人员的实用技能水平，同时，通过线上、线下两种形式开展茶叶流通安全培训，规范茶企、茶从业人员在市场流通的经营行为，保障茶叶符合食品流通安全许可。重庆市茶叶商会牵头组织渝茶企业积极参加了杭州茶博会、厦门茶博会、华巨臣重庆春季茶博会、2021第十九届中国国际农产品交易会等展销展销与渝茶推广活动，助力渝茶品牌迈向新征程。进一步提升《重庆茶叶》杂志办刊水平，2021年出版6期，成为会员单位、渝茶信息的主要宣传窗口。尤其重要的是，2021年12月重庆市茶叶商会按上级管理部门要求完成了重庆市茶叶商会换届选举，并公平公正公开选举出新的会长、秘书长、会长单位、理事单位，开启新的征程。

三、2021年渝茶产业主要工作问题

（1）重庆茶园大部分是山地茶园，茶园规范化管理程度低，茶园机械设备使用率低，加之农村劳动力缺乏，导致茶园管理标准化程度不高，尤其是受疫情影响，春茶期间采茶人员不足，大部分茶园仍是手工采摘，采茶成本上涨，茶园下树率低，劳动力价格高，导致投入大，生产成本高，市场竞争力弱。

（2）全市茶园综合效益不高，尤其是夏秋茶利用率不高，大部分茶园在弃采现象，造成茶园效益不能充分发挥。其次，重庆茶叶精深加工滞后，茶叶综合利用率价值也仅为40%左右，茶叶利用率低，部分茶园存在弃采现象，其附加值不高。

（3）重庆茶产业除几家龙头企业外，整体来说，茶企规模都偏小，茶叶经营主体以小规模农户分散经营为主，通常采用传统经营管理模式，导致无法建立标准化、规模化生产，产品市场竞争力差，同时，各地的茶产业存在品牌知名度不高、缺乏知名大品牌对产业的带动。茶产业的集群效应比较差，没有充分发挥各区域的自然资源优势，尚未在国内有影响力的茶叶名牌产品。

（4）茶叶产业链条过短，茶园收益主要集中在种植与加工，茶资源深加工领域涉足较少，导致附加值低。科研机构、高等院校等创新主体研发的科技成果真正落实到产业第一线和价值转化的比例偏低。大量的茶园发展，导致产业供需不平衡，企业经营压力大，行业亮点不多，文化、科技、产业统筹发展有待加强等情况仍亟待解决。

（5）目前，重庆在重视渝茶品牌文化与产品文化宣传方面还做得不够，比如品牌创建、产品的开发、包装的设计、文化的挖掘等缺乏亮点，也不善于利用重庆自身优势资源进行渝茶文化宣传。与国内优秀市场相比较，渝茶市场仍处于被动的半封闭状态，营销手段相对落后，大型的茶事活动、研讨宣传等在重庆地区的普及率也相对偏低，人们的消费观念与意识较为淡薄，这在很大程度上也影响和制约了渝茶产业的发展。

四、2022年渝茶产业工作计划

（一）加强示范引领，建设标准化山地茶园

重庆是山地茶园的典型区域，按照"品种优良化、建设标准化、设施配套化、功能特色化"的思路，加强重庆山地示范茶园的建设，加强品种优化、生产模式优化、茶叶新科技成果转化，组织行业专家开展茶园实地技术指导与培训，通过科学的茶园管护，精准病虫害防控、科学施肥等技术实现山地茶园的高效管理模式，提升茶园单位面积产出与效益。

（二）完善渝茶产品体系，进一步提高茶叶品质

加快渝茶初制、精制技术提升与优化，以绿茶、红茶、沱茶、花茶协同式发展为核心，进一步提升绿茶综合效益，稳步扩大红茶产销量，重塑重庆沱茶品牌形象，创新发展特种花茶体系，提高渝茶资源的综合利用和开发，引进和推广创新茶品，满足多层次消费需求。协调各区县和茶叶相关企业制定地方标准、团体标准、企业标准，组织各全县开展渝茶质量品质评价及各种茶类制茶赛事，提高从业人员制茶技能，提升渝茶产品品质。

（三）加强茶园科技创新与科技成果转化

针对重庆茶产业的发展瓶颈为题，在科技创新、成果转化、标准制定等方面，组织行业主管部门、龙头企业和有关科研院校、机构，通过引入茶叶大数据、人工智能、物联网等新技术，加快重庆智慧茶园创建、加快渝茶加工技术与装备的智能化、标准化进程，实现茶叶的精细化、规模化，推动"渝茶制造"向"渝茶智造"的模式转化。重点选择2～3个技术成果或技术难点，开展公关突破，提高茶园及茶叶效益，形成技术集成规模效益。其次是以市场需求为导向，以消费者需求为核心，加强茶与大健康产业的融合开展茶产业全产业链深度融合，助力乡村振兴。

（四）加强全国优秀茶品牌建设，提高渝茶市场占有率

重庆拥有永川秀芽、重庆沱茶、三峡天丛、南川大树茶、秀山毛尖等区域品牌，下一步，重庆市茶叶商会将以区域品牌为基础，分品类推动茶叶企业间的合作，形成以合力推动区域品牌建设，提升全国对渝茶品牌的认知、认可，扩大渝茶品牌在全国市场的销量，积极推动龙头企业打造1～2个国内知名茶叶品牌。同时，进一步加强渝茶文化建设，讲好渝茶故事，渝茶文化，利用各类展销平台、自媒体资源做好宣传，提高消费者认知度与市场美誉度。鼓励优秀茶叶企业在立足线下销售的同时，健全"互联网+茶叶"的销售模式，开展线上线下同步销售，拓展销售渠道，创新销售模式，提升茶叶产品竞争力，推动茶产业优化升级，促进茶产业集群发展，有助于加快渝茶产业结构调整，从多维度推动乡村振兴。同时，积极建议重庆市农业农村委员会、重庆市商务委员会等有关部分部门制定有关

茶叶销售的指导意见和扶持政策。

（五）充分发挥桥梁作用，重视专业人才培养

重庆市茶叶商会将进一步做好重庆茶叶行业各种技能大赛的组织、实施工作，以赛促训，推动渝茶人才体系建设，更好通过各种渠道和方式，重点培养各种茶叶相关的技术人才、管理人才、市场营销人才、渝茶文化推广人才等，尤其要重点实施跨行业人才整合计划，切实解决制约渝茶产业快速发展的人才瓶颈问题。其次，全面组织开展培训工作，在茶艺师、评茶员、加工工的传统培训基础上，增设新媒体助力茶叶销售、茶叶网络销售、茶叶流通安全管理、茶旅研学指导师等新技能培训，为渝茶行业培养更多的复合型实用人才。同时，积极开展各种先进茶叶企业、优秀个人、优秀工作者等推评工作，重视专业人才的培养与职称评定工作。

（六）加强产业创新，推动产业提档升级

重庆，是典型的山地茶园，具有茶旅融合发展的先天优势，商会将认真贯彻国家三产融合的发展思路，结合重庆茶区的具体情况，努力引导茶叶企业实现一、二、三产业联动，推动渝茶文化与旅游业融合发展，积极引导茶企开展各种形式的茶事活动与茶旅研学活动，推动一批集生态观光、制茶体验、休闲娱乐、茶园科普、品茶购物等多种功能于一体，将渝茶产业由种植生产转向生活休闲，提高茶产业的经济效益、社会效益与生态效益。

总之，重庆茶叶将进一步围绕总书记"把茶文化、茶科技、茶产业这篇文章做好"等一系列重要指示精神，认真结合渝茶优势资源，以市场为导向，依靠科技，合理布局，发挥特色，优化结构，提升渝茶品牌形象与市场占有率，更好地发挥政府、茶企之间的桥梁作用，精耕渝茶市场，服务渝茶产业、服务茶企、茶农，为渝茶产业在"十四五"期间再上新台阶做出积极的贡献，推动渝茶产业向特色、优质、高效和可持续的方向发展。

（执笔人：贺鼎、汪毅
统稿人：司辉清）

2021四川省茶叶行业发展报告

四川省农业科学院茶叶研究所

茶叶是世界上三大传统饮品之一，被世界卫生组织和中国预防医学组织列为全世界六大天然保健饮料之首，是四川的主要特产和传统出口创汇产品，也是四川省优势特色产业和农民增收的骨干支柱产业。

一、四川茶叶发展的现状

四川是茶树原产地之一，也是人类饮茶、种茶、制茶的发源地，是我国主要产茶省份之一。到2021年，全省共有135个县产茶，占全省183个县的71.04%，其中乐山、宜宾、雅安、成都为主产区，形成了川西名优绿茶、川南优质早茶、川东北富硒茶三大优势产业带，其面积、产量、产值均占全省总面积的60%。全省优势产茶县32个，茶叶面积20万亩以上的大县18个，产业集中度达80%以上。全省茶园面积为598.0万亩，比上年增加12.0万亩，增长了2.05%，其中良种面积达493.4万亩，比上年增加17万亩，增长了3.57%，良种茶园面积占总面积的82.54%；茶叶产量35.0万吨，比上年增加0.6万吨，增长了1.74%，其中名优茶产量22.03万吨，比上年增加0.53万吨，增长了2.47%，名优茶产量占总产量的62.94%，名优茶产值276.26亿元，占总产值的82.47%，大宗茶产量12.97万吨，比上年增加0.57万吨，增长了4.60%；茶园面积居全国第3位，茶叶产量居全国第4位，分别占全国的12.21%和11.43%，茶叶综合总产值突破1000.0亿元，比上年增长100.0亿元，增长了11.11%，其中，毛茶产值335.0亿元，比上年增加31.2亿元，增长了10.27%，茶叶总产值居全国第3位，综合实力居全国第2位。百万元以上的加工企业达1750余家，规模以上茶叶企业614家，其中，销售收入500万元以上的有785家、产值千万元以上328家、5000.0万元以上的有91家，逾亿元的企业有23家，市级以上龙头企业147家、省级重点龙头企业95家，省级示范合作社77家，国家级龙头企业11家，中国驰名商标16个，中国地理保护标志28个，中国名牌农产品企业5家，四川省著名商标68个，四川省名牌产品42个，有5家企业获得GAP认证，40多家企业600多吨产品获有机产品认证。建成了川西、川南、川东北三大优势茶叶产业带。500万茶农实现人均茶叶收入达5000元以上。2021年四川省茶叶产销情况见表1。

表1 2021年四川省茶叶产销情况

项目	2021年	2020年	增量
茶园面积/万亩	598	596.4	1.6
开采茶园面积/万亩	487.3	458.85	28.45
新建茶园面积/万亩	1.6	5.5	-3.9
无性系茶园面积/万亩	493.4	477.2	16.2
有机茶园面积/万亩	6.25	6.15	0.1
绿色食品茶园面积/万亩	195.5	180.5472	14.9528
生态茶园面积/万亩	506.38	466.14	40.24
干毛茶产量/万吨	35	34.42	0.58
干毛茶产值/亿元	335	303.8	31.2
名优茶产量/万吨	22.03	20.44	1.59
名优茶产值/亿元	276.26	250.58	25.68
绿茶产量/吨	294561	284773	9788
红茶产量/吨	18222	11555	6667
乌龙茶产量/吨	4107	4289	-182
黑茶产量/吨	31757	25083	6674
白茶产量/吨	972	638	334
黄茶/吨	381	374	7
绿茶产值/亿元	284.55	271.25	13.3
红茶产值/亿元	32.64	19.15	13.49
乌龙茶产值/亿元	2.52	2.28	0.24
黑茶产值/亿元	13.54	9.97	3.57
白茶产值/亿元	1.31	0.77	0.54
黄茶产值/亿元	0.46	0.38	0.08
大型茶叶企业/家	29	29	0
中型茶叶企业/家	756	771	-15
小型茶叶企业/家	4015	3969	46
涉农农业产业化国家重点龙头企业数量/家	11	8	3
涉农省级龙头企业数量/家	81	81	0
茶叶加工厂数量/家	4781	4763	18
茶农合作社数量/家	1613	1521	92

二、川茶产业地位明显

四川茶叶历来以数量大、品种多、分布广、品质好、声誉高而著称，自古就有"蜀土茶称圣"的美誉。据史料记载，早在唐朝时期，川茶产量就位居全国之首。

目前，建成了川西、川南、川东北三大优势茶叶产业带。500万茶农实现人均收入5000余元，年人均纯增收500元，名山区仅茶叶1项实现农民人均增收1000余元。

值得一提的是，15年来，四川省良种茶园面积和名优茶产量呈快速增长势头，其发展速度和增幅居全国各产茶省市之首，茶叶企业不断发展壮大，优势龙头企业集群已凸显，其企业的规模、档次、形象、加工设备的先进性及加工技术水平堪称全国一流，四川已成为我国西南地区乃至全国的茶叶优势产区和茶叶生产标准化、清洁化、机械化、集约化的重点示范区。

三、川茶产业历史悠久

人工种茶世界最早，有2000多年历史。早在公元前53年（西汉53年），蒙顶山吴理真首开人类种茶之先河，皇茶园就是吴理真最早植七株茶的地方。

贡茶历史世界最早，有1000多年历史。早在唐玄宗天宝元年（公元742年），蒙山茶即被列为朝廷祭天祀祖与皇帝饮用的专用贡茶，智矩寺为古代僧人专制皇茶（贡茶）的地方，直到1911年清王朝被推翻结束了贡茶历史，长达1169年。

历史名茶品质好。唐代是蒙山茶发展最快最多、品质最优的时期。《元和郡县志》载：蒙顶山"今每岁贡茶为蜀之最"。唐代《国史补》也说："风俗贵茶，茶之名品益众，剑南有蒙顶石化，或小方、或散芽，号第一。"唐代杨晔的《膳夫经手录》载："蜀茶得名于蒙顶，于元和以前（公元820年）束帛不能易一斤蒙顶先春。"对蒙顶山茶的地位和价格提供了翔实记录，可见蒙山茶的地位之高和品质之优。

茶马互市历史悠久。为了加强藏汉团结和宋王朝保证军马之需，在北宋太平兴国二年，实行了"榷茶易马"制度。这一制度首先在四川推行，并规定"名山茶专为博用，不得他用"。从此蒙山茶成为历史上中央王朝与吐蕃等民族进行茶马贸易的专用茶，是我国汉族人民与吐蕃等民族人民加强政治、经济、文化联系的重要纽带。在"以茶治边"政策的促进下，在明代，在名山还设置了专管茶叶购销的场所和机构——茶马司。

禅茶历史悠久。早在唐代高僧道宗禅师在蒙顶山永兴寺遍植茶树，开启了中国以茶入禅之先河。宋代永兴寺不动禅师在创制佛教经典《蒙山施食仪》（禅门晚课必修）时，又将蒙顶山茶融入其中，形成以禅入茶，以茶会禅的蒙顶山禅茶文化。

四、川茶文化底蕴深厚，内容丰富多彩

早在唐宋时期，就有大量的文人雅士、文人墨客、大诗人、大文豪写下了赞美蒙顶山茶的诗词歌赋、散文、佳句多达500多首。如唐代诗人白居易在《琴茶》诗中有"琴里知闻唯渌水（指古代名曲），

茶中故旧是蒙山",南宋诗人陆游在《效蜀人煎茶戏作长句》中写到:"饭囊酒翁纷纷是,谁尝蒙顶紫笋香",明朝黎阳王在《蒙山白云岩茶诗》中,高度评价蒙顶茶说:"若教陆羽持公论,应是人间第一茶",等等。

川茶文化形式丰富多彩,璀璨夺目。

1. 成都茶馆、茶楼数量多,规模大,档次高,风格流派多样,为全国之最,历来有成都茶馆茶楼甲天下之美誉

如四川全省茶馆数量已达10.3万家,其中工商注册的有5万余家,从业人员达60万人,年营业额近500亿元,其社会和经济效益十分显著。尤其是成都的茶馆茶楼甲天下,其数量达2万余家。

2. 茶技茶艺表演丰富多彩,特色突出

(1)长嘴壶茶技技艺超群 如蒙顶山龙行十八式茶技:2014年雅安一会一节开幕式上表演,震撼了国内外来宾;成都长嘴壶茶技:20世纪90年代初成都廖大松、廖小松长嘴壶茶技就驰名川渝两地,其表演特色突出,随其不断宣传推广和人才培养,长嘴壶茶技声名远扬,并多次走出国门,如曾小龙应邀多次陪同习近平总书记到俄罗斯等国出访表演,其精彩的表演受到了中外国家元首的高度评价,并登上了2012年春晚舞台。

(2)盖碗茶茶艺堪称一绝 如中华人民共和国成立前民间艺人吴登芳创造了盖碗茶茶艺绝技,表演至今受到了普遍好评,1997年还应邀登上了中央电视台的神州风采节目。

3. 茶马古道,历史厚重,意义深远

茶马古道是文化传播的古道,是人类创造的奇迹。它兴于唐宋、盛于明清,其历史沉淀深厚,文化内涵丰富:是藏汉政治、经济、文化联系的纽带,是茶贸易历史的见证;茶马古道的历史,就是一部劳动人民的辛酸史、不屈不挠的奋斗史;茶性茶味真谛的具体诠释:人生如茶,有苦有甜、先苦后甜,苦中有乐、乐在其中。

4. 茶旅游资源十分丰富

如峨眉山竹叶青生态园区、宜宾金秋湖科技园区、四川夹江天福茶文化旅游区、蒙顶山茶文化旅游区以及都江堰青城山的茶溪谷等特色突出,紧扣茶文化、茶生态的茶旅游十分普遍。其功能主要是休闲、观光、购物、体验等。

5. 茶农家乐生态宜人,十分火爆

如蒲江成佳镇茶马世家茶农家乐、名山蒙顶山沿途一带茶叶山庄等。其功能主要是集旅游、休闲、观光、吃住乐于一体。

6. 茶食品琳琅满目,应有尽有

如夹江天福、宜宾川茶集团等企业开发生产的上百种茶食品。

7. 茶膳茶宴丰富多彩,风味独特

如成都宽庭的茶膳和大龙和茶宴及甘孜藏族的酥油茶等。

8. 茶文化茶技术专著数量多、种类丰富

近10年来已出版的各类茶叶专著主要有茶历史、茶文化、茶艺、茶道、茶科学、茶健康、种茶、制茶、品茶技术、艺术、工艺茶品、茶诗、茶传记、茶博览等形式书籍作品多达100多种，其中大部分与蒙顶山茶有关。

9. 茶事活动竞相举办，形式丰富多彩

10年来，四川各地茶事活动频频举办，其中规模较大、影响较大的主要有：①蒙顶山茶文化节：规模大、档次高、文化深厚、影响大；②宜宾市早茶节；③泸州纳溪区茶叶开采节；④成都蒲江采茶节；⑤乐山、雅安、泸州、成都等地的采茶大赛、制茶大赛；⑥成都茶艺大赛、斗茶大赛：参与广、形式多样，内容丰富、水平高、影响大；⑦茶论坛、茶沙龙、茶话会、茶学术研讨会等频频举办；⑧省政府主办的一年一度的中国（四川）国际茶叶博览会。

五、川茶产业发展主要特点

（一）经营体制发生重大变化

出现国有或集体企业早已向私营、民营及股份制企业转变，非国有企业和私营企业发展迅猛，如国有外贸、农垦、乡镇、劳改等系统茶叶企业近几年纷纷破产或转制为私营、民营企业。但目前，我省宜宾、雅安、广元等主产区涌现出国有资本或国资平台纷纷进入茶行业，大量收购或重组并购私营企业，出现了双向转轨或并轨趋势。

（二）多行业、多领域的集团大公司大量渗透茶叶行业，为四川茶叶发展注入了新的活力和动力

如房地产公司（万高、嘉陵、大丰、三江等）、金融系统（华夏证券、海南第一投资公司及银行等）、酒行业（五粮液、剑南春集团等）、药业（如三九药业、康佳药业等）、日用化工行业（爱丽碧丝、田七牙膏等）、路桥集团（瑞云、成铁集团等）、食品行业（嘉禾食品、新希望、天仁食品等公司）等相继介入茶叶领域进行茶叶产品生产和经营。

（三）更加重视企业的形象和品牌打造

全省相当部分茶叶企业的机械设备、外观面貌、企业整体形象、厂房、技术水平、产品质量及生产规模在全国属一流水平，并得到全国业界的高度评价和充分肯定。

目前，百万元以上的加工企业达1750余家，其中，规模以上企业614家，销售收入500万～1000万元的有785家，1000万～5000万元的有328家，5000万元以上的有91家，逾亿元的企业有23家，国家级

龙头企业11家，中国驰名商标16个，中国地理保护标志产品28个，中国名牌农产品企业5家，省级重点龙头企业95家，四川省著名商标68个，四川省名牌产品42个。

（四）早茶优势明显

四川茶叶上市早，是我国最大的名优早茶优势生产区。由于冬暖夏凉的气候特点，春季气温回升早而快，四川茶区开园采摘，普遍比浙江、江苏等主产茶省提前20～30天。因此，每年2—3月大批省外客商云集四川省主产区收购早茶，其数量占四川同期产量的70%以上。特别是川南茶区1月中下旬即可开园采摘新茶。因此，四川的名优早茶全国第一，具有明显的优势和开发潜力。

（五）更加重视产品的安全无污染

农药乱用及滥用行为很少出现，农残超标事件很少发生，对产品安全无污染的重视程度是历史上少有的，对茶叶无公害、绿色食品、有机茶的认证越来越积极。

目前，全省茶园绿色防控面积达到417.14万亩，占总面积的69.76%，峨眉山市、洪雅县、雅安市名山区被列为全国无公害茶叶示范基地县；全省有21家企业的79个产品获得了绿色食品证书，绿色食品茶园136万亩，有40余家600多吨产品获得有机产品认证，有机茶园认证面积达8万余亩（含转换面积，2001年开始认证），其中马边县有机茶认证面积达3万余亩，成为四川有机茶乃至西部地区有机茶第一县。

据四川省农产品安全质量中心连续5年对四川茶产品2085个样品的抽检结果表明：被检产品合格率达99.0%，不合格产品仅有7个。

竹叶青、绿昌茗、嘉竹等5家企业通过了全国茶叶GAP一级认证，为推动良好农业操作规范的实施，促进出口起到了积极的作用。在雅安、乐山、宜宾、成都、眉山等地建立了45个茶叶出口原料基地（备案），面积达25.4万亩。四川已成为全国的茶叶优势产区和茶叶生产标准化、清洁化、机械化、集约化的重点示范区。

（六）更加重视良种茶园的发展及良种化程度的提高

15年来，全省每年均以20万亩以上的发展速度递增，其增速居全国各产茶省首位。目前全省无性系良种茶园面积为493.4万亩，比重占82.51%。比1995年以前的7.8%提高了10.57倍。

（七）茶叶深加工和综合利用取得一定进展

目前，全省已建4家茶多酚厂，5家茶食品生产厂，其产品涉及茶多酚、茶色素、茶饮料、茶糖、茶饼干等系列茶叶深加工产品。

（八）名优茶发展快速增长，茶叶产品结构和质量得到较大改善

2021年名优茶产量达到22.03万吨，其比重由1998年的23.44%提高到2021年的62.94%，名优茶产值（276.26亿元）占茶叶总产值的比重从29.4%提高到82.47%。

六、川茶发展主要做法及经验

（一）领导高位推进，产业蓬勃发展

省委省政府高度重视川茶产业发展，彭清华书记、尧斯丹副省长、祝春秀副主席等省领导先后对茶产业发展做出重要批示4次，邓小刚副书记等省领导出席第十届四川国际茶业博览会开幕式。精制川茶产业联系指导省领导、省政协副主席祝春秀主持召开全省精制川茶产业培育现场推进会议和深化精制川茶产业培育暨2021年春茶生产形势座谈会，解决茶产业发展存在的问题，并提出下一步发展目标和工作重点；带领农业农村厅、财政厅等部门赴雅安市、乐山市、泸州市等主产区调研督导，将"为群众办实事"工作做细做实；出席了在四川、上海、北京等地举办的四川国际茶业博览会、四川天府龙芽·品质川茶推介会等活动，为川茶品牌代言助力。印发了《2021年精制川茶产业培育工作要点》和《四川省低产低效茶园改造实施方案（2021—2025年）》。精制川茶培育机制成员单位整合资金约2.5亿元用于茶产业基地建设、主体培育、市场拓展、品牌打造、科技支撑等。雅安市召开了"十四五"雅安茶产业发展研讨会，编制了《2020年雅安市茶行业发展报告》，为推进全市茶产业转型升级和可持续发展提出可行性建议。宜宾市、乐山市制定了《关于支持茶产业高质量发展的实施意见》《茶产业高质量发展的支持政策》《2021年乐山市茶产业高质高效发展工作推进方案》等文件；宜宾市、夹江县还成功举办了第四届国际茶业（宜宾）年会和第三届中国（夹江·峨眉山）国际绿茶出口发展论坛，推进当地茶业发展；旺苍县整合东西部协作、省内对口帮扶、乡村振兴融资、财政涉农整合等项目资金1.1亿元以上，吸纳社会资本投入2亿元，全力保障茶产业发展资金需求。

（二）推广先进技术，促进绿色发展

以现代农业园区建设、产业强镇、绿色高质高效及四川早茶优势特色产业集群项目为抓手，加强与院士工作站、四川省茶叶创新团队等科研院校专家们的深度合作，开展基础设施改造提升，实现产业基地规模化、标准化、绿色化、良种化、数字化、宜机化建设，推广机采、机耕、机防、机施、机修等机械换人技术，全面应用"两个替代"绿色生产和低产低效茶园改造技术，在适宜区推行水肥一体化设施，提高茶园现代化水平。据业务统计，全省改造低产低效茶园面积22.27万亩，其中：乐山市改造4.04万亩、宜宾市改造10.13万亩、广元市3.5万亩；机采茶园面积228.69万亩，增加36.6万亩，全省绿色防控面积417.14万亩，分别占总面积的12.08%、38.76%、69.76%。茶园质量安全水平稳步提高，出

口茶产品检测无一不合格，全省出口（直接和间接）茶产量为7.03万吨，货值21.08亿元，其中成都海关检验检疫的出口茶叶重量3313.1吨，货值3238.5万人民币（截至2021年10月）；2022年4月9日，"四川夹江茶叶出口中亚专列"在成都青白江区国际铁路港完成首发，夹江茶叶直接出口乌兹别克斯坦，成为四川茶叶首次直接出口中亚。推动企业技术改造，蒙顶山跃华茶业集团全面进行"煤改气""煤改电"，减少碳排放，实现清洁化生产；乐山炒花甘露茗茶有限公司新建精制茉莉红茶生产线，实现自动化、智能化生产；竹叶青打造数条全自动生产线，采用国际先进的微电子控制技术，大幅提高产品质量稳定性。据业务统计，企业通过厂房改造、设备改进、工艺创新，清洁化加工率达90%以上。

（三）发挥资源优势，推进茶旅融合发展

各茶区充分利用旅游资源、历史文化资源等优势，挖掘弘扬川茶文化，讲好川茶故事，推进茶园景区打造、配套完善服务设施，推进茶产业与旅游、文化等方面的融合发展，茶旅游已成为乡村旅游的重要内容和突出亮点。雅安市聘请郎朗担任"第十七届蒙顶山茶文化旅游节公益推广大使"和"蒙顶山茶乡村振兴公益推广大使"，为蒙顶山茶打call推广。巴中市、马边县先后举办了第六届"巴中云顶"茶文化旅游节和小凉山采茶节，吸引了城乡居民参与茶文化、茶旅游活动。筠连县川红特色小镇（巡司镇）、宜宾市翠屏区天府龙芽特色小镇（金秋湖镇）被省政府确定为"四川省特色小镇"和创建对象，高县大雁岭成功创建4A级旅游景区，珙县鹿鸣茶海清凉游线路为全省唯一入选农业农村部发布的2021中国美丽乡村休闲旅游（夏季）精品线路，川茶集团被农业农村部认定为2021年度农业农村信息化示范基地，金秋湖镇邱场村生态茶园入选"中国茶产业T20最美生态茶园"。峨眉山市大力推进园区公园化、景观化改造，巩固提升嘉峨茶谷、寨子茶里等茶旅融合示范点，串珠成链形成园区百里茶旅融合长廊，"峨眉问茶·万年祈福"成为全国精品茶旅线路。

（四）强化主体培育，提升企业竞争力

坚持扶优扶强龙头企业，推动竞争力提升、带动能力增强，依照财政22条，省级财政兑现奖补847万元。依托培育"专精特新"中小企业和大企业大集团工作机制，通过落实支持企业技术创新、技术改造和市场开拓等综合政策，峨眉雪芽、桓源茶业等4家成功入选为省级"专精特新"重点培育企业。积极引导茶叶企业加快建立现代企业制度，加快经营管理模式创新，推动茶叶企业规范化公司制改制，持续实施中小企业"育苗壮干"梯度培育行动，加大高山绿茶、出口绿茶、茉莉花茶三大加工集群代表性龙头企业的培育和提升。早白尖、巴山雀舌等5家茶企入选为高成长性培育企业；支持华义茶业、峰顶寺茶业等茶企争创第三批国家级专精特新"小巨人"；启动2021年度乡村振兴带动标杆企业认定工作，拟评选米仓山、早白尖等5家茶企为第一批标杆企业；实施"小升规"企业培育工程，大力促进茶行业小微企业上规模、规范化发展。培育了四川早白尖等10家高新技术企业，三山茶业等49家科技型中小企业发展。2021年，新增北岳茶业、春兰茶业、申西辰茶业3家企业为国家级龙头企业，全省现有国家级龙头企业达到11家。

（五）强化部门配合，精制川茶推进小组成员单位主动担当

农业农村厅积极发挥茶产业牵头抓总部门作用，杨秀彬厅长多次亲自主持专题研究、亲自督导、推动落实，各成员单位细化工作举措，指导茶区主动出击，抓细抓实、协同解决茶叶生产中的困难和问题，形成共同推进川茶产业发展合力。财政厅、农业农村厅通过产业园区建设、园区提级升星、品牌宣传推广、集群建设等对茶产业发展给予重点支持，及时下达拨付资金；经信厅加快推动茶叶园区建设，指导峨眉山经开区实施"峨眉山茶"区域公用品牌打造，品牌价值达30亿元，持续实施中小企业"育苗壮干"梯度培育行动和技术改造项目，建立完善精制川茶加工重点项目库储备和项目监测，现已完成12个精制川茶项目储备，总投资近3亿元；科技厅支持精制川茶科技项目41项、经费2856万元；成都海关积极助力茶叶生态原产地产品认证和示范区建设，积极开展茶叶及其衍生品碳足迹认证和标准、数据库研究基础工作；省经合局通过互联网、电话、微信、邮件、视频连线等方式向企业及省内外各商协会发布项目信息，加大宣传推介力度，全省共签约精制川茶重大项目8个，投资总额共8.41亿元；省政府参事室加大调研指导，商务厅采取措施推动线上线下销售，省地方金融管理局联合金融机构加大金融支持，省乡村振兴局通过巩固拓展脱贫攻坚成果同乡村振兴有效衔接项目加大对茶产业的支持，省市场监管局加强市场监管、茶叶标准体系建设，省林草局推动生态茶园建设，省农科院承担精制川茶产业培育科研项目25项，科研项目经费644.64万元，其中国家级项目4项；川农大、省茶科所、宜宾学院三家联合建设的精制川茶重点实验室，围绕川茶发展对育种、加工等理论技术方面需求，申报国家自然科学基金项目3项、获批1项，申报或联合申报省科技计划项目10项，设立开放课题，加强交流学术，举办"精制川茶实验室开放周"活动，向广大社会人士及中小学生展示了川茶科技文化成果。

（六）加大品牌宣传，扩大川茶市场

坚持以"天府龙芽"省级公用品牌为引领，与"峨眉山茶""蒙顶山茶""米仓山茶"和"宜宾早茶"等地方公用品牌协同发展。今年，"天府龙芽"率领宜宾、乐山等区域地理标志企业相继到上海、北京、青岛、杭州等地举办四川天府龙芽 品质川茶推介会，组织了12家茶企产品参加川酒全国行杭州站活动，为川茶品牌宣传造势。持续加强"天府龙芽"公用品牌宣传，在央视《新闻1+1》以及双流机场、成渝高铁、成都地铁、高铁站、高速路、苏宁广场广告、绕城高速和北京地铁、王府井商圈及新媒体朋友圈、今日头条等发布"四川天府龙芽 品质川茶"广告，提升川茶品牌知名度。高水平举办了以"精制川茶 共享发展"为主题的第十届四川国际茶业博览会，参展企业、布展面积为历届规模之最，线上线下交易额11.3亿元，再创十年茶博新高。在第二个"国际茶日"之际，举办了以"敬世界一杯盖碗茶"为主题的2021四川国际茶日启动仪式暨四川名茶品饮节活动，斯丹副省长、春秀副主席出席，宣传弘扬茶文化、传播茶知识，推动全民饮茶、健康饮茶、科学饮茶。"峨眉山茶""宜宾早茶"和"蒙顶山茶"等区域品牌也在动车、高速路牌、电视台等区域开展广告宣传，举办推介活动，提升品牌知名度。

七、四川茶叶发展存在的主要问题

（一）川茶发展结构性仍然失衡

初级产品多、精深加工少、附加值低没有根本转变，大量的茶叶以原料形式外销或直接被外省企业贴牌加工，除绿茶外，工夫红茶、藏茶、茉莉花茶都没有培育出全国性大品牌。

（二）川茶发展质量效益不高

创新引领、协同发展的产业体系亟待构建，各地茶叶产品同质化突出，特别是适应年轻人消费的产品创新开发不足，省内虽有部分优势区和集中发展带，但还没有出现具有强大区域带动力、产业影响力的产业集群。

（三）川茶产业空间布局亟待优化

11个茶叶主产市差异化特征不明显、绿茶产量占比超过70%的有8个，30个优势县各自特色不彰显、绿茶产量占比超过80%的达22个，不少地方相互模仿、近乎雷同。

（四）川茶产业链各环节畸轻畸重

川茶在茶园规模和建设标准上领跑全国，但茶叶加工、营销、茶文化的弘扬等产业链后端发展水平落后于福建、浙江，制约我省茶叶企业竞争力弱、带动力不强。

八、四川茶产业发展思路及措施

（一）树立"以质取胜"的观念，狠抓产品质量

当前，我国尤其是世界正在由产量型向品质型转移。企业轻质必然失去市场，失去顾客，失去竞争；相反，将占有市场，赢得顾客，拥有竞争，这已成为不以人们的意志为转移的客观事实。从国内市场销售趋势看，名优茶供不应求，高中档茶紧俏，卖价高。相反，低档茶销售下降。

因此，四川应真正在质量上下功夫，树立"以质取胜"的观念。为此，建议企业要积极实行全面质量管理：①制定茶叶产品标准，使企业生产的各种产品从产地、生态条件、原料质量、加工工艺、产品质量、卫生状况、贮藏条件等都要制定出严格的标准，以标准规范茶叶采制工艺和产品质量，结束以前那种企业无标生产的状况，真正树立以质量求生存、求发展，向质量要效益的观念；②结合开展名优茶评比活动，加强质量监督和管理，对生产、经营名优茶的企业、商家进行经常性的产品质量抽查和监督，对发现的问题，如质量名不符实，以次充好，以陈充新，以假冒真，掺杂使假以及商标

侵权等行为予以坚决制止和惩罚，做到奖优惩劣、打假扶真，从而规范茶叶市场，营造创名牌、出名牌、奖名牌产品的良好市场环境。

（二）大力开发茶叶特色产品

通过科技创新，进一步改进和完善我省名优茶加工工艺技术，开发生产优质特色的名优茶产品，尤其要采取独特的工艺技术，研发高香型、高鲜型、花香型等风格独特，并具有较强市场竞争力的名特优产品，大力提高川茶的科技含量和市场竞争力，满足广大消费者的不同需求。

（三）开展茶叶精深加工，大力开发高附加值的茶叶精深加工产品，延伸产业链

目前，四川省茶叶的综合利用价值也仅为40%左右，尚有60%的原料被浪费掉。尤其很多地方夏秋茶不采，这些浪费掉的原料完全可以通过精深加工提取茶多酚、儿茶素、茶氨酸、茶色素、茶多糖、茶皂素等生化产品。

茶叶精深加工和综合利用是一个正在兴起的新产业，不但拥有巨大的增值潜力，也拥有巨大的市场潜力。其产品用途广、市场需求量大，广泛用于食品、医药、化工、保健、饮料、建筑等诸多行业，其增值空间较大，有数倍甚至十倍以上的增值空间。

（四）实施名牌精品战略，狠抓品牌建设，培育知名大品牌、大企业

当前，全国茶叶市场总的说来不景气，属买方市场，其市场竞争十分激烈。任何一个产品要想在市场竞争中取胜，必须打好质量这张牌，实施名牌精品战略，努力实现产品优质化品牌化。品牌是企业的形象，更是企业的无形资产。

因此，企业要在市场竞争中求生存、求发展，必须实施名牌战略，狠抓品牌建设。

（1）企业要增强商标意识，努力创立和培育商标，并依法使用和保护商标。同时，要改进包装，强化宣传，努力提高产品的市场占有率和潜在的附加值。

（2）以优势产品为龙头，规划名优茶生产基地，要以联合的方式或组建企业集团，统一经营、统一发展名优茶。即按茶类品种统一质量、统一包装、统一品牌、统一宣传、统一销售，并集中推出2~4个在国内外知名度高、市场影响大、产品覆盖面宽、经济效益显著的名牌产品，以增强我省名优茶的整体形象和整体实力，从而改变我省目前无知名大企业、知名大名牌或有之甚少的局面。

（3）在名牌产品的培育和发展过程中，有关部门（财政、税务、金融等）应给予积极鼓励的扶持政策。

（五）积极疏通国内外茶叶销售渠道，努力提高四川省茶叶产品在国内外市场的竞争力和占有率

拓展国际国内茶叶市场，必须坚持以市场为导向、以质量为重点、以卫生安全为核心、以企业为

主体，充分发挥绿茶优势，积极出口。企业要积极研究市场、开拓市场、不断创新，生产适销对路的产品。

从四川省茶叶出口大起大落的历史经验教训来看，首先要提高企业出口的积极性，一方面要致力于茶叶生产企业的主体队伍的不断扩大，培植龙头企业，另一方面，要加强人才的培训，还要让茶叶企业懂得为什么要出口，如何搞出口。要加快培养一批既懂外贸业务，而且会外语，又熟悉国际贸易法规，熟悉茶产品国际贸易质量、卫生和环保标准的复合型外贸人才；按比较优势原则，优化资源配置，发展有市场竞争力的产品。

我国绿茶在国际市场上具有明显的优势，绿茶出口量占世界绿茶出口总量的85%。近十年，国际市场上绿茶需求量明显增长。我们要充分利用国际上关于饮绿茶更有益于健康的研究成果，引导和促进绿茶消费，开拓绿茶消费新市场，重点是欧美市场，扩大我国绿茶出口。

（六）依靠科技进步，振兴川茶经济，努力提高四川省茶叶综合品质和效益

"科学技术是第一生产力"是实现农业两个根本性转变和可持续发展的重要保证。茶叶作为技术性较强的产业和商品，其发展和增长方式主要靠科技，四川是一个科技大省，茶叶方面拥有大批的科技人才和大量的科技成果，各级政府和相关部门应加大投入力度，加快这些科技成果的转化应用和示范推广，以充分发挥科技第一生产力的作用，使四川茶叶得到更快更大的发展。

（七）加强人才培养

各级政府应加大力度，通过各种渠道和方式积极培训和培养技术人才、管理人才、市场营销和策划人才，尤其要重点培养市场营销和策划人才，切实解决制约我省茶产业快速发展的人才瓶颈问题。

总之，精制川茶发展一定要以市场为导向，以效益为中心，依靠科技，合理布局，发挥特色，优化结构，优质高产，适销对路，突出重点，持续稳步发展，提高茶叶整体素质和综合效益。在茶叶产品结构的调整上，要坚持适度发展面积、提高单产、着重提高产品质量和综合效益的原则，不要在数量上作文章，要突出优质，提高产品的附加值和经济效益。此外，还要因地制宜，因市场需求而调整，决不能搞一窝蜂、一边倒，使全省茶叶向着优质、高效和可持续的方向发展。

（执笔人：王云）

2021贵州省茶叶行业发展报告

贵州省绿茶品牌发展促进会

2021年,贵州省茶产业在省农村产业革命茶产业发展领导小组的领导下,按照省农业农村厅党组安排,深入学习贯彻落实习近平总书记视察贵州重要讲话精神以及统筹做好茶文化、茶产业、茶科技这篇大文章的重要指示精神,坚持"守正创新、正本清源、确立地位"的战略思路,"订单为王、开拓市场、务实求效"的总体要求,以"贵州绿茶"品牌为引领,持续深耕"三北"市场,实施基地"三大行动",推动产业链"四化发展",加速"茶产业+"深度融合,不断推进茶产业现代化高质量发展,实现"十四五"开门红。

一、面积产量

2021年,全省茶园面积700万亩以上,其中投产茶园面积643万亩,茶叶产量46.99万吨、产值570.9亿元,产量、产值同比分别增7.7%、13.3%。投产茶园、产量、产值分别完成全年任务的102.1%、104.4%、101.9%。

二、企业发展

全省现有注册茶叶企业(合作社)5814家,其中国家级龙头企业12家,较去年新增2家,省级龙头企业230家;茶叶精制加工中心74个,清洁化自动化生产线1666条;通过SC认证企业1067家,ISO9001、SIO2000、HACCP等质量体系认证226家。

三、精深加工

以抹茶、袋泡调饮茶和新式茶饮等为切入点,以生产基底茶原料和开发丰富终端产品为抓手,进一步加大产品研发力度,延伸产业链,提高茶树资源利用率和经济附加值。贵茶抹茶产品纳入全省农产品(食品)深加工高成长企业产品进行重点培育,开发抹茶系列产品种类较去年新增10个以上。引进逅唐茶业有限公司在湄潭投资1.6亿元,建设冷萃茶及出口成品茶生产线。大宗茶交易平台"百茶台"落户贵阳,中国高端袋泡茶品牌茶里作为采购方正式签约贵州百茶台。

四、品牌培育

以"贵州绿茶"为引领,提升品牌宣传效应。充分利用省市内高铁站、航站楼、地铁站以及高速公路出入口等重要展示窗口,展示"贵州绿茶"品牌和对外形象。省内主要高速公路以及5个出省主要通道设置18个"贵州绿茶"广告牌;贵阳北站设置"贵州绿茶"吊旗2张;贵阳市内地铁站1号线12个站点共设"十二封灯箱"50个;在贵阳市主城区20余块户外LED屏及50余块贵阳城市智慧应急预警信息平台,播放"贵州绿茶"公益宣传广告片。全年共有287家企业申请"贵州绿茶"用标,其中268家获得授权;以"贵州绿茶"整体形象组团参加省外各类展示展销活动10次。"三绿一红"等省重点品牌授权使用企业达1170家,较去年增加170家。

五、茶事活动

以茶事活动为载体,助力黔茶飘香。组织开展"'贵州绿茶'2021第一采"活动、全省双手采茶技能竞赛、贵州省春季及秋季斗茶赛、第13届贵州茶产业博览会暨招商引资大会等省级茶事活动,不断丰富活动的形式和内容。3—4月,线上线下开展贵州茶产业"十佳"评选活动,树立行业标杆,引起省内外、行业内外广泛关注,平台总浏览量1.08亿,总投票数3941.6万。5月21—23日,举办第14届南明"黔茶飘香·品茗健康"暨"国际茶日"茶文化系列活动,营造全民识茶、喝茶、爱茶的氛围。组织开办3期黔茶大讲堂、华彩文化大讲堂等茶文化普及课程;在省博物馆举办《黔茗古韵——贵州茶文化展》系列活动。在世界绿茶大会暨中国绿茶高质量发展论坛、东亚地方政府会议经济产业分论坛推介贵州茶产业。全年全省开展茶文化"七进"活动764次。

六、市场开拓

坚持"走出去""请进来"精准产销对接,提升市场占有率。4月18—20日,沿用"1+N"办会模式,举办以"干净黔茶·全球共享"为主题的第13届贵州茶产业博览会,省委谌贻琴书记和李炳军省长分别作出重要批示,蓝绍敏副书记出席活动并作重要讲话,邀请全国25个省(自治区、直辖市)1850名采购商和行业协会负责人参会。活动期间,签约招商引资项目62个总投资64.64亿元,其中购销类项目29个18.1亿元。7—10月分别在辽宁省沈阳市、甘肃省兰州市、山东省青岛市举办贵州茶文旅融合发展暨招商"三北"推介活动,来自"三北"地区茶企负责人、茶叶经销商、投资人、茶叶行业协会及媒体记者等800余人参加,客商人数比例接近80%,共签约项目45个18.35亿元。2021年全省销售茶叶数量40.48万吨,总销售额516.15亿元,其中省内销售17.65万吨,销售额254.98亿元;省外销售22.83万吨,销售额261.17亿元。省内销点9650个,进商超系统938个;省外营销点14525个,进商超系统355个。

七、国际市场

扩大茶叶出口规模，不断拓展国际市场。积极对标欧美、日韩、中东等国际市场，支持省内茶叶企业自营出口，打造高质量出口基地。全省备案出口茶叶种植基地170家、48.67万亩，分别同比增长40.5%和57.1%；备案出口生产企业163家，同比增长81.1%。推荐贵茶、黔雨枝、林仙康3家出口成长型企业认定为农业国际贸易高质量发展基地。1—11月贵阳海关共检验检疫出口茶叶19.21亿人民币、7583吨，同比分别增长34.9%和22.83%，主要销往东南亚、巴基斯坦、加拿大等30多个国家和地区。茶叶已成为贵州省第一大出口农产品，京贵茶树花、黔茗茶业、七味茗香等9家企业成为贵州省黔茶出海的重要力量。

（执笔：雷睿勇）

2021云南省茶叶行业发展报告

云南省茶叶流通协会

2021年是党和国家历史上具有里程碑意义的一年，在以习近平同志为核心的党中央坚强领导下，从容应对百年变局和世纪疫情，奋力完成改革发展的艰巨任务，实现了"十四五"良好开局，云南省各项工作稳中有进，整体向好。云南省委、省政府高度重视茶叶产业，做好茶文化、茶产业、茶科技统筹促进云南省茶产业健康发展，从政策扶持、资金投入、基地建设、品牌培育、市场开拓等方面采取扎实有效措施，助推"云茶"产业再上新台阶。

2021年新冠疫情影响到我们各个方面的工作，但是没有阻挡协会发展的决心和行动。云南省茶叶流通协会紧紧围绕习近平总书记重要指示，按照云南省委省政府具体要求，在中国茶叶流通协会及省有关部门的支持帮助下，牢记"提供服务，反映诉求，规范行为，促进流通"宗旨，围绕中心，服务大局，精心为茶企茶农服务，团结全体会员，凝聚茶企合力，提振茶人信心，为实现茶产业由脱贫攻坚的支柱产业转为乡村振兴的支柱产业出主意、想办法，克服了疫情肆虐、市场疲软的影响，取得了较好成效，为云南省"十四五"开局之年稳步发展做出了应有的贡献。

一、2021年茶叶生长期间的气候条件分析

春茶生产季的气象背景和特点：2021年春茶生产季（2月中旬至4月上旬）云南主要产茶区平均气温16.9℃，较常年同期偏高0.9℃；平均相对湿度53.8%，较常年同期偏低（61.9%）；2020年3月中旬（3月12日）主产茶区气温即稳定通过18℃，较常年同期的4月上旬早15～20天。总体而言，主要产茶区春茶生长季高温少雨，干热特点突出。茶区气温稳定通过18℃的时间较常年同期提前，春茶生长期平均气温较常偏高、空气湿度较常同期干燥，春茶采收、上市时间也较常年提早5～10天。对春茶品质和产量稍有影响。

秋茶生产季（9月上旬至11月中下旬）云南主要产茶区平均气温19.2℃，较常年同期（19.3℃）相当；平均相对湿度80.1%，比常同期略干（82.2%）；11月下旬主产茶区气温才稳定降至16℃以下，较常年同期的11月上旬晚15～20天。主产茶区稳定降至16℃以下的时间较常年同期偏晚，秋茶生长、采收期较常年略长，现代茶园在养分供给充足的情况下利于茶叶单产提高，茶叶品质也好。

二、云茶产业健康发展

2021年全省茶叶种植面积740万亩，比上年增2.8%（图1）；总产量49万吨，比2020年增2.4万吨，增5.3%。综合产值1071.1亿元（图2），较2020年增69.7亿元，增6.9%，其中农业产值209.9亿元（图3），比上年增13.3%；二产产值714.9亿元，增92.3%；批发零售环节增加值146.2亿元，加工产值与农业产值比值为3.4∶1。

全省成品茶产量37.4万吨，较2020年增5.3%（图4），茶类品种齐全，以普洱茶、红茶、绿茶为主。2021年全省普洱茶产量16.1万吨（图5），与去年基本持平；红茶产量7.2万吨，呈减少趋势，比2020年减少1.6万吨，减少18%；绿茶产量14.1万吨，比去年增4万吨，增4%；其他茶类约8000吨（乌龙茶1243吨，白茶6963吨）。

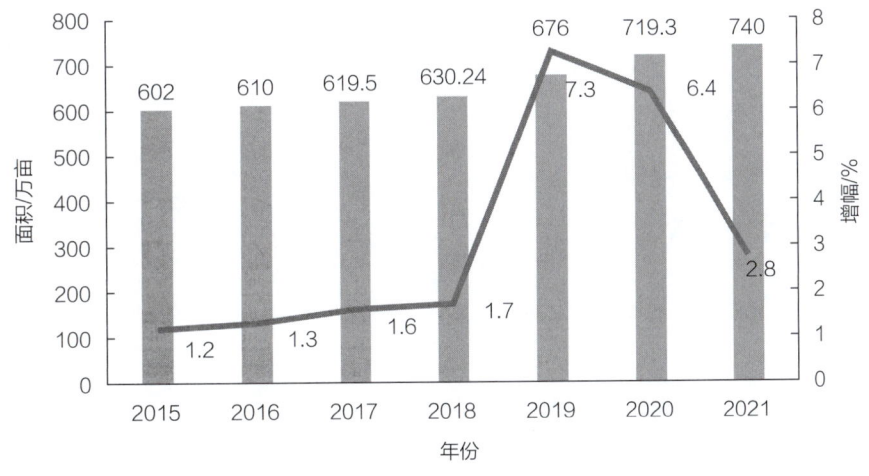

图1　2015—2021年云南省茶园总面积

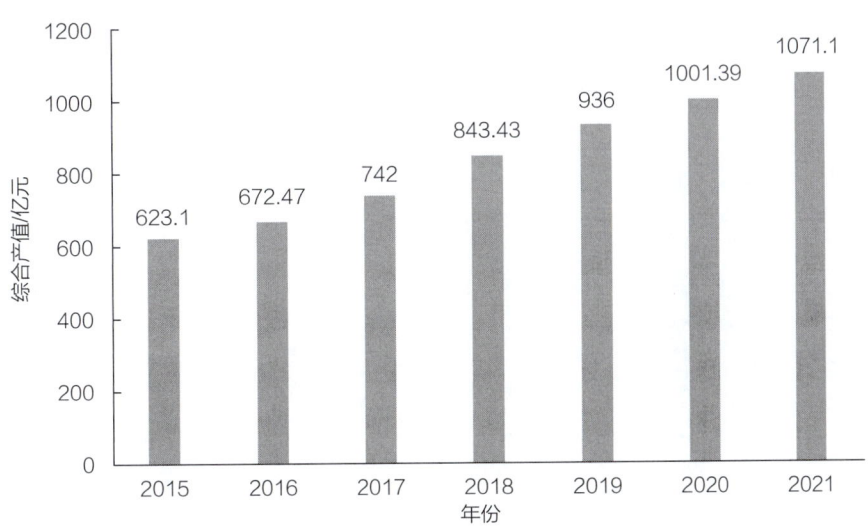

图2　2015—2021年云南省茶叶综合产值

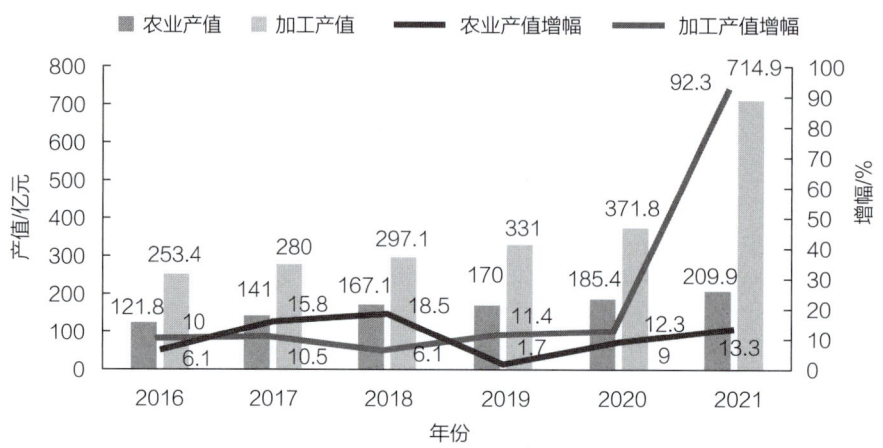

图3 2016—2021年云南省茶叶农业产值和加工产值

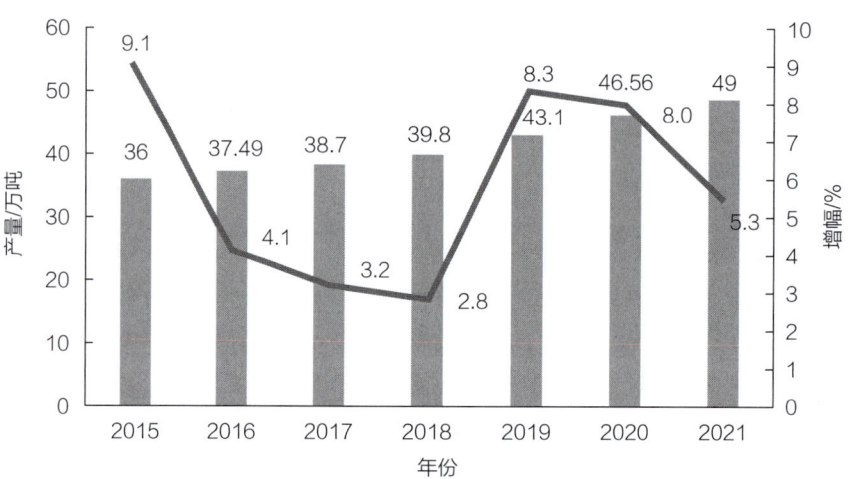

图4 2015—2021年云南省茶叶产量

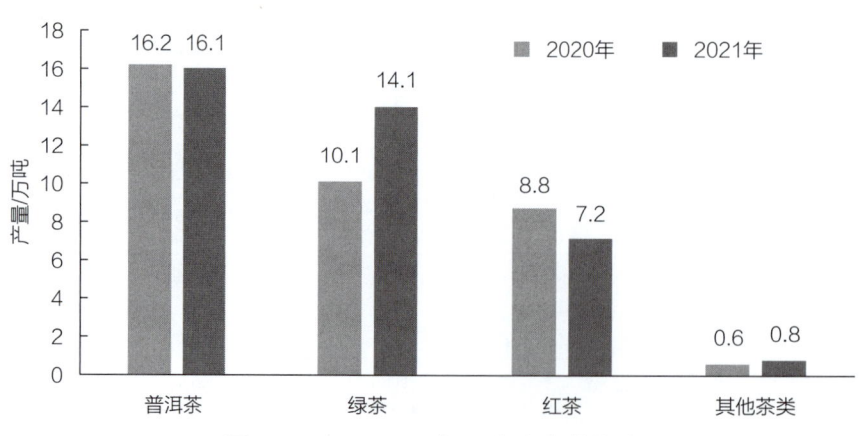

图5 2020—2021年云南省分茶类产量

2021年毛茶价格稍有提升,每千克比上年增2.9元,平均单价每千克42.3元;成品茶价格平稳上扬,平均单价122.8元/千克,较上年每千克增18.6元,同比增17.9%(图6)。其中普洱茶平均单价为138.8元/千克,与上年持平;红茶产量总体略降,但红茶平均单价达94.5元/千克,同比增53.8%,价格有所增长;唯绿茶价格有所下降,单价61.4元/千克(图7)。茶农来自茶产业人均收入达4708元,较2020年增加658元,产业效益增长助力乡村振兴作用初现。

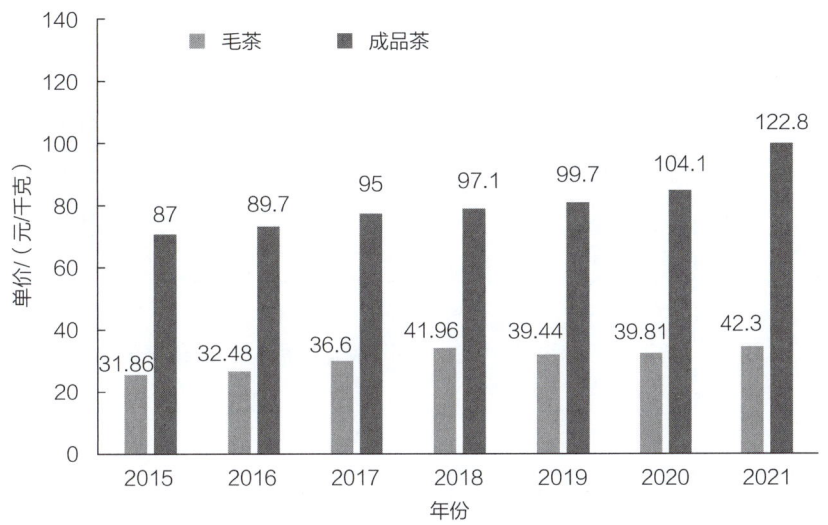

图6 2015—2021年云南省毛茶和成品茶单价对比

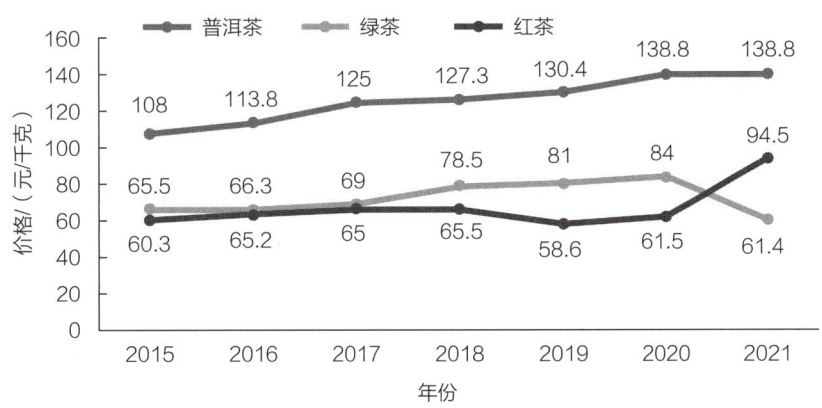

图7 2015—2021年云南省分茶类成品茶价格走势

全省16个州市有14个州市产茶,但以普洱、临沧、西双版纳市(州)三个茶区最为集中,其中临沧市茶园面积173.4万亩,普洱市175万亩,西双版纳139.4万亩,三个茶区茶园面积达487.8万亩,占全省茶园总面积的65.92%;茶叶总产量临沧市15.4万吨,普洱市12.4万吨,西双版纳5.96万吨;三州市茶叶总产量33.76万吨,占全省总产量的70.33%;茶叶总产值临沧市257.9亿元,普洱市338亿元,西双版纳190.59亿元，三个主产区茶叶总产值786.49亿元，占全省总产值的73.43%（图8）。其次是保山茶区，面积61.32万亩，产量5.43万吨，分别占全省总量的9.1%、12.6%；文山、红河、德宏、大理4个茶区面积在20万亩以上。

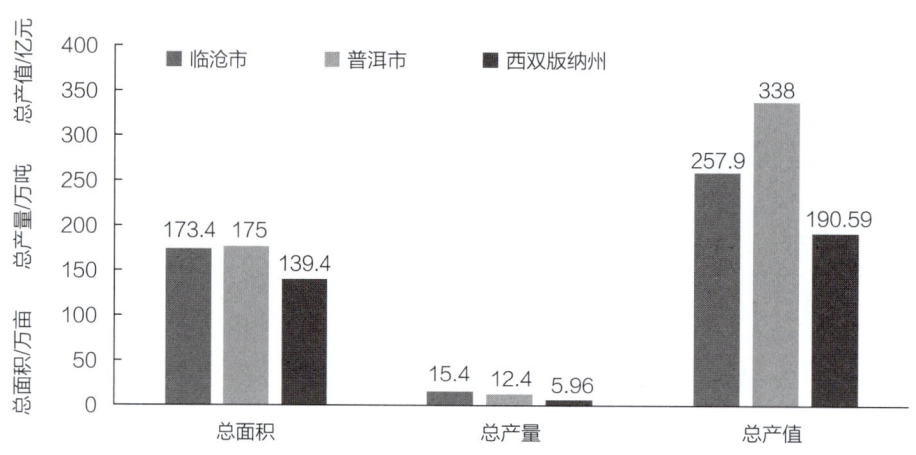

图8　2021年云南省三大主产茶区茶叶面积、产量和产值

重点县区茶产业建设快速推进。云南省16个地州市129个县市区中，有15个地州市110多个县市区产茶，年产毛茶万吨以上的县（区）有19个，其中2万吨以上的有勐海、凤庆、澜沧、思茅、云县、腾冲、昌宁、绿春8个县区。随着"一县一业"示范创建的带动，30个产茶重点县区茶产业综合产值达764.9亿元，占全省茶产业综合产值的71.2%，较上年同期增23亿元，增幅2.7%，30个县区有机茶园面积达88.6万亩，较上年增21.5万亩。12个县区入选中国茶叶百强县，其中勐海县、凤庆县、昌宁县、景谷县、临翔区、永德县、云县连续3年入选中国茶叶百强县。

省级主要茶叶企业699户，其中大型12户，中型283户。省级以上龙头企业86户，其中国家级9户，全省有初制所7484个、专业合作社3564个、种植大户3260户、家庭农场1020户。

2021年云南省向全国知识管理标准化技术管理委员会地理标志分技术委员会递交了国家标准GB/T 22111—2008《地理标志产品普洱茶》的修订申报材料，起草发布了7个团体标准。云南茶叶评价检测溯源中心持续开展茶叶产品质量追溯体系建设，先后为40余家茶企，近1000款产品实现"云茶标识"一品一码。

2021年"普洱茶"品牌价值达73.52亿元，位居"中国茶叶区域公用品牌价值评估"品牌价值第二位。"滇红工夫茶"品牌价值35.15亿元，位居第21位。云南普洱茶纳入第一批《中华人民共和国政府与欧洲联盟地理标志保护与合作协定》互认互保范围，地理标志保护有新突破。"文化+旅游+科研+康养+特色产业"文旅项目有成效。镇沅县按板镇罗家村入选农业农村部第十一批全国"一村一品"（茶叶）示范村镇，天士力帝泊洱生物茶谷、中华普洱茶博览苑成功申报为国家4A、3A级旅游景区，茶产业三产融合发展初见成效。

云茶消费线上线下融合加速，据天猫数据统计：云南普洱茶线上销售保持连续三年增长，2021年成交42.64亿元，同比增1.69亿元，增幅4.1%。据2021年天猫行业店铺数据，排名前10的普洱茶电商，累计销售普洱茶6.6亿元。云茶出口连续两年呈现量减价增趋势，据昆明海关统计，2021年云南省茶叶出口4747吨，较上年减少1718.2吨，减25.8%；出口金额11048万美元，较上年增302万美元，增2.7%。

三、绿色食品工程见成效

《云南省"绿色食品牌"重点产业"十四五"发展规划（2021—2025年）》明确提出"将云南打造成为世界普洱茶之都、全球规模最大的茶树种质资源中心、中国有机茶第一省、民族生态茶旅融合示范区。到2025年，全省茶园面积稳定在740万亩左右，有机茶园面积达300万亩，茶叶总产量49万吨，全省茶叶加工企业精深加工产品比重达到80%以上，茶产业综合产值达2000亿元的"目标。

2021年落实2020年度绿色茶园及茶产品、有机茶园、有机茶产品、地理标志等奖励主体184个，2021年共有182个主体申请。全省茶产业"一县一业"扎实推进，以提升"规模化、专业化、绿色化、组织化、市场化"为着力点，为全省茶叶产业高质量发展树立新标杆。

连续四年进行"10大名茶"评选，对获奖产品进行表彰。4年累计评选40款产品，涉及17家茶企，其中，勐海陈升茶业有限责任公司"陈升号"牌等系列产品4年均入选云南省"十大名茶"。评选出的"10大名茶"，在昆明机场候机室设立专卖店，组建"10大名茶"品牌企业联盟之名茶运营公司推出"10大名茶"集合装，对宣传推广云南"十大名茶"起到推进作用。云南名茶商业运营管理有限公司和云南10大名茶企业联盟倾心打造"云南10大名茶套装"亮相《生物多样性公约》缔约方大会第十五次会议（COP15），"10大名茶"企业销售额均有一定幅度增长、品牌影响力及产品销量有提升。

全省共建成生态茶园382万亩，占茶园总面积的51.6%；绿色茶园54.7万亩，占全省茶园总面积的7.4%；有机茶园105.7万亩，有机茶园面积占全省茶园面积的14.3%，成品茶认证14万吨，占全省茶认证的37.4%，有机茶园认证面积及获证产品连续八年（自2015年开始）均居全国之首。生态、绿色、有机茶园面积达542.4万亩，占全省茶园面积的72.4%。勐海县、双江县、景洪市等茶叶重点县标准化生产基地创建有序开展，2021年凤庆县48.87万亩茶叶基地达到全国绿色食品原料（茶叶）标准化生产基地创建要求。

四、积极推进，古茶树资源保护有进展

据调度，全省栽培型古茶树面积62万余亩，产量1.9万吨，产值52亿元。古茶树、古茶园保护力度不断加大。协会与临沧市人民政府、中国茶叶流通协会、原中华全国供销合作总社杭州茶叶研究

院、中国茶叶学会、中国农业科学院茶叶研究所、中国科学院昆明植物研究所、浙江大学茶叶研究所、云南省农业科学院等科研机构，湖南农业大学、华南农业大学、安徽农业大学、云南农业大学等部门共同发起建立"白莺山茶树演化自然博物馆"。中国工程院院士、茶学著名专家陈宗懋为白莺山茶树演化自然博物馆题写匾额，刘仲华院士带队挂牌。云县白莺山古茶园完整记录了茶树从野生到半野生再到人工栽培的进化进程。对白莺山古茶园进行挂牌保护，有利于把白莺山古茶园打造成世界一流的普及茶树科学知识、弘扬民族茶文化的教学基地和独一无二的古茶文化科学旅游探险胜地，有利于茶树种质资源保护和推进茶产业科技文化传承创新和可持续发展。

推进古茶山、古茶树保护立法，出台古茶山、古茶树保护地方法规；对古茶山和古茶树集中区域划定保护范围，分散的古茶树单株挂牌保护，建立古茶树资源库，古茶树建档立卡，区分古茶树物种保护区域和生产采摘区域，初步完成47个古茶村寨及茶山的乡村规划、105万余株古茶树建档挂牌。景迈山古茶林文化景观国务院已批准为中国2022年正式申报世界文化遗产项目，将展示云南世界茶树起源中心地位。

五、党建引领，把握协会工作正确方向

云南省茶叶流通协会认真学习落实习近平总书记对茶产业的讲话精神，坚持正确的政治方向，坚持党建强会，认真履行责任，坚持协会服务宗旨，完善服务方式，拓展服务范围，突出服务重点，守护质量安全，促进茶叶流通。

按照省民政厅等主管部门要求，认真组织学习习近平总书记"七一"重要讲话，以学党史强党建，不断强化协会党的建设，结合协会工作实际加以落实，以学习促工作，与康乐茶文化城党支部共同主办"不忘初心，党建引领"助力茶产业主题党日活动。服务组全体服务员率先学习习近平总书记"七一"重要讲话，人人撰写学习心得。

为表达云南茶企、茶人对党的深情和热爱，于7月6日举办了主题为"党的光辉照边疆，边疆儿女歌唱党"——献礼建党百年专题演唱会，向党的百岁生日献礼。用歌声表达云南各族儿女对党、对祖国和人民的无限热爱和忠诚，用歌声赞颂中国共产党100年来领导全国人民团结奋斗、前赴后继的光辉历史和辉煌成就，歌颂中国共产党的丰功伟业，共同祝愿伟大的党青春永驻，共同祝福伟大的党带领中国人民迈进新征程、奋进新时代。

8月，云南省茶叶流通协会举行"学习七一讲话，凝聚奋进力量"主题会员双月活动。会员茶企结合各自实际畅谈学习习近平总书记"七一"重要讲话心得体会，活动线上线下结合，线上直播话题数达600余个，7万多人观看了直播，30余万人关注了此次活动。协会将会员企业学习心得体会汇编成册。大家一致表示要齐心合力打造云茶品牌，唱响"云南茶、生态茶、绿色茶、有机茶"，擦亮"普洱茶"和"滇红""滇绿"金字招牌、推动实现千亿基础上再翻一番的新目标。

六、积极行动助力茶产业发展，助推乡村振兴

根据习近平总书记"要把茶文化、茶产业、茶科技统筹起来"茶产业"今后要成为乡村振兴的支柱产业"的要求，协会紧紧围绕茶产业助力扶贫攻坚和乡村振兴这条主线，为巩固脱贫攻坚成果，推进茶产业在乡村振兴中更好地发挥作用，2020年从推动茶区专家工作站建设开始即主动参与茶产业助力乡村振兴的相关工作。先后在三个主产茶区选择勐海县勐混镇贺开村、云县漫湾镇白莺山村、宁洱县德化镇荒田村为云南省茶叶流通协会茶产业助力乡村振兴联系点，并从解决乡村交通不便，就医难入手，通过各方协调、个人赞助，先期为两个村卫生室解决30万资金改善村卫生室基本条件，村所在乡镇各配一辆救护车，为茶产业助力乡村振兴开展工作奠定基础。

与此同时，协会与南涧县人民政府、上海奥若拉信息科技集团有限公司签订了数字化赋能茶产业发展项目（试点）三方合作框架协议，三方合作在试点企业试行数字化茶园管理、数字化生产及质量控制、智能仓储、智能配货物流、结合区块链技术的产品溯源认证等。努力做好数字经济助推南涧县茶产业发展的具体工作，按照"一片森林一片茶，片片都是生态茶"的要求，建好绿色茶园，打造绿色茶区，巩固提升好绿色、有机茶园面积，稳步推进绿色、有机茶认证。第一车间组织好茶叶生产合作社，第二车间依靠南涧县"天上人间""土林"等龙头企业打造无量山茶品牌，拓展市场。落实好区块链技术在茶产业中的应用试点，稳步推动茶园机采、智能化加工，力争在数字茶园、智慧茶园建设方面做出成效。参与乡村振兴是社会组织的重要责任，也是社会组织服务国家、服务社会、服务行业、服务群体的具体体现，同时也是社会组织实现高质量发展的途径。协会早谋划、早决策，并通过调研，着重在茶产业品牌打造、品质提升、产品销售、茶园管理、加工工艺提升等方面，发展独具特色的茶产品，建立茶产品追溯体系等方面为茶农提供服务。

七、夯实基础、着力抓培训提素质

根据《国务院办公厅关于印发职业技能提升行动方案（2019—2021年）的通知》精神，云南省茶叶流通协会积极争取把茶叶职业技能培训作为促进茶界稳定就业、缓解结构性就业矛盾的基础性工作，作为产业转型升级和提质增效的重要举措，在省有关部门支持下成立云茶职业技能培训学校和职业技能鉴定中心。一年来，在茶叶全产区先后完成培训共7949人次，共开172班，鉴定7949人次，鉴定合格率达到80.34%，促进了产业从业人员素质提高。

为服务好COP15大会，全方位提升云茶行业从业人员的职业技能素质。协会承办云南省第十八届职工职业技能大赛暨COP15茶叶行业"云茶杯"茶艺师技能决赛。云南省人大常委会副主任、云南省总工会主席王树芬出席开幕式，省民政厅厅长卫星，省总工会副主席金勇，省农业农村厅、人力资源和社会保障厅领导及商务部驻昆明特派员等出席开幕式。

八、拓展宣传、推品牌、入档案馆

为服务云南省绿色食品建设，不断提升品牌普洱茶知名度和影响力，记录云南省品牌普洱茶发展历程，留存普洱茶品牌历史记忆，省档案馆和云南省茶叶流通协会共同开展了品牌普洱茶建档工作。筛选品质优良、品牌知名度较高的产品，在省档案馆集中收藏与展示。共征集85家企业244款产品，通过专家认真审核、现场查验实物样品，最终确定202款371件入选建档收藏，42款77件作为其他茶类产品建档收藏。此项工作，是云南省档案馆与我会主动服务云南省"绿色食品牌"建设、提升品牌普洱茶知名度和影响力的重要举措，入馆建档收藏的产品体现了地方特色、丰富了馆藏茶文化，将成为见证云茶历史发展的重要凭证，同时为中国茶叶博物馆推荐了通过评检溯中心认证的九家企业23个馆藏样品，呈现了云茶产业这一历史阶段的成就，并获中国茶叶博物馆2021年"中国好茶"征集令主题活动最佳组织奖，为云茶历史增添了浓墨重彩的一笔。

九、突出重点、定标准、强化宣传

围绕打造千亿云茶产业目标，致力于云茶质量安全、质量保荐，传递信任，让消费者买得放心、品饮舒心，云南省茶叶流通协会评检溯中心开展"助力乡村振兴 守护质量安全"云茶质量保荐溯源综合服务系列活动，积极推动标准化建设工作，先后起草并发布了《凤庆红茶》《晒青茶（大叶种）》《云南大叶种白茶》及《年份普洱茶质量保荐追溯技术规范》等七项团体标准。

为加大云茶文化宣传力度，增强云茶影响力，协会组织企业参加中国茶叶经济年会展示展销。出席广州世界茶叶大会，在大会论坛推介年份普洱茶标准。考察广东省东莞等地的普洱茶仓储企业，深入交流科学仓储经验及年份普洱茶标准等相关意见。云南省茶叶流通协会加大宣传力度，开展线上宣传、培训、推广，鼓励云南省茶企业提振信心。着力云茶北上，南茶北调；强调处理好"喝利健康"与"藏可增值"的关系；组织会员抱团出展，促进消费；助力云茶走出云南，走向全国。先后在人民政协报、云南日报、云南网、云岭先锋等主流媒体宣传报道协会的主要工作，新闻发稿量500余篇。编辑出版《普洱茶科普读本》《云茶产业资料汇编》，修订《古茶树保护宣传册》等云茶知识读本，《普洱茶名山名品》一书交出版社出版发行。协会公众号发文300多篇，阅读量十多万人，云南茶产业宣传片在各大展会上播放，让更多的人了解云南茶、爱上云南茶。

十、云茶产业发展中的重点问题

云茶产业发展已取得较好成效，但仍有不少亟待研究解决的问题，云茶产业面临的困难和挑战明显增多，要辩证把握"危与机"，把握方向，保持定力。

首先是茶园基础设施改进难度大。全省茶园都分布于山区坡地，多数无灌溉条件，配套设施不完善，交通不畅，制约了茶区集约化生产，丰歉仍受限于自然气候。

其次是企业总体实力不强，现代化、机械化、标准化水平滞后，初制所设施设备配套不完善，加工工艺规范不严，产品质量参差不齐，效益不高。生产组织化水平偏低，企业+初制所+合作社+农户+基地的利益连接不紧密。市场秩序欠规范，山头林立，各唱各的调，各说各的好，消费者无所适从。

三是扩大消费需求是云茶产业发展的根本和基础，普洱茶因其特殊的得天独厚的生态条件、独特的茶树品种及加工工艺而形成的独特优良品质具有独特的储藏变化的特性，但藏的目的还是消费，扩大消费才是产业发展的基础，必须在促进消费上各方协力、持续发力。

四是人才缺乏，基础理论研究滞后，新产品、新工艺研发不足，专业人才总体储备不足，尤其行业高端顶级人才缺乏，行业话语权低，企业中层、市场营销骨干人才少。产品同质化严重，各茶区普洱茶仍与"饼、砖、沱"为主，茶叶精深加工及便携、便饮型产品开发亟待加强。

五是因疫情影响，茶山行、茶博会、茶事活动等严重受影响，茶叶流通严重受阻，经销商信心不足，消费者购买欲不强，茶旅融合促进流通受阻，茶企困难加大。

六是质量安全体系建设尚需再发力。

七是民族茶文化挖掘不足，与茶产业发展结合不够紧密，缺乏统筹谋划，投入不足，茶文化专业人才不足，缺乏有较大影响力的民族茶文化作品，茶企文化氛围不浓。

八是在正确处理好现代茶园产品与古树名山茶产品的关系、处理好品饮与收藏的关系及产业主体（现代茶园）与产业特色（古树、名山茶）的关系、茶产业与茶文化、茶旅游等关系中尚有诸多急需认真研究和改进的问题。

十一、2022年云茶工作建议

奋斗新时代、奋进新征程，2022年，要不忘使命、不忘初心，以云南茶人应有的精神和锐气，始终坚持以习近平新时代中国特色社会主义思想和党的十九大精神为指导，深入贯彻落实习近平总书记关于茶产业工作的重要指示精神和云南省党代会精神，主动融合我省发展战略，筑牢新发展理念，统筹抓好疫情防控，团结广大会员，坚持服务兴会，以乡村振兴确定的重点任务为抓手，务实高效完成各项工作，用实际行动履行"提供服务、反映诉求、规范行为、促进流通"的创会宗旨，按照中共云南省委五年总体思路，坚持正确思想指引，把准前进方向，忠诚拥护"两个确立"，坚决做到"两个维护"，按照中共云南省委要求，在绿色农产品基地建设，做特绿色茶品牌"一县一业示范县""一村一品专业村"，茶产业链延伸，加强地理标志产品保护，加强质量安全追溯体系建设，打造特色茶产品品牌，推进茶叶科技成果转化示范应用等方面加大力度，拓展茶山、茶园多样性功能等方面发力。

一是要继续抓好党建工作，建立健全各项规章制度，加强协会组织建设，继续抓好国际茶日的活动；办好"会员双月活动日活动""云茶走天下、云茶醉天下""云茶对话系列"等品牌活动；充分发挥各专委会职能，在各自的专业里做好组织服务工作。

二是要认真落实好全国经济工作会议精神，思考产业、企业、市场在新形势下如何稳定发展。由于连续两年新冠疫情的影响，茶产业也同样受到供给冲击，需求减少、预期趋弱的影响，市场的不确定性将是常态。如何落实"稳字当头，稳中有进"对茶产业、企业同样重要。要有危机意识、忧患意识，要着力稳住产品质量和提高品牌影响力，稳住市场、稳住销售；要稳住经销商渠道，稳线下、拓线上，积极拓展线上销售。

三是要紧紧抓住乡村振兴主线，认真做好云县白莺山村、勐海贺开村和宁洱荒田村三个挂钩联系点，配合南涧县做好数字技术赋能茶产业发展试点工作。提高茶农茶园管理及初制加工水平，在"一村一品"建设上下功夫，在培育保护地理标志产品、加强质量安全追溯，培育壮大茶山旅行，拓展茶山茶园多样性功能上下功夫。继续请进全国茶叶专家指导云南省茶产业发展；组织会员到省外先进茶区学习新知识、新技术，推动云南省各茶区持续健康发展。

四是要把工作重点放在流通上，积极拓展线上渠道，与线上平台、媒体交流合作，积极帮助会员拓展茶叶深加工，帮助会员企业在快消品、时尚消费和公共区域消费上闯新路。继续总结探讨各大茶博会更精准有效的活动，帮助企业宣传推广产品，扩大消费群体。

五是要切实加强与中国茶叶流通协会、各科研院所和各国家级涉茶社会组织的交流合作，及时了解茶产业科技进步、市场动向，以更高的视野，更高的站位，深化合作，服务云茶产业和促进协会工作水平不断提高，更好地为会员企业、为云茶产业做好服务，促进云茶产业健康发展。

六是要认真做好职业技能提升培训和职业资格认证鉴定工作，要总结经验，加强师资力量、提升考核能力、做好培训教材编写，组织专业教师重点完成线上培训教材和鉴定考核中理论及技能考题编写，力争协会培训和鉴定成为茶行业标杆。

七是要继续做好云茶相关标准制定和质量保荐溯源服务，为云南省茶叶生产、销售保驾护航，让生产企业有规可依、有章可循，促进云南省茶业健康发展。

总之在新的一年，协会工作必须充分发挥自身优势，立足于云茶产业发展，拓展服务空间，提升服务能力、提高服务效果，以更高的站位、更大的视野、更有成效的服务为云茶产业发展继续发挥好应有的作用。

（执笔人：陈勋儒、谭中贵）

2021陕西省茶叶行业发展报告

陕西省茶业协会

2021年,陕西省认真学习贯彻习近平总书记来陕视察安康平利县茶产业的指示精神,按照省委省政府的工作部署,努力把陕西茶产业做成继陕西苹果产业后又一重大产业。积极围绕乡村振兴战略和"十四五"规划,坚持"稳面积、优结构、强品牌、提效益"的发展思路,扎实有效的推进全省茶产业绿色持续发展,不断夯实产业发展基础,提升产业质量效益和市场竞争力。

同时,在中国茶叶流通协会的大力支持下,在陕西省供销合作总社、省农业农村厅和省级有关部门的具体指导下,充分发挥陕西生态资源优势,挖掘茶文化内涵。以市场需求为导向,以提升产量质量、产业效益和品牌影响力为核心,做精产品、做强主体、做亮品牌、做活市场,开拓创新。全面推进规模化、标准化、清洁化,延伸茶产业链条。茶产业发展取得了显著成效,为全面提高农民收入,推进乡村振兴提供了有力支撑和保证。到目前,茶产业已经成为陕南三市22个县区农民收入、乡村振兴的支柱产业和朝阳产业。

一、2021年茶产业发展主要成效

(一)面积和产量稳步增长

截至2021年年底,陕西省茶园总面积298.0万亩,茶叶总产量11.3万吨,农业产值达196.3亿元,分别较去年同期增长1.57%、-0.14%和6.47%;干毛茶产量11.30万吨,产值196.33亿元;名优茶产量4.05万吨,产值113.13亿元;绿茶产量10.1万吨,产值174.35亿元;红茶产量0.62万吨,产值17.09亿元;黑茶产量0.75万吨,产值16.4亿元,茶叶均价140元/千克,同比增长2.3%。

(二)茶叶品牌价值得到提升

2021年先后组织茶叶企业参加各类茶叶生产销售、茶事活动30多场次,通过线上线下宣传,极大地提高了陕茶的知名度和影响力。2021年5月"国际茶日",安康平利被列为全国唯一分会场,与杭州主会场实时连线,省长赵一德出席活动并致辞,向全世界推介陕茶。在"2021中国茶叶区域公共品牌价值评估"中,陕西省茶叶区域公共品牌价值超过75亿元,较2020年增加近10亿元。

陕西省农业农村厅在深入调研,广泛听取各方意见和建议的基础上,组织编制修订了《"十四五"茶产业发展规划》《陕西省茶产业链建设实施方案》《陕西省茶叶标准化示范园建设方案》等产业发展规划、方案，统筹指导全省茶产业发展。由陕西省农业农村厅党组成员、副厅长王韬同志任茶产业链连长，成立一套专业班子，负责茶叶的产前、产中和产后的全产业链服务。全力促进陕西茶产业向中高端迈进，推动陕西茶产业高质量发展。各产茶地市依据省委省政府的文件精神，结合实际，制定了相关的措施。

汉中市制定了《汉中市茶叶产业链"链长制"三年行动实施方案》，为汉中茶产业发展明确了方向和目标。"汉中仙毫"品牌价值达32.94亿元，位居全国茶叶区域公用品牌前列，被陕西省农业农村厅认定为"省级农业名牌"，被陕西省知识产权局认定为"陕西好商标"。汉中市被国家知识产权局列入"汉中仙毫国家地理标志产品保护示范区"建设名单。

安康市充分整合市县区资源，打造"区域公用品牌+企业品牌+产品品牌"的品牌体系，持续提升"安康富硒茶"地理标志证明商标商业价值。安康富硒茶成为全省唯一入选《中国农产品品牌目录》的茶叶区域公用品牌，2020年、2021年连续两年位列中国茶叶区域公用品牌价值排行榜第二十位、陕西第一，品牌价值35.16亿元，获评"最具品牌经营力"茶叶区域公用品牌，并入选农业农村部《2020年全国乡村特色产品和能工巧匠目录》，被中国绿色农业联盟评定为"2020全国绿色农业十佳茶叶地标品牌"。2021年5月第五个"中国品牌日"发布的百强地理标志公用品牌目录中，安康富硒茶成为唯一入选的陕茶品牌，制定发布了《安康富硒茶团体标准》。

咸阳市推行"公用品牌+企业品牌+茶叶品牌"的品牌建设模式，推广"咸阳茯茶"地理标志证明商标的使用，大力实施品牌战略，积极建设全球品牌、国家品牌、区域共用品牌和企业品牌，并不断修订完善《咸阳茯茶区域公用品牌使用管理办法》。

（三）培育龙头企业，发挥示范作用

陕西省现有茶叶企业1500余家，其中国家级茶叶龙头企业4家，省级茶叶龙头企业68家，同时汉中市有市级龙头企业30家，商洛市6家，安康市84家，咸阳市2家。茶叶加工厂1078家，茶叶专业合作社877个。龙头企业通过不断完善产业链上中下游利益联结机制，推广"龙头企业+合作社+生产基地+茶农+N"的发展经营模式，在发展壮大龙头企业的同时，不断巩固增强茶农与企业的利益联结，陕西省省级以上茶叶龙头企业累计带动茶农约13.7万户增收，带动作用明显，辐射作用强。

（四）加强"三品一标"基地建设，提高茶园的管理水平

陕西省茶业系统积极推进落实《农业生产"三品一标"提升行动实施方案》，全方位的推进各项工作深入开展。

一是引进茶树良种，提升良种比例。先后从浙江、福建、中国农科院茶叶研究所等地引进茶树良种，遴选出适宜在陕西省推广的陕茶1号、龙井长叶、龙井43、中茶108等茶树良种。支持陕南茶区建设年产1000万株以上的茶树良种繁育基地，为标准化茶园创建、低产茶园改造提供良种茶苗，提升茶园良种比例。

二是推广绿色生产技术，提升产品品质。在陕南茶区积极推广茶园绿色建园技术、丘陵地区茶园机械化管理技术、主要病虫害绿色防控技术等绿色生态茶园建设生产管理关键技术。有效降低茶园生产成本及农药、化肥等投入品的施用，提高茶园抵御自然灾害能力，提升茶叶产品品质及茶园综合经济效益。

三是推进标准化生产，提升标准化水平。制定《陕西省食品安全地方标准 汉中炒青茶》《地理标志产品 汉中仙毫》《泾阳茯茶标准综合体》等产品标准，规范省内茶叶生产标准。同时，优化改造茶叶初制加工厂，推广茶叶清洁化、智能化加工技术，确保全省茶叶生产"有标可依，按标生产"。

四是深入开展技术培训交流。围绕茶园绿色生产、低产低效茶园改造、茶叶质量安全管控、茶叶品牌建设、茶叶包装使用和管理、地理标志申报等内容，开展茶园管护、清洁化生产、品牌营销推广等相关技术指导，极大提高了产业从业人员专业水平，夯实乡村茶叶产业振兴人才基础。此外，还邀请到全国农业技术推广服务中心来陕举办全国茶叶绿色高质高效生产模式培训班及各种讲座，中国工程院院士、湖南农业大学教授刘仲华及中国农业科学院茶叶研究所的各位专家教授分别深入到陕西商洛市、安康市、汉中市多次指导茶叶生产，有效增强了陕西省茶叶的作物栽培技术，同时为陕西的茶叶产业发展把脉，指明方向。

（五）产业融合发展见成效

陕西省茶产业紧抓"一带一路"和"乡村振兴"的战略机遇，充分发挥陕西区位、历史、文化、自然等资源禀赋，坚持茶产业和茶文化相结合，努力打造茶旅精品线路、茶旅特色小镇，开发"茶旅+民宿""茶旅+研学"等茶旅融合新业态，建成了40多个茶旅融合示范点、线路。汉中市相继建成了江榜茗园，白岩茶园，城固山花茶舍，宁强千山玉皇观、青木川，南郑罗帐岭，镇巴怡溪春大桥梁等为代表的20多个茶叶深度融合示范点。镇巴怡溪春、宁强千山茶园被评为中国最美生态茶园。"东裕-枣园湖-樱桃沟"入选全国精品茶旅热线。宁强青木川瞿家大院茶文旅民宿深受省内外游客高度赞誉；安康市打造了"游女娲故里、品平利绿茶、赏美丽乡村"的特色旅游线路，紫阳县建设了焕古硒茶小镇、蒿坪康养小镇，岚皋县南宫山桂花村现代农业园区，白河县仓房茶叶采摘体验园区，镇坪牛头店镇茶旅融合小镇等茶旅融合景点；商洛市建设了商南富水万亩茶海、山阳茶叶特色小镇、丹凤春茶体验等茶旅融合线；咸阳市建设了泾阳茯茶非遗传承馆、泾渭茶博园。

（六）延长茶叶产业链条，提高茶产业综合效益

一是促进一、二、三产业融合，除大力发展"生产+旅游观光"模式的生态观光养生茶园，以茶为主题的特色小镇建设外。全省还形成以绿茶为主导，红茶、茯茶、白茶、超微茶粉、抹茶、茶多酚、茶食品、茶饮品、茶保健品等茶叶衍生品为补充的多元化格局。汉中市绿娇子茶业有限公司生产茶食品系列产品，西乡县汉南茶业有限公司生产绿茶粉等深加工产品，深受市场欢迎。

二是促进电商业务稳步增长。鼓励企业大力发展电子商务，建立网上销售平台、对电商销售人员进行各种类型的专项培训。多次与京东集团西北公司、中国邮政等单位进行协调，促进茶企进入京东

平台销售。市场份额进一步拓展，使茶叶的市场营销体系日趋多元化。紫阳县和京东建立网上紫阳富硒茶销售平台，泾阳县百富茯砖茶有限公司网上销售是茯砖茶企业的典范。

（七）突出宣传推介，拓宽市场渠道

一是邀请中央、省、市各级各类媒体广泛宣传茶叶生产。组织主流媒体深入陕南各产茶县区通过电视、抖音等现场宣传报道茶叶良好的生态条件、精湛的加工技术和优异的内在品质，提高知名度和影响力。

二是积极配合组织茶叶企业参加省政府、农业农村部和省农业农村厅在安康市平利县举办的首届"国际茶日"系列宣传活动、举办第十五届中国西安国际茶叶博览会、陕西"网上茶博会"和"第三届丝路陕茶文化推广周"。各市、县开展"市、县局长"直播带货等，茶叶龙头企业和多数合作社都走入网上销售平台，促进陕茶营销体系多元化发展和电子销售平台的建设。

三是组织举办形式多样、丰富多彩的茶事活动，有力推进了陕西茶文化发展。2021年度，依靠产茶区广大茶农的辛勤劳作取得了长足的发展，陕茶在全国的知名度和市场占有度达到空前的份额。在全国茶行业的调查中，2021年度陕西的紫阳县、泾阳县、平利县、商南县被评为"中国茶业百强县"；泾阳县被评为"科技兴茶富民典型县域"；咸阳泾渭茯茶有限公司、安康闽秦茶业股份有限公司、汉中山花茶业有限公司、陕西鹏翔茶业股份有限公司被评为"中国茶业百强企业"；紫阳县和平茶业有限公司和汉中东裕茶业有限公司被农业农村部评定为全国农业产业化龙头企业。

四是陕西省茶业协会在各有关单位的支持下，在中茶协的指导下，在陕西省茶行业中开展了2020年度陕西省茶行业"十佳"活动的推选工作，分别是"十佳茶企""十佳销售示范企业""十佳特别贡献企业""十佳茶品牌""十佳最美茶园""十佳茶旅融合示范线""十佳茶产业农民专业合作社""十佳制茶工匠""十佳青年茶人""十佳杰出茶人（终身成就奖）"推选出在生产、流通、加工、品牌建设、茶文化传播中的100个单位和个人，树立典型，弘扬正气，学有目标、赶有榜样，深受全省茶业界的高度赞誉和好评。

（八）积极组织参加各类型的茶业博览会

1. 圆满承办了第十五届中国西安国际茶业博览会

2021年中国西安国际茶业博览会由陕西省供销合作总社主办，陕西省茶业协会、西安苍山华博会展有限公司和深圳市华巨臣国际会展集团有限公司承办。中国西安国际茶业博览会是西北地区乃至全国茶行业有着巨大影响力的专业性展会。展会面积达30000平方米，国内800多家茶叶企业参展。展会期间隆重举办了2020年度陕西省茶行业"十佳"颁奖典礼、首届十佳青年茶人论坛、鼎承调饮师·首届西部（陕西）新式茶调饮大赛等茶事活动，获得茶行业内外的一致好评。

2. 积极组织参加第九届中国西部国际茶产业博会

陕西省茶业协会积极组织陕西100余家企业参加展会，展会期间举办茶事论坛，以"陕茶发展助力乡村振兴"为议题，共话陕茶辉煌，共谋陕茶发展，以迎接新时代、新机遇、新挑战。

3．开展第二届网上茶博会

陕西省农业农村厅组织国内各主流媒体及相关单位在汉中市镇巴县举办了第二届陕西网上茶博会，通过直播推荐、短视频大赛等线上推介活动，提升陕茶知名度，助力销售。

4．积极参加茶事活动

积极组织参加第四届中国国际茶叶博览会，第27届杨凌农高会，沈阳国际茶展等茶叶展会，并在展位中设置陕茶直播间，线上线下全方位推介陕茶品牌、企业、产品等。

（九）陕西茯茶产业蓬勃发展

一是十年前，以陕西省茶业协会会长纪晓明先生为代表的陕西茶人，恢复传承了泾阳茯茶的制作工艺。十年来陕西茯茶生产蓬勃发展，展现出可喜可贺的局面。

二是截至2021年年底，陕西茯茶产量0.75万吨，年综合产值16.4亿元，生产企业70家，拥有"咸阳茯茶""泾阳茯砖茶"两个政府主导的区域公共品牌，泾渭茯茶、泾河茯茶等知名企业品牌。茯茶产品已销至全国30多个省份，并远销美国、日本、韩国、马来西亚及港澳台地区。已成为陕西省茶产业中的重要组成部分，也是丝绸之路上的名片。

三是茯茶产业的快速发展，提高了对陕南茶叶原料的利用率，特别是夏秋茶的使用，克服了以绿茶为主的陕茶生产季节性明显，生产周期短，产品保质期不长，市场销售遭不畅等发展短板。探索出解决山区贫困群众没有流转的良田，没有较强的劳力和技能，甚至没有完整的劳动时间，但仍可实现可持续发展的产业扶贫之路，实现农民增收。

四是为了提升陕西茯茶的质量和品质，泾阳县编制了《泾阳茯茶标准综合体》，修订了《泾阳茯茶地方标准》，同时制定了《泾阳茯茶农产品地理标志使用管理办法》，咸阳市出台了《咸阳市做大做强做优茯茶产业实施意见》，通过整合资源、优化产业布局、完善制度、科技创新、宣传推介等方法全力推动茯茶产业。

五是咸阳泾渭茯茶公司作为国家级农业产业化重点龙头企业、高新技术企业、中国茶叶综合实力百强企业，2021年年产值1.3亿元，已投资5.7亿元建设了总占地200亩的泾渭茶博园，一期已建成16万平方米，全部生产后预计年产值6.75亿元，税收1.67亿元，可提供就业岗位约500个。实现了茯茶制造的智能化，填补了国内外茯茶智能化生产的空白，是目前国内最大、智能化程度最高的茯茶生产体系、立体智能仓储体系、茶旅融合示范体系，为陕西乃至全国的茯茶产业起到巨大的示范带动作用。

（十）遵守新冠肺炎疫情对陕西茶产业的影响

一是由于疫情影响，使投入成本和劳动力工资成本大幅上涨。各种农资和茶园投入品上涨幅度在5%至8%，劳动力工资涨幅比上年同期增长5%至8%，各种包装费用和运输成本也上涨5%。这样一来，茶叶生产成本总体上涨在5%以上。

二是由于疫情的影响，使部分茶企出现销售困难。2021年度陕西疫情反复出现，致使外地市客商不能够及时采购，出现不同程度的新茶积压，线下销售受阻等情况。

三是由于线下销售受阻，部分茶企出现相互压价、低价销售等情况。

二、陕西茶产业发展存在的问题

（1）茶园生产管理标准化程度低　陕西茶园都建设于陕南秦巴山区，生态环境优良，属于高纬度、高海拔地区，也是南水北调的水源涵养地，但茶区70%以上为山地茶园，坡度较高，立地条件差异较大，抵御自然灾害能力不强，宜机械化茶园面积占比低。

（2）产业链条短，茶叶企业效能低　新引进的优良品种比例不到20%，无性系良种茶园面积少，基本上都是以毛茶生产为主，主产春茶，夏秋茶利用率低，且产业链短，效益不高。

（3）产业效益急需提升　随着茶园生产投入品成本日益增高，人工采茶费用的不断提高，加之机械化程度偏低，抵御各种自然灾害能力不强，因此影响茶园效益的提升。

（4）茶叶生产企业整体上规模较小，实力不强，龙头企业的示范带动效益不明显，缺乏大型行业领军企业，引领示范作用发挥不起来。

（5）公用品牌宣传力度不够　推介宣传手段单一，缺乏大手笔、高起点、效果显著的宣传平台。省内茶企多为中小型企业，有规模、有影响力和能带动力强的龙头企业较少，营销过程中对传统线下渠道依赖严重，运用"互联网+"进行营销的意识和能力不强，营销手段落后。各种专业营销网络不够健全，专业营销队伍力量薄弱，人员素质有待提高。

（6）茶叶产业发展技术力量支撑不足　目前全省从事茶叶技术推广的专业人才不足300人，基层专业人员严重匮乏，特别是县、镇（乡）两级。拥有自主知识产权的品种、技术、生产规章等较少，茶产业科技成果转化率低，新产品、新设备等研发效率和科技含量低，直接在基层一线指导茶叶生产的专业技术人员特别紧缺。

（7）政策扶持资金不足，缺乏产业发展专项资金，资金扶持持续投入不够　虽然国家、省、市对茶产业都给予了一定的专项资金扶持，但与茶产业发展规模需求相比，特别是茶园基础设施建设、品牌宣传、市场开拓、营销网络建设、茶文化研究等方面投入还远远不足。

三、陕西茶产业发展的建议

（一）明确目标，理清发展思路

确保茶产业工作有序推进。认真贯彻执行《"十四五"茶产业发展规划（2021—2025年）》《陕西省茶产业链建设实施方案》《陕西省茶叶标准化示范园建设方案》等产业发展规划、方案，统筹指导全省茶产业发展，全力促进陕西省茶产业向中高端迈进，推动陕西茶产业高质量发展。

（二）加强工作指导和协调服务

指导茶叶企业和合作社加强茶园管护，及时采摘。充分利用春茶开园前有利时机，摸清春茶市场行情，积极联系客户、采购商、销售商，扩大销售渠道，不断建立健全茶叶销售网络和体系。

（三）强化品牌宣传推广

一是全力打造汉中仙毫、汉中红茶、安康富硒茶、咸阳茯茶等区域公用品牌；二是强化品牌保护使用。通过制定品牌使用标准等措施，规范区域公用品牌管理体系，形成"区域品牌+企业品牌+产品品牌"的茶叶品牌体系；三是组织茶企积极参加国内外举办的各茶叶博览会，召开茶叶品牌推荐会，推动提升品牌影响力；四是利用"线上，线下"两个平台，拓展销售渠道，增强市场影响力。加大有机认证，积极打造各地市公用品牌，提升茶品牌价值和市场公信力；五是以质量提升，增强品牌影响力。充分发挥新闻媒体的引导作用，注重发挥典型示范作用，对重视质量、守法经营、诚实守信的优秀茶企和质量过硬的品牌，加大宣传推介力度。引导茶企建立以质量和信誉为核心的优秀品牌文化，杜绝各类虚假宣传、过度包装等不良行为，树立茶叶质量自信、商品自信、品牌自信的意识，在全省行业中形成"维护品牌、打造名牌、崇尚金牌"的良好氛围，做老百姓喝得起、喝的好的茶。

（四）强化茶园基地建设，提高茶叶科学管理水平

在坚持稳定全省茶园面积的基础上，开展标准化、生态化茶园改造提升，以强化良种繁育、生态茶园建设、现代化茶叶产业园区建设为主要途径，将现有低产低效茶园改造成为基础设施完善、品种结构合理、标准化管理的高效良种茶园或生态茶园。严格茶园投入品的使用管理，大力推广病虫害绿色综合防治技术，提高茶园生产管理水平。开展茶叶技术培训，组织各县区镇技术干部参加茶叶生产知识培训，聘请中省专家组织开展标准化茶园建设、低产茶园改造、茶树科学管理、茶叶综合利用等各种行之有效的技术培训会。

（五）不断优化产业布局

优化全省茶叶生产区域布局，推进适区适种，加大低老荒茶园改造，强化投产茶园管理。保持全省茶园面积基本稳定，推广生态有机茶园管理新技术，提高茶园机械化水平，提升茶园生态环境，巩固提升优势区，发展特优区，促进"茶产业+"发展。

（六）促进产业深度融合发展，以三产融合引领茶产业做大做强

抢抓乡村振兴、农村人居环境整治机遇，鼓励陕西省内茶乡发挥当地文旅资源优势，开发茶旅融合精品线路。拓展茶园生态游、茶乡体验游、茶事研学等活动，切忌一哄而上，千园一面现象的发

生。推进茶产业融合发展，积极挖掘陕茶故事，弘扬陕茶文化，将茶产业发展与三秦区域特色文化融合，开展不同形式、丰富多彩的茶文化系列活动，全面提升陕茶综合效益。

（七）加强产品创新，延长茶产业链条

培育龙头企业，引进新技术、新工艺、新设备，实施精深加工，加强中低档茶和夏秋茶的合理开发，加大茶食品、茶保健品、茶文旅商品等精深加工及茶衍生品开发力度，提高茶树资源利用率，提升茶产品附加值。开展陕茶关键技术的研究与试验示范，规范陕茶生产、加工、包装、物流等环节，提高陕茶标准化水平和科技含量。全省重点是做大做强绿茶，做优做精茯茶，做出特色和品质的红茶与白茶。引导陕西茶企争取全部使用陕南原料，鼓励号召陕西人都饮陕西茶。

（八）支持龙头企业，以主体培育引领茶产业持续发展

鼓励茶企申报国家级、省级农业产业化龙头企业、积极参加茶行业各类评选活动，按照"扶优、扶强、扶大"的原则，大力支持茶叶企业以区域品牌为纽带，采取合资合作、兼并重组、股份改制等方式，做大做强龙头企业。不断完善龙头企业、茶企、茶农等在产业链中的利益联结机制，积极引导茶叶企业发挥产业组织优势，联手农民合作社、家庭农场组建联合体，实现产业发展利益共享、风险共担。重点扶持以咸阳泾渭茯茶有限公司为代表的国家级农业产业化龙头企业，充分发挥示范引领作用。

（九）创新提升企业竞争力

切实加大技术创新投入，引进优秀人才，加大研发投入，积极应用新技术、新工艺、新材料，改善产品质量，提升产品档次。加强茶产业人才，特别是乡土人才的培养，推动从业人员能力和素质提升，依托社会组织、特别是西北农林科技大学等专业院校、机构开展人才培训，形成以人为本、创新创优、高质量的茶行业竞争。

（十）充分发挥行业组织的作用

陕西茶产业已经是陕西省五大特色支柱产业之一，也是陕南秦巴山区农民的支柱产业，乡村振兴的朝阳产业。为了把这一产业做大、做强、做优，充分发挥行业组织不可替代的巨大作用。因此要千方百计发挥各级、各类行业协会、商会、学会的积极作用，使他们在生产和消费、企业和市场、网络和品牌中的桥梁纽带作用，进一步得到加强。开展各种丰富多彩、行之有效的宣传推介活动，进一步提高陕西茶业企业的品牌意识和陕茶在市场上的占有度。同时还要积极帮助地方政府、生产企业、地方行业团体制定规范以及各项生产标准。

（十一）迎接全国茶业界的"两会"在陕西召开

一是第十八届中国茶业经济年会将在陕西省咸阳市召开。2022年下半年，茶业界举世瞩目的中国

茶业经济年会将在陕西省咸阳市召开，这是中国茶业界的风向标，届时全国各地的茶叶经销商，专家和各类专业技术人员及爱茶人士将汇聚咸阳市，共商中国茶业发展大计。这将有力的提高陕茶在全国的地位，特别是"咸阳茯茶"和"泾阳茯砖茶"两大公用品牌的知名度，扩大市场份额，提升品牌价值，促进陕西茶产业迈入新的里程碑。

二是中国茶业科技年会将在陕西省安康市召开。经过安康市人民政府的争取，由中国茶叶学会主办的中国茶业科技年会，2022年下半年将在陕西省安康市召开。届时全国茶产业种植、管理、培育等方面的专家教授将汇集安康市，共同研究探索茶叶品种培育，规范栽培、标准化管理，绿色防控等方面的集成技术，必将有力推动陕西省茶产业的发展和栽培作物技术的提高。

陕西全省茶行业将集中力量，周密安排，配合各级各部门迎接全国茶业界两个盛会的召开。

我们坚信在省委、省政府的正确领导下，认真贯彻执行习近平总书记来安康市平利县视察茶山的指示精神，在各级各部门的大力支持和配合下，努力提高陕茶的知名度和市场占有率，发挥其在农民增收中的巨大作用。使这片小小的叶子在健康中国、"一带一路"建设、乡村振兴中发挥更大的作用。

（执笔人：穆世超）

2021宁夏回族自治区茶叶行业发展报告

——宁夏特色茶业"十四五"发展规划（2021—2025年）

宁夏茶行业协会

宁夏作为丝绸之路经济带的"战略支点"，在茶产业搭载"一带一路"倡议实现快速发展的过程中，起着重要的桥梁和纽带作用，具有得天独厚的优势。作为古丝绸之路的必经之地和商埠重镇，宁夏自古就是西北地区茶叶的交流集散地和主要消费区。当地回汉族群众素有饮茶习惯，罐罐茶、八宝茶等产品在宁夏有着悠久的历史，深受回汉族人民的喜爱。尤其，进入21世纪以来，全国6大类茶叶纷纷进入宁夏市场，相继宁夏三大茶城也成功开业，将宁夏茶文化产业与区外茶文化产业完美融合，成为掘金西北财富的新门户，标志着宁夏茶行业进入了一个新的发展期。近年来，宁夏结合当地特色，有针对性地研发茶产品，出现了以枸杞叶（芽）、苦荞、决明子等为原料生产的枸杞芽茶、枸杞叶茶、八宝茶、苦荞养生茶等代用茶，得到了广大消费者的青睐。由于枸杞叶（芽）茶既是宁夏特色产品，又具有营养保健价值，利润空间加大，生产经营者越来越多，市场需求量也呈逐年增加的态势，产业发展前景看好。2021年，全区特色茶产销量和传统茶叶流通量达到1000万吨以上。由于"一带一路"地区重点产茶国产量占到全球总量的80%以上，沿线涵盖到全球44亿人口，这一区域是全球最重要的茶叶生产和消费区域，蕴含着巨大的饮茶人口红利，面对这样一个巨大的消费区域，宁夏茶叶市场蕴藏着巨大的潜力与无限的商机。相信这对于促进宁夏茶产业发展具有重大意义。为充分发挥宁夏枸杞、大枣等特色产业优势，推动全区八宝茶、枸杞芽茶等茶产业向种植规模化、管理规范化、质量标准化、市场品牌化和形态一体化高质量发展，高效打造综合性特色茶产业集群，特制定本规划。

一、总体思路与发展目标

（一）宁夏特色茶业定位

茶叶是传统商品，历来以铁观音、碧螺春、龙井、花茶普洱等传统茶类为主，但当今世界茶叶的消费呈现多样化，袋泡茶、速溶茶、茶水饮料成为茶叶消费新的增长点，而且都具有科技含量和较高附加值。因此，从大茶业观念出发，茶叶包括茶鲜叶、制茶品、茶副品、原茶类或代用茶。既有传统茶类，又有现代茶饮；既有冲泡茶，又有泡沫茶，还有保健茶；既有茶叶加工制成品，还有茶叶提制品，包括茶多酚和儿茶素在内的社会及医药用品。

代用茶是采用类似茶叶的饮用方式（通过泡、煮等方式来饮用）的一类产品的俗称，是茶叶代用品，又称代泡茶、袋泡茶、茶饮料等，主要原料为可食用植物的叶、花、果（实）、根茎等，因此代用茶分为叶类、花类、果类和根茎类。按市场供销状况，代用茶主要有各种流行茶饮料、茶酒、冷冻茶制品、茶味糖果、茶味糕点、茶膳、保健茶、药物茶等，还有从茶中抽提各种功能性成分和食品添加剂。

宁夏特色茶以代用茶为主，主要包括枸杞叶茶、无果枸杞芽茶、枸杞茶、大枣茶、沙枣茶、葡萄茶、苦荞茶、决明子茶、八宝茶、果茶、甘草茶等，它们全是营养保健茶，国家统一命名为代用茶。

（二）重要意义

（1）茶业是民族产业、传统产业、优势产业，又是世界公认的21世纪朝阳产业，更是农民脱贫致富的重要途径。

（2）茶业源于农业，又是农业发展的高级阶段，是农业产业化的必然结果，是破解农业发展瓶颈、提高农业经济效益的重要手段。

（3）茶业是经济效益、社会效益和生态效益比较显著的特色产业，对推动农业发展、农民增收和农村繁荣具有重要意义，更是现代农业发展的重要内容。

（4）宁夏特色茶属营养保健品，会满足国内外广大消费者的购买需求和药食同源的需要，进而提高人们生活水平。

（5）宁夏特色茶是宁夏的一张文化名片，对外宣传宁夏且推动宁夏经济发展发挥着重要作用。

（6）现代茶业和传统茶叶的结合高度契合了市场需求，具有较好的发展潜力。

（三）发展原则

1. 统筹规划原则

遵循科学发展规律，把茶叶生产结构的调整、流通渠道的完善和消费群体的培育相结合，统筹考虑生产、销售和消费问题，推动茶产业科学发展。

2. 市场导向原则

瞄准国内、国际两个市场，充分占领传统消费市场，努力发掘潜在的茶产品消费市场，大力开发市场占有率高、前景广阔、有特色、效益好的茶叶产品，重点发展适合国内中低收入居民消费的茶叶产品，努力开发生产科技含量高的茶叶精深加工产品，提高茶叶资源的利用率和种茶制茶的经济效益。

3. 比较优势原则

综合考虑各区域的优势，突出重点，相对集中，因地制宜，扬长避短，把潜在的资源优势转变为现实的经济优势。

4. 科技支撑原则

实施"科技兴茶"战略，依靠科技进步不断推进茶产业发展，提高茶产业科技水平，完善科技推广服务体系，大力引进推广新科技、新成果、新工艺、新设备，全面提升茶产业科技创新能力，提高科技含量和科技贡献率。

5. 集聚发展原则

充分发挥区域优势、资源优势和产业优势，加快省市茶产业集群和茶产业园区建设，优化产业布局，推动转型升级，引导产业规模化、专业化、市场化和标准化发展，推动茶产业集聚发展、集成发展、集约发展、集散发展。

6. 可持续发展原则

坚持生态优先，推动经济、社会、环境、资源协调发展，实现速度、质量与效益相协调，经济效益、生态效益和社会效益相统一，形成区域性、规模化产销基地，开发新产品，延伸产业链，进一步做大做强茶产业，实现可持续发展。

（四）指导思想

以党的十九大和十九届历次全会精神以及习近平总书记视察宁夏重要讲话精神为指导，牢固树立"创新、协调、绿色、开放、共享"的发展理念，以"一带一路"倡议之点和黄河流域生态保护和高质量发展先行区建设建设为契机，以宁夏特色茶业发展和传统茶叶集散区建设为重点，以市场需求为导向，以科技创新为动力，以推进茶业供给侧结构性改革为主题，以转变发展方式为主线，以提升茶业地位、提升效益、提升品质、提升品牌、拓宽功能和促进一、二、三产业深度融合为出发点，以提质增效为目标，以增强茶业的市场竞争力为核心，坚持区域化布局、专业化生产、规模化发展、企业化经营、社会化服务、行业化管理，品牌化提升，着力构建宁夏现代茶业产业体系、生产体系、经营体系，全面提升特色茶产业发展水平，走产出高效、产品安全、资源节约、环境友好的现代农业发展道路，为建设经济繁荣、民族团结、环境优美、人民富裕的美丽新宁夏做出贡献。

（五）主攻方向

一是加强宁夏特色茶叶新产品开发，进一步优化品种、品质和品牌，推进茶叶产业升级。

二是以良种化建设为抓手，进一步扩大原料种植面积和生产规模，不断改善茶叶生产基础。

三是主攻有机茶、绿色和特色产品，走高效生态茶业之路，把宁夏茶业融入国际茶业大市场中去。

四是以建设标准化名茶加工厂为载体，改善茶叶生产环境，全面推广茶叶无公害标准化生产，加强茶厂改造与加工环境整治，加快推行SC认证制度，加快ISO9000、HACCP等质量体系认证和清真认证步伐。

五是加快推行宁夏枸杞叶茶等茶叶地方标准，确保茶叶优质、安全。大力推行全面质量管理，推动企业生产经营管理和技术不断进步。

六是加强茶业实用新技术的培训与推广，提高茶叶的经济效益和附加值。

七是以专卖店建设为突破口，运用现代营销和管理手段，进一步打造宁夏特色品牌，拓展市场，做大规模，做强品牌。

八是依托宁夏茶行业协会打造宁夏特色茶业网络营销平台，注册并打造"宁夏特色茶"统一品牌。

九是以宁夏茶行业协会为主体，以有关茶产业龙头企业为抓手，以茶叶生产、加工、销售和服务基地一体化建设为重点，以银川市为核心区，打造面向阿拉伯国家的西北茶产业集散地，服务国家"一带一路"建设。

（六）发展目标

1. 打造宁夏特色茶产业

进一步把宁夏特色茶业作为宁夏特色产业加以培育发展，着力提升宁夏茶业竞争力，形成规模化生产格局，打造中国枸杞叶（芽）茶、八宝茶等营养保健茶中心。

2. 打造清真茶叶集散地

抢抓国家西部内陆开放区建设、国家"一带一路"建设和中阿论坛永久性会址建设机遇，打造面向阿拉伯国家的清真茶产业集散地。

3. 茶叶产业链总产值达到10亿元

到2025年，全区的优质茶园总面积达到60万亩，其中无性系良种面积6万亩，占总面积的50%以上；茶叶产量达到40000吨，茶叶产值30亿元，其中有机茶产量30000吨，产值28亿元；茶树良种苗圃基地5000亩，种苗业产值稳定在5000万元；年精制加工特色茶25万吨，茶叶精加工产值达到15亿元；依托有关茶叶商贸城建设设施先进、功能完善的现代化茶叶交易市场——塞上江南名茶城，市场运行良好，流通环节增值5.5亿元。

二、重点项目建设

围绕原料基地、产品加工、综合服务、品牌打造等产业化的关键环节，突出重点，全面实施"12551工程"，即"建设一个现代化塞上江南名茶城，兴办20家标准化名茶加工厂，开办50家宁夏特色茶叶专卖店，新建5万亩生态高效良种茶园，实施一个茶叶重点技改项目"，提升茶业产业化发展水平。

（一）建设一个现代化塞上江南名茶城

塞上江南名茶城选址在银川国际商贸城，计划投资1.8亿元，规划总用地375亩，划分为四大区域，即由投售大厅、拼配托运中心等组成的特色名茶交易区；由茶文化博物馆、生态绿地和水面景观构成的茶文化区；以及具有办公、会议、娱乐等功能的综合管理区和市场配套服务区。建成集名茶贸易、质量监控、文化交流、观光游览和休闲服务功能于一体的区域性、现代化茶叶集散中心。建成后年交易量达到50000吨，年交易额达到50亿元。

（二）兴办20家标准化名茶加工厂

从2022年起，有计划地用3年时间新建20家标准化茶叶加工厂，引导茶叶生产向"茶厂标准化、加工规范化、产品无公害化"方向发展。积极鼓励农业企业、农民经济合作组织等兴办茶叶加工厂，促进茶叶分工分业，改变千家万户制茶卖茶的格局，逐步形成以名茶加工厂为核心的茶叶生产经营格局。

（三）开办50家宁夏特色茶专卖店

从2022年起，在全国地市级以上城市开办50家宁夏特色茶专卖店，逐步形成覆盖全国的宁夏特色品牌经营网络，鼓励企业、合作社或农民经纪人从事茶叶经销或到区外开办茶叶销售窗口。宁夏特色茶专卖店的要求是：企业三证齐全，自愿接受宁夏茶行业协会管理，自觉遵守宁夏特色茶品牌管理办法，店面装潢符合专卖店统一标志要求。

（四）新建5万亩生态高效良种茶园

继续加大政策扶持，争取在全区新建5万亩标准化良种茶园基地，其中新发展良种茶园2万亩，老茶园改种换植3万亩。生态高效良种，品种搭配合理；环境条件、土壤条件符合无公害茶园要求，全面推广标准化生产技术，获得质量认证；茶园管理科学，肥培管理水平高；茶园规划科学合理，路、沟、渠配套，设施齐全。

（五）实施一个茶叶重点技改项目

实施年加工特色茶饮料4万吨的茶叶重点技改项目，投资5000万元。主要建设内容为完成土建建筑面积45000平方米，购置与生产能力相配套的生产加工设备，建成茶质量检测室。积极进行技术改造，探索改造传统茶加工工艺，提升质量档次，促进茶产品质量的升级换代。

三、对策与措施

（一）积极发展生态高效茶业

根据生态高效茶业的要求，大力发展有机、绿色和无公害特色产品，抢抓中央财政扶持现代农业茶产业项目实施机遇，争取发展资金，实现数量和质量、速度和效益的统一。一是加快无性系良种茶园建设。通过政策扶持，吸引工商企业、外来资金、社会各界力量来投资开发茶业，千方百计增加投入，充分调动茶农发展良种的积极性，以老茶园改种换植和退耕还茶、低产林改造为途径，建立高标准规模化良种茶园。二是致力抓好良种茶苗基地建设，稳定巩固良种苗产业。全区要逐步建立起以宁夏茶树良种繁育示范为龙头，乡村繁育基地为依托的良种茶苗繁育体系，完善良种苗木基地的管理及种苗的监督体系，为良种茶园建设提供技术支撑。三是以实施标准化为途径，全面实现茶叶无公害化生产。全面推广茶生产技术规程，茶叶产品全面达到无公害标准；建立茶叶质量定期抽检制度，引导茶农建立农事档案，确保农产品质量的可追溯性；同时加强对农资供应点的管理与监督力度，规范农资供应，从源头上控制高毒高残农药、有害肥料的使用。四是进一步拓展茶业发展空间。实施茶业走出去战略，充分利用人才、资本、技术等优势，大力开发区外、境外资源，通过技术输出、承包、合作等多种形式，拓展宁夏茶业的发展空间。五是以百万亩观光茶园建设为抓手，以高起点、新思路、大手笔规划发展大产业、大经济、大旅游。开发茶业多元产业，研发系列产品，筑建茶业经济高地，打造茶业经济联合体和茶业经济文化走廊，构建茶业经济带，形成茶文化乡村生态旅游休闲目的地。

（二）加强和完善市场体系建设

市场体系建设包括区内有形市场的建设和区外无形市场的开拓。一是培育龙头市场。加快塞上江南名茶城的建设步伐，进一步提升名茶市场档次，强化市场的硬件和软件建设，拓展茶叶市场的信息功能、服务功能、辐射功能、文化交流和质量监控功能，将名茶城建成全国一流的、品种多、功能齐的茶叶集散中心。二是加快全区茶叶与全国大中城市的对接，鼓励专业大户、龙头企业、农民经纪人到大中城市兴办茶叶销售窗口，开办宁夏特色茶专卖店。重点拓展以北京为中心的北方市场，拓展以上海为中心的长三角市场，扩大宁夏特色名茶在这些市场的占有份额。同时，加快贸易型龙头企业的发展，积极开拓伊斯兰国家及国际市场，开设国外窗口，提高创汇能力。

（三）培育扶持茶业龙头

一是集中力量扶持发展一批科技型、外向型、规模型、带动型的茶业龙头，积极鼓励茶业龙头企业上规模、上档次。争取建成自治区级龙头企业2家，市级龙头企业5家。区财政要加大对茶叶企业的投入力度，金融部门要加大对茶叶重点骨干企业的投入。通过实力型中小型企业，以品牌为媒介，进行兼并或资产重组，联合组建股份企业，壮大企业资本，形成规模化、品牌化的茶业集团，完善现代化企业管理，实现与国际市场的成功对接。二是加快培育茶叶专业合作经济组织。按照"民办、民有、民享"原则，积极鼓励发展以农户为基础的茶叶专业合作社，不断增强合作社的经济实力，充分发挥其在组织茶农、服务茶农、示范带动生产、开拓市场中的重要促进作用，引导茶农走向市场。争取建成规范的茶叶经济合作组织50家。三是加强行业协会建设。加强对茶行业协会的管理领导，围绕茶叶行业，推动各种形式的联合，在行业自律、制定标准、宁夏特色茶证明商标管理、品牌管理等方面，发挥积极作用。

（四）强化科技兴茶能力

一是加强与国字号茶机构以及省内外、国内外其他茶机构的交流合作，通过多种途径、积极创造条件吸引各方面的茶叶专家为宁夏茶业发展服务。二是造就一支能够接受先进茶叶科学技术、善于技术创新和实际应用、又有丰富茶学知识的高素质的茶叶科技人员队伍和农民技术员队伍，鼓励大中专毕业生到重点茶叶企业就业，为茶业科技进步提供人才保障。三是强化技能培训，提高从业人员整体素质。加强专业茶农的创业培训，使更多的茶农适应农业专业化、规模化和科技化发展的要求，培育茶业生产经营新型主体，培育新一代骨干茶农队伍。加强经营户的职业资格培训，鼓励茶叶经营企业从业人员和茶叶相关行业从业人员参加"评茶师""茶艺师"等职业技能培训和资格认定。加强茶叶加工厂工人岗位技术培训，逐步推行茶厂工人持证上岗制度。四是支持茶叶科技创新。加大茶叶研发经费补助力度，用于茶叶新产品开发、新技术研究创新，加快宁夏枸杞叶（芽）茶制作方式的创新。五是加快新型适用技术的引进、推广，提高对新技术的接受和转化能力，大力推广茶园机械化管理、早生栽培、茶叶冷藏、茶苗扦插地膜覆盖、设施栽培等优质、高效、节本的茶叶生产适用技术和茶副产品综合开发技术，延长产业链，提高茶叶生产的效率和经济效益。

（五）进一步提升品牌影响力和综合竞争力

一是调整优化茶类结构。调整茶叶的产品结构，积极推广特色茶组合生产，充分利用茶树原料，根据茶树鲜叶原料老嫩程度和果实的不同，采制加工相应的茶类，组合生产风格独特的特色茶品种，最大程度地发挥茶叶生产的比较优势。二是进一步推进茶叶质量认证，做好SC产品、绿色食品、无公害农产品及基地认证的组织申报，积极进行ISO9000标准、ISO14000标准、GMP、HACCP等质量管理体系的认证。2020年，全区获得QS认证的企业达到20个以上，有机茶认证的企业超10家，自治区级无公害农产品及基地认证的企业和基地达到20个以上，获得质量管理体系认证的企业达到5家以上。三是进一步开展创名牌活动。实行严格的质量监管和品牌监管，以稳定的质量保证品牌的声誉，以良好的品牌形象占有稳固的消费群体。鼓励茶叶企业争创名牌，力争创宁夏名牌产品2只以上，争创宁夏驰名商标1只，力争宁夏八宝茶闯全国驰名商标。四是着力抓好宁夏特色茶专卖店建设，加强专卖店管理，推行专卖店自律承诺制，践行"中宁枸杞"品牌管理模式。五是探索创新农产品宣传与展销方式，请进来，走出去，运用各种媒体和展销会、博览会、推介会等进行宣传，进一步培育宁夏特色品牌，对有特色的优质产品和著名商标，要进行重点培育，树立信誉，扩大影响，提高市场覆盖率，实现产品的名牌化。六是重视名茶产品的营销策划，强化和促进品牌营销的深度和广度，针对不同产品，从产品包装、目标市场定位、消费者信心塑造、营销方法、文化内涵等角度，研究营销方案，进行专门策划。七打造"宁夏特色茶"品牌，形成一个品牌下多个品种竞相发展的良性格局。

（六）加强茶文化经营

重视茶文化宣传，加强茶文化建设和茶文化经营。要加快推进茶产业与茶文化的融合，以举办茶文化节、茶摄影、茶叶诗会、茶叶笔会、茶艺茶道表演等茶文化活动为载体，传播茶文化，巩固培养新的茶叶消费群体，努力实现茶经济与茶文化的繁荣。加强宁夏特色茶文化研究领域的交流与合作，发展传统特色与现代风貌相结合的宁夏茶文化，深入研究"茶道与佛教"的因缘，挖掘古老动人的茶传说和趣闻轶事，丰富形式多样的茶礼，做深做透"佛"字文章。开发茶文化、茶乡游的旅游项目。建造茶文化博物馆，开辟茶乡自娱休闲项目。将茶文化与旅游业有机结合起来，进一步培育宁夏茶业新的增长点。

（七）加强和完善对茶业的扶持政策

为促进全区茶业的可持续发展，必须进一步完善政策，保证政策到位并具有连续性，着力创造良好的发展环境。一是在产业政策方面，区政府坚持把茶业作为宁夏特色产业加以扶持、发展、鼓励，着力提升产业化经营能力，争创发展新优势。二是在发展环境方面，提供优惠政策吸引外资，加强产前、产中、产后服务。三是在土地使用方面，从支持茶业发展的角度出发，对分散在农户手中的茶园，理顺权属关系，搞活土地流转机制，逐步使千家万户的零星茶园，向有资金、有技术、有市场的人的手中集中，达到集约化的目的，形成规模化经营，重点茶区在集中规划用地时，优先考虑茶厂建设用地。四是在财政扶持方面，自治区政府要加大茶业专项资金的投入力度。五是加强宣传、营造氛围。加强茶业发展和茶叶经济效益、生态功能、文化功能的宣传，加强茶业政策与发展环境的宣传，加强茶业先进典型的宣传，在全区营造积极发展茶叶生产，建设中国特色茶中心的良好氛围，让全社会关心、支持宁夏特色茶业的发展。

（八）强化行业协会的桥梁和纽带作用

以宁夏茶行业协会为主体，大力配合政府、密切联系企业、直接面对群众，全面参与生产、加工、销售、管理、科技等重要环节，全面整合枸杞叶茶、无果枸杞芽茶、枸杞茶、大枣茶、沙枣茶、葡萄茶、苦荞茶、决明子茶、八宝茶、果茶、甘草茶等，全面促进茶叶产品结构调整、产业结构升级和企业技术进步。为形成宁夏特色茶产业发展的新态势做好服务工作。同时，建议赋予宁夏茶行业协会有关茶业规划、项目监管、行业地方标准推广、产品监制、金融担保、人才培训等职能且给予必要的资金配套。

（执笔人：杨鹏洲、强世国、尹淑艳）

2021全国重点产茶县发展报告

中国茶叶流通协会

2021年,是"十四五"开局之年,也是产茶县域奋力追赶超越高质量发展的重要窗口期。面对新冠疫情的多点频发和国际环境的纷繁复杂,中国政府和人民在以习近平同志为核心的党中央坚强领导下,统筹推进疫情防控和经济社会发展工作取得积极成效,向全世界展现了中国力量。

脱贫攻坚战全面胜利后,全国重点产茶县域的茶产业工作核心由"全面决胜脱贫攻坚"向"全面助推产业振兴与现代化"转变,工作重点更突出高质量发展、特色集群建设与产业转型升级三个主题,随之而来的是以龙头企业为媒介的产业交流整合、结构调整、效益提升。在此过程中,全国重点产茶县域的区域品牌打造、营商服务能力提升,成为县域茶产业发展的关键性因素。

针对上述重点需求和产业发展情况,中国茶叶流通协会特撰写《2021年度全国重点产茶县域发展报告》。本报告以中茶协开展的"2021全国重点产茶县域经济与发展情况调查工作"为数据支撑,多维度、多视角分析展现重点产茶县域发展现状,旨在为各产茶县域提供转型发展的建设性借鉴与参考。

一、数据分布整理

本年度全国重点产茶县域调查综合了重点产茶县域样本县域(以下简称样本县域)中基本情况、种植情况、生产加工、内销情况、出口情况、品牌建设、科技支持、产业政策等全产业链的内容。汇总显示,各样本县域基本情况、资源基础、产业规模等值的差异较大。为科学反映当前全国重点产茶县域情况,并方便与历年数据进行比较,本报告对全体县域样本依照全国各省区产茶情况、本年度样本分布情况和历年百强县域分布情况,按比例分配各产茶省样本采纳名额,使之切实代表县域茶产业发展状况并体现县域后续发展趋势。本报告选取100个产茶县域作为本年度全国重点产茶县域样本进行分析,共涉及15个主产茶省(自治区),其中安徽9个、福建8个、广东1个、广西4个、贵州11个、河南6个、湖北16个、湖南9个、江苏1个、江西5个、山东2个、陕西4个、四川5个、云南9个、浙江10个。

二、基本情况

(一)涉茶劳动力条件

2021年,样本县域覆盖地区人口总数为5296万人,其中农业总人口3607万人,占总人口的

68.11%；涉茶人口1569万人，占总人口的29.63%，占农业总人口的43.50%（图1）。

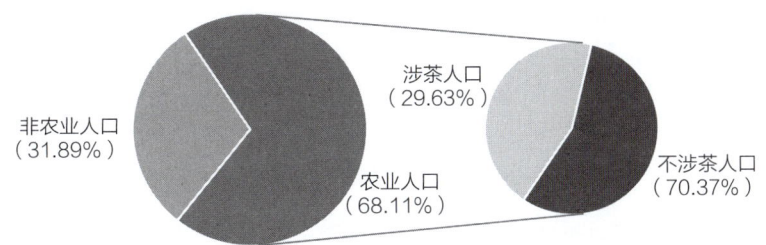

图1　2021年全国重点产茶县域样本人口组成

（二）茶产业基本情况

2021年，样本县域覆盖地区总国内生产总值（GDP）为2.79万亿，人均5.26万元，低于全国平均水平。农业总产值5567.47亿元，茶叶总产值4520.58亿元，茶业税收达到了26.97亿元（备注：因新冠肺炎疫情影响，有部分减免税，具体参照各地相关文件），其中年茶业税收过亿的产茶县域（市、区）共有7个。

（三）情况分析

从基本情况版块来看，目前产茶县域面临的较大问题在于茶产业的财税收益严重低于其他产业，这是由两个方面原因共同作用的结果。一是国家财税政策改革后，涉农产业的增值税征收过程较为复杂，尤其是初级农产品流通版块，按规定不征税，使得茶产业成为富民但不富税的产业；二是产茶县域营商环境及相关政策构建落后于发达地区，使得大型茶企在大中城市设置营销中心并开具当地发票，税收外流严重。

三、种植情况

（一）生产基础条件

全国重点产茶县域样本囊括我国的四大茶区，分别是华南茶区、西南茶区、江南茶区、江北茶区。气候多属于亚热带季风气候，部分为热带季风气候（主要集中于云南、广东、广西、海南、台湾等省区）或温带季风性气候（主要集中于山东、安徽、河南等省）。平均降雨量在1250毫升，森林覆盖率平均为40%，最冷月平均气温（非最低气温）在0~15℃，平均海拔高度647.93米，土壤以酸性或弱酸性的红壤、黄壤为主，适合茶树生长与栽培耕作的需求，具备良好的地理环境条件。

（二）茶叶种植

样本数据显示，截至2021年末，样本县域种植面积为2229.12万亩，占我国茶园面积的45.53%，其中年增长率超过10%的产茶县域共计4个，涨幅最大的达到12.35%。据推算，到2022年末全国重点产茶县域样本茶叶种植面积将达到2260.37万亩。

调查结果显示，截至2021年末，样本县域茶园可采摘面积为1899.17万亩，茶园投产率占总种植面积的85.20%，占全国投产茶园面积的43.41%。其中，44个重点产茶县域茶园投产率高于90.00%，福建、湖南、安徽、湖北、浙江、广东、江苏等省的产茶县域茶园投产率较高。新建茶园建设标准化程度相对较高，茶树品种主要为无性系品种，福鼎大白、福云六号、白叶一号等品种种植范围越发扩大。

（三）茶园管理

2021年样本县域中，实施专业化统防统治茶园面积为1064.25万亩，占茶叶种植面积47.76%，贵州、河南、湖南、福建、浙江、云南、湖北等省普及率较高。获得有机认证的茶园面积为227.80万亩，占茶叶种植面积10.22%，云南、河南、福建、江西、湖南等省普及率较高（图2）。

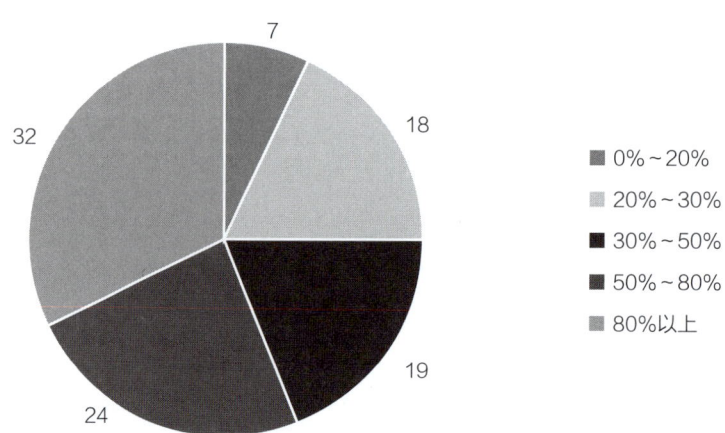

图2　2021年全国重点产茶县域样本茶园统防统治比例

（四）情况分析

从种植情况版块来看，目前产茶县域短期关注点在于提升统防统治的水平，将工作做细做实，长期关注点在于茶园标准化建设。茶园的建设是茶产业的基本立足点，标准化的茶园对于茶叶的质量管控、种植采摘的机械化、茶园的抗灾防灾能力提升都有巨大的推动作用。

四、生产加工

（一）茶叶生产

调查结果显示，截至2021年末，样本县域茶叶产量为192.39万吨，样本县域茶园亩产量达到86.31

千克/亩，明显高于70.02千克/亩的全国平均水平。干毛茶总产值为2311.32亿元。

（二）各茶类生产情况分析

2021年样本县域各茶类生产情况：绿茶102.41万吨，占比53.23%；红茶29.40万吨，占比15.28%；黑茶（不含普洱茶）22.59万吨，占比11.74%；再加工茶12.47万吨，占比6.48%；乌龙茶8.40万吨，占比4.37%；普洱茶8.33万吨，占比4.33%；白茶7.16万吨，占比3.72%；黄茶0.45万吨，占比0.23%；代用茶1.17万吨，占比0.61%（图3）。

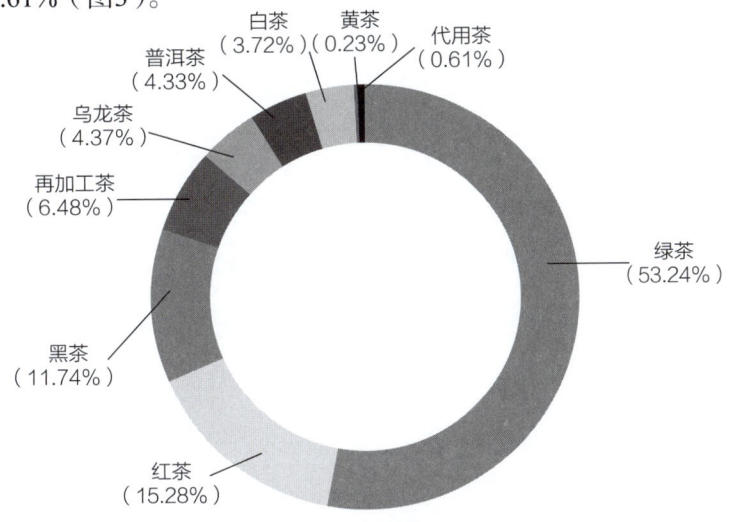

图3　2021年全国重点产茶县域样本主要茶类产量比例

全国重点产茶县域样本县域干毛茶产值中，绿茶1094.62亿元，占比47.36%；红茶361.30亿元，占比15.63%；黑茶（不含普洱茶）253.83亿元，占比10.98%，乌龙茶199.48亿元，占比8.63%；再加工茶126.87亿元，占比5.49%；白茶162.08亿元，占比7.01%；普洱茶92.71亿元，占比4.01%；黄茶3.6亿元，占比0.16%；代用茶16.83亿元，占比0.73%（图4）。

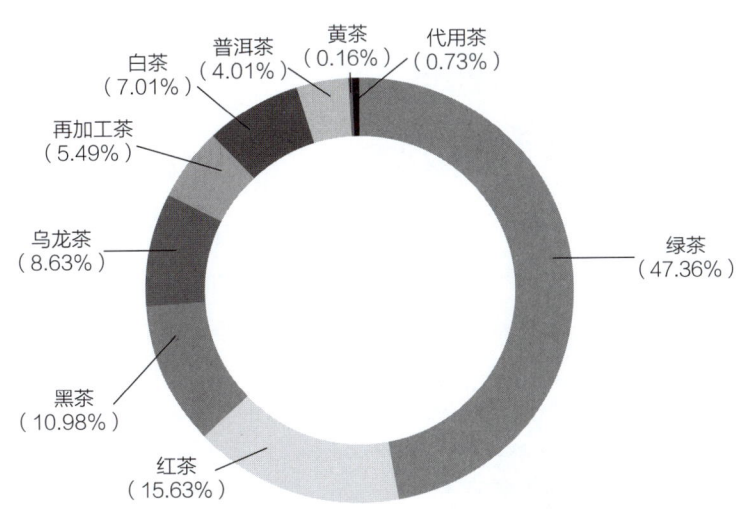

图4　2021年全国重点产茶县域样本主要茶类产值比例

调查结果显示，2021年样本县域绿茶产量占我国绿茶总产量的55.37%。样本中涉及100个产茶县域中94个有生产绿茶，覆盖全部15个产茶省。作为全国重点产茶县域茶叶生产中覆盖面最广、产量与产值比重最大的茶类，绿茶将长期稳定在占比50%左右的状态。

2021年样本县域红茶产量占我国红茶总产量的67.66%，平均单价122.89元/千克。样本中涉及的100个产茶县域中有93个样本重点产茶县域生产红茶，红茶作为重要的出口茶类和适制性最普遍的茶类之一，分布范围趋于稳定。

2021年样本县域黑茶产量占我国黑茶总产量的56.93%，单价为112.36元/千克。样本中涉及的100个产茶县域中有49个生产黑茶，主要集中产于湖南、湖北、陕西、四川、浙江五省，安徽、贵州等省份也有恢复性生产。

绿茶、红茶、黑茶是当前全国各重点产茶县域生产的主要茶类，以上三个茶类的产量占到样本总产量的80.25%，是我国茶产业发展的绝对主力。值得注意的是，再加工茶保持持续稳定增长，专门性的代用茶，如菊花、绞股蓝、苦丁等的种植范围也开始扩大，白茶、乌龙茶等茶类近年来受到市场的追捧并多次出现指数级的增长，趋于稳定，新兴茶类崛起的难度较大。

（三）加工情况

加工作为流通的前端，是茶叶生产体系的基础环节，是产业转型升级和产业现代化的主要体现环节，整个行业效率和发展情况的集中体现，同时也是县域服务的重点环节。

样本县域中共注册有茶叶企业44062家，实现产量184.96万吨，产值2202.16亿元。其中中小企业41382家，占93.92%；实现产量89.66万吨，占48.48%；实现产值999.37亿元，占45.38%。规模以上企业（规模以上企业按照不同地区有不同划分标准）2680家，占6.08%；实现产量95.30万吨，占51.52%；实现产值1202.79亿元，占54.62%；县内茶叶规模企业超过百家的重点产茶县域有8个。获得SC证企业数量为6580家，占比为14.93%，中小企业基本未获得SC证（图5）。

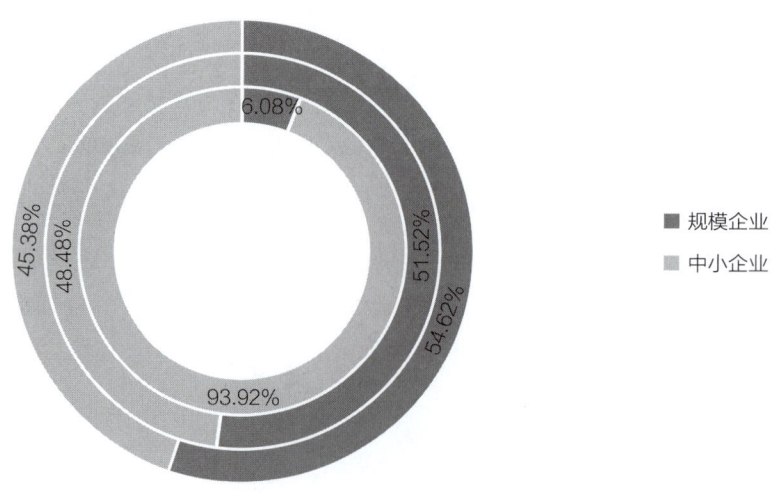

图5　2021年全国重点产茶县域样本企业数量、产量、产值对比

2021年样本县域名优茶产量为67.62万吨，占35.15%，产值为1248.00亿元，占54.00%；大宗茶产量为124.77万吨，占64.85%，产值为1063.32亿元，占46.00%。夏秋茶产量为98.93万吨，占51.42%；产值为726.81亿元，占31.45%（图6）。

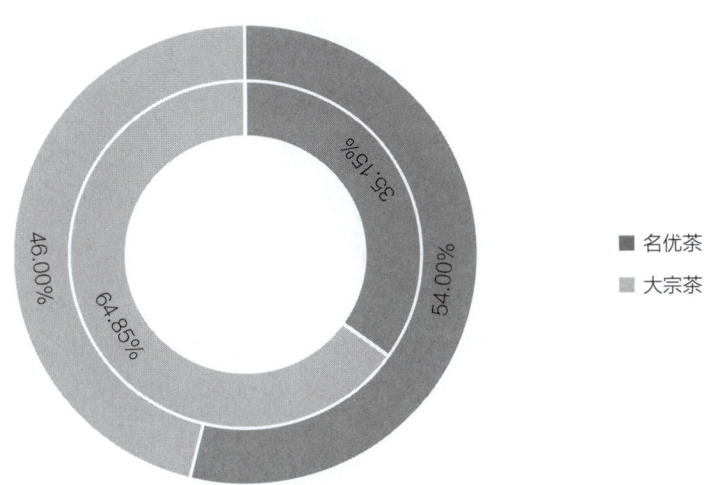

图6　2021年全国重点产茶县域样本名优茶、大宗茶情况对比

（四）情况分析

从生产加工版块来看，目前产茶县域须重点统筹规模以上企业与中小微企业的发展关系，并聚焦于龙头企业集群建设和重点培育，中小微企业的生产规范化也是需关注的议题。

五、流通销售

（一）内销情况

2021年，样本县域的国内销售量为160.08万吨，国内销售额为2188.61亿元。

销售量情况分布：绿茶84.11万吨，占比52.54%；红茶28.21万吨，占比17.63%；黑茶（不含普洱茶）17.34万吨，占比10.83%；再加工茶11.49万吨，占比7.18%；乌龙茶9.12万吨，占比5.69%；普洱茶2.82万吨，占比1.76%；白茶4.73万吨，占比2.95%；黄茶0.33万吨，占比0.20%；代用茶2.10万吨，占比1.31%（图7）。

销售额情况分布为：绿茶1121.21亿元，占比51.23%；红茶379.53亿元，占比17.34%；黑茶（不含普洱茶）139.59亿元，占比6.38%，乌龙茶247.28亿元，占比11.30%；再加工茶169.23亿元，占比7.73%；白茶75.10亿元，占比3.43%；普洱茶46.14亿元，占比2.11%；黄茶3.64亿元，占比0.17%；代用茶15.07亿元，占比0.69%（图8）。

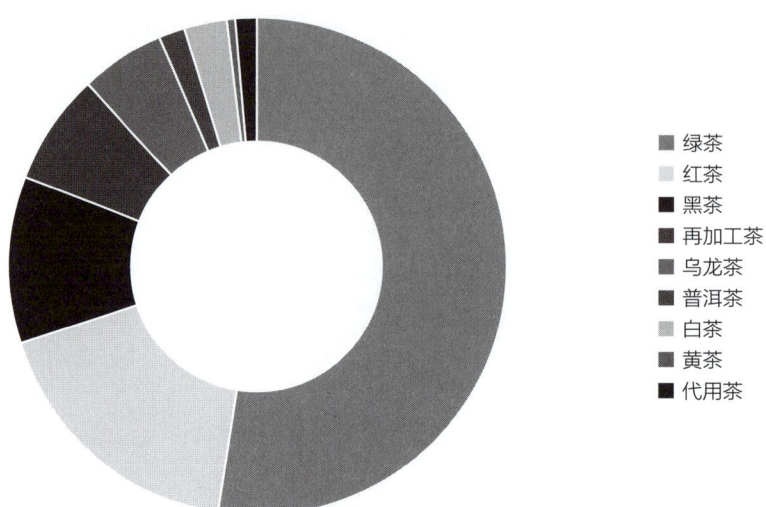

图7 2021年全国重点产茶县域样本分茶类销售量

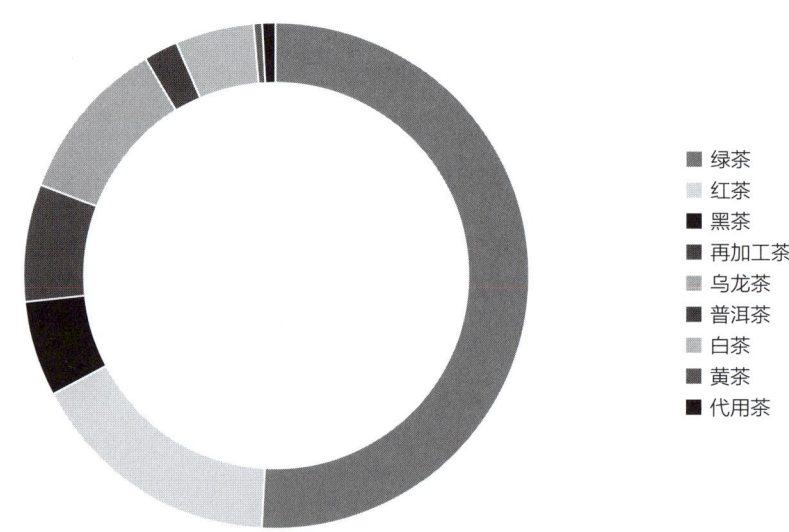

图8 2021年全国重点产茶县域样本分茶类销售额

（二）出口情况

2021年，样本县域的出口量为32.74万吨，占全国出口量的88.63%；出口额为142.80亿元，占全国出口额的90.15%。出口区域来看，集中于"一带一路"沿线国家及非洲中东地区。

尽管受到新冠肺炎疫情的干扰，共建"一带一路"不但没有按下"暂停键"，反而逆势前行，国际社会参与"一带一路"建设热情高涨，"一带一路"国际合作进一步展现强大韧性。截至2021年底，中国已同147个国家和32个国际组织签署200多份共建"一带一路"合作文件。在经贸合作方面，贸易规模稳步提升，产业链、供应链合作更加密切。

（三）情况分析

从生产加工版块来看，目前产茶县域重点拓展的依然是内销部分，产品创新力不强、信息对称性不足、消费认知不充分等问题制约着流通发展。县域查产业发展面临着行业集中度低、消费者的品牌忠诚度低、基础科学研究不充分不扎实、行业标准化有待进一步完善等一系列问题，仍需持续深耕。

六、品牌发展

（一）品牌现状

调查结果显示，2021年样本县域注重品牌营销与品牌保护。在区域公共品牌建设方面，样本县域共有证明商标827个，区域公共品牌147个，注册时间集中在2010年前后，近期内新注册区域公共品牌数量较少。样本中，共有95个产茶县域拥有茶叶区域公共品牌，其中33个样本县拥有两个及两个以上区域公共品牌，共惠及9540个具备使用权力单位。

（二）品牌建设

在县域样本数据中，区域公共品牌注册商标中，共有中国驰名商标数量92个，中华老字号24个，获得非遗项目137项，近三年荣获省部级以上荣誉共583项。品牌建设较为优秀的县域集中在福建、浙江、安徽等省份。

（三）情况分析

根据县域样本情况，县域品牌建设出现两端倾向，多数县域需要有效提升区域品牌的建设，少数县域需要企业品牌的培育。目前，县域品牌建设的重点不明，除了人文情怀之外，挖掘产品核心价值、打造有核心竞争力的产品才是发展重点。

七、科技支撑

2021年样本数据显示，各县域共有茶叶实验室650所（含企业自设检测实验室及审评室），科研工作站（含农技服务站）262家，茶叶专用保鲜库房10160家，育种中心（含种子资源库）191家，数字化管理系统（含物流中心管理系统）209项。相较于果品等其他涉农行业，科技服务能力较弱。

现在，县域主要面临的问题在于茶产业的科技支撑能力与生产销售能力不匹配。科技支撑主要体现在检验检测、可追溯等领域，对产品开发、品牌推广等科技转化领域推动性不强，县域实际需求与科研主要方向难以契合问题尤为突出。

八、产业政策

发展茶产业既可提高茶农收入、振兴经济，又可保护生态环境、发展旅游，还能提升文化内涵、唱响品牌，因此很多县域将茶产业作为衔接乡村振兴的主导产业来建设，投入了大量的财政资金。2021年，样本县域针对茶产业共投入财政资金69.79亿元，衔接专项资金41.31亿元（由于划拨方式，衔接专项资金大多不计入财政资金）。按用途划分，8.77亿元用于品牌推广，22.54亿元用于茶叶机械专项补贴，4.46亿元用于茶叶电子商务建设，16.17亿元茶园建设改造，32.52亿元用于茶区基建，10.08亿元用于其他用途（如茶旅建设等）。

由样本数据可以明显看出，产茶县域的资金使用倾向性明显，集中于机械化改造和茶园建设改造（包含基建），品牌推广的资金使用量较小。但应注意部分地区的使用方式有精细化的倾向，采用部分补贴的方式，有效撬动企业与社会资金参与，推进茶产业发展。

九、整体建设情况

2021年全国重点产茶县域建设具有明显的探索与发展色彩。立足于脱贫攻坚衔接产业振兴，各县域的关注重点向茶产业现代化建设转移，"发展县域经济，建设支柱产业，实现高质量发展，推进现代化进程"将是未来一段时间各产茶县域的建设主基调。因此，在先决条件满足的县域，茶产业由单一产业，向核心产业发展，逐步成为基础建设、全域旅游、产业培育的核心，并承担起先行产业的任务。尚未满足先决条件的地区，奠定茶产业的主导地位成为核心任务，致力于现代茶产业体系、生产体系、经营体系建设，力求将茶产业建设为现代产业、特色产业、创汇产业。

本年度重点产茶县域在茶叶流通环节呈现以下特点。

（1）产业效能实现提升，生产结构调整优化　茶叶产业在面积、产量、一产产值等方面处于当地农业板块优势地位，产业效能提升明显，特色产业地位明显。地区集聚业态明显，以龙头企业为媒介的县域间合作增多，且形成了部分以出口为导向性的优质产区，茶叶产业也成为创汇产业的代表之一。

（2）产业链条有效延伸，现代要素赋能增多　各地以茶产业为核心或重要组成要素，形成了旅游、文创、电商、深加工等有效产业链条。在产业建设中，生态赋能、品牌赋能、科技赋能等多种现代要素赋能越发明显，机械化、科技化、信息化、标准化正成为县域茶产业未来发展的关注点。

（3）经营主体逐渐成熟，服务治理有效释放　在2021年县域茶产业的发展中，家庭农场、农民合作社、龙头企业等经营主体已经形成经营网络，组织化、社会化、市场化、专业化程度逐步提升。政府的服务治理能力有效释放，各级政府通过政策调节、资金支持、简化服务等手段，盘活社会资源，提升茶产业综合实力。

十、发展建议

一是持续推进三茶统筹。县域茶产业发展应坚持继续深入贯彻"把茶文化、茶科技、茶产业统筹起来"的重要指示精神，以深入挖掘、保护在地茶文化精髓与传统技艺，推动创新传承，以"国内大循环为主体、国内国际双循环相互促进"的新发展格局指导茶业产销体系的不断完善，以整合科技资源推动产学研用深度融合发展，从而全面夯实全产业链开发、全价值链提升、全政策链扶持，让茶产业在乡村振兴战略的实施过程中真正担当起农业支柱产业的作用。

二是持续推动产业发展。以低成本和扩张规模获取竞争优势的时代已近尾声，县域茶产业的发展重心应由单纯扩大种植规模转向全面高质量发展；应以构建现代茶叶产业体系、生产体系和经营体系为目标，控制茶园面积，加快低产低效茶园改造、有序退出，推行无性系标准化建园、适地适种，推行适度规模经营与茶叶生产全程机械化，加快培养专业人才队伍，建设标准化生产基地，培育国际化茶叶集团，打造一批在国际国内具有影响力的品牌企业，推动产业健康、可持续发展。

三是持续优化营商环境。产茶县域要优化自身服务职能，推进商事制度改革，"放管服"激发市场活力，降低准入门槛，维护市场秩序，优化办事流程；重视和做好招商引资工作，吸引税源企业回归在地，以做大财政基本盘；优化财政资金使用方式，灵活变通地解决企业与群众的难题，引导社会资本参与到县域茶产业发展当中；处理好政府和市场关系，厘清二者边界，让有形之手与无形之手相得益彰，做到不缺位、不越位、不错位，保障市场秩序，降低市场经济的交易成本，提高市场的运行效率；强化需求导向，充分吸纳市场主体的意见，建立健全企业家参与的涉企政策制定机制。

（执笔人：梅宇、王智超）

2021全国"三茶统筹"示范县发展报告：新昌篇

新昌县名茶协会

浙江省新昌茶叶资源丰富，产茶历史悠久，是全国十大重点产茶县之一，是原农业部首批命名的"中国名茶之乡"。茶叶是新昌农业的主导产业、支柱产业和富民产业，全县茶园总面积有16.8万亩，投产面积15.3万亩，茶业从业人员达18万人，占全县总人中的41.86%。茶叶收入占农民年总收入的三分之一以上。近年来，新昌紧紧围绕"打造百亿茶产业，创建龙井第一县"的总目标，始终坚持"三三转化"的发展思路，即"三方协同""三茶统筹""三化赋能"，大力推动茶产业健康发展，形成了以大佛龙井品牌为主导，天姥红、天姥云雾品牌为补充的"一体两翼"飞鸟型茶叶产业结构，构建了集茶苗繁育、茶树种植、茶叶加工、茶叶交易、茶机制造、包装印刷及茶保鲜、茶文化、茶旅游于一体的首批省级示范茶产业链，形成了"茶文化、茶产业、茶科技"三茶统筹发展的良好局面，用"一片叶子"谱写了一首共富曲。2021年，全县茶叶产量5859吨，一产产值13.4亿元，主产品大佛龙井茶产量5129.45吨、产值12.57亿元，分别约占全省龙井茶产量、产值的21%和23%，稳居全国龙井茶主产区，茶叶百强县前列。茶叶全产业链产值达到92亿元。实现茶园亩均收入超8500元。

一、"三方协同"促发展

政府引导、市场拉动、龙头带动的"三方协同"发展思路，是推动新昌茶产业可持续发展的主要抓手。

（一）政府引导，精准发力

新昌县一直把茶产业作为战略性主导产业来抓，并把它纳入发展农业农村经济、促进农民就业增收的整体战略。从2000年至今，新昌县政府先后出台九轮《关于加快发展茶叶产业建设茶业强县的意见》《关于加快茶产业转型升级建设茶业强县的意见》等茶产业扶持政策，年专项扶持资金从100万元增加到1000万元，扶持项目从单一良种茶园改造到市场建设、电子商务、标准茶园、茶叶加工提升、数字化建设、茶产品创新等茶叶全产业链。同时，推进茶叶企业适度规模经营，通过土地流转、租赁等形式，实现生产要素向龙头企业转移，增强龙头企业的带动能力，引领茶产业发展。

（二）市场培育，联商带农

1995年，新昌率先建立全国最大的龙井茶集散市场——中国茶市，也是全国最大的绿茶交易市场，逐步完善提升茶博馆、茶文化公园、精品馆、标识馆、茶文化长廊、茶叶公共服务中心、茶叶电子商务中心等茶产业综合服务功能。目前，中国茶市已有来自省内外的1000多户茶商入驻，连接全国30多个省（区、市）的150多个茶叶市场，直接带动周边地区茶农100多万户，辐射茶园面积100多万亩。春茶交易旺季时，日进场交易人数达1.3万余人，日交易量16万余千克，日交易额达到9000多万元。2021年交易额61.24亿元，茶叶电子商务年销售额突破1.5亿元。

（三）龙头打造，引领发展

新昌县科学引导茶叶企业适度规模经营，通过土地流转、租赁等形式，实现生产要素向龙头企业转移，切实增强企业的带动能力，推动茶产业规模化发展。累计培育茶叶生产加工主体1256家，其中省级龙头企业2家、市级茶叶龙头企业4家；培育茶机企业13家，全部进入浙江省农机购置补贴目录，年生产销售茶机约2万台，年产值约1.2亿元。扁形茶机的产销量占全国的70%以上，已具备扁形茶全自动机械生产能力，目前正向数字化、清洁化、智能化转型。

二、"三茶统筹"拓空间

坚持茶文化、茶产业、茶科技的"三茶统筹"发展方向，是新昌县推动茶产业健康发展的主要举措。

（一）以文兴茶，内外兼修

为不断丰富茶文化内涵，新昌县始终坚持"一带领先、双核驱动、三大组团"发展战略，多维度拓展茶文化的外延。已连续举办了十六届新昌大佛龙井茶文化节，打造省内外茶文化交流学习的重要平台，成为全国唯一一个中国茶业区域公用品牌价值发布地。茶文化节获评"浙江省最具影响力十大农事节庆"和"中国十佳茶事样板"。继承与发扬"茶王赛""礼佛仪式""茶祭大典"等多项传统活动；发布全国首个茶叶"剧本杀"；出版《大佛龙井》《新昌茶经》《新昌茶人》等一系列茶文化专著，茶文化得以进一步发扬光大。

（二）以旅兴茶，融合发展

新昌县还发挥自身生态优势、产业优势、资源优势，挖掘佛教文化、山水文化、休闲养生文化的丰富内涵，与茶文化结合，成功打造"六大茶山"金名片，建成特色休闲观光茶园17个，创建了中国茶市、下岩贝村、外婆坑村、安山村等一批茶旅结合示范点，推出茶乡观光体验之旅、茶乡休闲养生之旅、现代茶业怡情之旅等旅游线路。东茗乡下岩贝村已成为新昌县主要的茶观光休闲地，年接待游客近10万人次,"新昌禅茶休闲养生之旅"入选全国20条茶乡旅游精品线路,2021年入选"建党百年百条红色茶乡旅游精品路线",实现了茶生态、茶经济和茶文化有机融合。

(三)以技兴茶,驱动创新

茶科技为茶经济的发展提供了保障。新昌县先后与原中茶院、中茶所、浙大茶学系等科研院校建立合作关系,形成了"龙头企业+科研院校+专业合作社+农户"的发展模式,研制出龙井茶机制加工技术、无性系良种种植与繁育技术、茶园条播密植技术、名优茶冷藏保鲜技术、茶叶标准化技术、电热炒茶技术和机械化修剪、采茶等七大技术体系;首创了茶叶常温保鲜技术、龙井茶延时加工等技术;先后研制成功长板式扁形茶炒制机、多功能名茶辉锅机、茶叶色度智能识别控制系统、新颖采茶机等先进实用机械,有效提升了茶业的科技创新力和共富内驱力。截至目前,新昌县有无性系良种茶园11.5万亩,无性系良种率达75%,茶园绿色防控面积达4万亩;30余个主持项目或协作项目获得各级科技奖励40项。

三、"三化赋能"促转型

品牌化引领、标准化提升、数字化转型的"三化赋能"发展目标,是新昌县推动茶产业高质量发展的又一举措。

(一)品牌化,提升产品价值

推动高质量发展,品牌引领是关键。作为全国重点产茶县,新昌始终坚持"品牌兴茶"战略,坚持"质量、品牌"两手抓、两凸显,依靠大佛龙井品牌凝聚发展合力,促进产业规模化。领先一步出台《加强大佛龙井中国驰名商标管理和保护的意见》《大佛龙井证明商标使用管理办法》等系列规范性文件;建立的全产业链质量监控管理体系、推行的茶产业标准化、清洁化生产成为全省首创;实施的"大佛龙井"事件营销和品牌提升工程成为行业首创;成立大佛龙井产销联盟,冠名"大佛龙井高铁专列",通过新昌茶乡与中国速度的同频共振,最大程度提升品牌知名度及影响力。"大佛龙井"蝉联两届浙江省十大名茶,先后获得全国农业名牌产品、中国著名品牌、中国驰名商标等荣誉,连续14年入选中国茶叶区域公用品牌价值十强,品牌价值高达50.04亿元。

(二)标准化,提升产品质量

新昌县始终以"标准领跑者"的匠心品质,树立行业质量标杆。首次提出"精品茶引领品牌价值,大众茶促进百姓增收"发展思路,首次出台精品茶"五统一"管理办法,首次发布大佛龙井、天姥红、天姥云雾三大产品的生产技术规程、产品标准、冲泡标准等9个团体标准,相继制定发布了"新昌县茶产业数字化信息采集技术规范""新昌县茶园生态监测系统数字化建设技术规范"等数字管理技术规范，建成了茶产业较为完善的标准体系，使地方茶叶标准管理工作有章可循，更加规范有序，助力新昌县茶产业迈上新台阶。

（三）数字化，促进产业转型升级

近年来，新昌县积极探索数字经济与茶产业发展有机结合，有序推进茶产业数字化改造建设项目，促进茶产业高质量发展。新昌县以《浙江省乡村振兴产业发展示范建设县项目》为依托，为茶产业高质量发展注入活力，聚力"数字赋能、全链提升、价值再造"，加快茶产业数字化转型升级，先后投资2.1亿元对茶产业链进行数字化提升改造，构建从茶苗培育、茶园管理、茶叶加工、茶叶流通及相关产业一体化数字精准管理与管控体系、智能化生产管理体系和"浙农码"与"三色码"质量追溯和诚信评价体系，有效推动了新昌茶产业高质量发展。截至目前，新昌县已建成"茶叶大脑"——新昌县茶产业发展服务平台，其中包括涉农数据专题库1个、驾驶舱1个、应用子场景6个；平台注册用户近1万人次，数据总量达300万条，成功入选首批浙江省"农业产业大脑"建设单位。

未来，新昌县将以数字化改革为契机，以"茶业双强"为抓手，继续深化精品茶"五统一"管理，统筹"三茶"融合助力茶业高质量发展，力争茶叶全产业链产值五年翻番达到200亿元以上，真正成为群众致富奔富的"金叶子"。

2021全国"三茶统筹"示范县发展报告：祁门篇

祁门县祁红产业发展中心

祁门县地处安徽南端、黄山西麓，与江西毗邻，属古徽州"一府六县"之一，建县于唐永泰二年（公元766年），是千年古县、红茶之乡、御医故里、生态王国。国土面积2257平方公里，辖10镇8乡，总人口18.7万人。生态环境质量评价指数、空气质量保持全国前列，森林覆盖率88.64%、稳居全省第一。先后荣获中国红茶之乡、国家级生态示范区、中国最美乡村百佳县、国家级全域森林康养试点建设县等荣誉称号。

小茶叶，大产业。在祁门，种茶、制茶、茶旅，10万余人以茶为生，其中，茶叶农民专业合作社220余家（省级示范合作社3家）、家庭农场60余家，茶叶产业化联合体9家（其中省级联合体3家）。全县生产企业及加工户425家，其中省级龙头企业3家，国家高新企业2家，淘宝全网电商销售全国50强企业1家。从"绿水青山就是金山银山"到"三茶统筹"，茶产业立足资源禀赋，以龙头企业为依托，以延长产业链为突破口，实施"五大提升"工程，推动茶产业高质量发展。2021年，全县茶园面积、茶产量、茶产业综合产值、茶农人均茶叶收入分别达到19万亩、7100吨、45亿元、6540元，茶产业让乡村发展从"输血"到"造血"，形成县域富民产业，绘就一幅"稻丰粮硕，猪肥鸡壮"的乡村振兴图。

一、祁红茶香飘四海，不负青山不负人

（一）茶科技赋能产业发展

茶科技是茶产业的硬实力。从育种到标准化生产再到规模化加工，都需要科技的加持。目前全县有性系良种2个，其中国家级1个（祁门槠叶种），省级1个；无性系良种9个，其中国家级5个，省级4个。2015年开展清洁化项目建设，全县200家初制厂完成清洁化改造，拥有7条清洁化、连续化、标准化红茶生产线。2020—2021年结合《安徽徽茶产业集群建设方案》和祁门县茶产业发展实际，对祁门红茶生产线、农业物联网进行智能化的系统提升，实现红茶加工生产能力的飞跃。科技创新在人才，筑巢引凤，通过组建祁门红茶博士后科研基地、祁门红茶研究中心、安徽省科技特派员工作站，与省内高校开展"产学研"合作，为人才提供发挥光热、施展本领的"大平台"，其中列入国家星火计划1项，省科技重大专项2项。"企业+高校"的科技创新体制，让科技力量得以不断注入茶产业中，为振兴产业发展带来源源动力。

（二）茶文化纵深产业深度

文化是茶产业发展中更基本、更深沉的、更持久的力量。以茶为媒，讲好祁红故事。2021年12月15日，全国万里茶道申遗工作推进会上，祁门正式加入万里茶道申遗城市联盟，安徽也成为第九个申报省份。2022年开年首播的4集纪录片《祁红·中国香》分别在安徽卫视、上海纪实人文频道等多家媒体播放，掀起了一股讨论祁红的热潮。以茶为媒，厚植祁红文化氛围。自2015年以来，将每年3月28日作为祁红采摘节固定举办日期，今年受疫情影响，祁红采摘节采取线下和线上云直播的方式，通过"云直播"架设起茶区、茶企、茶人的交流合作桥梁。从县内的祁红技艺非遗传承人评选、祁红"茶王赛"、历口斗茶会到县外黄山茶会、合肥茶博会和上海、北京等一线城市国际茶业展，线上线下，对内浓厚祁红氛围，对外展示祁红形象，留下了靓丽的一抹祁门红。

二、厚植发展优势，"三茶统筹"写好祁红文章

"三茶统筹"以茶文化引领，茶科技支撑，茶产业高质量可持续发展，重新构建了新的产业格局，并成为新时代茶产业的具体纲领。2021年围绕"世界红茶之都、美丽康养祁门"的目标，祁门县委县政府深入贯彻落实中央和省委、市委决策部署，厚植产业优势，努力做好祁红文章。

（一）祁红产业发展优势

1. 放大生态优势，夯实祁红产业基础

绿色生态是祁门最大的优势和潜力。坚定实施"生态立县、工业强县、茶业富县、文旅兴县"发展战略，参与新安江-千岛湖生态保护补偿试验区建设，实施阊江流域生态补偿机制试点，保护修复生态系统。按照"一年打基础、两年强推进、三年见成效"的思路，实施全域绿色防控。从2020年8个试点乡镇扦插黄板再到2022年实现18个乡镇茶园绿色防控全覆盖。从制定《祁门县2020年度推进全域茶园病虫害绿色防控实施方案》到与各乡镇签署了《2022年祁门县全域茶园绿色防控乡镇目标管理责任书》，稳扎稳打，将全域茶园绿色防控纳入乡村振兴工作考核，全面落实绿色防控举措，从"生态立县"的发展战略到全域绿色防控，坚持生态优先，以绿色发展引领产业发展。

2. 加大科技投入，打造祁红品质化工程

提升祁红产业竞争力，始终以品质取胜。新阶段实现科技引领，从茶叶质量可追溯体系下功夫。2017年底我县通过出口茶叶质量省级示范区验收，2018年部署"三区同创"创建工作，出台了《祁门县人民政府关于印发祁门县"三区同创"工作方案》，围绕"七大体系"建设，打造祁红特色标准化体系。2019年在全县18个乡镇茶园普查工作基础上，完成了全县农残地图绘制。2022年强化农业执法和市场监管检查力度，常态化开展巡查检查。从方案出台到茶园、产品的全程抽检，厚积薄发，不断完善了祁门茶叶质量追溯系统。科技投入在于优秀人才引领，每年定期举办的茶艺师和祁红文化培

训，培养了大批优秀人才，2019年开展县级祁红技艺非遗创承人评选活动，2020年组织参与全国茶叶加工工（精制）职业技能竞赛，形成了良好人才流动，激发了祁红人才的创新力，从传统的"工夫祁红""祁红毛峰"到别具一格的"粽茶"，科技投入让祁红产业焕发出新活力。

3．挖掘历史文化，讲好祁门故事

祁红创制百年，一缕幽香穿透世界。依托自身文化底蕴，推出了以平里祁红小镇、西塘祁红休闲民宿等茶旅产品，结合祁门山区祁红特色资源优势、景观优势和文化底蕴，开发了"祁红探秘之旅""探秘祁红——寻梦茶乡"两条茶旅路线，吸引了国内外众多游客参加茶事体验活动。构建区域公共品牌，讲好祁门故事。2012年，祁门红茶入选农业部"2012最具影响力的中国农产品公用品牌"；2010—2018年"祁门红茶"品牌连续9年入选"中国茶叶区域公用品牌价值十强"，为安徽省唯一入选十强的茶叶公用品牌，并荣获2015、2018、2019"中国茶叶最具传播力品牌"，2016、2017"中国茶叶最具带动力品牌"，2018、2019、2020年度"中国茶业百强县"，"2020年度茶业品牌建设十强县"。

（二）祁红产业发展的困境

1．茶产业组织化规模小，产出效益低

祁门县茶业龙头企业、专业合作社、家庭农场等新型经营主体整体上呈现数量多、规模小、"领军型"企业不多的特点。规模化、科学化、集约化程度不高，单位面积产量、产值和产业附加值还明显低于全国平均水平，与茶产业发达地区相比差距更大。茶产业潜在的资源优势尚未转化为现实的发展优势，总体效益和单位效益有待提升。

2．品牌建设科技投入低，品牌意识缺失

区域公共品牌建设不是一蹴而就的，需要长期坚持不懈的投入和专业的品牌创建规划。但我县品牌建设仅依托各类茶展活动等渠道开展品牌宣传，品牌建设单一。县内茶企仅少数大型茶企进行品牌推广，多数茶企以供货为主，缺少品牌差异化定位，区域公共品牌未形成合力。品牌建设中大型茶企在科技研发上鲜有科技投入，大多数茶企停留在初制加工阶段，精深加工和产品二次增值少，科技投入少，产品科技含量低。

3．祁红文化挖掘力度低，创新动力不足

祁红产业作为我县富民强县的四大主导产业之一，仍然在生产种植环节效率低，综合产值增长潜力有限的困境中原地踏步。祁门县中小企业多集中于初制加工阶段，以散茶批零赚取加工费，陷入低端竞争的品牌乱象。而且由于早期对祁红文化遗产的保护不足，大量遗址被破坏，祁红茶旅融合受限。大部分茶叶基地和加工企业没有与旅游相结合，茶产业处于单打独斗的局面。

三、"三茶统筹"背景下祁红产业如何"出圈"

(一) 智者谋势,弈者谋局

当前和今后一个时期,是祁红崛起赶超的战略机遇期、大有可为的黄金发展期。我们将因势而谋、应势而动、顺势而为,坚持质量优先、优化产业结构布局,建设一批设施标准、管理规范、绿色生态的茶叶生产基地,培育一批创新能力强、综合实力强的茶叶企业,创响一批成长性好、竞争力强、特色突出的茶叶品牌。产业突破点在哪里,重点就应该在哪里。保持对茶产业发展的敏锐力,增强祁红产业对外的表现力、表达力,以高品质、品牌化的发展态势实现"破壁出圈",最大程度最大范围实现祁红产业的高质量发展。

(二) 实施"五大提升"工程,做大祁红产业

抓好低产茶园改造,推动茶园良种更新。坚持生态化、标准化、宜机化,建设生态示范茶园。引导推动集中连片开发。实施品质提升工程。深入推进全域茶园绿色防控,扎实开展"双替代"行动。支持标准化茶厂建设,完善产品质量安全追溯体系。实施品牌提升工程。申报祁门红茶地理标志产品证明商标,建立健全区域公用品牌管控体系。注重品牌营销,提升祁门红茶美誉度。实施企业提升工程。采取联合、参股、兼并、租赁等方式,鼓励企业"抱团发展"。扶优扶强,培植龙头企业,培育规上企业。实施文化提升工程。

(三) 健全科技队伍体系,加大科技投入

完善县乡村三级茶叶科技服务体系,加强实用技术推广和专业技能培训。健全良种繁育体系。加大茶树良种培育、改良和推广力度,提高茶树良种繁育水平和覆盖率。健全标准化体系。坚持无公害、有机化,规范茶叶生产、加工、包装、储藏及茶艺,完善茶业标准化体系。健全精深加工体系。加大产品档次结构调整力度,推进清洁化生产,实施新产品开发计划。健全市场流通体系。新、扩建茶叶批发交易市场,培育经纪人队伍,推广连锁经营、网上销售。健全质量监控与预警体系。建立茶叶产品质量安全检验检测机构和监测网点,完善茶叶质量安全检验检测网络。

(四) 构建祁红品牌,扩大市场影响力

继续加大祁门红茶公用品牌宣传,寻求祁门红茶公共品牌的保护方式,大力推广祁门红茶团体标准和祁门红茶监制标贴的使用。鼓励企业作打造公用品牌下的企业品牌,推动技术创新,塑造品牌核心价值。提升市场知名度和社会公信力,增强竞争力。支持企业依托统一的生产规程、加工工艺、品牌使用规则等,生产符合品牌形象的产品,结合实施"一带一路"倡议,组织品牌茶产品"走出去",弘扬祁红茶文化,创响祁红茶品牌。

2021全国"三茶统筹"示范县发展报告：武夷山篇

武夷山市茶产业发展中心

今年以来，福建省武夷山市茶产业发展中心深入贯彻落实党的十九届五中、六中全会精神和习近平总书记来闽考察重要讲话精神，按照市委市政府部署要求，全力开展"三茶"统筹创新推进工作。

一、2021年工作总结

2021年干毛茶产量2.36万吨，产值22.85亿元，茶产业税收1.1亿元，比增29.43%。武夷岩茶连续第5年位列中国茶叶类区域品牌价值第2名，品牌价值710.54亿元，荣获"2021年度三茶统筹先行县域""2021年度茶业百强县""2021年度区域特色美丽茶乡"称号，全产业链发展势头良好。

二、推进"三茶"统筹创新工作

（一）茶文化方面

编著《茶韵文脉》《武夷茶名丛研究》《武夷山一百个茶故事》等武夷茶文化书籍，编排《武夷茶香飘万里》茶歌舞，完成"敬世界一杯武夷茶"歌曲创作，对外发布7期"这就是武夷茶"宣传短视频。建立武夷山市茶文化艺术型专家人才库，现有专家12人、顾问9人。打造武夷茶世界文旅融合项目，开演国内首部茶文化主题光影秀《我在·万里茶路》，首批签约百强茶企，正式开业34家，武夷星、香江、正山堂、八马、华祥苑、日春、中茶等一批重点企业已入驻开展品牌展示营销。由武夷山市四套班子主要领导及"三茶"专班领导牵头，开展8家"大众茶馆"建设工作。规范武夷茶文化内容，重点对武夷星、正山堂、香江、瑞泉等知名茶企茶文化展陈进行审核指导，加强宣传讲解人员培训，规范宣传内容、提升讲解水平。启动中国武夷茶博物馆建设项目，确定项目优化方案。完成武夷岩茶（大红袍）制作技艺申报世界非遗拍摄工作。成功举办国际茶日、喊山祭茶仪式、第二届武夷岩茶（大红袍）制作技艺制茶大会拜师仪式、武夷山市茶膳大赛、世界遗产大会百企茗茶品鉴、首届中国武夷红茶国际交流、第二届全国评茶员职业技能竞赛总决赛等活动，"喊山祭茶仪式""红园摆茶习俗""武夷茶艺"成功申报南平市级非遗项目。

（二）茶产业方面

完成武夷山"三茶"统筹规划编撰。制定产业地图、招商地图，开展产业链延链补链强链招商，摸排茶饮料、茶食品、茶器具、茶护肤品、茶日用品、茶包装、茶设计招商重点企业22家，在省级、市级等平台签约涉茶项目8个，总投资49.83亿元。推进武夷岩茶优势特色产业集群项目建设，重点建设生态茶园、改造升级机械设备及公共服务提升等，争取2021年项目资金投向3000万元，培育有潜力茶企业小升规6家，现有41家规上茶企和年销售额500万元以上茶企56家，八马茶文化研学体验园、正山茶业综合实践区、武夷星武夷岩茶工程技术研究中心等一批产能提升项目加快建设，抖音直播基地落户凯捷岩茶城，目前基地进驻服务商家6600多家。加快茶产业专业园区规划建设，在仙店生态创业园区规划用地面积2200亩，重点引进茶衍生品生产企业。与中茶所合作，启动小武夷中国茶树种质资源圃项目建设，已完成首期506亩征地调查工作，清理项目用地30亩。组建茶领域科特派人才库，选派省、市茶相关领域个人科技特派员43人、科技特派员团队40个，对茶种质资源、茶叶种植、科学精制、智能仓储、电商交易等茶全产业链各环节开展服务指导，累计培训茶叶技术人员500人次。成立茶企上市工作专班，与中国投资开发有限公司、华商集团开展整合茶企上市战略合作商讨。推出8条茶旅融合线路，"大安一日红色传统教育"线路获得百条红色茶乡旅游精品路线。打造全国武夷岩茶产业集群燕子窠"三茶"统筹示范区，中国茶产业联盟授予"星村燕子窠生态茶园""武夷星生态茶园"最美生态茶园称号。组织茶企前往杭州、福州、厦门等地开展茶业品牌宣传与市场营销。加强茶业市场乱象整治专项行动，向全市茶企茶农发布三封公开信，引导茶企代表签订诚信经营承诺书，反对"虚标价格"、过度包装和使用恶俗花名。

（三）茶科技方面

开展生态茶园建设工程，召开生态茶园建设现场会，下发《国家级生态茶园示范基地行动方案》，全市11601户茶农、1683户茶企自觉向社会作出禁用除草剂生产无公害茶承诺，建立茶树病虫害绿色防控与统防统治融合示范片2个，辐射推广1万亩。推动茶检中心项目建设，已完成主体工程量95%，已对接省质检院达成合作建设国家级茶叶检测中心初步意向。持续推进茶山整治，2021年整治违规违法开垦茶山1131亩、茶山生态提升2152亩，建设生态茶园示范片10个。与中国工程院刘仲华院士合作，完成武夷岩茶品质化学特征与保健功能研究分析，启动武夷红茶品质研究，拟发布《武夷岩茶品质化学与健康密码》书籍。完成武夷岩茶和武夷红茶实物标准样品复制。市茶业同业公会对《斗茶赛》《武夷岩茶陈茶》《武夷红茶陈茶》等团体标准立项，初步完成团体标准《武夷岩茶茶器（盖碗）》，发布实施武夷龙须茶团体标准，海峡两岸茶业交流协会发布陈年武夷岩茶团体标准、陈年武夷岩茶仓储技术规范。

三、存在的困难和问题

在市委市政府的正确领导下，武夷山"三茶"统筹创新推进工作取得了一定的成绩，茶业品牌影响力和美誉度逐年提升，但也存在一定难点和痛点，主要体现在：一是茶文化的挖掘、保护、推广不深入，全社会茶氛围营造不够浓厚；二是茶产业链不长、体量不大，茶叶产量、产值均不到全省10%，在全国市场占有率不够高；三是武夷山茶叶的主要成分、保健成分还不清晰，品牌公认度、认可度不够强；四是标准缺失，茶叶质量安全可追溯体系不够健全；五是茶业领域科技型企业少，茶业相关科技创新支撑不够、科技人才不足等；六是茶业管理部门缺少监督管理职能，无法有效落实行业管理措施；七是茶树种质资源开发利用不足，没有公益性茶树种质资源基地，缺少科研人才与设施。八是茶产业链衍生品少，产业链附加值低。武夷茶生产的茶产品单一，综合利用率低，武夷岩茶的价值不能得到完全的体现。

四、2022年工作思路

2022年，武夷山市将坚决贯彻落实党的十九届六中全会精神和习近平总书记在星村镇燕子窠生态茶园调研时对茶产业发展作出的重要讲话精神，按照市委市政府"三茶"统筹创新推进工作部署，统筹做好"茶文化、茶产业、茶科技"工作，努力把茶产业打造成为乡村振兴的支柱产业。重点做好以下工作。

（一）振兴茶文化，推动茶文旅深度融合

一是完成武夷山市茶叶学会组建工作，编撰《武夷茶志》，持续开展武夷茶学术研究。二是打造"三茶"统筹展示中心，进一步深化"武夷茶世界"项目建设，统筹武夷山茶品牌、茶溯源、茶展示、茶交易等要素融合，打造茶企个性茶拍卖平台，整合线上线下资源助推茶品牌经济发展。三是推进武夷茶文化进校园，提升茶文化课程，举办武夷茶文化培训班，策划推进全国征集"武夷茶舞"活动。四是加快中国武夷茶博物馆建设，不断丰富和提炼武夷茶历史文化资源。五是积极打造集品茗、休闲、民宿、研学为一体的生态茶庄园，推出文旅茶融合精品旅游线路。六是引导酒店、民宿等服务场所，在装修装饰、日用品等方面融入茶元素，营造茶文化氛围。

（二）做强茶产业，推动茶产业高质量发展

一是持续推进生态茶园建设，出台发布生态茶园建设标准，开展初、中、高级生态茶园认证，在全市范围建设一批高标准生态茶园，谋划创建全国生态茶园示范基地。二是按照"严禁增量、提质存量"的工作思路，持续开展茶山整治、生态修复专项行动，强化对违规违法开垦茶山常态化巡查。三是持续加强武夷岩茶农产品地理标志专用标识管理，引导企业规范使用专用标识。做大做强"武夷山

大红袍""正山小种"公共品牌，不断提高品牌美誉度。四是强化茶业同业公会职能，充分发挥行业组织作用，规范茶行业经营管理，开展武夷茶文化、茶技术的品牌管理科学布局。五是对茶叶市场实行常态化、动态化监管，坚决整治过度包装、恶俗名称等不良经营行为。严格制茶大师、传承人、茶叶类技能大师等行业专家资格的推荐、评定和管理工作。六是引导茶企更新营销理念，发展多元化的销售渠道，在国内一线、二线城市设立品牌茶销售连锁店、专营店、加盟店，提升武夷茶的市场占有率。

（三）发展茶科技，推动茶科技引领发展

一是持续推动武夷山茶产业专业园区建设，积极开展产业链条招商。加大茶旅小镇项目运营力度，有创新有特色地打造永不落幕的茶博会。二是重点引进以茶为原料的茶饮料、茶食品、茶护肤品、茶保健品、茶日用品等精深加工项目，以及茶包装、茶具、茶机械等上下游项目。三是充分发挥科技特派员作用，组建茶产业科技服务平台，全方位开展茶叶生产、加工、销售等环节精准服务。四是积极与科研院校、茶院士、全国知名茶专家学者合作，开展茶产业研究，启动武夷红茶陈茶品质研究；加快推动国家食品检验中心武夷山分中心设立。五是整合茶业资源普查成果、区块链溯源、电商交易、茶山监管、舆情监测等，建设"武夷山茶产业资源大数据"平台，形成数字化、可视化、交互式的"茶生态银行"一张图。六是加强与中茶所合作，加快小武夷茶树种质资源圃项目建设，持续开展茶树品种研究。

2021全国"三茶统筹"示范县发展报告：浉河篇

信阳市浉河区茶产业发展中心

河南省信阳市浉河区是"信阳毛尖"的原产地和核心区，新派红茶"信阳红"发源地和主产区，境内"五云两潭一寨一门"为代表的名茶产地盛产中国十大名茶之一——"信阳毛尖"。民以茶富，区以茶名，茶产业作为浉河区传统产业、特色产业、优势产业、富民产业，对全区经济社会发展和乡村振兴战略实施意义十分重大。浉河区深入贯彻落实习近平总书记关于"茶文化、茶产业、茶科技"统筹发展重要讲话精神，坚定不移实施兴茶富民发展战略，不断扩大茶文化影响力、增强茶产业竞争力、提升茶科技支撑力，做优三茶统筹，打造美丽浉河。全区现有茶园面积60万亩，2021年茶叶产量4.9万吨，涉茶综合产值95亿元，先后荣获中国茶叶产业示范县、中国茶业百强县、全国重点产茶县、全国十大生态产茶县、中国十大最美茶乡、"三茶统筹"先行县、国家级茶叶全产业链典型县等20多项国家级荣誉。

一、三茶统筹工作成果

浉河区坚持以茶文化为媒介、茶产业为载体、茶科技为助力，三者相辅相成，相互促进。

（一）文化赋能，培育茶旅融合新业态

浉河区立足自身悠久的茶文化历史，坚持茶文化与全域旅游相结合，按照"茶园变公园、茶区变景区、茶山变金山"的茶旅一体化发展道路，打造"茶旅融合"文化品牌。一是不断丰富茶文化景观与内涵。将茶历史、茶名人、茶遗迹等茶文化元素融入城乡建设、景观打造中，建成茶博物馆、茶文化馆、茶文化广场、茶公园、十大茶坊等30多个茶主题建筑，着力打造茶乡特色。讲好茶故事，创新发展茶歌、茶舞、茶诗、茶影、茶艺等民间艺术，带动茶文化研学热情，弘扬手工制茶非物质文化遗产，成功入选国家级非遗传统技艺，培养国家和省级非遗传承人3名、中国高级技能大师2名、中国制茶大师3名。二是开发茶文化精品旅游线路。围绕"一城、一环、一核、三极"全域旅游发展格局，启动环南湾湖道路提质改造工程，充分展现"百里茶廊、千峰竞秀、万顷茶海"的独特美景，成功创建国家级全域旅游示范区。积极开发"茶旅+民宿""茶旅+研学""茶旅+康养"等茶文旅融合新业态，打造品质民宿75家，创建省级乡村旅游特色村2个、省级特色生态旅游示范镇1个、省级休闲观光园区1家，浉河港镇郝家冲村入选全国乡村旅游重点村，文新茶村成功创建4A级景区，浉河区荣获"区域特色美丽茶乡"称号，"毛尖源地·山水浉河"百里茶廊红色文化体验游，入选全国百条红色茶乡旅

游精品路线。2021年，茶旅游年总创收21.6亿元、辐射带动茶叶销售10.3亿元，农特产品销售1152万元。三是举办丰富多彩的文化活动。积极筹办第30届信阳茶文化节，本年度茶文化活动的主题围绕茶叶生产加工展开，浉河区各区直单位、重点产茶乡镇和涉茶企业各司其职紧密合作，通过举行信阳毛尖开采仪式、信阳毛尖手工炒制大赛、信阳茶文化节30年特别贡献人物表彰、茶文化进校园、茶叶大讲堂等丰富多样的活动共同举办了一届精彩纷呈的茶文化盛典。进一步弘扬了浉河红色茶乡的名号，擦亮了信阳毛尖与信阳红的品牌名片，传承了信阳毛尖传统手工炒制非物质文化遗产，受到了社会各界茶人的广泛好评。

（二）补链强链，推动全产业链条集成

坚持运用产业化思维，树牢"项目为王"的理念，依托信阳国家农业科技园区、国家级现代农业产业园等项目，做大做精茶产业，加快全产业链条打造和升级。一是提升品牌价值链。持续加大龙头茶企培育扶持力度，形成辐射带动效应，不断增强市场竞争力和占有率，目前已培育国家级农业产业化龙头企业1家，省级9家，市级19家，发展壮大规上茶企12家。推动茶叶"公共品牌+企业品牌"协同发展，不断加大"信阳毛尖""信阳红"公共品牌宣传力度，积极培育文新、豫信、嘉木饮等竞争力强的企业品牌，组织区内茶企参加"华茗杯""中绿杯"等国内各类茶展和茶事活动，宣传展示浉河茶业品牌形象，提升浉河区茶产业整体附加值。目前，全区已注册商标82个，知名茶叶品牌15个，其中，中国驰名商标3个，省级著名商标15个，信阳毛尖品牌价值连续多年位居全国前三。二是延伸茶产业链。优化茶产业布局，从"名茶"战略向"民茶"战略延伸，调整高、中、低档茶的比例，尤其是提高中档茶的市场占比；依托茶园、茶山和茶农，打造品质民宿75家，形成"民宿+茶园+休闲+购物+信阳养生菜"融合发展模式，随着信阳菜的深入挖掘和品牌提升，每年3～5月采茶季，来到浉河茶乡"登茶山、品毛尖、吃茶宴"已成为游客们旅游的首选。通过实施"龙头企业+""专业合作社+""种茶大户+"等带贫合作模式，新建72家茶叶标准化初制加工厂，每年带动4306户贫困户户均增收1000元以上，实现生态建设与经济发展双赢。三是畅通跨区域销售链。深入挖掘潜在市场，不断提升信阳毛尖市场的占有率。在商场、高铁、专卖店、旅游区等传统销售渠道的基础上，积极引导茶企在淘宝、抖音等直播平台拓展线上电商经济。同时，由相关政府部门开展直播培训，鼓励企业、合作社探索线上经营道路，大力推进茶叶电子商务、网络代购等新型销售模式发展。培育本地线上销售团队，拓展茶叶销售渠道，促进企业增效，助力茶农增收。不断扩大对外开放，引导涉外茶企与"一带一路"倡议沿线国家广泛开展合作，中豫华都、天之润、盛世佳茗等茶企先后与欧洲、美洲、东南亚等国家广泛开展合作，签订合作协议。2021年，我区3次参与中欧班列信阳绿茶专列外运中亚活动，共计有5200吨茶叶远赴欧洲市场，综合产值约1560万美元，在全国同行业做出表率。浉河区现已初步形成集种植、加工、物流、商贸、服务为一体，上下游相互配套、相互关联的全茶产业链、全服务链。

（三）创新驱动，强化茶业科技引领

浉河区发挥科技与人才引领力量，应用现代生物、物联网、大数据、人工智能等技术改造提升茶产业，让茶产业插上科技腾飞的翅膀。一是提升茶叶精深加工水平。不断调整优化茶产品结构，先后开发生产信阳红茶、信阳观音、黑茶、白茶等新茶类，持续推进茶叶精深加工，不断丰富茶叶产品及衍生品，提升市场附加值。目前新建文新信阳毛尖和信阳红数字化智能生产线一条，茶叶标准化初制加工厂72家，文新茶叶、崧润茶叶、大别山佳茗、信海茶叶已有茶花茶、茶籽油、再加工茶、茶提取物等茶衍生品投放市场销售，基本构建起以绿茶为主体，红茶、白茶、乌龙茶、黑茶、花茶等多茶类并举，茶籽油、茶树花、茶提取物等茶资源综合开发利用，各类茶叶精深加工产品和衍生品不断丰富创新的多元化产品体系。二是数智化赋能茶产业。统筹茶产业和茶科技，开展茶叶可追溯体系建设，以大数据技术为支撑，建立信阳毛尖诚信体系，与国内前沿数码甲骨文公司、华为技术公司合作开发建立茶叶质量可追溯体系与数字化农业平台，通过架设茶园生态数据监测设备，完善田间作业、原料来源、工艺流程、产品检测记录和销售档案，建立全过程管理数据和分析服务模型，通过包装标识制度，运用可追溯系统平台和溯源二维码实现对茶叶种植、销售环节的全链条可追溯。截至目前，我区茶叶质量安全可追溯体系覆盖文新、豫信、嘉木饮等6家企业，共有8家企业通过质量管理体系认证；与信阳师范学院合作共建了茶叶质量检测中心，先后有10家企业建成茶叶质量安全检测实验室，实现原产地农产品保护。三是强化科技支撑与人才技术储备。积极与杭州茶叶研究院、中国农科院茶叶研究所、信阳师范学院等机构开展"大院大所"技术合作交流，建立"产学研"基地12个，为浉河区茶产业高质量发展提供相关技术孵化与人才培育场所。目前，全区已建成国家级工程技术研发中心1个，省级重点实验室2个，市级以上工程技术研发中心4个。

二、当前面临的问题

浉河区在三茶统筹工作推进中所取得的成果有目共睹，但是我区在茶产业发展上仍然面临着一定的问题和挑战亟待解决。

一是产业大而不强。虽然浉河区茶园种植面积位居前列，但目前茶产业仍处于传统的种茶炒茶卖茶阶段，对地方经济发展的支撑作用不明显，全区仅有1家国家级龙头企业（文新），也只有文新1家企业年生产销售收入过亿元，其余均在5000万元以下，茶工业、茶旅游、茶文化起步较晚，产业链条短，产品附加价值低，茶产业的规模效益尚未转化为经济效益。

二是品牌优而不名。信阳毛尖是中国"十大名茶"之一，但在全国缺乏具有广泛知名度的商标和品牌，全区仅有2家茶企（文新、广义）进入全国百强，出了河南，喝信阳毛尖的人少，还没有打开全国的市场，呈现出"叫好不叫座"的局面。

三是产品单而不众。茶叶种类单一，绿茶信阳毛尖一枝独秀，信阳红等新派信阳茶的产量和销量占比依然不高，尽管也研发出了白茶、乌龙茶、茶花茶、茶籽油、茶多酚含片等其他品种的茶产品和茶衍生品，但是尚未形成一定规模。

三、后续政策方针

下一步，浉河区将锚定"两个确保"，持续夯实茶产业基础、延伸茶产业链条、拓展茶产业外延。以茶产业为载体，加快推进一、二、三产业融合发展，全面提升茶产业竞争力，突出做好"七个一"。

（一）编制一个规划

茶产业是浉河区农业第一支柱产业，承担着茶区经济发展、满足健康消费、稳定扩大就业、服务乡村振兴的重要任务，事关30万茶农、2000多家茶企民生福祉。浉河区立足产业实际、着眼发展需要，邀请中国茶叶流通协会会长王庆领衔担纲编制组长，并邀请赵春江、刘仲华两位院士担任编制组副组长，组建15人的专家团队编制《浉河区茶产业高质量发展"十四五"规划》，规划以生态优先、创新驱动、融合发展为基本原则，突出前瞻性、引领性、开放性、可操作性，并通过中国茶叶协会为茶区引进国际、国内知名茶企，重点在项目带动、龙头引领、科技助力、文化赋能等方面推动茶产业高质量、大跨越发展。

（二）打牢一个基础

浉河区坚持生态优先、绿色发展，用足用活省级专项资金，实施茶叶种植"改良、提质、赋能"三大工程，不断夯实茶产业发展基础。在改良上，继续建设"信阳10号"良种繁育基地，区财政按每亩5000元标准，对"信阳10号"改良进行补助，到2023年"信阳10号"种植面积达3万亩以上。在提质上，以创建"全国绿色食品标准化原料生产基地"为目标，推动董家河、浉河港核心产区35万亩茶园完成"绿色食品"认证标志和2万亩有机茶园认证。在赋能上，制定信阳毛尖质量检测标准，持续完善信阳毛尖诚信体系建设，依托茶叶质量检测中心，逐步实现60万亩茶叶可追溯、全覆盖。引导茶企在茶叶种植、生产、加工、流通等环节进行规范化、标准化生产管理，以标准化赢得市场信誉，提升示范区茶产业竞争力，力争三年内辖区茶企标准化程度达60%以上。

（三）拉长一个链条

切实做好"做强、扶持、引进"三项工作，形成茶企梯队效应，力争三年内规上茶企产值达60亿元。做强重点茶企，支持文新、豫信、中豫华都等12家规上茶企，围绕茶叶精深加工，提高夏秋茶资源利用率，不断扩大白茶、红茶、乌龙茶、大宗茶等夏秋茶生产规模。持续拓展茶食品、茶油、茶保健等新产品，推进茶树花、茶籽、茶渣等农副产物回收利用，引导加工企业开发抹茶、茶菜肴、调味茶、保健品、化妆品等精深加工产品，满足多样化消费需求，提高产品附加值，力争到年底规上茶企年产值增收60%以上。扶持中小茶企，出台中小茶企"升规纳统"扶持政策，对2000多家中小微茶企、种茶大户、涉茶合作社给予支持，支持茶企同业整合、兼并重组，实现"升规纳统"，力争3年内全区规上茶企入库100家。引进新派茶企，围绕夏秋茶生产，招引一批国内知名头部茶企，针对国内青年群体饮茶习惯，招引一批新派茶企。力争到2024年，引进国内知名企业5家、新派茶企20余家。

（四）做优一个平台

积极推进国家级农业科技园区核心区建设，规划建设60平方千米的现代农业科技集聚区，实现茶叶科技资源集聚、产业要素集中，全力激发现代茶业高质量发展新动能。坚持科技引领，规划建设700亩现代农业科技园区，建立河南省茶树生物学重点实验室、河南省豫南茶树资源综合开发重点实验室等研发机构，有力支撑茶产业结构调整、创新升级。发挥集群优势，规划建设茶叶标准化加工厂房21000平方米，冷链仓储用房6000平方米，引导重点茶企入园，加快形成产业集聚效应。力争三年内培育国家级农业产业化龙头企业1家，省级5家，国家级合作社1家、省级合作社3家、市级龙头企业20家以上。强化项目带动，加快国家现代农业产业园建设，用足用活7000万元政策资金，持续完善"茶产业项目库"。围绕规模种养基础设施建设、产业链供应链完善提升、科技创新平台建设、智慧农业建设、农产品认证与品牌培育、联农带农增收等6个方面，以政府主导、企业参与、多方共赢为目标，谋划实施茶叶类项目19个，推动茶产业转型升级、提质增效。

（五）创新一个服务

借鉴浙江丽水、湖州等地先进经验，以茶产业为主体，创新探索绿色金融"六个一"模式，开辟中小茶企融资绿色通道，加快构建绿色金融体系，即组建一间线上金融服务超市、发行"信阳毛尖卡"、设立绿色金融账户、编制绿色企业清单、开发绿色金融产品、完善绿色金融考核机制。目前，通过线上金融服务超市，已上线"茶乡快贷""流水贷"等一系列金融产品，为茶企、茶农投放绿色金融贷款6亿元。力争三年内，通过绿色金融为中小茶企贷款达15亿以上，着力破解中小茶企融资难题。

（六）擦亮一个品牌

重点从"宣传、保护、融合"三个方面发力，讲好品牌故事，提升品牌价值，进一步擦亮浉河茶产业"金名片"。在对外宣传上下功夫，坚持"政府搭台，企业唱戏"，大力实施茶叶品牌提升工程，邀请专业团队进行包装策划，高质量举办大型茶事活动，积极参加国际茶业博览会、中国名优农产品会、"华茗杯"、"中绿杯"等国内外知名茶展和评审活动，不断提升品牌影响力。在品牌保护上下功夫，制定茶企品牌发展战略，打造以品牌管理、品牌传播、质量保证、技术创新、品牌保护为核心的茶企品牌建设综合体系。加强市场监管，加大保护执法力度，营造公平竞争环境，培育一批特色鲜明、竞争力强、市场信誉度高的茶叶品牌。力争三年内，培育中国驰名商标1个，知名茶叶品牌6个。在茶旅融合上下功夫，持续深化国家级全域旅游示范区创建成果，坚持茶旅文康深度融合发展，依托环南湾湖最美茶乡廊道，着力提升茶博物馆、茶文化馆、楼畈田园综合体、文新茶村等景点品质，实施精品民宿培育"1133"工程，打造董家河镇楼畈村、陈湾村，浉河港镇郝家冲村3大主题民宿集群，做大做强乡村旅居、乡村民宿、乡村美食等乡村旅游产业。力争3年内，全区建成37个乡村旅游示范村，打造全国具有重要影响力的茶旅融合旅游目的地，茶旅游年总创收突破35亿元。

（七）畅通一个渠道

紧跟消费新趋势，利用网络平台，拓宽销售渠道，不断提高市场占有率。一是培养电商人才：结合"人人持证、技能河南"建设，充分利用电商产业园这一平台，开展专题培训5000人次，为茶企提供电商人才支撑，让茶产业插上电商翅膀。二是发展"直播"经济：积极引导帮助本地茶企、茶农与市场商户在抖音、快手、淘宝等平台开店运营，通过短视频直播的形式，来传递产品特点和文化价值，搭建起原产地优质农产品直达终端消费者的销售通路，力争三年内，全区建成电商服务站20家以上，茶叶网上销售额中占总销售额40%以上。三是拓展"一带一路"：积极开拓国际市场，扩大茶叶出口，围绕"中欧专列"，向外输出浉河茶叶，扩大出口贸易，巩固拓展中亚、南亚、非洲等地市场，积极开拓欧美市场，加速信阳毛尖走向世界，力争2023年出口茶叶达到1万吨，年出口额达4亿元。

接下来我区将重点围绕以上"七个一"，致力打造茶产业发展新高地。目标到2023年底，茶产业产值达到130亿元以上；农产品加工业产值与农业总产值比达到2.8∶1以上；农业科技进步贡献率达65%以上；农民人均可支配收入提高到2.4万元，把小茶叶做成大产业，让一片叶子富裕一方百姓。

2021全国"三茶统筹"示范县发展报告：安化篇

安化县茶业协会

湖南安化是全国茶业百强县前十强县。茶叶是安化县重要的优势特色产业，在农业农村经济发展和乡村振兴中占有举足轻重地位。茶产业曾经挑起了安化脱贫攻坚的重任，如今又是乡村振兴的主导产业。2021年，安化县委县政府乘中国共产党建党100周年和"十四五"规划开局之年的强劲东风，站在"两个大局"的高度谋划推进安化黑茶产业发展，以强基固本保持茶产业发展定力，以文化引领茶产业发展，以科技实现茶产业提质增效，战疫情、控风险、谋对策、促发展，取得了茶产业向好向上的发展局面。全县茶园面积36万亩，实现茶叶加工量8.5万吨，综合产值230亿元，税收1.5亿元。

一、2021年主要成绩

（一）茶叶生产稳健前行

安化县委县政府坚持政府引导，龙头引领，提质增效的措施，稳住了茶产业的基本盘。一是生产加工运转正常。在新冠肺炎疫情多点暴发的情况下，全县所有茶虽有小幅震荡，但全部处于正常生产状态，山头茶做到了应采尽采，应收尽收；特色产品加工企业、高品质产品生产企业满负荷生产。芙蓉山片区、高马二溪片区、云台山片区产销两旺。乌云界、湖南坡、八五六、燊湘、高甲溪、天池湖、芙蓉山茶业7家新建毛茶厂竣工投产。二是龙头企业成为产业振兴的脊梁。全县有国家级龙头企业3家，省级龙头企业7家，市级龙头企业24家，全县44家高新技术企业中茶企有22家，占比50%；169家规模以上企业中茶企有75家，占比44%。茶叶生产企业基本保持稳定，茶叶专业合作社砥砺前行，茶人自我减压主动破解困境。2021年湖南华莱和白沙溪茶厂入围中国百强茶叶企业，中茶安化第一茶厂千方百计保产运行。另外，通过打造安化黑茶产业园区，积极创建国家现代农业产业园，形成以茶叶深加工为核心，仓储、物流、科研等配套服务平台为补充的产业聚集区。形成了基础牢、韧性足、链条稳的产业集群，保持茶叶生产持续发展的局面。三是地标示范区创建全面启动。2021年7月，安化县开启了安化黑茶国家地理标志保护省级示范区的创建工作，强化"安化黑茶"证明商标和地标的管护。充分利用湖南黑茶质量检测与产业技术服务平台，加强产品检测能力建设，对126家申请授权使用"安化黑茶"证明商标的企业进行现场考评和专家评审，106家企业通过授权。于10月29日起正式实施《地理标志产品 安化黑茶》系列地方标准10个。全年抽检茶鲜叶和毛茶526批次，合格率为100%，组织对全县茶叶生产企业开展集体培训，传达国家部委文件精神及省、市对砖茶监管工作要求，全县茶叶生产企业监管覆盖率和增量产品的抽检率均达到100%。通过推广化肥减量和茶树病虫害绿色防控技术实现了茶园单位面积化肥使用量零增长，重大病虫害防治处置率达到95%以上。

2021年安化茶产业通过全县上下的协同作战，攻坚克难，成功突围。安化黑茶成为湖南省首批进入"中欧100+100"地标产品互认互保名单的地标产品。连续十三年入选中国茶业百强县前十强，荣获中国"十三五"茶产业发展十强县、全国区域特色美丽茶乡、全国"三茶统筹"先行县域。安化黑茶获评湖南茶叶乡村振兴"十大领跑公共品牌""一县一特"优秀农产品品牌，成功获批中国海关出口HS编码，茶产业助力脱贫攻坚、乡村振兴先进典型。

（二）销售市场前低后扬

上半年，由于疫情影响，茶叶产业经受了巨大考验，国内茶叶市场滞销，部分销区门店网点萎缩，市场销售出现低迷状态。下半年对疫情带来的不利影响采取了有力的应对措施，茶叶销售市场回暖复苏，全县销售网点保留10000个以上水平。特别是新的营销业态迅速成长，所占市场份额提升很快。5月，全县开展安化黑茶抖音电商直播带货"百千计划"，通过线上"百千计划"驱动，安化黑茶营销增效。产销渠道不断拓宽。已通过开展建安化黑茶产教融合基地、招主播运营、推进头部主播合作带货、改造直播基地、办培训、建仓储物流中心六大行动，累计线上销售额超过10亿元。带动48家茶企600多个直播账号参与到直播带货中来，培养月销量过10万的账号100余个。已建成占地2000平方米的江南工业园标准化智能茶仓，可存储成品茶1000吨，服务茶企17家，日处理订单超600件。谦益吉供应链数字化仓储中心已经完成主体工程建设，内部装修即将竣工。

（三）茶旅文康融合发展

安化县坚持以茶为基础、旅为媒介、文为内涵的思维，创新丰富茶旅文康新业态，实现茶旅文康一体化发展，推动乡村振兴。

1．成功举办了两大茶旅节会

2021年成功举办了湖南红色文化旅游节和第五届湖南安化黑茶文化节。10月21日至24日，第五届湖南·安化黑茶文化节在安化举行，活动邀请了中国茶叶专家、院士、安化籍世界冠军、媒体及其他省内知名人士等1400人参加。向外界充分展示了24小时健康茶生活、黑茶产业发展新路径，洽谈对接各类招商引资项目30余个，实现签约项目14个，投资金额达102.4亿元。

2．成功编辑出版发行《中国茶全书·安化黑茶卷》《安化黑茶品质化学与健康密码》《发酵的时光》三本著作

分别从安化黑茶发展的整体脉络、安化黑茶品质化学、摄影美学等角度对安化黑茶及其产业进行了深度解读。故宫博物院二级文物——故宫贡茶花卷茶在第五届湖南安化黑茶文化节期间回安化展示，成为节会上的最大亮点。茶文化遗产得到进一步保护，唐家观古镇等6处"万里茶道"文化遗产成功列入《中国世界文化遗产预备名单》，梅城文武庙古建筑群和渠江茶园入选国家级重点文物保护单位。

3. 成功打造了一批重点茶旅融合景区

将茶叶种植、采摘、茶文化展示、茶产品销售与现代旅游观光相结合建设景点景区，形成了资江两岸"生态茶廊"，茶马古道沿线"生态茶带"，雪峰湖沿库"生态茶湖"。投资100个亿的安化黑茶小镇、投资5个亿的茶乡花海、重点茶旅文康旅游景区相继建成运营；云台山景区、梅山生态文化园、百花寨、叶子湾、桃花岛等茶旅项目已成为安化县茶旅融合的亮点。建成中茶安化第一茶厂等4处国家3A级景区、湖南省白沙溪茶厂股份有限公司等7处省级工业旅游示范点，云上茶旅文化园等6处景区成为湖南省五星级乡村旅游区（点）。

4. 完善IP体系，拉动茶旅文融合

积极抢抓省委宣传部联县帮扶机遇，与电广传媒、华声在线签订战略合作框架协议，安化黑茶公共文化IP体系逐渐完善。"安化黑茶文化会客厅"官方产业平台建成，已启动主题乐园、特色小镇、主题酒店、水上旅游等项目建设。

（四）科技创新成绩突出

院士工作站引领产业升级：以刘仲华院士工作站为核心的科技创新取得重大突破，"茶叶生产加工新技术的研发与产业化应用""茶叶质量安全监测与产业风险评估""黑茶创新产品与快销品的研发"3个大课题10多个项目有序展开。安化茗珠、高档黑臻茶、莓茶黑茶等8款新产品和砖茶自动修边机、砖茶自动包装机2款新设备研发成功。"高香型千两茶的制备方法及其产品""一种降低茶叶氟含量的茶叶制备方法"等12个国家发明专利和实用新型专利获得国家专利部门批准。在院士工作站的引领下，县内企业掀起了高新技术企业申报与产品创新高潮，年内新申报高新技术企业9家，全县达22家。创新利用茶叶和中药材原料研发了八方古脉通茯茶（糖适茯）、辣木黑茶、黄精茶等新产品。开展了"安化地区茶树种质资源普查与抢救性收集"工作，建立了"安化县茶树良种标准化繁育基地"（含种植资源圃）。全县150家茶企研发经费超过1.2亿元，桑香茯砖、黑臻茶等创新产品，茶点、茶饮等延伸产品，茶牙膏、茶面膜等日化产品以及智能泡饮机、冰碛岩茶具等产品开发上市。

二、存在问题

（一）新冠肺炎疫情影响下茶产业发展的不确定性因素较多

新冠肺炎疫情虽然向稳向好发展，但疫情对茶产业带来的影响很大，有关节会和产品推介会后移或取消，经销人员受疫情影响裹足不前，线下门店关门避疫等等，茶产业因销售渠道不畅导致生产停滞或半歇业。另外一方面，由于俄乌战争的影响，全球粮食供应趋紧，国家为确保粮食安全，划定基本农田红线，安化县需退茶还田9000亩，势必对茶产业原料供应链带来影响。线下销售遇阻，线上电商迅速攀升，但线上营销人才紧缺，且难以监管与规范。

（二）茶园培管机械化程度不高

安化是典型的山区大县，茶园基地大部分建在较高海拔的山坡上，机械难以进园，采摘机械化程度不高。山区采茶制茶机械研发投入不足，适应山区茶园培管的机型较少。另外科学测土配方施肥、标准化采摘水平较低。毛茶加工机械设备更新滞后，加工工艺与技术参差不齐，毛茶原料收购标准有待统一。

（三）品牌跨区域保护监管乏力

"安化黑茶"是公共区域品牌，品牌价值很高。但市场上安化黑茶产品出现假冒伪劣产品现象屡打不止，特别是跨区域保护监管乏力，打而不死，死灰复燃，市场监管部门鞭长莫及。甚至有地方保护主义影响跨区域监管。由于跨区域监管的缺失，有部分地方少数人钻政策的"空子"，出现"职业打假"的现象，为谋一己私利，损害品牌形象，影响产业整体发展。另外国内品牌评选、产品评比存在过滥的现象，产品良莠不齐，消费市场难以辨别。

（四）科技成果转化与推广力度不足

一方面是科技研发投入不足，特别是茶叶加工生产机械的研发落后现代化生产的需要，生产环节自动化、信息化路途遥远，停留在半机械化与机械化阶段。高科技进入茶叶加工领域没有实质性变化，千两茶制作、砖茶压制、茶叶分级自动化生产水平很低。另一方面是科技成果转化与推广力度不够。茶产业高质量发展离不开科技的支撑，但科技成果转化与推广不很理想，依靠科技成果提升产品质量缺乏有效手段。

三、对策建议

（一）政府主导是后疫情时代企业纾困的重要途径

当前茶产业发展的整体形势是机遇与挑战并存，但机遇大于挑战。后疫情时代，政府主导是产业持续发展的关键，要采取有力措施为企业纾困，厚植优势，化解风险，推动茶产业补链、延链、强链。一是要把茶园培植纳入乡村振兴的重要内容给予政策支持。茶园培管机械、农业品（化肥、农药）投入、茶园防控体系、原材料溯源体系要纳入政策扶持范畴。二是要加大政策扶持力度，鼓励茶企升级转型。要建立新产品开发激励机制，研发市场占有量大的科技新产品；传统产品要研发新工艺，开发适应大众化饮用、受多层面消费者喜欢的黑茶产品。三是支持企业个性化发展，黑、红、绿各显特色。四是扎实做好国家地理标志产品国家级示范区创建工作，加强地标保护，做好产品地标标识普及，确保产品质量。以地标示范区创建为契机，实现安化黑茶提质增效。五是充分发挥行业协会的协调、桥梁作用，引导企业在产品策划、设计、生产、营销方面下功夫，在广告、传播、促销等营销活动中寻求目标化、差异化、特色化。加强行业自律，积极消除疫情和经济下行等因素影响，引导茶企抱团发展，共渡难关。

（二）加强茶园培管是产业厚积薄发的动力源泉

在产业低迷期，重点抓好茶园培管和技术指导。组织企业开展良好农业规范（GAP）体系认证和"两品一标"认证，建立规模茶园动态管理数据库。抓好农业投入品使用监管工作，加强检测力度。指导规模茶园基地开展适宜机械化作业的改造，开展茶园机械化采摘社会化服务指导工作。通过规范使用公共商标和地理标志，构建以芙蓉山、高马二溪、云台山等重点产茶片区为核心的小产区，建立高山茶与平地茶、基地茶与荒野茶、本地茶与外地茶的差异化价格体系。加强原产地保护，提升安化黑茶地标价值，科学引导、协调茶叶收购。加强茶园培管专业人员的培训，推广茶园智能化管理。

（三）茶文化引领乡村振兴是实现产业蝶变的重要抓手

安化黑茶有悠久的文化历史，丰富的文化底蕴。将茶文化引进景区、校园、医院、酒店、餐饮业，提升茶文化传播的趣味性和实用性，吸引更广泛的群体关注茶产业，促进茶消费，弘扬茶文化，倡导茶生活。利用线上和线下的传播渠道，结合乡村振兴的主题，把安化黑茶品牌做出影响力和扩大升值空间。办好茶文化节会活动，做好媒体传播矩阵宣传，讲好茶文化的故事。重点搞好新时代茶旅文康深度融合，发挥安化黑茶特色小镇的功能作用，带动茶旅文康特色小镇、生态观光茶园、茶旅康养社区的建设。

（四）保护品牌的公信力是产业持续发展的生存之道

国家要重视品牌的保护，首先要建立品牌的公信力，规范品牌评选的行为，杜绝花钱买荣誉的现象发生；其次加大跨区域品牌的保护措施，对冒牌产品坚决予以打击，对社会以谋利为目的的"职业打假人"要采取有效措施，制止其损害品牌公信力的行为发生。三是加大对公信力高的品牌宣传，弘扬正气，发挥品牌效益作用。

（五）基础技术研究与推广是实现产业腾飞的重要举措

加大产业基础技术研究，优化市场推广带动科技成果转化与应用。加大对茶叶生产的研究，一个地方或区域是没有技术能力承担机械化生产的升级改造工作，要从国家层面统筹攻关，实现茶叶生产现代化，包括数字区域链、机械采摘、全自动加工的现代化生产。充分发挥以刘仲华院士专家工作站为核心的科研平台示范带动作用，鼓励和支持龙头企业加快数字智能技术在茶产业中的应用，实现生产加工装备的升级换代。加大速溶茶、茶饮料、茶食品、茶日化、茶疗养、茶工艺品等功能性、方便化、创衍生等系列产品的研发，支持对传统产品进行"二次加工"，推动茶叶衍生品生产。大力推广茶产业科技成果的转化与应用，加大科技投入力度，用科技赋能实现茶产业高质量发展。

（执笔人：蒋跃登、刘国平）

2021全国"三茶统筹"示范县发展报告：英德篇

英德市农业农村局

广东省英德市是岭南传统茶区，产茶历史源远流长。英德红茶是国家地理标志产品，茶产业是当地农业农村经济的重要组成部分，涉茶从业人员15万人。2021年，英德市充分发挥生态、文化等资源优势，围绕弘扬茶文化、做强茶产业、提升茶科技的目标，加快推进"三茶"统筹发展，取得了积极成效。在第十七届中国茶业经济年会上，英德市获评全国"2021年度'三茶统筹'先行县域"，是广东省唯一获此殊荣的县（市、区）。

一、年度重大事件

（一）英德红茶冠名湖南卫视茶频道第四季《最美茶艺师》大赛圆满收官

3月24日，由英德红茶独家冠名播出的第四季《最美茶艺师》总决赛在湖南长沙举行。7强选手通过紧张的比拼，最终以肖斯娜、周曦凡、谢乐玲三位茶艺师为团员的"国茶天团"正式成团。大赛以"追梦正当时"为主题，1月18日在广东清远启幕。大赛采取"电视呈现+网络互动+线下推广"的形式传播，历时3个多月，分别在广州、昆明、西安等6大城市进行了英德红茶区域公用品牌的展示推广，有效提升了英德红茶的文化渗透力、文化传播力和国内品牌影响力。

（二）英德红茶产业研究院挂牌成立

4月1日，在2021第三届中国英德红茶头采节上，英德红茶产业研究院正式揭牌，中国工程院院士、清远市人民政府顾问、湖南农业大学博士生导师刘仲华获聘产业研究院院长。英德红茶产业研究院是英德市农业农村局指导英德市农业技术推广中心、多家省级以上科研教育单位、英德科创小镇茶产业发展有限公司等多方合作共建的特色产业科研平台，研究院立足英德市红茶产业发展和乡村振兴需要，政校企、产学研合作，大力促进英德茶产业品种改良、品质提升、品牌打造、市场开拓、文化传播和产业链条延伸。

（三）英德市入选"第一批全国农作物病虫害绿色防控示范县"名单

10月25日，农业农村部种植业管理司公布了第一批全国农作物病虫害绿色防控示范县名单，英德市位列其中。多年来，英德市以茶叶特色优势产业为抓手，积极推进绿色防控和统防统治，持续推进农药减量增效，有效促进了农业绿色高质量发展。2021年，英德市有2家茶园获评全国最美生态茶园，31家茶园获广东省生态茶园认定。

（四）英德市红旗茶厂被工信部认定为第五批国家工业遗产

2019年，英德市将红旗茶厂列为英德市级文物保护单位，制定了详细的保护利用工作方案。结合英红镇茶叶产业强镇及广清经济特别合作区广德（英德）产业园平台优势，着力推动"英德红茶全产业链""公共服务链"双落地，实现"以工促农，以城带乡，打造城乡融合示范区"的发展。2020年，科德投资有限公司提出打造英德茶产业科技高地、产业高地、文化高地综合体的规划目标。在推行整体创意性展示和产业化提升的同时，加大对红旗茶厂厂区整体性保护力度，采取"修旧如旧"原则精心组织实施厂区景观修复，英德市红旗茶厂的历史、科技、艺术和社会文化价值得到有效发挥。2021年10月27日，英德市红旗茶厂被认定为首批广东省工业遗产；11月16日，英德市红旗茶厂被工信部认定为第五批国家工业遗产。

二、最新进展

（一）英德市红茶国家现代农业产业园通过创建绩效中期评估

5月10日，农业农村部发展规划司、财政部农业农村司、农业农村部计划财务司公布了《关于2021年国家现代农业产业园创建绩效中期评估情况的通报》，英德市红茶国家现代农业产业园通过创建绩效中期评估。产业园于2020年4月被纳入国家产业园创建管理体系，建设期为2020—2022年，创建范围包括英德市英城街道、连江口镇、石灰铺镇、石牯塘镇、横石塘镇、沙口镇、东华镇、白沙镇、黄花镇、大湾镇等10个（街）镇。产业园的规划布局为"一核三心四区"的空间布局，以中国（英德）红茶数字化交易展示区为核心，以智能化区域加工中心、科创中心及文化中心为支撑，建设标准化种植示范片区、生态有机种植示范片区、农旅融合示范片区、城乡融合发展示范片区，打造中国独具魅力的英德红茶产业集群。

（二）英德市红茶研发中心要素配套平台建筑完成建设

项目于2020年9月开工建设，选址英城街道迎宾大道东、城西香山村南。项目计划总投资金额2.3亿元，总用地面积1.2万平方米，总建筑面积1.3万平方米，最高建筑高度24米，主要建设内容包括要素平台、会展中心及博物馆等三个部分。该项目集交易、会展、物流、商业、文博、办公等多功能于一体，建成后，将成为该市标志性的红茶产业服务建筑群组，是展示英德红茶文化的重要"窗口"，在"打造中国红茶第一品牌"的茶产业建设中发挥重要作用。其中，要素平台主要包含英德红茶数字化交易中心和电子商务创新创业孵化中心两部分。英德红茶展示中心则将集展示展销、茶文化体验、示范展示、科普教育、特色餐饮、主体旅游展示为一体。

三、主要成就

（一）注重文化挖掘，推动文化赋能茶产业

将茶文化遗产保护利用、设施建设纳入城乡建设规划统筹布局中，加大古茶村、古茶楼（厂）、茶盐古道、码头、古茶园等茶文化遗址保护力度，强化对擂茶粥制作技艺、英德红茶制作技艺等非物质文化遗产的传承和保护，加快推进英德茶文化博物馆、东华红茶小镇、英德红茶科创小镇等茶文化项目建设，不断提升茶文化保护、利用、开发力度。加强英德茶文化宣传推广，引导茶业企业积极参加广东茗茶评鉴、中国国际茶叶博览会、中国茶业经济年会等茶文化交流活动，积极办好"全民饮茶日""最美茶艺师""英德红茶头采节"等本土特色茶文化品牌活动，大力宣传推介"英德红茶"区域公共品牌，以文化赋能唱响英德茶产业。英德红茶入选全省首批"粤地优品—广东高品质地理标志"名单公布，英德市上茗轩茶叶有限公司制茶工余雄辉入围第六批"国茶工匠·制茶大师"名单。

（二）注重提质增效，推动品质赋能茶产业

科学规划红茶主产区、高山有机茶区、绿茶主产区等4个产茶区，累计培育茶叶种植、生产、加工企业558家，其中省级重点农业龙头企业12家，清远市级以上重点农业龙头企业21家，新型经营主体茶叶专业合作社达134家，种茶家庭农场超80家。截至2021年底，全市茶园面积达16.7万亩，茶产业从业人员达15万人，预计全年可实现综合产值57亿元。将绿色生态发展理念贯穿茶业种植、生产、加工全过程，积极推广全域生态茶园绿色防控技术，采用物理防治、生物防治等防控病虫害技术推进生态茶园建设，推动品质提升、品牌更响。截至目前，全市共建立茶树病虫害绿色防控示范基地7个，可视化、动态监测管理茶园60个，30家茶园获得生态认证，其中高级生态茶园6家，广东省级、清远市级农业公园茶园8家。2020年，英德市入选首批全国"绿色防控示范县"，是广东省内唯一的茶叶类绿色防控示范县。由浙江大学CARD中国农业品牌研究中心发布的中国茶叶区域公用品牌价值评估报告显示，2021年度英德红茶品牌价值达32.64亿元，在全国108个参与评估的公用品牌中排名第24位，广东省内排名第一位。

（三）注重创新驱动，推动科技赋能茶产业

以英德红茶省级现代农业产业园为平台，将物联网、大数据、人工智能应用到茶业种植、生产全过程，推进茶叶智能制造、智能包装、智慧发展，建成智慧茶园60个，科技示范茶园2300亩，自动化红茶生产线15条。积极与中国工程院陈宗懋院士团队、国家农业信息化工程技术研究中心赵春江院士

团队、广东省农业科学院、华南农业大学等科研院所、团队开展"产学研"合作，开展航天育种、野生茶树资源普查及开发利用，努力选育比英红九号更优秀的新品种。目前，成活的28太空茶树母本枝繁叶茂、长势良好，扦插苗移栽工作顺利完成。同时，加快科研成果转化，提升茶叶产品附加值，不断满足市场对于精深加工茶产品的需求。目前，已成功开发了以英红九号为原料的黄茶、白茶、黑茶等多茶类产品，以及其他速溶红茶、红茶饮料、红茶面膜等精深加工产品10余个。

四、现存问题

（一）产业规模与效益发展不够协调统一

"十三五"期间，英德茶产业经济规模不断扩大。但产品仍集中以华南地区为主销区。在产品结构方面，春茶比例20%左右，秋茶比例25%左右，造成夏茶产量超过50%，且由于夏茶品质"浓、涩"，与春秋茶品质存在较大的差距，价低售难。

（二）区域公共品牌保护力度有待加强

区域品牌内涵有待提升，地方资源、文化和产业优势没有充分发挥。许多企业缺少维权意识和决心，假冒伪劣英德红茶产品在市场上仍有露头。知名企业品牌有待发展壮大，市场推广和宣传的系统性不强，品牌影响力和渗透力有待进一步提高。

（三）整体产业链条有待壮大延伸

上下游产业链短，产品结构简单，茶旅融合深度、广度不够这些现象还普遍存在；产业中科研成果转化率不高，附加值较低，制约了产业效益的提高，缺乏真正能够代表英德红茶高端市场的下游产品。

五、政策建议

（一）健全多元投入保障机制

发挥财政资金撬动作用，吸引社会资金投入英德茶叶产业发展。通过统筹整合上级专项奖补、本级财政资金等方式，设立百亿产值特色农业产业发展基金。加大政府投资对产业绿色健康可持续发展等重点领域和薄弱环节的支持力度，充分发挥投资对优化供给结构的管家行作用。创新投入方式，通过政府与社会资本合作，贴息、以奖代补、风险补偿等措施，采取多种方式撬动更多资金投入茶叶产业发展。推动涉茶类保险高质量发展。

（二）统筹优化产业发展用地供给

加大涉茶建设用地支撑力度。积极开展乡村闲置用地政治，盘活存量集体建设用地，用于产业发展亟须的加工、冷链、仓储等设施及一、二、三产业融合发展项目。在保障乡村振兴建设用地指标中预留一定比例的特色农业产业发展建设用地。估计各类产业经营主体联合、集中、共同兴建产业发展辅助设施，提高产业设施使用效率。

（三）精准发力强化人才引育

积极推动人才资源双向流动，着力培育产业实用人才。依托各类培训主体，构建多元化、多层次农村实用人才培训体系。建立健全引导各类人才投入茶叶产业发展。实施产业专家下基层行动，引导专家人才主站开展服务。完善财政、金融、用地用电、社会保障等配套政策，支持技能人才、企业家、知识分子、城市居民，外出务工人员等返乡创业，投身英德茶叶产业发展。

（执笔人：杨平平）

2021全国"三茶统筹"示范县发展报告：三江篇

三江侗族自治县茶叶产业化管理办公室

广西壮族自治区柳州市的三江县有着悠久茶叶种植和茶文化历史，地方茶种质资源丰富，自古以来人们就有种茶、饮茶、爱茶、敬茶的良好传统，并形成独特的侗茶文化。三江县生态环境优良，所处经纬度被国际公认为"黄金产茶区"，独特的环境条件，促进三江茶萌芽早，以"早"而著称，比国内市场早上市20天左右，对抢占早春市场有得天独厚的优势。三江县先后荣获中国名茶之乡、三江茶被列为国家地理标志保护产品，三江县荣获2020年度茶业生态建设十强县、2020年度中国白茶产业发展示范县、2021年三茶统筹先行县域、2021年度科技兴茶富民典型县域及2021年度茶业百强县等荣誉称号。

一、"三茶统筹"发展现状

（一）茶文化建设初见成效

1. 侗茶文化传承有基础

三江县侗茶文化历史悠久，人民一直沿袭最原始的"煮茶羹饮"至今，在长期的生产过程中，形成独特的侗族饮茶文化——打油茶。古老悠远的食茶习俗为今天的三江茶产业奠定了丰厚的历史渊源，深厚的文化底蕴，挖掘与传承侗茶文化，是三江茶产业发展的根与魂。三江县通过建设集茶与生活、茶与文化，茶与艺术于一体、引导健康茶生活的服务平台，开发侗茶文化、侗族茶艺、茶膳食疗、风情旅游、民俗文化、表演服务、文化培训于一体的茶文化馆，传承和发扬侗族茶文化，同时通过强化茶农和企业的茶文化理念，讲好三江茶文化故事，营造浓厚的茶文化，传承并发扬。

2. 茶文化宣传有力度

通过在动车站、布央茶园、马湾茶园里、县城周边等游客流量大的地方，竖立茶壶、三江早春茶标志物等建筑物，从视觉上强化茶文化宣传，让茶文化直击人心，宣扬人人知茶、爱茶、惜茶的氛围。在茶园建设侗文化标志，建有侗族特色的步道、栏杆、指示牌等，让游客在茶园就能深入体验侗族文化、民俗风情。

3. 文化引领、茶旅融合有成效

三江县旅游资源丰富，民族风情浓郁，品牌效益凸显。近年来，三江县探索茶旅融合三江模式，在程阳八寨、八江镇布央村、闯出了一条"茶叶+旅游"的新路子。程阳八寨景区是中国侗族文化和

侗族风情旅游的集中地,也是三江县茶叶发展最早的村寨之一,程阳八寨茶旅融合发展,有效地带动茶产业发展、旅游商品销售、特色餐饮、酒店民宿的发展。同时,辐射带动马湾茶园里茶场,成为集产学研为一体的现代茶园,每年接待培训及人数达6000多人次。集茶叶规模化、专业化、集群化、品牌化的布央村是现代特色农业核心示范区,茶产业与休闲旅游、农耕文化、民族风情、健康养生等深度融合,布央村以茶强村、以茶富民、以茶兴旅,成为三江茶产业经济的摇篮,形成茶旅融合的三江模式,也是广西茶旅融合的典范。2021年,布央村干茶产量380吨、产值5595万元,接待游客20多万人次、旅游收入1800万元,通过旅游带动茶叶附加消费620万元。

4. 茶文化人才培养意识增强

2021年,三江县建设有侗寨茶娘、粟丽杰茶艺工作室、茶香书院等集茶文化传播、展示、体验、培训等功能为一体的茶馆、工作室、茶空间。开设有侗茶文化、茶礼仪、特色茶艺、茶道感悟等课程,致力于培养茶文化新型人才,弘扬侗族传统茶文化。通过邀请国内知名专家周智修老师等,不定期进行指导,创新发展千年侗寨茶文化瑰宝,以茶文化引领茶产业发展,促进茶产业增效,农民增收。

(二)茶产业发展稳步提升

1. 市场需求基本稳定

随着我国经济发展和消费结构升级,茶叶的消费群体扩大、消费水平提高,国内茶叶市场需求量大。三江县茶叶由于品质优,口感好,生产的茶叶受到国内客户的欢迎,茶叶批发市场每日交易干茶量80吨以上、通过物流运往外地70吨以上,基本每天上市的干茶全部销售完。2021年,全县茶叶种植面积达20.5万亩,干茶产量1.98万吨,年产值21.5亿元,覆盖全县162个行政村,30万人涉茶,人均茶叶收入达5168元,茶产业已成为带动侗乡人民致富奔小康的生态特色产业(表1)。

表1 三江近年茶产业及经济社会发展数据

年份	茶园面积/万亩	可开采面积/亩	茶产量/吨	茶产值/万元	亩均收入/元	茶农人数
2021	20.0	192100	19840	215060	11195	302600
2020	19.3	18560	15478	168386	9337	28920
2019	18.8	171700	14593	160323	9124	270058
2018	18.2	168500	14050	142715	8469	262000
2017	17.5	161000	13279	134602	8360	250500
2016	16.5	153200	12550	123688	8073	228000
2015	16.1	145000	11840	117500	7298	206000

2. 全产业链持续发展

通过出台激励机制,制定奖补措施,鼓励企业创建绿色基地、有机农产品认证基地、出口基地等，实行标准化生产。

按照强基地、扶龙头、树品牌的发展思路，积极培育龙头企业，推行规模化经营。建设有三团茶叶加工园区，南站生态产业园区，内设有加工区，茶文化体验区，冷链仓储设施、实现半智能化生产，通过国有平台公司、茶叶龙头企业、村民集体经济组织、农民专业合作社的共同运作，形成可持续发展的产业链和利益共同体，有效带动茶产业高质量发展，增加农民收入。

3．品牌发展初见成效

依托自然禀赋，三江县把生态优势打造成品牌优势，全力打造"三江早春茶"品牌。通过做好顶层设计，实施品牌化战略。以"三江早春茶，敢为天下先"为传播口号，确立"三江早春茶"为三江茶叶公用品牌核心品类，并制定产品团体标准。通过多种渠道传播推广三江早春茶品牌，提高三江早春茶品牌市场占用率。2020年，三江早春茶被评为中国品牌农业神农奖、"三江早春茶"荣获"2021年中国农产品区域公用品牌市场竞争力新锐品牌"，三江早春茶在参加中华茶人联谊会等单位举办的"百县、百茶、百人"茶产业助力脱贫攻坚，乡村振兴先进典型公益推选活动中获评"百茶"称号。

4．带动脱贫攻坚成效显著

十三五期间，全县170个行政村，有162个行政村种植茶叶，7万多户涉茶。茶叶产值占比当地农业产值的50.1%，在全县所有农业产业中覆盖面最广，产量最大，产值最高，涉及农村人口最多，农民收入最稳定、最高的特色优势产业，全县人均茶叶收入达到5168元。三江县98个脱贫村做到茶产业全覆盖，覆盖16064户贫困户，贫困户覆盖率达74%。茶产业为实现全县脱贫摘帽作出重要贡献。

（三）科技助推产业腾飞

1．智慧农业发展有突破

在万亩茶园，布央茶园、侗天湖有机茶叶基地等建设智慧农业云平台，对茶园即时监控，针对园区天气状况、土壤墒情、茶叶的生长情况进行全天候实时监测，为茶农在用水、施肥、病虫害防治等方面提供科学依据，达到趋利避害、节约成本、提质增效的目的。通过实施智慧化种植、可溯化管控，打造有机、绿色产业链，"有机示范区""富硒农产品示范基地"建设，通过大数据指导科学生产，充分利用设施农业的环境调控技术，有效提高农产品产量与品质，实现农业经济效益最大化，促使茶叶产业提质增效，实现转型升级。

2．可持续绿色发展成绩可喜

近年来，三江县践行"绿水青山就是金山银山"理念，坚持绿色发展，全县域绿色发展方式引领，推进茶产业做大做强。2021年通过有机农产品认证面积5067亩；绿色食品认证基地面积13.78万亩；建有茶叶出口基地，面积2.1万亩；创建绿色高质高效基地5万亩。通过集成展示绿色高质高效技术模式，推行"五统一"标准，示范带动全县茶叶绿色高质量发展，2020年荣获茶业生态建设十强县，2021年入选农业农村部2021年全国农业绿色发展典型案例推介名单。

表2　三江历年茶叶绿色食品认证、有机农产品认证情况

年份	茶园面积/万亩	认证面积/亩	认证数量/个	认证产量/吨
2021	20.0	137800	52	10600
2020	19.3	128800	36	6838
2019	18.8	58220	12	2032
2018	18.2	8200	7	1427
2017	17.5	6020	6	1302
2016	16.5	5220	5	1168

3．精深加工初步开发

三江县源源茶业有限公司利用茶叶为原料，经过发酵配制而研发成保健酒茗中珍，并申请了商标，有效地延伸了茶产业链。引进深圳市紫罗兰有限公司提取茶多酚，茶碱、维生素等方面的技术研究，茶产业链得到延长。

4．机械化水平有提高

全县6个茶园基地建设有山地茶园单轨运输轨道1万多米，解决山地茶园运输肥料困难问题，提高茶园机械化水平；采购植保无人机3部，并在茶叶核心区进行统防统治；茶园采茶机、翻耕机、割草机在生产中占一定的比重，耕种收综合机械化水平有突破。

5．科技人才创新发展

一是三江县与中国茶叶学会签订《自治县人民政府和中国茶叶学会签合作协议》，由中国茶叶学会为三江县提供技术支持，合作实施为期三年的"三江青年茶叶人才培训班"，助力三江茶产业高质量发展。二是与广西茶叶科学研究所签订合作协议，开展茶产业创新团队建设，培养茶叶行业领军人才和创业创新团队人才，为全县茶叶产业发展提供人才保障。三是与柳州市农业推广中心合作，培养茶园农科员，培养一批对茶叶种植和病虫害绿色防控有全面认知，并能够指导茶农采取有效绿色防控方式开展茶园病虫害防控的人才。

二、"三茶统筹"存在问题

（一）可控基地小，规模化程度低

三江县茶园很多茶园还是以分散的农户经营为主，种植管理不统一，生产加工不统一，生产管理不规范，产品质量安全风险高。首先，缺乏足够的技术支持，缺乏连续性，无法给茶农栽培提供持续的技术支持。其次，茶农以粗放式经营为主，品质不稳定。茶农按各自经验管理自属的小面积茶园，没有实现精细化管理，仍属于靠天吃饭类型，茶叶品质无法保证。最后，茶园小面积分割管理，无法实现规模效应。

（二）产业集群效应未显

三江县家庭作坊式的茶叶加工厂占一定的比重，茶产品大部分属于初加工，在茶深加工方面，茶叶综合利用不足，茶延伸产品开发不够，茶叶资源浪费，产业链延伸不够。涉茶企业经营细分化程度不高，精细化程度不够，没有根据细分市场针对性进行茶叶产品开发。龙头企业的实力和地位不够突出，缺乏具有一定实力和影响力大型茶叶龙头企业。整个茶产业在茶食品、茶具、茶工艺品、茶旅游、包装设计、茶机械、物流运输等产业链延伸发展带动力不足，没有形成茶产业发展集群。

（三）区域公用品牌建设薄弱

"三江茶"已通过国家地理标志产品保护技术审核，获批为国家地理标志保护产品；三江县正在全力打造"三江早春茶"区域公共品牌，为三江茶品牌建设打下一定的基础，但是品牌建设尚处在起步阶段，政府对茶叶区域公用品牌建设和运营缺少足够的资金投入，宣传推介力度还不够，营销网络未健全，导致三江县茶叶区域公共品牌建设较薄弱，没有形成具有影响力的品牌价值。

（四）科技含量低、人才缺乏

三江县目前茶叶科学研究所规模小、科研经费少，缺少全职的科研人才，同时，缺乏专门的茶叶高等院校，茶产业中高端人才供给不足。另外，由于一直以来缺少茶叶加工设备机械自动化、产品质量检验检测技术、茶叶深加工产品研发等方面的科研人才，茶产业的科技含量较低。

（五）涉茶旅游文化产品较少

三江是全国人口最多的侗族自治县，侗族文化资源丰富，种类齐全，民俗风情、节庆与宗教、建筑与设施都独具特色，三江旅游产业发展具有较大资源优势，茶旅融合虽然取得一定的成绩，但还存在很多需要加强的方面，旅游基础设施有待完善，缺乏5A景区品牌优势带动，文化产品在开发过程中，与其他产业互动性不强，缺乏与三江茶的有效融合。另外，旅游资源和旅游产品整体宣传和营销不足，与桂林等周边旅游胜地缺乏互动，没有形成游客营销联动，市场知名度和美誉度缺乏，对茶产业的带动性和影响力没有得到充分发挥。

三、"三茶统筹"发展的建议

（一）深挖产业文化，打造农文旅独特景观

1. 充分发挥产学研功能

将生态工业园区和万亩茶园作为主要活动阵地，申报广西中小学研学旅行基地和旅行营地，发展自然科普研学，促进产学研的有机结合，实现"旅游+研学"的融合发展机制。发布研学旅行线路，

形成研学氛围。

2．丰富本地文化供给

挖掘本地具有三江特色的打油茶文化和具有侗乡风情的农耕文化，以乡村振兴、产业发展等题材为背景创作精品剧目，利用好本地风情文化做好文化导向，展现浓郁文化氛围，丰富本地居民的精神文化生活。举办三江早春茶文化，扩大品牌影响力，吸引游客从而拉动第三产业的消费增长。

3．提升和打造文旅项目，实现"三次产业"融合发展的目标

以茶旅融合发展为目标，加快建设生态工业园区、万亩茶园，提升布央露宿营地等项目，完善旅游交通、旅游标识标牌、停车场、游客服务中心等基础配套设施建设。聚焦茶文旅游融合，以工业化理念发展现代农业，打造以"茶+休闲"为主题，集茶种植、民族文化、生态旅游、运动休闲"四位一体"的功能聚合体，打造现代化高质量的茶叶集中加工区；打造集三江茶文化与民族民俗文化融为一体的茶文化体验区；打造服务民众的漫步游赏的县城近郊休闲区；打造集旅游养生、户外运动为一体的旅游康养区。促进"茶园变公园、园区变景区、青山变金山"，实现三次产业融合发展目标。

（二）延伸产业链条，促进产业融合发展

1．强化加工仓储冷链设施建设

加大工业园区，龙头企业厂房配套冷链设施，建设冷藏、包装、暂存、配送等全套设备。

2．推进茶叶深加工产品研发

依托国家科研所，高校合作提升工夫红茶、名优绿茶加工工艺、提取茶多酚、茶碱、维生素等方面的技术研究，加强研发新的茶叶产品，做到全产业链充分利用。

3．拓展销售渠道

鼓励、引导企业注册微信公众号、开办网店、开通社团团购及加入八桂农网、832平台、农信社等线上平台进行网络销售。

（三）加强特色优异品种培育

在"十四五"期间建成本地原生茶资源圃、采穗圃、三江县本地原生茶树品种示范园，成立本地原生茶研究中心，对本地品种的选育、繁殖、种植、管理和加工进行系统研究，在湖南、贵州、广西三省区进行本地新品种区域种植试验，为新品种登记采集数据。

（执笔人：吴春群、石春鹏）

2021全国"三茶统筹"示范县发展报告：湄潭篇

湄潭县茶产业发展中心

贵州省湄潭县生态环境优美，平均海拔在972米，年平均气温15.1℃，冬无严寒，夏无酷暑，森林覆盖率达66.1%，常年空气质量优、达到国标一级，在1864平方公里的土地上，流淌着36条20千米以上的河流，素有"云贵小江南"之美誉，是"全国生态建设示范县""国际生态休闲示范县"。

2021年，湄潭县以习近平新时代中国特色社会主义思想为指导，全面贯彻落实习近平总书记"统筹抓好茶产业、茶科技、茶文化"重要指示精神，聚焦"四有好茶"目标，坚持"围绕茶、做足茶、突破茶"，稳面积、建基地、壮龙头、强品牌、延链条、提质效，全力推动湄潭茶产业高质量发展。2021年茶叶产量7.98万吨、同比增长4%，产值75.03亿元、同比增长5.53%，综合收入167.09亿元、同比增长11.4%，茶农直接收益突破40亿元，全县居民存款余额突破160亿元。

一、强抓管理，保障质量安全

2021年，通过抓宣传、抓调度、抓源头、抓监管来保障茶叶质量安，全力做湄潭干净茶。

一是安全意识提升。湄潭召开县、镇、村三级茶叶质量安全誓师大会共120场次，党政主要领导亲自领誓。各镇（街）深入落实"茶叶基地、茶青市场、茶叶加工企业"三项宣传制度，出动执法宣传车开展流动宣传300余场次。通过大力宣传，全民茶叶质量安全意识提升。

二是责任落实有力。县委县政府从各部门抽人成立专项督查工作组，每季度对茶叶质量安全工作落实情况进行检查，并形成督查通报，强化各级责任压实和会议精神落地。2021年共召开县级茶叶质量安全调度会4次，镇级调度会60余次。

三是环节监测到位。县委县政府出台了《湄潭县茶叶农残"五项检测"实施方案》，全县茶园抽检茶样2.5万个，茶青市场抽检茶样3.1966万个，茶青进厂检测市级以上龙头企业全覆盖，成品茶抽检茶叶加工企业全覆盖。对茶青收购经纪人实行登记颁证管理共颁发证书1251个，实现茶青来源可溯源。

四是严处罚、强震慑。湄潭县认真贯彻执行《贵州省茶产业发展条例》《农药管理条例》等法律法规和《贵州省茶园禁用农药目录》，切实落实"举报奖励、巡查查处、曝光警示"三项制度，对茶叶质量安全违法违规行为严管重罚，起到了巨大震慑作用，茶园使用草甘膦等茶园禁用农药行为得到有效遏制。

二、管好茶园，保障品质和效益

2021年，通过抓品种、抓管理来提升茶叶品质。

一是建设生态茶园。完成茶园套种油茶362350棵，套种茶园面积14494亩；完成补植补造茶园面积为30360亩；实施老鹰茶树（豹皮樟）苗繁育试验面积45.18亩、种植392.64亩。

二是推广茶园生态健康管理技术。全县聚力抓实3个三，全面推进秋冬季茶园管理。第一，抓实县、镇、村三级现场会。对农户开展秋冬季茶园管理技术普及培训和质量安全政策宣传，农户培训覆盖率达95%以上。第二，精准三个技术要点。分别按县级100亩、镇级50亩、村级20亩的标准，打造田间培训示范基地，分级现场培训秋冬季茶园管理技术三要点（茶园亮行亮脚修剪、开沟施用有机肥和茶叶专用肥、封园治虫），全县召开现场培训会115场次。第三，实现三个百分百。县委县政府出台了《湄潭县镇（街道）2021年秋冬季茶园管理考核实施细则》，并成立3个督查组，对各镇（街）开展为期3个月不间断循环督导，强力推进全县秋冬季茶园管理工作。茶园亮行亮脚、施用有机肥+茶叶专用肥、封园治虫技术全面推进。实现了茶园降本、提质、增效。全县茶园发展面积60万亩，其中无性系良种达99%以上，无公害茶园认定面积50.16万亩，申报认证雨林联盟茶园4.4万亩，推动建设欧标茶园8万亩，巩固有机茶园5.41万亩、绿色食品茶园0.9万亩。

三、加强技改升级，推进企业"三化"生产

2021年，通过抓规范标准、抓技改升级来提升企业加工能力。

一是以鼓励提标准。采取以奖代补形式，从2020年全县颁发"茶叶加工厂登记证书"的318家茶叶加工厂中，评选出了224家予以表彰，推动全县茶叶加工向规范化、标准化、清洁化方向发展。

二是以技改强技能。支持企业技改升级15家，改造茶叶精制加工中心1家，新建清洁化自动化生产线10条，改建清洁化自动化生产线20条，新建智能化生产车间2间。盛兴茶业公司研发"迷你小白茶"系列产品及遵唐茶业公司研发饮品基茶和茶浓缩液等系列茶衍生品，茶叶产品种类逐步丰富。全县茶叶生产、加工、营销企业及加工大户781家，其中年产值500万元以上的企业350家，国家级龙头企业5家，省级龙头企业28家，市级29家，年加工能力10万吨以上。产品涉及绿茶、红茶、黑茶及茶叶籽油、茶多酚、茶树花、茶花面膜等15类综合开发产品。

四、加大开发力度，拓展茶叶出口市场

2021年，通过抓专班联动、抓宣传发动、抓服务提升、抓人才培养、抓市场主体推动茶叶出口贸易。

一是建专班，强领导。成立了茶叶出口贸易工作领导小组和茶叶出口贸易专班，统筹推进茶叶出口贸易各项工作。

二是抓宣传，提信心。召开出口贸易工作座谈会、调度会10余场；通过集中座谈和走访企业的形式，对茶叶出口补助和金融扶持等相关政策进行宣传普及。

三是重服务，提实效。成立"税管家"跟踪服务，建立完善沟通协作机制，实现了税务、国库、

银行、纳税人之间的无缝对接，推动减税降费措施落地生根、加快企业资金回笼；大力推行"无纸化"退税申报、退库，进一步简化退税流程，加快退税进度；建立工作专班上门服务，指导企业进行申报以及出口资质备案；帮助重点企业理顺财务，对接相关银行，解决流转资金问题。

四是培人才，强业务。邀请海关等相关部门业务人员进行出口贸易方面的培训5场，从企业选派1人到省商务厅跟班学习，县税务局加强退税业务指导，为企业发展培养外贸型人才。

五是抓主体，强实力。通过点对点为企业提供对外贸易服务，壮大茶叶出口企业规模；实施国有平台公司牵头，整合108家茶叶企业（合作社），成立出口贸易加工联合体和决策委员会办公室，抱团对接出口订单。2021年，全县办理对外贸易经营者备案登记115家，指导19家茶叶企业完成出口茶叶基地备案11.43万亩，茶叶直接出口4297.19万美元。

五、加强培育力度，提升品牌知名度

2021年，通过抓项目、抓宣传、抓赛事提升品牌知名度。

一是以项目强支撑。组织申报"湄潭翠芽"地理标志农产品保护工程项目，实施品牌优质基地建设、加工技改升级、地方标准宣贯、地理标志标识推广使用以及公用品牌广告宣传等，提升品牌建设水平。

二是以媒体强传播。对接中央电视台、贵州电视台、中国茶叶网、遵义日报、湄潭电视以及微平台"茗边头条"等各级各类媒体投放湄潭茶产业以及品牌建设信息500余条。

三是以赛事美声誉。组织20家企业参加了遵茶集团举办的第三届"遵义茶业集团杯"春季斗茶赛和贵州省春季斗茶赛。2021年湄潭荣获"三茶统筹·先行县域"称号，连续两年荣登"全国茶业百强县"榜首。"湄潭翠芽"品牌价值达114.97亿元，被评为最具带动力品牌。全县有茶叶商标700余个，"湄潭翠芽"和"遵义红"作为公共茶叶品牌被列为全省"三绿一红"重点品牌，是国家农产品地理标志保护产品。

六、推进茶旅融合，增强产业发展后劲

2021年，通过抓景区打造、庄园引领、全域旅游，推进产业融合发展。

一是推进精品景点打造。推进天下第一壶茶文化主题公园和翠芽27度2个4A级景区以及中国茶海、贵州茶文化生态博物馆、茶工业博物馆、象山茶博园、300里茶桂风情长廊等景区景点建设。

二是推进庄园经济引领新的消费观念。有兰馨、27度恋、沁园春、百道、雅馨、芸香、四品君等一批精品茶庄园，应用"互联网+"思维，创新经营，开展茶园私人定制和体验式消费，卖生态、卖空气、卖茶园、卖茶叶，更加丰富了市场消费内涵。

三是推进生态文化全域旅游。立足挖掘历史悠久的茶文化资源，依托优美的茶区环境、宜人的生态气候、优质的茶叶品质，由单一的品茶、做茶、卖茶向与茶文化和旅游结合的方向发展。全力打造"全景域·四季游"，着力推进"茶区变景区，茶园变公园"，实现茶旅一体化蓬勃发展。

2021全国"三茶统筹"示范县发展报告：勐海篇

勐海县农业农村局

按照云南省委省政府打造世界一流"绿色食品牌"战略部署和西双版纳州委州政府普洱茶现代产业示范县的目标定位，勐海县委县政府高度重视，围绕"两园一区一线七中心"建设，加快推进"中国普洱茶第一县"目标，大力发展绿色生态茶园建设，为勐海县茶产业的健康持续发展建设优质安全的绿色原料基地，有力推动了勐海县茶产业结构转型升级、绿色健康发展，全县茶产业发展呈现"面积产量稳定，质量效益稳步提升"的良好局面，茶产业在全国已处于领先地位。

一、茶产业概况

至2021年末，全县茶树种植面积90.7万亩，毛茶产量达3.5万吨，茶叶农业产值、加工产值分别达20亿元、55亿元，茶产业综合产值达150亿元，茶叶税收达6.2亿元。全县总人口35.8万人，涉茶人口28万人，茶农26万人，规模以上茶叶企业达16户，国家级龙头茶叶企业2户、省级龙头茶叶企业7户、州级龙头茶叶企业7户，省级标准化茶叶示范合作社达10户。有机茶园（含转换期）认证面积达28.3万亩、产品数量123个，认证面积、产品数量居全省县级第一；认定绿色生态茶园面积47.25万亩，拥有省级"绿色食品牌"产业基地4个、州级产业基地9个、县级产业基地5个，绿色食品认证面积达3.17万亩、产品数量51个；无公害茶园认证面积达39万亩。拥有茶叶类地理标志证明商标16个，拥有量居全省第一。获云南省"10大名品"和绿色食品"10强企业""20佳创新企业"表彰数达10个（其中10大名品7个，10强企业1户，20佳创新型企业2户），表彰数量居全省第一。先后获"中国西部最美茶乡"、"贺开古茶园——中国美丽田园"、"中国茶业品牌影响力十强县（市）"、"中国茶业百强县"、"三茶统筹"先行县、全国普洱茶产业知名品牌创建示范区、中国特色农产品优势区、云南省"一县一业"创建示范县等表彰称号。

二、工作措施

为加快推进勐海县绿色茶产业链建设工作，勐海县委县人民政府从组织机构、原料基地、绿色生产车间、标准制定、品牌打造等各方面采取了相关的措施，促进了茶产业一、二、三产业融合发展，取得了一定的成效。

（一）建立健全组织机构

为保障勐海县绿色茶产业链建设工作的顺利推进，勐海县成立了绿色茶产业链建设工作领导小组和专家工作组，制定出台了勐海县绿色茶产业链建设方案，围绕县人民政府中心工作，县农业农村局、林业和草原局、各乡镇人民政府等都积极参与到绿色茶产业链建设工作中，保障了绿色茶产业链有序实施。

（二）制定完善规划，有序推进规划内容

聘请全国知名的专业策划团队，高起点、高标准编制茶产业发展规划，制定出台建设《中国普洱茶第一县实施意见》《茶产业助推精准扶贫实施方案》《勐海县茶产业融合发展规划（2018—2030年）》等系列文件，大力推进茶产业三产融合发展。

（三）抓好绿色原料基地建设

1．保护和改善茶园生态环境

以茶园生态环境改善和美化为基础，统筹整合农业、林业等部门的项目，按照"布局连片化、茶区园林化、品种优质化、管理科学化"的要求，结合"森林勐海"建设，全面建成"茶中有林、茶在林中、生态最优"的普洱茶原料基地。在保护好茶区原有的树林、植被的基础上，在茶园四周和不宜种植茶树的陡坡、山顶、山脊、山脚、沟边及空隙地等大力植树造林，并且在风口设置防护林带等，不断改善宏观环境条件，创造一个适宜茶树生育的最佳生态环境，形成一个以茶树为主多物种共生的生物群落，发挥生物多样性的作用。结合勐海的气候、土壤、海拔等环境因素及种植习惯，覆荫树树种的选择以黄樟、毛榉、西南桦等经济林为主，同时根据茶农需求，适当配置了坚果、三丫果等果树，在茶园内套种绿肥植物。种植覆荫树苗376.3万株。

2．推广生态茶园提质增效科技措施

根据勐海县生态茶园面积大，茶农人均茶园面积多，茶园管理劳动力不足，山区坝区茶园产值差距大等现状，为提升低效生态茶园产值，启动了整县推进生态茶园提质增效集成技术示范推广项目，主要开展茶园低密留养、茶树嫁接、增施有机肥、茶园养蜂等技术措施。茶园留养通过减少茶园茶树株数，降低茶园管理和采摘和劳动量，并通过种植覆荫树、土壤管理、科学修剪合理留养等技术措施，改善茶园生态环境、提高茶叶品质，增加茶园效益，使勐海县茶叶产业的发展从以扩大面积、增加产量来增加产值的主要发展模式转变为以提升茶叶品质、增加茶园产值、提高茶叶产业效益为主的发展方式。即可有效缓解茶园管理、采摘劳动力不足的问题，又能较大改善茶园生态环境、同时可提高茶农收入，是勐海县生态茶园建设的模式之一。目前茶园留养已推广面积5万亩以上。茶叶嫁接则是快速提升茶叶品质的重要措施，主要在坝区茶叶品质不佳的茶园中实施。通过嫁接苦茶、古树茶等，迅速改善茶叶品质，提升茶园效益。目前推广茶树嫁接技术1万亩以上。

3. 严格执行茶园绿色生产技术措施

按照《西双版纳傣族自治州生态茶园建设技术规程》，重点推广茶园病虫害绿色防控技术，推广普及粘虫色板、太阳能杀虫灯、生物农药、有机肥、绿肥的应用。通过政府行文和村规民约等方式，严格控制茶园中高毒高残留农药和化肥的使用。2019—2021年，每年推广粘虫色板防治面积1万亩左右，太阳能杀虫灯防治面积0.5万亩左右。

4. 大力推进有机茶、绿色食品茶认证

在建设生态茶园的基础上，大力推进有机茶、绿色茶园的认证和云南省"绿色食品牌基地"认证。至2021年末，全县共建成绿色生态茶园47.25万亩，完成茶绿色食品认证企业8家，认证产品数量51个，绿色食品认证面积3.17万亩；有机食品认证企业101家、产品数量130个，有机茶园认证面积28.35万亩。3家企业茶园基地通过GAP认证。积极组织辖区内茶叶企业参与全省"绿色食品牌"基地认定，通过逐级评审，省级认定基地4家、面积40348亩，州（市）级认定基地9家、面积43499.75亩，县级认定基地5家、面积8632.2亩。启动勐海县82万亩"全国绿色食品原料标准化生产基地"创建。

5. 发挥示范基地带动作用

勐海县内很多茶企都有茶叶基地，这些基地相对来说管理更加规范、新技术更容易推广应用。因此，我们抓住实施"三产融合""一县一业"等项目的机遇，在勐海茶厂、陈升茶业有限公司、勐海七彩云南茶厂、勐海大叶茶厂等企业基地建设绿色生态技术集成示范茶园，建设规模为1万亩。示范了茶园留养、粘虫色板、太阳能杀虫灯、有机肥、生物农药、茶园养蜂、食用菌套种、茶园绿肥种植、茶园防草布等各项技术，取得了良好的示范带动作用，推动了布朗山乡、勐混镇、格朗和乡、勐宋乡等乡镇的生态茶园建设。

（四）加强古茶树资源保护

勐海县有5.6万亩栽培型古茶园，古茶园是生态茶园中的一个特殊的类型，具有很高的历史、文化、生物和经济价值。古茶园不仅自身经济效益高，对周边茶园效益的带动提升效应也非常明显。但是由于利益的驱使，古茶园的管理出现了重采轻管、破坏环境等现象，古茶树树势衰退，个别茶株甚至死亡。为保护好珍贵的古茶树资源，我们把古茶树资源保护作为生态茶园建设的一个重点来抓，主要开展以下工作。一是强化宣传，深入贯彻执行《西双版纳州古茶树保护条例》等法律法规，并结合普法宣传、精准扶贫、业务培训等工作，宣传到乡镇、到村寨、到农户。进一步增强社会公众的古茶树资源保护法律意识、法律素质和古茶园的科学管理保护技术水平。二是开展严厉查处各类破坏古茶山古茶树资源违法行为，联合县林业和草原局联合县森林公安局、各乡镇人民政府拆除古茶园违法建筑。三是抓住"一县一业"示范县创建的机遇，在勐混镇贺开村委会开展古茶树资源保护项目，建设古茶树资源保护示范园2000亩，集成展示古茶树修剪、有机肥替代、绿色种植、病虫害绿色防治等综合绿色管护技术。四是配合林业部门积极开展《勐海县古茶树保护利用空间规划》编制及划定古茶树资源管理保护区域等相关工作，采取分类、分级保护措施，有效推进全县古茶树（园）资源保护全面工作。

（五）提升绿色生产车间

优质的原料要通过优良的加工才能体现出优异品质，在建设好优质安全的生态茶园原料基地的基础上，全面提升绿色生产车间，做好毛茶原料的加工，也是勐海县茶产业健康发展的重要保障。按照《云南省茶叶初制所建设管理规程》，对全县登记在册229家茶叶初制所进行规范达标验收，着重从指导茶叶初制厂房环境卫生、工艺流程、操作规程、采收管理等方面进行全面规范，推行标准化、规范化、清洁化、智能化生产。引导鼓励茶企、合作社对加工环节能源、设施等的绿色化改造，实现清洁优质加工，推广电能、液化气等清洁能源茶叶初制加工设备2000多台套。

（六）加大品牌建设和推广力度

"勐海茶、勐海味"是茶叶市场对勐海茶叶独特风味的高度认可和赞誉，形成"勐海味"的重要因素就是源自勐海绿色生态茶园的原料。打造和推广勐海茶区域品牌，也是提升茶产业效益、促进生态茶园建设的重要措施。勐海县成功申请注册了"勐海茶"地理标志证明商标，并将之打造成地域特色鲜明，产品特性突出的区域公共品牌，荣获国家驰名商标。制定了授权、监管、保护等品牌管理使用办法（试行），已有66家企业开通平台使用账户，授权14家企业款65款产品使用"勐海茶"地标，并实现"一品一码"产品质量溯源。此外，勐海县申请注册成功15个名山名茶地理标志证明商标，并完成相关数据采集，共涉及75个村小组，4685户农户的茶园基础信息。实施普洱茶产业"呵护"专项行动，县市场监督管理局、县农业农村局等相关部门联动开展茶叶投入品市场规范，净化农资市场，严厉打击销售茶园违禁药品，虚假标注使用"古树"标签标示的违法行为，确保"普洱茶放心消费"行动取得成效。保障勐海县茶叶市场良好秩序和营商环境。

（七）制定和完善相关标准

生态茶园建设是一个系统的工程，不仅是茶园种植管理环节，也涉及茶叶加工和市场销售等各个环节，一、二、三产业有机融合才能发挥出良好的效益。为使勐海县的生态茶园建设工作在种植加工各个环节有统一的技术规范和标准，在《西双版纳傣族自治州生态茶园建设技术规程》的基础上，勐海县组织编写了《勐海茶种植技术》《勐海普洱茶加工技术》等系列丛书，县政府印发了《茶园植树技术要点》《茶园病虫害绿色防控技术要点》《茶园施肥技术要点》《茶园修剪技术要点》《茶园采摘技术要点》五个文件、制定了《勐海茶 普洱茶》《勐海茶 红茶》等五个地方行业标准。

（八）大力开展技术培训

按照《西双版纳傣族自治州生态茶园建设技术规程》和县内制定的种植管理、加工规范，每年开展相关培训50期3000人次以上。重点培训内容为茶园病虫害绿色防控、生态茶园建设、古茶园保护、茶叶初制加工等。举办了2期高素质农民培训班，培训茶艺师、评茶员共120人。参与组织西双版纳州

"雨林英才杯"、勐海（国际）茶王节等赛事，通过"以赛代训"的方式，提高茶业从业者在茶叶采摘、加工、审评、茶艺等方面的技术水平。

三、取得的成效

（一）促进勐海茶产业稳定增长

通过对生态茶园建设，茶园生态环境持续改善，茶叶品质稳步提升，促进了勐海茶产业的稳定增长。2019—2021年，勐海县茶园面积从87.5万亩增长到90.7万亩，增长3.65%；毛茶产量从2.84万吨增长到3.5万吨，增长23.24%；精制茶产量从2.56万吨增长到3.40万吨，增长32.81%，茶产业综合产值从120亿元增长到150亿元，增长25%，茶叶税收从3.9亿元增长到6.2亿元，增长58.97%。有机茶园面积从2019年的万亩增加到2021年的万亩，绿色茶园从2019年的万亩增加到2021年的万亩。

（二）勐海茶品牌打造成效显著

生态茶园建设提供了优质安全的原料供应，为勐海县打造"勐海茶""勐海名山名茶品牌"和"勐海企业品牌"奠定了良好的基础。勐海县先后荣获"全国普洱茶产业知名品牌创建示范区""全国重点产茶县""中国茶业品牌影响力全国十强县""中国茶叶百强县"中国特色农产品优势区、云南省"一县一业"创建示范县、"十三五"茶业发展十强县等称号。"勐海茶"荣获"中国驰名商标""十大优秀地标产品地理标志精准扶贫商标"，勐海普洱茶区域品牌价值位居全省第一位。勐海陈升茶业有限公司、云南中茶茶业有限公司、云南六大茶山茶业股份有限公司、云南农垦集团勐海八角亭茶业有限公司的产品荣获2021年云南省"10大名茶"称号，勐海茶业有限责任公司荣获"10强企业"，连续4年获得该项荣誉。"贺开古茶园"荣获6个"中国美丽田园"之一和最具价值文化旅游目的地。

（三）为茶农脱贫致富作出大贡献

开展生态茶园建设，提高了茶园效益，增加了茶农收入。留养茶园茶叶价格从40~60元/千克增长到100~150元/千克，嫁接茶园茶叶价格每千克在200元左右，极大地提升了茶园效益。勐海县34.9万户籍人口中，涉茶人口28万，茶农来自茶叶的年人均收入约为3536元，贫困户因茶年人均增收2000元左右，茶产业带动贫困群众5212户20939人脱贫致富，勐海县脱贫攻坚工作顺利通过国家验收。勐海县经济因茶而活，群众因茶而富，茶产业撑起群众致富梦。

（执笔人：林松）

2021中国茶园建设发展报告

全国农业技术推广服务中心

一、茶园建设整体情况

根据农业农村部种植业管理司2021年全国茶叶生产情况调度数据（表1），2021年全国茶园面积基本稳定，无序盲目扩张面积的趋势得到明显遏制，全国茶园总面积4886.93万亩，比上年增加68.78万亩，同比增长1.43%；开采茶园面积4309.56万亩，比上年增加162.50万亩，同比增长3.92%；自2017年以来新增面积持续下降，2021年首次降至100万亩以下，茶叶生产已渡过面积快速扩张发展阶段，2021年新建茶园面积73.39万亩，比上年减少64.61万亩，同比下降46.82%；无性系茶园面积3188.03万亩，比上年增加142.82万亩，同比增长4.69%；有机茶园面积372.41万亩，比上年增加65.55万亩，同比增长21.36%；绿色食品茶园面积885.07万亩，比上年增加61.84万亩，同比增长7.51%；生态茶园面积27.17万亩，比上年增加6.8万亩，同比增长33.38%。

表1　2021年中国茶园面积概况

类别	2021年	2020年	增量	增幅/%
茶园面积/万亩	4886.93	4818.15	68.78	1.43
开采茶园面积/万亩	4309.56	4147.06	162.50	3.92
新建茶园面积/万亩	73.39	138.00	−64.61	−46.82
无性系茶园面积/万亩	3188.03	3045.21	142.82	4.69
有机茶园面积/万亩	372.41	306.86	65.55	21.36
绿色食品茶园面积/万亩	885.07	823.23	61.84	7.51
生态茶园面积/万亩	27.17	20.37	6.8	33.38

二、茶园区域布局

2021年全国18个主要产茶省（自治区、直辖市）的茶园面积持续微增；茶园面积超过300万亩的省份有6个（表2），分别是云南（740.25万亩）、贵州（714.60万亩）、四川（596.20万亩）、湖北（545.01万亩）、福建（341.22万亩）、浙江（310.10万亩）；广东、重庆、湖南增幅均高于5%；云南、贵州茶园面积保持在上年水平；甘肃、江苏、四川、山东、浙江增幅均低于0.5%。

表2 2021年中国各主要产茶省（自治区、直辖市）茶园面积

省自治区、直辖市	茶园面积/万亩			增幅/%
	2021年	2020年	增量	
江苏	51.49	51.30	0.19	0.36
浙江	310.10	309.90	0.20	0.06
安徽	295.73	292.05	3.68	1.26
福建	341.22	335.85	5.37	1.60
江西	171.80	169.80	2.00	1.18
山东	40.83	40.80	0.03	0.07
河南	171.76	169.50	2.26	1.33
湖北	545.01	537.60	7.41	1.38
湖南	298.10	278.70	19.40	6.96
广东	127.23	117.30	9.93	8.47
广西	142.44	136.95	5.49	4.01
海南	3.35	3.30	0.05	1.59
重庆	84.62	78.15	6.47	8.28
四川	596.20	594.60	1.60	0.27
贵州	714.60	714.60	0.00	0.00
云南	740.25	740.25	0.00	0.00
陕西	233.66	229.05	4.61	2.01
甘肃	18.54	18.45	0.09	0.49

（一）分茶区来看

江南茶区茶产业发展呈现良好形势，茶园面积稳中有增，产业规模不断扩大。例如，2021年浙江各级农业农村部门主动科学应对罕见干旱低温天气，及时抗灾指导，加上后期有利气候条件，茶产业发展形势喜人，全省茶叶总面积310.10万亩，比上年的309.90万亩增加0.20万亩，增长0.06%。又例如，2021年湖南全省茶园面积298.10万亩，比上年增加19.40万亩，增长6.96%；全省茶叶生产进一步向优势区域集中，茶叶优势区域县的茶园面积占全省的80%以上，集聚效应进一步凸显。

江北茶区投产茶园面积稳步增加，茶叶生产稳中有进，规模明显增长。例如，2021年山东茶园面积达到了40.83万亩，比上年增加0.03万亩，增长0.07%；同时继续实施高效特色农业发展平台（茶叶）项目，新建810亩无性系良种茶树现代栽培模式茶园。又例如，甘肃大力发挥其产地优越的自然气候条件和以小叶群体种为主茶园的优势，重点发展无性系良种茶园；2021年全省拥有茶园面积18.54万亩，投产茶园面积12.66万亩，新增无性系良种茶园0.63万亩，茶园面积相比去年保持了动态稳定。

华南茶区茶园面积稳步增长，保持增产增收的良好态势。例如，2021年福建春茶生产期间天气良

好，各茶类总体制优率高、品质佳；全省茶园面积341.22万亩，增长1.60%。又例如，2021年广西茶叶主产面积约142.44万亩，新建茶园面积5.49万亩，产量超出预期；全区14个市48个产茶县中，80%以上的茶园分布在边远山区，有979个村、超过20万户农户种植茶叶，茶产业已成为农民致富的主要产业。

西南茶区茶叶种植面积稳步增长，产业规模逐步扩大，产业根基更加稳固，质量安全更加有保障。例如，2021年贵州全省茶园总面积稳定在700万亩左右，投产面积643万亩，建成出口、品牌专属、欧标等专用基地226.3万亩，建成茶旅一体、种养一体等产业融合茶园154.1万亩，开展社会化服务管护茶园130.45万亩。又例如，2021年四川全省茶园总面积596.20万亩，改造低产低效茶园面积22.27万亩，无性系良种茶园面积493.4万亩，机采茶园面积228.69万亩，绿色防控面积417.14万亩，呈现出面积稳中有升的良好局面，为巩固拓展脱贫攻坚成果同乡村振兴有效衔接、促进茶农全年增收奠定了较好基础。

（二）分类型来看

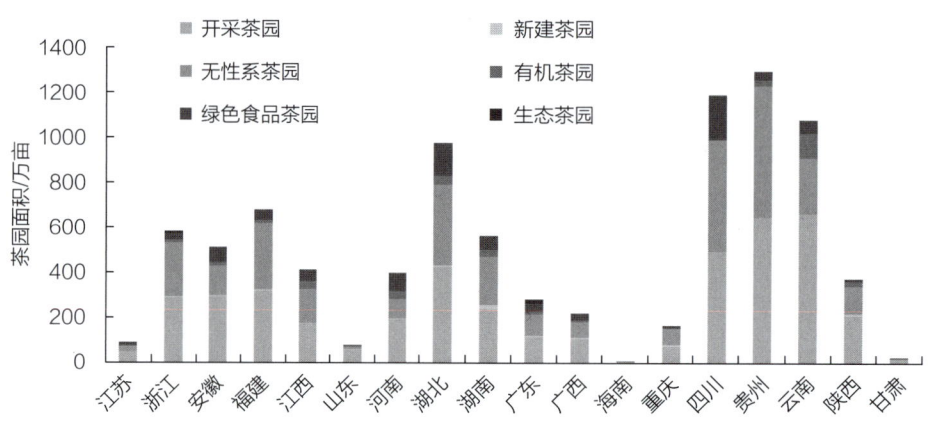

图1 2021年中国各主要产茶省（自治区、直辖市）分类型茶园面积统计

如图1所示，开采茶园面积均比上年有所增长，其中面积增加最多的省份为云南，达27.96万亩，面积增加最少的为海南，仅346亩；开采茶园面积超过300万亩的省份有5个，分别是云南（658.44万亩）、贵州（643.37万亩）、四川（487.30万亩）、湖北（420.52万亩）、福建（315.01万亩）。新建茶园面积普遍下降，仅广西、湖南、甘肃三省区同比上年有所增长，其中新建茶园面积超过5万亩的省份有7个，分别是湖南（19.40万亩）、湖北（7.41万亩）、陕西（7.32万亩）、重庆（6.47万亩）、广东（5.77万亩）、广西（5.49万亩）、福建（5.37万亩）。无性系茶园面积稳中有升，在茶园类型中仍居于主导地位，其中无性系茶园面积超过200万亩的省份有6个，分别是贵州（581.25万亩）、四川（493.40万亩）、湖北（357.70万亩）、福建（293.89万亩）、云南（246.63万亩）、浙江（238.70万亩），无性系茶园面积占比超过80%的省份有5个，分别是江西（87.54%）、福建（86.13%）、重庆（84.24%）、四川（82.76%）、贵州（81.34%）。有机茶园面积总体呈上升趋势，其中超过20万亩的省份有7个，分别是云南（110.54万亩）、湖北（40.54万亩）、河南（34.46万亩）、江西（33.50万亩）、湖南（27.61

万亩）、贵州（26.52万亩）、陕西（21.20万亩）。与此同时，绿色食品茶园发展迅速，面积超过50万亩的省份有7个，分别是四川（195.50万亩）、湖北（143.73万亩）、河南（81.13万亩）、安徽（65.50万亩）、湖南（62.12万亩）、云南（58.03万亩）、江西（51.50万亩）。然而，生态茶园面积增长乏力，目前仅浙江（10.67万亩）、广东（16.50万亩）两省分布有一定规模的生态茶园。

三、茶园建设成效与亮点

2021年，茶园建设总体呈现提质增效、绿色转型发展的态势，为全年茶产业健康稳定发展提供了较好的基地基础。具体呈现如下特点。

（一）绿色生态化发展加快 生态茶园建设稳步推进

2021年，各地扎实推进种植业"三品一标"行动，集成应用以绿色防控、高效专用肥为核心的绿色标准化生产模式，建设一批茶叶"三品一标"基地。据全国农技中心调查，全国茶叶病虫害绿色防控覆盖率达57.5%。浙江共建成近40万亩生态茶园，占总茶园面积的15%，同比增加近1倍。安徽总结推广"茶—油茶""茶—林—花"等6种生态茶园模式，集成应用"粘虫黄板+生物农药+生态农艺""有机肥+配方肥"等一批绿色生产技术，全年茶园绿色防控覆盖面积200万亩；其中，黄山市80万亩茶园已实现全域绿色防控，常态抽样检测结果83%，达到欧盟标准。广东深入推进生态茶园强省建设，2021年完成第三批生态茶园认定工作，共有37家茶企通过认定，认定面积超6.8万亩。山东日照富园春朝海洞天生态茶园遵循生态优先的原则，以生态建园、循环经济、绿色自然为发展方向，以生态、休闲、养生为目标，以观光、尝果、品茶为主要内容，形成"林中有茶、茶在林中、林茶相映、茶香林翠"的"富园模式"。陕西在茶区积极推广茶园绿色建园技术、丘陵地区茶园机械化管理技术、主要病虫害绿色防控技术等绿色生态茶园建设生产管理关键技术，有效降低茶园生产成本及农药、化肥等茶园投入品的施用，提高茶园抵御自然灾害能力，提升茶叶产品品质及茶园综合经济效益。

（二）科技赋能茶园提质增效 "数字茶园"助力乡村振兴

2021年，各地积极贯彻落实习近平总书记关于统筹发展茶文化、茶产业、茶科技的重要指示精神，强化茶科技对茶产业、茶文化发展的战略支撑和引领作用，打牢乡村振兴的产业基础。江苏在宜兴、吴中、仪征、金坛等地区试验推广茶园土壤改良、科学施肥、套种防草、绿色防控及茶园机械化管理等茶园绿色高效生产技术。四川开展茶园基础设施改造提升工作，推广机采、机耕、机防、机施、机修等机械换人技术，全面应用"两个替代"绿色生产和低产低效茶园改造技术，在适宜区推行水肥一体化设施，提高茶园现代化水平。海南农垦五指山茶业集团建设白沙"智慧茶园"，通过手机APP 360度监控茶园，在传统的茶园管理中融入现代化技术。浙江将数字茶业作为茶产业建设的未来方向，推进技术的协同攻关和建设的多点试行，全省茶产业数字大脑经攻关开发即将推出。广东英九庄园绿色产业发展有限公司紧密结合农业农村信息化、数字农业农村工作，利用5G、AR/VR、物联网、大数据、人工智能等技术手段，解决茶园长势、气象信息、土壤温湿度、病虫害信息、加工数据、仓储温湿度等生产数据获取、处理与应用等问题，建设智慧生态茶园。

（三）创建茶产业集聚区 助推茶产业集群化

2021年，各茶叶主产区充分发挥自然优势和区位优势，加快茶园集聚化发展，茶产业集群建设初见成效。广东形成了以梅州、潮州为主要产区的单丛乌龙茶，以清远、韶关、河源为主要产区的特色红茶，以梅州、河源、湛江、云浮为主要产区的大叶种绿茶，以韶关仁化为主要产区的白毛茶和以江门市新会区为主要产区的特色柑普茶、柑红茶等优势产业集群。广西在龙州县和苍梧县建设了2个茶产业核心示范区，发挥产业集群规模集聚效应，促进茶产业高质量发展。贵州推动建设出口、品牌专属、特色茶、茶资源综合开发利用等专用基地166.75万亩，备案出口种植基地170个48.67万亩，备案出口生产企业163家，出口欧标产品茶园59.44万亩。湖南培育32个茶叶产业园，形成400家龙头企业集群。福建建设武夷岩茶产业集群项目，建成高标准生态茶园和智能化生产线，打造茶文化展示中心和大数据服务平台，实现一、二、三产业融合发展。安徽形成以华绿园、光明、联合利华等企业为核心的茶叶深加工集群及年消耗6000吨原料茶的深加工产能。河南茶叶主产区与贫困县集中地区高度重合，茶产业规模化发展提高了茶企和合作社带动脱贫能力，为当地脱贫攻坚做出了积极贡献。

（四）拓展茶产业功能 做足茶旅融合文章

2021年，各地积极推进茶旅融合，拓展茶产业功能，延伸产业链，提升价值链，带动企业增效、农民增收。重庆茶业集团建成定心茶文化体验园，将茶饮、茶食、茶宿、茶娱融入生态茶园，构建茶、旅、文、商融合发展新模式，年接待游客和中小学生社会实践10万人次，实现旅游收入2000万元。陕西打造一批茶旅精品线路和特色小镇，发展"茶旅+民宿""茶旅+研学"等新业态服务基地40余个。广西依托茶旅风光资源，发展以茶园观光、采茶制茶、文化鉴赏为主的体验式旅游景点，将茶产业与旅游深度融合。海南鼓励企业参与"共享农庄"创建行动，引导建设集茶叶生产示范、养生健身度假、茶园风光观赏、茶乡民俗体验于一体的茶庄园，发展直供直销、个性定制、加工体验等新业态。云南积极推动大益庄园、天士力帝泊洱生物茶谷、中华普洱茶博览苑等茶旅融合项目实施，打造以"文化+旅游+科研+康养+特色产业"为主题的文旅项目。甘肃加快茶产业一、二、三产业融合步伐，以茶产业发展为主线，在文县碧口、武都裕河、康县阳坝建设茶叶田园综合体，开发"阳坝—裕河—碧口"生态旅游线，打造休闲观光旅游知名品牌。

四、未来茶园建设的建议

当前，我国茶园建设发展仍面临一些突出问题：一是老化低产低效茶园面积较大，茶良种化率较低，结合主导产品的主导性品种普及率低，生产效率偏低，影响品质提升和农民增收。二是茶园基础设施水平、机械化水平仍不高，生产成本居高不下；随着"绿色、生态"已成为茶叶生产主流方向，茶园管护成本提高、生产环节技术升级改造等也使生产的非劳动力成本同步增加。三是茶旅融合受资金与人才制约，产业链不完整，茶园效益偏低，价值未能充分体现。以低成本和扩张规模获取竞争优势的时代已近尾声，中国茶产业发展和茶园建设的重心应由单纯扩大种植规模转向全面高质量发展。建设高质量茶园，不仅是茶产业高质量发展的题中应有之义，也是巩固拓展脱贫攻坚成果、接续推进乡村全面振兴的必然要求。未来茶园建设，需要重点围绕以下"五化"展开。

（一）生态化

生态茶园建设有利于缓解环境资源束缚，提升茶叶质量安全水平，保护优化土壤生态，推动茶旅融合发展，促进茶产业可持续和农民稳定增收，是践行"两山理论"、推进茶产业高质量发展的重要举措。因此，需要坚持以绿色发展为引领，推动构建生态茶园标准体系，加快宣传贯彻落实NY/T 3934—2021《生态茶园建设指南》，按照茶园规模适度、产区环境优美、基础设施完善、品种搭配合理、技术支撑有力等要求，综合采取科学合理种树、留草、疏水、筑路、培土等措施，保持茶园水土，维护生态平衡，全面改善茶园生态环境，推进生态茶园建设，为实现双碳目标提供生态环境支撑。

（二）标准化

随着我国粮食功能保护区和基本农田保护区的划定，茶产业发展用地严重受限，利用丘陵地区的大量宜茶荒山和残次林地建设标准化茶园，是解决茶林、粮经用地矛盾的有效途径。因此，需要通过标准化手段将科研成果转化为老百姓看得懂、用得了、成效显著的标准指南，让"茶科技"免费服务茶企茶农。同时，在坚持稳定茶园面积的基础上，开展标准化、生态化茶园改造提升；以强化良种繁育、生态茶园建设、现代茶叶产业园区建设为主要途径，将现有低产低效茶园改造成为基础设施完善、品种结构合理、良种良法配套、农机农艺融合的标准化茶园。

（三）融合化

茶旅融合作为"茶叶+"产业融合发展的新型业态，是集生态环境、观光休闲、文化体验、旅游消费为一体的新型产业发展模式，开创了产业融合发展的新格局。茶园建设也应抓住此契机，统筹茶文化、茶产业、茶科技，依托茶园风光、乡土文化等资源，加强对茶叶文化遗产发掘、保护、传承和利用，深入挖掘茶叶多种功能与多重价值。支持优势产区整合资源，发挥旅游、资源、民族茶文化优势，建设茶叶特色小镇、茶庄园、美丽茶乡、秀美茶园、茶旅观光道路等文旅项目，实现茶旅融合业务规模化、品质化运营。在此基础上，广泛开展"国际茶日""全民饮茶日"等公益性茶事活动，组织茶艺、评茶及茶文化创意等技能竞赛，推进茶园文化建设，进一步弘扬茶文化。

（四）高效化

当前我国部分地区的茶园建设仍然选用传统模式，单一种植导致区域土地衰退、病虫害增多、产量与品质下降等问题，生态矛盾愈来愈突出，传统模式已不能适应当前茶产业发展要求。在当前生态文明背景下，需要结合现代化高效种植与管理技术开展茶园建设，遵循生物多样性理论特点，构建全新的高效茶园模式，最终建成优质高产高效的生态茶园。各茶叶主产区应因地制宜，加快茶园喷滴灌等设施推广应用，提高茶园设施化水平；加快适宜茶园管理机械的研发应用及加工设备的改造升级，提升茶叶全产业链生产机械化水平，提高劳动生产效率；优化科研氛围，加强基础研究，推进交叉融合，建立高效的产学研协作体系，释放自主创新动能，培育符合现代茶园发展要求的创新主体和人才队伍。

（五）数字化

依托数字化手段，发展智慧农业，提升农业生产保障能力，是"十四五"时期农业农村信息化发展的主攻方向。新一轮科技革命和产业变革的加速演进，促使科技创新成为今后一段时期茶产业形成现代产业体系的主要动力。随着信息基础设施持续升级、网络信息技术的快速突破，信息通信技术与茶产业加速融合，数字经济对茶园建设的推动作用仍将进一步拓展。各地应积极引入数字化新技术、新设施、新业态，充分运用物联网、5G、大数据等前沿科技，建立茶园环境监测系统，打造茶产业智慧种植服务平台，实现茶产业种植环节的可视化、精细化、规范化管理，为茶产业发展注入新动能。

（执笔人：杜建斌、冷杨）

第三部分
国内市场

2021中国茶叶批发市场运行发展报告

2021中国茶业会展业发展报告

2021中国新式茶饮业发展报告

2021中国茶叶批发市场运行发展报告

中国茶叶流通协会茶叶市场专业委员会

茶叶批发市场是茶叶交易的前哨阵地与重要载体，其发展对调节产业供需关系、提高流通速率、降低交易成本、稳定茶产业格局起到重要作用。然而，随着我国互联网经济的发展，媒介环境、营销环境、技术环境日新月异，并持续引导着市场营销趋势。在电商日趋流行的时下，线上销售如雨后春笋般涌现，对批发市场形成了"挤出效应"，倒逼线下市场纷纷寻找"破局"之法。与此同时，新冠疫情让批发市场业备受关注，设施条件无法满足高标准防疫要求、空间过于密集导致传播隐患等问题逐渐显露，加之常态化防控导致客流锐减、物流受阻，转型升级已成各大批发市场未来发展的必然趋势。

为充分掌握中国茶叶批发市场发展的现状，厘清规律，剖析行业困境及破局要点，中国茶叶流通协会茶叶市场专业委员会于2021年11月—2022年2月在全国范围内开展了"2021年度中国茶叶批发市场调研"工作。具体如下。

一、2021年度宏观经济环境

2021年，中国经济持续稳定恢复，社会发展与疫情防控均取得优异成绩，继续保持全球领先地位。2021年，中国GDP达到1143670亿元，经济增速8.1%；全国居民人均可支配收入35128元，比上年名义增长9.1%，扣除价格因素实际增长8.1%，与经济增长基本同步。

作为民生工程的重要一环，农贸市场的发展关系着消费者"菜篮子""果盘子"及"餐桌子"，也是城市文明的重要载体。受疫情影响，2020年我国农贸市场交易总额3.3万亿元，较2019年下降5%，为多年来首次负增长。但在2021年，全国农贸市场交易总额较2019年出现明显增长，其中二线及以下城市农贸市场交易额较2019年增长了3.68%；与此同时，市场商户销售额和利润率双双回升，净收入平均涨幅近10%，经营状况较2020年有所好转。

二、市场总体情况

在农贸市场发展良好的宏观背景下，茶叶批发市场也蓬勃发展。根据中茶协调查，目前全国已有大小茶城300余家，为展示宏观趋势，本报告选取了全国12个省（自治区、直辖市）的25家具有代表性的大型茶叶批发市场进行重点分析。

（一）基础特征

本报告选取的25家大型茶叶批发市场，均为各地区具有代表性的市场。

1. 占地面积较大，整体出租率高

调研样本显示（表1），建筑总面积为208.96万平方米，营业总面积为151.58万平方米，安溪中国茶都、新昌中国茶市与贵州西部茶城排名前三位；平均利用率（营业面积/建筑面积）为73%，其中高于平均值的市场共14家。

表1　建筑指标排名前三位的茶叶市场信息汇总

市场名称	建筑面积/平方米	营业面积/平方米	利用率/%
安溪中国茶都	166700	160000	95.98
贵州西部茶城	195449	147798	75.62
新昌中国茶市	246558	153333	62.19

注：按照利用率高低排序。

商铺合计20552家，其中茶叶商铺10819家，占比52.6%，仅有福建安溪茶城、湖南高桥茶叶城与浙江浙南茶叶市场为专业性茶叶批发市场，其余均为涵盖其他农产品的综合性批发市场（表2）。

表2　商铺数量排名前三位的茶叶市场信息汇总

市场名称	茶商店铺数量/家	出租率/%
福建安溪茶城	1600	98
湖南高桥茶叶城	800	90
新昌中国茶市	106	100

注：按照店铺数量高低排序。

出租情况方面，平均出租率为91.1%，高于平均值的市场有17家，其中包含8家满出租率市场（图1）。

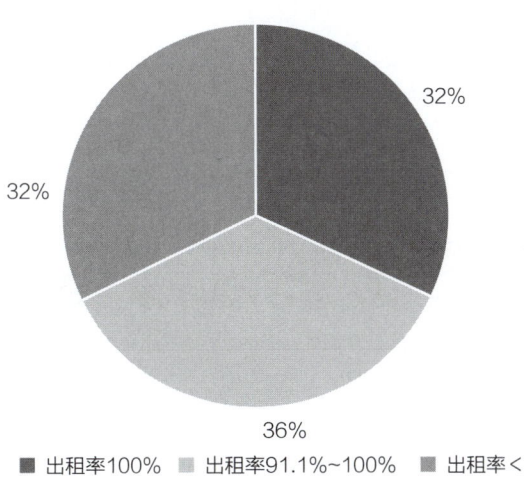

图1　市场出租率情况

2. 资产略有涨幅，财务状况良好

资产方面，调研样本总资产1209579.97万元，增幅4.93%。分省份来看，上海、河南、福建总资产排名前三位，占比近80%，其中福建省增幅最为明显，高达79.54%（图2）。总体来看，资产体量增加与减少的市场各6家。

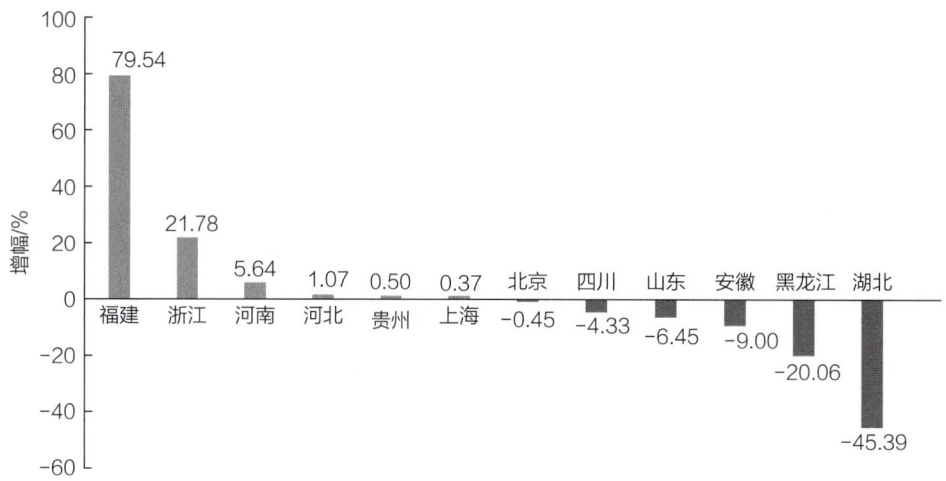

图2　样本市场资产变化

负债方面，调研样本总负债263892.64万元，降幅6.14%。其中，贵州、河南、湖北排名前三，占比67.4%（图3）。总体来看，负债增加的省份有4个，其余8省份均有不同程度降幅。

负债率方面，调研样本总体资产负债率为21.82%，较2020年下降了2.57个百分点。分省份来看，资产负债率高于70%的省份有4个（图4）。

租金方面，样本市场平均租金为1274.88元/（平方米·年），排名前三位的城市依次为北京、上海、黑龙江（图5）。

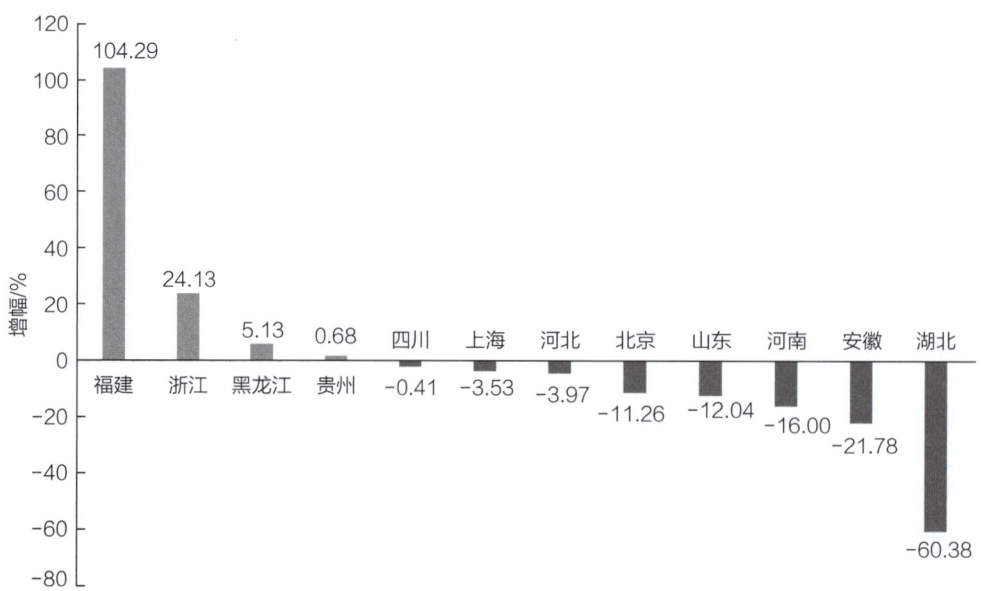

图3　样本市场负债变化情况

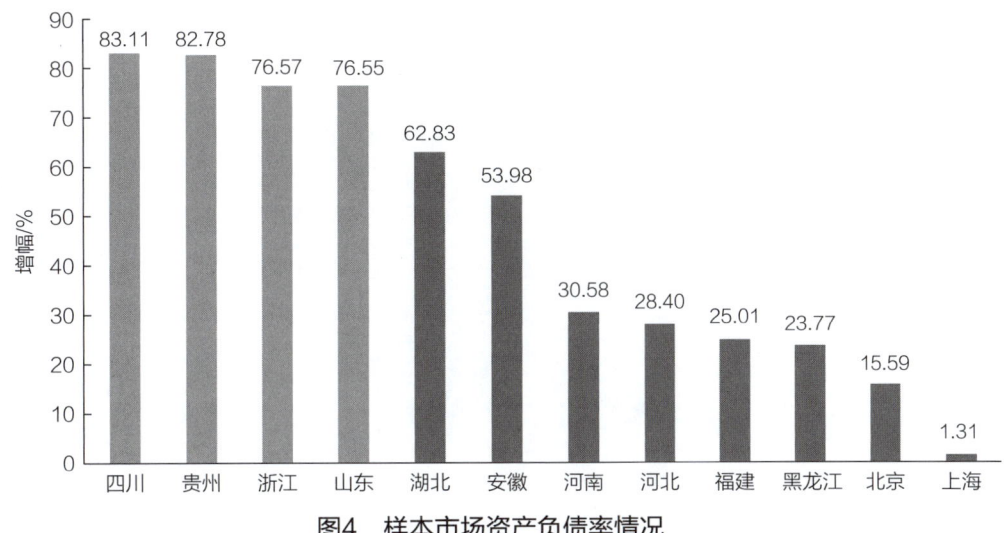

图4 样本市场资产负债率情况

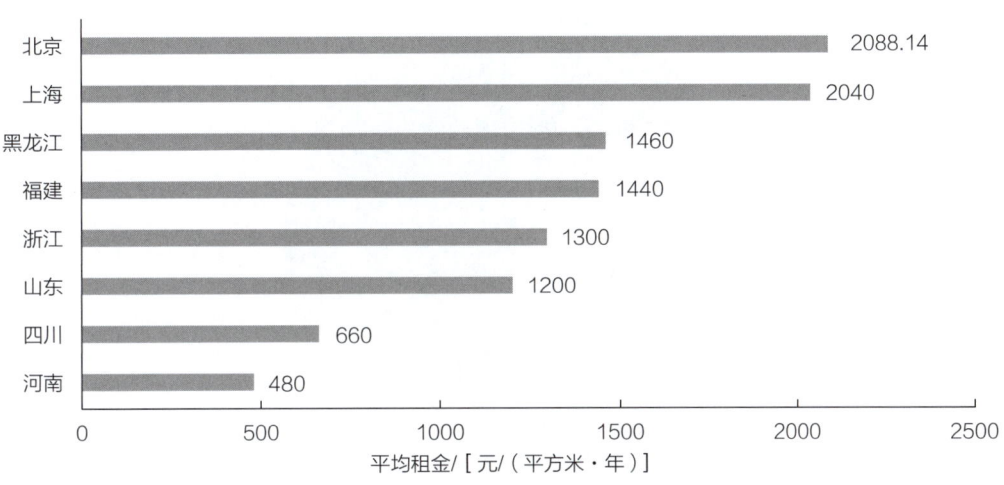

图5 样本市场租金情况

（二）销售情况

1．销售量额稳定，体量占比较高

调查结果（图6）显示，样本市场2021年茶叶总销售量为49.98万吨，占2021年全国茶叶国内销售总量（230万吨）的21.7%，样本体量占比较高，具有较强代表性。

2．销售种类丰富，绿茶拔得头筹

调研市场茶叶销售种类涵盖了我国传统六大茶类，其中普洱茶与再加工茶做了单独统计（图7、图8）。整体来看，绿茶销售量额稳居第一，销售量额占比均超过50%，分别达到71.42%与55.93%。

销售量方面，绿茶、红茶在贵州省销量最多；乌龙茶在福建省销量占比51.87%；黄茶在四川省销量第一；白茶、黑茶、普洱茶、再加工茶在山东省深受喜爱，其中再加工茶占比高达55.15%（表3）。

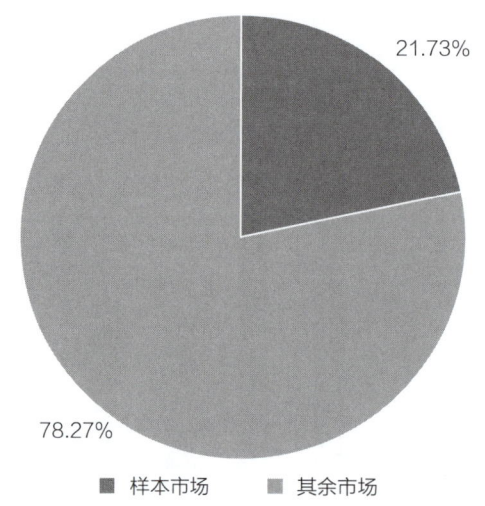

图6 样本市场2021年茶叶销售总量占比

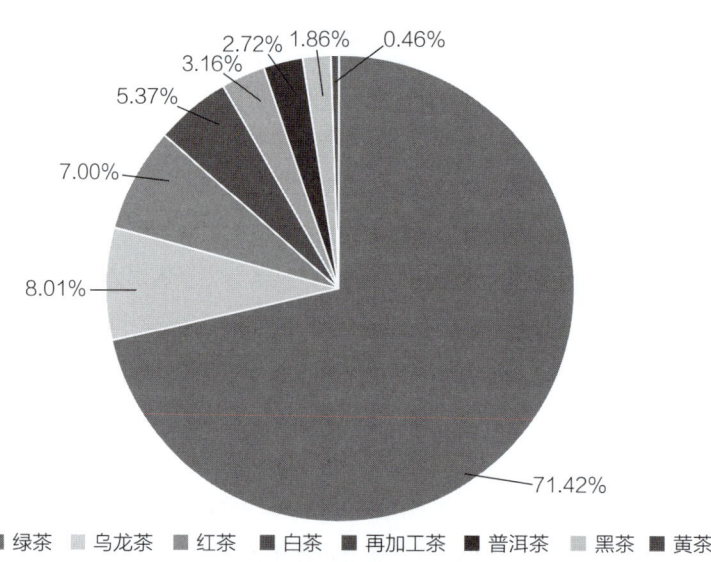

图7 样本市场2021年分茶类销售总量占比

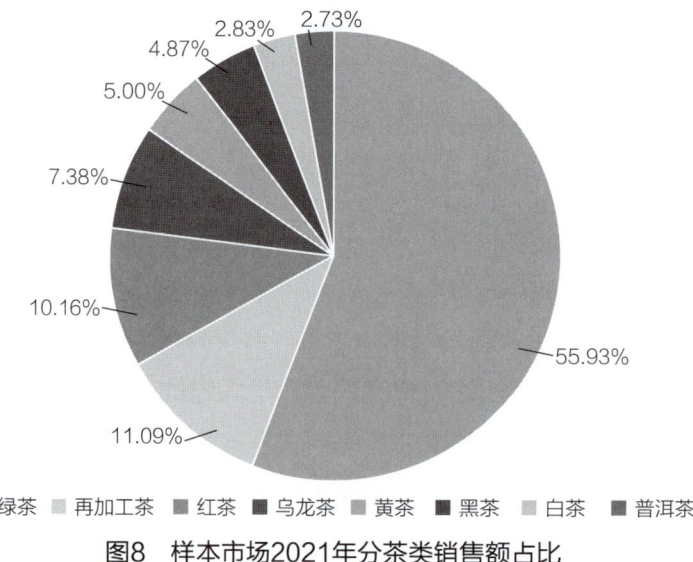

图8 样本市场2021年分茶类销售额占比

表3 分省（自治区、直辖市）分茶类销售量占比 单位：%

省（自治区、直辖市）	绿茶	红茶	白茶	黄茶	乌龙茶	黑茶	普洱茶	再加工茶
北京	0.99	8.02	20.98	11.42	8.63	17.59	19.05	3.93
上海	2.48	6.17	4.69	21.88	4.45	3.18	18.54	3.08
福建	0.05	7.30	19.72	0.07	51.87	1.89	9.44	4.12
河北	0.01	0.11	0.45	0.22	0.04	0.13	0.35	0.10
安徽	0.36	1.89	2.53	22.83	0.80	1.51	0.88	0.89
贵州	36.42	22.86	16.77	0.00	0.00	21.51	0.00	0.00
浙江	30.21	1.93	0.00	0.00	0.39	0.34	0.00	0.00
黑龙江	0.02	0.14	0.04	0.00	0.02	0.04	0.06	0.05
河南	0.21	0.53	0.06	0.00	0.02	0.03	0.01	0.03
湖北	22.96	19.74	7.27	0.00	6.49	0.00	9.56	4.12
山东	4.61	22.17	21.15	8.43	25.05	24.72	22.98	55.15
四川	0.84	5.72	3.73	26.37	1.25	12.91	7.36	22.21
湖南	0.84	3.43	2.61	8.78	1.00	16.14	11.77	6.33

销售额方面，绿茶在浙江省销售额最多；红茶、普洱茶在上海市销售额遥遥领先；白茶、黄茶与乌龙茶分别在北京市、安徽省与福建省占比最高；黑茶与再加工茶在四川省占据较大份额（表4）。

表4 分省（自治区、直辖市）分茶类销售额占比 单位：%

省（自治区、直辖市）	绿茶	红茶	白茶	黄茶	乌龙茶	黑茶	普洱茶	再加工茶
北京	0.92	5.79	22.91	13.82	4.34	9.96	8.10	1.93
上海	10.48	22.16	10.66	16.99	10.14	5.85	35.03	8.65
福建	0.09	1.65	17.92	0.03	56.13	2.44	7.20	5.85
河北	0.06	0.73	1.47	0.19	0.22	0.65	1.74	0.27
安徽	2.49	17.40	12.11	33.97	6.59	25.43	13.19	16.04
贵州	20.72	10.87	6.32	0.00	0.00	3.26	0.00	0.00
浙江	38.57	8.88	0.00	0.00	0.58	0.89	0.00	0.00
黑龙江	0.13	0.42	0.03	0.00	0.02	0.02	0.09	0.02
河南	0.76	1.37	1.79	0.05	1.22	1.85	3.51	2.22
湖北	17.33	13.16	2.37	0.00	2.89	0.00	3.30	1.60
山东	2.89	10.31	5.48	0.66	8.87	5.96	7.71	17.07
四川	3.83	2.42	17.54	31.46	8.03	26.08	14.65	42.78
湖南	1.75	4.83	1.40	2.83	0.96	17.60	5.49	3.57

价格方面，黄茶均价697.92元/千克，价位遥遥领先。白茶、普洱茶分别排名第二、三位，价格分别为212.4元/千克和200.81元/千克（图9）。

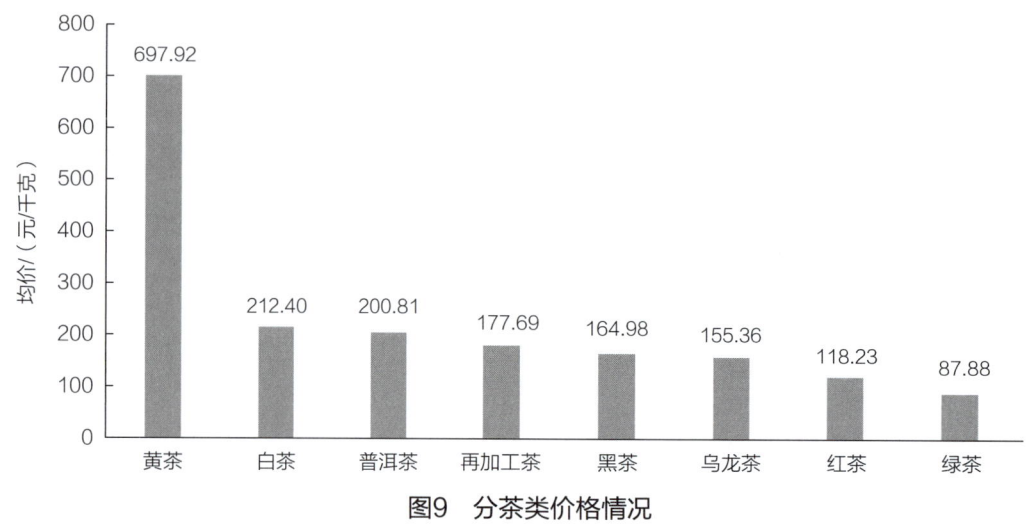

图9　分茶类价格情况

3．电商稳步发展，抖音深受青睐

调研样本显示，2021年电商入驻商家数量达到1702家。其中，抖音深受青睐，商家数量达到683家，占比40.1%。总体来看，各大市场电商平台稳步发展，入驻数量较往年均有不同程度提高。

分省份看，上海入驻电商的商户数量明显占优势，多达685家，占比40.2%。各省份电商入驻情况见图10、图11。

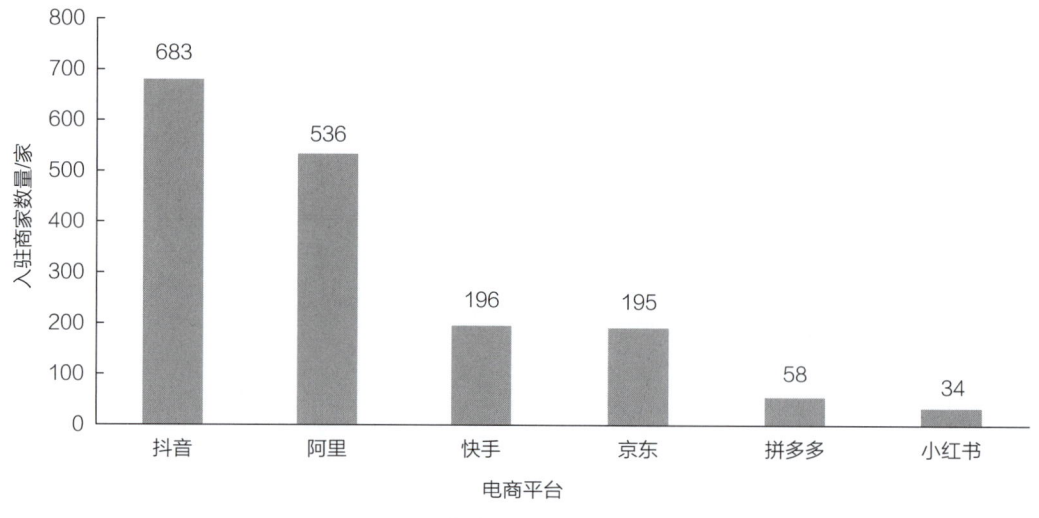

图10　电商平台入驻商家数量

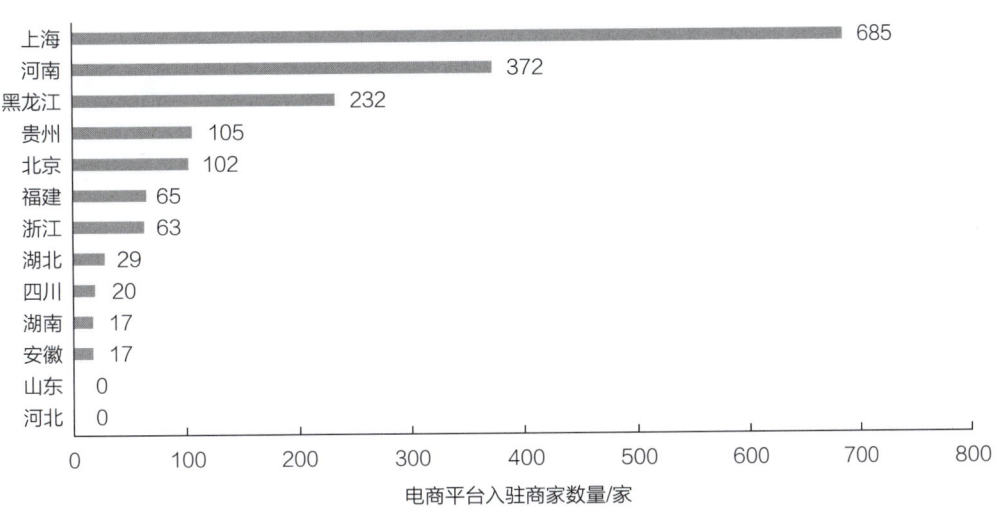

图11 分省份电商平台入驻商家数量

三、发展现状分析

伴随宏观环境与农产品行业发展的双重利好，我国茶叶批发市场也在快速发展，经营水平和产品附加值逐步提高，品牌效益和市场占有率明显扩大，有效带动了当地茶产业的发展。但随着流通现代化、智能化程度的不断提高，茶叶批发市场痼疾愈发凸显，转型升级已成终极选择。

（一）发展现状

1. 地方高度重视，政策支持有力

政府紧抓"十四五"发展契机，出台多项政策予以支持，积极引导地方批发市场做好国家级农产品产地专业市场申报工作，进一步加快构建与产业布局、消费升级相适应的现代农产品流通体系，不断提高市场建设水平，推进中国茶都市场转型升级步伐。一方面，国家部委出台相关政策文件，为批发市场升级改造提供利好条件（表5）。

表5 中央部委有关农产品批发市场政策

政策名称	发布时间
《关于进一步加强农产品供应链体系建设的通知》	2021年5月10日
《关于继续实行农产品批发市场 农贸市场房产税 城镇土地使用税优惠政策的通知（2019—2021）》	2019年1月9日

另一方面，各地方政府也积极响应，联合多部门配合，确保本地批发市场有序健康发展（表6），如安溪县与建行合作共建"市场+茶农+金融"新支农扶农体系，让利批发市场；信阳国际茶城成立协调领导小组，由信阳市政府副市长挂帅，携领政府各部门，针对商标注册、产品包装、新媒体运营等方面提供培训指导，为商户排忧解难。

表6　地方有关农产品批发市场政策

政策名称	发布时间
《贵阳市商务局关于印发〈贵阳市2021年农贸市场标准化改造提升工作方案〉的通知》	2021年9月16日
《佛山市农贸市场升级改造和星级评定奖励办法》	2021年7月30日
《青岛市人民政府关于2021年重点办好城乡建设和改善人民生活方面10件实事的通知》	2021年6月15日
《东莞市农贸市场品质提升三年行动方案（2021—2023）》	2021年4月26日
《厦门市农贸市场改造提升工作三年实施方案》	2021年2月10日
……	……

2．市场辐射面广，产销区略有差异

福建、浙江等产区批发市场多以本地商户为主，辐射范围多为周围县市及比邻省份，如浙南批发市场主要服务于浙江、福建、江西、贵州、湖北等省份。绝大多数为"茶农/茶厂+商户"模式，入驻商户从茶农或者茶厂采购茶叶，经加工包装后上架售卖，产品类别主要以成品茶礼盒或精包装为主；少数茶农亲自经营商铺，产品多数为大宗散茶及少数精包装茶叶。

销区则多以外地茶商为主，如山东、黑龙江两地，目前已有全国20多个主要产茶区入驻，交易辐射东北三省、陕甘宁、新疆、内蒙古、天津等全国二十几个省（直辖市、地区）。入驻商户多为经销商，销售产品相对较为丰富，梯度明显，能够迎合不同群体、不同场景需求。

3．所有权形式多样，投资主体多元

调研市场中私营与股份制企业比例为68%，其余市场属于国家或集体所有。投资资金来源主要依靠银行贷款，少数通过政府拨款、银行贷款、对外招商和合伙集资等组合投资方式。

4．配套服务齐全，营商条件良好

超过50%的批发市场已与各行业协会、机构、研究所及以及其他民间社团就电子商务领域、技能培训等方面开展合作，并已成功建立供销网站、数字可视化管理平台、线上直播系统等；技能培训方面，茶艺师、消防安全演习、商户知识产权、商标品牌、食品安全的法律政策等方面培训的开展，对营造健康发展的营商环境起到了助推作用。

5．信息披露及时，数据真实准确

64%的批发市场已建立官方商城、App等现代化电子商务平台，涵盖价格走势、产品溯源、物流集散等功能，及时披露市场产品信息，整合贸易信息与仓储物流等中间环节，解决传统批发市场的陈旧模式造成的库存积压等弊端，实现茶叶贸易的互联网化，通过信息共享、产品互通、抱团运作的方式，在商户和消费者之间搭建一座网络桥梁，对拓宽茶叶销售渠道方面起到了推动作用。

6．消费者类型多元，购买需求多元

批发市场的经营模式多数为"批发+零售"，主要交易对象为各类茶叶经销商，其次是茶庄、超市便利店、面向消费者的零售与政府采购。经销商是批发市场的主力消费群体，主要为部分中小型茶叶企业、在周边县市从事茶叶经营的本地茶商提供货源，购货占比超50%；茶庄主要面向中高端消费

市场，在市场中购买的茶叶多数为高档茶叶，整体占比有限；超市便利店、大众消费者与政府采购，购买量与频率相对较低，茶叶档次多数为中低端茶叶，其中政府采购多以招标形式进行。

7. 品牌效应明显，带动周边发展

批发市场能够有效带动周边经济发展。48%的批发市场成立较早，经多年发展周边配套服务较为完整，主要可分为市场、商超、居住区为一体的社区以及涵盖休闲、娱乐、游玩等功能的商业街；44%的批发市场成立较晚，或因政府规划搬迁，所在地点均在城市发展新区、副中心或郊区，经多年发展已逐步形成以市场为中心的居住区，包含吃、住、行、游、购、娱等多功能于一体的茶文化特色商业综合体；8%的市场则位于繁华的城市商业中心，周边发展明显快于前两者，带动作用有限。

（二）现存问题

1. 产品矩阵较为传统，同质性严重

52%的市场销售品类齐全，涵盖传统六大茶类；32%的市场仅销售少数几类；16%的市场仅销售绿茶、乌龙茶等单独品类茶叶。产品矩阵较为传统，对于茶粉、茶冲剂、浓缩液、茶食品以及新茶饮等茶叶衍生品的关注度较低；包装方式多为散装、茶饼或者礼盒，袋泡茶、冷萃茶等深受青年群体喜爱的包装方式也未得到充分挖掘。同时，批发市场趋同性问题亟待解决。如在"普洱热"时期，各大市场几乎每家茶商都售卖普洱茶；白茶市场火热时，各家茶商又纷纷开始销售白茶，铺货率几乎100%。产品同质性严重，导致茶商竞争压力加大，使得"质量战"转变为"价格战"，除导致商户经济效益降低外，还使得市场结构失衡，乱象频发。

2. 市场盈利模式较单一，可持续性弱

从商铺密度来看，产区商铺密度多数在100平方米以上，销区商铺密度多数在50～60平方米，产区明显大于销区。从盈利模式来看，将摊位租金作为主要收入来源的批发市场占比76%。其中，产区占比47.4%，销区占比52.6%。其余市场是以收取交易服务费用和收取佣金为主要收入来源。同时，以租金为收入来源的批发市场，其布局规划导致商铺密度明显小于其他市场。

单一盈利模式需凭借更多茶商进驻市场而确保盈利水平。同时，也不可避免地出现商户和市场间的对抗和博弈，弱化双方信任基础，导致关系脆弱，不利于商户的长期稳定经营，进而不利于市场可持续发展。

3. 周边市场数量增加，同业竞争激烈

茶商多数从茶农、茶厂或经销商进货，为保障自身利润，压价现象明显。因此，茶农或从事茶叶加工的茶厂易于就近抱团，利用价格优势对批发市场造成分流影响，不利于大规模的茶叶批发专业市场的建立与资源整合利用。以浙南茶叶市场为例，其周边县城还有缙云县茶叶市场、淳安县批发市场、建德批发市场和西湖茶叶市场等中小型市场，同样服务茶叶交易且具有便捷的区位交通条件，对浙南茶叶批发市场茶叶交易形成分流。

4. 布局规划不合理，基础设施有待更新

部分批发市场由于成立较早，早期的布局规划已无法满足现代化管理需求，交易、打包、通行空间缺乏合理布局。特别是在春茶季，交易量较大导致市场内交通拥挤，茶商打包和茶叶交易经常因为通道利用引发矛盾和纠纷，影响市场正常交易。同时，各大市场仍以提供茶叶集散交易场所为主，展示厅、专门打包区、茶叶拍卖厅等区域没有配套建设，商务洽谈、论坛、会展、品牌运营和推广服务等配套功能有待开拓。

5. 质量标准管理欠缺，体系化不足

目前我国茶叶批发市场信息不对称现象较为严重，某一种茶叶有十几到几十种不同的细化分类。同时，由于不同地区气候、自然环境存在差异，同一品类茶类质量也会有巨大差别，而目前批发市场尚未有相关质量标准，溯源体系建设也略有滞后，茶商无法详细阐述每种茶叶的来源信息，消费者或进货商在选购商品时无从下手，最终对销售产生影响。

6. 电商发展须进一步发展，数字化较低

随着网络新经济形态的崛起，数字化、信息化已渗透到生产流通各个环节，并促使流通链条进一步缩短、简化，传统的批发、渠道建设已不能够适应迅速发展的新经济要求。现阶段，我国茶叶批发市场仍以线下批发销售渠道为主，仅有15.7%的茶商发展电商平台，智能化、信息化服务与流通体系建设滞后，整体数字化程度低。纵使电商平台入驻数量虽呈现逐年上升趋势，但整体比重仍然较低，发展亟须加强。

7. 物流体系不够完善，碎片化普遍

我国茶叶批发市场分割现象比较普遍，流通体系还不够完善顺畅，分配、流通环节的堵点仍然存在，"大市场、大流通"的市场体系尚未完全形成。各市场之间尚未实现信息共享与互联互通，组织化水平和信息化程度较低，物流资源利用率不高，物流产业链亟须向深度拓展。

（三）高质量发展机遇

1. 茶叶消费需求潜力巨大

2021年，我国茶产业主动融入与服务构建新经济格局，在传统产品与业态持续发力的同时，新茶饮、新袋泡、花草茶、混搭风味茶等新赛道崛起，线上线下消费繁荣，茶叶总产值、内销量等经济指标实现历史性突破。同时，随着年轻消费群体的不断加入，我国茶叶消费需求潜力巨大。

2. 线上线下融合发展开拓市场

在创新引领下，以大数据、互联网和人工智能等为代表的数字技术越来越进入大众的视野，数字经济正加速改变全社会生产和生活方式。线上线下融合发展是茶叶批发市场转型升级的必然选择。当前我国茶叶批发市场电商水平较低，服务能力缺乏，具有较大开拓空间。

3. 年轻群体对"夜消费"需求越来越高

夜间经济集合了休闲、旅游、文化、餐饮、购物等多种消费，是城市消费的"新蓝海"。据商务

部城市居民消费习惯调查报告显示，60%的居民消费发生在夜间，95后年轻人是夜间经济的主力人群。夜间消费最近几年都保持了17%的增长速度，作为一个线下的、实体的经济形态，它的增长已经超过了网上消费的增速。

四、我国茶叶批发市场高质量发展建议

（一）聚焦流行趋势，加强产品创新

一方面，茶叶批发市场可关注高频高质的迭代产品，加强与新茶饮等新业态的合作，利用已经成熟的品牌热度，享受新业态、新品牌扩张所带来的福利，吸引更多的消费力和关注度，满足消费频次与客户黏性；另一方面，各地市场应根植本区域文化特色，抓住自身的地理定位与悠久的茶文化以及茶历史，利用文创IP，给本体市场附加文化属性、地域属性，打造本地专属茶叶创新品牌。

（二）拓展服务功能，优化盈利模式

现代批发市场应具备集散交易、信息服务、休闲博览、安全保障等综合功能。因此，要主动适应批发市场内外环境变迁，由单纯的场地提供者转变为功能供给方，全方位地为商户和客户提供他们所需要的一切服务，如咨询、检测、计量、通信等一般性的服务和信用担保、信息、物流、结算、配送等深层次服务。

（三）强化基础设施，助力周边发展

支持就近郊区、乡镇建设改造集配中心、冷库、产地仓等设施，配备清洗、分拣、烘干、分级、包装等设备，增强产地商品化处理和错峰销售能力，提高产地移动型、共享型商品化处理设施利用率。以此促进乡镇就业、环境改善，带动周边地区发展，形成"城内商流+城外物流"新模式。

（四）完善分区布局，加速升级改造

实施环境改造，完善分区布局，进一步增强检验检测、冷藏保鲜、产品追溯等便民惠民服务能力，完善供应链末端公益功能。发展智慧农贸市场，支持市场配置信息化管理设备设施，对品种、价格、销售量等交易信息统一管理。加强买卖双方经营和交易信息登记管理，促进人、车、货可视化、数字化管理。鼓励进行超市化改造。

（五）紧抓质量管理，推进体系建设

各大市场主体应加强监管立标准，与市场监管部门加强沟通联络，充分发挥好生产、流通等监督检查职能，对进驻商户进行事前排查、事中巡查、事后复查，摸清茶叶经营主体状况；强化茶叶生产

经营监督检查，对不符合食品生产条件的产品一律下架、销毁，从批发源头严格把控茶叶质量。加强茶叶仓储科学管理，严密防止腐败和残次品上市。

同时，搭建数字化信息共享平台，进一步提升信息透明度。一方面，搭建茶叶溯源信息平台，消费者可扫码追溯产品源头信息；另一方面，搭建信用评价平台，强化对商户红黑名单的使用，利用互联网平台建立信用评分机制，使用通用性的指标进行信用评分，用更加精准的量化方式提高质量准入门槛。如浙南茶叶市场已成功搭建兼具"B2C"与"B2B"功能的"浙南茶叶市场网上商城"，为茶叶生产企业、茶叶经销商以及终端消费群体提供了互动平台，实现了线上线下交易同步进行的全新营销。

（六）深耕线上电商，聚焦社群功能

各大市场在维护传统线下批发渠道的同时，需加强与线上平台或者互联网公司合作，进一步扩展自身销售渠道，通过"线上+线下"融合的方式，加快后疫情时代下的快速转型。

从茶商选择的电商平台分布来看，抖音直播及传统的天猫（淘宝）电商平台是商家优先考虑的渠道，小红书等社群功能较强的平台渠道被忽视。很多青年群体已不再通过传统线下渠道购买茶叶，而是通过互联网的方式购买或者交流购买体验，逐步形成了互联网与人际网络相互交织的局面。各大市场应聚焦于此，尝试开拓具有社群功能的线上平台。消费者在购买后可发布视频、图片等方式分享购物体验，供他人参考。社群电商通过用户种草能够很好地增强用户对商品的信任度，易于商品成交。

（七）完善物流体系，实现互联互通

构建和完善交通及物流基础设施、通信及信息基础设施、互联互通基础设施、市场停车卸货系统、物流内外连接系统等，实现物流体系的整体优化，提升现代物流服务实体经济的能力。各地茶叶市场要加强互联互通，实现优势互补、信息共享、产品互通等市场要素的无缝对接，实现互利共赢，携手共创以茶兴商、以茶富民大业，助力茶农增收，带动茶产业发展。

（执笔人：邹素、唐龙海、张朔）

特别鸣谢单位（排名不分先后）：芜湖瑞丰国际茶博城、安溪中国茶都、北方茶城股份有限公司、北京市京华沅茶叶市场有限公司、北京祥龙茶文化发展有限公司马连道茶城市场、成都海峡茶城、上海帝芙特国际茶文化广场、福建海峡茶都、中国茶城、中国西部茶城、国香茶城、大发国际茶城、湖北西南茶叶市场、济南茶叶批发市场、成都龙和国际茶城、上海大宁国际茶城市场经营管理有限公司、新昌中国茶市、国家级信阳茶叶市场、宜昌三峡国际旅游茶城、浙江浙南茶叶市场、中国白茶城、大不同集团有限公司、北京国际茶城、湖南高桥茶叶市场。

2021中国茶业会展业发展报告

中国茶叶流通协会

会展业是现代科学技术与经济发展的晴雨表,从20世纪80年代开始,随着国民经济的不断发展,我国的会展行业规模不断扩大,经济效益不断攀升。茶业会展也在这期间快速成长,数量规模在农业会展中独树一帜,并逐渐从规模化发展向专业化、品牌化、国际化过度,显示出在茶业领域强大的关联效应和经济带动作用,为促进中国茶业经济发展发挥了积极作用。但自2020年新冠肺炎疫情暴发后,全球经济增速放缓,国际市场需求萎缩,物流和人流受限以及国内消费方式转变等因素影响,我国会展行业整体下滑。中国茶业会展业也在这次变革中发生了变化,本篇报告基于中茶协开展的《全国茶叶行业展会调查》,调研对象围绕参展企业,会展业相关服务企业、机构,采购商和消费者,浅谈目前全国茶业会展行业变迁、发展现状以及未来趋势。

一、我国茶业展会的发展简史与分类

我国茶叶一直是出口创汇的特色农产品,由于国内茶叶经济发展缓慢,直到1984年茶叶流通体制改革,茶叶行业才逐渐从计划经济的体制中"脱离"出来。与此同时,我国的茶业会展活动萌生,各地的茶事活动日益兴起。经过多年的转型与发展,茶业会展经济已经作为茶业经济的重要增长点,并分化成为具有不同特点的茶业会展,无论是综合性茶业展会、专业性茶业展会,产区茶业展会或销区茶业展会,都持续有力地推动茶产业发展。

1.0时代(20世纪80年代末至90年代末)

1989年商业部、农业部、外经部联合在北京举办的"首届茶与中国文化展示周"标志着我国茶业会展活动进入萌芽阶段,随后全国各地相继举办茶业会展活动。此时,茶业展会规模小,数量少,宣传手段单一,总体的影响力有限。

2.0时代(2000年至2011年)

21世纪初,随着我国茶业经济的迅速发展,茶产业迫切需要新的营销方式,兼顾营销与宣传的会展模式符合迫切需求,于是茶业会展进入快速增长阶段。全国茶业会展在规模、数量上快速提升,各种形式丰富的会展活动层出不穷。

3.0时代(2012年至2019年)

2012年起,全国的茶业会展数量稳定于高位,开始注重提升会展实效。行业协会发挥桥梁作用,联合产销区政府,通过产销直联,促进茶叶流通;邀请国际展商与采购商参与,扩大信息交流,助推中国茶业会展与国际接轨；调动丰富的宣传资源，扩大辐射范围，提升展会知名度与影响力。

4.0时代（2020年至今）

2020年，受新冠肺炎疫情影响，我国茶业会展被严重冲击。根据海关总署有关数据显示，2020年中国进出口贸易总值同比下降6.4%，但跨境电商平台进出口贸易增长了34.7%。当时的背景下，素有"外贸风向标"的广交会也转移线上，解决了外贸业的"燃眉之急"。这为行业打开了新的突破口，"云上会展""数字会展"开始进入大家视野，成为热点话题。

以北京"两展一节"为例："两展一节"是由"北京国际茶业展""北京马连道国际茶文化展"和每届主宾城市举办的涉茶节（会）组成的茶主题展览活动。2012年，我国茶业会展刚刚进入3.0时代。为进一步提升展会实效，推动茶产业发展和国际茶贸易交流，经商务部批准，中国茶叶流通协会、北京市西城区人民政府联合全国各主要产茶区政府在每年6月份于北京举办"两展一节"。

"两展一节"迄今已连续成功举办十届。十年间，协会与政府发挥产销区联动，邀请了云南普洱市、安徽六安市、河南信阳市、云南临沧市、安徽黄山市、贵州遵义市、广西梧州市、陕西咸阳市、湖南益阳市人民政府先后作为主宾城市联合主办活动，利用首都大市场大流通大平台的优势，推介主宾城市的茶叶系列产品，通过强强联合，优势互补，合力打造了以产销对接、信息发布、消费体验、国际交流等多形式、多样化的专业性茶业展会。

2012—2020年，"两展一节"参展企业总数量超2800家，其中一线品牌企业占比达90%，几乎囊括全国知名茶类和中国品牌茶企参展，此外每年还邀请包括印度、斯里兰卡、肯尼亚、澳大利亚、韩国、新加坡、马来西亚、日本、德国、意大利、阿根廷等十余个海外国家的茶企参展，促进中国茶产业国际化发展；参与展会观众人数接近70万，除了国内采购商，大会还联合国粮农组织政府间茶叶小组（FAO IGG）、国际茶委会（ITC）、意大利茶叶协会等国际性机构，邀请全球主要茶叶买家如英国川宁（Twinings）、联合利华（Unilever）、德国万浩茶和（Wollenhaupt）等莅临展会，助力中国茶叶打开国际市场；"两展一节"百度搜索量超1亿条，通过主流媒体的集中度和权威性，扩大主宾城市和所持有的茶品牌在国际国内的知名度和影响力；九年间，展会达成的意向合作项目达7282个，意向总成交额达58.66亿元，各茶叶品牌大放异彩，在全国形成消费导向和潮流，拓展产品覆盖面，提高市场占有率；举办丰富多彩的茶文化活动，创新"樊登讲茶""小茶人逛茶展"等特色活动，吸引、培养年轻消费群体接触茶行业；实现两地政府深度合作，拓展在茶业、文化、金融、科技、商业、教育、医疗、旅游、干部培养等多领域的合作空间，多方面务实合作，促进多产业融合发展。

2021年开始，在新冠疫情常态化条件下，"两展一节"主动转型，促进茶行业发展数字展览，首次举办2021"两展一节"线上茶业博览会，搭建一个合作、交流、销售、洽谈的线上新平台。参展单位超400家，观众注册量超22万，有效助力了企业的品牌宣传，实际推动了茶产业发展。

二、中国茶业展会发展现状

自党的十八大以来,党中央高度重视茶产业发展,各级政府出台有力政策扶持茶业展会,茶业展会数量在良好的大环境下快速扩张。随着中国特色社会主义进入新时代,中国茶业会展经济由高速增长阶段转向高质量发展阶段,现将全国茶业会展现状浅析如下。

(一)展会数量阶段反弹,品牌意识逐步增强

根据2021年中茶协调研:2021年全国茶业展会数量共计75场,分布于25个省、直辖市(图1)。2021年7—12月份,全国共举办40场茶业展会,与2020年下半年相比增加6场,增长率为15%,基本恢复到疫情前的全国茶业展会数量(2020年1—6月份,全国展览业受疫情影响处于停摆状态,从7月份开始逐步恢复);山东、广东、上海、浙江、江苏、北京、湖北、重庆7个举办茶业展会的热点地区共举办50场,占比67%;面积超4万平方米的展会有13场,占17%,面积超过6万平方米的展会有5场,占比6.7%。经过多年发展,我国茶业会展在农业会展中脱颖而出,已经形成一批较大规模,专业性强、产业集中度高的展会,其中,北京、广州、上海、重庆、杭州等城市的茶业展会已经具备国际品牌影响力。

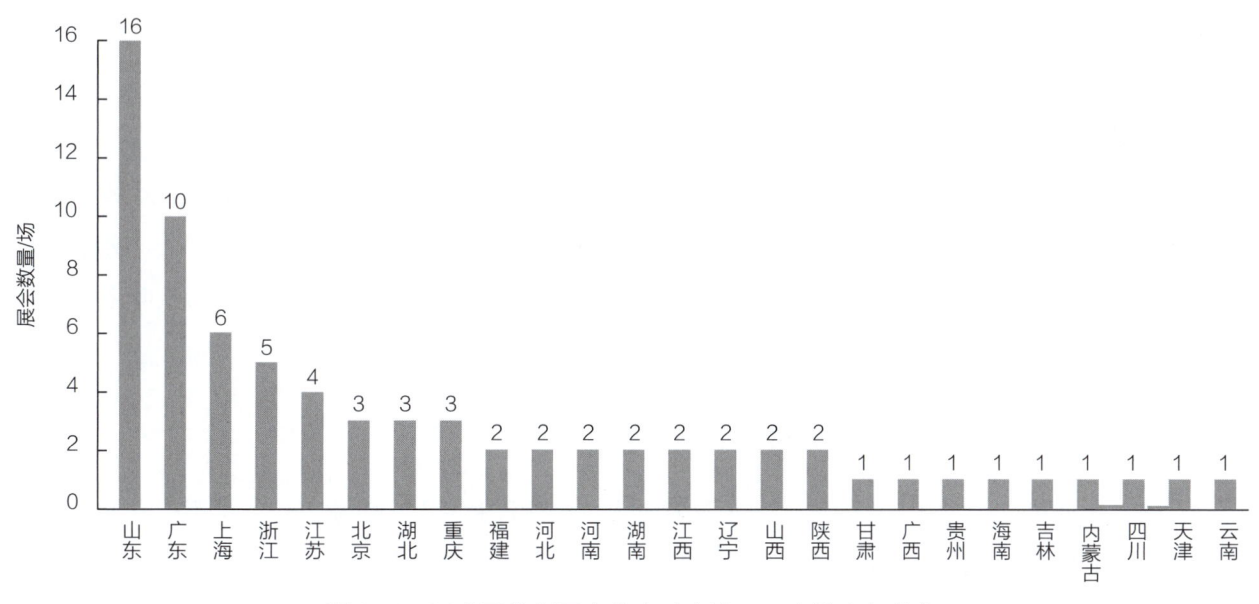

图1　2021全国茶类展会分省(自治区、直辖市)分布

(二)展会时间分布不均,传统节日影响较大

我国茶业展会举办密度较高的时间分别为5月、6月、9月和11月。由于我国大部分产区的春茶采摘时间为3~4月,经过采摘、加工等一系列流程后,春茶新品上市时间在5~6月,所以5~6月为全国

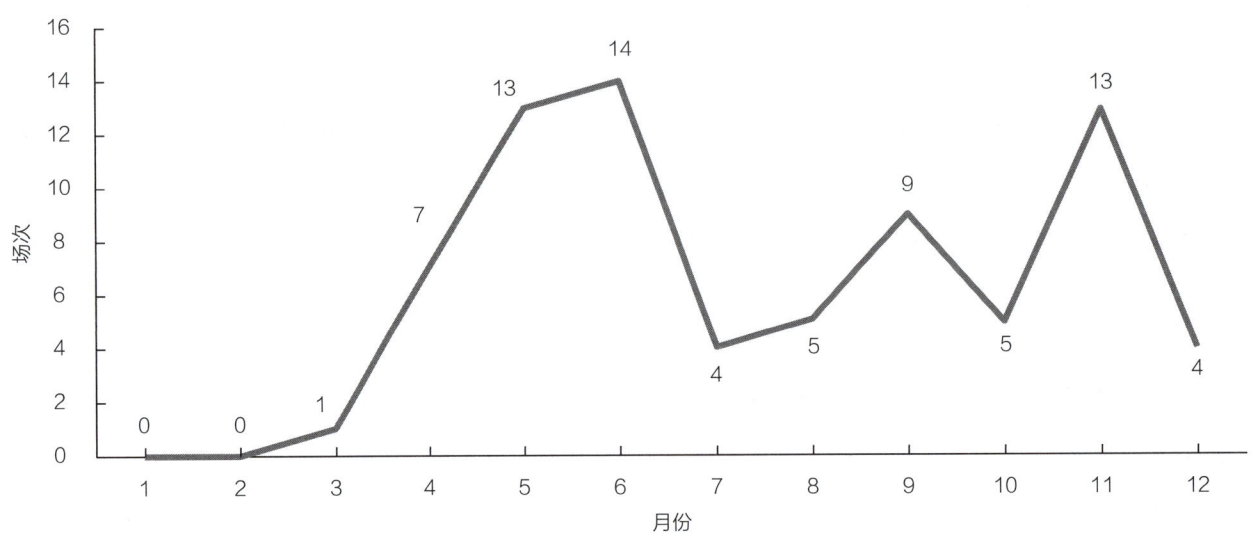

图2　2021年中国茶业展会不同月份举办频次分布

茶业展会的第一个旺季；进入9月，迎来中国传统节日——中秋节和国庆节，消费者会在双节前大肆采购茶叶作为茶礼，9月也成为茶业展会的举办高峰期；11月，大部分茶业展会在南方举办，此时南方地区气温适宜，茶企为减少当年产品库存，会设置较大的优惠力度，消费者也为元旦和春节提前采购茶礼（图2）。

（三）展会地区集中度高，经济发达地区领先

根据调研数据显示：东部地区共举办50场茶业展会，占比66.6%，中部和西部地区分别举办11场，分别占比14.7%，东北地区举办3场，占比4%；不难看出，由于东部地区的经济状况、交通便利度较高，全国茶业展会主要集中在东部地区，中部和西部地区的体量趋同，东北地区为茶叶主销区，茶业展会开发潜力最大。

（四）主办单位多元发展，政府、协会作用鲜明

目前，主办单位主要有五大主体。一是政府机构，包括政府部门、事业单位，承担政府主导的各种专业性茶业展会，政府发挥主导作用，设置扶持资金，助力品牌展会做大做优；设置绿色通道，简化审批管理流程；调动区域媒体资源，借助线上、线下渠道，为展会做好宣传推广。二是行业协会，发挥行业中介职能，搭建产销对接平台；组织行业专家论坛，指导行业稳步参展；做好政企沟通桥梁，反馈行业需求，参与政府决策。三是国有企业，四是民营企业，五是外资企业。目前我国具备一定影响力的品牌茶业展会，基本都有政府与行业协会参与。例如：北京国际茶业展、中国（广州）国际茶业博览会、上海国际茶文化旅游博览会、安徽国际茶业博览会、湖南茶业博览会、贵州茶产业博览会等。

（五）展会形式丰富多彩，跨界融合方兴未艾

经过多年发展，我国茶业会展已呈现出细化趋势。根据茶叶产、销区划分为茶业产区展会、茶业销区展会，根据展示内容不同，分为综合性展会与专业性展会，根据会议主体不同，分为以展带会、以会带展。后疫情时代，茶叶保健、养生的特点十分符合大健康的消费趋势，如餐饮、酒类、饮料、烘焙、咖啡、佛事等相关产业展会纷纷设立茶叶展区，并将茶业作为重点板块建设。

（六）传统茶类优势明显，业态创新不断涌现

六大茶类是我国茶业展会中的展示主体，六大茶类品牌参展商的数量，能正面反映该展会品牌质量，组展方也将提高光地展位比例，招募更多品牌茶企作为主赛道。但随着茶业会展的数量越来越多，同质化展会的竞争加剧，为了在同类展会中脱颖而出，不少已具备一定影响力的茶业展会开始创新赛道，在茶具、茶机械、茶空间、新茶饮等版块发力，创新展会亮点。

（七）信息技术较为落后，管理效率有待提高

随着信息技术的发展，会展业的信息化程度不断提高，极大提高了会展的管理效率和服务质量。而我国茶业会展行业的信息化水平相对较低，信息技术的应用未得到足够的重视。大部分展会只有简单的网站建设，用于信息宣传和历史展示，很多基本业务与服务功能尚未被开发，远远不能满足各展会参与者的需求。

（八）加速会展业态新变革，释放数字经济新动能。

2020年，新冠疫情严重冲击了会展经济的传统业态，彻底打破了疫情前十年我国独有的举办会展的时间和规律。在这一恶劣环境下，国家大力扶持数字会展发展，使其快速发展。数字会展相较于传统线下展会，也具备独特的优势。

一是打破时空、地域和场馆档期限制。展商、观众可以365天随时随地逛展，并且在疫情防控常态化背景下，数字会展具有减少人员聚集，降低疫情传播风险的特性。

二是降低组展、参展成本。免去线下展会的展位租赁、物料制作、物流运送、布展搭建、和企业出差的衣食住行等方面均需要花费大量的时间、人力和财力。

三是绿色环保。线下展会搭建、广告、门票、证件等材料随着展期的结束被拆除、丢弃，无法重复利用，造成严重的资源浪费，数字会展可实现真正的绿色环保。

四是数据采集、整理更加精准。数字会展完美解决了数据采集、整理的问题，不仅可以精准获取展会的总流量和每家展商的被观展数据、询盘信息等，而且还可以分析跟踪，最重要的是这些数据还可以方便地为其他展会或其他行业进行交换整合，相互服务，分享共赢，为企业带来看得见的利益。

三、中国茶业展会高质量发展的重要性及建议

（一）中国茶业展会高质量发展的重要性

"会展+农业"这个概念是在"十三五规划"乡村振兴战略大的环境下催生出来的，让农业不再是田间地头粗放的代名词，它也可以通过会展登上大平台，与广大消费者近距离接触。那么茶业展会对农业产业化发展起到什么样的作用？

1. 展会是茶业扶贫的重要平台

全国共有20个省份，近1000个县产茶。在我国全面实现脱贫的伟大工程前，832个国家级贫困县中有337个县以茶产业为脱贫产业，其中1/3以茶叶为支柱产业，茶业扶贫是农业精准扶贫的重要抓手之一。茶业展会通过精准对接，促进产茶贫困县茶叶贸易和流通，实现精准扶贫。

2. 展会是了解行业趋势的有效途径

展会期间，茶企有充分与潜在客户零距离接触的时间来推销产品。各种推陈出新的产品与技术也会公开展示，同行之间也可充分调研有关产品质量、价格、技术、市场欢迎度等情况，形成有效的信息交流。

3. 展会有效促进茶叶企业品牌化、规模化

茶企为在同行中脱颖而出，会积极地通过各自媒体平台与线下广告等渠道扩大宣传。各种奖项、荣誉评比会得到大量流量曝光，是行业关注的焦点，对企业品牌、区域品牌宣传有非常积极的意义。同时，举办发布行业新产品、新技术、新标准的行业会议，也是企业洞察行业趋势，学习市场营销的好机会，有助于企业打开眼界、改变"小圈层"观念。

4. 展会是农村经济发展的助推器

茶业产区举办会展活动，适合农村经济的发展特点，有利于展示茶产业、茶文化、区域品牌，促进当地茶叶一、二、三产业整体发展。与会嘉宾的相互交流，为技术交流、人才交流、劳动力转移、项目合作等也提供了巨大的市场和空间。

5. 展会促进茶产业融合发展

茶叶消费从最初的"礼品""饮品"不断延伸和细化，衍生出多元化的新需求，激发了茶产业内生动力。茶旅游、茶美食、茶化妆品不断被开发，展会期间推选的各具特色的茶旅路线，串联了各地茶文化、茶产业、茶旅游资源，有力促进茶叶多元素融合、多功能开发，为茶产业增添了新的内涵和活力。

（二）中国茶业展会高质量发展的建议

1. 加强展会品牌建设

目前中国茶业展会有"三多"，展览数量多、主办单位多、重复办展多。随着市场秩序的逐步规

范、逐步加剧的良性竞争。"三多"逐步发展为"三少"，即展会数量少，但规模和品牌影响力越来越大；办展单位越来越少，但有实力、有影响的办展单位越来越多；重复办展现象越来越少，但品牌展会越来越多。

茶业展会需要高质量发展，首先要科学定位、明确主题、确定目标客群、制定远景规划，根据区位特点、消费特点、饮茶文化等因素选择适宜的城市。其次，完善展览场馆和配套基础设施建设，提高场馆规模、利用率和会议室科技水平，确保大规模展会便捷、舒适应用。最后，要不断丰富服务手段，加强信息技术在展会中的应用，以满足展会各方日益增长的美好需求。

2. 加大人才培养力度

我国会展业正处于高速发展期，但是国内会展业起步较晚，会展人才培养也较晚。目前现有的展会从业人员，大多是转行从会展业，没有职业资格认证，缺乏系统的职业素养和相应的专业技能。

未来，行业需要重点培养兼备茶行业知识，与策划、组织、设计、执行、营销等会展专业知识的复合型人才。行业联合高校明确专业定位，完善课程体系，培养学生实际工作能力；加强老师与先进会展专业院校的交流，与会展企业的交流，学习先进理论，积累实际经验，增强师资力量；加强校企合作力度，在学校学习专业理论，在企业实习实践操作，提升学生专业素养，解决人才短缺问题，也解决高校毕业生的就业问题。

3. 健全会展市场机制

我国的茶业会展缺乏行业规范，展会过多、低水平重复等现象造成会展资源分散；供求机制、价格机制、行业自律机制与竞争机制未真正发挥作用，致使市场秩序混乱。

规范化管理和健全的法律法规是茶业展会有序健康发展的前提。政府应发挥宏观调控能力，制定茶业会展行业的规章制度，规范、引导会展品牌建设；积极协调各有关部门努力为展会举办创造有利条件，扮演角色从"管理"转变为"促进"，减少对展会的过多干预；联合第三方制定行业标准展会评价标准，围绕"会、展、节、赛、演"多方面进行评估，客观评定展会的等级，明确市场定位；构建合理的展会绩效评价制度和透明淘汰机制，为茶业会展创造有序竞争和公平公正的经济环境。

4. 加快数字会展发展

后疫情时代，在国家积极扶持数字贸易，数字会展蓬勃发展。但对茶业会展而言，数字会展还面临着挑战。茶叶有多种附加属性，但是终归属于饮品，数字会展无法让消费者直观体验茶叶的触觉、味觉、嗅觉，导致很难通过数字展会完成价值高昂的大宗交易。

根据《中国会展主办机构数字化调研报告（2022）》数据显示：会展主办机构2021总体经营状况好于2020年，2021年线上线下融合模式已成为会展业常态，近70%的会展主办机构选择了双线融合办展模式，这也成为会展经济新趋势。新的展示形式、业务模式、定价方式和盈利模式，带来了新的价值创造和服务创新，茶业会展正朝着数字化、平台化和生态化的方向发展。茶业会展需要加快数字会展发展，投入更多预算，积极探索成熟的数字会展商业模式。

（执笔人：王春雷　审订：姚静波）

参考文献：

［1］中国茶叶流通协会. 2021中国茶叶行业发展报告[M]. 北京：中国轻工业出版社，2021.

［2］洪漠如，孟涛，曾鑫，等. 探析茶业会展经济的历史现状与发展方向[J]. 蚕桑茶叶通信，2017（5）：18-21.

［3］李冰. 我国农业展会现状研究[J]. 商情，2020（29）.

［4］桂燕玲，朱红缨. 新世纪我国茶业会展发展的现状评析和对策探讨[C]. 合肥：全国茶业科技学术研讨会论文集，2007.

2021中国新式茶饮业发展报告

福州市帮利茶业有限责任公司

一、新式茶饮行业发展现状

新式茶饮是指在传统现制茶饮的基础上进行产品改良及创新的新式现制茶饮。从2012年行业进入萌芽阶段，逐渐演变至今，已经初步形成规模。新式茶饮使用原茶、高品质水果原料、高品质乳品等新鲜优质的原料食材，通过专业人士将其进行多样化的搭配和标准化的产品操作，然后在新茶饮连锁品牌门市进行售卖，在产品百花齐放和品牌不断升级和热度不断上升的幕后，是勤劳且充满情怀的新茶饮人的不断付出和坚持，他们的身影遍布新茶饮供应链，品牌总部和终端门店以及第三方专业公司，这些第三方服务公司包含广告公司、物流公司、外卖平台以及资本机构等，均是行业顶尖机构。截止到2022年，新茶饮市场规模已达千亿人民币，且依然呈快速增长的趋势。

二、新茶饮供应链是茶饮行业的基石

供应链板块是新茶饮中一个关键的板块，新茶饮供应链的发展随着行业的规模化和连锁化的不断进化，如今形成上中下三段维度的供应链格局。

新茶饮供应链上游包含了果园、牧场、茶园、香精香料、不锈钢设备、专业电器设备以及大宗商品如玉米淀粉、棕榈仁油、塑料颗粒制品等等，这些上游决定了整个供应链的基础。新茶饮中不可或缺的果葡糖浆、乳（制）品、包装材料，甚至是不锈钢操作台、制冰制冷设备以及决定关键风味的茶叶、水果制品等都离不开这一块，整个后端上游的端口预计能够直接带动的就业人口，保守估计是100多万人，间接带动8000多万人就业。

这些上游供应链在行业幕后，保障了整个产业的原材料稳定，这是一项非常专业且极具挑战的工作，活跃在供应链后台产业的一线的品牌与工厂市场敏锐度极高。每年的春天和冬天，整个产业链的佼佼者与后起之秀，都会聚集在上海和广州，参加行业供应链展会HOTELEX系列展会。各大厂家和供应链机构均会展出自家当年优势产品和创意方案。

新茶饮供应链的中游自然是各大奶茶连锁品牌遍布全国主要城市的仓储与物流站，随着连锁品牌的快速拓店发展，货物运输的及时性显得尤为重要。2015年行业大面积使用新鲜水果，促进了大批连锁茶饮公司建设冷藏库，配置冷藏车；2017年行业大面积使用原汁原味的冷冻食材，又促进了冻库的建设。这一系列原材料的升级和提档，直接使得第三方专业物流机构应运而生，随着不断专业化规模化的扩张，奶茶连锁总部的仓库部门也在进行不断发展变化，从最早的一处仓库发全国，到现在多处仓库同时进出货物，辐射度更为精准。同时仓库建设也原来越多元化和精细化，常温仓、冷藏仓、冷冻仓均配置充分，奶茶连锁门店接货也从最早的物流点自提，变成总部货车直接送货到店到仓甚至是直接到货架。整个环节可控，运用一系列的互联网工具进行云仓库管理。奶茶连锁门市每做出一杯产品，后台自动会计算出其消耗，原料不够会及时提醒，通过云数据功能即可实现货物调配。进入专业化管理后，奶茶连锁总部的供应链部门除了给自有品牌门店进行原料供给外，还可结合自身集采优势进行供应链市场化管理，甚至是自建工厂自产自销，也可向社会市场销售。这样模式下，行业进入到高度市场化的环境中发展，同时供应链和终端门市均进入处于白热化的竞争阶段。

新茶饮供应链的下游是遍布全国各大专业市场的贸易商，也是整个行业发展的见证人，他们大多从从事咖啡领域转变到茶饮行业中，因为中国咖啡行业市场依然是百花齐放型，单店居多，奶茶最早也是从单店开始，然后通过连锁加盟和区域代理的方式发展庞大，到进入专业分公司精细化管理。不过每个城市依然有很多单店经营者和连带式经营者，如焙烤类客户，咖啡连带新茶饮门市、复合型餐厅、影院网咖等多元业态从业者，他们也需要专业团队和专业市场进行培训和选择，那么遍布在全国各地的贸易商，无疑是这类型群体最重要的信息来源和合作伙伴。贸易型从业者通常经验丰富，随着当前奶茶市场的品牌化洗牌，贸易型企业转型也早就开始。2021年开始，现制咖啡市场回暖，各类型咖啡门市如雨后春笋一般，在全国各地陆续绽放，这对各大贸易商来说是一件非常利好的现象，同时对贸易型供应链的考验也会越来越大。

（一）2021年度行业重大事件

1. 佳禾食品A股上市，奈雪的茶港股上市

2021年行业重大事项一定是这两家企业成功上市。一家是国内规模最大的植脂末领域制造商，一家是新茶饮头部品牌中的佼佼者，两家企业都是各自领域中的优秀企业。

2. 蜜雪冰城、喜茶、茶颜悦色分别投资同行与供应链

以前大部分投融资均是外部资本投资新茶饮；2021年开始，新茶饮投资除了外部资本也包含了业内资本。现如今的市场，面临已经不只是融资攀升，而且已是竞争的存量市场。今年以来，包括喜茶、蜜雪、茶颜悦色在内的头部新茶饮品牌也纷纷拿起投资这门"武器"，加固护城河的同时也在寻求新的突破。

（1）蜜雪冰城在2021年对外投资　据天眼查信息显示：2021年10月13日，广东汇茶餐饮管理有限公司发生工商变更，新增雪王投资有限责任公司为股东，同时注册资本由500万元人民币增加至617.28万人民币，增幅为23.46%，这是蜜雪冰城首次投资茶饮同行。

（2）喜茶在2021—2022年进行多次对外投资与并购

①投资连锁咖啡品牌Seesaw；

②投资植物基品牌野生植物YePlant；

③投资茶饮品牌和气桃桃；

④投资茶饮品牌王柠；

⑤投资茶饮品牌野萃山；

⑥投资预调酒品牌WAT；

⑦投资茶饮品牌苏阁鲜果茶（2022）；

⑧投资咖啡品牌少数派咖啡（2022）。

（3）茶颜悦色在2021年首次投资，战略入股茶饮品牌 据茶颜悦色公众号消息，茶颜悦色2021年入股鲜果茶品牌果呀呀。

3. 数字化与全域数字化营销已然是茶饮品牌的流量与客群抓手

线上已经成为行业未来的营销痛点，继奈雪的茶、喜茶之后，书亦烧仙草、古茗、瑞幸咖啡、茶百道、益禾堂、沪上阿姨等等茶饮咖啡头部和腰部品牌纷纷开启线上直播带货。数据显示，奈雪的茶两场直播带来近1300万元销售额；茶百道三场直播在线观看人数最高达8万人；古茗520最终成交额突破4000万元；线上线下相辅相成，想要拉动线下门店业绩，首先需要提升品牌直播间的人气，通过线下门店同频宣传，将门店消费者引流到直播间，利用优惠活动引导顾客关注账号，扩充私域流量池，为下阶段做铺垫。

通过将粉丝引流到线上后，接下来就是依靠线上营销促成线下销售，通过直播间售卖秒杀券、储值卡等，以另一种方式推动消费者到店购买，成功增加客流量。

直播对于新茶饮连锁来说在常态化疫情防控政策以来，有一定的提升营业额作用，不过好产品才是直播成功的关键。在直播间上架的商品中，应满足粉丝实际需求，除了新品尝鲜，也可主推品牌热销饮品，通过热销排行榜引导下单动作的同时，还可以助力门店打造网红爆品。如沪上阿姨2022年上半年的主推产品超顶刺梨系列，前期造势进行产品预热推广，通过直播间新品发布会形式，依然创造了一个不错的销售预期。

直播经济在为品牌促进销量的同时，也诞生和催化了一系列专业的全域数字化营销运营平台，这些平台通过人工智能（AI），大规模物联网络（IoT）和数据模型（Data）的关键技术创新，为面向未来的零售品牌提供数据驱动，协作优先，简单且易部署的品牌全域营销解决方案。这些平台旨在赋能品牌的可持续化的精细运营管理与精益增长，打通品牌线上营销的最后100米。

（二）消费者的消费趋势变化

新冠肺炎疫情深刻改变了消费市场，最重要的是改变了消费者对于未来的预期。根据埃森哲研究报告（图1），消费情绪持续走低，国民预防性储蓄持续增长，消费更加趋于理性，对比五年前，月光族概念悄然退出了历史舞台。

对于企业而言，也告别了一度野蛮生长的年代，转而开始精细化运营；企业在后疫情时代持续增长，一方面需要深入理解消费者内心渴望，提供真正满足其需要的产品和服务，建立长期信任；另一

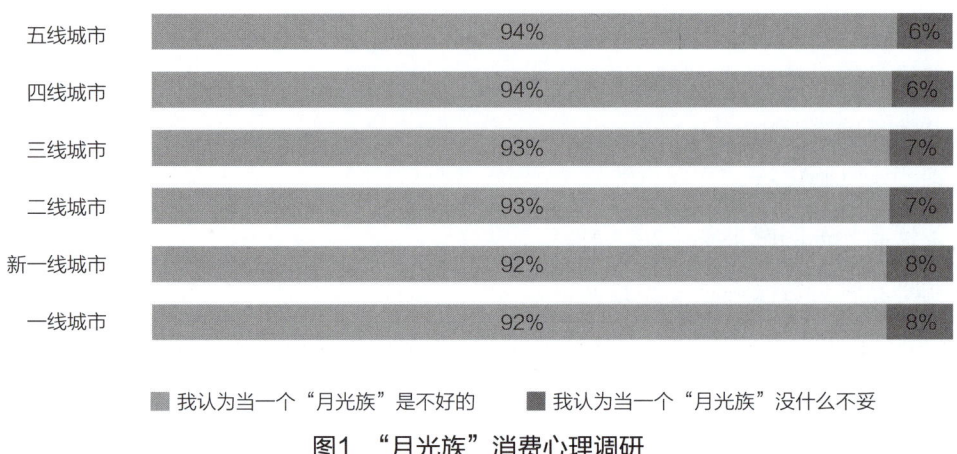

图1 "月光族"消费心理调研

数据来源：埃森哲2022中国消费者洞察

方面，投资建设基础设施，扩充研发能力，快速适应新型销售渠道和营销方式，灵活运用本地及全球供应链，才能获得更高更稳定的增长。

与经济初期发展盲目追求财富不同，如今的消费者更加成熟，开始更加关注家庭、健康和事业，消费也更加关注生活本身（图2）。随着人们生活水平的提高，价值的定义一再扩展，在关注产品功能和性价比的同时，人们越来越追求品质、品牌认同感和购买体验，疫情促使人们审视消费的意义。消费者越来越用投资的心态去看待消费，产品服务价值已经不仅仅是当前感受，更在于未来的回报和溢价。

三线及以下小镇青年的消费意愿整体高于一线、二线城市。随着中国城镇化进程，国民理想的定居城市开始往五大城市群（京津冀、长三角、珠三角、成渝以及长江中游城市群）靠近，新一线依然是多数人的理想去处。

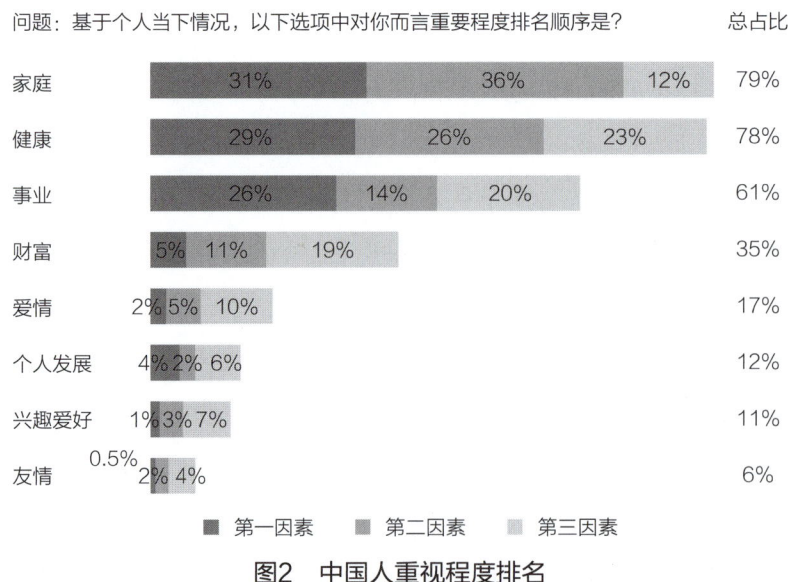

图2 中国人重视程度排名

资料来源：埃森哲2021中国消费者洞察报告：进入新的成长阶段

（三）问题痛点

1. 食品安全

由于现制饮品涉及的半成品原料种类繁多，且明目复杂，需要系统性地进行材料制作、准备、储存等，尤其是鲜果制备和冷冻解冻制备等等，稍微一不留神，就可能发生食品安全隐患。事实上，食品安全问题已成为新式茶饮行业的通病，仅2021年，新茶饮行业就发生了多起涉及食品安全问题，主要是开封或提前预制的安全问题。新茶饮不像预包装食品，目前在现制流程方面没有一个统一的规范和标准，也很难建设规范和标准，只能在每个环节中把控，相对之前已经有了很大的改善。预包装饮料相比现制茶饮，因为预包装食品涉及工厂管理，生产环节的过程都有较多的规范，如HACCP、ISO22000、GMP等体系与规范，有严格规定可循，这一块对于现制场景中，依然有很多天然缺陷。

在此环境下，头部新茶饮连锁品牌均建立起了专业门店和供应链品控部门，通过有效管理来保证食品的安全性与可追溯性，供应链的审核与评估也越来越严格，倒逼行业供应链升级和管理规范。

2. 新茶饮竞争

这几年，茶饮几乎成为我国年轻人群特别是年轻女性的"生活必需品"。"饮"曾是"餐饮"中被忽略的一部分，但随着新茶饮的强势发展，连锁经营不断扩张，2021年蜜雪冰城突破10000家店，古茗、茶百道、益禾堂、甜啦啦等茶饮连锁品牌均宣布破5000家店，行业超过千店的连锁品牌从2016年的屈指可数，到如今约30个品牌过千家。据行业调查显示，2021年新茶饮门店突破40万家，预计2023年将达50万家，竞争越来越白热化。

在门店疯狂扩张的同时，头部品牌也在不断降价拉新来促进消费。2022年初喜茶、奈雪分别官宣降价，喜茶宣布年内不会再推出29元以上的产品，这背后也是销售逻辑的转换：当一个行业足够新鲜，产品本身就是购买理由，当行业发展到一定程度，产品不再有稀缺性，就要重新发觉顾客需求。存量时代，一切的竞争都是体系之间的博弈，主动拥抱变化，新茶饮才能真正成为一种生活方式，而不只是网红拍照打卡的工具。

3. 人才培训与标准化

目前，我国在业/存续奶茶相关企业（包含个体户）约32.7万家，实际已突破40万家，按保守人数估算，全国茶饮直接从业人员也已经突破了百万。

茶饮从业人员的结构、工作性质、待遇与餐饮业高度相似，整个行业人员流动率非常高。2021年，奶茶连锁品牌茶百道组建成立成都市茶百道职业技能培训学校，主动破解人才短缺的痛点；此外加盟商培训已从最早的7天到如今的45～60天集中训练，且包含笔试、实操、理论、答辩等环节，使茶饮操作真正成为一项技能。

茶饮业的基础操作人才培养已经形成一套完整的体系，各家连锁都在此深耕且均有所建树。年轻人从事茶饮后何去何从，包括未来职业发展，整个行业还是有很大的断层和教育缺失；由于一线茶饮师受教育程度参差不齐，行业又是以年轻人群为主，茶饮师的职业发展也是未来需要考量。2021年，调饮师成为一项新的国家认可的职业技能，众多院校和培训机构均在编写行业相关培训教材，让我们共同期待茶饮师的明天和未来。

三、茶叶应用角色

（一）茶叶与新茶饮的关联

茶叶是新茶饮组成原料的关键材料，随着新茶饮行业规模不断扩大，产品不断推陈出新，新茶饮茶叶的使用量和选品也越来越讲究。新茶饮打破传统茶饮的认知，培养年轻消费者的消费习惯，截至2021年，中国茶叶市场规模超过3000亿元，庞大的茶叶消费市场和茶文化基础，为中国新茶饮的发展奠定良好的发展契机。据不完全统计，新茶饮行业年消耗茶叶用量超80万吨，其中红茶、茉莉花茶、乌龙茶是新茶饮中使用最多的3个品类。新茶饮泡茶方法和传统茶泡茶不一样，新茶饮普遍使用大桶泡茶的方法，考虑到应用标准化，茶叶只泡1次，因为茶在茶饮制作中还需要被二次调配，调配过程中也会稀释茶汤的滋味，所以一般新茶饮的茶基底都会比较浓，茶水比在（1∶30）~（1∶60）。通过调配后，平均1杯700毫升的茶饮一般会含5克茶叶左右。适口性就会好很多。

茶在一杯新茶饮中的平均成本占比为20%~26%，茶底决定了新茶饮产品的基底口味，其难点主要在于原材料的来源以及关键的拼配技术，不同的茶底在新茶饮的主要应用场景是不一样的，红茶多用于奶茶的产品调配中，而茉莉和乌龙更讲究应用的兼容性，多用于果茶也要考虑奶茶的融合。由于每家品牌都有自己独特的味觉组成体系，其使用的茶底均经过精心搭配拼配而成，以追求产品的独特性风味与味觉识别度，这也构成了新茶饮的茶底茶叶开发选品工作的模型。

茶体风味架构师在行业中是一项全新职位，主要工作就是进行新茶饮产品的茶底茶叶开发选品，通过对不同产区、不同品种茶叶风味的理解与探索进行拼配和工艺改进，获得适合品牌的市场产品，通过供应链企业进行大规模采集与分装处理，最终实现想法落地；普通消费者对于奶茶口感中茶底风味的感官变化往往没有过分敏锐，但在新茶饮产品开发从业者的口腔里，丁点细微的口感变化是可以被捕捉到的，一杯奶茶研发的背后是无数供应链人和品牌方研发共同碰撞所产生的，其中包含了食材的选择选品、比例测试和搭配应用尝试。要想获得一杯相对满意的成品，需通过消费者内测和市场打磨，外加营销加持，最后呈现在市场上。

（二）茶基底应用现状

新茶饮所使用的茶叶原料除了部分进口红茶外，大部分都来自国内主要产区，如红茶使用涉及云南、福建产区比较多；乌龙茶使用集中在福建产区；茉莉绿茶的茶底原料来自四川、福建、云南产区为主，并在广西横州窨花；这两年新起的单枞来自广东产区；新茶饮涉及的茶叶原料多且覆盖面广，对于整个我国茶叶市场来说是一件利好的事情，有利促进了茶叶销售。

新茶饮和茶的故事依然在不断突破，越来越多的小产区茶叶被发掘。在这样的大环境下，对于很多传统茶企来说充满了机遇，新茶饮企业通过与地方茶叶联名，同步进行茶叶推广也不是没有可能，这样会让越来越多的年轻人了解茶叶，茶文化才可以传承和发扬下去。

四、未来展望

随着国民收入结构的进一步优化，以及城市集群的持续发展，市场消费潜力被释放出来，人们会不断提高对商品体验及长期价值的追求。为实现长期高质量的发展，企业需要以人的需要为核心，提供多维价值，制定长期的战略与落地方案。企业应多维度洞察人们内心的渴望，迅速适应消费者不断变化的偏好和动态的市场环境，高效且持续地向消费者学习，使体验创新融入企业基因；同时专注于帮助人们解决与之切身相关的问题，从而使得人们生活更美好，主动培育长期坚韧的消费者关系，增强消费者对企业和品牌的信心。

（执笔人：张朝斌）

第四部分
国际贸易

2021中国茶叶进出口情况发展报告

2021中国茶叶进出口情况发展报告

中国食品土畜进出口商会

一、2021年全球茶叶市场概况

（一）生产总量略有增加，中国和印度两大主产国贡献积极

2021年，全球茶叶产量645.5万吨，比2020年增加17万吨，同比上升2.7%（表1）。其中亚洲茶叶产量557.2万吨，占全球总产量86.3%，比2020年增长19万吨；非洲茶叶产量78.2万吨，占全球总产量12.1%，比2020年减少2.4万吨；南美洲茶叶产量8.2万吨，占全球总产量1.3%，比2020年增加1000吨；独联体国家茶叶产量9710吨，大洋洲茶叶产量8750吨。中国是世界最大产茶国，2021年生产306万吨，同比上升2.6%，占全球总产量47.5%；印度134.3万吨，同比上升6.8%，占比20.8%，位居第二；肯尼亚53.8万吨，同比下降5.6%，占比8.3%，位居第三。茶叶产量位居前十位的其他国家分别是斯里兰卡29.9万吨、土耳其28.2万吨、越南18万吨、印度尼西亚12.7万吨、孟加拉国9.7万吨、日本7.5万吨、阿根廷7.4万吨。

表1　2021年全球茶叶总生产量（排名前10位）

名次	国家和地区	生产量/吨	比增/%
1	中国	3063151	2.6
2	印度	1343060	6.8
3	肯尼亚	537832	-5.6
4	斯里兰卡	299339	7.5
5	土耳其	282028	0.7
6	越南	180000	-6.3
7	印度尼西亚	127000	0.8
8	孟加拉国	96506	11.7
9	日本	74854	7.2
10	阿根廷	73700	1.0
	全球总产量	6455191	2.7

自2010年以来，全球茶叶产量逐年递增，2021年继续保持增长态势，两大茶叶主产国中国和印度做出重要贡献。其中中国茶叶产量再创历史新高，印度出现恢复性增长。自2010年至2021年，全球茶叶产量复合增长率3.8%，中国高达6.9%，远远高于全球平均水平，孟加拉国4.2%、印度3%、肯尼亚2.8%、土耳其1.8%，越南基本持平，斯里兰卡、印度尼西亚、日本和阿根廷则有不同程度减少。

（二）出口总量小幅上升，肯尼亚、中国和斯里兰卡增长稳定

2021年，全球茶叶出口总量192.3万吨，比2020年增加7.4万吨，同比上升4%（表2）。其中亚洲茶叶出口107.3万吨，占全球总出口量55.8%，比2020年增加2.7万吨；非洲茶叶出口74.4万吨，占全球总出口量40%，比2020年增加4.3万吨；南美洲茶叶出口7.1万吨，占全球总出口量3.7%，比2020年增加3080吨；其他地区出口约8000吨。肯尼亚是世界最大茶叶出口国，2021年出口55.9万吨，同比上升7.7%，占全球总出口量29.1%；中国36.9万吨，同比上升5.9%，占比19.2%，位居第二；斯里兰卡28.3万吨，同比上升7.7%，占比14.7%，位列第三。茶叶出口位居前十位的其他国家分别是印度19.1万吨、越南14.5万吨、乌干达7.2万吨、阿根廷6.9万吨、印度尼西亚4.3万吨、马拉维4万吨、卢旺达3.5万吨。

表2　2021年全球茶叶总出口量（排名前10位）

名次	国家和地区	出口量/吨	比增/%
1	肯尼亚	558925	7.7
2	中国	369355	5.9
3	斯里兰卡	282843	7.7
4	印度	190847	-6.4
5	越南	145000	2.1
6	乌干达	72045	2.4
7	阿根廷	69000	4.6
8	印度尼西亚	42613	-5.9
9	马拉维	40469	-5.3
10	卢旺达	35200	7.6
	全球总出口量	1923197	4.0

自2010年以来，全球茶叶出口缓慢增长，至2021年复合增长率为0.7%，远远低于全球茶叶产量增长速度。肯尼亚和中国作为全球最大的两个茶叶出口国，茶叶出口增速平稳，2010—2021年复合增长率分别为2.2%和1.8%，为全球茶叶贸易做出了积极贡献。由于各种原因，自2010年以来，斯里兰卡、印度、阿根廷等主要茶叶出口国出口量呈现下降趋势。

（三）进口总量基本持平，巴基斯坦略有减少，英国大幅下降，美国恢复性增长

2021年，全球茶叶进口总量177.4万吨，比2020年增加4460万吨，同比上升0.3%（表3）。其中，亚洲地区（不包括茶叶生产国）进口茶叶56.2万吨，占全球总进口量31.3%，比2020年减少37吨；欧洲地区进口茶叶46.3万吨，占全球总进口量26.1%，较2020年进口量增加4093吨；非洲茶叶进口38.4万吨，占全球总进口量21.8%，比2020年增加约2万吨；亚洲地区（茶叶生产国）进口茶叶18.7万吨，占全球总进口量10.6%，比2020年减少4634吨；北美洲茶叶进13.5万吨，占全球总进口量7.7%，比2020年增加1.1万吨；拉丁美洲进口茶叶2.7万吨，比2020年减少3624吨；大洋洲进口1.8万吨，比2020年减少694吨。自2016年起，巴基斯坦一直是全球进口茶叶最多的国家，2021年进口茶叶24.7万吨，比2020年减少4119吨，同比下降1.6%，自2013年来首次出现下降；俄罗斯进口14.2吨，比2020年减少4040吨，同比下降2.8%，位居第二；美国进口11.5万吨，近五年内首次出现增长，同比上升8.6%，位居第三。茶叶进口位居前十位的其他国家和地区分别是埃及9.9万吨、独联体（除俄罗斯）9.4万吨、英国9.2万吨、摩洛哥7.1万吨、伊拉克4.87万吨、伊朗4.86万吨、中国4.7万吨。

表3 2021全球茶叶总进口量（排名前10位）

名次	国家和地区	进口量/吨	比增/%
1	巴基斯坦	247469	-1.6
2	俄罗斯	142000	-2.8
3	美国	114742	8.6
4	埃及	99000	5.5
5	独联体（除俄罗斯）	94000	1.2
6	英国	91826	-17.1
7	摩洛哥	71000	-0.7
8	伊拉克	48700	34.0
9	伊朗	48600	22.3
10	中国	46743	8.2
	全球总进口量	1765700	0.3

自2010年以来，全球茶叶进口增速缓慢，至2021年复合增长率为0.6%，与全球茶叶出口基本保持一致。巴基斯坦茶叶进口增长迅速，自2010年以来复合增长率高达6.8%，为全球茶叶进口贸易做出重要贡献。中国是全球重要进口国中增长速度最快的国家，从2010年1.15万吨，低于亚洲其他产茶国，至2021年增长至4.7万吨，成为亚洲产茶国中进口数量最多的国家，复合增长率高达13.6%，远远高于全球平均水平，也高于中国茶叶出口增长速度。需要指出的是，美欧市场茶叶进口呈下降趋势。其中英国2021年茶叶进口大幅下降17.1%，30年来首次降至10万吨以下，自2010年复合增长率

为-2.3%，成为全球进口市场降幅最大的国家；俄罗斯复合增长率-1.9%、美国-0.9%。亚非市场基本保持稳定，埃及0.5%、其他独联体国家0.2%、摩洛哥2.1%、伊拉克1.5%、伊朗-1.1%。

（四）土耳其人均茶叶消费长期保持第一，中国、中国香港增长迅速

土耳其是全球人均茶叶消费最多的国家，也是长期保持人均饮茶3千克以上的唯一国家。2021年人均茶叶消费3.23千克/人，同比增长0.9%；摩洛哥2.09/人，同比下降3.2%；利比亚2.05千克/人，同比再次大幅下降22.3%（表4）。人均茶叶消费位居前十名的其他国家和地区分别是爱尔兰1.99千克/人、中国香港1.83千克/人、中国1.78千克/人、英国1.52千克/人、卡塔尔1.51千克/人、斯里兰卡1.35千克/人、中国台湾1.32千克/人。

表4 2019—2021年全球茶叶主要消费市场人均消费量（排名前10位）

名次	国家和地区	人均消费量/（千克/人）	比增/%
1	土耳其	3.23	0.9
2	摩洛哥	2.09	-3.2
3	利比亚	2.05	-22.3
4	爱尔兰	1.99	-5.2
5	中国香港	1.83	10.9
6	中国	1.78	7.2
7	英国	1.52	-5.6
8	卡塔尔	1.51	-0.7
9	斯里兰卡	1.35	—
10	中国台湾	1.32	1.5
	……		

资料来源：国际茶叶委员会

近十年来，中国、中国香港和爱尔兰人均消费增长迅速，自2011年以来复合增长率分别为5.5%、3.2%和2.1%。英国、中国台湾和利比亚则出现较大幅度下降，自2011年以来复合增长率分别为-2.3%、-1.8%和-1.3%。

虽然新冠肺炎疫情对全球茶叶生产贸易产生一定影响，但纵观近十年（2011—2021年），全球茶产业仍保持增长态势，其中产量年均复合增长率达4.2%，贸易量和消费量的增速相对缓慢，茶叶产大于销的矛盾依然存在。进一步扩大全球市场需求，提升消费层次是解决这一症结的关键，需要全球茶叶行业的共同努力。

二、2021年我国茶叶进出口分析

2021年，在国际形势严峻复杂和新冠肺炎疫情持续影响下，我国茶叶外贸顶住多重压力，取得了出口再创新高、进口稳步增长的好成绩。

（一）茶叶出口再创佳绩

2021年，我国茶叶出口克服重重困难，实现强势反弹，出口36.94万吨，金额22.99亿美元，均价6.23美元/千克，均创历史新高，同比分别上升5.89%、12.82%和6.68%。

从出口品类看，绿茶、红茶和乌龙茶均有不同程度增幅。绿茶一直是我国茶叶出口的主力军，2021年出口31.2万吨，同比上升6.43%，占茶叶出口总量84.6%，出口额14.87亿美元，均价4.76美元/千克，同比分别上升13.96%和6.97%。红茶、乌龙茶出口额增幅明显，其中红茶出口2.95万吨，金额4.14亿美元，均价14.02美元/千克，同比分别上升2.72%、20.47%和17.22%；乌龙茶出口1.9万吨，金额2.81亿美元，均价14.71美元/千克，同比分别上升13%、30.46%和15.46%。花茶出口小幅下滑，出口5834吨，金额5776万美元，均价9.9美元/千克，同比分别下降4.82%、4.9%和0.1%。自2021年1月1日起，原普洱茶海关税则号调整为普洱茶（熟普）和黑茶（普洱茶熟茶除外），普洱茶（熟普）出口2175吨，金额5253万美元，均价24.14美元/千克，黑茶（普洱茶熟茶除外）出口350吨，金额489万美元，均价13.98美元/千克。

从出口市场看，多数主销市场需求旺盛，出口贸易稳定增长。我国茶叶出口120余个国家和地区，但集中度较高，前十位出口市场依次为摩洛哥、乌兹别克斯坦、加纳、俄罗斯、毛里塔尼亚、中国香港、塞内加尔、阿尔及利亚、多哥和美国。其中对摩洛哥出口7.46万吨，占我国茶叶出口总量20.2%；出口上述主要市场总和，占比超过60%。另外，对金砖国家、独联体国家出口成绩亮眼，均出现两位数增幅；对欧盟、"一带一路"沿线国家、中东出口量也呈现不同程度的增长。

从出口省市看，我国重要茶叶出口地区均保持增长态势。浙江长年领跑，2021年出口15.1万吨，同比上升3.18%，占茶叶出口总量40.83%，出口量比2010年略有减少，出口份额持续下降。位居全国出口前五位的其他省份分别是：安徽6.8万吨，同比上升1.99%，占茶叶出口总量18.3%，自2010年以来复合增长率高达10.3%，远远高于全国1.8%的水平，为我国茶叶出口做出积极贡献；湖南4.2万吨，同比上升18.08%；福建2.6万吨，同比上升18.83%，自2010年以来复合增长率4.5%；湖北2.4万吨，同比大幅上升28.16%，自2010年以来复合增长率22.7%，成为我国名副其实的茶叶出口大省。

（二）茶叶进口稳步增长

2021年我国茶叶进口4.68万吨，金额1.84亿美元，同比分别上升7.98%和2.49%，平均单价3.95美元/千克，同比下降5.05%。

从进口品类看，红茶、绿茶、乌龙茶量增价减。其中，进口红茶3.89万吨，同比上升9.81%，占进口茶叶总量83.12%，金额1.38亿美元，同比上升7.66%，均价3570美元/吨，同比下降1.92%；进口绿茶4333吨，同比上升1.58%，金额1104万美元，均价2550美元/吨，同比分别下降39.61%和40.56%；进口乌龙茶3261吨，金额3131万美元，同比分别上升12.99%和9.03%，均价9600美元/吨，同比下降3.52%。花茶、马黛茶进口量大幅下降，其中，进口花茶224吨，同比下降56.63%，进口马黛茶98吨，同比下降27.91%。

从进口来源地看，斯里兰卡、越南、肯尼亚增幅显著，印度持续减少。斯里兰卡一直是我国进口茶叶的主要供应国，2021年进口1.52万吨，同比上升9.57%，占进口总量32.5%。印度位居第二，由于疫情和气候原因，印度对我国茶叶出口持续减少，从2019年最高值1.3万吨降至2021年7916吨。其他主要茶叶进口来源地分别是：越南5478吨，肯尼亚4118吨，印度尼西亚3574吨，同比分别上升52.35%、80.26%和25.14%。

从进口省市看，福建省大幅上升跃居首位，北京和上海同比下降。我国东南沿海及北京、上海等经济发达地区是进口茶叶主要目的地。2021年福建省进口茶叶1.22万吨，同比大幅上升52.05%，首次突破万吨，位居首位；浙江进口8938吨，位居第二，同比上升8.1%，自2010年复合增长率高达34.04%，是茶叶进口增速最快的地区；广东进口6063吨，稳步增长，同比上升16.33%；北京和上海分别进口4402吨、4323吨，同比分别下降24.23%、10.67%。总体来看，我国茶叶进口集中度较高，福建、浙江和广东三省进口量占全国进口总量58%。

三、我国茶叶出口面临的主要问题

尽管我国茶叶出口量额齐增，但其背后存在诸多隐忧。一是近年来成本持续上涨和人民币汇率升高等因素，致使企业利润空间十分有限，甚至存在产品价格倒挂现象。二是新冠肺炎疫情发生以来，国际物流成本飞速上涨，有些企业为了保住客户和回流资金，不挣钱甚至赔钱出口，不具可持续性。三是我国最大茶叶出口国——摩洛哥，此前发布通报，拟制定"从中国进口的茶叶中适用的农药最大残留限量列表"，涉及茶叶上农药残留限量指标60项，同时规定中国未准许用于茶叶的农药按 0.01毫克/千克 或最低定量限（LOQ）执行。作为我国茶叶外贸风向标，摩洛哥发布该标准将直接影响我国茶叶出口，目前已有其他非洲国家对中国茶叶出口提出新要求。四是国际形势复杂多变，加之疫情对全球影响尚未消退，市场需求量受到影响，企业开拓国际市场日益艰难。2022年以来，俄乌局势和欧盟委员会加强有机产品进口管控等或将对我茶叶出口造成较大影响。诸多严峻的情况将会使中国茶叶进出口贸易面临着更为严峻的挑战。

身处复杂多变的国际贸易环境中，我国茶叶出口行业的瓶颈愈发凸显，主要体现在以下几个方面：一是出口产品供大于求、同质化严重，低价竞争、付款周期延长等现象冲击产业链上游利益，价格战已从非洲市场蔓延至欧美市场；二是因缺乏相关标准，珠茶、眉茶添加非茶物质、以次充好现象屡禁不止，质量安全存在极大隐患；三是国际市场通过设置农药残留限量标准和关税等贸易壁垒，增加了我出口企业成本和贸易风险;四是未形成具有国际竞争力的出口企业集群,抗风险能力薄弱,在研发技术和产品、打造自有品牌、拓展新兴市场等方面实力有限;五是品牌化程度低,营销模式转型缓慢,茶文化推广仍显不足。

四、进一步提升我国茶叶国际影响力的思考及建议

(一)中国茶叶在国内外的地位和影响力持续上升,面临的责任也更大

在国内,随着对茶叶和茶文化的重视和宣传,对茶产业在脱贫攻坚以及乡村振兴所扮演的角色不断强化,特别是"三茶统筹"理念提出后,茶叶在国内的地位不断上升。在国际,我国茶叶出口目的地范围广阔,而且中国也是最大的茶叶消费市场,名优茶占据相当市场份额。在全球人的视野当中,中国茶叶的地位逐步提高。但中国茶叶出口还是以普通茶、大宗茶为主,如果做不到行业自律和质量保证,隐患依然存在。茶叶是中国的产品和形象代表,中国茶地位提高的同时,面临的责任更大,应该集中力量将中国茶的优秀品质展现给世界。

(二)更加关注健康属性,是世界对中国茶叶的认可

通过与世界各地茶业组织、茶人的交流,目前国际上对茶叶的功效性认知越来越迫切,尤其是在科学的应用和防控上以及在各种与健康相关的话题。新冠疫情之后,大家对于健康的需求越来越明显。如在美国,消费者也逐步呈现年轻化的状态,年轻人以前喜欢喝冷饮,现在也开始接受热饮;德国等很多国家,开始展开茶叶防癌等方面的一些功效性科学研究。

(三)应集中优势力量合力宣传,做大做强"中国茶"品牌

一是宣传"中国茶"品牌。在国内,各地方、企业、行业等对于茶叶的宣传非常频繁,但在国际上,作为大国的形象展示,"中国茶"是最大的品牌。立顿、川宁等国际知名茶叶品牌,在全球市场已植根超过百年,中国茶企尚难企及。因此应集中优势力量宣传"中国茶"这个大品牌。二是把握好茶叶质量安全这条生命线。虽然中国出口的茶叶价格不高,但始终不能忽略茶叶的质量安全。质量安全是食品的生命线,是品牌长远发展的根基。三是利用好新型社交平台。现在的社交平台也是各国消费者了解中国的重要途径,国际上很多年轻的消费者也都选择在线上完成交易。加拿大茶叶协会主席表示,在加拿大,"00后"一代有约60%都是在线上完成交易。因此,线上的宣传也是中国茶叶出海的一个重要阵地。

任何行业的兴旺都离不开政策护航,近年来,国家更加重视茶产业发展,不断强化茶产业在脱贫攻坚及乡村振兴中所扮演的角色,尤其是"三茶统筹"理念的提出和"国际茶日"的确立,使得茶在国内外的地位逐步提高,全球茶叶消费也呈现出很大潜力。国际国内"双循环"战略以及《中欧地理

标志协定》和区域全面经济伙伴关系协定（RCEP）区域全面经济伙伴关系协定等国家政策和国际贸易方面的利好，也为茶叶出口企业创造了更多可能。在此呼吁国家相关部门进一步加大对茶行业的关注与扶持，我国茶叶出口行业应抓住当下机遇，夯实根基，抢占竞争新高地。商会愿乘着国家发展战略的东风，以更创新的思维、更开放的态度、更切实的行动，与社会各界携手并进，重振中国茶叶出口辉煌。我们相信，只要所有茶人齐心协力，中国茶一定会越来越好、越来越强！

（执笔人：蔡军）

第五部分
科学技术

2021中国茶叶碳中和发展报告

2021中国茶叶深加工产品发展报告

2021中国茶叶碳中和发展报告

中国农业科学院农业环境与可持续发展研究所

2021年，新冠肺炎疫情继续肆虐对世界经济造成严重冲击，全球经济、贸易、投资等遭遇严重挫折，全球经济复苏前景充满了不确定性。作为全球农业的重要组成部分，茶叶产业在2021年经受了巨大考验。尽管全球茶叶种植面积持续攀升，生产格局总体未受明显影响，但消费端萎缩导致全球贸易量明显回落。另外，2021年中国政府将碳达峰碳中和确立为本年度的八项重要工作任务之一，提出要正确认识和把握碳达峰碳中和，为茶叶产业发展指明了新的方向与目标。整体来看，我国茶叶生产碳中和尚处于起步阶段，距离实现碳中和目标尚有很长一段路要走。

一、碳中和发展背景

气候变化已经对全球自然生态系统、人类社会与经济发展产生严重影响，应对气候变化成为全球共同面临的重大挑战。2015年全球达成的《巴黎协定》，设定国际社会在21世纪内把全球平均气温较工业化前水平升高幅度控制在2℃之内，努力将升温幅度控制在1.5℃之内的全球温控目标，并提出在21世纪下半叶实现温室气体源的人为排放汇的清除之间的平衡，这是联合国文件中对"碳中和"的表述。中国采取实际行动积极履行《巴黎协定》，2020年9月22日，国家主席习近平在第75届联合国大会一般性辩论上向国际社会郑重宣布中国"将提升国家自主贡献力度，采取更加有力的政策和措施，二氧化碳排放力争在2030年前达到峰值，努力争取2060年前实现碳中和"。之后，世界各国纷纷提出碳中和目标，截至2021年底，国际上已有136个国家或国家集团提出或考虑提出碳中和目标。习近平提出碳达峰碳中和目标后，我国迅速做出了重大战略部署，各部门、各领域纷纷出台重要文件，积极构建碳达峰碳中和的"1+N"政策体系，初步形成了全社会齐动员的良好局面。

2021年3月，中央财经委员会第九次会议强调，实现碳达峰碳中和是一场广泛而深刻的经济社会系统性变革，要把碳达峰碳中和纳入生态文明建设整体布局。2021年12月，中央经济工作会议结合新形势再次强调要正确认识和把握碳达峰碳中和，指出"实现碳达峰碳中和是推动高质量发展的内在要求，要坚定不移推进，但不可能毕其功于一役"。可见落实"双碳"目标依然是未来一项全局性、长期性的工作，挑战与机遇并存。

二、茶叶生产现状

中国是茶叶生产与消费第一大国，2021年种植面积达到4896万亩，产量达到318万吨，占全球总产量的比例超过50%。全国18个主要产茶省（自治区、直辖市）的茶园总面积同比增加148.40万亩，增幅3.13%；其中可采摘面积4374.58万亩，同比增加228.40万亩，增长率5.51%；可采摘面积超过300万亩的省份有5个，分别是云南省、贵州省、四川省、湖北省、福建省。2021年全国干毛茶总产量306.32万吨，比上年增加7.71万吨，增幅2.6%；产量超过30万吨的省区有福建省、湖北省、云南省、四川省、贵州省。从产值来看，2021年中国茶叶市场的市场规模达3049亿元，预计2022年茶叶市场的市场规模达3223亿元。

面向"2030碳达峰、2060碳中和"愿景，中国茶叶生产具有巨大的减排潜力，根据初步测算，我国茶叶生产全生命周期碳排放将超过4400万吨二氧化碳当量，碳中和市场规模巨大，将带动整个消费市场向着零碳、可持续方向升级，并带来生态价值实现的增值效应，为我国生态文明建设提供有力支撑。

三、年度重大事件

（一）2021年确定碳达峰碳中和作为我国重要经济任务之一

2021年中央经济工作会议将碳达峰碳中和确定为我国重要经济任务之一。会议提出要正确认识和把握碳达峰碳中和。实现碳达峰碳中和是推动高质量发展的内在要求，要坚定不移推进，但不可能毕其功于一役。要坚持全国统筹、节约优先、双轮驱动、内外畅通、防范风险的原则。传统能源逐步退出要建立在新能源安全可靠的替代基础上。要立足以煤为主的基本国情，抓好煤炭清洁高效利用，增加新能源消纳能力，推动煤炭和新能源优化组合。要狠抓绿色低碳技术攻关。要科学考核，新增可再生能源和原料用能不纳入能源消费总量控制，创造条件尽早实现能耗"双控"向碳排放总量和强度"双控"转变，加快形成减污降碳的激励约束机制，防止简单层层分解。要确保能源供应，大企业特别是国有企业要带头保供稳价。要深入推动能源革命，加快建设能源强国。

（二）FAO在全球首次发布茶叶生产碳中和成果

为实施《巴黎协定》、实现联合国2030可持续发展目标，应对气候变化、发展低碳农业、实现全球农业与粮食系统的转型，是联合国粮农组织（FAO）的战略目标。基于中国农业科学院与FAO签署的合作备忘录，双方一致认为茶叶是最具中国特色的经济作物，在中国率先开展全球碳中和茶的前瞻性试点研究，深入挖掘中国茶叶生产在应对气候变化方面实现低碳产业链构建、茶叶品牌价值提升的成功经验，是推动中国农业低碳转型、促进农业可持续发展的有益探索；同时，中国碳中和农产品认证的实践经验，可为发展中国家提供借鉴参考。

联合国粮农组织于2018年起资助启动"中国碳中和茶产业发展"探索项目，由中国农业科学院农业环境与可持续发展研究所牵头、茶叶所参加。该项目选择浙江丽水市松阳县、龙泉市及广东梅州市大埔县的三个茶园作为典型案例开展研究，项目目标是构建茶叶生产全生命周期过程温室气体排放核算方法、探索茶叶碳中和与生态价值实现途径，为茶叶碳中和产品认证提供技术支撑。经过3年探索研究，2021年5月21日，"国际茶日"，联合国粮农组织正式发布由中国农业科学院农业环境与可持续发展研究所联合茶叶所完成的《中国茶叶生产碳中和报告》，在全球首次开展了世界三大饮料之一的茶叶生产碳中和前瞻性试点研究，构建了茶叶生产全生命周期（包括种植、加工、包装、存储、运输、销售等环节）碳排放核算方法，提出了茶叶生产碳中和实现的方式与途径，为实现我国2060碳中和目标提供科学支撑。

（三）中国农业科学院农业农村碳达峰碳中和研究中心成立

为贯彻落实习近平总书记重要指示精神，推进中央重点任务，发挥农业科研国家队在应对气候变化、服务国家重大战略需求的重要部署，2021年9月29日，中国农业科学院农业农村碳达峰碳中和研究中心在北京正式揭牌成立。中心将承担起农业农村领域碳达峰碳中和顶层设计、行动部署和科学研究的重要使命，助力国家碳达峰碳中和目标的实现。

中心将充分发挥专业优势，进行多学科的协同创新，找准农业农村固碳减排潜力所在，探索创新机制，加快形成中心的核心竞争力，加强科技创新和战略研究以及咨询服务，勇做新时代科技创新的排头兵，共同推进农业农村领域碳达峰碳中和工作，为实现2060年碳中和愿景作出应有的贡献。中心由中国农业科学院农业环境与可持续发展研究所牵头、与11个优势研究所共同组建，吸纳了中国农业科学院24个创新团队。下设有农业农村碳中和战略研究部、种植业减排技术研究部、养殖业减排技术研究部、农田土壤固碳技术研究部、草地土壤固碳技术研究部、可再生能源替代技术研究部、气候韧性农业技术研究部等7个研究部。中心围绕农业农村碳达峰碳中和的战略需求，聚焦种养业减排、土壤固碳、可再生能源替代等技术突破，汇集国内外同领域专家，强化农业农村碳达峰碳中和理论层面的战略性、前瞻性、系统性和创新性研究，并从目标推进、政策建言、理论突破、核心技术研发等方面探索相应的研究命题，破解我国农业农村领域碳达峰碳中和的制约瓶颈。

四、茶叶碳中和最新进展

依托联合国粮农组织资助的"中国碳中和茶产业发展"探索项目，我国在茶叶生产碳中和领域开展了开创性研究，总结中国茶叶生产及在全球的重要性，系统阐述气候变化对中国茶叶生产的影响，梳理凝练当前中国茶叶生产采取的减缓和适应措施，基于PAS2050采用全生命周期（LCA）核算试点茶园及全国绿茶从生产端到消费端全链条的温室气体排放，为采取潜在可行的抵消措施实现碳中和茶叶认证提供科学依据。

（一）气候变化影响

中国的茶叶生产受到气候变化的严重影响。特别是气候变化导致的极端气候事件对茶叶的产量和品质双双造成了沉重的打击。气候变化对茶产业造成的影响主要可以分为以下几个层次：

增温趋势使得茶叶的适宜种植区发生改变；

极端气候事件的频发造成茶叶生产面临的农业气象灾害和生态灾害更加严重；

影响茶产业价值链包容性和经济水平稳健性。

（二）适应气候变化措施

随着气候变化，在茶叶生产实践中一直在不断调整技术措施，以适应变化了的气候条件。在过去几十年中，中国茶叶生产适应气候变化措施往往聚焦于如何保障与提升茶叶产量，通过抗逆品种选育，筛选高产优质品种，提升抗御病虫害的能力。随着生态理念的推广，平衡施肥技术、养分综合管理措施、生态防治措施、有机茶生产技术等新技术不断发展并得到广泛应用，降低了茶树氮肥施用量，有效改善了茶园生态环境，遏制了土壤退化，并减少了气候相关灾害的胁迫。另外，气候变化影响下气候灾害呈现加剧态势，为了降低灾害胁迫与损失，适应气候变化的综合措施越来越受到重视，其中包括：

抗逆茶树品种选育（抗旱性、抗寒性、抗热性、抗病虫害等）；

改善茶园生态环境，通过灌溉、施肥、修剪、植树、遮阳等田间管理措施降低气候灾害损失；

建立灾害早期预警系统与灾害风险转移机制（如巨灾保险）。

（三）茶叶低碳生产的减排措施

茶叶种植、加工、储存、运输、销售和消费等各个环节都会产生温室气体排放。通过采取以下四个方面的固碳减排措施来实现低碳茶叶生产。

（1）增加碳储存量、提高碳汇能力　土壤有机碳（SOC）是碳在大气外长期储存的有效途径。此外，茶树生长过程中也储存大量的碳。

（2）减少温室气体排放　茶农可以根据实践调整养分管理方式从而减少茶叶种植过程中的温室气体排放，调整方式包括减少氮肥、测土配方施肥、精准施肥、使用缓释肥料或硝化抑制剂，以及根据茶树对养分吸收利用的规律调整施肥的时间。

（3）改善茶园生态系统　茶园生态系统不仅包括茶园本身，还包括茶园周边环境。减少化学农药和化肥的投入，充分利用修剪后的叶子返回茶园，促进茶园养分的循环，从源头上控制农药和化肥的污染，可以有效地保护茶园的生态环境，还可以兼顾低成本投入、高效率的资源和高质量的产品等目标。

（4）提高能源利用效率　茶农和其他农业企业在汽车和农用机械中使用汽油或柴油时会排放大量的二氧化碳。因此，需要改变和优化茶叶加工、储运的能源利用，减少温室气体排放和空气污染。鼓励和提倡绿色消费，减少过度包装造成二氧化碳排放。

（四）茶叶生产碳排放核算

以2017年茶园试点温室气体排放为基准，构建生命周期评估（LCA）方法来计算茶叶生命周期中产生的所有的温室气体。根据测算，试点茶园从生产到销售端的净温室气体排放强度测算结果为7.75千克CO_2当量/千克，而消费端单独的净排放强度估算结果为10.95千克CO_2当量/千克。这一结果表明从生产端到消费端的净排放强度至少为18.70千克CO_2当量/千克，并且在需求侧采取措施实现碳中和茶价值链的潜力巨大。

在此基础上，对全国绿茶全生命周期碳排放进行核算。2019年全国绿茶从种植到消费全链条碳排放总量达到4413万吨CO_2当量，各阶段排放总量的贡献大小顺序：消费＞栽培＞加工＞包装＞处置＞运输；消费阶段的排放量达到1864吨CO_2当量，占总排放量的43%，其次是种植和加工阶段的排放量，分别为1217万吨和709万吨CO_2当量，包装、处置和运输的总排放占比仅为13%；在栽培阶段，施肥量的温室气体排放量达到1023万吨CO_2当量，其次是化肥生产达到855万吨CO_2当量，茶叶采摘和鲜叶运输111万吨CO_2当量；茶树光合作用形成的生物量是重要的碳汇，根据初步测算，估计我国茶树年碳汇为771万吨CO_2当量。

（五）茶叶碳中和生产的抵消措施

如果仅考虑从种植到零售阶段，超过一半的排放来自茶叶加工。因此，碳减排潜力是提高能量使用效率，或者利用诸如太阳能，水和风能的清洁能源来代替生物质燃料，然后减少颗粒材料的消耗。除了茶园内的低碳措施外，重新造林/植树造林，使用可再生能源以及采用经认证的碳信用额的选择等可以作为碳排放的抵消措施。除了上述抵消措施外，治理和营销机制的创新也可能是代用抵消措施，例如，适应试点城市丽水作为中国生态城市，森林覆盖率超过80%，优惠政策可以分享碳汇促进茶叶生产的碳中和实践，通过东中西部融合发展，绿色融资机制可以引入试点茶园。

五、茶叶碳中和主要成就

碳中和是指人类活动产生的温室气体排放量与通过森林、草地、农田吸收固定和地质封存的二氧化碳量相互抵消。2014年我国碳排放量为112亿吨二氧化碳当量，农业活动碳排放量为8.3亿吨二氧化碳当量，占全国排放总量的7.4%。2021年，中央经济工作会议将做好碳达峰、碳中和工作列为2021年度八项重点任务之一。目前农业领域实现碳中和，仍缺乏系统的方法论和技术体系支撑；实现碳中和是一个系统工程，不但需要技术创新，还需要管理机制、金融机制创新。

（一）中国茶叶生产碳中和创新探索

1．方法创新

探索全生命周期的中国茶叶生产碳足迹核算方法。针对中国典型茶叶生产企业温室气体排放源，进行排放源清查与数据搜集，调查企业温室气体排放源及量化数据信息，构建茶叶生产的专项碳排放核算方法，测算茶叶生产企业边界内所有温室气体排放量。

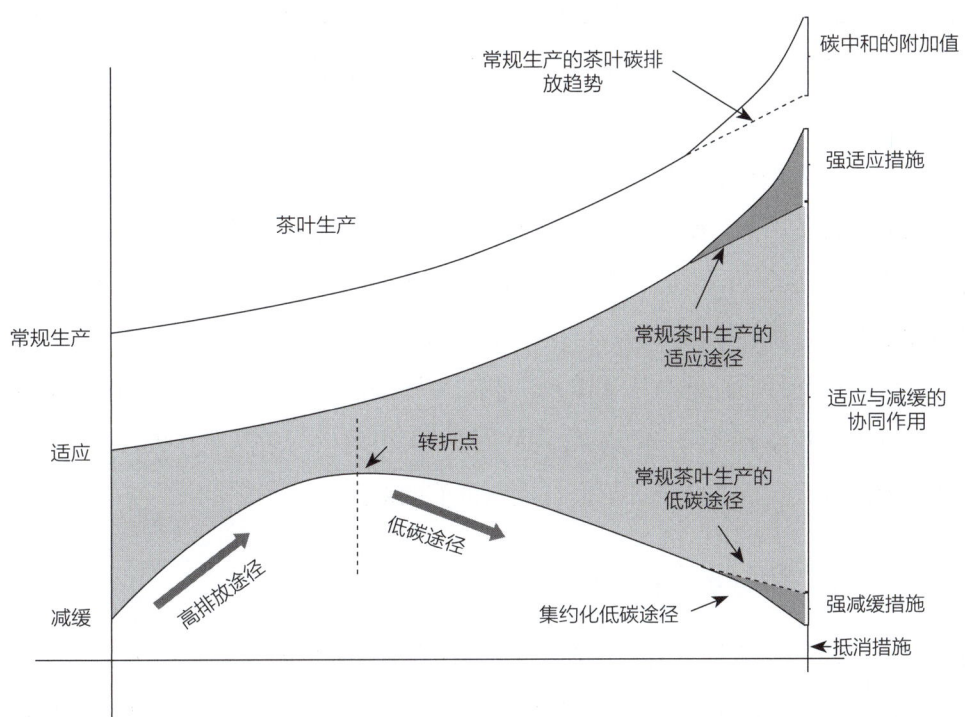

图1　基于适应与减缓协同的茶叶碳中和路径

2．技术创新

在国际上率先探索中国茶叶生产全生命周期过程温室气体排放核算方法，经过多年深入研究，通过对绿茶、乌龙茶等的种植、加工、存储、运输、消费等全产业链温室气体排放过程进行数据采集标准化和动态监测，研发中国特色茶叶生产过程排放因子，构建耦合碳排放源与碳汇的茶业温室气体排放核算技术体系，提出利用区域资源禀赋实现茶叶生产碳中和的有效路径与综合解决技术方案。

3．理念创新

利用适应与减缓的协同效应实现碳中和，探索茶叶生产独具特色的碳中和实现路径，与农业农村部和国家发改委于2022年5月7日发布的《农业农村减排固碳实施方案》提出的"十四五"期间，在增强适应气候变化能力、保障粮食安全基础上，坚持"降低排放强度为主、控制排放总量为辅"的方针高度一致。结合茶叶生产园区实际情况，在通过技术改进降低茶叶生产碳排放基础上，通过生态产品价值实现创新融资机制、通过碳中和产业发展与乡村振兴结合创新管理机制，探索不同类型茶叶生产采取抵消措施实现碳中和的路径。

（二）中国茶叶生产碳中和路径与新模式

1. 探索实现碳中和茶叶生产的有效路径，助力中国"2030碳达峰、2060碳中和"目标的实现

首先，收集当地采用的适应措施和低碳技术等，探讨茶叶生产低碳技术改造的潜力。

其次，结合不同茶园的自身禀赋条件，因地制宜制定碳中和路径。通过采取抵消措施（植树造林和采用新能源等）和碳市场交易方式实现碳中和；通过制定扶持碳中和茶产业发展的政策，利用当地生态文明建设所储存的碳汇作为抵消措施实现碳中和；通过创新绿色低碳资金机制支持技术创新，依托农业高质量发展、资源高效利用实现碳中和。

2. 发展基于茶叶碳中和的生态价值实现模式

在项目探索研究的基础上，凝练出基于茶叶碳中和的生态价值实现概念模式。

充分发挥适应和减缓的协同效应，以适应保障减缓成果，以减缓扩大适应成效，两者相辅相成，推动茶产业向绿色低碳可持续方向发展；

通过打造碳中和茶叶行业标准与认证体系，推动中国茶产业种植、加工、储存、运输、消费全链条净零排放，实现生态效益最大化，助力茶叶品质提升，引领中国茶产业升级，利用碳中和品牌的附加价值扩大茶叶价值链，实现茶叶经济价值与生态价值的双赢。

（三）中国茶叶碳中和经验国际推广

基于联合国粮农组织与中国农业科学院合作，推动中国-德国-肯尼亚三方合作项目——全球食品和农业低碳倡议：肯尼亚茶产业链中的全球低碳三方合作（Global Low Carbon Initiatives for Food and Agriculture: Global Low Carbon Tea-Triangular Cooperation in Tea Value Chain in Kenya，GLI-TEA Kenya）的立项工作，以实际行动诠释《农业农村减排固碳实施方案》中"……有利于提升我国农业生产适应气候变化能力，为全球应对气候变化作出积极贡献"的意义。

六、存在问题

当前，中国茶叶生产碳中和仍处在起步阶段，还有诸多问题需要在下一步工作中加以解决。

（一）茶叶生产碳排放标准化监测系统缺失

原始数据对温室气体排放核算工作至关重要。目前茶叶生产活动水平数据（ALD）大多来自对茶农的访谈和结构性问卷调查。在缺乏系统监测与数据记录情况下，依靠访谈和问卷对象的主观感受，与实际情况存在一定偏差，难以确保所收集信息的准确性。为了实现茶叶生产碳中和，首要任务是建立标准化碳排放监测系统，并搭建系统数据库，以减少温室气体排放核算工作中可能存在的不确定性。

（二）茶叶生产本土化排放因子缺乏

由于我国缺乏系统性的茶叶生产温室气体排放监测数据，关于茶叶种植、加工、存储、运输、消费等诸多环节的部分数据存在空白点，未考虑不同区域、不同生产方式、不同品种等的差异性，导致无法核算本土化的排放因子。而排放因子是计算国家或地区温室气体排放清单的核心参数，目前茶叶生产各个环节的排放因子大多采用联合国政府间气候变化专门委员会（IPCC）报告或国际指南中的默认值，导致茶叶生产碳排放核算的不确定性增加。

（三）适应与减缓的协同效应定量化不足

气候变化会在种植环节对茶叶生产造成直接影响，而对茶叶生产造成的二次影响也不容忽视，主要体现在对加工、运输、销售乃至消费环节产生的影响。目前在茶叶种植环节已经有较强的适应措施，但在其他环节采取的适应措施很少。因此，还需要进一步加强定量评估工作，明确综合适应措施对整个价值链减少无效温室气体排放的协同效应。

（四）碳中和茶叶生产措施缺乏示范支撑

目前提出的抵消排放措施包括植树造林、使用可再生能源以及政策制定和融资机制的创新。但是上述措施的效果并未实施和验证。通过当地茶叶生产实际和试点茶园的碳中和生产实践相结合，有助于我们通过体制和技术创新探索更多的茶叶碳中和生产的创新途径。因此，目前亟待开展茶叶碳中和生产的示范实践。

（五）茶叶产品碳中和认证有待突破

茶产业具有高价值全链条的特点，包括鲜叶生产、不同类型茶产品的加工、茶产品的运输、储存、零售及消费，还包括生态旅游。通过不同部门之间的分工和合作，多方利益相关者会参与到茶产业的价值链中。碳中和茶认证有助于提高茶产业的价值链。其带来的附加价值包括将碳中和理念推广至地球健康与茶产业的可持续发展中，通过保持土壤肥力提高生态效益，以及提升茶叶品质保证经济效益。因此需要进一步探明金融、制度和技术创新的机遇，以及如何制定有利于促进碳中和茶业发展的政策。

七、政策建议

（一）搭建茶叶生产碳排放标准化监测与核算系统

基于中国不同区域、不同茶叶品种、不同制作工艺，构建茶叶种植、加工、销售、消费的全链条精细化、标准化碳排放监测体系，包括田间土壤排放监测、肥料农药排放监测、加工机械排放监测、运输排放监测、存储耗能监测、消费耗能监测；依托茶叶生产过程，开展全国不同茶叶产区固碳减排田间试验，摸清中国茶叶种植、加工、销售、消费各个环节本地化排放因子，构建耦合碳排放与碳汇的茶叶温室气体排放核算方法体系。

（二）制定中国茶叶生产碳中和认证标准

从茶叶碳汇和全价值链生产活动强度数据采集、技术改良降低碳排放强度增加茶园碳汇、实施碳中和抵消措施等方面，进行碳中和茶产品认证方式的探索，在试点有序开展典型技术模式应用试点，进行零碳茶园、零碳茶企示范试点，制定碳中和茶产品认证的地方、行业与国家标准，为制定激励政策、创新融资机制提供技术支撑。

（三）开展专项研究，打造茶叶生产碳中和示范基地

建议开展中国茶叶生产碳中和路径与关键技术专项研究，推动茶叶碳排放趋势预测研究；研发减排固碳关键技术，培育水肥高效第排放茶树品种，研制生物固氮增汇肥料，开发低耗能、低排放茶叶加工工艺技术，研发茶叶废弃物控污减排高值利用、绿氢能源加工利用等颠覆性技术。打造中国茶叶生产碳中和示范点、示范基地，树立农业碳达峰碳中和标杆。

（四）深入开展国际合作与交流，建立定期发布机制

依托中国农科院、科学院、高校等优势团队，与国外科研机构开展联合攻关，加强与国际组织或机构的方法、技术、标准等交流合作，提升国际话语权，积极推动全球性茶产业低碳发展。定期向国内相关部门报送信息，通过"茶叶生产碳中和进展报告"，及时让国家决策部门获得茶叶生产碳减排进展关键信息，为国家重大决策部署提供支撑，满足我国应对气候变化国际谈判需求。

（执笔人：许吟隆）

2021中国茶叶深加工产品发展报告

国家植物功能成分利用工程技术研究中心

2021年是十四五的开局之年，根据中国茶叶流通协会和海关的统计数据，我国茶叶当年的内销总量为230.19万吨，总金额为3120亿元，出口茶叶36.94万吨，总金额为22.99亿美元，国内外茶叶市场销售发展势头良好，量价额均稳稳攀升。但是，与上述市场销售数据相对应，2021年我国茶园总面积达到了4896.09万亩，增幅3.13%，干毛茶总产量306.32万吨，总产值为2928.14亿元，比上年分别增长7.71万吨和301.56亿元，增幅分别达到2.6%和11.48%。在茶产量产值持续攀升的另一面，我国茶叶消费端的增长似乎有些"后劲不足"。国际茶叶委员会发布的《全球茶叶概况简析》提到"在中国，因产量增加，年底仍有大量茶叶库存"。2021年6月，央视《中国三农报道》栏目也推出特别报道——"茶产业调查"，发出了"结构性产能过剩，如何破局"的提问，激发和促进茶全产业链条不同领域的消费需求成为重中之重[1]。

茶叶深加工是我国茶产业的重要板块，在提高茶资源利用率、扩大茶产业规模、提升茶产业效益方面发挥着越来越重要的作用。随着我国茶园面积的不断扩大，尤其是最近几年新种植茶园的投产，我国茶叶产量保持着高比例增长，茶叶产销矛盾日益显现，如何提高茶叶资源的利用率和利用效益是茶产业需要面对的现实问题。茶叶深加工在平衡茶叶产销矛盾、高值化利用茶资源、拓展茶的消费与应用领域方面，起着不可替代的作用。

一、2021年的中国茶叶深加工产业发展规模

近年来，全球茶叶深加工产业快速发展的实践证明，在当前茶产业结构失衡、产能过剩新形势下，茶叶深加工和跨界开发应用是承载茶产业提档升级的重要途径，是转变生产发展方式的主流趋势，是实现茶产业结构优化和高质量发展的必然要求。据统计，在茶叶功能成分提制领域，2021年我国茶多酚/儿茶素生产总量为1300吨，L-茶氨酸、茶黄素、茶多糖和咖啡因的产量为2000吨，直接消耗茶叶原料约7万吨，其中80%以上销往国际市场，出口创汇超过2亿美元；2021年我国速溶茶和浓缩茶汁加工茶叶原料则已经超过15万吨，年产值超过30亿元。在国内，茶叶提取物广泛用于茶食品、茶饮料、茶保健品、茶功能食品、食品添加剂、日化产品、个人护理品和动物饲料等领域，打造了1500亿元以上的深加工终端产品规模，取得了显著的经济效益和社会效益。

新式茶饮则在逐步走出疫情的影响之后，通过加强外卖占比来适应变化，同时向速溶茶、袋泡茶等领域延伸，延续了之前的热度。2021年6月，奈雪的茶也迎来了港交所上市，成为"新式茶饮第一

股"。快节奏的生活方式，让快捷、便携、新潮成为"Z时代"的关注重点，冻干茶粉、冻干茶块、茶萃原液、浓缩茶胶囊等新式速溶茶产品"三秒速溶""便捷即饮"的产品定位无缝契合年轻一代消费者茶饮需求，火爆畅销，市场规模超过1000亿元，且存在巨大的拓展空间。

科技创新是茶叶深加工产业发展的源泉和动力，中国拥有世界上规模最大的茶叶科技创新团队和最显著的创新成果，对于茶叶深加工产业发展所起的推进作用显而易见[2]。与此同时，虽然我国在深加工产业细分领域和美国、日本等发达国家还存在一定差距，但在我国茶企中，也已经涌现出了诸如大闽国际、茗皇天然、华高生物、深宝华城等全球最大规模的速溶茶与茶提取物生产企业，以及喜茶、奈雪的茶、茶颜悦色、华莱生物、帝泊洱等一大批在新茶饮、速溶茶市场领域取得了突出成绩的优秀代表。科技创新与产业发展深度融合，引领和支持着中国茶叶深加工事业向着美好未来稳健前行！

二、2021年茶叶深加工产业技术与产品创新进展

（一）速溶茶

谭伟中等[3]在制备速溶茶时全程低温加工，最大程度保留了茶叶营养与香气。此外，中国农业科学院茶叶所通过发酵技术大幅度提升了康普茶滋味品质[4]。冷冻浓缩装置的使用，不仅提升了加工速度，也保证了产品口感[5]。江西师范大学团队采用复合溶剂低温萃取技术生产了一款纯绿茶/白茶速溶茶，该产品香味浓郁醇正，冷溶性好，不形成冷后浑和二次沉淀[6]。日本研究人员则制备了一种速溶粉茶，充分保留茶叶原味，而且在长时间高温条件下其物性也不易变化[7]。

新式速溶茶饮品不再单一的追求口感或者某种健康成分，而是将感官体验与天然膳食产品相结合，满足味蕾，尽享健康。香菇速溶茶突出降脂和健脾胃，美容养颜等功效，同时也降低了原茶的苦涩度，使其香气浓郁[8]。天然甘草与茶叶的组合，增加了原生茶的甜味，更有益健康[9]。超微粉碎加酶解工艺所制备的灵芝速溶茶，营养物质得到最大保留，香气浓郁，口感丰满且冲泡方便[10]。茶叶提取液中加入明胶和壳聚糖进行除鞣反应，降低了茶叶的苦味，提高了速溶茶奶固体饮料的品质[11]。

产品流动性、口感、风味俱佳的现代新式速溶茶新产品，已经成为我国年轻群体、职业精英、高雅时尚人士珍爱的健康饮品；以速溶茶为主要原料的杯装奶茶系列产品，快速形成了200多亿元的市场规模；冷溶型速溶茶、脱苦味型速溶茶、高香溶茶以及脱咖啡因速溶茶等速溶茶新产品的市场需求也急剧增加，消费者饮茶偏好的多样化也将成为必然趋势。天士力集团研发了帝泊洱即溶普洱茶，即溶红茶茶珍和即溶菊菁茶珍。ONE ORGANIC旗下包括即溶红茶、速溶绿茶、速溶茉莉花茶和速溶乌龙茶等产品。"立顿"推出了奶茶和柠檬茶等速溶茶系列，之后推出了芙蓉石灰、芒果菠萝、桃子冰茶等调味速溶茶。

年轻人对健康、时尚有着更强烈的追求，2021年全国新茶饮市面上所售现制茶饮大都可以无糖或者少糖制作，满足同时追求口感与健康的年轻人。

（二）茶多酚与儿茶素

茶多酚与儿茶素的提制工艺技术已经相对成熟，当前市场主要聚焦于充分开发利用茶多酚与儿茶素显著的生物活性，2021年间市场涌现出了一大批以茶多酚/儿茶素为主要成分的深加工功能性产品，如辅助降血糖功能食品[12-14]、降脂减肥食品[15, 16]、抗氧化、提高免疫功能饮料[17, 18]、多酚-多肽功能性组合物[19]、富含多酚日化用品[20, 21]、茶多酚保健酒与乳制品[22, 23]等，市场认可度高，社会经济效益明显。

在食品添加剂领域，姚云平等[24]通过喷雾干燥法制备茶多酚微胶囊应用于大豆油体系中，200毫克/千克的茶多酚微胶囊可以有效抑制油脂氧化，延长货架期。Kamiloglu S等[25]用含有儿茶素等黄酮类化合物的全脂牛奶配制了一种Terebinth咖啡，研究显示，在Terebinth咖啡中添加全脂牛奶显著提高了生物可及性总黄酮的含量。

在食品新材料领域，儿茶素可以作为一种原料成分参与新型材料膜的铸造，这些材料膜被应用于食品包装、果实保鲜、伤口敷料等各个方面。Miao Z等[26]等通过铸造一种玉米淀粉/茶多酚负载的多孔淀粉成膜溶液，开发了一种新型的活性食品包装膜有助于调节茶多酚的缓慢释放；陈婕等[27]以可降解生物材料聚乳酸为基材，添加茶多酚制备了一种高亲水性、高水蒸气透过性、高抗氧化性能和优异缓释性能的复合包装膜，能有效延长草莓的货架寿命至18天。

在医疗领域，Lan X[28]成功地制造了一系列以茶多酚为核心层的同轴纳米纤维膜，用于制备具有抗氧化剂和抑菌剂双重递送的伤口敷料。Wang K等[29]将表没食子儿茶素没食子酸酯（EGCG）和盐酸半胱氨酸，用在316L不锈钢的表面制造涂层作为药物载体来装载匹伐他汀钙，这种加载药物已被证明能显著抑制炎症，加速内皮化，并降低体内血管支架再狭窄的风险；Yang P等[30]将绿茶提取物制成绿色纳米粒子来缓解氧化应激；宋婷婷等[31]将自制茶多酚脂质体分散在以泊洛沙姆为基质的凝胶中制备成一种脂质体温敏凝胶。

儿茶素在环境保护、清洁等领域也广泛应用，Yang YG等[32]的专利发明涉及一种儿茶素甲醛清除剂及其制备方法。Yang J等[33]联用茶叶提取物和蒙脱石合成制备了一种纳米零价铁复合材料，可有效原位修复有毒金属污染的中性或酸性土壤和水。Zhou Y等[34]将茶多酚用于纳米零价铁（NZVI）的封装，使NZVI呈现出令人满意的抗氧化性和抗聚集性，提高了NZVI的去除硝酸盐能力。

（三）儿茶素氧化聚合产物

儿茶素氧化聚合产物是发酵茶类的标识性功能成分，指茶叶自身代谢或加工过程中，儿茶素分子在自然条件、酶促或化学氧化条件下通过聚合、缩合等反应而生成的一大类聚合多酚类物质，主要包含茶黄素、茶红素、茶褐素、聚酯儿茶素和茶原花青素等组分，是当前国际茶学学科发展与产业新兴热点功能成分。安徽工程大学团队[35]设计出一种萎凋、揉捻、发酵、烘干和冷冻破碎处理均可以直接在揉捻盘中进行的预处理装置，有利于提高对茶叶的处理效率，并保持茶叶中的茶黄素类物质的含量，以便于后续对茶黄素类物质进行提取。卿晓勤等[36]通过热风和冷风的交替与红光配合萎凋，变温发酵及增氧和提高湿度等处理以逐步有效提高红茶中茶黄素含量。杨卫国等[37]在鲜茶叶粉加入石油醚或乙酸乙酯脱除咖啡因、茶碱蜡质、叶绿素及非挥发性油脂，将制备出保留天然固化多酚氧化酶酶系的叶粉作为固定化酶催化剂的茶黄素制备方法，对酶活性的影响小，茶黄素制备效率更高。中国农科院茶叶研究所袁海波等[38]以红碎茶为原料，通过多种工艺集成创新实现了高纯度茶红素的制备。福建农林大学团队[39]通过响应面法优化亚临界水提取茶色素工艺，确定当亚临界水提取条件为料液比1∶50（克/毫升）、提取温度138.1℃、提取时间9.87分钟的时候，得到的茶黄素、茶红素、茶褐素、总茶色素含量分别为1.31%、14.37%、13.34%、29.02%，且抗氧化活性较高。云南省农业科学院茶叶研究所[40]设计出一种高茶褐素普洱熟茶的加工方法，替换杀青工序为发酵工序更多保留茶叶中多酚氧化酶，生成更多茶黄素与茶红素，进而聚合形成更大量的茶褐素及其他有益物质，成茶滋味醇厚，口感滑顺，汤色明亮。张守政等[41]设计将二氧化碳超临界流体与各功能携带剂结合一次性从速溶茶中分离得到儿茶素、茶黄素、茶氨酸、茶多糖等组分。

湖南农业大学研究团队[42, 43]综合现有文献研究情况及数据库中酶性质特点，优选不同来源的酪氨酸酶、儿茶酚氧化酶进行基因异源重组表达和催化研究，选择不同来源的基因序列进行全序列合成。从重组蛋白的SDS-PAGE电泳检测分析图可知：植物来源的多酚氧化酶进行异源重组表达时，形成包涵体或几乎不表达，而微生物来源的酪氨酸酶进行表达时，则可获得大量重组蛋白。通过不同来源的酪氨酸酶进行茶黄素合成分析，发现ORF-378-TYRC效果最好，因此选择该菌株进行后续突变与筛选。通过高通量筛选，获得了突变体菌株。

线粒体激活因子（MAF）是一类从红茶中分离得到的儿茶素氧化聚合物，因可以提高四膜虫体内线粒体内膜两侧的电势差而被命名。湖南农业大学研究团队[44]使用Toyopearl HW-40F柱色谱，在市售茶黄素样品的基础上经丙酮分步梯度洗脱后得到高纯度的MAF，并通过色谱-质谱联用技术检测分析MAF中MAF-1和MAF-2两部分所含的主体物质，其中MAF-1部分的主体成分为异槲皮苷或其差向异构体；MAF-2部分的主体成分推测是槲皮素或槲皮素衍生物通过与低分子量的儿茶素聚合物发生进一步的氧化聚合而生成。

湖南农业大学研究团队[45]设计出包括TF1、TF2a、TF2b及TF3中的一种或几种的茶黄素组合物，可以有效抑制因中频中波紫外线（UVB）辐射引起的炎症反应以及减少人类永生化表皮细胞内集聚物的产生。华中科技大学团队[46]研究表明茶黄素及其药物制剂能够在不影响抗癌效果前提下对基于化疗导致的卵巢损伤部位进行修复，适宜作为卵巢损伤修复与延缓衰老、重建卵巢功能的新型药物。安徽农业大学茶学团队[47]发现以TF3为主要成分的茶黄素混合物能够改善传统药物溶解不良、治疗效率低等问题，提高药物分子的稳定性及生物利用度，有效促进伤口胶原蛋白的合成，减少炎性细胞的浸润，加快新生细胞的分化和血管的形成。任雪音等[48]设计出一种包含以茶黄素为主要成分用于预防龋齿的膜片，快速溶解易吸收迅速到达口腔各部位。爱茉莉太平洋公司开发出一种主体成分为茶黄素及其异构体的组合物[49]以及一种以聚酯型儿茶素A及其异构体为有效成分的化妆料组合物[50]，主要用于促进脂肪细胞分化，改善皮肤性状及减少皮下脂肪。

（四）茶氨酸

兰林[51]等采用响应面法优化竹叶青茶末中茶氨酸的提取工艺，探究出最适的参数为：液料比1∶15（毫升/克）、提取温度80℃和提取时间60分钟，其茶氨酸提取率为44.12%，纯度为91.23%。李玉锋等[52]采用热水浸提茶渣，经树脂吸附、醇沉及柱分离得到纯度91.23%茶氨酸，工艺得率为88%。李依韦[53]筛选出地衣芽孢杆菌转化茶氨酸的最佳参数，得到含量为0.82毫克/毫升的茶氨酸产品。TAOWEI Y等[54]将γ-谷氨酰转移酶固定在氧化纤维素纳米纤维膜上，通过分批转化可使茶氨酸在18小时内积累70克/升以上，提高了生物酶合成茶氨酸的稳定性和经济学。

根据茶氨酸镇静安神、抗疲劳及提高免疫的多种生物学活性特点，2021年各企业开发出了一系列功能食品和保健品，如促进放松和改善睡眠的功能性饮料[55]、抗衰老的功能食品[56]、安神助眠的组合物[57]、防脱发的洗发露[58]、复合谷物坚果能量棒[59]和可以改善抑郁症状的药物组合物[60]等。

（五）茶多糖

章斌等[61]应用响应面法和遗传算法-人工神经网络的方法，优化藏茶多糖的提取工艺，得出最适的液料比42∶1（毫升/克），提取温度81℃，提取时间100分钟。宋姗姗等[62]通过正交试验优化了湄潭白茶多糖提取工艺，其料液比1∶20（克/毫升）、提取温度90℃、提取时间4小时，茶多糖得率为（1.163±0.011）%。黄良等[63]优化了茶多糖从茶麸的提取工艺，包括酶解，提取、分离及纯化等步骤，其提取效率为43.5%，纯度为87.2%。杨庆新等[64]使用微波破壁和超声波复合酶解等辅助方法改进了从茶渣中提取茶多糖工艺，使茶多糖纯度显著提高到73.4%，抗氧化活性提高到86.6%。同时，冼丽清等[65]采用Box-Bohnken法优化从凌云白毫浸提茶多糖的工艺，产品具有良好的抗氧化效果。

梁鑫森等[65]开发出一种具有抗糖功效的茶多糖食品，其能抑制甲基乙二醛与体内蛋白发生反应，具有极强的清除氧自由基的能力，减少体内细胞的氧化应激反应。张志全等[44]开发出一种抗凝血护理液，其具有良好的抗血凝和抑菌除臭能力，并且操作简单、制作简便，可广泛地应用于医疗卫生领域。

（六）茶皂素

刘汝宽等[66]利用响应面试验优化了"正丁醇-水-茶油-皂素"微乳体系制备条件，从茶籽饼中微乳化萃取得到茶皂素，提取率为（56.28±1.21）%；姚玉仙等[67]设计了从夏季茶树老叶中提取茶皂素的最佳工艺；谷政伟等[68]用含水正丁醇提取茶皂素，75℃条件下提取90分钟，液料比1.79∶1（毫升/克），得率为（5.09±0.02）%，纯度为（47.15±0.28）%。

茶皂素具有优良的表面活性，可作为合成表面活性剂的绿色替代品[69]；此外，茶皂素具有良好抑菌功效，其作用机制与破坏菌体细胞壁和细胞膜结构及其功能的完整性有关[70]；茶皂素还能促进白山羊羔羊小肠各段发育，提高肠道有益菌群丰度，降低有害菌群比例，有效改善肠道菌群结构[71]；根据茶皂素特有的生物学活性，2021年企业也开发了一批新的日化产品，如洗发露[72]、抑菌洗手液[73]和杀虫剂[74]等。

（七）咖啡因

福建省漳州宝达生物科技有限公司研发了一种新型的茶叶咖啡因提取装置，通过设置滤网虹吸过滤杂质，提取纯度更高[75]。邵阳学院应用了一种高效的茶叶内咖啡因分离提取装置，内设茶叶捞取网篮，有效提升分离效率[76]。格律药业股份有限公司实用了一种利用茶叶提取茶多酚的废水生产茶咖啡碱的生产装置，生产成本低，制备的咖啡碱质量高[77]。

（八）抹茶

超微茶粉（抹茶）外形细腻、粒径较小且分布均匀、色泽翠绿，作为配料已逐渐代替速溶茶粉或茶水提物，广泛应用于食品、化妆品和医疗行业。"十三五"期间，我国超微茶粉（抹茶）的加工技术及其在食品上的应用技术（粉体的分散性、流动性和稳定性等）研究上已经取得良好进展。2021年抹茶生产工艺不断优化，新技术不断应用，浙江上洋机械股份有限公司自主研发的SHY-400型自动化碾茶生产线，以茶叶含水率、能耗及每个阶段的制茶效果为主要检测点，以蒸汽杀青、碾茶炉为主要测试产品，寻求该生产线的最佳做茶参数，优化碾茶生产加工设备的设计[78]。吕品[79]等分别采用了球磨、气磨和石磨的方法，系统比较了研磨工艺对抹茶品质的影响。较多企业发明申请了抹茶加工新装置，如抹茶粉精细化筛分装置[80]、抹茶生产用碾磨装置[81]、抹茶生产用梗叶分离装置[82]等。

抹茶被广泛应用于食品、饮料和日化行业，2021年出现了一系列的新品，如王延华[83]制备出抹茶味花生蔓越莓牛轧糖；姜雪[84]开发了颜色鲜绿明亮，风味自然协调，口感细腻的高品质抹茶牛乳饮品；白志文和田应刚[85]发明了一种具有防醉醒酒功能的抹茶拿铁固体饮料；曾荣[86]等研制出抹茶味面筋蛋白基口香糖；我国生产的抹茶冰淇淋、抹茶巧克力、抹茶面膜等产品同时畅销欧美多个国家和地区。

三、我国茶叶深加工产业存在的瓶颈问题与突破途径

中国茶叶深加工产业是内外双循环良性互动的产业，茶与健康研究热的兴起使得国际市场对茶叶提取物的需求量不断增加，"十三五"期间我国进一步成功突破了儿茶素、茶氨酸绿色安全分离、儿茶素单体规模化制备以及茶黄素酶促氧化合成等一系列产业技术瓶颈，稳固形成了技术引领的我国茶叶提取物国际市场绝对主导地位[87]；速溶茶系列产品则一直是国际和国内茶叶深加工消耗茶叶原料最

大的板块；随着经济的发展和人们对健康生活需求的提升，各类茶糕点、茶糖果、茶冷饮、茶蜜饯、茶干果、茶主食等现代茶食品如雨后春笋般地涌现出来；没食子酸儿茶素没食子酸酯、茶氨酸、茶树花、茶叶籽油等被我国相继列为新资源食品，茶的功能性终端产品在国内也陆续面市，显现出广阔的市场前景；特别最近5年来新茶饮消费规模持续增长，形成了一个新的千亿茶产业市场。我国茶叶深加工产业进入了一个蝶变突破的时代，迎接着全新的未来。

当前我国茶叶产销失衡的矛盾不断凸显，传统茶出口市场也不可能在短期内急速提升，为茶叶深加工产业可持续发展提供的黄金战略机遇期将长期存在。与此同时，我们也必须清醒地认识到与国外同行业的差距，就日本、美国和部分西欧国家而言，茶叶深加工消耗量占比高达40%~90%，而我国茶叶深加工消耗量不足10%。日本茶衍生产品在日常生活中随处可见，仅茶饮料一项每年就能为他们带来数百亿美元的利润，我国茶叶深加工总体发展仍具有巨大潜力。我国茶叶深加工产业现阶段存在的瓶颈问题与突破途径主要体现在以下几个方面。

（一）国内茶叶深加工消费市场认知唤醒、品牌培育与渠道创新

过去30多年中，全球茶与健康的系列研究成果阐述揭示了茶最核心的健康属性在于延缓衰老、调节代谢和增强免疫，生津解渴已经不再是人们饮茶的第一诉求，健康需求将成为未来茶叶消费的第一驱动力。欧美国家在20世纪70年代已经进入以膳食营养补充剂为代表的第三代保健食品消费阶段，据统计2019年全球膳食补充剂市场价值已经达到约2210亿美元，自2010年以来，主产我国的茶叶提取物一直稳居美国膳食补充剂天然原料的前5位，但当前国内以茶提取物为主体设计开发的功能性产品仍处于起步阶段。在茶叶深加工领域，加强现代科技与市场需求之间的知识传播，解析茶叶功能成分与人类健康属性关联，将是促进茶叶深加工产品市场认知与消费增长的有效切入点。在茶叶众多的保健功能中，延缓衰老（包括抗氧化、清除自由基、抗辐射、美容养颜、预防神经退行性疾病、增进记忆和智力等）和调节代谢机能（减肥、降血脂、降血糖、降血压、降尿酸）是具有巨大消费群体和市场空间的两大功能体系，对这些领域的功能产品开发才能形成较大的市场规模。

传统茶领域以名优茶作为产业发展方向的传播引导已经深入消费者内心，形成消费者特有的茶文化与品牌认知。面向年轻消费者的新茶饮、袋泡茶品牌，如喜茶、茶颜悦色、CHALI等也早已在各大平台找到适合自己的"种草"模式，用层出不穷的饮茶花样打开新世界的大门。在茶叶功能成分应用与产品开发领域，在企业品牌与产品品牌之间，如何打造培育出诸如汤臣倍健、纽崔莱（蛋白粉）、善存、21金维他（维生素）等市场知名品牌，以及让类似于"茶维力（Teavigo）"的特定茶功能成分及其健康功效关联众所皆知，也将是我国茶叶深加工企业值得关注的一个方向。

茶叶贸易流通端与消费端的发展趋势是经营品牌化、渠道多元化、电商普及化、品饮方便化和消费时尚化。在传统茶一马当先、新茶饮异军突起的时代，作为茶叶深加工企业需要更认真分析和深度开发健康茶饮（食）、功能性茶饮（食）以及茶资源"全价利用"的时代特征，挖掘新的商机，成功打造千亿乃至万亿级别的产业规模。

（二）茶叶深加工科技创新尤其是茶功能成分应用技术创新进入攻坚期

茶叶深加工与综合利用的发展是现代高新技术向茶叶产业渗透的结果，近年来，全世界茶与健康的研究专家团队为茶学科学与茶产业的发展提供了大量的基础理论研究成果和核心技术创新成果，但是科研成果的市场转化进程还没有获得同步发展。茶叶深加工是从传统农副产品加工向现代化新型食品工业跨越的一个产业，在实践中强化"基础研究""技术研发"和"商品开发"之间的联系，聚焦应用基础技术创新，通过茶与健康的最新研究成果明确茶叶深加工产品的功能精准定位，科学设定产品组方、剂量与剂型，并经过结构修饰、状态转化、配伍平衡等技术有效提高组分生物活性与生物利用度。立足国内大循环，解决茶叶深加工产品的低水平重复与同质化，要把茶叶深加工产品的多样化，尤其是时尚化、高雅化、功能化推向新的高度，梯度开发系列高附加值终端产品，实现理论、技术与市场的无缝对接。同时，通过跨学科、跨领域的技术协同攻关，进一步引导推动茶及功能成分在畜禽健康制品、纺织印染、空气净化等跨界领域的创新开发利用，依靠技术的提升实现产业的转型升级和结构性调整，扩大相关市场空间，引领国际国内市场茶叶深加工产品的发展趋势。

（三）制定和完善茶叶深加工产业标准

每一个产业发展到一定时期都需要政策的扶持和法规的保障，茶叶深加工产业链跨界农工贸，产品分布于饮料、食品、保健品、医药化工乃至动物营养、环境保护、新材料等多个领域，但是目前加工与营销依据仍然只能以现行国家茶叶标准化技术体系为主，深加工产业标准急待政府、茶行业社会组织与茶企进一步补充完善。

（四）强化知识产权意识，优化专利布局

茶叶深加工产业属于技术密集型产业，专利技术布局规划对企业来说至关重要。我国茶叶深加工企业知识产权战略意识薄弱，整体专利布局意识较差，与国外行业巨头存在一定的差距。日本（花王、三得利、伊藤园、三井农林）、荷兰（联合利华）、韩国（爱茉莉太平洋）、瑞士（雀巢）、美国（宝洁）等国的茶行业巨头已经布局了大量茶叶深加工领域专利，且几大行业巨头的专利布局较为严密[88]。国内茶学科研机构与茶企均应该尽早申请和开展专利布局工作，依托我国丰富的茶产业资源，有机结合品种、工艺、功效、产品、市场和法律诸多因素，构建严密高效的专利保护网，保护层级分明、功效齐备，从而获得在特定领域的专利竞争优势。

参考文献：

［1］赖晓东，余洁云，汤惠英．2022中国茶商业白皮书[M]．福州：说茶传媒，2022．

［2］刘仲华，陈宗懋，杨亚军，等．创新驱动中国茶产业高质量发展——从茶学基础研究到支撑产业发展[J]．中国茶叶，2021，43（2）：1-9．

［3］谭伟中，谭渤曦，周欢，等．浓香型速溶茶的制备方法及其产品：CN112616966A[P/OL]．

2021-02-01. http://epub.cnipa.gov.cn/Sw/SwDetail.

［4］LI R, XU Y, CHEN J, WANG F, et al. Enhancing the proportion of gluconic acid with a microbial community reconstruction method to improve the taste quality of Kombucha [J]. LWT, 2021（155）. DOI: https://doi.org/10.1016/j.lwt.2021.112937.

［5］黄琳. 一种冷萃鲜叶速溶茶浓缩液的加工方法：CN113455564A[P/OL]. 2021-08-16.http://epub.cnipa.gov.cn/Sw/SwDetail.

［6］吕虎，张琪，刘珺，等. 一种纯速溶茶及其制备方法：CN109077149B[P/OL]. 2018-12-25. http://epub.cnipa.gov.cn/Sw/SwDetail.

［7］SHIMODA YUICHI. INSTANT POWDER TEA: JP2018014995A[P]. 2018-02-01.

［8］黄凤星. 一种香菇速溶茶及制备方法：CN108740171B[P/OL]. 2021-10-08.http://epub.cnipa.gov.cn/Sw/SwDetail.

［9］鲁学武. 甜味速溶茶及其制备方法：CN112889966A[P/OL]. 2021-06-04.http://epub.cnipa.gov.cn/Sw/SwDetail.

［10］钟德华，钟天明，钟德发，等. 一种紫灵芝速溶茶超微粉碎酶解生产工艺：CN113678921A[P/OL]. 2021-11-23.http://epub.cnipa.gov.cn/Sw/SwDetail.

［11］周菲，华家才，蒋建东，等. 一种速溶茶奶固体饮料及其制备方法：CN112970891A[P/OL]. 2021-06-18.http://epub.cnipa.gov.cn/Sw/SwDetail.

［12］陈历水，倪军，周学晋，等. 具有辅助降血糖作用的固体饮料及其制备方法：CN106901118B[P/OL]. 2021-05-11.http://epub.cnipa.gov.cn/Sw/SwDetail.

［13］杨善彬，梁新权. 一种适用于糖尿病人的功能食品：CN112205621A[P/OL]. 2021-01-12. http://epub.cnipa.gov.cn/Sw/SwDetail.

［14］栗志文，王根辈，王媛媛，等. 一种普洱茶有效成分的组合物及其在制备治疗降糖的药物或保健食品中的应用：CN104688933B[P/OL]. 2021-01-08.http://epub.cnipa.gov.cn/Sw/SwDetail.

［15］王丽丽，张斌，管昶，等. 一种含有海洋寡糖的减肥食品：CN112369608A[P/OL]. 2021-01-08.http://epub.cnipa.gov.cn/Sw/SwDetail.

［16］陈耀明，陈伟，李顺兰. 一种减肥保健食品及其制备方法：CN113854559A[P/OL]. 2021-12-31.http://epub.cnipa.gov.cn/Sw/SwDetail.

［17］郑树国，管肇锋. 一种富含番茄红素的圣女果饮料配方及其生产工艺：CN112586638A[P/OL]. 2021-04-02.http://epub.cnipa.gov.cn/Sw/SwDetail.

［18］陈卓. 一种提升狗免疫力饮料及其制备方法：CN112617042A[P/OL]. 2021-04-09.http://epub.cnipa.gov.cn/Sw/SwDetail.

［19］杨修亮，杨晓，孙国祥，等. 一种谷胱甘肽茶多酚组合物及其应用和保健食品：CN113491335A [P/OL]. 2021-10-12.http://epub.cnipa.gov.cn/Sw/SwDetail.

[20] 胡文忠，管磬馨，王宇，等. 一种天然山油茶护唇膏的制备方法：CN107898748B[P/OL]. 2021-02-19.http://epub.cnipa.gov.cn/Sw/SwDetail.

[21] 叶姝，孙波. 一种运动营养食品配方及其制备方法：CN113632906A[P/OL]. 2021-11-12. http://epub.cnipa.gov.cn/Sw/SwDetail.

[22] 管志祥，伍弖莲. 一种富含茶多酚养分酒的酿制方法：CN112175775A[P/OL]. 2021-01-05. http://epub.cnipa.gov.cn/Sw/SwDetail.

[23] 唐传核，李飞，张志翔，等. 一类含茶多酚的乳制品及其生产方法：CN113439784A[P/OL]. 2021-09-28.http://epub.cnipa.gov.cn/Sw/SwDetail.

[24] 姚云平，陈丽媛，刘丹，等. 茶多酚微胶囊的理化特性及其在油脂中的抗氧化性能[J]. 中国油脂，2021，46（10）：116-20.

[25] KAMILOGLU S, OZDAL T, BAKIR S, et al. Bioaccessibility of terebinth (*Pistacia terebinthus* L.) coffee polyphenols: Influence of milk, sugar and sweetener addition[J]. Food Chem,2021,374:131728.1-131728.9.

[26] MIAO Z, ZHANG Y, LU P. Novel active starch films incorporating tea polyphenols-loaded porous starch as food packaging materials [J]. Int J Biol Macromol,2021,192:1123-1133.

[27] 陈婕，梅林玉. 聚乳酸/茶多酚复合包装膜的制备及性能[J]. 包装工程，2021，42（23）：100-108.

[28] LAN X, LIU Y, WANG Y, TIAN F, et al. Coaxial electrospun PVA/PCL nanofibers with dual release of tea polyphenols and epsilon-poly (L-lysine) as antioxidant and antibacterial wound dressing materials[J]. Int J Pharm,2021,601. DOI：10.1016/j.ijpharm.2021.120525.

[29] WANG K, SHANG T, ZHANG L, et al. Application of a reactive oxygen species-responsive drug-eluting coating for surface modification of vascular stents[J]. ACS Appl Mater Interfaces, 2021, 13（30）：35431-35443.

[30] YANG P, ZHANG J, XIANG S, et al. Green nanoparticle scavengers against oxidative stress[J]. ACS Appl Mater Interfaces, 2021, 13（33）：39126-39134.

[31] 宋婷婷，罗珊，何碧玉，等. 茶多酚脂质体温敏凝胶的制备工艺研究[J]. 遵义医科大学学报，2021，44（1）：121-126.

[32] YUNGUO Y, JINLING Z. Catechin formaldehyde scavenger and preparation method thereof[J]. Patent,2021（2）:1.

[33] YANG J,WANG S, XU N, et al. Synthesis of montmorillonite-supported nano-zero-valent iron via green tea extract:Enhanced transport and application for hexavalent chromium removal from water and soil[J]. J Hazard Mater,2021,419. DOI: 10.1016/j.jhazmat.2021.126461.

[34] ZHOU Y, LI X. Green synthesis of modified polyethylene packing supported tea polyphenols-

NZVI for nitrate removal from wastewater:Characterization and mechanisms[J]. Sci Total Environ,2022,806（2）. DOI: 10.1016/j.scitotenv.2021.150596.

［35］谢亮亮，蔡为荣，宋建军，等. 一种茶叶中茶黄素提取预处理装置及方法：CN113142324A[P/OL]. 2021-04-16.https://d.wanfangdata.com.cn/patent/ChJQYXRlbnRROZXdTMjAyMTEyMDESEENOMjAyMTEwNDA5NzI4LlgaCGkzc29kdTNs.

［36］卿晓勤，阳金龙. 一种提高红茶中茶黄素的处理方法：CN113598244A[P/OL]. 2021-08-16. http://epub.cnipa.gov.cn/Sw/SwDetail.

［37］杨卫国，赵凡伟，闵小华，等. 一种酶催化制备茶黄素的方法及其制得的产品：CN112553265A [P/OL]. 2021-03-26.https://d.wanfangdata.com.cn/patent/ChJQYXRlbnRROZXdTMjAyMTEyMDESEENOMjAyMDExMzIxNjQ2LjEaCGkzc29kdTNs.

［38］袁海波，滑金杰，邓余良，等. 一种茶红素的制备方法：CN107821687B[P/OL]. 2021-06-04. http://epub.cnipa.gov.cn/Sw/SwDetail.

［39］刘丽辰，黄秀红，阮怿航，等. 响应面优化亚临界水提取茶色素工艺研究[J]. 食品研究与开发，2021，42（14）：71-79.

［40］浦绍柳，夏锐，伍岗，等. 一种高茶褐素普洱熟茶的加工方法：CN113331268A[P/OL]. 2021-09-03.http://epub.cnipa.gov.cn/Sw/SwDetail.

［41］张守政. 一种从速溶茶中分离儿茶素、茶黄素、茶氨酸、茶多糖的方法：CN110668970B[P/OL]. 2022-06-07.http://epub.cnipa.gov.cn/Sw/SwDetail.

［42］JINGHUI Z, CHANGWEI L, SHIMIN Z, et al. Improved yield of theaflavin-3,3'-digallate from Bacillus megaterium tyrosinase via directed evolution[J]. Food chemistry, 2021, 375.

［43］周晶辉，刘仲华，张盛，等. 一种酪氨酸酶突变体及其应用：CN113373123B[P/OL]. 2022-05-24.http://epub.cnipa.gov.cn/Sw/SwDetail.

［44］武小芬. 茶多酚聚合物MAFs检测方法构建、酶促合成工艺研究及结构表征［D］. 长沙:湖南农业大学，2021.

［45］蔡淑娴，王坤波，王英姿，等. 一种茶黄素组合物及其应用：CN112545909A[P/OL]. 2021-03-26.https://d.wanfangdata.com.cn/patent/ChJQYXRlbnRROZXdTMjAyMTEyMDESEENOMjAyMDExNDY2NDYzLjkaCGkzc29kdTNs.

［46］王世宣，张金金，陈骞. 茶黄素在制备卵巢功能保护药物方面的应用：CN112494479A[P/OL]. 2022-06-21.http://epub.cnipa.gov.cn/Sw/SwDetail.

［47］徐燕，董旭，陈小兵，等. 促进伤口愈合的茶黄素组合物及其制备方法、应用：CN113577055A[P/OL]. 2021-11-02.http://epub.cnipa.gov.cn/Sw/SwDetail.

［48］任雪音，刘剑宏，浦平南，等. 一种用于预防龋齿的茶黄素膜片及其生产工艺：CN112546136A[P/OL]. 2021-03-26.https://d.wanfangdata.com.cn/patent/ChJQYXRlbnRROZXdTMjAyMTE

yMDESEENOMjAyMDExNTE0NzkyLjYaCGkzc29kdTNs.

［49］朴泌俊，罗赞洙. 包含茶黄素的用于促进脂肪细胞分化的组合物：CN113573695A[P/OL]. 2021-10-29.https://d.wanfangdata.com.cn/patent/ChJQYXRlbnROZXdTMjAyMTEyMDESEENOMjAyMDgwMDIxNTgxLjAaCGkzc29kdTNs.

［50］金恩美，黄景焕，金东泫，等. 含有聚酯型儿茶素A的化妆料组合物：CN112912057A[P/OL]. 2021-06-04.https://d.wanfangdata.com.cn/patent/ChJQYXRlbnROZXdTMjAyMTEyMDESEENOMjAxOTgwMDcwNTM2LjEaCDJzaXF4MzV3.

［51］兰林，汪晟羽，张晋森，等. 响应面法优化竹叶青茶末中茶氨酸的提取工艺[J]. 茶叶通讯，2021，48（4）：701-706；11.

［52］李玉锋，兰林，任昱至，等. 一种竹叶青茶末中提取茶氨酸的方法：CN112250592A[P/OL]. 2021-01-22.http://epub.cnipa.gov.cn/Sw/SwDetail.

［53］李依韦，朱思琪，宋美慧，等. 茶氨酸生物转化体系研究[J]. 内蒙古民族大学学报（自然科学版），2021，36（4）：335-358；44.

［54］TAOWEI Y, SHUANYING L, HUILING L, et al. Semi-quantitative activity assays for high-throughput screening of higher activity gamma glutamyl transferase and enzyme immobilization to efficiently synthesize l-theanine[J]. Journal of Biotechnology,2021,330. DOI: 10.1016/j.jbiotec.2021.02.011.

［55］AMANDA B, M.D C N, WOLFGANG M, et al. Nutraceuticals as potential targets for the development of a functional beverage for improving sleep quality[J]. Beverages, 2021, 7（2）.

［56］张峰铄，周鲁帝. 一种具有增强体质和抗衰老功效的功能产品及其制备方法：CN113826908A[P/OL]. 2021-09-16.http://epub.cnipa.gov.cn/Sw/SwDetail.

［57］赖思宇. 一种安神助眠组合物及其制备方法：CN113768966A[P/OL]. 2021-12-10.http://epub.cnipa.gov.cn/Sw/SwDetail.

［58］林世施. 一种多效防脱发洗发露及其制备方法：CN113768807A[P/OL].2021-12-10.http://epub.cnipa.gov.cn/Sw/SwDetail.

［59］李春美，刘渝，李凯凯. 一种复合谷物坚果能量棒及其制备方法：CN113598341A[P/OL]. 2021-11-05.http://epub.cnipa.gov.cn/Sw/SwDetail.

［60］许瀛引，谢丽源，张志远，等. 一种具有改善抑郁症状功效的药物组合物及其制备方法：CN113332318A[P/OL].2021-09-03.http://epub.cnipa.gov.cn/Sw/SwDetail.

［61］章斌，姚永秀，张恒，等. 藏茶多糖的提取工艺优化及其抗氧化活性研究[J]. 化学试剂，2021，43（6）：842-847.

［62］宋姗姗，杨艾华，王微微，等. 湄潭白茶多糖提取工艺优化及其抑菌活性研究[J]. 食品工业科技，2021，2（13）：230-234.

［63］黄良，蔡波，杨志带. 一种茶麸的提取工艺：CN113087813B[P/OL]. 2021-11-02.http://epub.

cnipa.gov.cn/Sw/SwDetail.

［64］杨庆新，刘仲华，黄建安，等.一种从茶渣中提取茶多糖的方法：CN111440252B[P/OL].2021-09-21.http://epub.cnipa.gov.cn/Sw/SwDetail.

［65］冼丽清，李珊，冯彬，等.凌云白毫茶多糖超声波提取工艺优化及其抗氧化效果[J].食品工业科技，2021：1-12.

［66］刘汝宽，田莞尔，易有金，等.微乳液法同步萃取茶油和皂素的工艺条件优化[J].中国粮油学报，2021，36（1）：96-99.

［67］姚玉仙，张明泽，刘丽萍，等.茶树叶片中茶皂素提取工艺优化[J].食品工业，2021，42（1）：95-98.

［68］谷政伟，姚磊，李丹，等.含水正丁醇同步提取茶叶籽油和茶皂素工艺[J].中国粮油学报，2021，36（3）：79-83.

［69］GAJENDRA R, NIKI P, DARSHAN S, et al. Interfacial behaviour of saponin based surfactant for potential application in cleaning[J]. Tenside Surfactants Detergents, 2021, 58（2）. DOI: 10.1515/tsd-2020-2319.

［70］刘静，谢朋飞，蔡延渠.茶皂素对临床常见致病菌的抗菌活性及作用机制研究[J].广东药科大学学报，2021，37（5）：35-41.

［71］李玉，孟新月，凌嫄，等.茶皂素对安徽白山羊小肠黏膜形态及肠道菌群的影响[J].扬州大学学报（农业与生命科学版），2021，42（5）：25-32.

［72］杨井国，沈胡驰，陈殿松，等.含茶皂素洗发水的安全性及头皮护理功效评价[J].日用化学工业，2021，51（4）：331-337.

［73］高园，傅玄，袁瑞，等.茶皂素洗手液的制备及抑菌性能研究[J].日用化学工业，2021，51（1）：28-31；7.

［74］王昊，刘庭玮，吴建东.一种环境友好型杀虫剂及杀虫方法：CN113519527A[P/OL].2022-05-17.http://epub.cnipa.gov.cn/Sw/SwDetail.

［75］王兰，王德军，颜振南.一种茶叶咖啡因提取装置：CN212594114U[P/OL].2021-02-26.http://epub.cnipa.gov.cn/Sw/SwDetail.

［76］袁治倩，傅春燕，曾伟，等.一种高效的茶叶内咖啡因分离提取装置：CN214233119U[P/OL].2021-09-21.http://epub.cnipa.gov.cn/Sw/SwDetail.

［77］刘志炯.利用茶叶提取茶多酚的废水生产茶咖啡碱的生产装置：CN212818224U[P/OL].2021-03-30.http://epub.cnipa.gov.cn/Sw/SwDetail.

［78］黄剑虹，徐伟，戴惠亮，等.碾茶自动化生产线的设计开发与参数试验[J].农产品加工，2021（8）：15-19.

［79］吕品，龚淑英，许勇泉，等.研磨技术对抹茶品质的影响[J].浙江农业科学，2021，62

(11): 2281-2285.

［80］曹积强，余长琦. 一种抹茶粉精细化筛分装置：CN215198201U[P/OL].2021-12-17.http://epub.cnipa.gov.cn/Sw/SwDetail.

［81］胡星，黄晓华. 一种抹茶生产用碾磨装置：CN215029308U[P/OL].2021-12-07.http://epub.cnipa.gov.cn/Sw/SwDetail.

［82］胡星，黄晓华. 一种抹茶生产用梗、叶分离装置：CN215029402U[P/OL].2021-12-07.http://epub.cnipa.gov.cn/Sw/SwDetail.

［83］王延华，常澍，周霞，等. 抹茶味花生蔓越莓牛轧糖的工艺研究[J]. 美食研究，2021，38（1）：68-70.

［84］姜雪. 抹茶牛奶饮品的制备及其稳定性[J]. 食品工业，2021，42（11）：11-14.

［85］白志文，田应刚. 一种具有防醉和醒酒的抹茶拿铁固体饮料及其制备方法：CN113796417A[P/OL].2021-12-17.http://epub.cnipa.gov.cn/Sw/SwDetail.

［86］曾荣，何伟俊，林燕丹，等. 抹茶味面筋蛋白基口香糖的研制[J]. 保鲜与加工，2021，21（2）：94-101.

［87］刘仲华. 中国茶叶深加工40年[J]. 中国茶叶，2019，41（11）：1-7；10.

［88］张禹佳，牛丛丛，吴小文. 茶叶深加工产业现状与发展态势——基于专利计量分析视角[J]. 茶叶通讯，2021，48（3）：536-542.

（执笔人：刘仲华、张盛、黄建安）

第六部分
标准安全

2021中国茶叶质量安全发展报告

2021中国茶叶标准体系发展报告

2021中国茶叶标准国际化发展报告

2021中国茶叶质量安全发展报告

中华全国供销合作总社杭州茶叶研究所

2021年是第十四个五年规划的开局之年，中国茶产业稳定发展，茶叶产量、产值、内销和出口等多项经济指标均实现历史性突破，茶叶产品质量安全总体水平稳中向好，消费者的质量安全意识不断加强，茶叶质量安全标准和监管体系不断完善，但仍然存在农残超标、重金属超标、未知污染物等风险，下一步需要多方共同努力促进中国茶叶高质量发展。

一、中国茶叶质量安全总体现状

从国内市场来看，根据市场监管总局公布的食品安全监督抽检和农业农村部国家农产品质量安全例行监测（风险监测）的情况来看，2021年茶叶及相关制品的合格率分别达到了99.27%和98.8%。2021年市场监管部门共抽检了茶叶及相关制品72689批次，其中不合格534批次，总体合格率为99.27%（图1）。2021年每季度的茶叶及相关制品合格率在98%以上，其中第二至四季度合格率均高于99%。与2020年相比，茶叶及相关制品的合格率总体上保持平稳向好的态势。2021年茶叶及相关制品的不合格原因主要还是农残和重金属元素，超标的项目主要有机磷类、氨基甲酸酯类和除草剂，个别茶叶的铅含量超标，个别砖茶的氟含量超标。

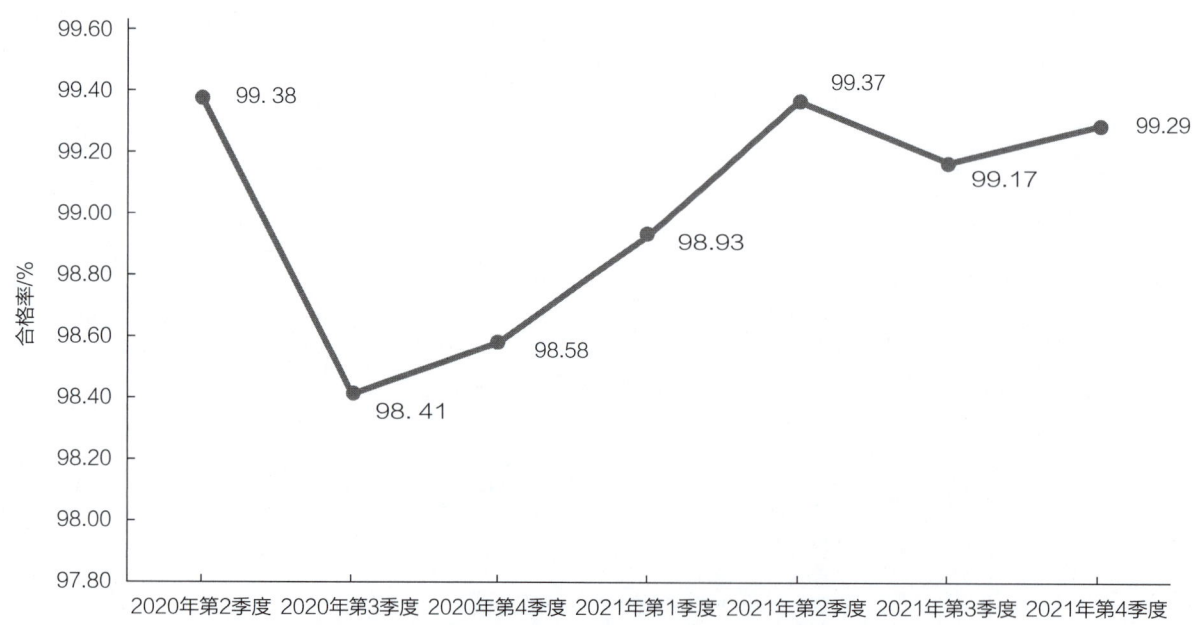

图1 2020—2021年中国茶叶及相关制品监督抽检合格率

从国际贸易来看，中国茶叶贸易壁垒主要分布在欧盟、日本、韩国、美国等地区和国家。近年来，特别是欧盟对进口茶叶的监管越发严格，不仅对茶叶的要求在提高，而且对代用茶、茶饮料等产品的要求也在提高。2021年欧盟对各国出口的不合格茶叶通报共28批次，其中对中国出口的不合格茶叶通报16批次（图2），占57%。此外，韩国对中国出口的不合格茶叶通报2批次，日本未曾通报。农残和非农药污染物是不合格的主要原因，其中唑虫酰胺、毒死蜱、蒽醌、高效氯氟氰菊酯等农药的检出率较高。

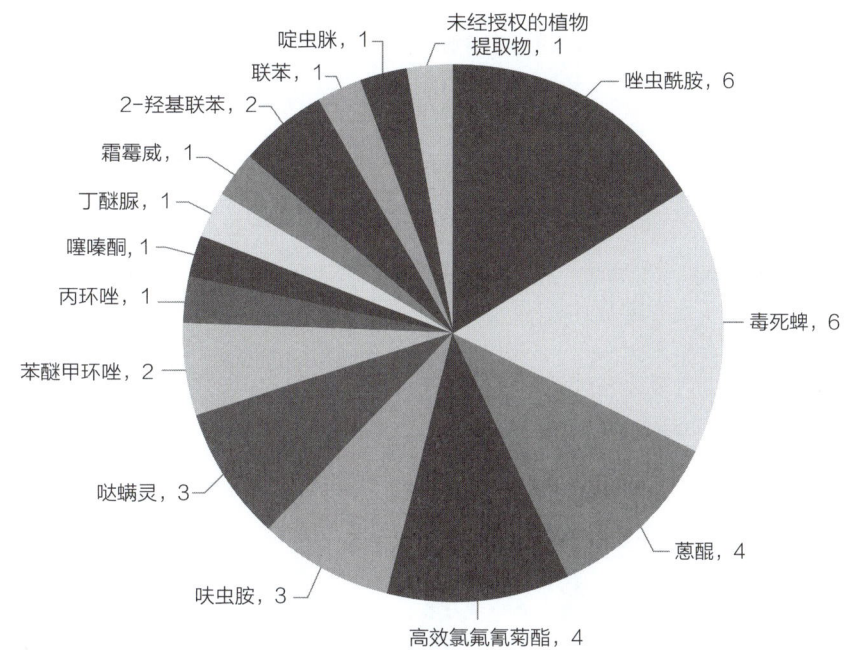

图2　2021年中国出口欧盟茶叶不合格项目及其批次

二、茶叶质量安全标准和监管体系不断完善

2021年6月，中国首个茶叶的食品安全国家标准《食品安全国家标准 茶叶》公开征求意见。该标准于2017年立项，2018年8月形成标准草稿，此后多次修改完善标准草稿，于2019年5月形成征求意见稿。该标准适用于各类直接或者非直接提供给消费者的茶叶产品，包括仓储、批发进货的各种大包装茶叶、最小销售单元的小包装茶以及农贸市场、专卖店在售的散装或预包装茶叶产品，同时对原料、感官要求、污染物、农药残留限量以及食品添加剂都作出了规定。该标准的发布将填补我国食品安全国家标准体系框架中茶叶安全标准的空白，对提升茶叶质量安全水平、提振消费信心、提高国际茶叶市场话语权、促进中国茶产业健康发展具有重要意义。

经过多年发展，目前中国茶叶农残限量标准也取得了明显进展，不仅限量指标的数量有明显增加，且指标覆盖的农药种类更加全面，最新的标准已包括杀虫剂、除草剂、杀菌剂、生物农药等

（图3）。2021年3月3日，国家卫生健康委员会、农业农村部和国家市场监管总局联合发布了GB 2763—2021《食品安全国家标准 食品中农药最大残留限量》，替代2019版标准，于2021年9月3日正式实施。新标准中涉茶限量指标106项，数量增加明显，与GB 2763—2019相比，增加了41项，增幅达63.1%。其中新增项目中有38项的限量≤0.05毫克/千克，3种禁用农药的限量更加严格。新标准对涉茶项目进行了明确的分类，首次对36种农药制定了饮料类的最大残留限量，在GB 2763中茶叶属于饮料类，也应符合该类别的限量要求。新标准基本覆盖了目前在茶树上登记使用的农药以及禁限用农药，也基本覆盖了国际食品法典（Codex Alimentarius Commission，CAC）涉茶农残限量以及出口欧盟、日本标准中的高风险项目，为中国茶叶国内和国际贸易提供了重要保障。

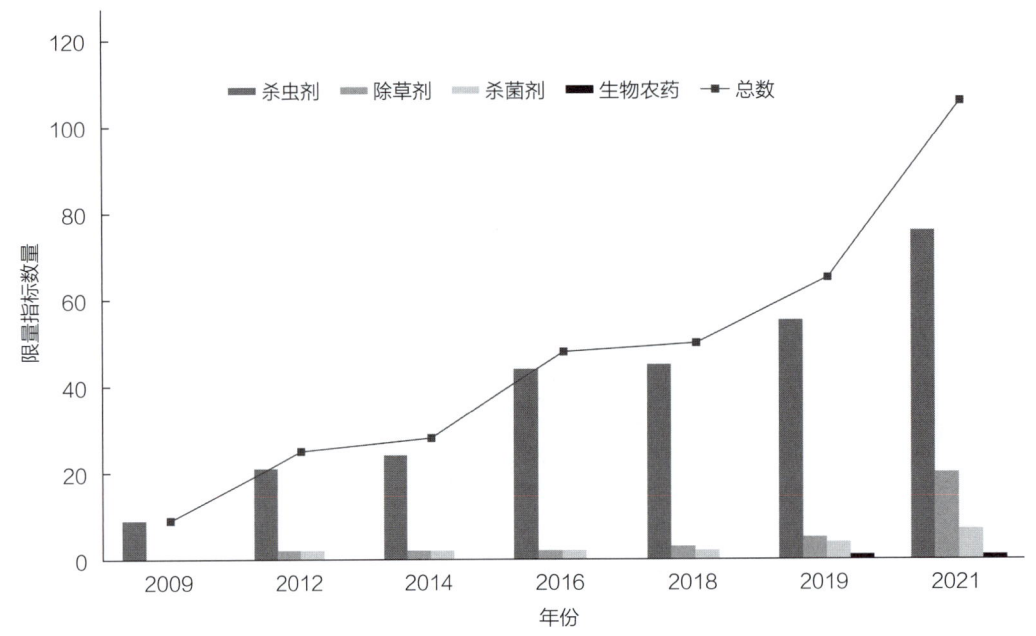

图3　GB 2763中茶叶农药最大残留限量指标数量变化（2005—2021年）

2021年，针对茶叶质量安全的检测方法标准立项数量不断增加，检测方法体系不断完善。市场监管总局发布了《茶叶中美术绿（铅铬绿）的测定》食品补充检验方法，为"染色茶"的鉴定提供技术保障，相关协会也相继立项和发布相关检测方法团体标准，如中国质量检验协会发布了团体标准《茶叶及其制品中黄曲霉毒素B_1的测定》，贵州省绿茶品牌发展促进会发布了团体标准《贵州茶叶中脂肪酸的测定气相色谱质谱法》等。2021年9月3日，GB 23200.121—2021《植物源性食品中331种农药及其代谢物残留量的测定 液相色谱-质谱联用法》正式实施，将GB 23200.121与GB 23200.113配合使用，不仅覆盖了GB 2763—2021中涉茶限量79项，而且通过引入国际先进的快速前处理技术，显著提高了茶叶中农残检测效率，解决了现行部分方法标准不适用茶叶基质、农药及代谢物品种不全、前处理操作复杂、部分方法定量限高于最大残留限量等诸多问题，为茶叶中农残的高通量高灵敏快速测定提供了技术保障。

在质量监管方面，市场监管部门非常重视对茶及相关制品的质量安全，连续多年对其开展了监督抽检，多地市场监管部门也开展了茶叶质量安全专项监督检查。2021年，国家市场监管总局发布了2021版的国家食品安全监督抽检实施细则，对茶叶及相关制品的监督抽检的产品种类、检验依据、抽样、检验要求和判定原则与结论进行了明确规定。细则不仅继续保持对传统茶进行食品安全监督抽检，而且加强了对新式茶饮（含茶制品和代用茶）的食品安全监督抽检。在检验项目方面，2021版细则规定了茶叶产品18个高风险检验项目，包括铅、氟以及16种农残，还规定了含茶制品和代用茶的检验项目，首次将GB 2763规定的枸杞（干）和菊花（干）中农残限量列入监督抽检项目。

在政策保障方面，各级政府部门十分重视中国茶叶质量安全的提升。2021年，为有效解决茶产业发展中的问题，进一步规范引导、加大扶持，促进茶产业健康发展，农业农村部、国家市场监督管理总局、中华全国供销合作总社联合印发《关于促进茶产业健康发展的指导意见》，意见明确提出了"创新驱动、提升质量"的原则，要强化茶农、茶企、茶商质量安全主体责任，健全质量安全检验检测体系、产品追溯体系和监管制度，提升质量安全水平。各地政府部门也相继出台茶叶相关质量安全的实施方案。比如，湖南省发改委和市场监管局印发了《湖南省茶叶公共品牌建设实施方案（2021—2025）》，将"健全质量检测体系""完善产品质量安全可溯源体系"作为茶叶品牌质量保障工程的重要工作内容；黄山市市场监管局在2021年印发了《黄山市茶叶质量安全提升行动方案》，以促进茶叶生产企业持续守法合规，做大做强黄山茶叶品牌，推动茶产业高质量发展。

三、存在的主要问题

（一）茶叶质量安全控制意识比较薄弱

尽管近几年中国茶叶质量安全水平不断提高，监督抽查和出口的合格率稳中向好，但从不合格的原因来看，农药残留超标仍然是主要原因，个别茶叶还存在重金属超标和使用添加剂的现象。

根据国家茶叶质量检验检测中心对全国茶叶样品的监控和统计情况来看，联苯菊酯、高效氯氟氰菊酯、唑虫酰胺、毒死蜱等10种农药的检出率超过5%（图4），尽管检出的农药残留低于国家食品安全标准，但存在潜在性风险。个别农残由于国内外标准的不一致，可能会对出口造成影响。根据近年来国内外茶叶中超标的农残，如毒死蜱、高效氯氟氰菊酯、唑虫酰胺、丁醚脲等农药在国家食品安全标准中虽然有规定限量，而欧盟实行一律原则（检出即不合格）的技术贸易壁垒，从而容易导致出口茶叶不合格。

按照中国食品安全标准，茶叶中不允许使用食品添加剂。2021年，中国茶叶依然出现个别生产经营者在茶叶中使用食品添加剂的现象，如在茶叶中添加柠檬黄、日落黄等人工着色剂以增加色泽。违规使用食品添加剂不仅增加了茶叶潜在的食品安全风险，而且损害了消费者的利益，从而降低了消费者对中国茶叶质量安全的信任度。

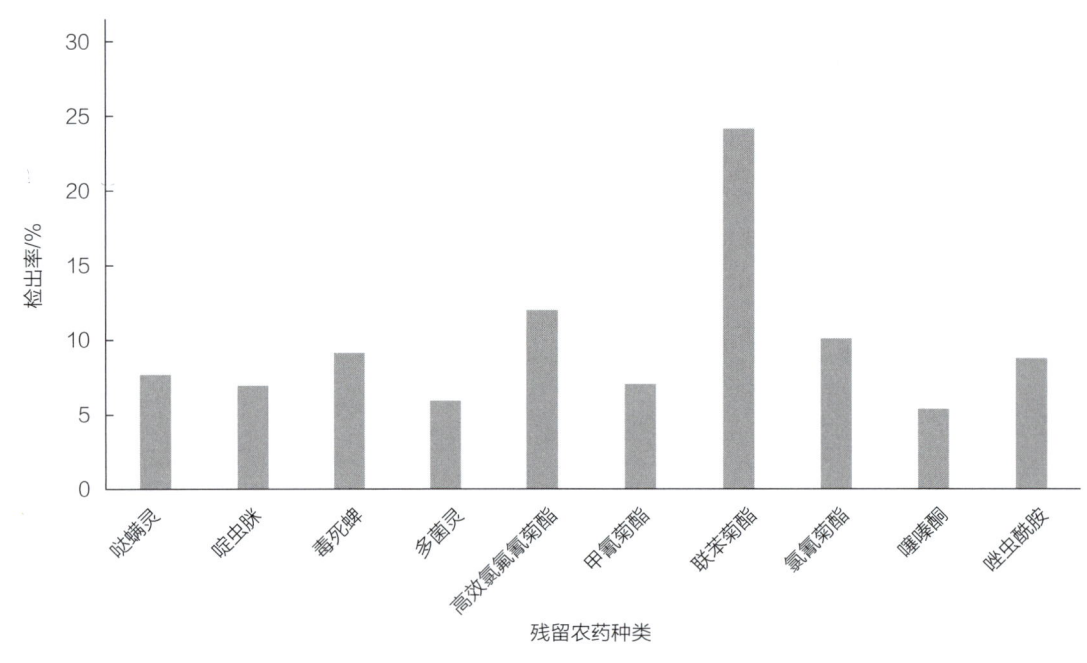

图4 茶叶中的农药残留检出率

资料来源：国家茶叶质量检验检测中心

这些现象的原因主要还是茶叶生产经营者对质量安全控制意识还不够强。在茶园环境方面，生产者没有充分考虑茶园周边环境，可能导致周边农田的农药漂移至茶园；在种植环节，生产者对茶园投入品的使用不够规范，没有严格按照建议规范施用农药和化肥等投入品，没有在安全间隔期后采摘鲜叶；在原料控制环节，加工者对鲜叶质量安全没有严格把关；在加工过程中，加工者为了增加茶叶的色泽、香气和滋味，违规添加了食品添加剂。

（二）未知污染物可能引发茶叶质量安全风险

随着对食品潜在污染物的深入研究发现，茶叶在生产加工过程中，除原料以外，生态环境、加工工艺、包装材料等环节和因素也可能会引起茶叶质量安全问题。

由于环境污染，大量污染物随着生态环境进入茶园的土壤、水和空气，从而引发重金属等有害元素污染物超标。如在2021年的全国监督抽查中，有少量批次的茶叶被检出铅含量超标，紧压砖茶的氟含量超标。环境污染也带来了一些未知污染物的质量安全风险。2017年，欧盟制定了茶叶中高氯酸盐的限量指标，限量为0.75毫克/千克。通过国家茶叶质量检验检测中心的监测结果发现，中国茶叶中的高氯酸盐含量虽然大部分低于欧盟标准，但相比其他产茶国的茶叶，高氯酸盐的检出率较高，这可能由于环境中水和土壤被污染所致。

另外，燃料、设备、包装等因素也可能会带来一些未知污染物。如2021年中国出口到欧盟的茶叶仍有4批次因为蒽醌含量超标而被通报不合格。通过相关研究发现，茶叶加工所用的燃煤会导致茶叶中蒽醌含量明显增加。此外，在加工过程中可能引入的塑化剂等潜在污染物应引起行业的重视。

（三）质量与方法标准体系有待完善

尽管中国茶叶质量和方法标准数量较多，但标准化体系还不够健全，与之配套的市场、加工技术规程较为缺乏，难以从源头、加工、流通等环节保证茶叶质量安全。标准技术水平与国际水平也存在差距，虽然GB 2763《食品安全国家标准 食品中农药最大残留限量》在不断完善，涉茶农残限量指标已达到106项，但与欧盟、日本相比，指标数量仍存在差距，对禁限用农药的指标设置还不够全面，对限量指标以外的农药尚未有相关规定，个别限量指标较为宽松，个别指标尚未配套可靠的检测方法。此外，茶叶中一些引起社会关注的添加剂、污染物等风险物质尚未制定相应的检测方法标准，市场监管仍缺少可靠的技术保障。

四、建议

（一）完善质量安全标准与检验检测体系

面对中国茶叶质量安全标准出现的问题，认真分析、整理、完善茶叶质量安全标准与检验检测体系是十分必要的。

一是要对中国现有标准进行梳理，废止与国家标准交叉重复、长期无人使用及技术内容陈旧落后的标准，解决标准存在的标准老化、采标率低、适用性较差等问题，建立与食品安全国家标准协调配套、先进科学、适应社会主义市场经济体制的标准体系。

二是要加快茶叶质量安全标准体系建设，加强标准制定的科学性与合理性，根据国际贸易需要，规划标准的体系构架，建立一套适合现代茶产业发展的标准体系。进一步完善检验检测方法标准体系，推进检验检测机构对茶叶质量安全检测能力的标准化、统一化，为茶叶质量安全提供有力保障。

三是要强化茶叶相关质检机构管理和能力建设，提高运行管理水平，坚持科学公正原则，全面提升茶叶质检机构的综合检验检测能力。要强化项目管理、机构管理、队伍建设和运行保障，有力提升技术能力，确保结果可靠，有效服务现代茶产业发展、茶产业安全和茶叶产品放心消费。茶叶质检机构作为依法设立的检验检测机构，应独立、科学、公正开展检测，积极协助各级政府和市场监管部门有效履行监管职责，在茶叶产品质量安全监管、严格执法监督中发挥技术支撑作用，为当地茶农、茶企、农民合作社、消费者提供茶叶产品质量安全技术服务。要强化能力建设，优化检测技术和管理人员专业、年龄和能力结构，形成一定的层次和梯队，发挥技术骨干传、帮、带作用，努力建设一支业务精、作风实、结构优的检验检测技术队伍。

（二）发展绿色协调的生态茶园

要根据生态学理论，应用生态系统设计原理，综合运用可持续农业技术，将茶园中生物间、生物与环境间的物质循环和能量转化相关联，科学构建和管理适宜茶树生长的茶园生态系统，实现资源节约、环境友好、产量持续稳定、产品安全优质的茶园。建设良好的茶园生态环境，不仅可使茶园内生物共生互惠，提高整体效益，丰富生物多样性，而且更加有力地贯彻茶产业绿色发展理念，促进茶产业高质量发展。

一要认清形势，统一认识，进一步增强抓好生态茶园建设的责任感和使命感。要着眼于科技规划，着眼于可持续发展，着眼于环境保护，把实施生态茶园建设发展规划作为重点来抓。

二要把握重点，抓住关键，努力使生态茶园建设在生态保护、农残控制、市场开拓、专业组织、市场规范，品牌带动等方面实现较大突破。贯彻有害生物绿色防控的模式，发展应用物理治理、化学生态治理、生物治理的方法，新茶园要严格按照生态茶园的标准来建设，老茶园要按照生态茶园的标准来改造。

三要加强领导，保障投入，确保生态茶园建设发展规划的顺利实施。

（三）建立数字化可追溯体系

全面推进现代信息技术在茶产品质量安全领域的应用，加强顶层设计和统筹协调，健全法规制度和技术标准，建立国家茶产品质量安全追溯管理信息平台，加快构建统一高效的茶产品质量安全追溯体系，实现茶产品源头可追溯、流向可跟踪、信息可查询、责任可追究，从而保障公众消费安全。

一是要建立一套相对完整的茶叶质量安全数据库和功能全面的信息服务平台。通过数据库和服务平台，及时发布全国或区域性的茶叶质量安全监督抽查和监测情况，公布茶叶质量安全状况，让茶农、茶企、消费者了解我国茶叶质量现状。

二是要研究建立茶叶质量安全追溯体系。通过二维码、区块链等前沿数字技术，以茶叶质量安全信息为基础建立追溯体系，推动"二维码+茶产品"等应用普及，让茶产品贴上二维码，通过对茶叶相关信息的正确识别、如实记录和有效传递来发挥作用。通过追溯体系，消费者、管理者、生产者可快速有效识别、跟踪和追溯有关该茶叶产品在种植、加工、储存、运输和销售等关键环节的信息。在这种共享机制下，管理者便于监管，生产者也会在市场激励下，提高自我管控、产品自检、自我承诺标准，激励生产者争创品牌、提高茶产品质量，以品质获得消费者的认可，消费者也愿意为优质的茶产品买单，真正实现消费的转型升级。

三是要建立"用数据说话、用数据管理、用数据决策"的管理机制，充分发挥国家平台决策分析功能，整合主体管理、产品流向、监管检测、共享数据等各类数据，挖掘大数据资源价值，推进茶产品质量安全监管精准化和可视化。建立追溯管理与风险预警、应急召回的联动机制，提升政府决策和风险防范能力，加强事中事后监管，提高监管的针对性和有效性。

（四）发挥茶叶行业协会的职能

充分发挥茶叶流通协会、茶业协会、茶产业促进会等行业协会的平台作用，推行行业自律，建立诚信机制，促进茶产业高质量发展。

一是要调查分析抓准行业脉搏，通过专业研判提供智力支撑。在持续开展行业调研的基础上，努力提升信息收集研判与综合发布能力，开展中国茶叶质量安全调研，为茶叶质量安全控制提供指导。

二是要发挥桥梁纽带作用。行业协会以"发挥行业中介职能"的初心，充分发挥担当精神，主动参与政策协调，与茶叶质量工作相关的国家部门积极联络，为茶叶质量安全提供政策保障。

三是提升服务，强化品牌宣传。要积极作为，开展一系列宣传推广活动，通过技能大赛等方式推动区域公用品牌和企业品牌建设，将一批高质量的茶叶推向市场。

（执笔人：尹祎）

2021中国茶叶标准体系发展报告

中国茶叶流通协会茶叶团体标准工作委员会

标准是经济活动和社会发展的技术支撑,是国家基础性制度的重要方面。标准化在推进国家治理体系和治理能力现代化中发挥着基础性、引领性作用。新时代推动高质量发展、全面建设社会主义现代化国家,迫切需要进一步加强标准化工作。近年来,我国积极推进茶叶标准体系建设,制定了茶叶国家标准114项、行业标准204项、地方标准900多项、团体标准800多项、企业标准约10000项,形成了类别完善、架构科学的茶产业标准体系,覆盖了产地环境、茶园建设、生产加工、贮运包装等茶产业全链条。

一、2021年我国标准工作进展

(一)茶叶标准制修订工作

1. 国家标准

据全国标准信息公共服务平台(http://std.samr.gov.cn/gb)公开数据统计,自2021年8月至2022年7月,新发布实施的涉茶国家标准有2项(表1)。其中,2021年10月发布的国家标准GB/T 40633—2021《茶叶加工术语》,主要对六大茶类加工过程中常用术语、初加工术语、精加工术语、再加工术语等进行了规范,对茶叶加工行业的标准化发展起到一个总体引领的作用,将有效指导茶企进行规范、科学、合理的茶叶加工,使全国茶叶加工专用术语能够更加规范和统一,更好地服务茶产业。

表1　2021年8月至2022年7月新发布实施的涉茶国家标准

序号	标准号	标准名称	发布日期	实施日期
1	GB/T 40633—2021	茶叶加工术语	2021/10/11	2022/2/1
2	GB 23350—2021	限制商品过度包装要求 食品和化妆品(含第1号修改单)	2021/8/10	2023/9/1

2021年8月发布了GB 23350—2021《限制商品过度包装要求 食品和化妆品》,代替GB 23350—2009版本,将于2023年9月1日起执行,该标准规定了限制食品和化妆品过度包装的要求,检测和判定规则。规范和指导企业生产绿色低碳环保的产品,让茶叶回归其食品属性,引导行业可持续性发展。

2. 行业标准

据行业标准信息服务平台（http://hbba.sacinfo.org.cn/）公开数据统计，自2021年8月至2022年7月，新发布实施的涉茶行业标准有13项（表2），其中供销合作行业标准4项、农业行业标准6项、出入境检验检疫行业标准1项、机械行业标准1项、气象行业标准1项。

表2　2021年8月至2022年7月新发布实施的涉茶行业标准

序号	标准号	标准名称	行业领域	批准日期	实施日期
1	GH/T 1374—2022	雁荡毛峰茶	供销合作	2022-6-13	2022-9-1
2	NY/T 3978—2021	辣木叶茶	农业	2021-11-9	2022-5-1
3	NY/T 3934—2021	生态茶园建设指南	农业	2021-11-11	2022-5-1
4	NY/T 3928—2021	农作物品种试验规范 茶树	农业	2021-11-11	2022-5-1
5	JB/T 14206—2021	带内衬袋给袋式茶叶自动真空包装机	机械	2021-12-2	2022-4-1
6	SN/T 5358—2021	出口茶叶中氯噻啉残留量的测定 液相色谱-质谱/质谱法	出入境检验检疫	2021-11-22	2022-6-1
7	NY/T 3913—2021	绿茶低温贮藏保鲜技术规范	农业	2021-5-7	2021-11-1
8	NY/T 3863—2021	茶云纹叶枯病综合防治技术规程	农业	2021-5-7	2021-11-1
9	NY/T 3862—2021	茶云纹叶枯病监测技术规程	农业	2021-5-7	2021-11-1
10	GH/T 1353—2021	蒙顶山茶 第5部分：花茶	供销合作	2021-11-8	2022-1-1
11	GH/T 1352—2021	蒙顶山茶 第4部分：红茶	供销合作	2021-11-8	2022-1-1
12	GH/T 1351—2021	蒙顶山茶 第3部分：黄茶	供销合作	2021-11-8	2022-1-1
13	QX/T 632—2021	农业气象观测规范 茶树	气象	2021-10-14	2022-1-1

3. 地方标准

据地方标准信息服务平台（http://dbba.sacinfo.org.cn/）公开数据统计，自2021年8月至2022年7月，新发布实施的涉茶地方标准有109项（表3），其中四川18项、福建11项、湖北10项、广西9项、安徽7项、广东江苏陕西云南四省各6项、浙江5项、河南湖南江西山东四省各4项、贵州3项、山西和内蒙古各2项、重庆1项。从标准发布时间来看，2021年共发布涉茶地方标准87项，与2020年的89项仅相差2项。

表3　2021年8月至2022年7月新发布实施的涉茶地方标准

序号	标准号	标准名称	行政区	批准日期	实施日期
1	DB3408/T 003—2021	桐城含锌 绿茶种植技术规程	安徽安庆市	2021-11-19	2021-12-19
2	DB3417/T 010—2021	石台硒茶 绿茶	安徽池州市	2021-12-20	2022-1-1
3	DB3410/T 15—2021	地理标志农产品 黟县石墨茶	安徽黄山市	2021-12-10	2022-1-1

续表

序号	标准号	标准名称	行政区	批准日期	实施日期
4	DB3415/T 20—2021	山区茶树气象灾害指标划分技术规范	安徽六安市	2021-12-28	2021-12-28
5	DB34/T 4123—2022	机采名优茶树冠培育技术规程	安徽省	2022-3-29	2022-4-29
6	DB34/T 4080—2021	颗粒形绿茶机械化加工技术规程	安徽省	2021-12-28	2022-1-28
7	DB34/T 3923—2021	甜叶菊茶加工技术规程	安徽省	2021-6-8	2021-7-8
8	DB35/T 2057—2022	茶叶赛事 组织通则	福建省	2022-4-25	2022-7-25
9	DB35/T 708—2022	永春佛手茶栽培与加工技术规范	福建省	2022-4-25	2022-7-25
10	DB35/T 630—2022	坦洋工夫红茶 栽培技术规范	福建省	2022-4-25	2022-7-25
11	DB35/T 2047—2021	茶叶体验店服务规范	福建省	2021-12-29	2022-3-29
12	DB35/T 2036—2021	茶园减量化施肥操作技术规范	福建省	2021-12-29	2022-3-29
13	DB35/T 2017—2021	台式乌龙茶冲泡与品鉴方法	福建省	2021-9-28	2021-12-28
14	DB35/T 97.1—2021	八仙茶栽培技术规范	福建省	2021-9-28	2021-12-28
15	DB35/T 1977—2021	改良茶园土壤用大豆种植规范	福建省	2021-6-21	2021-9-21
16	DB35/T 1981—2021	漳平水仙茶加工技术规范	福建省	2021-6-21	2021-9-21
17	DB35/T 1987—2021	茶叶赛事 茶叶感官评定方法	福建省	2021-6-21	2021-9-21
18	DB35/T 1988—2021	初制茶厂清洁化生产规范	福建省	2021-6-21	2021-9-21
19	DB4414/T 14—2021	农产品地理标志 梅江区清凉山茶生产技术规程	广东梅州市	2021-9-17	2021-10-1
20	DB4414/T 12—2021	地理标志产品 七畲径茶	广东梅州市	2021-9-17	2021-10-1
21	DB4414/T 11—2021	地理标志产品 西岩乌龙茶	广东梅州市	2021-9-17	2021-10-1
22	DB4415/T 3—2021	海丰莲花山茶生产技术规程	广东汕尾市	2021-8-25	2021-10-1
23	DB4402/T 10—2021	地理标志产品 仁化白毛茶	广东韶关市	2021-8-13	2021-9-13
24	DB4412/T 15—2021	地理标志产品 新岗红茶	广东肇庆市	2021-12-10	2022-1-1
25	DB45/T 203—2022	绿色食品 茶叶生产技术规程	广西壮族自治区	2022-1-26	2022-2-28
26	DB45/T 2456—2022	金花茶组织培养技术规程	广西壮族自治区	2022-1-26	2022-2-28
27	DB45/T 2439—2022	出口六堡茶加工规范	广西壮族自治区	2022-1-26	2022-2-28
28	DB45/T 2438—2022	六堡茶鲜叶采摘技术规程	广西壮族自治区	2022-1-26	2022-2-28
29	DB45/T 2437—2022	六堡茶仓储管理规范	广西壮族自治区	2022-1-26	2022-2-28
30	DB45/T 2436—2022	六堡茶感官审评方法	广西壮族自治区	2022-1-26	2022-2-28
31	DB45/T 2350—2021	茶园用有机肥堆沤技术规程	广西壮族自治区	2021-7-27	2021-8-31
32	DB45/T 2349—2021	生态茶园建设与管理规范	广西壮族自治区	2021-7-27	2021-8-31
33	DB45/T 2291—2021	茶小绿叶蝉测报调查及防控技术规程	广西壮族自治区	2021-4-25	2021-5-31
34	DB5205/T 8—2021	地理标志产品 清池茶	贵州毕节市	2021-8-16	2021-9-16
35	DB52/T 1401.35—2021	山地旅游 第35部分：茶文化基地旅游设施与服务规范	贵州省	2021-8-30	2021-12-1
36	DB52/T 1607—2021	茶园氮磷钾养分限量	贵州省	2021-6-24	2021-10-1

续表

序号	标准号	标准名称	行政区	批准日期	实施日期
37	DB4113/T 015—2021	桐柏玉叶茶机械制作工艺技术规程	河南南阳市	2021-12-25	2021-12-31
38	DB4113/T 014—2021	桐柏玉叶茶手工炒制工艺技术规程	河南南阳市	2021-12-25	2021-12-31
39	DB4113/T 013—2021	桐柏玉叶茶生产技术规程	河南南阳市	2021-12-25	2021-12-31
40	DB41/T 2241—2022	蒲公英茶加工技术规程	河南省	2022-3-1	2022-5-28
41	DB4228/T 79—2022	茶树害虫茶网蝽绿色防控技术规程	湖北恩施土家族苗族自治州	2022-4-25	2022-7-25
42	DB4228/T 67—2021	茶品种硒富集能力筛选技术规程	湖北恩施土家族苗族自治州	2021-12-21	2022-3-21
43	DB42/T 210—2022	地理标志产品 英山云雾茶	湖北省	2022-7-29	2023-5-1
44	DB42/T1818.1—2022	茶树主要病虫害测报调查技术规范 第1部分：灰茶尺蠖	湖北省	2022-3-3	2022-5-3
45	DB42/T1813—2022	茶树主要病虫害生物防治技术规范	湖北省	2022-3-3	2022-5-3
46	DB42/T 1799—2022	远安黄茶加工技术规程	湖北省	2022-1-20	2022-3-20
47	DB42/T 1798—2022	茶园绿色高效施肥技术规范	湖北省	2022-1-20	2022-3-20
48	DB42/T 1788.1—2021	化学农药减施增效技术规范 第1部分：茶园	湖北省	2021-12-23	2022-2-23
49	DB4209/T 26—2022	孝昌凤凰山茶	湖北孝感市	2022-8-8	2022-9-8
50	DB4209/T 21—2021	地理标志产品 观音湖绿茶	湖北孝感市	2021-1-28	2021-2-18
51	DB43/T 2333—2022	湖南红茶 工夫红茶冲泡与品鉴方法	湖南省	2022-5-6	2022-8-6
52	DB43/T 2332—2022	茶白星病原菌检测技术规程	湖南省	2022-5-6	2022-8-6
53	DB43/T 2309—2022	茶园机械化建设技术规程	湖南省	2022-3-31	2022-6-30
54	DB43/T 2308—2022	黄茶机械化闷黄技术规程	湖南省	2022-3-31	2022-6-30
55	DB3208/T 163—2021	雨山茶生产加工技术规程	江苏淮安市	2021-12-16	2021-12-30
56	DB3201/T 1059—2021	雨花茶栽培技术规程	江苏南京市	2021-12-20	2021-12-23
57	DB32/T 1682—2022	绿杨春茶 茶叶加工技术规程	江苏省	2022-3-18	2022-4-18
58	DB32/T 4214—2022	宜兴红茶生产及质量分级技术规范	江苏省	2022-1-28	2022-2-28
59	DB3205/T 1039—202	苏式传统文化 洞庭（山）碧螺春茶制作技艺传承指南	江苏苏州市	2022-2-28	2022-3-10
60	DB3211/T 1022—2020	镇江红 工夫红茶加工技术规程	江苏镇江市	2020-12-7	2021-1-1
61	DB36/T 1549—2021	绞股蓝茶加工技术规程	江西省	2021-12-31	2022-6-1
62	DB36/T 1524—2021	狗牯脑红茶加工技术规程	江西省	2021-12-14	2022-6-1
63	DB36/T 1523—2021	狗牯脑绿茶加工技术规程	江西省	2021-12-14	2022-6-1
64	DB36/T 1522—2021	狗牯脑茶种植技术规程	江西省	2021-12-14	2022-6-1
65	DB36/T 1521—2021	狗牯脑茶良种繁育技术规程	江西省	2021-12-14	2022-6-1

续表

序号	标准号	标准名称	行政区	批准日期	实施日期
66	DB15/T 2711—2022	库伦苦荞茶质量要求	内蒙古自治区	2022-8-15	2022-9-15
67	DB15/T 2707—2022	库伦苦荞茶加工技术规程	内蒙古自治区	2022-8-15	2022-9-15
68	DB3702/T 0012—2022	农业气象服务 茶	山东青岛市	2022-7-14	2022-10-14
69	DB3709/T 004—2021	泰山茶标准体系建设指南	山东泰安市	2021-9-13	2021-10-13
70	DB3710/T 160—2022	地理标志证明商标 乳山茶	山东威海市	2022-2-8	2022-3-8
71	DB3706/T 79—2021	茶树栽培技术规程	山东烟台市	2021-7-27	2021-8-27
72	DB14/T 2272—2021	苦荞茶加工技术规范	山西省	2021-3-23	2021-5-23
73	DB1408/T032—2022	茶菊种植技术规程	山西运城市	2022-4-20	2022-6-1
74	DB61/T 307.6—2021	紫阳富硒茶生产 白茶质量等级	陕西省	2021-1-19	2021-2-19
75	DB61/T 307.5—2021	紫阳富硒茶生产 红茶质量等级	陕西省	2021-1-19	2021-2-19
76	DB61/T 307.4—2021	紫阳富硒茶生产 绿茶质量等级	陕西省	2021-1-19	2021-2-19
77	DB61/T 307.3—2021	紫阳富硒茶生产 加工技术规范	陕西省	2021-1-19	2021-2-19
78	DB61/T 307.2—2021	紫阳富硒茶生产 生产技术规程	陕西省	2021-1-19	2021-2-19
79	DB61/T 307.1—2021	紫阳富硒茶生产 产地环境条件	陕西省	2021-1-19	2021-2-19
80	DB5117/T 51—2022	大竹白茶加工技术规程	四川达州市	2022-1-27	2022-2-11
81	DB5117/T 50—2022	大竹白茶栽培技术规程	四川达州市	2022-1-27	2022-2-11
82	DB5117/T 49—2022	巴山青茶加工技术规程	四川达州市	2022-1-27	2022-2-11
83	DB5117/T 48—2022	巴山青茶栽培技术规程	四川达州市	2022-1-27	2022-2-11
84	DB5133/T 50—2021	地理标志产品 炉霍雪域俄色茶生产技术规程	四川甘孜藏族自治州	2021-11-22	2021-12-20
85	DB5108/T32—2022	地理标志产品 七佛贡茶生产技术规程	四川广元市	2022-3-30	2022-4-30
86	DB5111/T 17—2021	乐山市出口绿茶 眉茶生产加工技术规程	四川乐山市	2021-12-30	2022-1-1
87	DB5111/T 8—2021	地理标志产品 犍为茉莉花茶生产加工技术规范	四川乐山市	2021-12-1	2021-12-1
88	DB5111/T 7—2021	地理标志产品 峨眉山茶	四川乐山市	2021-8-11	2021-8-11
89	DB51/T 2808—2021	茶园肥料农药高效施用技术规程	四川乐山市	2021-8-2	2021-9-1
90	DB5107/T 102—2022	北川茶叶加工技术规范	四川绵阳市	2022-3-24	2022-6-1
91	DB5107/T 99—2022	地理标志产品 北川苔子茶	四川绵阳市	2022-3-24	2022-6-1
92	DB5113/T 11—2021	茶桑采摘技术规范	四川南充市	2021-11-18	2021-12-18
93	DB51/T 732—2022	精致川茶 毛峰茶加工工艺技术规程	四川省	2022-6-17	2022-8-1
94	DB51/T 878—2022	精制川茶 川红工夫红茶加工工艺技术规程	四川省	2022-6-17	2022-8-1
95	DB51/T 2915—2022	精制川茶 卷曲形绿茶加工工艺技术规程	四川省	2022-6-17	2022-8-1
96	DB51/T 2914—2022	精制川茶 扁形绿茶加工工艺技术规程	四川省	2022-6-17	2022-8-1

续表

序号	标准号	标准名称	行政区	批准日期	实施日期
97	DB51/T 2895—2022	茶桑生产技术规程	四川省	2022-5-20	2022-7-1
98	DB5331/T 35—2021	德昂酸茶加工技术规程	云南德宏傣族景颇族自治州	2021-12-24	2022-1-1
99	DB53/T 1075—2021	普洱茶追溯服务平台建设规范	云南省	2021-12-10	2022-3-10
100	DB53/T 1074—2021	普洱茶质量追溯实施规程	云南省	2021-12-10	2022-3-10
101	DB5328/T 22—2022	普洱茶仓储技术规范	云南西双版纳傣族自治州	2022-6-2	2022-9-2
102	DB5328/T 21—2022	茶叶加工厂建设技术规程	云南西双版纳傣族自治州	2022-6-2	2022-9-2
103	DB5328/T 20—2022	茶叶初制所建设管理规范	云南西双版纳傣族自治州	2022-6-2	2022-9-2
104	DB3302/T 051—2021	宁波白茶生产技术规程	浙江宁波市	2021-9-22	2021-10-22
105	DB33/T 2497—2022	茶树病虫害统防统治技术规范	浙江省	2022-6-2	2022-7-2
106	DB33/T 2451—2022	湖桑茶制作技术规程	浙江省	2022-2-28	2022-3-30
107	DB33/T 2435—2022	茶叶籽生产技术规范	浙江省	2022-1-29	2022-3-1
108	DB3310/T 27—2021	天台黄茶种植加工技术规程	浙江台州市	2021-9-7	2021-10-1
109	DB50/T 1120—2021	茶园化肥农药减施增效技术规程	重庆市	2021-9-1	2021-12-1

4．团体标准

据全国团体标准信息平台（http://www.ttbz.org.cn/）公开数据统计，自2021年8月至2022年7月，共有102家社会组织新发布实施了涉茶团体标准332项（表4）。从标准类型来看，产品标准有111项占比33%，茶园栽培生产66项占比19.8%，加工技术规程68项占比20.4%，这三种类型的标准之和占比达75%，居主导地位。从标准发布年份来看，2021年全国发布涉茶团标327项，较2020年的190项同比激增172%。

表4　2021年8月至2022年7月新发布实施的涉茶团体标准

序号	标准号	标准名称	发布单位
1	T/CTMA 030—2021	全国青少年茶文化教育等级评定规范	中国茶叶流通协会
2	T/CTMA 031—2021	全国青少年茶文化教育师资评定规范	中国茶叶流通协会
3	T/CTMA 032—2021	茯茶绿色发酵技术管理规范	中国茶叶流通协会
4	T/CTMA 033—2021	黑毛茶绿色仓储技术管理规范	中国茶叶流通协会
5	T/CTMA 034—2021	金花红茶	中国茶叶流通协会
6	T/CTMA 035—2021	龙须绿茶	中国茶叶流通协会
7	T/CTMA 036—2021	龙须绿茶冲泡与品鉴方法	中国茶叶流通协会
8	T/CTMA 037—2021	金螺红茶	中国茶叶流通协会
9	T/CTMA 038—2021	茉莉花茶烘青坯 第1部分：福建茉莉花茶烘青坯	中国茶叶流通协会

续表

序号	标准号	标准名称	发布单位
10	T/CTMA 039—2021	羊楼洞翠毫茶	中国茶叶流通协会
11	T/CTMA 040—2021	羊楼洞翠毫茶加工技术规程	中国茶叶流通协会
12	T/CTMA 041—2021	陈皮青砖茶	中国茶叶流通协会
13	T/CTMA 042—2021	陈皮青砖茶加工技术规程	中国茶叶流通协会
14	T/CTMA 043—2021	低氟青砖茶栽培技术规程	中国茶叶流通协会
15	T/CTMA 044—2021	低氟青砖茶加工技术规程	中国茶叶流通协会
16	T/CTSS 29—2021	普洱茶品鉴审评技术规程	中国茶叶学会
17	T/CTSS 33—2021	黄金茶系列品种 栽培技术规程	中国茶叶学会
18	T/CTSS 34—2021	黄金茶系列品种 卷曲形绿茶加工技术规程	中国茶叶学会
19	T/CTSS 35—2021	黄金茶系列品种 工夫红茶加工技术规程	中国茶叶学会
20	T/CTSS 36—2021	黄金茶 冲泡技术规程	中国茶叶学会
21	T/CTSS 37—2021	茶树主要害虫绿色防控技术规程	中国茶叶学会
22	T/CTSS 38—2021	滇红工夫红茶	中国茶叶学会
23	T/CTSS 39—2021	新昌县茶园生态监测系统数字化建设技术规范	中国茶叶学会
24	T/CTSS 40—2021	新昌县茶产业数字化信息采集技术规范	中国茶叶学会
25	T/CTSS 41—2022	松阳香茶冲泡技术规程	中国茶叶学会
26	T/CTSS 42—2022	大佛龙井茶	中国茶叶学会
27	T/CTSS 43—2022	大佛龙井茶生产技术规程	中国茶叶学会
28	T/CTSS 44—2022	大佛龙井茶冲泡技术规程	中国茶叶学会
29	T/CTSS 45—2022	天姥红茶	中国茶叶学会
30	T/CTSS 46—2022	天姥红茶加工技术规程	中国茶叶学会
31	T/CTSS 47—2022	天姥红茶冲泡技术规程	中国茶叶学会
32	T/CTSS 48—2022	天姥云雾茶	中国茶叶学会
33	T/CTSS 49—2022	天姥云雾茶加工技术规程	中国茶叶学会
34	T/CTSS 50—2022	天姥云雾茶冲泡技术规程	中国茶叶学会
35	T/CTSS 51—22	茶园水肥一体化滴灌技术规程	中国茶叶学会
36	T/CSTEA 00029—2021	沙县红边茶栽培技术规范	海峡两岸茶业交流协会
37	T/CSTEA 00030—2021	沙县红边茶加工技术规范	海峡两岸茶业交流协会
38	T/CSTEA 00031—2021	沙县红边茶	海峡两岸茶业交流协会
39	T/CSTEA 00032—2021	沙县红边茶冲泡与品鉴方法	海峡两岸茶业交流协会
40	T/CSTEA 00033—2021	武平绿茶	海峡两岸茶业交流协会
41	T/CSTEA 00034—2021	陈年正山小种红茶	海峡两岸茶业交流协会
42	T/CSTEA 00035—2021	正山小种红茶储存规范	海峡两岸茶业交流协会
43	T/CSTEA 00036—2021	正山小种红茶冲泡与品鉴方法	海峡两岸茶业交流协会
44	T/CSTEA 00037—2021	政和工夫红茶	海峡两岸茶业交流协会
45	T/CSTEA 00038—2021	青钱柳茶	海峡两岸茶业交流协会

续表

序号	标准号	标准名称	发布单位
46	T/CSTEA 00039—2022	福鼎栀子花白茶	海峡两岸茶业交流协会
47	T/CSTEA 00040—2022	地理标志证明商标 尤溪红茶	海峡两岸茶业交流协会
48	T/CSTEA 00041—2022	地理标志证明商标 尤溪红茶生产技术规范	海峡两岸茶业交流协会
49	T/CSTEA 00042—2022	地理标志集体商标 尤溪绿茶	海峡两岸茶业交流协会
50	T/CSTEA 00043—2022	地理标志集体商标 尤溪绿茶生产技术规范	海峡两岸茶业交流协会
51	T/CSTEA 00044—2022	建宁红茶	海峡两岸茶业交流协会
52	T/CAQI 272—2022	茶叶及茶制品中黄曲霉毒素 B_1 的测定	中国质量检验协会
53	T/CAI 144—2021	海青茶种植技术规程	中国农业国际合作促进会
54	T/CAI 145—2021	农产品地理标志 海青茶	中国农业国际合作促进会
55	T/CCPIA 161—2021	虫螨腈悬浮剂防治茶树茶小绿叶蝉施用限量	中国农药工业协会
56	T/LYCY 2029—2021	茶小绿叶蝉风险评估模型	中国林业产业联合会
57	T/LYCY 2030—2021	阻控邻苯二甲酸酯类（PAEs）污染茶叶的技术规程	中国林业产业联合会
58	T/QGCML 154—2021	无花果叶茶	全国城市工业品贸易中心联合会
59	T/ZYCYXH 001—2021	紫阳绿茶	紫阳县茶业协会
60	T/ZYCYXH 002—2021	紫阳红茶	紫阳县茶业协会
61	T/ZYCYXH 003—2021	紫阳白茶	紫阳县茶业协会
62	T/ZTXH 001—2022	西施石笕茶生产加工技术规程	诸暨市茶叶行业协会
63	T/ZTXH 002—2022	西施石笕茶	诸暨市茶叶行业协会
64	T/CQSNCQCYXH 1—2021	南川茶叶生产技术规程	重庆市南川区茶叶协会
65	T/CQSNCQCYXH 3—2021	南川大树茶加工技术规范	重庆市南川区茶叶协会
66	T/ZJYLGYXH 003—2022	水果茶饮料	浙江省饮料工业协会
67	T/ZFS 0028—2021	茶叶经营企业管理规范	浙江省食品学会
68	T/ZNX 001—2021	茶园病虫害无人机飞防技术规程	浙江省农药工业协会
69	T/ZLX 011—2021	农产品地理标志茶叶类产品外在感官特征鉴评规范	浙江省绿色农产品协会
70	T/ZLX 016—2021	绿色食品 扁形绿茶生产技术规程	浙江省绿色农产品协会
71	T/ZLX 017—2021	绿色食品 工夫红茶生产技术规程	浙江省绿色农产品协会
72	T/ZLX 018—2021	绿色食品 毛峰类绿茶生产技术规程	浙江省绿色农产品协会
73	T/ZLX 019—2021	绿色食品 抹茶生产技术规程	浙江省绿色农产品协会
74	T/ZLX 020—2021	绿色食品 茶叶科学用药规范	浙江省绿色农产品协会
75	T/ZLX 027—2021	绿色食品 三杯香茶生产技术规程	浙江省绿色农产品协会
76	T/ZLX 028—2021	绿色食品 开化龙顶生产技术规程	浙江省绿色农产品协会
77	T/ZQBJXH 019—2021	杏花白马茶种植技术规范	肇庆市标准化计量协会
78	T/ZPCY 003—2021	昭平绿绿螺茶加工技术规程	昭平县茶叶协会
79	T/ZPCY 004—2021	昭平红红螺茶加工技术规程	昭平县茶叶协会
80	T/YNTCA 003—2021	凤庆红茶	云南省茶叶流通协会

续表

序号	标准号	标准名称	发布单位
81	T/YNTCA 005—2021	茶叶质量安全追溯平台建设规范	云南省茶叶流通协会
82	T/YNTCA 006—2021	普洱茶质量安全追溯技术规范	云南省茶叶流通协会
83	T/YNTCA 007—2021	云南大叶种白茶	云南省茶叶流通协会
84	T/YNTCA 008—2021	云南大叶种白茶质量保荐追溯技术规范	云南省茶叶流通协会
85	T/YYSCX 001—2022	岳阳黄茶	岳阳市茶叶协会
86	T/YYSCX 005—2022	岳阳黄茶 茉莉黄茶	岳阳市茶叶协会
87	T/YQMTYX 002—2021	垣曲历山酸枣叶茶	垣曲县名特优新产品协会
88	T/YCCGH 00001—2022	永春水仙茶	永春县茶叶同业公会
89	T/YDCY 001—2022	宜都市茶树栽培技术规范	宜都市茶产业协会
90	T/YDCY 003—2022	宜都市茶叶加工技术规范	宜都市茶产业协会
91	T/5115YBAPS 036—2022	早茶加工技术规程	宜宾市标准化促进会
92	T/YZH 002—2021	扬州红茶	仪征市绿杨春茶叶行业协会
93	T/YZH 003—2021	扬州红茶	仪征市绿杨春茶叶行业协会
94	T/YTTSS 006—2022	茶树苗木繁育技术规程	烟台市茶叶学会
95	T/YTTSS 007—2022	茶园水肥一体化应用技术规程	烟台市茶叶学会
96	T/YTTSS 008—2022	茶树主要病虫害绿色防控技术规程	烟台市茶叶学会
97	T/XYNC 001—2022	万峰春茶 第1部分：产地环境条件	兴义市特色农产品品牌促进协会
98	T/XYNC 002—2022	万峰春茶 第2部分：种植技术规范	兴义市特色农产品品牌促进协会
99	T/XYNC 003—2022	万峰春茶 第3部分：病虫害防治规范	兴义市特色农产品品牌促进协会
100	T/XYNC 004—2022	万峰春茶 第4部分：茶青	兴义市特色农产品品牌促进协会
101	T/XYNC 005—2022	万峰春茶 第5部分：加工技术规范	兴义市特色农产品品牌促进协会
102	T/XYNC 006—2022	万峰春茶 第6部分：早茶	兴义市特色农产品品牌促进协会
103	T/XYNC 007—2022	万峰春茶 第7部分：绿茶	兴义市特色农产品品牌促进协会
104	T/XYNC 008—2022	万峰春茶 第8部分：红茶	兴义市特色农产品品牌促进协会
105	T/XYNC 009—2022	万峰春茶 第9部分：白茶	兴义市特色农产品品牌促进协会
106	T/XYNC 010—2022	万峰春茶 第10部分：包装标识及储运规范	兴义市特色农产品品牌促进协会
107	T/XYNC 011—2021	兴义古茶树 绿茶	兴义市特色农产品品牌促进协会
108	T/XYNC 012—2021	兴义市大叶种茶树短穗扦插育苗技术规程	兴义市特色农产品品牌促进协会
109	T/XYTA 0001—2022	信阳毛尖毛茶感官速评法	信阳茶产业协会
110	T/XPCX 0003—2022	霞浦元宵茶	霞浦县茶业协会
111	T/WCGH 001—2021	龙须茶	武夷山市茶业同业公会
112	T/WCGH 002—2021	龙须茶加工技术规程	武夷山市茶业同业公会
113	T/WFCYXH 002—2021	五峰宜红茶	五峰茶业协会
114	T/WFCYXH 003—2021	五峰毛尖	五峰茶业协会
115	T/TCFX 001—2021	富锌绿茶	桐城市富锌产业协会
116	T/TJTSS 0003—2022	普洱茶（生茶）	天津市茶叶学会

续表

序号	标准号	标准名称	发布单位
117	T/TJTSS 0004—2022	普洱茶（熟茶）	天津市茶叶学会
118	T/TJTSS 0005—2022	龙井茶	天津市茶叶学会
119	T/TSCYXH 003—2021	泰顺红茶	泰顺县茶业协会
120	T/TSCYXH 004—2021	泰顺黄茶（泰顺黄汤）	泰顺县茶业协会
121	T/PJMHT 1—2022	蒲江柑橘、猕猴桃、茶叶土壤改良技术规程	四川省蒲江县猕猴桃协会
122	T/STXX 0010—2022	石台硒茶加工技术规程	石台县硒产业协会
123	T/SZTCPA 01—2021	体育竞技点茶斗茶赛技术规程	深圳市茶文化促进会
124	T/SHMHZQ 121—2021	养生茶通用规范	上海市闵行区中小企业协会
125	T/SLAASS 0001—2021	茶叶全程质量控制规范	商洛市农学会
126	T/SDAS 345—2022	茶用菊栽培管理技术规程	山东标准化协会
127	T/XMSSAL 036—2021	供厦食品 茶饮料	厦门市食品安全工作联合会
128	T/RZCX 001—2022	日照绿茶高端品牌产品质量标准	日照市茶叶协会
129	T/RZCX 002—2022	成龄茶园高效简约越冬防护技术规程	日照市茶叶协会
130	T/RZCX 003—2022	日照茶园规划建设规范	日照市茶叶协会
131	T/RZCX 004—2022	日照茶园栽培管理技术规程	日照市茶叶协会
132	T/RZCX 005—2022	日照茶园主要虫害防治技术规程	日照市茶叶协会
133	T/RZCX 006—2022	日照绿茶加工技术规程	日照市茶叶协会
134	T/RZCX 007—2022	日照绿茶质量安全追溯体系建设规范	日照市茶叶协会
135	T/RCX 003—2021	日照白茶	日照市茶行业协会
136	T/QZAS 022—2021	南安石亭绿茶加工技术规程	泉州市标准化协会
137	T/QYZL 23—2021	"清远农家"区域公用品牌 茶类产品质量管理规范	清远市质量管理协会
138	T/QYBX 03—2021	"壮瑶云上连山"区域公用品牌 茶叶质量管理规范	清远市标准化协会
139	T/QDTS 001—2021	青岛茶园有机肥施用技术规程	青岛市茶叶协会
140	T/QDTS 002—2021	崂山茉莉白茶	青岛市茶叶协会
141	T/QDTS 003—2022	茶叶品鉴 崂山黑茶	青岛市茶叶协会
142	T/QDCYH 005—2021	青岛市茶园管理	青岛市茶文化研究会
143	T/QDCYH 006—2021	青岛市茶馆服务管理	青岛市茶文化研究会
144	T/QDAS 072—2021	茶叶品鉴 北方乌龙茶	青岛市标准化协会
145	T/QDAS 073—2021	茶叶品鉴 崂山茉莉花茶	青岛市标准化协会
146	T/QDLSTI 001—2021	崂山白茶仓储规范	青岛崂山茶协会
147	T/QDLSTI 002—2022	茶叶品鉴 崂山龙须	青岛崂山茶协会
148	T/QDLSTI 003—2022	茶叶品鉴 崂山黄茶	青岛崂山茶协会
149	T/CHX 001—2021	七佛贡茶	青川县茶叶协会
150	T/CHX 002—2021	青川红茶加工技术规程	青川县茶叶协会
151	T/CHX 003—2021	青川红茶	青川县茶叶协会

续表

序号	标准号	标准名称	发布单位
152	T/CHX 004—2021	青川红茶产品质量标准	青川县茶叶协会
153	T/PCX 005—2022	古茶园普洱茶原料（晒青茶）	普洱茶协会
154	T/PCX 04—2022	低氟普洱茶	普洱茶协会
155	T/PXTC 0002—2022	平顺连翘叶茶园规范化生产技术规程	平顺县地方特产发展协会
156	T/BYQL 001—2021	平和白芽奇兰	平和县白芽奇兰茶协会
157	T/NDJCCX 003—2021	天山红 工夫红茶	宁德市蕉城区茶业协会
158	T/MTTIA 01—2021	墨脱茶叶 有机茶园建设技术规范	墨脱县茶叶产业协会
159	T/MTTIA 02—2021	墨脱茶叶 生态茶园建设技术规范	墨脱县茶叶产业协会
160	T/MTTIA 03—2021	墨脱茶叶 茶树栽培与管理技术规范	墨脱县茶叶产业协会
161	T/MTTIA 04—2021	墨脱茶叶 茶树育苗技术规范	墨脱县茶叶产业协会
162	T/MTTIA 05—2021	墨脱茶叶 有机茶园病虫草害防控技术规范	墨脱县茶叶产业协会
163	T/MTTIA 06—2021	墨脱茶叶 鲜叶采摘及鲜叶储运技术规范	墨脱县茶叶产业协会
164	T/MTTIA 07—2021	墨脱茶叶 加工操作规范	墨脱县茶叶产业协会
165	T/MTTIA 08—2021	墨脱茶叶 包装与运输要求	墨脱县茶叶产业协会
166	T/MTTIA 09—2021	墨脱茶叶 藏茶茶仓建设基本要求	墨脱县茶叶产业协会
167	T/MTTIA 10—2021	墨脱有机茶	墨脱县茶叶产业协会
168	T/MTTIA 11—2021	墨脱绿茶	墨脱县茶叶产业协会
169	T/MTTIA 12—2021	墨脱红茶	墨脱县茶叶产业协会
170	T/MTTIA 13—2021	墨脱乌龙茶	墨脱县茶叶产业协会
171	T/MTTIA 14—2021	墨脱白茶	墨脱县茶叶产业协会
172	T/MTTIA 15—2021	墨脱藏茶	墨脱县茶叶产业协会
173	T/MTTIA 16—2021	墨脱茶叶 冲泡及品饮方法	墨脱县茶叶产业协会
174	T/MTTIA 17—2021	墨脱茶叶商标使用与管理规范	墨脱县茶叶产业协会
175	T/MTTIA 18—2021	酥油茶茶艺表演规范	墨脱县茶叶产业协会
176	T/MTTIA 19—2021	墨脱茶叶 鲜叶采摘及鲜叶储运技术规范	墨脱县茶叶产业协会
177	T/MXCX 1—2022	梅县绿茶	梅州市梅县区茶叶协会
178	T/MZSCX 01—2021	梅州柚子花茶	梅州市茶叶协会
179	T/MZSCX 01—2022	梅州柚花茶	梅州市茶叶协会
180	T/MZSCX 02—2021	梅州柚花茶加工技术规程	梅州市茶叶协会
181	T/MZSCX 03—2021	梅州客家炒青绿茶加工技术规程	梅州市茶叶协会
182	T/MCX 001—2022	德昂酸茶	芒市茶业协会
183	T/MBYZZZXCX 001—2021	中国彝黑茶	马边彝族自治县茶叶行业协会
184	T/MBYZZZXCX 02—2021	中国彝黄茶	马边彝族自治县茶叶行业协会
185	T/MBYZZZXCX 03—2021	中国彝红茶	马边彝族自治县茶叶行业协会
186	T/LYFIA 026—2021	沂蒙山金银花红茶	临沂市食品工业协会
187	T/LYFIA 027—2021	沂蒙山金银花红茶加工技术规程	临沂市食品工业协会

续表

序号	标准号	标准名称	发布单位
188	T/JRCY 001—2022	农产品地理标志产品 茅山长青茶	句容市茶叶协会
189	T/JJCX 002—2021	庐山云雾茶冲泡与品鉴方法	九江市茶叶产业协会
190	T/JGCYXH 001—2022	景谷大白茶	景谷傣族彝族自治县茶业协会
191	T/JGCYXH 002—2022	景谷大白茶加工技术规程	景谷傣族彝族自治县茶业协会
192	T/JAASS 53—2022	柑红茶制作技术规范	江苏省农学会
193	T/JAASS 54—2022	江苏红茶加工技术规程	江苏省农学会
194	T/JAASS 55—2022	针形红茶加工技术规程	江苏省农学会
195	T/JSSCYXH 01—2021	茶叶加工工职业技能等级认定标准	江苏省茶叶学会
196	T/JSSCYXH 02—2021	茶艺师职业技能等级认定标准	江苏省茶叶学会
197	T/JSSCYXH 03—2021	点茶技能等级评价标准	江苏省茶叶学会
198	T/QWCX 001—2022	地理标志产品 犍为茉莉茶	犍为县茉莉茶协会
199	T/QWCX 002—2022	地理标志集体商标 犍为茉莉茶	犍为县茉莉茶协会
200	T/QWCX 003—2022	犍为茉莉花扦插育苗技术规范	犍为县茉莉茶协会
201	T/QWCX 004—2022	犍为茉莉鲜花质量要求	犍为县茉莉茶协会
202	T/QWCX 005—2022	犍为茉莉花栽培技术规范	犍为县茉莉茶协会
203	T/QWCX 006—2022	犍为茉莉花茶加工技术规范	犍为县茉莉茶协会
204	T/QWCX 007—2022	犍为茉莉花茶（茶叶）栽培技术规范	犍为县茉莉茶协会
205	T/JNCQCX 001—2021	地理标志农产品 长清茶	济南市长清茶叶协会
206	T/JNCQCX 002—2021	长清茶生产技术规程	济南市长清茶叶协会
207	T/JNCQCX 003—2021	长清绿茶加工技术规程	济南市长清茶叶协会
208	T/JNCQCX SDCX001—2022	长清红茶加工技术规程	济南市长清茶叶协会
209	T/HSCX 003—2021	霍山黄小茶	霍山县茶叶产业协会
210	T/HSCX 004—2021	霍山红茶	霍山县茶叶产业协会
211	T/HZBX 043—2021	澜沧古茶 普洱茶（熟茶）冲泡方法	惠州市标准化协会
212	T/HAHXCX 0002—2021	北溪乌龙茶	华安县海峡两岸茶业交流协会
213	T/HNTI 034—2021	常德红茶	湖南省茶叶学会
214	T/HNTI 035—2021	湘乡水府茶	湖南省茶叶学会
215	T/HNTI 036—2021	水府红茶	湖南省茶叶学会
216	T/HNTI 037.1—2021	碣滩茶 第1部分：产品质量	湖南省茶叶学会
217	T/HNTI 037.2—2021	碣滩茶 第2部分：茶园建设技术规程	湖南省茶叶学会
218	T/HNTI 037.3—2021	碣滩茶 第3部分：加工技术规程	湖南省茶叶学会
219	T/HNTI 038—2021	沅陵红茶加工技术规程	湖南省茶叶学会
220	T/HNTI 039—2021	常宁塔山茶 绿茶	湖南省茶叶学会
221	T/HNTI 040—2021	常宁塔山茶 红茶	湖南省茶叶学会
222	T/HNTI 041—2021	永顺莓茶	湖南省茶叶学会
223	T/HNTI 042—2021	碣滩高香绿茶	湖南省茶叶学会

续表

序号	标准号	标准名称	发布单位
224	T/HNTI 043—2021	碣滩高香绿茶加工技术规程	湖南省茶叶学会
225	T/HNTI 044—2021	江华苦茶 瑶茶	湖南省茶叶学会
226	T/HNTI 045—2021	江华苦茶 瑶茶加工技术规程	湖南省茶叶学会
227	T/HNTI 046—2022	茶树工厂化育苗技术规程	湖南省茶叶学会
228	T/HNTI 047—2022	湖南机采茶园管理技术规程	湖南省茶叶学会
229	T/WDDC 003—2021	武当山茶：红茶	湖北省武当道茶产业协会
230	T/WDDC 004—2021	武当山茶：红茶加工技术规程	湖北省武当道茶产业协会
231	T/WDDC 005—2021	武当山茶：绿茶	湖北省武当道茶产业协会
232	T/WDDC 006—2021	武当山茶：绿茶加工技术规程	湖北省武当道茶产业协会
233	T/HBTSS 001—2022	针形红茶加工技术规程	湖北省茶叶学会
234	T/HBTSS 002—2022	卷曲形红茶加工技术规程	湖北省茶叶学会
235	T/HBTSS 003—2022	条形红茶机械化加工技术规程	湖北省茶叶学会
236	T/HBTSS 004—2022	珠形红茶机械化加工技术规程	湖北省茶叶学会
237	T/HBAS 008—2021	赤壁市新建茶园技术规程	湖北省标准化学会
238	T/HBAS 009—2021	赤壁青砖茶发酵茶工艺及等级要求	湖北省标准化学会
239	T/HBAS 010—2021	赤壁青砖茶清洁化生产技术规范	湖北省标准化学会
240	T/HBAS 011—2021	赤壁青砖茶加工规范等级评定	湖北省标准化学会
241	T/HBAS 012—2021	赤壁青砖茶标签标识通用规范	湖北省标准化学会
242	T/HBAS 013—2021	赤壁市茶叶初制加工车间建设指南	湖北省标准化学会
243	T/HBAS 014—2021	赤壁青砖茶检测规程	湖北省标准化学会
244	T/HBAS 015—2021	赤壁市老茶园改造技术规范	湖北省标准化学会
245	T/HBAS 016—2021	赤壁青砖茶种植规范评定	湖北省标准化学会
246	T/HBAS 017—2021	赤壁青砖茶鲜叶等级评定	湖北省标准化学会
247	T/HBAS 018—2021	赤壁青砖茶信息溯源管理指南	湖北省标准化学会
248	T/HHJH 020—2021	红河州农产品流通规范：茶叶	红河九红产业发展协会
249	T/HHJH 021—2021	红河州农产品流通规范：古树茶	红河九红产业发展协会
250	T/HTASA 001—2021	少儿茶艺表演能力等级认定标准	河北省茶艺师协会
251	T/XHLJ 001—2021	西湖龙井茶	杭州市西湖龙井茶管理协会
252	T/GZSX 091—2022	冷泡茶饮品	贵州省食品工业协会
253	T/GZTPA 0001—2021	贵州茶叶中风味挥发性物质的测定气相色谱质谱法	贵州省绿茶品牌发展促进会
254	T/GZTPA 0002—2021	贵州茶叶可溶性糖的检测 气相色谱氢火焰离子化法	贵州省绿茶品牌发展促进会
255	T/GZTPA 0003—2021	贵州茶叶中脂肪酸的测定 气相色谱质谱法	贵州省绿茶品牌发展促进会
256	T/GPCPEC 005—2022	毕节白茶	贵州省经济文化促进会
257	T/GGI 021—2022	思南晏茶产地环境条件	贵州省地理标志研究会
258	T/GGI 022—2022	思南晏茶种植技术规程	贵州省地理标志研究会

续表

序号	标准号	标准名称	发布单位
259	T/GGI 023—2022	思南晏茶病虫害绿色防控技术规程	贵州省地理标志研究会
260	T/GGI 024—2022	思南晏茶鲜叶采摘规范	贵州省地理标志研究会
261	T/GGI 025—2022	思南晏茶加工环境规范	贵州省地理标志研究会
262	T/GZTSS 1—2021	茶叶中茶氨酸、可可碱含量的测定 近红外漫反射光谱法	贵州省茶叶学会
263	T/GZTSS 2.1—2022	六盘水早茶 第1部分：茶园生产技术规程	贵州省茶叶学会
264	T/GZTSS 2.2—2022	六盘水早茶 第2部分：茶叶加工技术规程	贵州省茶叶学会
265	T/GZTSS 2.3—2022	六盘水早茶 第3部分:商品茶	贵州省茶叶学会
266	T/GZTSS 3—2022	茶叶加工专项职业能力考核规范	贵州省茶叶学会
267	T/GZTSS 4—2022	茶艺演示专项职业能力考核规范	贵州省茶叶学会
268	T/GZTSS 5—2022	油茶制作专项职业能力考核规范	贵州省茶叶学会
269	T/GZTSS 6—2022	茶叶加工工职业技能等级考核规范	贵州省茶叶学会
270	T/GXAS 244—2021	富硒夏茶栽培技术规程	广西标准化协会
271	T/GXAS 245—2021	广西虫茶加工技术规程	广西标准化协会
272	T/GXAS 248—2021	广西优质绿茶	广西标准化协会
273	T/GXAS 249—2021	广西优质工夫红茶	广西标准化协会
274	T/GXAS 250—2021	广西优质白茶	广西标准化协会
275	T/GXAS 251—2021	广西优质野生红茶	广西标准化协会
276	T/GXAS 252—2021	扶绥姑辽茶栽培技术规程	广西标准化协会
277	T/GXAS 309—2022	地理标志农产品广西六堡茶栽培技术规程	广西标准化协会
278	T/GXAS 310—2022	地理标志农产品广西六堡茶加工技术规程	广西标准化协会
279	T/GXAS 311—2022	地理标志农产品 广西六堡茶	广西标准化协会
280	T/GXAS 343—2022	杜鹃红山茶播种育苗技术规程	广西标准化协会
281	T/GXAS 344—2022	杜鹃红山茶芽苗砧嫁接繁殖技术规程	广西标准化协会
282	T/GDAQI 77—2022	客家花香型红茶加工技术规程	广东省质量检验协会
283	T/GDAQI 78—2022	客家花香型红茶品质与评鉴	广东省质量检验协会
284	T/GDAQI 79—2022	客家清香型绿茶加工技术规程	广东省质量检验协会
285	T/GDAQI 80—2022	客家清香型绿茶品质与评鉴	广东省质量检验协会
286	T/GDNB 51—2021	富硒茶标准化生产技术规范	广东省农业标准化协会
287	T/GDNB 53—2021	英德红茶加工技术规程	广东省农业标准化协会
288	T/GDNB 54—2021	英红九号红茶加工技术规程	广东省农业标准化协会
289	T/GDNB 60—2021	英德红茶产区茶园生态建设技术规范	广东省农业标准化协会
290	T/GDNB 61—2021	潮州单丛古茶树保护技术规程	广东省农业标准化协会
291	T/GDNB 62—2021	英德茶区灰茶尺蠖绿色防控技术规程	广东省农业标准化协会
292	T/GDNB 63—2021	英红九号茶青分级标准	广东省农业标准化协会
293	T/GDNB 66—2021	单丛茶分类分级	广东省农业标准化协会
294	T/GDNB 67—2021	不同等级英红九号红茶加工技术规程	广东省农业标准化协会

续表

序号	标准号	标准名称	发布单位
295	T/GDNB 68—2021	茶鲜叶储运技术规范	广东省农业标准化协会
296	T/GDNB 86—2022	柏塘山茶生产技术规程	广东省农业标准化协会
297	T/GDNB 87—2022	柏塘山茶扦插育苗技术规程	广东省农业标准化协会
298	T/GDNB 88—2022	茶园蚯蚓生物固碳培肥技术规范	广东省农业标准化协会
299	T/GQCX 1—2021	广安松针	广安市前锋区茶叶协会
300	T/FJBS 2—2022	油茶栽培技术规程	福建省植物学会
301	T/FJSP 0013—2021	茶制品 速溶茶	福建省食品工业协会
302	T/FJSP 0014—2021	茶制品 茶浓缩液	福建省食品工业协会
303	T/SA 41—2022	铁观音红茶	福建省标准化服务行业协会
304	T/SA 42—2022	铁观音红茶加工技术规程	福建省标准化服务行业协会
305	T/ESSE 002—2022	恩施新茶饮制作规范	恩施土家族苗族自治州茶产业协会
306	T/CCOICDG 001—2021	年份茶数字化仓储与藏养规范	东莞市国际商会
307	T/CCOICDG 002—2021	年份茶评估规范	东莞市国际商会
308	T/CCOICDG 003—2021	年份茶贸易规范	东莞市国际商会
309	T/DGAS 022—2021	东莞市普洱茶干仓 仓贮技术规范	东莞市标准化协会
310	T/DGAS 023—2021	东莞市普洱茶干仓 仓贮管理评价技术规范	东莞市标准化协会
311	T/DQCY 004—2021	德清县生态茶园标准化生产技术规程	德清县茶叶协会
312	T/DQCY 005—2021	莫干黄芽茶加工技术规程	德清县茶叶协会
313	T/DZCX 01—2022	巴山青茶	达州市茶叶协会
314	T/QDNP 0101—2021	千岛农品 千岛湖茶	淳安县千岛农品共富促进会
315	T/CYXH 001—2021	西涧春雪茶	滁州市茶叶行业协会
316	T/CACYXH 001—2021	凤凰单丛（枞）茶质量分级	潮州市潮安区茶叶协会
317	T/CACYXH 002—2021	凤凰单丛（枞）茶命名规则	潮州市潮安区茶叶协会
318	T/CACYXH 003—2022	凤凰古树茶	潮州市潮安区茶叶协会
319	T/CACYXH 004—2022	凤凰乌崠单丛茶	潮州市潮安区茶叶协会
320	T/CZTEA 001—2021	凤凰单丛茶包装规程	潮州市茶产业促进会
321	T/CLCY 01—2021	茶陵红茶 功夫红茶	茶陵县茶产业发展促进会
322	T/BLTJBX 21—2021	茶叶交易服务规范	博罗县特种设备和计量标准化协会
323	T/BLTJBX 22—2021	柏塘山茶标准体系建设指南	博罗县特种设备和计量标准化协会
324	T/BLTJBX 23—2021	茶叶包装贮运技术规范	博罗县特种设备和计量标准化协会
325	T/BLTJBX 24—2021	茶树主要害虫绿色防控技术规程	博罗县特种设备和计量标准化协会
326	T/BLTJBX 25—2021	茶园化肥农药减施增效技术规程	博罗县特种设备和计量标准化协会

续表

序号	标准号	标准名称	发布单位
327	T/BLTJBX 26—2021	柏塘山茶质量安全追溯系统建设要求	博罗县特种设备和计量标准化协会
328	T/BLTJBX 27—2021	生态茶园建设与管理规范	博罗县特种设备和计量标准化协会
329	T/BLTJBX 28—2021	茶园杂草绿色防控技术规程	博罗县特种设备和计量标准化协会
330	T/BLTJBX 29—2021	低效茶园改造技术规程	博罗县特种设备和计量标准化协会
331	T/BLTJBX 30—2021	茶园用有机肥堆沤技术规程	博罗县特种设备和计量标准化协会
332	T/AJBCXH 1—2022	安吉白茶加工技能水平评价规程	安吉白茶协会

5．国家标准样品

据全国标准信息公共服务平台国家标准样品查询平台（http://std.samr.gov.cn/gsm/query）显示，2021年新发布标准样品研制项目《龙井茶分级标准样品》《白茶感官分级标准样品》二项，标准复制项目《六安瓜片茶（特一级）感官标准样品》《霍山黄芽茶（特一级）感官标准样品》《祁门红茶（特级）感官标准样品》《太平猴魁茶（特级）感官标准样品》《黄山毛峰茶（特级二等）感官标准样品》等五项，目前，该7项标准样品研/复制工作正在进行中。

（二）茶叶标准组织建设工作

2021年12月，全国茶叶标准化技术委员会以线上视频会议的形式召开了三届三次会议。全国茶标委委员、观察员、各工作组代表120余人参加了会议。会议审议了全国茶标委2021年工作报告与2022年工作计划。

2022年4月，全国标准样品技术委员会茶叶标准样品专业工作组（SAC/TC118/WG16）正式成立（以下简称"全国茶叶标样工作组"），主要负责组织茶叶感官标准样品的研复制工作。工作组的成立将有力推动茶叶领域的标准样品研制工作进程，为茶叶生产、加工、销售、品饮以及市场监管、检验检测、技术推广、科学研究提供实物依据，着力解决我国茶叶品质评价中标准实物样缺失问题，为茶叶品质评价奠定基础。

二、2021年以来我国茶叶标准体系建设重大事件

（一）《企业标准化促进办法（征求意见稿）》公开征求意见

2021年11月，国家市场监督管理总局发布通知，就《企业标准化促进办法（征求意见稿）》进行

公开征求意见。自2018年新修订的《中华人民共和国标准化法》实施以来，企业标准化方面，取消了企业标准备案管理，提出了建立企业标准自我声明公开和监督制度等新规定，现行《企业标准化管理办法》发布于1990年，不能适应新《标准化法》的要求和企业标准化工作的新需求。2019年1月，市场监管总局标准创新管理司牵头启动了《企业标准化管理办法》的修订工作，将《企业标准化管理办法》更名为《企业标准化促进办法》，形成了《企业标准化促进办法（征求意见稿）》（以下称"征求意见稿"）。

征求意见稿的修订坚持企业主体、市场驱动，保护和激发市场主体活力，增强企业标准化工作内生动力，发挥标准化在推动企业科技创新、提升竞争力中的基础性、引领性作用，明确企业标准化工作的基本任务，提出企业规范开展标准化工作的基本要求，引导企业加强标准化工作，提升标准化水平，提高产品和服务质量，推动企业高质量发展。明确政府部门监督管理和服务促进企业标准化工作的要求，为企业标准化工作营造市场化、法治化、国际化的良好环境。征求意见稿包括总则、标准制定、自我声明公开、促进与服务、监督管理、附则，共计6章35条。

（二）十七部门联合发布《关于促进团体标准规范优质发展的意见》

2022年1月，国家标准化管理委员会等17部门联合发布了《关于促进团体标准规范优质发展的意见》的通知。分别从提升团体标准组织标准化工作能力、建立以需求为导向的团体标准制定模式、拓宽团体标准推广应用渠道、开展团体标准化良好行为评价、实施团体标准培优计划、促进团体标准化开放合作、完善团体标准发展激励政策、增强团体标准组织合规性意识、加强社会监督和政府监管等方面给出了指导意见。

其中，在完善团体标准发展激励政策中特别提到，建立健全推荐性国家标准采信团体标准的机制，会同国务院有关行政主管部门共同推动将团体标准作为科研项目成果的重要考核指标之一。鼓励各部门、各地方将在助推经济社会高质量发展中取得显著成效的团体标准纳入奖励范围。鼓励企业、高等院校、科研机构等用人单位在职称评定中增加团体标准的评分权重。鼓励有关部门建立相关融资增信制度，激励企业通过执行团体标准提供高质量产品和服务。

（三）中共中央、国务院印发《国家标准化发展纲要》

2021年10月，中共中央、国务院印发了《国家标准化发展纲要》（以下简称《纲要》）。从顶层设计层面对标准化工作进行系统谋划，优化标准化治理结构，增强标准化治理效能，提升标准国际化水平，这是立足新发展阶段、贯彻新发展理念、构建新发展格局的必然要求，也是助力高技术创新、促进高水平开放、引领高质量发展的必由之举。《纲要》擘划标准化工作的发展目标，提出"到2035年，结构优化、先进合理、国际兼容的标准体系更加健全，具有中国特色的标准化管理体制更加完善，市场驱动、政府引导、企业为主、社会参与、开放融合的标准化工作格局全面形成"。

（四）十部门联合印发《"十四五"推动高质量发展的国家标准体系建设规划》

2021年12月，为贯彻落实《国家标准化发展纲要》，指导国家标准的制定与实施，加快构建推动高质量发展的国家标准体系，国家标准化管理委员会、中央网信办、科技部、商务部等10部门印发《"十四五"推动高质量发展的国家标准体系建设规划》。到2025年，推动高质量发展的国家标准体系基本建成，国家标准供给和保障能力明显提升，国家标准体系的系统性、协调性、开放性和适用性显著增强，标准化质量效益不断显现。

规划明确建设重点领域国家标准体系（农业农村领域、食品消费品领域、制造业高端化领域、新一代信息技术产业和生物技术领域、城镇建设领域、服务业领域、优化营商环境领域、应对突发公共安全事件领域、生态文明建设领域）、优化国家标准供给体系（优化强制性国家标准、提升推荐性国家标准供给效率、健全科技成果转化为国家标准工作机制、丰富国家标准供给形式、瞄准国际先进标准提高国家标准供给水平、强化国家标准样品供给）、健全国家标准保障体系（完善全国专业标准化技术组织、健全标准化人才培养体系、提升信息化支撑能力、拓展标准化国际合作）等重点任务。

（五）市场监管总局等16部门印发贯彻实施《国家标准化发展纲要》行动计划

2022年7月，为贯彻实施《国家标准化发展纲要》，明确2023年年底前重点工作，有序推进任务落实，更好发挥标准化在推进国家治理体系和治理能力现代化中的基础性、引领性作用，国家市场监督管理总局等16部门发布关于印发贯彻实施《国家标准化发展纲要》行动计划（以下简称《行动计划》）的通知，共33条具体任务。行动计划提出，完善落实纲要配套政策，积极将标准化纳入乡村振兴、社会治理、公共服务等各类政策规划，加强与标准化相关要求的协同衔接。

《行动计划》紧扣《纲要》对"十四五"时期标准化发展的总体部署，以重点工作为牵引，由点及面推动纲要贯彻实施向纵深推进。《行动计划》采用重点任务逐一列条的方式，结构安排上与纲要框架内容相对应，主要围绕"标准化服务经济社会高质量发展""标准化自身发展""健全激励政策，加强督促检查，强化宣传引导"3个板块。

三、我国茶叶标准体系建设展望

（一）紧跟国家标准化发展规划，加强标准化体系建设

近一年来，国家相继发布了《国家标准化发展纲要》、《"十四五"推动高质量发展的国家标准体系建设规划》、贯彻实施《国家标准化发展纲要》行动计划、《关于促进团体标准规范优质发展的意见》、《企业标准化促进办法（征求意见稿）》等重磅级文件，从顶层设计规划到具体实施计划，可见国家对标准促进高质量发展的决心。2022年8月，农业农村部在对十三届全国人大五次会议第4910号

建议的答复中也提到，将会同市场监管总局等有关部门，加强茶叶综合评价标准制修订工作前期调研及评估，围绕区位优势、产品功能，研究不同产区、不同工艺、不同原料和不同产品的品质指标，推动建立茶叶分等分级评价体系，构建茶叶品质成分数据库，着力构建全要素、全链条、多层次的茶叶全产业链标准体系。积极推进茶叶国际标准化工作，提升我国在国际标准制定中的话语权。中国茶叶标准化工作者应积极响应政府工作要求并贯彻，依托政策支持，推动中国茶叶标准工作迈上一个新台阶。

（二）持续优化茶叶标准体系结构

中国茶叶标准体系经过多年来的发展，虽然形成了覆盖茶叶生产前、产中、产后等各环节全茶产业链的较为完善的茶叶标准化体系，但是一直存在的问题是多注重生产端（如产品质量、栽培管理、加工技术等），对于流通端（如包装、仓储、销售、质量追溯、品牌评价等）环节还比较薄弱。从近一年发布的标准来看，以政府为主导的行标和地标仍然是以生产端为主，占比达到80%以上，而市场自主制定的团体标准则在流通领域有加强的趋势，说明我国新型标准体系正在发挥积极的作用，茶叶标准体系也将进一步持续优化，更加完善。

（三）加强标准化人才队伍建设

中国茶叶标准体系虽数量庞大，覆盖范围广，但是企业的参与程度不多，尤其是中小型企业，普遍缺乏标准意识，缺乏标准化管理的人才队伍，导致企业在了解、实施、执行标准过程中出现理解不足的情况，而部分理论型标准工作者可能由于实践经验方面的欠缺，导致标准的应用性打折扣。而即将发布的《企业标准化促进办法》对企业的标准工作提出了更高更具体的要求，企业应紧跟政策导向，加强标准化人才的培养，培养企业标准化思维，提升企业自身的竞争能力，适应新经济形势下的市场发展。

（四）进一步加强茶叶实物标准样品研制

2021年全国标准样品技术委员会立项7项茶叶实物标准样品研复制计划，加上之前的6项，共有13项研复制计划。但相比我国目前数量众多的产品标准，是远远不够的，新成立的全国茶叶标样工作组将很好的推动茶叶实物标准样品研制工作。同时，各地方茶业主管部门、行业组织也应加快各自归口管理标准相对应的茶叶实物样品研制工作。

（五）持续做好标准化宣贯工作

标准工作应立项制定和宣贯并重，只有在生产经营活动中实际应用，标准的制定才有意义，才能充分发挥其作用，助力企业提升市场竞争力，从而推动产业高质量发展。

（执笔人：张瑜）

2021中国茶叶标准国际化发展报告

中国茶叶流通协会

茶是世界上最重要的经济作物之一。作为世界茶叶的发源地，中国有着几千年灿烂的饮茶文化，这赋予了中国茶叶丰富的文化内涵和独特的品质优势。2021年我国茶园面积4896万亩，茶叶产量达318万吨，茶叶出口量36.94万吨，整个茶行业经济总量接近8000亿元。多年来，我国茶产业继承传统、探索新路，服务国家发展战略和人民生活需要，已成为促进三产融合、助力脱贫攻坚、推动乡村振兴的支柱产业。

标准是经济活动和社会发展的技术支撑，是人类文明进步的成果，是世界通用语言。标准化在便利经贸往来、支撑产业发展、促进科技进步、规范社会治理中的作用日益凸显。

国际标准化工作从大工业生产出现以后开始，并随着世界经济的发展和社会的进步，逐步产生和发展起来。开展国际标准化活动可以为国际贸易提供基本的技术依据，为消除技术性贸易壁垒，实现贸易自由化创造条件。世界贸易组织（WTO）的有关协定给予了国际标准化很重要的地位和作用。随着国家对标准化工作的重视以及我国茶产业的持续稳定发展，我国茶叶国际标准化工作也在加速前行。

一、茶叶标准国际化发展现状

目前，国际标准化组织（International Organization for Standardization，ISO）已制定并发布33项茶叶国际标准，内容涵盖绿茶、红茶产品标准以及茶叶水分、总灰分、水浸出物等检测方法标准，为世界各国的茶叶进出口经贸活动提供了重要的技术基础和依据（表1）。

ISO/TC 34/SC 8（国际标准化组织食品技术委员会茶叶分技术委员会）共有17个成员国及28个观察国。成员国分别是阿根廷、中国、德国、匈牙利、印度、印度尼西亚、伊朗、爱尔兰、日本、肯尼亚、马拉维、罗马尼亚、斯里兰卡、瑞士、土耳其、乌克兰、英国。观察国包括智利、埃及、法国、墨西哥、越南、泰国等茶叶产销国，各国围绕国际茶叶标准的制修订以及未来茶叶国际标准的研究方向献计献策。

表1 ISO/TC 34/SC 8 已发布的茶叶国际标准

序号	标准编号	标准名称（英文）
1	ISO 1572:1980	Tea — Preparation of ground sample of known dry matter content
2	ISO 1573:1980	Tea — Determination of loss in mass at 103 degrees C

续表

序号	标准编号	标准名称（英文）
3	ISO 1575:1987	Tea — Determination of total ash
4	ISO 1576:1988	Tea — Determination of water-soluble ash and water-insoluble ash
5	ISO 1577:1987	Tea — Determination of acid-insoluble ash
6	ISO 1578:1975	Tea — Determination of alkalinity of water-soluble ash
7	ISO 1839:1980	Tea — Sampling
8	ISO 3103:2019	Tea — Preparation of liquor for use in sensory tests
9	ISO 3720:2011	Black tea — Definition and basic requirements
10	ISO 6078:1982	Black tea — Vocabulary
11	ISO 6079:2021	Instant tea in solid form — Specification
12	ISO 6770:1982	Instant tea — Determination of free-flow and compacted bulk densities
13	ISO 7513:1990	Instant tea in solid form — Determination of moisture content (loss in mass at 103 degrees C)
14	ISO 7513:1990/AMD 1:2012	Instant tea in solid form — Determination of moisture content (loss in mass at 103 degrees C) — Amendment 1
15	ISO 7514:1990	Instant tea in solid form — Determination of total ash
16	ISO 7516:1984	Instant tea in solid form — Sampling
17	ISO 9768:1994	Tea — Determination of water extract
18	ISO 9768:1994/ COR 1:1998	Tea — Determination of water extract—Technical Corrigendum 1
19	ISO 9884-1:1994	Tea sacks — Specification — Part 1: Reference sack for palletized and containerized transport of tea
20	ISO 9884-2:1999	Tea sacks — Specification — Part 2: Performance specification for sacks for palletized and containerized transport of tea
21	ISO 10727:2002	Tea and instant tea in solid form — Determination of caffeine content — Method using high-performance liquid chromatography
22	ISO 11286:2004	Tea — Classification of grades by particle size analysis
23	ISO 11287:2011	Green tea — Definition and basic requirements
24	ISO/TR 12591:2013	White tea — Definition
25	ISO 14502-1:2005	Determination of substances characteristic of green and black tea — Part 1: Content of total polyphenols in tea — Colorimetric method using Folin-Ciocalteu reagent
26	ISO 14502-1:2005/COR 1:2006	Determination of substances characteristic of green and black tea — Part 1: Content of total polyphenols in tea — Colorimetric method using Folin-Ciocalteu reagent-Technical Corrigendum 1
27	ISO 14502-2:2005	Determination of substances characteristic of green and black tea — Part 2: Content of catechins in green tea — Method using high-performance liquid chromatography
28	ISO 14502-2:2005/COR 1:2006	Determination of substances characteristic of green and black tea — Part 2: Content of catechins in green tea — Method using high-performance liquid chromatography —Technical Corrigendum 1

续表

序号	标准编号	标准名称（英文）
29	ISO 15598:1999	Tea — Determination of crude fibre content
30	ISO 18447:2021	Tea — Determination of theaflavins in black tea — Method using high performance liquid chromatography
31	ISO 18449:2021	Green tea — Vocabulary
32	ISO 19563:2017	Determination of theanine in tea and instant tea in solid form using high-performance liquid chromatography
33	ISO/TR 21380:2022	Matcha tea — Definition and characteristics

此外，ISO/TC 34/SC 8目前共有6个工作组（表2）、4个在制标准（表3）。其中，由中国专家作为项目召集人的标准工作组正在制定ISO/DIS 20715 Tea Classification（茶叶分类）、ISO 20716 Oolong tea - Definition and basic requirements（乌龙茶：定义与基本要求）和ISO/CD 5642 Tea extracts - Tea polyphenols - Definition and basic requirements（茶叶提取物：茶多酚定义与基本要求）。其中，ISO 20716 Oolong tea - Definition and basic requirements（乌龙茶：定义与基本要求）将于2022年9月正式发布。同时，中国茶叶标准领域专家也正在参与多项茶叶国际标准的制修订，极大地增强了我国在茶叶国际标准化领域的话语权。

表2 ISO/TC 34/SC 8 现有工作组

序号	标准编号	标准名称（英文）	标准名称（中文）
1	ISO/TC 34/SC 8/WG 14	Tea polyphenols	茶多酚
2	ISO/TC 34/SC 8/WG 13	Matcha tea	抹茶
3	ISO/TC 34/SC 8/WG 11	Purple tea	紫茶
4	ISO/TC 34/SC 8/WG 10	Green tea — Vocabulary	绿茶术语
5	ISO/TC 34/SC 8/WG 7	Oolong tea	乌龙茶
6	ISO/TC 34/SC 8/WG 6	Tea classification	茶叶分类

表3 ISO/TC 34/SC 8 在制茶叶国际标准

序号	标准编号	标准名称（英文）	标准名称（中文）
1	ISO/CD TS 5617	Method of tea classification by chemical analysis	茶叶化学分类法
2	ISO/CD 5642	Tea extracts — Tea polyphenols — Definition and basic requirements	茶叶提取物：茶多酚定义与基本要求
3	ISO/DIS 20715	Tea classification	茶叶分类
4	ISO 20716	Oolong tea — Definition and basic requirements	乌龙茶：定义与基本要求

二、我国参与茶叶国际标准化工作情况

（一）参与ISO国际标准的制修订

我国茶叶标准领域专家积极参与茶叶国际标准的制修订工作，包括理化指标检测等方法标准及绿茶、红茶等产品标准，同时牵头承担多项茶叶国际标准的制定工作，包括《绿茶术语》（ISO 18449：2021）、《乌龙茶：定义与基本要求》（ISO 20716）、《茶叶分类》（ISO/DIS 20715）。此外，由中国专家牵头的前期预研项目《茶叶提取物：茶多酚定义与基本要求》于2020年8月立项，并成立了新的工作组（WG14）。

（二）积极承办ISO/TC34/SC8 茶叶国际标准化会议

2008年，ISO/TC34/SC8 第22次茶叶国际标准化会议在杭州召开，来自中国、英国、德国、印度、斯里兰卡、肯尼亚、日本、土耳其等国的茶叶标准领域专家参会，由我国提出的"特种茶"国际标准作为前期预研项目列入决议。2019年10月，ISO/TC34/SC8第27次全体会议暨系列工作组会议再次于杭州召开，来自英国、日本、肯尼亚、斯里兰卡、印度、马拉维、中国等7个国家不同机构的参会代表，SC8 秘书处及观察员共计 50 余人参加了会议，各工作组围绕标准项目进行研讨交流，并就下一阶段国际标准工作达成共识。

（三）开展国家标准外文版翻译工作

《深化标准化工作改革方案》（国发〔2015〕13号）提出："加强中国标准外文版翻译出版工作，推动与主要贸易国之间的标准互认，推进优势、特色领域标准国际化，创建中国标准品牌。结合海外工程承包、重大装备设备出口和对外援建，推广中国标准，以中国标准'走出去'带动我国产品、技术、装备、服务'走出去'"。

为支持中国标准"走出去"战略，满足国际贸易对国家标准外文版的迫切需求，目前共有23项茶叶国家标准英文版出版，并已发布实施（表4）。

表4 中国已发布的外文版茶叶国家标准

序号	标准编号	标准名称（中文）
1	GB/T 9833.1—2013	紧压茶 第1部分：花砖茶
2	GB/T 9833.2—2013	紧压茶 第2部分：黑砖茶
3	GB/T 9833.3—2013	紧压茶 第3部分：茯砖茶
4	GB/T 9833.4—2013	紧压茶 第4部分：康砖茶
5	GB/T 9833.5—2013	紧压茶 第5部分：沱茶
6	GB/T 9833.6—2013	紧压茶 第6部分：紧茶

续表

序号	标准编号	标准名称（中文）
7	GB/T 9833.7—2013	紧压茶 第7部分：金尖茶
8	GB/T 9833.8—2013	紧压茶 第8部分：米砖茶
9	GB/T 9833.9—2013	紧压茶 第9部分：青砖茶
10	GB/T 13738.3—2012	红茶 第3部分：小种红茶
11	GB/T 30375—2013	茶叶贮存
12	GB/T 30357.1—2013	乌龙茶 第1部分：基本要求
13	GB/T 30357.2—2013	乌龙茶 第2部分：铁观音
14	GB/T 30357.3—2015	乌龙茶 第3部分：黄金桂
15	GB/T 30357.4—2015	乌龙茶 第4部分：水仙
16	GB/T 30357.5—2015	乌龙茶 第5部分：肉桂
17	GB/T 14456.1—2008	绿茶 第1部分：基本要求
18	GB/T 14456.4—2016	绿茶 第4部分：珠茶
19	GB/T 14456.5—2016	绿茶 第5部分：眉茶
20	GB/T 14456.6—2016	绿茶 第6部分：蒸青茶
21	GB/T 24690—2018	袋泡茶
22	GB/T 30766—2014	茶叶分类
23	GB/T 24710—2009	地理标志产品 坦洋工夫

三、中国茶叶标准国际化工作展望

多年来，随着国家对标准化工作的重视和关注，在国家标准化管理委员会和中华全国供销合作总社的指导下，在行业各相关单位的努力和配合下，我国茶叶国际标准化工作持续推进，取得了阶段性成效，但同时也存在着问题和挑战，面对未来国际茶业大环境和国际标准化工作的需求，还需在诸多方面给予关注并行动。

（一）项目推进

持续推进我国牵头承担的《茶叶分类》《茶叶提取物：茶多酚定义和基本要求》等国际标准的制定工作，积极参与《抹茶》《茶叶化学分类》等茶叶国际标准项目的制修订工作。

（二）充分发挥科研机构、行业协会和企业的作用

科研机构、行业协会和企业在国际标准化工作中发挥着巨大的作用。科研机构和企业的产学研合作成果是技术核心，行业协会有着丰富的行业资源，是企业与政府部门间的桥梁，是协调标准利益相关方和保证标准实施可落地的重要纽带，以上三者缺一不可。国际标准化工作的长远可持续发展，需要改进各主体之间的运行机制，建立和完善产业和技术标准化多元参与的合作和协商机制，提高不同

利益相关方参与的积极性和有效性，特别要引导和推动国内龙头企业和出口企业，更好地整合科研机构、行业协会和企业等全社会的力量参与国际标准化建设。

（三）自主创新，增加国际标准新工作项目提案

行在当下，着眼未来。首先开展调查分析，以国内大中型茶叶龙头企业和出口企业为重点，了解市场需求和企业意向，确定优先领域，制定参与国际标准化活动的工作计划，并着力推动实施。整理筛选国际标准新工作项目预案，并向国际标准化组织提出，争取建立国际标准工作组，进而争取由中国专家担任工作组召集人。同时加强与其他国家标准研究项目的合作，争取联合提交国际标准新工作项目。

（四）加快茶叶国际标准人才队伍建设

通过地方有关部门、行业协会、科研院所、大专院校和企业的推荐，吸纳具有茶叶专业知识和了解国内外茶叶标准化规则的人才到茶叶国际标准化工作队伍中来，同时还应具有熟练的英语应用能力以及基本的沟通交流协调能力。同时通过多种途径提升实战能力，推动和引导其参与国际标准化活动，参加茶叶国际标准化人才能力提升专题培训，作为中方代表参加茶叶国际标准制修订工作组，在实战中提升茶叶国际标准化工作的从业能力，逐步为我国茶叶国际标准化工作储备高素质专业人才。

（五）加强国际合作和相互支持

加强与中国茶叶贸易的重点国家、发达国家标准化机构和周边国家在标准化领域的合作，签署双边合作协议，学习发达国家的工作经验，争取在国际标准化工作中相互支持。

（执笔人：于英杰）

第七部分
文旅教育

2021中国茶文化创新发展报告

2021中国茶叶人才培育体系发展报告

2021中国茶文化创新发展报告

安徽农业大学

一、年度茶文化重大事件

（一）习近平总书记指示"做好茶文化、茶产业、茶科技这篇大文章"

2021年3月22日，习近平总书记到福建武夷山市星村镇燕子窠生态茶园，察看春茶长势，了解当地茶产业发展情况，作出重要指示："过去茶产业是你们这里脱贫攻坚的支柱产业，今后要成为乡村振兴的支柱产业"；要统筹做好茶文化、茶产业、茶科技这篇大文章。

（二）中国当代茶文化发展论坛和第十六届国际茶文化研讨会举行

2021年5月21日，在第二个"国际茶日"到来之际，作为第四届中国国际茶叶博览会重点活动之一的中国当代茶文化发展论坛和第十六届国际茶文化研讨会，在杭州国际博览中心正式开幕。众多茶界专家学者共聚一堂，以"机遇·使命·担当"为主题，从一片"绿叶子"出发，描绘未来茶文化、茶产业新天地。在论坛中，中国国际茶文化研究会会长周国富、中国工程院院士刘仲华、文化专家王京生等专家学者分别发表演讲，探求未来茶文化、茶产业发展趋势。以新发展理念为指引，统筹茶文化、茶产业、茶科技发展。周国富指出，需要领导人、文化人、科技人、种（制）茶人、营销人、消费人"六者"勠力同心，秉持"创新、协调、绿色、开放、共享"新发展理念，运用系统思维、统筹思维、辩证思维，共下三茶融合一盘棋。中国传统文化博大精深，其中也包含了历史悠久的茶文化。王京生在大会上的主题演讲中建议，要加强传统茶文化的创造性转化、创新型发展，不能只停留在历史上，要与时俱进、不断创新，让传统茶文化飞入寻常百姓家。

（三）《中国大百科全书》（第三版）设立"中国茶文化专题"卷

2021年9月，国家社科资金特别委托项目、新世纪国家重要的文化工程《中国大百科全书》（第三版）的"中国茶文化专题"由中国大百科全书出版社委托安徽农业大学牵头组建编辑委员会。全国政协常委、安徽省政协副主席、安徽农业大学校长夏涛担任主编，安徽农业大学原校长宛晓春、安徽农业大学中华茶文化研究所所长丁以寿担任副主编。编委会精心组织、科学谋划，致力于把《中国大百科全书》（第三版）"中国茶文化专题"打造成文化精品。

《中国大百科全书》（第三版）是国务院批准的国家级大型出版项目，是数字化时代的新型百科全书，是基于信息化技术和互联网进行知识生产、分发和传播的国家大型公共知识服务平台，也是新形势下构建中华民族优秀文明、提升国家整体文化形象、反映当代科学知识水平的重大基础性出版工程，对把握国家话语权、提升科技文化软实力、构筑社会主义核心价值观都有重要意义，也是规范标准知识、维护文化安全、革新传播方式的创新性工程。

"中国茶文化专题"作为《中国大百科全书》（第三版）"文化类"的重点项目，聘请全国范围内茶及茶文化研究领域专家学者组成编撰团队，以保障其学术性、规范性、科学性、权威性。中国农科院茶叶研究所江用文研究员、中国社科院历史研究所沈冬梅研究员、信阳农林学院郭桂义教授、陕西省历史博物馆梁子研究员、湖南农业大学朱海燕教授、武汉商学院周圣弘教授、中国农科院茶叶研究所于良子高级实验师、浙江农林大学关剑平教授分别担任八个分支的主编。另外，还聘请全国范围有关高校、科研、文博等系统的茶文化及茶学领域30多位专家为条目撰稿。

"中国茶文化专题"从人文社会科学角度对茶及其相关的文化进行了系统、科学地研究：含茶史（含茶的起源、生产和科技史、产业和经贸史、茶政茶法、茶馆、茶遗产遗迹、茶人、茶学教育、茶叶团体和科研机构等）、茶道（含茶艺、茶礼、茶境、茶具、茶泉等）、茶俗（各地茶俗、少数民族茶俗等）、茶文学（古今涉茶的诗词、散文、小说等）、茶艺术（古今涉茶的书法、篆刻、绘画、歌舞、戏剧等）、名茶（古今名茶）、茶文献（古今重要茶书、涉茶笔记和杂著等）、茶传播（饮茶、茶文化、茶叶生产技术向全世界的传播）等八个方面。以文字型条目为主，辅以图片或音视频等，融合多种方式科学全面、立体形象地为读者呈现中国茶文化的专业知识。成果以百科全书条目的形式予以呈现，在《中国大百科全书》（第三版）网络平台发布。

（四）中国国际茶文化研究会完成换届

中国国际茶文化研究会是在1990年杭州召开的第一届国际茶文化研讨会上，由海内外茶学、茶文化和茶业经济界人士发起的社会团体，于1993年11月正式获批成立，王家扬、刘枫、周国富先后担任会长。

2021年12月26日下午，中国国际茶文化研究会举行第六次会员代表大会暨六届一次理事会。受新冠肺炎疫情影响，会议通过线上形式召开，全国各地300余名会员代表参加了会议。大会由五届理事会常务副会长、浙江省杭州市原市长孙忠焕主持，五届理事会会长、浙江省政协原主席周国富，五届理事会副会长沈立江，分别以书面报告的形式作五届理事会工作报告和《中国国际茶文化研究会章程》修改说明。

周国富作题为《不忘初心演好茶 与时俱进谱新篇》的工作报告，从茶文化研究紧扣时代脉搏、茶事活动辐射全国、茶文化宣传普及深入推进、茶文化资政服务能力不断增强、茶文化交流合作深入开展、茶文化队伍固本强基等方面回顾了五届理事会的主要工作，同时对今后工作提出了建设性的意见和建议。

大会选举产生了251人为中国国际茶文化研究会第六届理事会理事，在随后举行的六届一次理事会议中，选举产生69人为常务理事。全国政协社会和法制委员会副主任、浙江省政协原主席乔传秀当选会长，浙江省政协原副主席王建满、浙江省农业农村厅原厅长林健东等24人当选副会长，林健东兼任秘书长。

新任会长乔传秀在大会上作书面讲话。她强调，一片小小茶叶，不但事关中国历史经典产业，也是弘扬中华文化、传承民族精神的重要载体，更是中华文明与世界其他文明交流互鉴的重要媒介。她提出，新一届理事会要注重做好三个方面工作：坚持正确导向，做好中国茶文化健康发展的推动者；坚持团结办会，做好集合智慧力量的组织者；坚持固本强基，做好加强自身建设的践行者。

二、年度茶文化主要成就

（一）出版一批优秀茶文化著作与教材

1. 黄杰著《两宋茶诗词语茶道》

黄杰著《两宋茶诗词语茶道》。该书对于现存两宋茶诗词进行了系统研究，发掘了其中蕴藏的丰富的茶道信息，分析了饮茶生活方式与诗词创作的互动关系，并对现存两宋茶词进行了集录和详注。尤其是在认真全面归纳两宋茶诗词所载丰富的茶道资料的基础上，提出了茶道是中华文化结晶的观点，认为茶道为中国古来的独有的道思想体系之具体而微者，具有鲜明的民族文化特征和时代特征。

2. 梁子著《中华茶道图志》

梁子著《中华茶道图志》。该书甄选370余幅古代涉茶绘画，编成唐五代、宋辽金元、明代、清代的茶道图志。本书以文博工作者的视野和语言，通过让文物说话的形式，用传统中国画和经典文物阐述中国茶道文化和形式和内涵，将对深化中国茶道文化研究，使茶道表演更具历史文化依据，提供无以替代的借鉴和参考作用。

3. 宛晓春主编《安徽省志·茶业志》

宛晓春主编《安徽省志·茶业志》。安徽省是茶叶大省，茶叶生产、经贸、文化、科教历史悠久。作为安徽省志的首部茶业志，该志详细记录安徽各地茶叶从种植、加工到成品、贸易整个生产的过程，又从管理、研究到文化，深层次记述安徽茶业的兴盛和传播。

4. 周志刚、周洁琳著《陆羽年谱》

周志刚、周洁琳著《陆羽年谱》。该书以史籍、方志、诗文等各类文献为基础，综合运用多种考证方法，明晰了陆羽生平轨迹，梳理了陆羽交往、游历的基本面貌，爬梳全面，考证扎实，为读者还原了一个真实的"茶圣"陆羽。

5. 蔡荣章、许玉莲著《纯茶道》

蔡荣章、许玉莲著《纯茶道》。该书提出从一杯茶汤中窥见茶道的真实；爱茶、享茶，比知茶更重要；茶界清流，拨冗去繁，讲述泡茶、奉茶、品茶的境界。

6. 孙前著《英茶行日记》

孙前著《英茶行日记——中英交流400年：茶 瓷器 丝绸 漆器 园林贸易撷英》。该书60多万字，500幅珍贵图片。涉及中英交流400年历史，资料翔实、内容丰赡。

7. 刘礼堂、吴远之主编《中国茶文化概论》

刘礼堂、吴远之主编《中国茶文化概论》。该教材较为全面地论述了中华茶文化的概念内涵、发展历史、思想艺术、礼仪习俗、国际交流等方面的内容，有专业基础知识的系统呈现，有茶艺实践方法和路径的具体传授，更有茶文化核心思想和理念的总结和概括。

8. 丁以寿主编《中华茶艺》

丁以寿主编《中华茶艺》。该教材是国内唯一的关于中华茶艺的普通高等教育农业农村部"十三五"规划教材。教材熔茶艺基础理论和实训技能于一炉，全面、系统地论述了中华茶艺的基本概念和分类原理、茶艺发展历史、茶具选配、鉴泉择水、茶艺礼仪、茶艺美学、茶席设计、茶艺编创、民俗茶艺、茶艺对外传播，并以图文并茂的方式详解茶艺基本手法和基本程式、中国当代各种形式的茶艺，同时配有茶艺实训视频，可扫码观看，文字、图片、视频立体呈现教材内容。在体例和内容上都具有独创性、开拓性，篇章结构设置合理，知识和技能兼顾，层次清晰，深入浅出，不仅有理论创新，更有实践创新。

此外，王迎新《美器重光》、叶汉钟《潮州工夫茶概述》、周重林《茶之基本：陆羽茶经启示》等，都是值得一读的年度茶文化类佳作。

（二）发表一批高质量茶文化学术论文

2021年5月，由中国国际茶文化研究会主办的第十六届国际茶文化研讨会，征文收稿246篇，经专家组两轮审评，评选出一等奖论文2篇、二等奖坤文6篇、三等奖论文12篇、特别奖论文3篇。

2021年5月，由宁波茶文件促进会与宁波东亚茶文化研究中心、浙江大学茶叶研究所、《农业考古·中国茶文化专号》编辑部联合举办2021"明州茶论"——"茶与人类美好生活"研讨会，出版了《茶与人类美好生活：2021年"明州茶论"研讨会文集》。收录饮茶与健康、茶让生活更美好、茶与美学、论中国式审美与中国茶文化、中国茶文化的审美特质——以明代张岱与闵茶为纽带的社交圈为例、探讨茶艺之美、试论茶器之美——以瓷茶具为例、论丰子恺画茶之趣、从《惠山茶会图》看明代文人茶事之美、茶烟轻扬落花风——论当代茶席之美、日本煎茶的生活美学、试论《茶经》中的生生之美、浅论皎然茶诗的美学意境、浅析唐代诗、序赋写茶会之美——以吴颉、钱起、吕温、白居易诗、序为例、浅谈梅尧臣茶诗之淡美、日本茶语"数寄"之美——以桃山时代《山上宗二记》为例等。

由江西省社科院主办的《农业考古》（双月刊）杂志，每年辟2、5两期为"中国茶文化专号"，共刊茶文化类论文近百篇。《茶博览》（月刊）、《茶道》（月刊）是纯茶文化杂志，每期都刊发的一些学术性文章。由安徽省茶业学会主办的《茶业通报》（季刊），每期都辟茶文化专栏。此外，《茶叶科学》《中国茶叶》《中国茶叶加工》《茶叶》《茶业通讯》《福建茶叶》等茶叶类学术期刊，不定期刊发茶文化类论文。一些综合类期刊、大学学报，偶尔也刊发茶文化类论文。

（三）培养一批茶文化人才

在研究生层次，安徽农业大学、浙江大学、湖南农业大学、福建农林大学、南京农业大学等涉茶高校，培养茶文化方向硕博研究生。

在本科层次设有茶艺或茶文化专业方向的有安徽农业大学、浙江树人学院、浙江农林大学、武夷学院、信阳农林学院、南昌大学等。

在高职高专层次，教育部将原先的目录外专业茶艺、茶文化整合为目录内专业茶艺与茶叶营销，开设的院校有江苏农林职业技术学院、江西婺源茶业职业学院、苏州农业职业技术学院、安徽财贸职业学院、漳州科技职业学院、武夷山职业学院、江西婺源茶业职业学院、湖北三峡职业技术学院、天门职业学院、广东科贸职业学院、广西职业技术学院、雅安职业技术学院等30多所。

教育部公布《中等职业学校专业目录》修订结果，新增茶艺与茶营销专业。全国设立茶艺与茶营销专业的职业高中和中等职业学校有数十所。

不仅如此，在茶学、旅游管理、酒店管理等专业，普遍开设茶文化类课程，开课学校数量庞大。一些中小学也开展课外茶艺实践，少儿茶艺在一些大中城市开展起来。

全国各地各种茶书院、茶文化传播和培训机构，数量巨大，有力地丰富和补充了茶文化教育，对茶文化的传承和创新发展发挥了重要作用。

三、存在问题

（1）茶文化类著作出版渠道尚好，但是茶文化论文发表的期刊平台狭窄。《农业考古》是综合性的农业考古、历史、文化期刊，双月刊，每年六期。其中每年2、5期设"中国茶文化专号"，虽然发稿量较大，依然是杯水车薪。《茶博览》《茶道》主要刊发普及性的文章，《茶叶科学》《中国茶叶》《中国茶叶》《茶叶》《茶叶通讯》《茶业通报》《福建茶叶》等茶学类期刊主要刊发茶科技、茶产业方面的论文，满足不了广大茶文化研究者的论文发表需求。

（2）茶文化产业发展滞后，从业人员普遍学历不高，导致专业水平、创新意识和创新能力不够，发展后劲不足。同时，高素质从业人员数量也很不足，制约着茶文化产业的发展。

（3）茶艺存在表演化、舞台化的倾向，一方面动作或造作或夸张，违背生活常识。另一方面茶艺的成分较多，茶艺与歌舞、武术、瑜伽、书法等杂糅，不伦不类。

（4）由于茶文化教育发展较快，专业教学、培训师资队伍培养跟不上，特别是培训机构师资素质良莠不齐。高学历、高素质的专业人员更是缺乏，制约着茶文化培训的进一步发展。

（5）茶馆具有综合性功能，茶文化传播是其主要功能之一。但目前的许多茶馆，往往沦为棋牌室，茶文化功能弱化。

四、发展建议

盛世兴茶，美好生活离不开茶文化。随着人们物质生活水平的不断提高，对美好生活的追求更加迫切。中国是茶的故乡。茶叶深深融入中国人生活，成为传承中华文化的重要载体。让更多的人知茶、爱茶，共品茶香茶韵，共享美好生活，是新时代的现实需求。当今我们所处的新时代，乃千年未有过的和谐盛世，为茶文化发展提供千载难逢的机遇和环境。

茶文化的发展进一步促进饮茶的普及化、大众化，扩大了茶叶消费人群，提升了茶叶人均消费量。茶叶消费的扩大和提升，有力地支撑了中国茶产业持续、快速发展。中国茶产业的发展，反过来又为茶文化的发展提供发展空间和经济保障，让"茶为国饮"落到了实处。

（一）构建现代茶文化产业体系

以茶文化产业为基础，推动茶文化产业与旅游、信息、健康、建筑等产业融合发展，增加相关产业文化含量，延伸文化产业链，创新茶文化产业新模式、新业态，构建全面的现代茶文化产业体系。

1. 茶文化旅游

文化是旅游的灵魂，茶文化旅游是以茶文化为中心，进行观赏、体验的文化旅游活动。茶文化旅游融学习、体验、观光、娱乐、饮食、购物等于一体，是旅游业发展的一种新模式。茶文化产业与旅游业结合，这样对于茶文化产业和旅游业是双赢。

茶文化旅游不管是在研究的深度上还是广度上都在不断取得进步，对一些新型的茶文化旅游模式的探索也在不断地丰富。

2. 茶文化创意产业

茶文化视频课、茶事微电影、短视频逐渐兴起，抖音、快手等不仅有力地促进茶文化的传播，这些作品制作也构成茶文化产业的新模式、新业态。

3. 茶事建筑空间设计

诸如茶文化主题民俗旅馆、茶文化博物馆、特色茶室茶馆等，形成一个新的产业模式和业态。

（二）加大茶文化普及与传承力度

茶是传承中华优秀传统文化的重要载体，通过技能和学科竞赛等形式，大力弘扬和传承茶文化。让茶文化进社区、进中小学校、进企业、进家庭，建设一批茶文化传承基地，评选一批茶叶制作手工技艺传承人，加强茶叶非物质文化遗产的传承与保护。

（三）茶文化教育再上新台阶

构建以高等教育、中等教育、基础教育及社会业余教育机构相互协作、补充的茶文化教育体系，覆盖各级各类教育。大中院校着力培养茶文化人才，培养造就高素质的茶文化从业人员，提升茶文化教学和培训师资队伍的水平。

（四）充分发挥各级茶文化社团组织功能

国家、省、市、县各级茶文化社团组织体系初步建立，行业组织要勇于探索，增强创新意识和创新精神，切实担负发展、传播、创新茶文化的职责。积极开展茶文化普及与传承工作，弘扬工匠精神，提高专业服务水平。建立茶艺职业技能等级第三方认证和评价制度。

（五）加强茶叶非物质文化遗产保护

茶叶传统制作技艺属于非物质文化遗产，目前已经建立国家、省、市、县四级茶叶非物质文化遗产名录，涉及六大茶类和花茶、紧压茶传统制作技艺以及茶道茶艺、茶馆茶俗等项目，确定一批传承人，茶叶传统制作技艺得到传承和保护。

（执笔人：丁以寿）

2021中国茶叶人才培育体系发展报告

浙江大学

茶学是一门具有悠久历史和鲜明特色的传统学科，也是一门涉及自然科学和人文科学的现代学科。中国是茶的故乡，我国近代茶叶专业教育始于19世纪末，在世界产茶国中只有中国拥有以茶叶科学为专业的高等学校和中等专业学校。经过几代人的共同努力，茶学教育在基础研究、学科发展和人才培养等方面展现了鲜明的特色与突出的优势，现已成为涵盖文、理、工、农、医等多领域的综合性学科，培育了大量茶叶生产、加工、销售、管理、审评、茶文化传播及茶科学研究等方面的专业性人才，为我国茶叶产业技术创新提供了有力的人才保障。

一、中国茶叶人才培养体系发展现状

（一）不同层次茶学教育培养体系

进入21世纪以来，茶学高等教育进入全面发展期，展现了清晰的培养目标、系统全面的课程体系、密切的产业链融合和良好的社会基础。据不完全统计，目前国内开设茶学本科专业的院校有30余所，具有茶学硕士点的院校和科研院所17所，其中同时具有茶学博士点的有14所（表1）。

表1　开设茶学本科或具有茶学硕士点/博士点的院所

序号	院校名称	茶学本科	茶学硕士点	茶学博士点
1	浙江大学	√	√	√
2	华中农业大学	√	√	√
3	华南农业大学	√	√	√
4	安徽农业大学	√	√	√
5	湖南农业大学	√	√	√
6	西北农林科技大学	√	√	√
7	福建农林大学	√	√	√
8	山东农业大学	√	√	√
9	四川农业大学	√	√	√
10	河南农业大学	√	√	√
11	南京农业大学	√	√	√
12	西南大学	√	√	√

续表

序号	院校名称	茶学本科	茶学硕士点	茶学博士点
13	中国农业科学院		√	√
14	扬州大学		√	√
15	云南农业大学	√	√	
16	青岛农业大学	√	√	
17	贵州大学	√	√	
18	浙江农林大学	√		
19	江西农业大学	√		
20	长江大学	√		
21	武夷学院	√		
22	宜宾学院	√		
23	信阳师范学院	√		
24	信阳农林学院	√		
25	梧州学院	√		
26	贺州学院	√		
27	黔南民族师范学院	√		
28	贵阳学院	√		
29	普洱学院	√		
30	滇西应用技术大学	√		
31	滇西科技学院	√		
32	安康学院	√		
33	湖北恩施学院	√		
总和		31	17	14

据中国茶叶流通协会统计，截至2020年6月，全国涉茶专科（含高职）院校40所（表2），主要分"茶树栽培与茶叶加工"和"茶艺与茶叶营销"两个方向招生，主要培养掌握茶叶感官评审、茶叶冲泡技法、茶制品网络营销和企业经营管理等知识，具备茶艺服务、茶事组织、茶品营销策划及茶业品质控制能力，从事茶叶加工与品质控制、茶制品营销与经营管理、茶艺展示与茶文化传播等工作的高素质技术技能人才。

表2　开设茶学专科（含高职）的学校

省（自治区、直辖市）	数目	学校名称
浙江	2	浙江农业商贸职业学院、浙江经贸职业技术学院
江苏	1	江苏农林职业技术学院
安徽	4	安徽财贸职业学院、安徽林业职业技术学院、黄山职业技术学院、池州职业技术学院
湖北	4	湖北三峡职业技术学院、湖北生态工程职业技术学院、三峡旅游职业技术学院、天门职业学院

续表

省（自治区、直辖市）	数目	学校名称
湖南	1	湖南商务职业技术学院
江西	3	江西婺源茶业职业学院、江西水利职业学院、景德镇陶瓷职业技术学院
广东	4	广东酒店管理职业技术学院、广东科贸职业学院、广东文理职业学院、广东生态工程职业学院
重庆	/	/
四川	3	达州职业技术学院、宜宾职业技术学院、雅安职业技术学院
云南	1	昆明学院（本科院校，招茶学专科）
福建	4	漳州科技职业学院、福建艺术职业学院、宁德职业技术学院、武夷山职业学院
广西	1	广西职业技术学院
河南	/	/
山东	1	泰山职业技术学院
陕西	1	汉中职业技术学院
贵州	9	安顺职业技术学院、黔南民族职业技术学院、黔西南民族职业技术学院、遵义职业技术学院、铜仁职业技术学院、贵州农业职业学院、贵州经贸职业学院、毕节职业技术学院、贵州盛华职业学院
辽宁	1	抚顺师范高等专科学校

招生人数方面，据中国茶叶流通协会不完全统计，2019年全国共招收硕士研究生约500人、博士研究生约160人，共招收茶学本科学生2150人左右，招专科生（含高职学生）3850人左右（图1）。据估算，2020年6月全国茶学高等教育（专科及以上）在校生人数合计约为15660人，其中全日制人数约为15000人，较2016年统计的9850人增长52.2%。

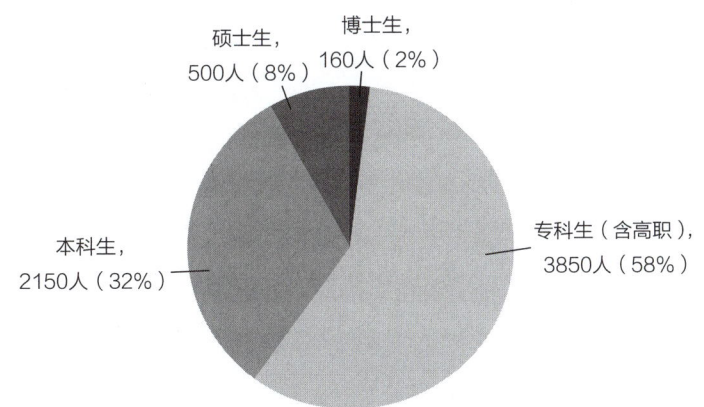

图1　2019年茶学高等教育招生人数

（二）重点学科、专业及平台

1．国家重点学科评选及学科评估结果

国家重点学科是国家根据发展战略与重大需求，择优确定并重点建设的培养创新人才、开展科学

研究的重要基地，在高等教育学科体系中居于骨干和引领地位。全国共组织三次大范围的国家重点学科评选工作，浙江大学茶学学科在1989年、2002年和2007年三次遴选中分别列为国家重点学科，也是全国唯一的茶学重点学科。安徽农大茶学学科在2007年被批准为国家重点（培育）学科，即国家重点学科的预备培育对象。

2014年，国务院取消教育部的国家重点学科审批。2015年，中共中央、国务院作出了"世界一流大学和世界一流学科"重大战略决策，简称"双一流"，并于2017年和2022年分别发布了第一轮与第二轮评选结果。茶学作为二级学科，其所属一级学科园艺学列"双一流名单"的有浙江大学园艺学与华中农业大学园艺学。

自2002年开始，教育部学对全国具有博士学位授予权、硕士学位授予权的一级学科进行了整体水平评估，简称学科评估，目前已进行了四轮。在2017年第四轮学科评选结果中，茶学作为二级学科，其所属一级学科园艺学被评为A+的高校有两所，分别为浙江大学、华中农业大学（表3）。目前第五轮学科评估已完成，结果预计在2022年12月公布。

表3　第四轮园艺学学科评估结果

园艺学科评估结果	高校名称	数量
A+	浙江大学、华中农业大学	2
A-	南京农业大学	1
B+	中国农业大学、沈阳农业大学、山东农业大学、湖南农业大学、西北农林科技大学	5
B	上海交通大学、华南农业大学	2
B-	河北农业大学、安徽农业大学、福建农林大学、西南大学	4
C+	北京农学院、东北农业大学、四川农业大学、甘肃农业大学	4
C	山西农业大学、海南大学、石河子大学	3
C-	河南农业大学、云南农业大学、新疆农业大学、扬州大学	4

2．一流本科专业建设情况

教育部于2019年启动的一流本科专业建设"双万计划"，计划于2019—2021年建设1万个左右国家级一流本科专业点和1万个左右省级一流本科专业点。据教育部公布的2019、2020、2021年度国家级和省级一流本科专业建设点名单，共有7个茶学国家级一流本科专业建设点和7个茶学省级一流本科专业建设点（表4）。

表4　茶学国家级和省级一流本科专业建设点名单

学校名称	茶学一流本科专业级别	年度
安徽农业大学	国家级	2019
福建农林大学	国家级	2019
湖南农业大学	国家级	2020

续表

学校名称	茶学一流本科专业级别	年度
云南农业大学	国家级	2020
浙江大学	国家级	2021
华南农业大学	国家级	2021
南京农业大学	国家级	2021
华中农业大学	省级	2019
华南农业大学	省级	2019
湖南农业大学	省级	2019
四川农业大学	省级	2019
信阳农林学院	省级	2020
青岛农业大学	省级	2021
贵州大学	省级	2021

3．茶学平台建设情况

据不完全统计，全国涉茶高校院所拥有茶学国家级重点实验室1个（安徽农业大学），国家级工程中心2个（中国农业科学院茶叶研究所、湖南农业大学），省部级科研平台37个（表5）。近年来，茶学研究平台基础条件和设施建设得到了长足发展，充分发挥了科技平台的功能和作用，有力支撑了我国茶叶人才培养和茶叶科技研究的需求。

表5　高校院所茶学科研平台建设情况

编号	平台名称	所属院所
国家级：3个		
1	茶树生物学与资源利用国家重点实验室	安徽农业大学
2	国家茶产业工程技术研究中心	中国农业科学院茶叶研究所
3	国家植物功能成分利用工程技术研究中心	湖南农业大学
省部级：37个		
1	茶叶化学与健康教育部国际合作联合实验室	安徽农业大学
2	茶树生物学与品质化学学科创新引智基地	安徽农业大学
3	国家茶叶加工技术研发分中心	安徽农业大学
4	茶叶生物化学与生物技术教育部重点实验室	安徽农业大学
5	茶树生物学与资源利用安徽省实验室	安徽农业大学
6	茶树生物学与茶叶加工农业农村部重点实验室	安徽农业大学
7	农业农村部茶加工技术集成示范基地	安徽农业大学
8	安徽省农产品加工工程实验室	安徽农业大学
9	教育部茶学重点实验室	湖南农业大学

续表

编号	平台名称	所属院所
省部级：37个		
10	国家茶树改良中心	中国农业科学院茶叶研究所
11	国家种质杭州茶树圃	中国农业科学院茶叶研究所
12	农业农村部茶叶质量安全重点实验室	中国农业科学院茶叶研究所
13	浙江省茶叶加工重点实验室	中国农业科学院茶叶研究所
14	浙江省茶产业科技创新服务平台	中国农业科学院茶叶研究所
15	茶学福建省高校重点实验室	福建农林大学
16	福建省茶产业工程技术研究中心	福建农林大学
17	福建省茶产业技术开发基地	福建农林大学
18	福建省"6.18"协同创新院茶产业分院	福建农林大学
19	茶业科学与工程实验室	四川农业大学
20	精制川茶四川省重点实验室	四川农业大学、宜宾学院
21	国家茶叶质量检验（四川）中心	四川农业大学
22	藏茶产业工程技术研究中心	四川农业大学
23	贵州省茶资源保护与高效利用工程研究中心	贵州大学
24	贵州省茶产业创新发展中心	贵州大学
25	贵州省茶籽资源综合开发利用工程研究中心	贵阳师范学院
26	中国乌龙茶产业协同创新中心	武夷学院
27	大武夷茶产业技术研究院	武夷学院
28	茶叶福建省高校工程研究中心	武夷学院
29	河南省茶树生物学重点实验室	信阳师范学院
30	河南省豫南茶树资源综合开发重点实验室	信阳农林学院
31	河南省茶叶加工与检测工程技术研究中心	信阳农林学院
32	河南省茶产业技术创新战略联盟	信阳农林学院
33	广西六堡茶种质创新与综合利用工程研究中心	梧州学院
34	云南省高校普洱茶工程研究中心	普洱学院
35	陕西省茶产业协同创新中心	安康学院
36	陕西省茶叶省市共建重点实验室	安康学院
37	云南省红茶工程技术研究中心	滇西科技学院

二、茶学教育教学与科学研究进展

（一）茶学学科课程入选国家级一流本科课程情况

2020年11月25日，首批国家级一流本科课程认定结果在教育部官网正式公示，三门茶学学科课程榜上有名,分别为浙江大学王岳飞教授团队的《茶文化与茶健康》课程(线下一流课程)、湖南农业大学朱海燕教授团队的《中华茶礼仪》课程(线上一流课程)与福建农林大学林金科教授团队的《茶韵茶魂——安溪铁观音》课程(线上一流课程),为茶学教育质量提升和专业知识推广起到了良好的辐射带动作用。

(二)茶学教育研究方向与论文发表情况

茶学研究涵盖"从茶园到茶杯"全过程,包含茶树种质资源与遗传育种、茶树生理营养与栽培学、茶树植物保护、茶叶生物化学、茶叶加工与品质形成、茶叶机械、茶叶保健功能与机理、茶产业经济研究、茶文化等研究方向。

近十年来,国内中文核心期刊上发表的以茶为主题的论文总数超一万篇,在2016年、2017年经历暴增期,分别突破了2500、3000大关后数量有所下降,近四年每年发表数量平均在700篇左右。近十年来,在SCI期刊发表的茶相关论文数量呈逐年上升趋势,稳定在1000篇以上,2020年始达到2000篇以上水平(图2)。近三年影响因子5.0以上的SCI论文总数将近4000篇,影响因子10.0以上的高质量论文200篇以上,反映出我国茶叶科学领域的科研水平及茶科技创新国际影响力的稳步提升。

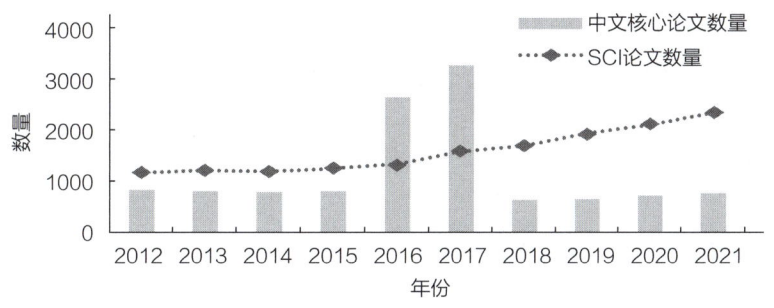

图2　2012—2021年发表以茶为主题的中文核心论文和SCI论文数量

(三)茶学相关国家自然科学基金资助情况

国家自然科学基金(NSFC)是我国高等院校和科研院所研究经费的重要来源之一,其资助情况是衡量学科科研实力、反应学科发展趋势的重要指标。近二十年来,NSFC资助茶学相关研究项目共750余项,资助金额超过三亿元,资助项目数和年度资助金额总体呈现增长趋势。从2021年度NSFC茶学项目立项结果(图3)来看,目前茶学研究关注重点在茶树生理营养与栽培、茶叶保健功能与机理、茶叶生物化学等分支领域,这3个方向获资助项目总数和项目经费总数分别占总数的64.28%、64.73%。

(四)茶学领域所获国家级科技奖励情况

近五年来,茶学领域共获得三项国家级科技奖励成果。2017年,湖南农业大学领衔完成的"黑茶

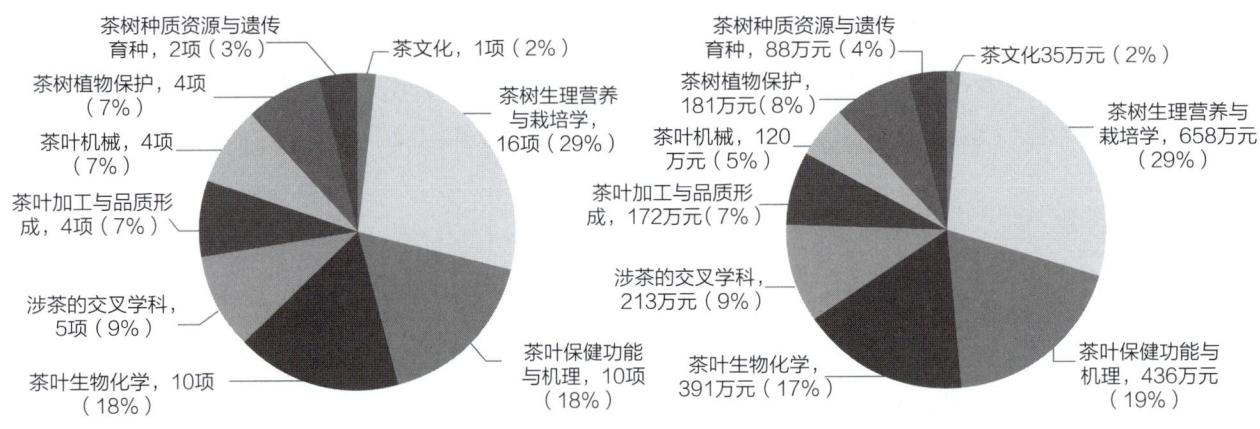

图3　2021年NSFC资助涉茶项目不同学科方向分布情况

提质增效关键技术创新与产业化应用"项目获得2016年度国家科学技术进步二等奖，全面提升了黑茶产业的技术、品质、规模和效益，取得了令人瞩目的经济效益与社会效益。2018年，中国农业科学院茶叶研究所牵头承担的"茶叶中农药残留和污染物管控技术体系创建及应用"项目获得2019年度国家科学技术进步二等奖，提升了我国农药残留标准制定的国际话语权，极大地推动了我国茶产业绿色发展的科技进步。2020年，安徽农业大学牵头完成的"绿茶自动化加工与数字化品控关键技术装备及应用"获得2020年度国家科学技术二等奖，显著提升了绿茶的加工现代化水平和产品国际竞争力。

三、新时代茶学教育发展展望

（一）提高生源质量，提升人才培养质量

在中国科学院第二十次院士大会、中国工程院第十五次院士大会和中国科协第十次全国代表大会上，习近平总书记强调要激发各类人才创新活力，建设全球人才高地。我国要发展优势特色茶学科、建设世界茶业强国，建设一支规模结构合理、综合素质优良的创新茶学人才队伍至关重要。

在人才培养方面，一是要提高生源质量，加强招生宣传，制定优惠政策，特别是利用农学学生单独招生政策，吸引优秀的农村生源；二是要完善现有的人才培养体制与机制，建立教学型、科研型、应用型人才的分类考核体系，提升人才培养质量。茶学学科涵盖茶业全产业链，在此基础上通过差异化培养模式制定，对专科、本科、硕士、博士各个层次人才精准定位，合理制定各层次教育的培养目标，提高与产业发展需求的结合度，是培养更多专业型、应用型、产业型茶学人才的重要着力点。

（二）充实师资队伍力量，优化教师队伍结构

师资是决定一个学科和专业发展水平，提高教学质量的关键因素。部分涉茶高校存在茶学专业师

资队伍规模小、师资缺口大等问题，应尽快补充茶学专业师资队伍力量，提高师资队伍水平。

为更好服务茶学教育发展和人才培养，一方面要增加茶学方向硕士、博士学位授权点，通过加大研究生层次高水平茶学专业人才培养力度，为我国整个茶学专业教育源源不断地注入年轻力量；二是优化教师队伍结构，充实力量薄弱研究方向上的师资，既注重培养冲击茶叶科学的高端、前沿阵地的"顶天"人才，也注重能深入生产一线、为企业解决实际技术难题的"立地"人才培养；另外，相关高校还可通过与行业协会、茶叶企业以及科研院所合作，构建由政产学研等多方组成，包括专、兼职教师在内的茶学专业师资队伍，并不断提升茶学专业教师的职业道德和职业信仰。

（三）优化人才培养方案，突出创新创业人才培养

习近平总书记指示，要把茶文化、茶产业、茶科技统筹起来。在茶学科发展和人才培养方面，应积极促进农工结合、文理渗透、医药融合等多形式交叉，满足国家社会发展对茶学复合型创新人才的需求。

目前我国茶学专业教育多偏向学术型，解决茶产业实际问题的能力有待提升。优化茶学复合型创新人才培养方案，一方面要重视茶学教育课程教材的内容与结构的及时调整和更新，对全国茶学专业教学方案、课程设置开展专门性的调研，有针对性地建设"知行融合"的教材体系，构建"核心课程+拓展课程"的茶学专业课程结构，提高茶学专业人才培养的适配性；同时，需突出创新创业人才培养，根据专业的实际情况进行创新人才培养模式改革，进行校企合作探索，实现产教融合。充分发挥主动性，根据茶学专业的特点，探索政、校、企合作的模式，鼓励学生在校期间承担或参与专业项目、创新创业项目，提升学生的项目管理能力。

（四）促进多学科交叉，深化国内国际交流与合作

党的十八大以来，习近平同志把创新摆在国家发展全局的核心位置，强调要"面向世界科技前沿，面向经济主战场，面向国家重大需求，面向人民生命健康，不断向科学技术广度和深度进军"。适逢开创中国特色现代茶产业高质量发展的新阶段，茶学学科肩负着弘扬茶文化、振兴茶产业、创新茶科技的历史使命和重大担当。

学科的交叉融合是现代高等教育发展的必然趋势，结合茶学学科特色，促进茶学与其他学科间的交叉渗透，培育新的学科增长点，建立多学科交叉的人才培养模式，形成基础研究与应用学科相结合、传统学科与新兴学科相促进、多学科协调发展的新格局，有助于更好地融入国家创新体系建设和顺应茶产业发展趋势。除此之外，应深化茶学学科国内国际交流与合作，加大对青年学术英才的培养支持力度，构筑青年人才的国内、国际间交流合作与竞争平台，不断提升学科的整体科研实力，培养、集聚一批具有国际视野和影响力的学科领军人才，培育一批跨学科、跨领域的科研与教学相结合的高水平创新团队，为产业发展提供强有力的科技支撑。

（执笔人：王岳飞）

第八部分
配套产业

2021中国茶具业发展报告

2021茶包装业发展报告

2021中国茶具业发展报告
——从小罐茶发展趋势来看

北京小罐茶业有限公司

中国人饮茶历史悠久，茶具从最初用来盛茶的功能性必需品，随着饮茶方式和文化的发展不断演化，并逐步区别于其他器具固化下来，成为人们饮茶赏茶的专用系列用具。

茶具，是中国茶文化的重要组成部分，其古今定义大有不同。古代茶具，称为茶器或茗器。泛指制茶、饮茶使用的各种工具，包括采茶、制茶、贮茶、饮茶等大类，陆羽《茶经》就是这样概述茶具的。从广义上来讲，茶具指的是完成茶叶泡饮全过程所需要的设备、器具及茶室用品。从狭义上来看，茶具指的就是泡茶、饮茶的用具。传统茶具生产方式延续至今，仍然为许多茶客所追捧，以"独特稀有"为尊。同时也有许多新茶人不断地加入茶饮消费人群，并以现代方式进行茶饮消费，现代茶具也应运而生。

现代茶具可以按多种标准细分出不同类别。茶具的材质性状器形、不同品类茶叶冲泡方式、使用场景等都可以作为茶具分类的标准。随着经济发展水平提高和茶文化的传播与影响、当代社会人们的茶饮消费体验愈加重视，茶具作为茶饮消费体验的一项重要影响因素，也随之不断发展并成为茶行业的重要衍生产业，与其相辅相成，融合发展。

一、茶具行业发展现状

现代茶具主要指茶壶、茶杯、茶勺等这类饮茶器具，在使用功能上仍与水具有重合，没有严格区分，但在冲泡方式上与传统茶具有所区别，更适应现代人的生活与工作场景和品饮方式。由于茶具材质、器型的多样性，用途的复合性，茶具作为衍生行业，可获得数据信息非常有限，试从生产制造、市场格局两方面对茶具进行分析概括。

（一）现代茶具行业在生产制造方面取得了显著进步

一是传统工艺持续进步。金属、陶瓷等传统材质的茶具在当今社会经济背景下，其锻造或烧制等加工工艺比过去有显著提升。在陶瓷的制作工艺中，用料和温度是决定陶瓷品质的重要因素。在用料上，现代的检验检测仪器和手段保证了材料的稳定性，提升成品率。在温度方面，相比于传统的柴烧，能源加热的方式不仅能够持续稳定的控制温度，在环境保护方面也具有绝对优势，已基本取代陶瓷制作中的木柴烧制方式。

二是新材料工业化模式。20世纪以来，材料工业随着现代社会经济的进步二快速发展，玻璃、树脂、复合材料等新型优质材料被应用到现代茶具制造，并形成了工业化生产模式，使茶具生产的规模和品质都实现了质的飞跃，进入了现代化生产的阶段。金属材料也在不断升级，除了传统的铜、银、金器，高品质的食品级不锈钢以及钛合金材料越来越多地被应用于轻工业制造，型美质优的金属保温杯在市场上受到青睐。

三是产品科技含量增加。随着科技进步日益贴近人们日常生活，茶具产品也逐渐被新科技渗透，与现代生活保持同频共振，更好地满足消费需求。例如泡茶专用的自动茶水台已经占有相当市场规模，成为日常饮茶场景中最常见的器具。此外，带液晶屏显的茶杯、不同茶类自动烹煮程序的煮壶，甚至手机蓝牙连接的茶饮器具在市场上也屡见不鲜。电子科技的应用，也吸引了更多的年轻消费者对茶的接触和青睐，促进了茶饮消费。

（二）今年茶具市场呈快速增长态势，行业集中度低

据淘宝网数据（图1），2018—2020年茶相关饮具类年度销售总额分别为241.6亿元、299.8亿元、323.7亿元。其中，水具（水杯、水壶等）销售占比最高，其次是茶具，电器水具最低，2020年三类产品销售额占比分别为41.7%、36.0%和22.3%。

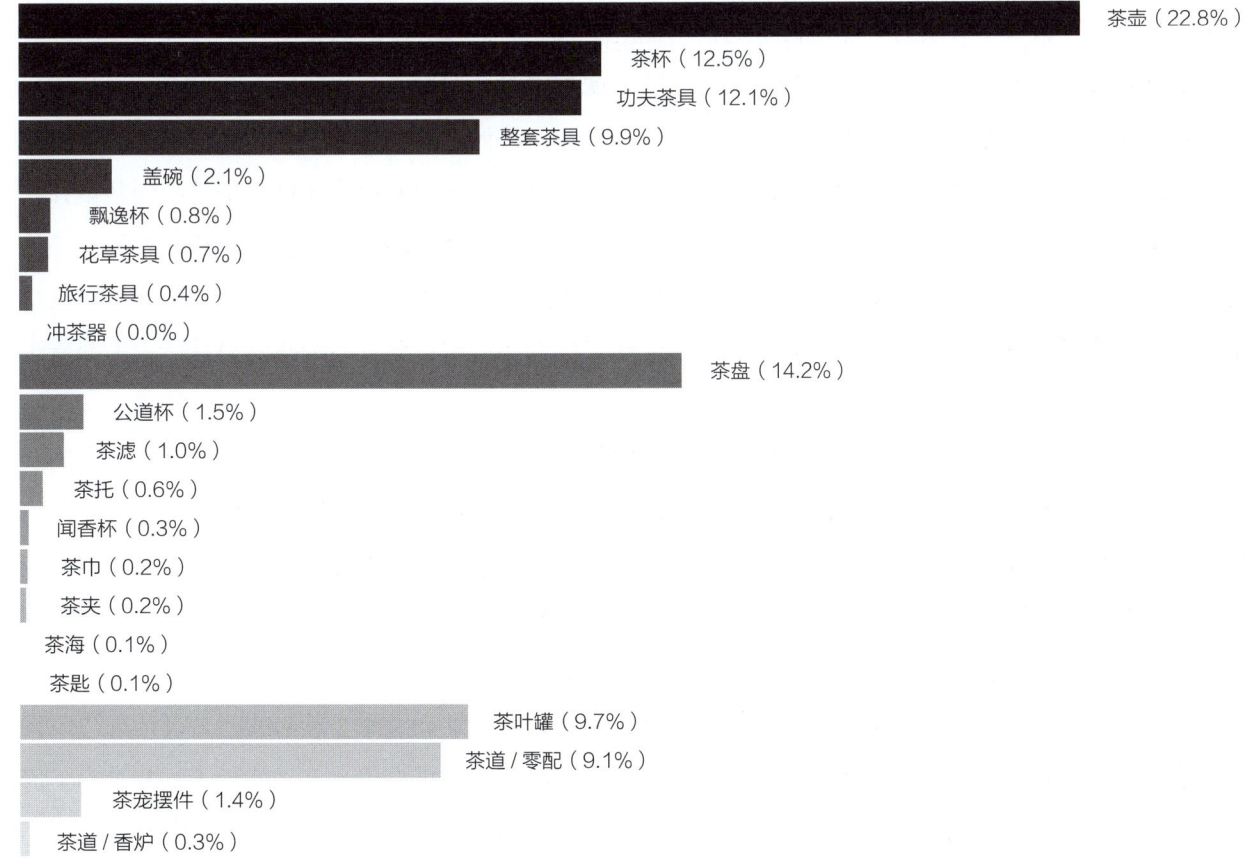

图1 茶具子类目产品销售占比

聚焦茶具类，主要是指饮茶专用器具及其周边产品，2020年合计规模114.7亿元，其中茶具70.4亿元，复合增长率17.3%，茶壶、茶杯、功夫茶具、整套茶具、产品占比最大，占茶具总销售的61.4%；功夫茶器20.9亿元，复合增长率为17.3%，主销产品为茶盘和公道杯二类产品，占总销售的14.2%和1.5%；功夫茶配件23.4亿，复合增长率19.4%，主销产品为茶道零配件、茶叶罐，占总销售的9.1%和9.7%。

从行业集中度看，茶具行业集中度较低，CR10仅为8%。茶具品牌中设计驱动的茶具品牌占有一席之地；紫砂和新中式等主题风格类品牌增速明显，紫砂专营店销量夺冠，销量高达9500万元；制造型中低价茶具品牌依然为市场主流，市场占比70%，整体有升级趋势。

二、小罐茶的市场洞察与茶具创新研发实践

北京小罐茶业有限公司（以下简称"小罐茶"）是一家致力于用创新思维和科技手段带动茶产业升级的现代茶企。秉持"用一片叶子温暖世界"的价值观和用户角度的思维方式，公司打造精致产品，用心做服务，在市场上赢得用户认可和青睐。公司创始团队自2012年开始，带着对中国茶的敬畏和信心，开启做大做强中国茶之旅，至今10年的时间里，积极实践茶产业的农业、工业和商业的全产业链布局，初步实现了茶文化、茶产业和茶科技的融合发展。目前公司已经形成以北京小罐茶业有限公司为总部、以黄山小罐茶为产品运营基地，覆盖上游各大名茶核心产区的集团化运营体系。

茶具是现代茶消费的重要组成部分，提升消费者饮茶体验，促进茶文化传播。小罐茶公司从用户体验角度出发，满足消费者不同使用场景的需求，用精心设计+精品材料+精制工艺，成就型美质优的好茶具，成为市场上独具特色的品牌产品。公司设置茶机部，吸纳专业人才进行茶具的创新设计和市场开发。十年来，茶机部已经培养了一支集市场调研、工业设计、陶瓷工艺、新材料开发等于一体的专业团队，并形成了大量知识产权成果，成为公司业务的重要组成部分。2021年，茶机部负责人韩冰及其团队获得北京市科委授予的工业设计专项优秀青年人才认定；北京小罐茶公司被评定为北京市设计创新中心。

公司始终坚守品质至上、简单易操作的原则，用科学设计表达泡茶方式标准化的理念。研发团队对如何通过冲泡方式能更好地激发出原叶产品的色香味进行了大量的研究和测试，针对不同茶类得出时间、温度和水量等系列冲泡参数，再应用于茶具设计研发，把握了茶水分离、时间控制、茶具容量等研发基准点，并形成科学的设计和论证逻辑。针对不同的消费人群和消费场景，小罐茶公司已经先后推出了商务、即刻、鉴赏和智能化四大系列的茶具产品。

小罐茶创建初期，产品定位为高端中国茶，瞄准商务应用场景。因此，最初的茶具设计理念以操作简单便捷、外观高端大气为基调，将传统中国茶与西方现代茶具样式相融合，公司研发并推出了商务系列高端茶具产品，包括长官杯、行政套杯、旅行杯等。其中，行政套杯以骨质瓷配金属柄托，不仅彰显了现代、时尚的特征，还突破了金属与陶瓷接合的技术难题，获得国家专利；科学的鹰嘴口设

计，倾倒茶水时精准控制，断流利落；符合人体力学原理的手柄设计，握杯手感舒适。小罐茶商务系列茶具，使泡茶更加简单、方便，饮茶体验也更优雅、具有仪式感。

针对不懂泡茶的年轻人，小罐茶开发推出了能够提供计时功能的极刻系列茶具，如小罐茶·彩罐系列的配套茶具，以黑、白、灰、红、黄、绿六种风格鲜明的亮面单色瓷壶瓷杯套组，配以智能计时器壶盖，能够精准控制冲泡比例和时间，为年轻人提供时尚感、科技范儿十足的现代派饮茶新体验。还有适用于年轻人群办公场景的Young彩杯，茶漏设计+时尚多彩的颜色，让年轻人群爱上原叶茶。

随着公司的成长，小罐茶对茶行业的认知和理解越来越深入。中国茶历史悠久，茶文化的影响渗透深远，传统茶道和器具有其存在和发展的深厚土壤，已经形成了独特的文化和物质基础，仍然深受现代消费者的喜爱。为满足偏爱传统茶道和喜欢茶具收藏的消费者，公司开发了非遗技艺大师联袂的鉴赏系列茶具，包括五大名窑满庭欢1壶、5杯、1公道杯的茶具组合，集合了汝窑、官窑、哥窑、定窑、钧窑和紫砂壶的陶瓷大师督造产品；邀请葛军大师联袂出品的紫砂壶系列；玻璃艺术大师庄小蔚设计出品的玻璃系列产品等。

中国茶产业的未来发展必然是标准化、工业化和品牌化的道路。参照咖啡，小罐茶认为中国茶还有很多值得探索和开发的使用场景。为践行"用一片叶子温暖世界"的使命，公司积极探索并创新茶产业的发展模式。小罐茶十周年之际，公司即将上市一款智能化的CTea.O茶饮一体机，机型小巧外观精美，适合现代日常、商务等多场景应用。该茶水机通过配方萃取的茶胶囊和智能化双系统热水装置，标准化呈现不同品类和冲泡方式的茶水味。消费者只需选择口味，简单一键就能享受一杯好味中国茶。

三、茶具市场趋势展望

中国的茶具产业历史悠久，广泛发展，形成了传统与新兴共存、百花齐放的多元化发展格局。随着茶文化的传承，茶叶生产不断发展，茶饮料生产、茶叶深加工、茶文化、茶旅游、茶艺等第二、第三产业逐渐扩展，茶具的发展在国茶兴盛的潮流下逐渐多样化，行业发展的空间和潜力巨大。但是，中国茶具行业发展的水平离不开科技发展的社会经济环境，也不可缺少对传统茶文化的传承与发扬，未来茶具行业的发展也将向传统茶具的传承与现代茶具的创新两个方向的发展。

为了追求赏玩和收藏价值，传统的陶瓷或金属茶具会更加讲究器形的美学，材质上陶瓷、玻璃、紫砂最受欢迎，制作上喜欢纯手工，装饰上喜欢色釉、冰裂釉，瓷种上偏好青瓷。消费者对传统茶具的喜爱，追求工艺独特性和原产地稀缺性，茶具的原产地标识保护也会像品类名茶那样逐步兴起。传统茶具的文化属性更强，需要对消费者进行知识培训，从而形成物质和文化两个层次的产品的融合统一。

从茶具的使用价值看，现代茶具更符合人们日常茶饮消费需求，产业化发展空间也更广阔。

（一）使用功能向专用化和集成化方向发展

茶具专用特色增强，不同茶类和使用场景的茶具需求愈加细分。现代人生活和工作环境下，简便易操作的茶具受到更多消费者的欢迎，市场更广泛。如带有茶水分离装置的保温杯，不仅将泡茶程序和器具简化集成于一杯便于携带，且材质保温适合传统热茶的消费习惯，适合出差或旅行场景中的饮茶需求。另一方面，专用茶台套组产品越来越广泛的进入人们日常工作和生活场景中，通常茶台放置专门区域，配套的泡茶壶、茶杯、茶叶罐、茶道器具、茶巾、茶具清洗器物等都可以集中存放于茶台周边，使饮茶更加仪式化、专用化。

（二）产品呈现更多科技智能化元素

随着5G时代的来临，结合了物联网（IoT）和人工智能（AI）技术的智能家居正迎来"爆发期"，各种智能产品层出不穷。不同品类茶叶的冲泡方式各有不同，控制水量、时间和温度对激发茶叶的口感和味道至关重要。水量控制、温度显示、时间刻度、饮茶提醒这些功能在茶具市场上已经屡见不鲜，但能够将泡茶程序集合呈现的设备尚不多见，还有巨大开发空间。未来在空间无线网络技术的应用上，如声控、蓝牙技术在泡茶程序中的控制、氛围营造等，或将更好地提升消费者饮茶体验，成为新的卖点。

（三）健康安全理念方向

除了简便、舒适的饮茶体验，人们对健康安全消费的理念普遍流行开来。现代茶具总体呈现便携和大容量及风格多元化趋势，聚丙烯（PP）塑料、陶瓷、不锈钢为主流材质，但健康安全的材料更具优势。如硅化玻璃材质的茶杯耐高温性能好，降低冷热造成的破碎风险，安全易清洗。新型的钛合金材料用于保温杯，具有材质轻便，导热性低不烫手，保温能力更强更长效，在防腐蚀性上有着绝对优势，抗菌性好。

（四）文创设计元素

现代人购买茶具，特别是年轻消费者，决定其购买的因素不仅仅是饮茶的使用功能，茶具的文创设计往往是更具有决定性的因素。设计美观、彰显个性，或者是带有纪念意义、流量元素的文创茶杯、茶壶，甚至只是一根搅拌棒，无关饮茶还是饮水，也有可能成为爆款，赢得市场销量。

（执笔人：刘冰易、张雪春）

2021茶包装业发展报告

中国茶叶流通协会茶配套专业委员会

受茶叶市场的发展影响，包装作为产业链中极为重要的组成部分，它串联起人们的日常生活、商务社交、生产设计等各个环节。它的发展经历了一个从材料变革，从粗糙到精致，从华丽到简约等的历程。包装行业也根据国家相关政策号召和新消费背景下，其市场方向、包装形式、设计理念、生产方式等都呈现出了新的转变与发展方式。

一、发展现状

（一）行业规模提升，送礼作为包装主流

艾媒咨询发布的《2021年中国茶叶礼盒市场分析研究报告》显示，中国茶叶礼盒市场规模，从2017年275.9亿元增长到了2021年418.4亿元，近五年年均保持约10%的增幅。国人的茶叶消费及礼物消费均保持增长趋势，并且当前的茶叶礼盒在礼品市场和茶叶市场的规模分别仅5%以及15%，仍有极大的增长空间。2021年，茶叶礼盒消费人群主要在31~40岁，占5成。消费人群主要集中在月收入5000~15000元，主要集中在一线、二线城市，占比接近7成，其中，企业白领、专业技术人员及自有职业者、政府机构事业单位工作人员占据前三。大部分消费者购买茶叶礼盒用于送礼，其中个人送礼和公司送礼的比例分别达到85.6%和42.2%（数据来源艾媒咨询）。

（二）生产从批量化向区域化特定化发展

在过去的几十年里，我国的茶包装在制造规模上和工艺水平上都有了长足的进步，由于市场需求量大，茶包装行业呈大市场、大批量、大规模的发展，同时也造成了包装同质化的竞争。2021年，随着市场消费品位的提升，茶包装区域化、电商化、个性化的属性逐渐在市场占据了主导地位，单纯的提升产能和扩大规模已不适合市场需求，小批量、个性化以及带有浓厚区域特色的包装比重加重。

（三）简约化、小容量、个性化的包装更受市场青睐

2021年，铁听类包装及简易包装较2020年同比有明显增长，这是茶包装回归大众消费的一个重要体现。同时，茶包装由过去传统的"又大又土"，逐渐由精致精美的小容量包装、伴手礼包装所

取代，这也迎合了当下礼品市场的消费趋势。随着90后、00后消费者的崛起，展现年轻人个性化、情感化的茶包装产品比重逐渐上升，个性化的设计、文案以及创意的盒型、内配在包装的创新越来越多。

（四）文化崛起影响包装表现形式

近年来，随着"国潮"的崛起以及文化自信的觉醒，消费者审美眼光逐渐提高，从过去单纯看重礼盒盒型，到现在要求礼盒、手提袋、内听、内画、内衬等的全面设计提升、工艺提升与文化提升。茶包装主色调，也由之前传统的绿、红、白、黑，而今出现了更多的蒂芙尼蓝、爱马仕橙、克莱因蓝、高级灰等大胆用色，设计元素更是由具象向抽象演变，这也对包装生产企业的设计工艺提出了更高的要求，不少企业纷纷推出集颜值、功能、体验、文化等于一身的创意新颖产品。

（五）茶包装企业积极迎合茶企电商、新零售渠道包装需求

2021年，随着物流降本增效和数字化基建的完善，品牌茶叶电商、茶叶新零售等在下沉市场的发展更加迅速，茶叶电商销售由2020年占比3%攀升至2021年的13%，这些变化都在快速推动茶包装研发创新的脚步，小而精、小而美、质量轻、包装简便、个性化强的包装需求逐步增强。同时，针对这类市场产品多元化、小批量定制的需求，越来越多的茶包装厂商也选择"上线"，建立了小程序商城，一方面，将全国优质的茶包装生产商搬到线上，为全国茶企、茶店提供品种齐全、选购便捷的线上服务；另一方面，在线提供更多可以小批量定制、小批量发货的定制产品，便于企业产品多元化，加速产品推陈出新，降低库存压力，减少市场风险。

（六）环保安全减碳逐步规范化

2021年，由于消费者环保意识的增强，包装企业在产品研发上尽量避免过度包装，采用质量轻、体积小、易压碎或压扁、易分离的材料；在生产时更多地偏重于选择容易降解、对环境污染较低、能够重复利用的包装材料；在保证包装的保护、运输、存储和销售功能时，尽量减少材料的使用总量。同时，随着后疫情时代人们对食品健康与安全的要求，茶包装内袋、内罐的食品级要求，已经形成消费者与生产方的共识。

二、行业热点

（一）原料价格飞涨制约茶包装企业发展

2021年对于茶包装企业最重要的大事，莫过于原材料价格的不稳定。对于茶包装影响最大的两个原材料，一个是钢铁价格，一个是纸张价格。在2021年都出现了巨大波动，尤其是铁的价格在上半年

疯涨的情况下，下半年出现了大面积跳水。这导致以绿茶为主的茶包装行业普遍出现了成本暴增的情况。2021年涨价、库存、倒闭、招聘、求购、限电停产这些也都成为纸张行业的关键词。综合看来，原材料的价格不稳，直接限制了包装行业的发展速度。

（二）茶包装与茶叶、茶文化、茶科技的统筹发展

习近平总书记在福建考察调研时指示，要把茶文化、茶产业、茶科技统筹起来，这也为茶包装未来的发展指明了方向。茶包装作为茶叶的"无声推销员"，未来将围绕茶叶市场销售的新形势、新需求、新场景，结合区域茶文化，在茶包装文化、设计领域不断提升，在茶包装研发、制作领域不断创新，助推茶文化、茶科技、茶产业品位化、品牌化、品质化高质量发展。

（三）西湖龙井茶保护管理条例对茶包装经营的影响

杭州市政府于2022年3月1日起正式施行"杭州市西湖龙井茶保护管理条例"，规定包装销售西湖龙井茶，应当在包装显著位置加贴西湖龙井专用标识，并要加上茶农码，茶农码即防伪标识，用手机扫一下就能看到茶叶产地和防伪信息，确保能买到正宗的西湖龙井，而生产、销售假冒伪劣西湖龙井茶行为的，由市场监督管理部门依法查处。此项条例具有重大意义，标志着区域茶叶监管保护从市场监督迈向法规管理，其他地市也在学习借鉴，不断跟进，这将会在后期影响改变茶包装行业的生产和销售的形式。

（四）包装与电商、新零售等行业融合发展

2021年2月，农业农村部发布的《农业农村部关于落实好党中央、国务院2021年农业农村重点工作部署的实施意见》强调，要"发挥电商平台作用，推动绿色优质农产品生产与消费有效对接""全面实施农产品仓储保鲜冷链物流设施建设工程，加大蔬菜、水果、茶叶、中药材等鲜活农产品仓储保鲜补贴力度"。茶包装产业将进一步与电子商务、新零售、智慧仓储、智慧物流等新模式、新技术深度融合，出品更适应新消费场景的特制包装，加快行业高质量快速发展。

《限制商品过度包装要求 食品和化妆品》标准的发布。

《限制商品过度包装要求 食品和化妆品》标准发布于2021年8月10日，2022年5月初，受国家发展改革委环资司邀请，中国茶叶流通协会和10来家会员企业参加"过度包装治理工作线上座谈会"，并在会上提出了意见和建议。5月26日，市场监管总局召开新闻发布会，市场监管总局（标准委）批准发布《限制商品过度包装要求 食品和化妆品》国家标准第1号修改单，本标准实施日期为2023年9月1日。此标准针对时下热门的包装问题，这一系列包装标准发布将会给茶行业带来新的挑战与机遇。

三、存在的问题

（一）包装同质化严重，缺乏创新性

目前，通货茶叶包装同质化现象较为严重，一是缺少对茶叶产区独特文化元素的挖掘，缺乏能展现原产地文化的包装；二是茶包装材质工艺更新较快，而目前市场上销售的绝大多数包装，仍然传统盒型与工艺为主，在形式上缺乏创新理念；三是由于受传统制造观念的影响，目前市场上销售的主流包装，还是以批量生产的通货包装为主，无法满足现在小批量、个性化的市场需求。

（二）茶包装生产商与茶企新兴包装需求的矛盾

目前，茶企定制包装面临以下几大痛点：一是大批量订单在急剧缩减。一直以来，茶包装生产商由于受材料、库存、设备、人工等问题制约，遵循大批量、大订单模式，而2020年开始，坚守传统渠道的茶企，面临销售困境，导致茶包装生产商订单的急剧减少，苦不堪言；二是小批量定制产品不够丰富。随着茶企新型渠道开拓的多样化，单一产品已经无法满足茶企商务、电商、旅游、专卖店等多渠道包装需求，小批量定制就受到茶企追捧。但是由于当下小批量定制渠道匮乏，产品丰富度不够，缺乏去适应多样化的市场需求产品；三是定制茶包装设计创新度不够。很多传统茶企在定制设计包装时，未充分挖掘品牌文化与产品文化，导致辨识度不高，看起来千篇一律。而新兴的"茶二代""小众茶"需求大量"小而精、新奇特"的个性化茶包装，对包装盒型、工艺与设计要求较高、较新，而许多包装企业由于创新意识不够，导致跟不上市场变化节奏。

（三）过度包装情况依然存在

由于受传统观念的影响，茶包装过度包装的问题依然严重，一方面，由于消费者简约与环保意识的增强，包装也要采用环保材质，工艺运用也不能像以前那么复杂，完全靠工艺堆砌的包装逐渐被淘汰，取而代之的是环保材质配合精美的工艺点缀；另一方面，茶包装缺乏二次利用性，如果包装可作为艺术品方便陈列、摆设、收藏或馈赠友人的话，同样可以激发消费者的购买欲，增加企业产品市场份额，打开产品销路。

四、发展建议

（一）抽象、娱乐、多元、区域化或为未来茶包装研发设计方向

因包装原材料多样化及更多工艺技术的成熟，茶叶礼盒包装精美度和设计丰富度有了一定程度的提升。未来，茶包装研发设计将向以下几个趋势发展：一是变具象为抽象。在包装设计中，设计师根

据对产品的理解与概括、分析与取舍，通过想象、意境、比喻等组合创造出新图形秩序，将图像抽象化，从而触发消费者的联想活动，最大范围地与不同消费者的主观臆想相互匹配；二是变实用为娱乐。为满足日益增长的个性化消费需求，满足人们在审美方面表现出的求新、求异、求乐的心理，茶包装在设计时"追求乐趣，创造乐趣"，根据消费者的气质、性格、品位等内在的特质，在茶包装的容量、保护、便捷、陈列方面发生变化，使消费者在消费中"感受乐趣"；三是变单一为多元。消费需求的多元化迫使研发设计技术的发展，为了创造新的消费点，茶包装企业对产品的形态、原料、功能、消费场景等方向不断探索，包装品类的丰富程度也会增加，呈现出多元化发展趋势；四是变大通货为小专版。未来随着茶产区保护意识的增强，消费者审美品位的提高，以及茶企品牌意识的提升，茶包装的研发设计将告别同质化的弊端，而是通过深入挖掘，出品代表不同茶产区的"专版"包装，从而更能获得茶叶细分市场的欢迎。

（二）小批量、定制、环保、简约、环保将会成为未来发展趋势

茶叶行业为了在竞争中更好发展，会迫使茶行业不断创新渠道及消费点，会产生更多的细分市场。这就会对茶包装企业提出更多丰富产品的需求，也会提出更高的时效要求，茶包装企业调动资源的能力也将更加受到重视。具体到生产环节，未来会有以下发展趋势：一是快节奏的小批量定制。随着茶企对小批量产品需求的急速增加，这也促使未来茶包装企业，通过不断创新改进设备、工艺及时效，去打破传统大批量定制模式的束缚，推出品种丰富、专版专制、小量起印的小批量定制产品，满足当下多元化销售渠道要求；二是精致化的小容量包装。未来，为迎合新型消费渠道，容量小、精致、个性化的小容量包装、伴手礼包装、旅游纪念品包装、电商包装等需求量或将持续暴增；三是大气感的简约化包装。随着国家对包装瘦身的要求，未来大气而简约的茶包装将越来越受到欢迎。四是食品级的环保化包装。随着政府和政策管控的加强，行业不规范的违法成本会上升，茶包装的用料会越来越环保，食品级、可二次利用的环保包装将成为未来市场主流。

（三）新生代消费客群将成为茶包装企业新的争夺对象

随着茶叶的消费群体逐渐年轻化，茶包装的消费群体同样也是趋于年轻化，90后、00后的消费群体成为商家们新的争夺对象，尤其是电商领域在包装风格上，呈现年轻化、个性化趋势，利用色彩视觉冲击等形式吸引更多消费者关注。因此，茶产业链产品的包装因消费对象的年轻化而亟待改变，作为茶企形象的重要组成部分，透明化、精简化、国潮包装、环保包装、电子商务包装、智能化包装等更加精致多元的包装也将会助力拉动茶行业的市场新消费。高颜值的茶包装不仅能够吸引眼球，还可以成为不断涌入的年轻消费群体中的"社交货币"，从而促进产品的销售。

（四）新机遇与新挑战并存

国家标准GB 23350—2021《限制商品过度包装要求 食品和化妆品》从包装层数、包装空隙率、

包装成本等方面对过度包装进行强制性管控。企业需要尽快从面积、层数，填充空隙的方法等多种方式修改产品，根据标准要求，做到保证合格的情况下，依然体现出包装的简约、美观等特点，通过创新产品适应未来包装的新趋势。有外观有内涵，才是消费者爱的茶包装，同时好的包装会有助于茶企在同质化严重且竞争日渐激烈的市场中，寻求自身独特性，提升品牌辨识度，持续地输出自身价值取向与文化，引发消费者共鸣，打造特有的品牌壁垒，茶包装市场将因挑战而迎来新的发展机遇。

（执笔人：陈永强、刘赛）

附录

附录一　2021中国茶叶数据（农业产业）

附录二　2021中国茶业指数与行情分析总结

附录三　2021中国茶叶出口数据

附录四　2021中国茶叶行业调查结果

附录五　2021茶类相关法律法规文件汇总

附录一 2021中国茶叶数据（农业产业）

一、2021年全国各地区六大茶类产量

单位：吨

地区	绿茶	青茶	红茶	黑茶	黄茶	白茶
江苏	8200.00	0.00	2500.00	2.50	0.00	0.00
浙江	177000.00	500.00	10000.00	6600.00	200.00	1000.00
安徽	122301.85	25.40	10754.50	540.00	8751.00	40.00
福建	103938.10	233542.90	52054.68	0.00	0.00	60934.15
江西	58800.00	688.00	18800.00	0.00	0.00	600.00
山东	23946.69	0.95	3250.81	0.00	1.70	61.85
河南	70633.91	624.84	13432.82	3552.00	3.64	942.90
湖北	273000.00	1400.00	45000.00	62000.00	600.00	2000.00
湖南	113718.00	2548.40	46542.00	81873.00	2637.00	2935.00
广东	46003.16	42511.30	18164.32	722.05	634.77	407.45
广西	39300.00	0.00	20215.20	39000.00	76.00	4208.80
海南	460.00	0.00	333.00	0.00	0.00	7.00
重庆	42200.00	0.00	6200.00	190.00	0.00	110.00
四川	294561.00	4107.00	18222.00	31757.00	381.00	972.00
贵州	245612.40	0.00	85615.00	13790.00	0.00	0.00
云南	143000.00	1243.00	77010.33	151806.67	0.00	6963.00
陕西	85301.06	10.00	6294.30	5010.60	3.20	678.00
甘肃	1438.90	0.00	114.20	0.00	0.00	39.00
总计	1849415.07	287201.79	434503.16	396843.82	13288.31	81899.15

注：缺少台湾省数据。

二、2021年全国各地区茶园面积

单位：万亩

地区	年末实有茶园面积		2021年比2020年增加		本年采摘面积
	2021年	2020年	增量	增幅/%	
江苏	51.45	50.80	0.65	1.28	45.85
浙江	307.70	307.50	0.20	0.07	285.70

续表

地区	年末实有茶园面积		2021年比2020年增加		本年采摘面积
	2021年	2020年	增量	增幅/%	
安徽	295.73	286.32	9.41	3.29	289.59
福建	341.22	335.40	5.82	1.73	325.00
江西	171.80	169.00	2.80	1.66	160.00
山东	40.83	39.00	1.83	4.69	36.33
河南	208.60	205.20	3.40	1.66	190.75
湖北	545.01	513.71	31.30	6.09	421.01
湖南	298.10	274.00	24.10	8.80	292.60
广东	123.13	104.08	19.05	18.30	106.14
广西	142.44	118.23	24.21	20.48	135.09
海南	3.35	3.32	0.03	0.98	2.20
重庆	84.62	78.20	6.42	8.21	72.03
四川	596.20	586.00	10.20	1.74	487.30
贵州	714.60	716.31	-1.71	-0.24	643.37
云南	720.25	709.70	10.55	1.49	658.44
陕西	233.66	233.00	0.66	0.28	207.98
甘肃	17.40	17.92	-0.52	-2.90	15.20
合计	4896.09	4747.69	148.40	3.13	4374.58

注：缺少台湾省数据。

三、2021年全国各地区茶叶产量

单位：吨

地区	茶叶产量		2021年比2020年增加	
	2021年	2020年	增量	增幅/%
江苏	10702.50	12000.00	-1297.50	-10.81
浙江	195300.00	188100.00	7200.00	3.83
安徽	142412.75	138900.00	3512.75	2.53
福建	450469.83	418131.24	32338.59	7.73
江西	78888.00	78076.35	811.65	1.04
山东	27262.00	29600.00	-2338.01	-7.90
河南	89190.11	81000.00	8190.11	10.11
湖北	384000.00	350571.05	33428.95	9.54
湖南	250253.40	240826.00	9427.40	3.91
广东	108443.04	116000.00	-7556.96	-6.51

续表

地区	茶叶产量		2021年比2020年增加	
	2021年	2020年	增量	增幅/%
广西	102800.00	84695.78	18104.22	21.38
海南	800.00	600.00	200.00	33.33
重庆	48700.00	43300.00	5400.00	12.47
四川	350000.00	315343.00	34657.00	10.99
贵州	345017.40	385635.74	−40618.34	−10.53
云南	380023.00	408823.61	−28800.61	−7.04
陕西	97297.16	92995.72	4301.44	4.63
甘肃	1592.10	1418.00	174.10	12.28
合计	3063151.29	2986016.49	77134.80	2.58

注：缺少台湾省数据。

附录二 2021中国茶业指数与行情分析总结

一、2021年五峰茶叶指数与行情总结

2021年，湖北西南茶叶市场在五峰县委、县政府及有关部门的重视和支持下，积极培育市场，吸引茶商入驻市场，市场引领作用明显，茶叶交易量达到3.04万吨，交易额达到19.31亿元，与上年相比大幅上升，分别为上年的133.3%和143.9%。

（一）坚持常态化疫情防控，交易量和交易额稳定增长

始终坚持常态化疫情防控，一手抓疫情防控，一手抓市场培育，建立外商专项排查台账，为外商入市采购做好各项服务，使疫情对市场的影响降到最低限度。一是制定严格的疫情防控方案和防控措施，并把任务落实到人。二是对进入市场的人员严格执行扫双码、测体温和登记制度，常抓不懈，长年坚持不放松。三是立足服务茶农、茶企、茶商，加大宣传推介力度，完善市场服务功能，落实培育市场政策措施，降低疫情对市场的影响，交易量和交易额实现稳定增长。

（二）发挥市场引领作用，助推产业转型升级

西南茶叶市场为茶企、茶商、茶农搭建了良好的服务平台，通过4年的市场培育，市场的知名度逐年提高，进入市场采购的外地茶商逐年增多，交易量大幅增长，市场引领作用、支撑作用、集聚功能明显发挥，有效地推动了茶产业的转型升级，为五峰扶贫攻坚作出了积极贡献。

一是今年春茶季全县所有春茶分品种、按标准实行保底价收购，大大提高了茶叶鲜叶价格，有效挖掘出高山茶的价值，促进了茶农增收，让企业的带动性更强，让茶农的积极性更高；二是茶叶品种增多，茶叶加工企业主动根据市场消费趋势调整产品结构，茶叶产品品类增多、特色增加，香茶、白茶、扁形茶、黑茶、手工茶等新产品不断涌现；三是开发基地引进的茶叶新品种黄金芽、龙井43、中黄、中白等新品种初见成效，南河茶叶示范基地今年已经采摘开园，带动了周边乡村茶叶品种改良的积极性，新品种种植面积逐步扩大。

（三）政策措施落实到位，茶商入驻信心增强

县委、县政府高度重视湖北西南茶叶市场的培育和发展，对市场培育期内的物流补贴、房租补贴以及为外商免费提供住宿等出台了一系列优惠扶持政策和措施。湖北西南茶叶市场会同市场管理服务中心、五峰茶业协会加强了对培育市场政策措施的宣传力度，通过印发宣传资料，在电子显示屏上常

年播放等途径广泛进行宣传，使入驻市场的茶商、茶企和外地采购商充分感受到县委县政府对市场的重视和关怀，增强了茶企、茶商在市场发展的信心。同时，组织专人对进出市场的茶叶逐件进行核实登记，并按规定进行考核，兑现相关政策。政策措施的宣传落实，有效地激发了市场活力，市场入住率提高到100%；外地采购商明显增多，市场交易量大幅提升。

（四）加强市场管理，做好市场服务

一是继续实行商铺租金优惠，降低茶商经营成本，减轻茶商负担；二是会同市场管理服务中心，为市场做好综合协调和服务工作；三是市场引进了供销e家五峰电子商务运营中心、五峰全域旅游集散中心的基础上，中通快递、申通快递、德邦快递、百世快递、邮政快递、山鹰物流以及湖北银行等单位，使服务功能进一步完善，为茶商、茶企提供良好的物流快递、装卸等服务，并提供上门服务，给茶商创造了良好的物流快递条件；四是积极做好接待工作，全年累计接待安徽、辽宁、省内县市等考察调研团队20余批次1100多人次，为吸引、汇聚全国各地茶商到湖北西南茶叶市场发展营造了良好氛围。

（五）完善市场配套设施，确保市场安全运行

市场消防设施完善改造，现实困难远比图纸多，年初市场会同施工方克服天气、场地等因素以及广大商户的通力协作，不计成本超出预算，和春茶上市抢时间，在春茶交易前完成了全面改造，为广大商户营造安全、和谐的营商环境，确保了市场安全运行。

（注："中国茶业指数之地方名茶指数——五峰茶叶"编制单位为中国茶叶流通协会、五峰土家族自治县人民政府、五峰西南茶叶市场）

二、2021年安溪铁观音指数与行情总结

（一）2021年度茶叶行情（以下采样数字仅限于茶都市场毛茶交易量情况）

2021年全年安溪茶叶批发市场市场交易量17032.1吨，比去年同期17959.4吨，减少927.3吨，下降5.2%；交易额254006.25万元，比去年同期266464.15万元，减少12457.9万元，下降4.7%；平均单价比去年同期高0.5%（附表1）。

附表1　安溪茶叶批发市场交易情况汇总表

月份	交易量/吨	交易额/万元	单价/（元/斤）
1	1299	17796.3	68.5
2	436	4298.96	49.3

续表

月份	交易量/吨	交易额/万元	单价/（元/斤）
3	1241	11913.6	48.0
4	1458.1	15047.59	51.6
5	1765	26333.8	74.6
6	1366	14124.44	51.7
7	1022	9709	47.5
8	1198	10686.16	44.6
9	963	11209.32	58.2
10	3008	89638.4	149
11	2146	29142.68	67.9
12	1130	14106	62.4
小计	17032.1	254006.25	74.57

（二）市场2021年度茶叶销售形势分析

1．产量较去年同期相比总体产量下降

从整体看，全县茶园采摘面积保持稳定，受去年冬季和今年春季降雨较少因素影响，今年春茶产量比去年同期有所较少；

国庆节前后正是秋茶采摘的黄金时期，由于受周边县市疫情影响，茶都市场根据安溪县委县政府部署，于9月18日起关闭交易市场，9月18日至10月5日停止茶叶交易，市场交易额、交易量受到较大影响。

2．质量价格与去年相比略有提升

一是经多年宣传，适度稀植、茶树留高、有机肥替代化肥等科学管理方式普遍推行，为制好茶提供了原料支撑。重摇青、重发酵的传统制茶理念强势回归，拔高茶叶整体质量。连续4届的安溪铁观音大师赛的持续举办，形成了"种好茶、制好茶"的浓厚社会氛围，茶农更加用心钻研好茶。茶叶集中采制期间天气好，为好茶的制作提供了必要的条件；

二是好茶好价，效益明显。祥华旧寨、感德槐植、龙涓南崎等产茶名村的制茶能手所制茶叶大多是茶商集中上门抢购或电话订货，而且供不应求，好茶好价更加明显；

三是茶品多元，效益明显。黄旦、梅占、茗科一号等名优品种由于多元的适制性，不少茶农根据茶叶的适制性和市场需求加工茶品，虽然产量有所减少，但比较效益更显著，茶农的积极性更加高涨；

四是线上交易，效益明显。"网红+直播+带货"的模式属于当前热点，安溪县的茶企、大师、茶商纷纷拓展直播市场，效果比较显著。

五是为做好秋茶产销工作，安溪县委县政府心系茶农，主动作为。9月29日举办了秋茶产销对接

大会，安溪秋茶总产量约2万吨，线上和现场两场集中签约，订购的茶叶就高达5199吨，占了近三成。从各采购商的报价上看，今年秋茶的收购价与去年相比略有上升。这无疑让安溪茶农吃下了一颗"定心丸"，也为安溪茶产业注入了一针"强心剂"。

（三）2022年安溪铁观音的销售预测

安溪县政府通过经多年宣传，适度稀植、茶树留高、有机肥替代化肥等科学管理方式普遍推行，茶叶生长环境得到更好的优化，安溪铁观音大师赛的持续举办，形成了"种好茶、制好茶"的浓厚社会氛围，茶农更加用心钻研好茶。经过政府的引导，更多茶农看中茶品质的提升，不再一味追求量上的增加，把更多精力投入打造品质上，预计2022年的茶叶产量基本保持平衡，但茶叶质量将继续呈现上升趋势，预计均价仍可保持12%左右幅度的增长。

（四）最新茶叶销售价格信息

据实时交易数据显示，1月份毛茶批发均价为79.5元/斤，较去年同期增长16%。临近春节，市场销售态势良好，消费档次以中高档茶为主，市场销售单价以400～600元/斤较为畅销。

（注："中国茶业指数之地方名茶指数——安溪铁观音"编制单位为中国茶叶流通协会、安溪县茶叶管理委员会、安溪中国茶都）

三、2021年大佛龙井指数与行情总结

据统计，中国茶市2021年度龙井茶交易总量15564.52吨，比2020年15511.61吨增加52.91吨，增长0.34%；龙井茶交易总额55.92亿元，比2020年48.80亿元增加7.12亿元，增长14.59%。按产茶的季节分析，市场呈现以下特点。

（一）春茶交易量小幅上涨，交易价好于往年

据统计，春茶交易量5728.81吨，比上一年春茶交易量5595.40吨，增加133.41吨，增长2.38%；交易额36.33亿元，比去年春茶交易额32.71亿元增长11.06%；交易均价634.13元/千克，比上一年春茶交易均价584.60元/千克，增长8.47%。

为确保茶市和业主的安全，今年的春茶交易疫情防控实行常态化管理，市场积极响应县疫情防控领导小组要求，认真落实防控措施，坚持做好守小门工作。2月19日市场开市交易，刚好本地乌牛早少量开始采摘上市，经营户也普遍反映，今年的春茶，整体而言，外观、香气、滋味都好于去年，因受去年疫情影响，多数茶商库存少，因此，新茶上市经营户收购积极，交易价格随之上扬。尤其是本地的大佛龙井中高档龙井茶交易价比往年好，高档的大佛龙井交易价在1800元/千克以上，中高档的大佛龙井交易价都在1000元/千克以上。尤其是性价比最好且受市场青睐的600～800元/千克的大佛龙

井中档高山茶成为抢手货，出现供不应求的状况。进入4月，气温逐渐回暖，雨水充沛，春茶进入旺销时期，需求量较大交易价格坚挺，茶农利好，普遍受益。但到了四月下旬，谷雨后气温转高，茶叶品质略受影响，质量有所下降促使价格下滑。茶农也纷纷提前修剪茶树，来市场交易的茶农逐渐减少，茶市交易量随之减少。茶农及经营户反映，今年的乌牛早优势明显交易时间长且量增价好，而高档龙井43#品质好，价格高，交易持续天数不长，起落较快，中高档龙井茶平均交易价格增加40~70元/斤。

（二）夏茶交易量微增，交易价格增幅明显

统计显示，夏茶交易量4279.70吨，比上一年春茶交易量4237.64吨，增加42.06吨，增长0.99%；交易额9.66亿元，比去年同期6.47亿元增长49.33%；平均交易价225.62元/千克，比去年夏茶交易平均价格152.59元/千克增长47.86%。

谷雨过后，由于气温升高，茶农纷纷提前修剪茶树，比上一年较早的结束了春茶生产。入夏以来，多晴好天气，但高温较少，非常适宜茶树的生长，茶农适时采摘青叶加工，使干茶均衡上市交易。夏茶前期生产增产明显。五月、六月交易均价延续了春茶末交易价的势头，同比保持增长，七月成品夏茶品质较好价格较低，外地茶商偏好采购，促使交易价同比增幅较大。主要原因：一是今年夏季气温低于往年，光照充足，持续高温天气少，茶叶的香气和色泽要好于往年，品质提升促进了交易价格上涨；二是采购商利用网络直播带货的人数明显增多，推动了价格的上扬。茶市经营户纷纷反映，销地市场的茶商对夏茶需求量明显增加，都是当天采购，当天打包发货。

（三）秋茶交易量下降，交易价格上涨

市场统计，秋茶交易量5556.01吨，比上一年秋茶交易量5678.57吨，减少122.56吨，下降2.16%；交易额9.934亿元，比去年交易额9.622亿元增长3.26%；秋茶交易平均价格178.82元/千克，比上一年秋茶平均交易价格169.44元/千克，增长5.54%。

进入八月后，天气逐渐凉爽，早晚温差大，使茶叶生长茂盛，茶农普遍反映秋茶生产加工延续了春夏茶价涨收增的好年景。尤其是茶农在提升品质上下功夫，从采芽匀称、炒制提香、色泽鲜亮等环节严格把关，市场交易也呈现了交易价格持续增长的好势头。11月下旬后由于受疫情影响，导致秋茶交易量有所下降。市场普遍反映，今年的秋龙井品质大有提升，也让茶农卖出了好价钱。

（注："中国茶业指数之地方名茶指数——新昌大佛龙井"编制单位为中国茶叶流通协会、新昌县人民政府、中国茶市）

四、2021年松阳绿茶指数与行情总结

浙江浙南茶叶市场2021年度茶叶交易情况如下。

（一）2021年度茶叶交易情况

1—12月，浙南茶叶市场交易总量82594吨，交易总额656804万元，交易均价79.52元/千克（附表2）；同比增长2.16%、5.78%和3.56%。其中市场店铺交易量82229吨，交易额651452万元，同比增长2.64%和6.50%；网上商城交易量365吨，交易额5352万元，同比增长-50.20%和-41.93%。

附表2　浙南茶叶市场交易情况汇总表

月份	交易量/吨	交易额/万元	单价/（元/千克）
1	969	6647	68.59
2	336	20479	609.49
3	3950	169650	429.49
4	19281	152383	79.03
5	21771	127239	58.44
6	8470	35073	41.41
7	4810	20093	41.77
8	6264	27223	43.46
9	6799	31420	46.21
10	4899	32337	66.01
11	3030	20440	67.46
12	2015	13820	68.58
小计	82594	656804	79.52

（二）市场2021年度茶叶销售形势分析

1．交易量同比增加

（1）倒春寒影响小，乌牛早品种上市早价格高，其它品种的茶叶产量增加，品质提升，价格高。

（2）疫情影响小，浙南茶叶市场在做好新冠疫情防护的前提下有序开始且无间断，外地茶叶和茶商都可以顺利进入市场交易。

（3）茶商大会、国际茶博会等大型茶事活动的宣传和高铁广告的长期宣传，使得松阳香茶的品牌知名度越来越高，吸引了更多的茶商和茶人选择松阳香茶。

（4）夏季雨水充足，秋季无干旱且适宜茶叶生长的周期长，本地茶叶产量和品质有所提高。

2．质量、价格比去年明显提升

（1）前期乌牛早品质好多做扁形茶，价格较去年高；去年受霜冻影响大，加之疫情影响，乌牛早多做香茶。

（2）浙南茶叶市场销售火爆市场销路好，茶青价格较去年有所上升维持时间较长，优质乌牛早、龙井43、白茶茶青价格多在50～90元/千克，黄茶类在60～140元/千克。

（3）夏秋茶加工香茶数量减少，毛峰、扁茶数量增多，效益好于香茶。

（三）政府引导茶产业高质量发展

（1）年初提出建设"中国有机茶乡"目标，深入实施种植质量提升、加工品质升级、品牌市场拓展、经营主体培育、产城融合发展、茶叶转型保障六大工程，延续了茶产业持续健康发展。

（2）举办第十四届中国（国际）茶商大会，3月27—31日成功举办第十四届中国（国际）茶商大会·松阳香茶茶叶节，开展了松阳大美茶园采茶大比拼、茶园国风秀、手工茶炒大赛、最美茶艺师展示、头部达人走茶乡等活动。提升松阳茶业的知名度和美誉度。

（3）组织茶企参加展示活动，对外展销。5月21—25日，第四届中国国际茶叶博览会在杭州国际博览中心举办，组织了7家茶企参加展示展销，突出松阳香茶、松阳银猴公用品牌宣传，松阳银猴被评为第四届中国国际茶业博览会推荐产品。现场销售1.3吨，交易额80.5万元。松阳县获评"2021年度区域特色美丽茶乡"荣誉称号。10月19—24日，组织相关茶企参展青岛茶博会，宣传推介松阳香茶，通过展销活动积极推广松阳茶。

（4）培育壮大茶企发展。浙江浙南茶叶市场有限公司成功晋升为国家级龙头企业，新增2家市级龙头企业，上限茶企3家，SC生产企业2家，建成茶叶加工聚集点1个，组建1家茶叶产业农合联。培育"卯山仙茶"、禅茶等特色茶，完成"崇觉罗汉茶"国家商标申请注册。

（注："中国茶业指数之地方名茶指数——松阳绿茶"编制单位为中国茶叶流通协会、松阳县人民政府、浙南茶叶市场）

五、2021年信阳毛尖指数与行情总结

（一）2021年度茶叶市场行情

今年1—12月份信阳毛尖市场交易量合计为381.82吨；交易额合计为61785.34万元；单价为1618.08元/千克（附表3）。

附表3　信阳毛尖（指数信息合作单位）市场交易情况汇总表

月份	交易量/吨	交易额/万元	单价/（元/千克）
1	20.88	3220.89	1542
2	9.97	1633.75	1638
3	21.42	4976.8	2323
4	44.7	1088.35	2434

续表

月份	交易量/吨	交易额/万元	单价/（元/千克）
5	40.61	7565.33	1863
6	32.44	6179.75	1905
7	34.75	4970.75	1430
8	42.06	4311.75	1025
9	48.76	4244.72	1076
10	42.77	4384.39	1025
11	22.23	3491.33	1571
12	21.23	3365.07	1585
小计	381.82	61785.34	1618.08（均价）

（二）2021年度茶叶市场销售形势分析

1．销量较去年同期相比总体产量增加

2021年相比2020年的疫情情况有所变好，大家出游的次数变多，所以购买量也有所增加。

2．价格与去年相比明显下降

（1）去年1月份、2月份不能出门采摘，今年能的收成较去年来说有所增长，物以稀为贵，所以单价也有所下降。

（2）广大茶农较注重冬季茶园管理，特别是土壤改良的广泛推广，茶园肥力提高，使茶青内含物增加，茶叶肥厚，茶青原料质量大幅提高。

（3）举办全国名优（绿、红）茶评比、信阳毛尖传统手工炒制大赛，制好茶的氛围更加浓厚。

3．信阳毛尖茶产销企业采取了积极的措施，确保今年茶叶销路畅通

（1）推行茶庄园取得良好效应。茶产业与旅游产业结合、庄园模式和茶文化特色小镇结合的新型发展模式，打造新型茶园的建设目标。依托信阳丰富的人文及自然生态资源性，一、二、三产业融合发展，以旅游产业带动茶叶销售，拓展茶叶销路。

（2）以举办每年一次的信阳茶文化节为平台，抓住"一带一路"倡议机遇，做大做强茶叶贸易，密切与"一带一路"沿线国家的出口贸易合作。

（3）举办河南省农产品与电商创新发展高峰论坛、信阳名优农特产品展示展销活动等。以"消费升级与业态创新""真心扶贫、爱心周末"为主题，设置案例分享、高峰论坛板块，得到产业内外专家学者和企业家的积极响应。

（三）2022年信阳毛尖茶的销售预测

在市政府的高度重视及采取的多元化积极管理措施保障下，预计2022年的茶叶产量会大幅度增

长，茶叶质量将继续呈现上升趋势，预计均价仍可保持小幅度增长。

（四）最新茶叶销售价格信息

临近春节，市场销售态势良好，消费档次以中低档茶为主，市场销售单价以600~1000元/千克较为畅销。

（五）2022年计划

一是贯彻绿色发展理念，继续抓好产业发展质量，推进当地种植区域优化调整，做专做强；二是继续做好品牌公共营销，以节会为节点，结合本区域品牌特色开展精准化营销活动；三是继续进行发展模式创新，用更加包容的心态鼓励各种经营模式的探索和尝试，鼓励企业结合市场进行产品机构的调整，结合本地资源禀赋探索三产融合模式；四是继续扶持与开展流通渠道创新，对产地批发市场进行提档升级，扶持龙头企业进行品牌旗舰形象店与零售系统升级改造，加大电商平台销售力度，线上线下构建新型终端零售体系。

（注："中国茶业指数之地方名茶指数——信阳毛尖"编制单位为中国茶叶流通协会、信阳市茶叶流通协会、信阳国际茶城）

六、2021年横州茉莉花和茉莉花茶指数与行情总结

（一）加强领导，成立工作领导小组

为做好采集、发布广西横州市茉莉花和茉莉花茶价格指数工作，成立了横州市茉莉花和茉莉花茶价格指数工作领导小组，市花业中心主任担任组长，成员由市花业中心工作人员、西南茶城管理人员、花茶协会正副会长、茉莉龙头企业代表等组成，办公室设在市花业中心。

（二）主要工作成效

1. 开展茉莉花、茉莉花茶价格指数信息采集

（1）开展茉莉花鲜花交易数据采集、编制、分析　以横州市西南茶城的茉莉鲜花交易市场、校椅镇石井村茉莉花交易市场、茉莉龙头企业代表为抽样点进行茉莉鲜花数据的采集、编制、分析，完成了对2021年4月至10月的茉莉花价格指数的收集，每个月对价格走势进行分析、研究、判断整个茉莉花市场形势，以及对全国其他产区的影响。2021年横州市全年的茉莉花产量为10.2万吨，比2020年9.5万吨增加0.7万吨，增长7.3%，茉莉花鲜花平均价格24元/千克，比2020年茉莉花平均价格20元/千克，增长20%，全年茉莉花产值达到24.5亿元。

（2）开展茉莉花茶交易数据采集、编制、分析　以西南茶城、国际商贸城（茉莉花茶交易中心）、

花茶协会、茶叶经纪人协会、茶业商会、龙头企业代表为采集点，采集茉莉花茶批发、零售交易价格数据，2021年3—12月完成全市茉莉花茶价格指数的收集、编制，每月形成销售价格分析数据指数。研究判断整个茉莉花茶市场形势，影响全国花茶主销区价格走势，推进全国茉莉花茶产业行业发展。2021年我市有130多家花茶企业，其中规上企业29家，亿元企业18家，年产茉莉花茶8万吨，年产值达到91亿元，分别比2020年增长2.6%、9.6%。

2．发布横州茉莉花和横州茉莉花茶价格指数

市委市政府为做好茉莉花产业价格指数发布工作，认真主动加强与中国茶叶流通协会合作，开展价格指数网络建设与分布工作，2021年4—10月期间，在中国茶叶流通协会官网及其刊物《茶世界》上每月发布一期"横州茉莉鲜花、茉莉花茶价格指数及行情信息"，全年共计7期。指导全国茉莉花茶行业消费，使横州茉莉花、横州茉莉花茶价格指数成为全国茉莉花茶价格的"风向标"。

3．扩大宣传横州茉莉花品牌

为进一步扩大横州茉莉花产业发展宣传，宣传横州茉莉花茶企业发展情况。通过中国茶叶流通协会《茶世界》，刊登宣传横州茉莉花产业发展成效。刊登宣传广西金花茶业有限公司、广西顺来茶业有限公司、广西妙莲茶业有限公司、广西香茹怡茉茶业有限公司（广西横州长海茶厂）、广西春之森茶业有限公司、广西横州华成茶厂、广西横州南方茶厂、广西阳春茶业有限公司等8家本土品牌企业的发展成果，让更多全国客商了解横州市茉莉花和茉莉花茶的市场行情，扩大了横州茉莉花品牌宣传，扩大横州市宣传，不断提高横州茉莉花在国内乃至世界的知名度和影响力。

4．成功举办了第三届世界茉莉花大会

2021年9月10—13日横州市在中国茶叶流通协会、广西壮族自治区农业农村厅、中国—东盟博览会秘书处、南宁市人民政府、中国花卉协会花文化分会等单位大力支持下，成功举办了第三届世界茉莉花大会暨2021年中国（横州）茉莉花文化节，进一步扩大了横州市的宣传，扩大了横县茉莉花品牌宣传，提高了横州茉莉花（茶）的知名度和影响力，加快推进茉莉花产业高质量发展，为建设美丽繁荣新横州都具有重要意义。

（三）2022年工作思路

在市委市政府领导下，在中国茶叶流通协会大力支持指导下，进一步做好横州茉莉花、茉莉花茶价格指数的信息采集、编制和发布工作，充分发挥全国茉莉花和茉莉花茶主产区发布价格指数的作用，为稳定全国茉莉花茶价格，推进全国茉莉花茶产业健康、绿色、持续发展贡献力量。

（1）加强向中国茶叶流通协会请示汇报工作，扩大横州茉莉花产业招商引资工作，引入全国知名茶企业和茉莉花精深加工企业，推进茉莉花"1+9"产业集聚发展。

（2）加强和完善横州茉莉花、横州茉莉花茶价格指数信息收集、分析系统，完善每月茉莉花和茉莉花茶价格的统计，建立完善的数据库，为全国茉莉花茶产业发展服务。

（3）运用大数据分析，创新发展"数字茉莉"，打造"互联网+茉莉"。共同完成"互联网+"茉

莉花平台搭建、调试及运营工作，进一步深化与阿里巴巴集团战略合作，推动茉莉花产业转型升级发展。

（4）加强与中国茶叶流通协会深度交流合作，更好地开展横州市茉莉花、茉莉花茶茶价格指数收集发布工作，巩固和发展世界茉莉花和茉莉花茶加工基地，为推进全国茉莉花茶产业健康高质量发展而努力。

（注："中国茶业指数之主要辅料指数——横州茉莉鲜花"编制单位为中国茶叶流通协会、横州市人民政府、横州西南茶城、中国茉莉小镇·石井茉莉花交易市场）

附录三 2021中国茶叶出口数据

一、2021年我国茶叶出口量

序号	国家和地区	2021年出口量/千克	2020年出口量/千克	增幅/%
1	摩洛哥	74609544	67159190	11.09
2	乌兹别克斯坦	28655165	23031846	24.42
3	加纳	22831940	18730410	21.90
4	俄罗斯	18163769	17636660	2.99
5	毛里塔尼亚	17563321	16901530	3.92
6	中国香港	16729176	14812091	12.94
7	塞内加尔	16340492	14097722	15.91
8	阿尔及利亚	13060598	13974241	-6.54
9	多哥	12038778	13894051	-13.35
10	美国	10980445	13573668	-19.10
11	德国	10505627	11486833	-8.54
12	日本	9972681	9661369	3.22
13	贝宁	8187896	8349650	-1.94
14	马来西亚	7242628	6089619	18.93
15	喀麦隆	7172665	5878291	22.02
……				
合计		369355059	348814610	5.89

二、2021年我国茶叶出口额

序号	国家和地区	2021出口额/美元	2020出口额/美元	增幅/%
1	中国香港	647916869	465306506	39.25
2	马来西亚	256634239	198163705	29.51
3	摩洛哥	228259395	171314963	33.24
4	越南	128390397	132674335	-3.23
5	加纳	103309909	114472613	-9.75
6	毛里塔尼亚	76000882	79843661	-4.81
7	塞内加尔	69932572	76913438	-9.08

续表

序号	国家和地区	2021出口额/美元	2020出口额/美元	增幅/%
8	美国	66911878	67420214	-0.75
9	乌兹别克斯坦	56099872	60209532	-6.83
10	多哥	56020695	57153002	-1.98
11	日本	54376307	52849364	2.89
12	俄罗斯	51625649	47106244	9.59
13	阿尔及利亚	50268470	40368425	24.52
14	德国	43630451	38726994	12.66
15	泰国	39999326	33117015	20.78
……				
合计"		2299234785	2037981957	12.82

三、2021年我国茶叶出口均价

茶类	2021年出口均价/（美元/千克）	2020年出口均价/（美元/千克）	增幅/%
绿茶	4.76	4.45	7.05
红茶	14.02	11.96	17.24
乌龙茶	14.71	12.74	15.45
花茶	9.90	9.91	-0.11
普洱茶	24.14	31.52	-23.42
黑茶	13.98	—	—
总量	6.22	5.84	6.59

四、2021年1—12月中国红茶出口海关统计前20位（分国别和地区）

序号	国家和地区	出口量/千克	序号	国家和地区	出口额/美元
1	中国香港	7377189	1	中国香港	222036685
2	美国	4633613	2	越南	68073747
3	俄罗斯	3091432	3	马来西亚	25708673
4	波兰	2984781	4	美国	16828782
5	巴基斯坦	1710240	5	缅甸	11747056
6	德国	1628748	6	俄罗斯	8938396
7	越南	1471502	7	哈萨克斯坦	7878078
8	马来西亚	1012936	8	波兰	7050715
9	缅甸	853675	9	德国	6959666

续表

序号	国家和地区	出口量/千克	序号	国家和地区	出口额/美元
10	英国	826574	10	吉尔吉斯斯坦	6253575
11	蒙古	521631	11	日本	4018968
12	泰国	469026	12	英国	3734820
13	哈萨克斯坦	433711	13	中国台湾	3154277
14	日本	344499	14	阿联酋	3143240
15	法国	249130	15	新加坡	2323298
16	乌兹别克斯坦	209966	16	伊朗	2056525
17	吉尔吉斯斯坦	169620	17	泰国	1857556
18	荷兰	141807	18	韩国	1698538
19	中国澳门	134914	19	巴基斯坦	1516751
20	中国台湾	130830	20	法国	1298336

五、2021年1—12月中国花茶出口海关统计前20位（分国别和地区）

序号	国家和地区	出口量/千克	序号	国家和地区	出口额/美元
1	日本	1782969	1	日本	13004840
2	美国	762471	2	美国	12563535
3	俄罗斯	692826	3	中国香港	10954429
4	中国香港	517802	4	俄罗斯	2878269
5	新加坡	253254	5	德国	2305242
6	阿联酋	195067	6	加拿大	1751498
7	德国	170616	7	越南	1363039
8	塞内加尔	165302	8	塞内加尔	1273764
9	波兰	116025	9	新加坡	1272495
10	加纳	106800	10	阿联酋	1103413
11	加拿大	104247	11	法国	1005678
12	斯里兰卡	98646	12	马来西亚	906729
13	法国	96812	13	荷兰	745844
14	英国	90788	14	比利时	703310
15	马来西亚	81483	15	阿根廷	678788
16	越南	80105	16	加纳	607433
17	荷兰	65264	17	英国	582111
18	比利时	63085	18	澳大利亚	562216
19	澳大利亚	47477	19	斯里兰卡	462568
20	埃及	39704	20	波兰	364584

六、2021年1—12月中国绿茶出口海关统计前20位（分国别和地区）

序号	国家和地区	出口量/千克	序号	国家和地区	出口额/美元
1	摩洛哥	74605584	1	中国香港	262388042
2	乌兹别克斯坦	28419155	2	摩洛哥	228231003
3	加纳	22725140	3	马来西亚	144024826
4	毛里塔尼亚	17542615	4	加纳	102702476
5	塞内加尔	16175190	5	毛里塔尼亚	75996400
6	阿尔及利亚	13048593	6	塞内加尔	68658808
7	多哥	12038778	7	多哥	56020695
8	俄罗斯	11823445	8	乌兹别克斯坦	55652960
9	德国	8350247	9	阿尔及利亚	50249810
10	贝宁	8187896	10	越南	42775571
11	喀麦隆	7172665	11	德国	31138201
12	尼日尔	6011703	12	俄罗斯	30408025
13	冈比亚	5973665	13	美国	30161371
14	中国香港	5796765	14	马里	24778424
15	马里	5495983	15	冈比亚	21339248
16	美国	5086847	16	尼日尔	18035351
17	利比亚	4127991	17	利比亚	16467017
18	几内亚	3542260	18	泰国	16089956
19	马来西亚	3524256	19	贝宁	14719644
20	泰国	3099564	20	几内亚	13131916

七、2021年1—12月中国普洱茶出口海关统计前20位（分国别和地区）

序号	国家和地区	出口量/千克	序号	国家和地区	出口额/美元
1	中国香港	810195	1	中国香港	42058960
2	日本	356750	2	马来西亚	1939208
3	马来西亚	189980	3	日本	1215632
4	波兰	159246	4	越南	1128193
5	德国	157399	5	德国	1076130
6	韩国	67044	6	美国	766518
7	美国	61243	7	法国	742656
8	中国澳门	59370	8	韩国	672001

续表

序号	国家和地区	出口量/千克	序号	国家和地区	出口额/美元
9	法国	41416	9	波兰	510905
10	中国台湾	35576	10	荷兰	423407
11	荷兰	35147	11	俄罗斯	303199
12	俄罗斯	33523	12	中国澳门	301914
13	越南	30100	13	中国台湾	289009
14	阿根廷	28000	14	加拿大	270653
15	智利	23251	15	智利	131626
16	加拿大	16041	16	新加坡	112101
17	墨西哥	12796	17	立陶宛	80869
18	新加坡	9123	18	阿根廷	80080
19	巴西	8544	19	澳大利亚	49635
20	立陶宛	7994	20	墨西哥	44857

八、2021年1—12月中国乌龙茶出口海关统计前20位（分国别和地区）

序号	国家和地区	出口量/千克	序号	国家和地区	出口额/美元
1	日本	6509417	1	中国香港	107158768
2	俄罗斯	2522528	2	马来西亚	82864296
3	泰国	2408707	3	日本	27796725
4	马来西亚	2334254	4	泰国	21860227
5	中国香港	2121745	5	越南	15049847
6	越南	1162548	6	俄罗斯	9097501
7	美国	432555	7	美国	6480285
8	尼日利亚	333236	8	德国	2151212
9	新加坡	203121	9	新加坡	2022815
10	德国	198617	10	缅甸	1934730
11	莫桑比克	140560	11	阿根廷	672564
12	墨西哥	74097	12	韩国	661832
13	斯里兰卡	72804	13	加拿大	599528
14	乌克兰	70151	14	斯里兰卡	353056
15	缅甸	60543	15	荷兰	349985
16	波兰	58150	16	南非	316806
17	南非	54334	17	法国	247289
18	韩国	51193	18	墨西哥	237741

续表

序号	国家和地区	出口量/千克	序号	国家和地区	出口额/美元
19	菲律宾	45691	19	印度尼西亚	237161
20	加拿大	38093	20	澳大利亚	230615

九、2021年1—12月中国黑茶出口海关统计前10位（分国别和地区）

序号	国家和地区	出口量/千克	序号	国家和地区	出口额/美元
1	蒙古	129600	1	中国香港	3319985
2	中国香港	105480	2	马来西亚	1190507
3	马来西亚	99719	3	美国	111387
4	韩国	5967	4	蒙古	100168
5	美国	3716	5	韩国	89482
6	日本	2372	6	法国	43233
7	法国	1304	7	日本	11293
8	新加坡	888	8	加拿大	10713
9	中国澳门	543	9	新加坡	5540
10	加拿大	498	10	澳大利亚	5507

附录四　2021中国茶叶行业调查结果

一、县域

（一）2021年度茶业百强县（100个）

贵州省湄潭县、湖南省安化县、福建省安溪县、云南省勐海县、河南省信阳市浉河区、广东省英德市、安徽省祁门县、浙江省松阳县、四川省高县、广西壮族自治区横州市、福建省武夷山市、湖南省长沙县、福建省福鼎市、浙江省新昌县、云南省凤庆县、贵州省凤冈县、湖北省赤壁市、四川省雅安市雨城区、湖北省恩施市、云南省双江拉祜族佤族布朗族傣族自治县、广西壮族自治区三江侗族自治县、江西省浮梁县、湖北省鹤峰县、云南省昌宁县、湖北省五峰土家族自治县、福建省福安市、四川省夹江县、湖北省英山县、四川省洪雅县、江西省婺源县、湖南省桃源县、湖北省利川市、湖南省石门县、湖北省宜昌市夷陵区、浙江省武义县、山东省日照市岚山区、湖北省宣恩县、贵州省都匀市、安徽省歙县、福建省政和县、云南省腾冲市、安徽省休宁县、云南省普洱市思茅区、湖南省沅陵县、云南省云县、广西壮族自治区昭平县、河南省罗山县、湖北省宜都市、江西省遂川县、河南省光山县、云南省临沧市临翔区、四川省筠连县、湖北省保康县、陕西省紫阳县、湖北省竹溪县、贵州省黎平县、安徽省霍山县、云南省永德县、河南省新县、安徽省岳西县、陕西省平利县、贵州省正安县、湖北省咸丰县、福建省宁德市蕉城区、河南省商城县、湖北省谷城县、江西省修水县、贵州省安顺市西秀区、江苏省宜兴市、安徽省金寨县、福建省寿宁县、云南省景谷傣族彝族自治县、贵州省金沙县、陕西省泾阳县、湖南省保靖县、山东省日照市东港区、贵州省余庆县、湖北省咸宁市咸安区、安徽省舒城县、浙江省淳安县、安徽省黄山市徽州区、江西省铅山县、贵州省普安县、浙江省磐安县、云南省芒市、陕西省商南县、湖北省长阳土家族自治县、云南省景东彝族自治县、江苏省苏州市吴中区、湖北省巴东县、湖南省古丈县、贵州省雷山县、安徽省黄山市黄山区、河南省潢川县、广东省大埔县、贵州省丹寨县、湖南省吉首市、江西省铜鼓县、浙江省宁海县、江西省上犹县

（二）2021年度"三茶统筹"先行县域

浙江省新昌县、安徽省祁门县、福建省武夷山市、河南省信阳市浉河区、湖北省恩施市、湖南省安化县、广东省英德市、广西壮族自治区三江侗族自治县、贵州省湄潭县、云南省勐海县

（三）2021年度茶旅融合特色县域

江苏省溧阳市、浙江省松阳县、安徽省黄山市黄山区、福建省永泰县、福建省政和县、山东省日照市岚山区、河南省商城县、湖北省五峰土家族自治县、湖南省石门县、广西壮族自治区横州市

（四）2021年度科技兴茶富民典型县域

浙江省武义县、安徽省黄山市徽州区、福建省福鼎市、江西省浮梁县、湖北省赤壁市、广西壮族自治区三江侗族自治县、四川省筠连县、贵州省都匀市、云南省双江拉祜族佤族布朗族傣族自治县、陕西省泾阳县

（五）2021年度智慧茶业样板县域

江苏省苏州市吴中区、安徽省休宁县、福建省安溪县、江西省婺源县、湖北省宜昌市夷陵区、湖南省长沙县、广东省大埔县、四川省雅安市雨城区、贵州省丹寨县、陕西省紫阳县

二、企业

（一）2021年度茶业百强企业

湖南省茶业集团股份有限公司、天福（开曼）控股有限公司、华茗园国际集团有限公司、湘丰茶业集团有限公司、四川省峨眉山竹叶青茶业有限公司、八马茶业股份有限公司、萧氏茶业集团有限公司、北京张一元茶叶有限责任公司、黄山小罐茶业有限公司、湖南华莱生物科技有限公司、福建品品香茶业有限公司、武夷星茶业有限公司、北京吴裕泰茶业股份有限公司、四川省茶业集团股份有限公司、福建春伦集团有限公司、安徽省六安瓜片茶业股份有限公司、日春股份公司、杭州艺福堂茶业有限公司、勐海雨林古茶坊茶叶有限责任公司、湖北省茶业集团股份有限公司、湖南省白沙溪茶厂股份有限公司、湖北采花茶业有限公司、普洱澜沧古茶股份有限公司、福建武夷山国家级自然保护区正山茶业有限公司、谢裕大茶叶股份有限公司、安徽省祁门红茶发展有限公司、河南新林茶业股份有限公司、福建省天湖茶业有限公司、福建新坦洋集团有限公司、闽榕茶业有限公司、广东茶叶进出口有限公司、云南双江勐库茶叶有限责任公司、勐海陈升茶业有限公司、四川省文君茶业有限公司、天方茶业股份有限公司、云南六大茶山茶业有限公司、大不同集团有限公司、江西省宁红集团有限公司、信阳市文新茶叶有限责任公司、福建鼎白茶业有限公司、福建瑞达茶业有限公司、益阳茶厂有限公司、云南中茶茶业有限公司、黄山光明茶业有限公司、黄山王光熙松萝茶业股份公司、昆明七彩云南庆沣祥茶业股份有限公司、贵州贵茶（集团）有限公司、黄山市猴坑茶业有限公司、云南滇红集团股份有限公司、安徽省抱儿钟秀茶业股份有限公司、腾冲市高黎贡山生态茶业有限责任公司、厦门山国饮艺茶业有限公司、云南下关沱茶（集团）股份有限公司、湖北汉家刘氏茶业股份有限公司、福

建誉达茶业有限公司、福建康来颜茶业有限公司、云南昌宁红茶业集团、江西省武夷源茶业股份有限公司、安徽国润茶业有限公司、黄山市新安源有机茶开发有限公司、河南九华山茶业有限公司、湖北三品源茶业科技开发有限公司、广西梧州茂圣茶业有限公司、河南仰天雪绿茶叶有限公司、福建省广福茶业有限责任公司、云南龙润茶科技有限公司、英德八百秀才茶业有限公司、广西农垦茶业集团有限公司、福建顺茗道茶业有限公司、湖北宜红茶业有限公司、浙江诚茂控股集团有限公司、安徽宁清茶业有限公司、福建奇古枝茶业有限公司、福州福民茶叶有限公司、海南省农垦五指山茶业集团股份有限公司、广东省大埔县西岩茶叶集团有限公司、苏州三万昌茶叶有限公司、北京二商京华茶业有限公司、广东凯达茶业股份有限公司、重庆市二圣茶业有限公司、四川蒙顶山跃华茶业集团有限公司、济南博茗茶叶市场、福建省大沁茶业有限公司、咸阳泾渭茯茶有限公司、北京市武夷山老记茶业有限责任公司、信阳申林茶业开发有限公司、武夷山香江茶业有限公司、河南蓝天茶业有限公司、贵州湄潭兰馨茶业有限公司、江门丽宫国际食品股份有限公司、贵州阳春白雪茶业有限公司、霍山汉唐清茗茶叶有限公司、安康闽秦茶业股份有限公司、汉中山花茶业有限公司、仙居县茶叶实业有限公司、深圳市中吉号茶业股份有限公司、江苏天目云露茶业有限公司、陕西鹏翔茶业股份有限公司、罗山县亿峰生态林业开发有限责任公司、广西金花茶业有限公司

（二）2021年度茶业领军企业

湖南省茶业集团股份有限公司、天福（开曼）控股有限公司、华茗园国际集团有限公司、湘丰茶业集团有限公司、四川省峨眉山竹叶青茶业有限公司、八马茶业股份有限公司、萧氏茶业集团有限公司、北京张一元茶叶有限责任公司、黄山小罐茶业有限公司、湖南华莱生物科技有限公司

（三）2021年度茶叶出口领军企业

浙江省茶叶集团股份有限公司、河南省信阳卢氏茶叶有限公司、黄山市新安源有机茶开发有限公司、广东茶叶进出口有限公司、黄山王光熙松萝茶业股份公司、浙江省武义茶业有限公司、安徽省祁门红茶发展有限公司、浙江诚茂控股集团有限公司、湖北省茶业集团股份有限公司、湖北三品源茶业科技开发有限公司

（四）2021年度茶叶新技术成果转化企业典范

中国茶叶股份有限公司、华祥苑茶业股份有限公司、北京吴裕泰茶业股份有限公司、四川省茶业集团股份有限公司、福建春伦集团有限公司、咸阳泾渭茯茶有限公司、云南六大茶山茶业股份有限公司、益阳茶厂有限公司、杭州艺福堂茶业有限公司、安徽国润茶业有限公司、河南新林茶业股份有限公司

（五）2021年度茶业新锐企业

浮梁县天祥茶号有限公司、福建华香茶业有限公司、商城县其鹏有机名茶厂、平利县女娲银峰茶叶有限公司、漳州天骏茗风生态农业发展有限公司、陕西右任故里茯砖茶股份有限公司、四川蜀茶实业集团有限公司、湖南植歌茶业有限公司、南京雅润茶业有限公司、四川蒙顶山味独珍茶业有限公司

（六）2021年度茶业十强市场

北京国际茶城、北京马连道茶城、济南茶叶批发市场、上海帝芙特国际茶文化广场、大发国际茶城、浙江浙南茶叶市场、安溪中国茶都、广州南方茶叶市场、中国（政和）白茶城、成都龙河国际茶城

（七）2021年度茶业畅销品牌

中茶（中国茶叶股份有限公司）、吴裕泰（北京吴裕泰茶业股份有限公司）、张一元（北京张一元茶叶有限责任公司）、京华（北京二商京华茶业有限公司）、老记（北京市武夷山老记茶业有限责任公司）、三万昌（苏州三万昌茶叶有限公司）、天目云露（江苏天目云露茶业有限公司）、狮峰（浙江省茶叶集团股份有限公司）、卢正浩（杭州正浩茶叶有限公司）、西湖（杭州茶厂有限公司）、极白（安吉极白白茶有限公司）、更香（浙江更香有机茶业开发有限公司）、艺福堂（杭州艺福堂茶业有限公司）、仙居茶业（仙居县茶叶实业有限公司）、御玺（浙江云翠茶业发展有限公司）、天之红（安徽省祁门红茶发展有限公司）、徽六（安徽省六安瓜片茶业股份有限公司）、王光熙（黄山王光熙松萝茶业股份公司）、小罐茶（黄山小罐茶业有限公司）、谢裕大（谢裕大茶叶股份有限公司）、天方（天方茶业股份有限公司）、抱儿钟秀（安徽省抱儿钟秀茶业有限公司）、猴坑（黄山市猴坑茶业有限公司）、润思（安徽国润茶业有限公司）、新安源（黄山市新安源有机茶开发有限公司）、华祥苑（华祥苑茶业股份有限公司）、品品香（福建品品香茶业有限公司）、武夷星（武夷星茶业有限公司）、正山堂（福建武夷山国家级自然保护区正山茶业有限公司）、新坦洋（福建新坦洋集团股份有限公司）、鼎白（福建鼎白茶业有限公司）、日春（日春股份公司）、春伦（福建春伦集团有限公司）、天福[天福（开曼）控股有限公司]、绿雪芽（福建省天湖茶业有限公司）、瑞达（福建瑞达茶业有限公司）、山国饮艺（厦门山国饮艺茶业有限公司）、闽榕（闽榕茶业有限公司）、晓阳春（青岛晓阳工贸有限公司）、宁红（江西省宁红集团有限公司）、文新（信阳市文新茶叶有限责任公司）、新林（河南新林茶业有限公司）、申林（信阳申林茶业开发有限公司）、萧氏（萧氏茶业集团有限公司）、宜红（湖北宜红茶业有限公司）、采花（湖北采花茶业有限公司）、汉家刘氏（湖北汉家刘氏茶业股份有限公司）、长盛川（鑫鼎生物科技有限公司）、湘丰（湘丰茶业集团有限公司）、湘益（益阳茶厂有限公司）、白沙溪（湖南省白沙溪茶厂股份有限公司）、怡清源（湖南省怡清源茶业有限公司）、八马（八马茶业股份有限公司）、金帆（广东茶叶进出口有限公司）、恒福（恒福茶文化股份有限公司）、云津（汕头市云津茶业有限公司）、侨宝（江门丽宫国际食品股份有限公司）、八百秀才（英德八百秀才茶业有

限公司）、积庆里（英德积庆里茶业有限公司）、中吉号（深圳市中吉号茶业股份有限公司）、三鹤（广西梧州茶厂有限公司）、金花（广西金花茶业有限公司）、茂圣（广西梧州茂圣茶业有限公司）、竹叶青（四川省峨眉山竹叶青茶业有限公司）、川茶（四川省茶业集团股份有限公司）、川红（宜宾川红茶业集团有限公司）、跃华（四川蒙顶山跃华茶业集团有限公司）、阳春白雪（贵州阳春白雪茶业有限公司）、醉春秋（云南白药天颐茶品有限公司）、七彩云南（昆明七彩云南庆沣祥茶业股份有限公司）、滇红（云南滇红集团股份有限公司）、六大茶山（云南六大茶山茶业股份有限公司）、下关沱茶（云南下关沱茶（集团）股份有限公司）、勐库戎氏（云南双江勐库茶叶有限责任公司）、陈升（勐海陈升茶业有限公司）、雨林古茶（勐海雨林古茶坊茶叶有限责任公司）、澜沧古茶（普洱澜沧古茶股份有限公司）、泾渭（咸阳泾渭茯茶有限公司）、张骞（汉中山花茶业有限公司）、闽秦（安康闽秦茶业股份有限公司）

（备注：排名不分先后）

（八）2021年度协会团体标准创新应用示范单位

福建武夷山国家自然保护区正山茶业有限公司、湖北赤壁青砖茶研究院、中茶湖南安化第一茶厂有限公司、宜宾市农业农村局、福建春伦集团有限公司、英德市农业农村局、中华全国供销合作总社杭州茶叶研究院、北京市茶叶质量监督检验站、商城县特色产业发展局、日照市岚山区农业农村局

（九）2021年度新茶饮战略领导品牌

帮利（福州市帮利茶业有限责任公司）、佳禾食品（佳禾食品工业股份有限公司）、领航集团（广州市领航食品有限公司）、鲜活果汁（鲜活果汁有限公司）、奈雪的茶（深圳市品道餐饮管理有限公司）、益禾堂（武汉熠汇饮科技有限公司）、古茗（浙江古茗科技有限公司）、茶百道（四川蜀信致远企业管理咨询有限公司）、沪上阿姨（上海臻敬实业有限公司）、甜啦啦（安徽汇旺餐饮管理有限公司）

（十）2021年度茶业电商十强企业

项目	品牌	企业名称
年度影响力品牌	小罐茶	北京小罐茶业有限公司
年度卓越品牌	八马	八马茶业股份有限公司
	张一元	北京张一元茶叶有限责任公司
	中茶	中国茶叶股份有限公司
年度潜力品牌	茶里	广州茶里集团有限公司
	正山堂	福建武夷山国家级自然保护区正山茶业有限公司
	狮峰	浙江省茶叶集团股份有限公司
年度杰出合作品牌	卢正浩	杭州正浩茶叶有限公司
年度店铺	竹叶青	四川省峨眉山竹叶青茶业有限公司
	陈升号	勐海陈升茶业有限公司

三、个人

2021年度茶产业发展先进个人

方继凡（黄山市猴坑茶业有限公司）、石濡菲（苍梧县六堡镇黑石山茶厂）、龙清泉（花垣五龙农业开发有限公司）、李晓军（杭州艺福堂茶业有限公司）、吴培元（汉中山花茶业有限公司）、邱建红（利川星斗山红茶有限责任公司）、周宇（湖南金井茶业集团有限公司）、黄山珍（广西顺来茶叶有限公司）、曹积强（河南新林茶业股份有限公司）、游红英（杭州茶厂有限公司）

附录五　2021茶类相关法律法规文件汇总

（2021.6.21—2022.8.10）

1. 《市场监管总局办公厅关于开展打击网售假冒检验检测报告违法行为专项整治行动的通知》（市监检测发〔2021〕54号）

2. 市场监管总局关于印发《市场监督管理信用修复管理办法》的通知（国市监信规〔2021〕3号）

3. 市场监管总局关于《企业标准化促进办法（征求意见稿）》公开征求意见的通知

4. 市场监管总局 商务部关于推进内外贸产品"同线同标同质"工作的通知（国市监认证发〔2021〕76号）

5. 市场监管总局关于仅销售预包装食品备案有关事项的公告（2021年第40号）

6. 关于印发《"十四五"推动高质量发展的国家标准体系建设规划》的通知（国标委联〔2021〕36号）

7. 法治市场监管建设实施纲要（2021—2025年）（国市监法发〔2021〕80号）

8. 市场监管总局关于印发《小微企业个体工商户专业市场党建工作2022年工作要点》的通知（国市监注发〔2022〕22号）

9. 《市场监管总局关于加强民生计量工作的指导意见》（国市监计量发〔2022〕23号）

10. 《市场监管总局办公厅关于印发食品生产经营监督检查有关表格的通知》（市监食生发〔2022〕18号）

11. 市场监管总局关于修订《中国标准创新贡献奖管理办法》的公告（市场监管总局公告2022年第9号）

12. 市场监管总局办公厅关于加强食品生产安全风险排查防控工作的通知（市监食生发〔2022〕31号）

13. 市场监管总局关于印发《"十四五"广告产业发展规划》的通知（国市监广发〔2022〕47号）

14. 《国家市场监督管理总局明码标价和禁止价格欺诈规定》（国家市场监督管理总局令第56号）

15. 《市场监管总局关于查处哄抬价格违法行为的指导意见》（国市监竞争发〔2022〕60号）

16. 市场监管总局等16部门关于印发贯彻实施《国家标准化发展纲要》行动计划的通知（国市监标技发〔2022〕64号）

17. 市场监管总局办公厅关于印发《计量服务中小企业纾困解难若干措施》的通知（市监计量发〔2022〕51号）

18. 市场监管总局关于印发《网络市场监管与服务示范区创建管理办法（试行）》的通知（国市

监网监发〔2022〕49号）

19.《市场监管总局办公厅关于加强食品生产安全风险排查防控工作的通知》（市监食生发〔2022〕31号）

20.《农业农村部 国家市场监督管理总局 中华全国供销合作总社关于促进茶产业健康发展的指导意见》（农产发〔2021〕3号）

21. 农业农村部关于印发《"十四五"全国农产品产地市场体系发展规划》的通知（农市发〔2022〕3号）

22.《农业农村部关于促进农业产业化龙头企业做大做强的意见》（农产发〔2021〕5号）

23.《绿色食品标志管理办法》（2022年1月7日农业农村部令2022年第1号修订）

24.《商务部 中华全国供销合作总社关于充分发挥商务、供销优势共同服务乡村全面振兴的指导意见》（商财函〔2021〕547号）

25.《关于促进团体标准规范优质发展的意见》（国标委联〔2022〕6号）

26. 农业农村部办公厅关于印发《农业品牌精品培育计划（2022—2025年）》的通知（农办市〔2022〕8号）

27.《食品生产经营监督检查管理办法》（国家市场监督管理总局令第49号）